智顗 説
現代語訳

法華玄義（上）

菅野博史 訳注

公益財団法人東洋哲学研究所

はしがき

このたび、公益財団法人東洋哲学研究所の仏典現代語訳シリーズにおいて、『法華玄義』（詳しくは『妙法蓮華経玄義』）の訳注を刊行することとなった。『法華玄義』全一〇巻（一巻を上下に分けるので、二〇巻と数えることもある）は、天台大師智顗（五三八～五九七）の講説を、弟子の章安大師灌頂（五六一～六三二）が整理して書物としたものである。天台三大部（『法華玄義』、『法華文句』、『摩訶止観』）の一つとして、『法華経』の注釈書のなかで、古来もっとも多く読み継がれてきたものといえよう。

私と『法華玄義』との関わりについて振り返れば、四十年以上前の大学院生の時代に読書会の教材として『法華玄義』を取りあげたことを懐かしく思い出す。その後、機会があり、第三文明社のレグルス文庫三冊本として訓読訳注を刊行した（一九九五年。現在は第三文明選書1～3として刊行）。また、同じく第三文明社から入門的解説書『法華玄義入門』（一九九七年）を刊行した。その後、大蔵出版の新国訳大蔵経・中国撰述部のなかに『法華玄義』を収めることとなり、再び訓読訳注三冊を刊行した（二〇一一年、二〇一三年、二〇一八年）。この訳注は、レグルス文庫にはなかった引用文献の出典の情報を入れた点に特徴があった。また、同じく大蔵出版から『法華玄義を読む――天台思想入門』（二〇一三年）を刊行した。

このように振り返ると、今度の『法華玄義』の訳注は、私にとって三度目の取り組みとなるが、本書の特徴は、前の二回の翻訳が訓読訳であったのに対して、現代語訳であるという点にある。私の翻訳に誤りが多いことを恐れるが、一般の読者にとっては、訓読訳よりもはるかに理解しやすいものとなるであろう。さらに、注に引用した漢文文献は、読者の便宜を考慮し、すべて訓読訳を提示することにする。

『法華玄義』の訳注全体を上巻、下巻の二冊とする。上巻には巻第一上から巻第五下までを収め、下巻には巻第六上から巻第十下までを収める。下巻に、解説、索引を付す。また、見やすさを考え、翻訳と注を見開き二頁のなかに収めるようにする。

本書の訳注の方針について、以下、簡潔に説明する。

一、訳注にあたっては、底本として『大正新修大蔵経』第三三巻所収のテキスト（一七一六番）を使用する。また適宜、『天台大師全集・法華玄義』所収本を参照し、底本の文字を改める場合は、一々注記する。翻訳の横にアラビア数字とａｂｃで『大正新修大蔵経』第三三巻の頁・段を示す。

二、全篇の内容把握と文脈の理解に資するため段落分けを行なうが、これはおおむね湛然の『法華玄義釈籤』の示す分科にしたがう。ただし、煩瑣になりすぎないように適宜、取捨選択をしたり、『法華玄義』本文に示される分科を優先して、独自に簡略化する。また、「法華私記縁起」「序王」「私序王」以外の本文の見出しは、内容に即して訳者が付すもので、底本にはないものである。段落名にも、現代語を用いる。

三、「　」は引用文や会話文に、『　』は書名、もしくは「　」内の会話や引用文に用いる。［　］は訳者による補訳を示し、（　）は簡単な語句の説明を示す。また、【　】は原漢文を示す。〔　〕は原文の割書きや細字を表わす際に使用する。これは注の出典にも用いる。

四、注には、引用文献の出典などを訓読訳で示すが、注番号は、巻第一上、巻第一下など、各巻ごとに連番とする。他注の参照を指示する場合、同一巻内では「前注○」「後注○」と表記するが、他の巻は「『法華玄義』巻一上注○」などとする。

五、注の訓読訳では、原則として現代仮名遣いを用いる。漢字は、常用漢字がある場合は原則としてそれを用いるが、ない場合は底本どおりの旧字体、もしくは正字体を用いる。また、底本において旧字体の使い分けがある場合など（例：「辨」「辯」「辦」）も旧字体のままとする。

六、注における原語のローマ字表記は、特に断わりがない場合、サンスクリット語を示す。

七、注で使用する主な略号や通称は以下のとおりである。

大正：『大正新修大蔵経』全八五巻、大蔵出版。「大正三三、八一五下四～八一六上七」とある場合は、『大正新修大蔵経』第三三巻、八一五頁下段の四行から八一六頁の上段七行までを示す。

『新纂大日本続蔵経』：『新纂大日本続蔵経』全九〇巻、国書刊行会

全集本：『天台大師全集・法華玄義』、日本仏書刊行会

『釈籤』：湛然『法華玄義釈籤』全二〇巻、大正三三巻（一七一七番）、全集本所収

『私記』：証真『法華玄義私記』全一〇巻、『大日本仏教全書』（仏書刊行会）第二一巻、全集本所収

『講義』：慧澄『法華玄義釈籤講義』全一〇巻、全集本所収

『講述』：大宝『法華玄義釈籤講述』全一〇巻、全集本所収

『南本涅槃経』：『大般涅槃経』全三六巻、大正一二巻（三七五番）所収

『六十巻華厳経』：『大方広仏華厳経』全六〇巻、大正九巻（二七八番）所収

『維摩経』：『維摩詰所説経』全三巻、大正一四巻（四七五番）所収

『大品般若経』：『摩訶般若波羅蜜経』全二七巻、大正八巻（二二三番）所収

『勝鬘経』：『勝鬘師子吼一乗大方便方広経』全一巻、大正一二巻（三五三番）所収

『次第禅門』：『釈禅波羅蜜次第法門』全一二巻、大正四六巻（一九一六番）所収

本書が仏教の古典的名著である『法華玄義』に関心のある多くの読者の学習に役立つことを念願している。

二〇一八年八月二十日

菅野博史

『現代語訳　法華玄義（上）』目次

（妙法蓮華経玄義　巻第三上）

（妙法蓮華経玄義　巻第三下）……315

（妙法蓮華経玄義 巻第五下）

本文レイアウト／安藤　聡

現代語訳　法華玄義（上）

『法華経』について［灌頂《かんじょう》が］個人的に記録したもの（『法華玄義』・『法華文句』）の由来【法華私記縁起】

沙門《しゃもん》灌頂が述べる

681a 偉大な教え（仏法）が東方［の中国］に流伝し、［『高僧伝』などの］僧侶についての歴史書に掲載されたもののなかで、どれほどの人が講義を聞かずに、自分自身で仏乗（『法華経』の教え）を理解したであろうか。

たとい［大蘇山で］覚《さと》りを生じても、そのうえさらに禅定《ぜんじょう》（法華三昧の前方便）に入り陀羅尼《だらに》（経典を記憶する力）を獲得することができたであろうか。

たとい禅定と智慧（自ら仏乗を理解すること）とを備えていたとしても、さらに帝都《ていと》（建業《けんぎょう》、または建康のことで、現在の南京）において［禅定と智慧の］二法を広めたであろうか。

たとい［陳朝における］講席が多くの人で賑《にぎ》わったとしても、弟子たちをことわって去らせて、山間部（天台山）に隠れ住んだであろうか。

たとい世間を避けて奥深い道を守ったとしても、召し出されて［陳《ちん》・隋《ずい》の］二つの国の師となったであろうか。

たとい皇帝に尊敬されたとしても、太極殿《たいきょくでん》において、［皇帝に］向かって、『仁王般若経《にんのうはんにゃきょう》』を講義したであろうか。

たとい正殿《せいでん》（太極殿《たいきょくでん》）において［仏法を］宣揚したとしても、［光宅寺《こうたくじ》において］天子（陳の後主《こうしゅ》）に三たび敬礼されたであろうか。

たとい万乗《まんじょう》［の主である天子］が膝《ひざ》を曲げて帰依《きえ》したとしても、多くの僧侶、多くの役人が大いにほめたたえ、［歓喜の］指はじきの音が正殿に鳴り響いてうるさいほどであったであろうか。

たとい出家者と在家者が仰ぎ尊んだとしても、『法華経《ほけきょう》』の円《まど》かな意義を深く覚《さと》ったであろうか。

たとい経（『法華経』）の意義を得たとしても、文字がないのに、進んで説法する雄弁《ゆうべん》によって昼夜に［教えを］流れるように説くことができたであろうか。

我が智者《ちしゃ》（天台大師智顗《ちぎ》）だけが［以上のような］多くの功徳を備えている。

幸いにも、私灌頂《かんじょう》は、昔、建業《けんぎょう》（建康）で、はじめて［智顗の『法華経』の］経文［の講義］を聞き、次に江陵《こうりょう》（荊州《けいしゅう》）で、［『法華経』の］奥深い意義を受け、最近、天台山に帰って、さらに［智顗の］逝去《せいきょ》に出合った。荊州と揚州《ようしゅう》を往復し、その行程は一万里にならんとするほどであった。前後を補ったりつなぎ合わせてやっと一遍《いっぺん》を聞いたにすぎない。ただ［智顗が］説かなかったことをまだ聞かなかったばかりでなく、またはじめて聞いたこともまだ理解せず、［智顗の］書物をひもとき、仰《あお》ぎ研鑽《けんさん》して、ますますその堅《かた》く高いことに気づいた。やはり残念なことは、縁が浅く、二度、三度と聞くことができなかったことである。どこに行っても質問できず、子牛が［母牛の］乳を思うようなものであった。同時にまた、［智顗の］この言葉がもし滅びるならば、将来悲しいことになるであろうと思った。『涅槃経《ねはんぎょう》』に「あるいは樹《き》、あるいは石［に真実の言葉を刻《きざ》む］」と明かし、[1]今の『［法華］経』に「あるいは田、あるいは里（において説法する）」といっている。[2]聖典にしたがい、書いて伝えよう。［『法華経』の］『玄義《げんぎ》』と『文句《もんぐ》』はそれぞれ十巻あり、あるいは経論の真実の言葉を［智顗の］この深遠で妙なるものに合致させ、あるいは多くの師のさまざまな解釈を掲げて、彼らが完全ではないことを調べよう。後代の修行者は、甘露《かんろ》の門（涅槃《ねはん》に入るための仏の教え）がここにあることを知るであろう。

1　『涅槃経』に「あるいは樹、あるいは石［に真実の言葉を刻む］」と明かし【涅槃明若樹若石】『南本涅槃経』巻第十三、聖行品、「爾《そ》の時、羅刹は是の偈を説き已《おわ》って、復た是の言を作さく、『菩薩摩訶薩よ、汝は今、已に具足の偈の義を聞けり。汝の願う所は、悉ごとく満足すと為す。若し必ず諸の衆生を利せんと欲せば、時に我れに身を施せ』と。善男子よ、我れは爾の時に於いて、深く此の義を思い、然る後に処処の若しは石、若しは壁、若しは樹、若しは道に、此の偈を書写し、即便《すなわ》ち更に著《き》る所の衣裳を繫《つな》ぐ。其の死後、身体の露現するを恐るればなり。即ち高き樹に上る」（大正一二、六九三上二～七）を参照。

2　今の『［法華］経』に「あるいは田、あるいは里（において説法する）」といっている【今経称若田若里】『法華経』随喜功徳品、「如来の滅後に、若しは比丘・比丘尼・優婆塞・優婆夷、及び余の智者の、若しは長、若しは幼は、是の経を聞いて随喜し已って、法会従《よ》り出でて、余処に至り、若しは僧坊に在り、若しは空閑《くうげん》の地、若しは城邑《じょうゆう》・巷陌《こうみゃく》・聚落・田里にて、其の聞く所の如く、父母・宗親・善友・知識の為めに、力に随って演説せん」（大正九、四六中二七～下三）を参照。

序王

妙というのは、妙は思議《しぎ》することのできないものに名づけるのである。法というのは、十如是《じゅうにょぜ》［という存在の様相《ようそう》］をもち、権《ごん》（方便《ほうべん》）と実《じつ》（真実）に区別される十種の［生命体という］存在【法】である。蓮華《れんげ》とは、権と実の存在をたとえている。まことに妙法は理解することが難しいので、比喩《ひゆ》を借りて［妙法を］はっきりと表わし易《やす》くする。比喩の意義はまことに多いけれども、かいつまんで［迹門《しゃくもん》十四品の］前と［本門《ほんもん》十四品の］後とに当てはめると、合わせて六つとなるのである。

第一に蓮《はす》のための華《はな》は、実のために権を施《ほどこ》すことをたとえる。[681b] 文には、「［現在の十方仏は］第一の寂滅《じゃくめつ》を知っており、方便を設ける力があるから、さまざまな道を示すけれども、真実には仏乗《ぶつじょう》のためである」とある。[3]

第二に華が開くのは権を権であると打ち明けることをたとえ、蓮が現われることは実を現わすことをたとえる。文には、「方便の門を開いて、真実の様相を示す」とある。[4]

第三に華が落ちるのは権を捨て去ることをたとえ、蓮が成ることは実を確立することをたとえる。文には、「正直《しょうじき》に方便を捨てて、ただ最高の覚《さと》りを説くだけである」とある。[5]

さらにまた、蓮は本《ほん》（本地《ほんじ》）をたとえ、華は迹《しゃく》（具体的な姿形）をたとえる。本から迹を示し、迹は本に依存する。文には、「ほんとうは私が成仏してから、このように久しい時が経《た》った。ただ衆生を教えるときに、『私は若いとき出家して、正しい覚りを得た』と、このように説いただけである」とある。[6]

第二に華が開くのは迹を迹であると打ち明けることをたとえ、蓮が現われることは本を現わすことをたとえる。文には、「一切世間［の神々・人間や阿修羅《あしゅら》は］みな、［私が］今はじめて覚りを得たと思っているけれども、私が成仏してから無量《むりょう》無辺《むへん》那由他《なゆた》劫《こう》が経過した」とある。[7]

3　文には、「〔現在の十方仏は〕第一の寂滅を知っており、方便を設ける力があるから、さまざまな道を示すけれども、真実には仏乗のためである」とある【文云知第一寂滅以方便力故雖示種種道其実為仏乗】『法華経』方便品、「第一の寂滅を知りて、方便力を以ての故に、種種の道を示すと雖も、其の実は仏乗の為めなり」（同前、九中一五～一六）を参照。

4　文には、「方便の門を開いて、真実の様相を示す」とある【文云開方便門示真実相】『法華経』法師品、「此の経は方便の門を開き、真実の相を示す」（同前、三一下一六～一七）を参照。

5　文には、「正直に方便を捨てて、ただ最高の覚りを説くだけである」とある【文云正直捨方便但説無上道】『法華経』方便品、「今、我れは喜びて畏《おそ》れ無し。諸菩薩の中に於いて、正直に方便を捨てて、但《た》だ無上道を説くのみ」（同前、一〇上一八～一九）を参照。

6　文には、「ほんとうは私が成仏してから、このように久しい時が経った。ただ衆生を教えるときに、『私は若いとき出家して、正しい覚りを得た』と、このように説いただけである」とある【文云我実成仏来久遠若斯但教化衆生作如是説我少出家得三菩提】『法華経』如来寿量品、「諸の善男子よ、如来は諸の衆生の小法を楽《ねが》える徳薄垢重の者を見て、是の人の為めに我れは少《わか》くして出家し、阿耨多羅三藐三菩提《あのくたらさんみゃくさんぼだい》を得たりと説く。然るに我れは実に成仏してより已来《このかた》、久遠なること斯《かく》の若し。但だ方便を以て、衆生を教化し、仏道に入らしめんとして、是《かく》の如き説を作す」（同前、四二下五～九）を参照。

7　文には、「一切世間〔の神々・人間や阿修羅は〕みな、〔私が〕今はじめて覚りを得たと思っているけれども、私が成仏してから無量無辺那由他劫が経過した」とある【文云一切世間皆謂今始得道我成仏来無量無辺那由他劫】『法華経』如来寿量品、「一切世間の天・人、及び阿修羅は、皆な今の釈迦牟尼仏は釈氏の宮を出でて、伽耶《がや》城を去ること遠からず、道場に坐して、阿耨多羅三藐三菩提を得たりと謂《おも》えり。然るに善男子よ、我れは実に成仏してより已来、無量無辺百千万億那由他劫なり」（同前、四二中九～一三）を参照。

第三に華が落ちるのは迹を捨て去ることをたとえ、蓮が成ることは本を確立することをたとえる。文には、「諸仏如来の法はみなこの通りである。衆生を救済するためであって、みな真実であって虚偽《きょぎ》ではない」とある。[8] そこで先に妙法を高く掲《かか》げ、次に蓮華にたとえる。化城《けじょう》（幻の都市）［にたとえられる小乗の涅槃《ねはん》］に執《と》らわれる教えを洗い流して、草庵《そうあん》［にたとえられる小乗］に滞《とどこお》る気持ちを捨て去り、方便の権門《ごんもん》を開いて、真実の妙理《みょうり》を示し、多くの善という小行《しょうぎょう》を集めて、広大な一乗《いちじょう》に帰着させ、上《じょう》、中《ちゅう》、下根《げこん》［の声聞《しょうもん》］にみな授記《じゅき》する。さらにまた、多くの聖人《しょうにん》の巧《たく》みな手段をそれと打ち明け、本地の奥深いものを現わすので、覚りの智慧を増やし生死の苦を減らし【増道損生】、位は偉大な覚者《かくしゃ》（仏）の隣りを占める。一生涯の教化《きょうけ》は、事《じ》（事柄）と理《り》（道理）がともに完全である。蓮華の比喩の意味はここにあるのである。

経とは、外国では修多羅《しゅたら》（スートラ）と呼ぶ。聖人の教えの総称である。翻訳があるか、ないかについての事情は、後に解釈する通りである。

記録者（灌頂）は［次のように］解釈する。「大まかに考えてみると、序王《じょおう》とは、経の奥深い意義を述べる。奥深い意義は文の心を述べる。文の心は迹門《しゃくもん》と本門《ほんもん》に行き着く。この趣旨《しゅし》を仰ぎ見ると、多くの意義がよく理解できる。妙法蓮華《みょうほうれんげ》はとりもなおさず名を述べることである。真実の妙理を示すことは、体《たい》を述べることである。広大な一乗に帰着させることは、宗《しゅう》を述べることである。幻の都市［にたとえられる小乗の涅槃］に執《と》らわれる教えを洗い流すことは、用《ゆう》を述べることである。一生涯の教化が完全であるのは、教《きょう》を述べることである。六つのたとえは迹門と本門とを述べるのである。表現は簡略であるが、その意義は周到である」と。

私序王

そもそも理は偏《かたよ》ったものと完全なもの【偏円】と［の区別］を越えているけれども、完全な宝珠《ほうじゅ》にこと寄せて理について語り、究極的なものは遠いもの（五百由旬の宝処《ほうしょ》＝真実の涅槃）でも近いもの（三百由旬の化城＝二乗の涅槃）でもないけれども、宝処に仮託して究極的なものについて論じる。究極的なもの、完全なものに深い次元で合致すると、事と理はともに静寂となる。ところが静寂でない者は、ほんとうに無明《むみょう》の酒におぼれて、宝石を［衣の裏に］縫《ぬ》いつけられたけれども、自覚しないので、涅槃の道に迷い、路《みち》は遠くないのに、長いという。聖なる主、世尊《せそん》は、この倒錯《とうさく》した惑《まど》い【倒惑】を哀れんで、［曼陀羅華《まんだらけ》・摩訶曼陀羅華《まかまんだらけ》・曼珠沙華《まんじゅしゃげ》・摩《ま》訶曼珠沙華《かまんじゅしゃげ》の］四種の花を降り注ぎ、681c 大地を六種に震動させて、方便の門を開き、［娑婆世界《しゃばせかい》とその周辺の世界を］三たび［浄土《じょうど》に］変化させ、三千大千世界を抹《まっ》して微塵《みじん》にした数の菩薩を涌出《ゆじゅつ》させて真実の地を表わし、すべてのものがくまなく見聞《けんぶん》することができるようにした。

秘密の奥蔵《おうぞう》を開くことを妙と呼び、権と実の正しい軌範を示すので法と呼び、久遠の本果を指すことを蓮によってたとえ、不二の完全な道に合致することを華によってたとえ、声によって仏の仕事をすることを経《きょう》と呼び、完全な説法のはじめを序と名づけ、序と同類のものがまとまっているものを品《ほん》と呼び、多くの順序のはじ

8　文には、「諸仏如来の法はみなこの通りである。衆生を救済するためであって、みな真実であって虚偽ではない」とある【文云諸仏如来法皆如是為度衆生皆実不虚】『法華経』如来寿量品、「諸仏如来の法は皆な是の如し。衆生を度せんが為めなれば、皆な実にして虚《むな》しからず」（同前、四三上七～八）を参照。

めを第一と名づける。

［記録者は次のように］解釈する。「［理について］語り、［究極《きゅうきょく》を］論じることは名を述べ、［究極的なもの、完全なものに］深い次元で合致することは体を述べ、完全な宝珠《ほうじゅ》は宗を述べ、［事と理が］ともに静寂となることは用を述べ、四種の花を降り注ぎ、大地を六種に震動させることは教を述べることである。本門と迹門はわかるはずである」と。

この妙法蓮華経は、本地がとても深い貯蔵所【奥蔵】である。文には、「この法は示すことができない。世間の様相は常住《じょうじゅう》である。三世の如来が証得《しょうとく》するものである」とある。[9] 文には、「第一の寂滅《じゃくめつ》であって、道場で知った。重大な事柄のために、世に出現する。はじめて私の身を見て、仏の智慧に入らせ、まだ入っていない者のために、四十余年の間、さまざまな方便《ほうべん》によって、それを助けとして第一義《だいいちぎ》をあらわした。今、正直に方便を捨てて、ただ最高の覚りを説くだけである」とある。[10]

妙というのは、不可思議の法をほめたたえることである。

さらにまた、妙とは、十法界《じっぽうかい》、十如《じゅうにょ》[11]の法である。この法はとりもなおさず妙であり、この妙はとりもなおさず法であって、［妙と法とは］まったく別物ではないので、妙というのである。

さらにまた、妙とは、［仏が］自ら修行した権実《ごんじつ》の法が妙である。それ故蓮華を取りあげてたとえるのである。

さらにまた、妙とは、迹そのままが本、本そのままが迹であり、とりもなおさず本でもなく迹でもない。あるいは迹を開きあらわしたり、迹を捨て去ったりする……。

さらにまた、妙とは、最もすぐれた経の甘露《かんろ》の門であるので、妙というのである。

［記録者は次のように］解釈する。「妙に別の体はない。体についてほめたたえるのは、妙の名を述べるのである。妙はとりもなおさず法界《ほうかい》、法界はとりもなおさず妙であるとは体を述べるのである。［仏が］自ら修行した権実とは宗を述べるのである。本迹の六喩《ゆ》（迹門の三喩、本門の三喩）は用を述べるのである。甘露の門は教を述べるのである」と。

9　文には、「この法は示すことができない。世間の様相は常住である。三世の如来が証得するものである」とある【文云是法不可示世間相常住三世如来之所証得也】『法華経』方便品、「是の法は示す可からず。言辞の相は寂滅す」（同前、五下二五）、同、「是の法は法位に住して、世間の相は常住なり」（同前、九中一〇）などを参照。

10　文には、「第一の寂滅であって、道場で知った。……今、正直に方便を捨てて、ただ最高の覚りを説くだけである」【文云是第一寂滅於道場知已大事因縁出現於世始見我身令入仏慧為未入者四十余年以異方便助顕第一義今正直捨方便但説無上道】『法華経』方便品、「第一の寂滅を知りて、方便力を以ての故に、種種の道を示すと雖も、其れ実には仏乗の為めなり」（同前、九中一五～一六）、同、「是の法は法位に住して、世間の相は常住なり。道場に於いて知ろしめ已って、導師は方便もて説きたまわん」（同前、九中一〇～一一）、同、「諸仏世尊は唯だ一大事の因縁を以ての故に、世に出現す」（同前、七上二一～二二）、従地涌出品、「此の諸もろの衆生は、始めて我が身を見、我が説く所を聞き、即ち皆な信受して、如来の慧に入りにき」（同前、四〇中八～九）、同、「是れ従《よ》り已来、始めて四十余年を過ぐ」（同前、四一下六）、方便品、「更に異の方便を以て、第一義を助顕せり」（同前、八下一〇）、方便品、「正直に方便を捨てて、但だ無上道を説く」（同前、一〇上一九）などをまとめて作文したものである。

11　十如　底本の「十妙」を『講義』の示す和本によって「十如」に改める。

妙法蓮華経玄義　巻第一上

天台智者大師が説く

総序

第一に名を解釈し、第二に体を弁別《べんべつ》し、第三に宗を明かし、第四に用を論じ、第五に教を判定する。682a

この五章を解釈するのに、共通性があり、別異性がある。通は同一という意味、別は異なるという意味である。このような五章は多くの経をくまなく解釈するので、同一というのである。名を解釈するのに名が異なり、ないし、教を判定するのに教が異なるので、別異性というのである。多くの経の冒頭を例としてあげると、すべて［如是《にょぜ》・我聞《がもん》・一時・仏住《ぶつじゅう》・若干人《にゃっかんにん》の］五つの事柄を置くのは、同一の意味である。如是は明らかにする内容が異なり、我聞は人が異なり、一時は感応が異なり、仏住は場所が異なり、若干人は聴衆が異なることは、別の意味である。

さらにまた、通とは共通という意味で、別とは各別であるという意味である。このような通別は、［『法華経』の］一部に限定される。通は七項にわたって［名・体・宗・用・教を］共通に解釈し、別は［名・体・宗・用・教を］五項にわたってそれぞれ個別に説き明かす。たとえば、利根《りこん》・鈍根《どんこん》の者が広説《こうせつ》・略説《りゃくせつ》の二門を必要とするようなものである。多くの経の通・別については、今論じない。［『法華経』］一経の通・別について、今、弁別しよう。

第一部　五重玄義の通解――七項にわたって共通に解釈する

序

通について七項にわたって共通に解釈する。第一に［名・体・宗・用・教の五］章を高く掲げること【標章】、第二に［経文を］引用して証拠立てること【引証】、第三に［名・体・宗・用・教の］生成の関係【生起】、第四に展開と統合【開合】、第五に問答による考察【料簡】、第六に観心《かんじん》、第七にたがいに異なるものの融合《ゆうごう》【会異】である。章を高く掲げることは、記憶し易《やす》いようにさせて、記憶する心を起こすからである。引用して証拠立てることは、仏の言葉を根拠として、信心を起こすからである。生成の関係は、乱れないようにして、禅《ぜん》定《じょう》の心を起こすからである。展開と統合、問答による考察、たがいに異なるものの融合などは、智慧の心を起こすからである。観心は聞くとすぐに行じ、精進《しょうじん》心を起こすからである。［記憶する心・信心・禅定の心・智慧の心・精進心の］五心が確立して［信根《しんこん》・精進根・念根・定根《じょうこん》・慧根《えこん》の］五根を成就し、［欺《ぎ》・怠《たい》・瞋《しん》・恨《こん》・怨《おん》の］五障を排除して［信力・精進力・念力・定力・慧力の］五力を成就し、ないし、［空《くう》・無相・無作《むさ》の］三解脱《げだつ》門に入る。かいつまんで七項の共通性の意味を上のように説いた。広く［名・体・宗・用・教の］五章を解釈するならば、それぞれの章が広く五心、五根を起こし、仏の知見に開示悟入《かいじごにゅう》させるだけである。

第一章　五章（名体宗用教）を高く掲げる——七項にわたって共通に解釈する①

第一節　「名」を解釈する——五重玄義1

最初に五章を高く掲げる……。名を高く掲げるのに四項とする。第一に［名を］立てること、第二に区別、第三に結び、第四にたとえである。

名を立てるとは、もともと聖人《しょうにん》が名を立てるのは、思うに深遠なものを開いて、初心者を進ませ、みな注意して見たり聞いたりして、ともに見たり聞いたりすることができるようにさせ、道を尋ねて遠くまで行き、極点にまで到達させるために、法に名前をつけて、衆生に与えるのである。

区別とは、ただ法に麁《そ》と妙《みょう》があるだけである。隔歴《きゃくりゃく》の三諦《さんたい》は麁なる法である。円融《えんゆう》の三諦は妙なる法である。[12] この妙なる諦はもともと存在している。経文には、「この法は法位《ほうい》に住して、世間の様相は常住である。ただ私だけがこの様相を知っている。十方の仏も同様である」とある。[13] 不退転の菩薩、小乗の涅槃を証得《しょうとく》した二乗でさえも知らないものである。まして人間や神々の衆生はなおさら知らない。仏はこのことを知っているけれども、ぜひとも速やかに説こうとはしない。[14] 文には、「私がもし仏乗をたたえれば、衆生は苦しみに没する。法を誹謗《ひぼう》して信じないので、［地獄《じごく》・餓鬼《がき》・畜生《ちくしょう》の］三悪道に堕落する」とある。[15] それ故初めの教（『華厳経《けごんきょう》』）に［円教《えんぎょう》という］[682b] 円融の教えと［別教《べっきょう》という］円融でない教えを立てるとき、小乗の機根《きこん》の者はどちらも聞かない。次の教（『阿含経《あごんきょう》』）に［蔵教という］円融でない教えを立てるとき、大乗の機根の者はすべて用いない。次の教（方等経《ほうどうきょう》）に［円教という円融の教えと蔵教・通教《つうぎょう》・別教という円融でない教えの］どちらも立て、円《えん》

12　隔歴の三諦は麁なる法である。円融の三諦は妙なる法である【隔歴三諦麁法也円融三諦妙法也】　万物には固定的実体はないが、諸条件に依存して仮りに成立している。固定的実体のないことを空といい、諸条件に依存して仮りに成立していることを仮という。空と仮はいずれも万物のあり方を表現したものであり、表現の基づく点に力点の相違があるものの、決して矛盾対立するあり方ではない。そこで、空と仮のどちらか一方に偏らない、より高次の統合的あり方を中（中道）という。諦は satya の漢訳で、真実、真理の意。天台教学においては、三観（空観・仮観・中観）によって、三惑（見思惑・塵沙惑・無明惑）を破り、三諦（空諦・仮諦・中諦）を観察して、三智（一切智・道種智・一切種智）を完成するといわれる。この三観に、空観、仮観、中観を段階的に行なっていく次第三観と、三観を同時に行なう一心三観とがある。前者の次第三観によって照らされるあり方を隔歴の三諦といい、三諦が相即しておらず、ばらばらなあり方をいう。後者の一心三観によって照らされるあり方を円融の三諦（空・仮・中の三諦が相即して、融合しているあり方）という。

13　経文には、「この法は法位に住して、世間の様相は常住である。ただ私だけがこの様相を知っている。十方の仏も同様である」とある【文云是法住法位世間相常住唯我知是相十方仏亦然】『法華経』方便品、「是の法は法位に住して、世間の相は常住なり」（同前、九中一〇）、同、「唯だ我れのみ是の相を知る。十方の仏も亦た然り」（同前、六上二〇）を参照。

14　ぜひとも速やかに説こうとはしない【不務速説】『法華経』薬草喩品、「務《つと》めて速やかには説かず」（同前、一九下一二）に基づく表現。

15　文には、「私がもし仏乗をたたえれば、衆生は苦しみに没する。法を誹謗して信じないので、［地獄・餓鬼・畜生の］三悪道に堕落する」とある【文云我若讃仏乗衆生没在苦謗法不信故墜於三悪道】『法華経』方便品、「若し但だ仏乗を讃ぜば、衆生は苦に没し、是の法を信ずること能《あた》わず。法を破して信ぜざるが故に、三悪道に墜《お》つ」（同前、九下一三～一五）を参照。

融《ゆう》の教えによって円融でない教えを排斥し、小乗の機根《きこん》の者に円融でない教えを恥じさせて円融の教えを慕わせる。次の教（『般若経』）に［円教という円融の教えと通教・別教という円融でない教えの］どちらも立て、［通教の小乗である］小乗の機根の者を［通教という］融通《ゆうずう》した教えを頼りとして［小乗の果という］融通しないものに向かわせ、［通教・別教の菩薩である］大乗の機根の者を、［通教・別教という］円融でない教えから［円教という］円融の教えに向かわせる。さまざまに教えを立てて衆生に与えるけれども、ただ衆生の機根に適合させて説いた方便の言葉【随他意語】であって、仏の本心ではない。それ故、「ぜひとも速やかに説こうとはしない」[16]というのである。今の『［法華］経』は、正直に円融でない教えを捨てて、ただ円融の教えを説くだけであって、一つの会座《えざ》の者たちに同一の覚りを味わわせ、やっと如来のこの世に出現した本心を述べる。それ故この『［法華］経』を立てて、妙と名づけるのである。

　結びとは、『華厳経』は［円教を中心として別教を兼ねて説く］兼《けん》、三蔵《さんぞう》［の小乗教］は［ただ三蔵教だけを説く］但《たん》、方等経《ほうどうきょう》は［大乗によって小乗を対破《たいは》する］対《たい》、『般若経』は［別教と円教の間に通教を挟んで説く］帯《たい》であることを知るべきである。[17]この『［法華］経』には、もはや兼、但、対、帯がなく、ひたすらまっすぐで正しく最高の覚りである。それ故妙法と呼ぶのである。

　蓮華にたとえるとは、［華に］麁《そ》と妙とがあることにたとえよう。どのようなものが麁であるか。狂った華で果実のないもの、一つの華に多数の果実があるもの、多数の華に一つの果実のあるもの、一つの華に一つの果実のあるもの、前に果実があり後に華が開くもの、前に華が開き後に果実があるものである。最初に外道がむだに梵行《ぼんぎょう》（性的な純潔を守る修行）を修行して、何も獲得できないことをたとえ、次に凡夫が父母を供養して、梵天の世界に生まれる報《むく》いを受けることをたとえ、次に声聞がさまざまな苦行をなして、ただ涅槃だけを得ることをたとえ、次に縁覚が一つの遠離《おんり》の行（人里から離れた森林などで行なう孤独な修行）によって、また涅槃を得ることをたとえ、次に須陀洹果《しゅだおんか》（声聞の四果の第一）を得た声聞がその後、道を修行することをたとえ、次に菩薩が先に真如《しんにょ》を対象とする有心有作《うしんうさ》の修行【縁修】によって、後の無心無作の修行【真修】を生ずることをたとえる。すべて麁の華であって、［妙法を］たとえることはできない。蓮華はすぐれた点が多い。蓮（蓮の実）のための華は、華と果実がどちらも備わり、実（真実）そのままが権《ごん》（方便）であることをたとえることができる。さらにまた、華が開き蓮が現われることは、権そのままが実であることをたとえることができる。さらにまた、華が落ちて蓮が成り、蓮が成ってまた落ちることは、非権非実をたとえることができる。このようなさまざまな意味上の利点のために、蓮華によって妙法をたとえるのである。

16　「ぜひとも速やかに説こうとはしない」【不務速説】　前注14を参照。

17　『華厳経』は［円教を中心として別教を兼ねて説く］兼……帯であることを知るべきである【当知華厳兼三蔵但方等対般若帯】『講述』によれば、『華厳経』は円教を中心として別教を兼ねて説くので「兼」という。三蔵（阿含経）はただ蔵教だけを説くので「但」という。方等の「対」には、並対、相対、対破の三種の意義があるとされる。並対は、蔵・通・別・円の四教を並列して説き、大乗の機根、小乗の機根に教えること。相対は、小乗の浅い教えに対して、大乗のすぐれた教えを大乗の機根に教えること。その逆、つまり大乗のすぐれた教えに対して、小乗の浅い教えを小乗の機根に教えることを意味しない。対破は、大乗によって小乗を破ること。この三種の意義のなかでは、第三の対破が中心とされる。『般若経』の「帯」は挟帯の意味とされる。つまり、別教と円教の間に通教を挟んで説くことをいう。

第二節　「体」を弁別する――五重玄義2

体《たい》とは、四項とする。第一に文字を解釈し、第二に同じ［趣旨の］もの（経論）を引用し、第三に誤ったものを選び捨て、第四に正しいものを結論づける。体という文字は、礼《れい》と訓ずる。[18] 礼は法である。各人、自分の親を親とし、自分の子を子とし、君臣は上下の秩序にしたがう。もし礼がなければ、法ではないのである。出《しゅっ》世間《せけん》の法体《ほったい》もまた同様である。善悪、凡聖《ぼんしょう》、菩薩、仏などのすべてのものは、法性《ほっしょう》を出ない。ちょうど実相《じっそう》を指して、正体《しょうたい》とするのである。それ故、寿量品《じゅりょうほん》には、「三界《さんがい》（欲界《よっかい》・色界《しきかい》・無色界《むしきかい》の三種の世界で、衆生の輪廻する範囲）［の衆生］が三界を見るようなものではなく、［三界の事象がすべて］同一であるのでもなく、［たがいに］相違するのでもない」とある。[19] 三界の人は三界を［たがいに］相違するものと見なし、二乗の人は三界を同一であるものと見なし、菩薩の人は三界を同一でもあり相違するものでもあると見なし、仏は三界を同一であるものでもなく相違するものでもないものと見なし、同一性[682c]と相違性のどちらにも光をあてるようなものである。今、仏の見る対象を実相の正体として取りあげる。

金剛蔵《こんごうぞう》［菩薩］が［『華厳経』十地《じゅうじ》品において］仏のとても微妙な智慧を説くのは、表現は異なっているが、意味は同じである。彼の言葉には、「空有《くうう》は、不二であり、不異であり、不尽《ふじん》である」とある。[20] 空は断無《だんむ》でないので、「空有」という。有はとりもなおさず空であり、空は有にほかならないので、「不二」という。空と有を離れて、そのほかに別に中道があるのではないので、「不異」という。あらゆる場所にくまなく行き渡るので、「不尽」という。これも龍樹（の『中論』）と意味は同じである。

『中論』には、「因縁によって生じる法は、とりもなおさず空であり、仮《け》であり、中である」とある。[21]「因縁によって生じる法は、とりもなおさず空である」とは、これは断無ではない。「とりもなおさず仮である」とは、「不二」のことである。「とりもなおさず中である」とは、「不異」のことである。「因縁によって生じる法」とは、とりもなおさず「あらゆる場所にくまなく行き渡る」ことである。

18　体という文字は、礼と訓ずる【体字訓礼礼法也】　体の正字は體で、礼の正字は禮で、旁《つくり》が同じである。

19　寿量品には、「三界（欲界・色界・無色界の三種の世界で、衆生の輪廻する範囲）［の衆生］が三界を見るようではなく、［三界の事象がすべて］同一であるのでもなく、［互いに］相違するのでもない」とある【寿量品云不如三界見於三界非如非異】『法華経』如来寿量品、「如来は如実に三界の相を知見し、生死、若しは退、若しは出有ること無く、亦た在世、及び滅度する者無く、実に非ず虚に非ず、如に非ず異に非ず、三界の三界を見るが如からず。斯の如き事、如来は明らかに見、錯謬《しゃくみょう》有ること無し」（同前、四二下一三～一六）を参照。

20　彼の言葉には、「空有とは、不二であり、不異であり、不尽である」とある【其辞曰空有不二不異不尽】『十地経論』巻第二、「爾の時、金剛蔵菩薩摩訶薩は十方を観察し、大衆をして重ねて踊悦《ゆえつ》を増し、正信を生ぜしめんと欲するが故に、偈を以て頌して曰わく、微にして知り難きは聖道なり。分別に非ず念を離る。得難くして垢濁無く、智者の智の行処なり。自性は常に寂滅にして、不滅、亦た不生なり。自体は本来空にして有、不二、不尽なり」（大正二六、一三三中五～一〇）を参照。

21　『中論』には、「因縁によって生じる法は、とりもなおさず空であり、仮であり、中である」とある【中論云因縁所生法即空即仮即中】『中論』観四諦品、「衆《もろもろ》の因縁もて生ずる法は、我れ即ち是れ無なりと説き、亦た是れ仮名と為し、亦た是れ中道の義なり」（大正三〇、三三中一一～一二）を参照。初句の「衆因縁生法」は「因縁所生法」、第二句の「我説即是無」は「我説即是空」と書き換えられることが多い。

今、実相の体というのは、権そのままが実であるので、断無という誹謗《ひぼう》を免れる。実そのままが権であるので、建立《こんりゅう》という誹謗を免れる。権実は［実体性をもった］権実ではないので、異という誹謗を免れる。権と実をどちらも照らし、あらゆる場所にくまなく行き渡るので、尽《じん》という誹謗を免れる。

これはかえって［本門の『法華経』と迹門の『法華経』の］二経の両者の美点をまとめ、［『十地経論』と『中論』の］二論の同一の趣旨を述べ、［論家《ろんけ》と天台家の］二家が遠く隔たっていながら合致することを示し、今の『［法華］経』の正体を明かすのである。

私（灌頂）が思うのには、実相の法は、横に凡夫の［断無・建立・異・尽の四種の誹謗という］四執《ししゅう》を破り、縦に［蔵教・通教・別教の］三種の聖人の覚《さと》りを破る。凡夫を破るのは、理解できるであろう。聖人を破ることについては、三蔵教の［声聞・縁覚の］二乗は但空《たんくう》を指して究極なものとする。頗梨珠《はりしゅ》（水晶）が一応は本物のように見えるが、再び磨くとたちまちに偽物《にせもの》であることがわかることにたとえる。身子《しんし》（舎利弗《しゃりほつ》）が、「我々は同じく法性に入るけれども、如来の無量の知見を失った」という。[22] 空有の趣旨は、正面からこの覚りを破るのである。通教の人は但空、不但空を指してどちらも究極なものとする。さまざまな色が珠を包むと、光は色にしたがって変化することにたとえる。見える光を対象として認識し、その本体を失い、玄《げん》（黒で天の色）黄《おう》（地の色）の色を追いかけて、二乗に堕落する。『大［般涅槃《はつねはん》］経《ぎょう》』には、「声聞の人はただ空を見るだけで、不空を見ない。菩薩の人はただ空を見るだけでなく、不空も見る」とある。[23] 見る対象が異なっている以上、「不二」の趣旨は、まさしくこの覚りを破るのである。別教の人は、不但空を指して究極的なものとする。遠く［空と有の］二つの極端【二辺】を超え出るのは、雲のかなたの月のようであり、極端を捨てて中道を取るのは、空を捨てて空を求めるような［不合理な］ものである。不異の趣旨は、まさしくこの覚りを破る。もし、かしこにあり、ここになければ、正法は普遍的ではない。不尽の趣旨も、この覚りを破るのである。

これらはすべて仏のとても微妙な智慧ではないので、金剛蔵［菩薩］の意味していることとも異なり、仏が証得した本有《ほんぬ》常住《じょうじゅう》ではないので、方便品とも異なり、すべての場所にくまなく行き渡るのではないので、寿量品とも異なる。体そのものに合致しない以上、どの法に収められるであろうか。但空は化他《けた》[683a]の実、但・不但は自行・化他の実、二つの極端を超え出る中道は自行の権である。どれも他の経典の説くもので、今（『法華経』）の体でない。

今の『［法華］経』の体とは、化他の権実はとりもなおさず自行の権実であると体得する。［窮子《ぐうじ》の父の］垢《あか》じみた衣に包まれた内側の身は、本当は長者であるようなものである。自行・化他の権実は自行の権実にほか

22　身子（舎利弗）が、「我々は同じく法性に入るけれども、如来の無量の知見を失った」という【身子云我等同入法性失於如来無量知見】『法華経』譬喩品、「我れは昔、仏従り是の如き法を聞き、諸菩薩の作仏を授記するを見れども、我れ等は斯の事に預《あずか》らず、甚自《はなは》だ感傷し、如来の無量の知見を失う。世尊よ、我れは常に独《ひと》り山林樹下に処し、若しは坐り、若しは行《あゆ》み、毎《つね》に是の念を作さく、我れ等は同じく法性に入れども、云何んが如来は小乗の法を以て済度せらるるや。是れ我れ等が咎《とが》にして、世尊に非ざるなり」（大正九、一〇下一一～七）を参照。

23　『大［般涅槃］経』には、「声聞の人はただ空を見るだけで、不空を見ない。菩薩の人はただ空を見るだけでなく、不空も見る」とある【大経云声聞之人但見於空不見不空菩薩之人非但見空亦見不空】『南本涅槃経』巻第二十五、師子吼菩薩品、「智者は、空、及《およ》び不空、常と無常、苦と楽、我と無我を見る。……声聞・縁覚は一切空を見るも、不空を見ず。乃至、一切無我を見るも、我を見ず」（大正一二、七六七下二〇～二八）を参照。

ならないと体得する。［五百弟子受記品《ごひゃくでしじゅきほん》に説かれる］衣の内側に縫《ぬ》いつけられた宝石は、とりもなおさず値のつけられないほど貴重な宝であるようなものである。自行の権は自行の実である。すべての世間のさまざまな生計を立てる道は、すべて実相と背反しないようなものであり、[24]一色・一香［のような微細な存在］も中道でないことはない。まして自行の実が、実でないことがあろうか。

第三節　「宗」を明らかにする――五重玄義3

宗《しゅう》とは、三項に分ける。第一に［宗の意味を］示し、第二に［『法華経』の宗として適当なものと不適当なものを］区別し、第三に結論づける。

宗とは、要《よう》のことである。いわゆる仏が自ら修行した因と［その修行によって獲得した］果を宗とする。どのようなものを要とするのか。因というと無量の善を含み、果というと無量の悟って得られるものを含む。大《おお》綱《あみ》を持ち上げると、網の目はすべて動き、衣の端《はし》を引っ張ると、糸はすべて引き寄せられるようなものである。それ故宗要《しゅうよう》（根本中心）という。

さて、多くの因果について、巧みに明らかに認識する必要がある。別教の因果でさえ採用しないのであるから、まして［蔵教・通教などの］他の因果を採用しないことは当然である。その他の因果とは、昔は［声聞・縁覚・菩薩の］三種の因は大いに相違し、三種の果は［見思惑《けんじわく》を断じる点で］少し同じである。さらにまた、［通教の因果については］三種の因が大いに同じで、三種の果は［煩悩の余習《よしゅう》を断じることに関して］少し相違する。さらにまた、［別教の因果について、菩薩だけが修行する］一因は［但中《たんちゅう》の理が空・仮を離れているので］遠く超え出て、一果は［菩薩の位に段階的区別があるので］円融《えんゆう》しない。[25]因に善を含まず、果に徳を収めないので、仏が自ら修行した因でもなく、仏が道場で悟って得た果でもない。

さらにまた、区別【簡】とは、［『法華経』以外の］多くの経に仏が昔、修行した因果を明かすのは、すべて否定される。すべて方便であって、今の『［法華］経』の宗要ではない。その意味についていえば、因については久遠の真実の修行にまで行き着き、果については久遠の真実の覚りにまで行き着く。このような因は、縦には［人・天・声聞・縁覚・蔵教の菩薩・通教の菩薩・別教の菩薩の］七種の方便より高く、横には十法界《じっぽうかい》の法を包含する。最初にこの実相を修行することを仏の因と名づけ、道場で得られるものを仏の果と名づける。ただ智慧によって知ることができるだけで、言葉で議論することはできない。要略してこのような因果を取りあげて、宗要とするのである。

24　すべての世間のさまざまな生計を立てる道は、すべて実相と背反しないようなものであり【如一切世間治生産業皆与実相不相違背】『法華経』法師功徳品、「諸の説く所の法は、其の義趣に随いて、皆な実相と相い違背せず。若し俗間の経書、治世の語言、資生の業等を説かば、皆な正法に順ず」（大正九、五〇上二二～二四）を参照。

25　一因……円融しない【又一因迥出一果不融】別教の因果を指す。別教は菩薩だけを対象とした教えなので、一因、一果といわれる。別教において観察される中道の理は、空仮を離れたものなので、但中の理といわれる。因の修行の段階において、この但中の理が空仮を離れていることを「一因は［但中の理が空・仮を離れているので］遠く超え出て」と表現したものであろう。また、別教の果は、菩薩の五十二位のように、果位に段階的な区別があって融即していないので、「［菩薩の位に段階的区別があるので］円融しない」と表現したものであろう。

第四節　「用」を論じる——五重玄義4

用《ゆう》とは、三項に分ける。第一に［用の意味を］示し、第二に［『法華経』の用として適当なものと不適当なものとを］区別し、第三に利益である。

用とは、力用《りきゆう》のことである。［自行《じぎょう》・化他《けた》・自他《じた》の］三種の権智《ごんち》と実智《じっち》の二種の智はすべて力用である。

力用のなかで、さらに区別して認識すれば、自行の二種の智によって理をくまなく照らすことを力と名づける。［化他と自他の］二種の化他の二智によって衆生の機[26]をくまなく観察することを用と名づける。ただ自行の二種の智は化他の二種の智にほかならず、化他の二種の智はそのまま自行の二智である。理を照らすことはそのまま衆生の機を観察することであり、衆生の機を観察することはそのまま理を照らすことである。サルヴァシッダールタが、祖父の王の弓をいっぱいに引くことを力と名づけ、七つの鉄鼓《てっく》に命中し、一つの鉄囲《てっち》683b山《せん》を貫き、大地を貫通して水輪《すいりん》に達することを用[27]と名づけるようなものである。[28]多くの方便の教えの力用が微弱であるのは、凡人の弓矢のようなものである。なぜなら昔の衆生の［機］縁は、化他の二種の智を受けて、くまなく理を照らさず、深く信を生ぜず、疑いをすべて除くことをしない。今の衆生の［機］縁は、自行の二種の智を受けて、仏の境地に至りつき、法界《ほうかい》（仏教的真理の世界）に対する信を生じ、完全で神妙な覚りを増やし、根本の煩悩を断ち切り、［三界外部の］変易《へんにゃく》の生［死］[29]を減らす。

ただ［別教の初地以前、円教の初住以前の］生身の菩薩と［別教の初地以上、円教の初住以上の］生身のままで存在の不生不滅を覚った菩薩の二種の菩薩[30]がどちらも利益を受けるだけではなく、［生身を捨てて三界外《さんがい》

26 **機**　仏・菩薩の応現・教化を発動させ、かつそれを受け止める衆生の側の構え、あり方の意。衆生と仏との感応という関係において、衆生の側の感（発動させるの意）の主体として重視された。衆生の宗教的能力を意味する「根」と熟して、機根、根機などの用語が作られ、また衆生の宗教的条件を意味する「縁」と熟して、機縁という用語が作られた。また、根縁などの用語も作られた。

27 **用**　底本の「月」を文意によって改める。

28 **サルヴァシッダールタ……と名づけるようなものである【如薩婆悉達彎祖王弓満名為力中七鉄鼓貫一鉄囲山洞地徹水輪名為用】**　この物語は、『釈籤』によれば、『仏本行集経』捔力争婚品の文を引用したものとされる。これは現行の『仏本行集経』巻第十三、捔術争婚品（大正三、七一〇中～七一一上を参照）に相当すると推定されるが、内容的には一致しない点もあり、かえって『修行本起経』巻上、試芸品（同前、四六五下～四六六上）と一致する点もある。「薩婆悉達」はSarvasiddhārthaの音写。釈尊の幼名。「鉄囲山」は、須弥山の周囲にある九山八海の最も外側にある鉄でできた山のこと。「水輪」は、大地の下にある三つの層（金輪・水輪・風輪）のうちの一つ。金輪の上に、九山八海があるとされる。

29 **変易の生［死］【変易生】**　三界の内部の生死を分段の生死といい、三界の外部の生死を不思議変易の生死という。小乗の阿羅漢は分段の生死を解脱したが、変易の生死を受けるといわれる。

30 **［別教の初地以前、円教の初住以前の］生身の菩薩と［別教の初地以上、円教の初住以上の］生身のままで存在の不生不滅を覚った菩薩の二種の菩薩【生身及生身得忍両種菩薩】**　『釈籤』によれば、「地前住前」を生身の菩薩とし、「登地登住」を生身得忍の菩薩としている。つまり、菩薩の階位について、別教の十地と円教の十住が対応するとされるので、別教の初地以前と円教の初住以前の菩薩を生身の菩薩とし、別教の初地以上と円教の初住以上の菩薩を生身得忍の菩薩としたと推定される。生身得忍とは、生身（三界に生存する身体を持つものの意）のままで、無生法忍（存在の不生不滅を認識すること）を得ること。

部にある実報土《じっぽうど》に住む］法身の菩薩と［等覚《とうがく》の位に達した］法身の後心《ごしん》の二種の菩薩[31]のどちらも利益を受ける。教化の功績が広大で、広く深く利益を与えることは、思うにこの『［法華］経』の力用である。

第五節　「教相」を判定する――五重玄義5

教相《きょうそう》を三項に分ける。第一に［衆生の宗教的］能力・性質【根性】が［三乗の差別のない］融合しているものか、融合していないものかという特徴の区別、[32]第二に［仏の］教化の始めから終わりまでを説くか説かないかという特徴の区別、[33]第三に師と弟子の［関係の］時間的遠さを説くか説かないかという特徴の区別[34]である。教とは、聖人が下［の衆生］に受けさせる言葉である。相とは、相違を区別することである。どのように区別するのか。

太陽が出たばかりのとき、先に高山を照らすようなものである。[35]厚く善根を植《う》えて、この頓《とみ》に説いたものを感受する。頓説は本来小乗の人のためではない。小乗の人は『華厳経』の］座にいるけれども、耳の聞こえない人、口のきけない人のようなものである。ほんとうに小乗の人は大乗に耐えられず、また大乗は小乗を隔てることによる。これは『華厳経』のようである。法を衆生の［機］縁に授けることに焦点をあわせると、衆

31　［生身を捨てて三界外部にある実報土に住む］法身の菩薩と［等覚の位に達した］法身の後心の二種の菩薩【法身後心両種菩薩】『釈籤』によれば、別教の初地以上、円教の初住以上の菩薩が、生身を捨てて、実報土（実報無障礙土）に居住するものを、法身の菩薩という。この法身の菩薩の位が上がって等覚の位に等しくなった菩薩を、法身の後心の菩薩とい

う。

32　［衆生の宗教的］能力・性質【根性】が［三乗の差別のない］融合しているものか、融合していないものかという特徴の区別【根性融不融相】『法華経』以前においては、衆生の根性（宗教的能力・性質）に三乗などの差別があり、不融であったため、三乗などのさまざまな教えを説いた。これに対して『法華経』においては、長い期間にわたる衆生の根性の調整・成熟によって、みな一様に菩薩となって一乗を聞くことができるようになったので、「根性の融」と規定される。

33　［仏の］教化の始めから終わりまでを説くか説かないかという特徴の区別【化道始終不始終相】「道」は「導」に通じる。『法華経』以前においては、その時の衆生の機根に適合した教えを説くだけで、仏の教化の始め、過程、終わりを説かない。つまり、仏の教化の全体のなかに、その教えを位置づけることをしない。これを「不始終の相」という。これに対して『法華経』化城喩品の大通智勝仏の物語においては、三千塵点劫の昔における教化の始まりと、今説く『法華経』という教化の終わりを明らかにする。これを「始終の相」という。

34　師と弟子の［関係の］時間的遠さを説くか説かないかという特徴の区別【師弟遠近不遠近相】『法華経』以前においては、釈尊は菩提樹下においてはじめて成仏したとされ、弟子も今世においてはじめて弟子となったと説かれる。これを「師弟の不遠近」という。これに対して『法華経』如来寿量品においては、仏が五百塵点劫の昔に成仏した遠い昔から、仏と弟子の関係が始まったとされる。これを「師弟の遠近」という。師弟の遠が明かされてはじめて近も明らかになるので、このように表現したのであろう。

35　太陽が出たばかりのとき、先に高山を照らすようなものである【如日初出前照高山】以下、『華厳経』、阿含経、方等経（『維摩経』など）、『般若経』、『法華経』・『涅槃経』の五時教判の根拠となる『華厳経』の三照の譬喩を説いている。『華厳経』巻第三十四、宝王如来性起品、「譬えば日出でて、先に一切の諸の大山王を照らし、次に一切の大山を照らし、次に金剛宝山を照らし、然る後に普く一切の大地を照らす」（大正九、六一六中一四～一六）を参照。天台家では、『華厳経』の本文の趣意を離れて、太陽が高山、幽谷《ゆうこく》、平地を順に照らすことを読み取り、釈尊の説法の順序を決める根拠としている。

生が大きな利益を得ることを頓教《とんぎょう》の特徴と名づけ、説法の順序に焦点をあわせると、牛から乳味《にゅうみ》[36]を出す特徴と名づける。

次に深い谷を照らす。浅い修行だけが明かされ、その範囲において段階的に理解される。これは三蔵《さんぞう》[37]のようである。三蔵は本来大乗の人のためではない。大乗の人は［三蔵を説く］座にいるけれども、幼児のように振る舞っていて【多跢婆和《たたばわ》[38]】、小乗の人は［このことを］知らない。これはかえって小は大を隔て、大は小のなかに隠れている［ことになる］。法を衆生の［機］縁に授けることに焦点をあわせると、漸教《ぜんぎょう》の特徴を持つものと名づけ、説法の順序に焦点をあわせると、酪味《らくみ》の特徴と名づける。

次に平地を照らす。［物の］影が万水《ばんすい》に映り、器が形にしたがい、波が動きにしたがう。一つの仏土を示す場合、［舎利弗には穢土《えど》と見え、梵王《ぼんのう》には浄土に見えるように］浄土と穢土とを相違させ[39]、一つの［仏］身を現わす場合、［仏身の］大きさを相違させる。同一の声で説法する場合、［衆生の］種類の相違によってそれぞれ異なって理解し[40]、恐れたり、喜んだり、厭《いと》い離れたり、疑いを断ち切るのは、［仏の］神力が［凡夫とは］共通ではないからである。それ故、［国土を］見る場合、浄土と穢土があり、［教えを］聞く場合、大乗を褒《ほ》めることと小乗を貶《おと》しめることとがあり、功徳の香りを嗅《か》ぐ場合、［仏の功徳の］センボクと［声聞・縁覚の功

36　乳味　以下、五時教判の根拠として、『涅槃経』（『南本涅槃経』巻第十三、聖行品、大正一二、六九〇下～六九一上に基づく）に説かれる乳味・酪味（dadhi. 牛乳を少し発酵させたヨーグルトのようなもの）・生蘇味（nava-nīta. 新鮮なバター）・熟蘇味（sarpiṣ. 熟蘇は生蘇を精製して作ったもの）・醍醐味（sarpirmaṇḍa. 乳酪の最も精製されたもので、最上の味とさ

れる）の五味の比喩を出す。これは牛から乳が出て、それが順に発酵精製されていく様子を、仏がさまざまな教えを順に説く様子に重ね合わせたものである。智顗以前の南地において、すでに五時教判の根拠として着目重視された比喩である。

37　**三蔵**　経・律・論の三蔵の完備している小乗教を指す。化法の四教（蔵教・通教・別教・円教）の一つ。

38　**幼児のように振る舞っていて【多跢婆和】**『釈籤』によれば、「多跢」は歩行を学ぶ姿、「婆和」は言葉を習う声とあり、『講義』によれば、「多跢」は舌内の音、「婆和」は唇内の音であり、いずれも幼児が言葉を学ぶ声であるとされる。

39　**一つの仏土を示す場合、［舎利弗には穢土と見え、梵王には浄土に見えるように］浄土と穢土を相違させ【示一仏土令浄穢不同】**『維摩経』に基づく。仏国土が、舎利弗には穢土に見え、梵王には浄土に見えたことをいう。『維摩経』巻上、仏国品、「舎利弗よ、衆生の罪なるが故に、如来の仏土の厳浄を見ざるは、如来の咎《とが》に非ず。舎利弗よ、我が此の土は浄なれども、汝は見ず。爾の時、螺髻《らけい》梵王は舎利弗に語らく、『是の意、此の仏土を謂いて以て不浄と為すを作すこと勿《なか》れ。所以は何《いか》ん。我れ釈迦牟尼仏の土の清浄なるを見ること、譬えば自在天宮の如し』と。舎利弗は言わく、『我れは此の土の丘陵、坑坎、荊棘、沙礫、土石、諸山、穢悪の充満せるを見る』と。螺髻梵は言わく、『仁者よ、心に高下有り、仏慧に依らざるが故に、此の土を見て不浄と為すのみ』と。舎利弗よ、菩薩は一切衆生に於いて、悉皆《こと》ごとく平等にして、深心清浄にして、仏智慧に依れば、則ち能く此の仏土の清浄を見る」と」（大正一四、五三八下一〇～二〇）を参照。

40　**同一の声で説法する場合、［衆生の］種類の相違によってそれぞれ異なって理解し【一音説法随類各解】**『維摩経』に基づく。仏の同一の声の説法が、衆生の機根の種類それぞれによって異なって理解されることをいう。『維摩経』巻上、仏国品、「仏は一音を以て法を演説するに、衆生は類に随いて各おの解を得、皆な世尊は其の語を同じくすと謂う。斯れは則ち神力不共《ふぐう》の法なり」（同前、五三八上二～三）を参照。

徳の］センボクでないものとの区別があり、[41]［舎利弗をはじめとする小乗の人には］華《はな》が身に付着して取り除けないことと、［大乗の人には］華が身に付着しないこととの区別があり、[42]智慧には差別と［仏の］不差別との区別がある。[43]これは『維摩経』のような大乗経典**【方等】**のようなものである。法を衆生の［機］縁に授けることに焦点をあわせると、やはり漸教であって、説法の順序に焦点をあわせると、生蘇味《しょうそみ》の特徴をもっている。

また［次のような］意義がある。大人はその［太陽の］光の働きを受け、子供はその視力を失い、夜遊びする者は隠れ、労働する者は起きあがって活動する。[44]それ故、経文には、「ただ菩薩のために、その真実の事柄

41　［仏の功徳の］センボクと［声聞・縁覚の功徳の］センボクでないものとの区別があり**【嗅有薝蔔不薝蔔】**『維摩経』巻中、観衆生品、「人の瞻蔔《せんぷく》林に入りて、唯だ瞻蔔を嗅《か》ぐのみにして、余香を嗅がず。是の如く、若し此の室に入らば、但だ仏の功徳の香を聞《か》ぐのみにして、声聞・辟支仏の功徳の香を聞ぐを楽《ねが》わざるなり」（同前、五四八上二五～二七）を参照。薝蔔はcampakaの音写語。香木の一種。薝蔔の林に入ると、その芳香を嗅ぐだけで、その他の香りを嗅がないように、維摩詰の部屋に入れば、ただ仏の功徳の香りを嗅ぐだけで、声聞、縁覚の功徳の香りを嗅がないことをいう。

42　［舎利弗をはじめとする小乗の人には］華が身に付着して取り除けないことと、［大乗の人には］華が身に付着しないこととの区別があり**【華有著身不著身】**『維摩経』に基づく。維摩詰の部屋に住む天女が華を散らせると、菩薩にふりかかった華は地に落ちたが、舎利弗をはじめとする声聞たちにふりかかった華は身に付いて落ちず、神通力によって取り除こうとしてもだめだったことをいう。これは声聞に分別の想いがあるからであると説かれる。『維摩経』巻中、観衆生品、「時に維摩詰の室に一天女有りて、諸大人を見、説く所の法を聞いて、便《すなわ》ち其の身を現じ、即ち天華を以て、諸菩薩・大弟子

の上に散ず。華は諸菩薩に至りて、即ち皆な堕落し、大弟子に至りて、便ち著《つ》いて堕せず。一切の弟子は、神力もて華を去らんとするも、去らしむること能わず。爾の時、天女は舎利弗に問うらく、『何が故に華を去らんとする』と。答えて曰わく『此の華は如法ならず。是《ここ》を以て之《こ》れを去らんとす』と。天は曰わく、『此の華を謂いて如法ならずと為す勿れ。所以は何ん。是の華に分別する所無く、仁者は自ら分別の想を生ずるのみ。若し仏法に於いて出家し、分別する所有らば、如法ならずと為す。若し分別する所無くば、是れ則ち如法なり。諸菩薩を観るに、華は著かざるは、已に一切の分別の想を断ずるが故なり。譬えば人の畏《おそ》るる時、非人は其の便を得るが如し。是の如き弟子は生死を畏るるが故に、色声香味触は、其の便りを得るなり。已に畏れを離るれば、一切の五欲は為すこと能うこと無きなり。結習は未だ尽きざれば、華は身に著くのみ。結習尽くれば、華は著かざるなり』と」（同前、五四七下二三～五四八上六）を参照。

43　智慧には差別と［仏の］不差別との区別がある【慧有若干不若干】『維摩経』に基づく。「若干」は差別の意。諸仏の色身には差別があるが、仏の障害のない智慧には差別がないことをいう。『維摩経』巻下、菩薩行品、「諸仏如来の功徳は平等なり。衆生を化せんが為めの故に、而も仏土を現ずること同じからず。阿難よ、汝は諸仏の国土を見るに、地に若干有れども、虚空に若干無きなり。是の如く諸仏の色身を見るに、若干有るのみ。其の無礙慧に若干無きなり」（同前、五五四上五～九）を参照。

44　大人はその［太陽の］光の働きを受け、子供はその視力を失い、夜遊びする者は隠れ、労働する者は起きあがって活動する【大人蒙其光用嬰児喪其睛明夜遊者伏匿作務者興成】　ここは『般若経』の教えを太陽にたとえている。太陽が出ると、徳のある人はその光の恵みを受けるが、赤子はかえって視力を失い、夜遊びの者は隠れ、労働する者は起きあがって活動するという意味である。

を説くだけであって、私のためにこの真実の要点を説いてくれない」とある。[45]［声聞・縁覚・菩薩の］三人はともに学ぶけれども、［声聞・縁覚の］二乗は［小乗の］覚りを得る。詳しくは『大品般若経』の通りである。もし法を衆生の［機］縁に授けることに焦点をあわせると、やはり漸教であって、説法の順序に焦点をあわせ[683c]ると、熟蘇味《じゅくそみ》の特徴と名づける。

また［次のような］意義がある。日光がくまなく照らすと、高い所も低い所もみな平等に日光を受ける。日時計によって影の長さを測定すると、短くもなく長くもない。［仏像に対して］頭を低くすること、［で仏徳を讃えること］、散乱心［で仏の画像に供養すること］、小さな善によって、みな仏の覚りを完成する。[46]小さな声［聞］人に自分だけ涅槃を得させることはなく、みな如来の涅槃によって人に涅槃を得させる。[47]詳しくは今の『［法華］経』の通りである。もし法を衆生の［機］縁に授けることに焦点をあわせると、やはり漸教を経由した円《えん》教《ぎょう》[48]と名づけ、もし説法の順序に焦点をあわせると、[49]醍醐味《だいごみ》の特徴をもっている。

当然わかるはずである。『華厳経』の［三照《さんしょう》の］比喩は、『涅槃経』［の五味《ごみ》の譬喩］と、その意義は同じである。［『涅槃経』の］三子《さんし》、三田《さんでん》、三馬《さんめ》などの比喩[50]は、みな菩薩を先にし、次に二乗の人に言及し、最後に［仏の説法は］凡夫と聖人にとって平等であるようにする[51]……。

45　経文には、「ただ菩薩のために、その真実の事柄を説くだけであって、私のためにこの真実の要点を説いてくれない」とある【文云但為菩薩説其実事而不為我説斯真要】『法華経』信解品、「但だ菩薩の為めに、其の実事を演《の》べて、我れの為めに斯の真要を説かず」（大正九、一八中二〇～二一）を参照。

46　［仏像に対して］頭を低くすること、小さな声［で仏徳を讃えること］、散乱心［で仏の画像に供養すること］、小さな善によって、みな仏の覚りを完成する【若低頭若小音若散乱若微善皆成仏道】『法華経』方便品、「或いは歓喜の心を以て、歌唄《かばい》して仏徳を頌《じゅ》し、乃至一小音をもてせば、皆な已に仏道を成じたり。若し人は散乱の心にて、乃至一華を以て、画像に供養せば、漸く無数の仏を見たり、或いは人有りて礼拝し、或いは復た但だ合掌し、乃至一手を挙げ、或いは復た小《すこ》し頭を低《た》れて、此れを以て像に供養せば、漸く無量の仏を見たり、自ら無上道を成じて、広く無数の衆を度せば、無余涅槃に入ること、薪尽きて火の滅するが如くなりたり。若し人は散乱の心にて、塔廟の中に入って、一たび南無仏と称せば、皆な已に仏道を成じたり」（同前、九上一五～二五）に基づく。

47　人に自分だけ涅槃を得させることはなく、みな如来の涅槃によって人に涅槃を得させる【不令有人独得滅度皆以如来滅度而滅度之】『法華経』譬喩品、「人をして独《ひと》り滅度を得ること有らしめず、皆な如来の滅度を以て之れを滅度す」（同前、一三下七～八）を参照。

48　漸教を経由した円教【漸円教】『釈籤』によれば、「漸を会して円に帰す」という意味である。つまり、鹿苑における『阿含経』から、方等経、『般若経』までの漸教を開会して、円教に帰着させる教えが『法華経』であると解釈している。言葉の上からは、段階的に、つまり、さまざまな教えを経由した完全な教えを意味すると思われる。

49　もし説法の順序に焦点をあわせると【若約説次第】底本の「若説次第」を、全集本によって「若約説次第」に改める。

50　［『涅槃経』の］三子、三田、三馬などの比喩【三子三田三馬等譬】「三子」、「三田」、「三馬」の比喩はいずれも『南本涅槃経』巻第三十一、迦葉菩薩品（大正一二、八〇六下～八〇七上）に出る。『涅槃経』の本文では、「三子」、「三田」、「三馬」がそれぞれ菩薩、声聞、一闡提をたとえる。

51　凡夫と聖人にとって平等であるようにする【平等凡聖】「凡聖」は、凡夫と聖人のことであるが、声聞においては預流果以上、菩薩においては初地以上を聖といい、それ以下の位を凡という。『涅槃経』において、上の「三子」などの比喩の後に、仏の説法の働きは菩薩に対しても、一闡提に対しても平等であることを述べていることを踏まえたものである。

質問する。五味によって区別して認識する以上、どうして［教えを］同じく漸教と呼ぶのか。

答える。漸教に焦点をあわせると、五味を明かすことができるだけである。さらにまた、もし小乗人が大乗教を聞かなければ、大乗教はもっぱら頓教である（『華厳経』を指す）。もし大乗人が小乗教を用いなければ、小乗教はもっぱら漸教である（鹿苑《ろくおん》における阿含経を指す）。もし大乗教によって小乗教を破斥すれば、漸教と頓教とがともに並べられる（方等経を指す）。もし小乗教を帯びて大乗教を明かすならば、漸教と頓教とがたがいに助け合う（『般若経』を指す）。もし小乗教を開会《かいえ》して大乗教に帰着させれば、漸教と頓教との対立が滅んで合致する（『法華経』を指す）。それ故、『無量義経』には、「漸と頓との二法、［声聞乗・縁覚乗・菩薩乗の］三道、［声聞の預流果《よるか》・一来果《いちらいか》・不還果《ふげんか》・阿羅漢《あらかん》の］四果《しか》は合致しない」とある[52]。今は合致する。とりもなおさずこの意味である。

質問する。どのように［頓と漸とが］たがいに助け合うのか。

答える。小乗人が大乗教を聞き、小乗教を恥じて大乗教を慕うことが、頓教が小乗教を助けることである。仏が善吉《ぜんきつ》（須菩提《しゅぼだい》）に命令して［声聞への方向を］転じて教え[53]大いに菩薩を利益することが、漸教が頓教を助けることである。

これまで区別して認識したようなことは、ただ顕露《けんろ》[54]の教えに焦点をあわせて、漸教・頓教、五味の特徴を明かすだけである。もし［顕露］不定教《ふじょうきょう》について論じれば、意義はそうではない。高山で頓《とみ》に説くけれども、寂滅道場《じゃくめつどうじょう》（『華厳経』の説法の場所）を動かずに、鹿苑に遊行《ゆぎょう》して教化する。四諦《したい》（苦諦《くたい》・集諦《じったい》・滅諦《めったい》・道諦《どうたい》の四つの真実）の生滅を説くけれども、［四諦の］不生不滅《ふしょうふめつ》を妨げない。菩薩のために仏の境界《きょうがい》を説くけれども、二乗の智徳《ちとく》・断徳《だんとく》[55]がある。［阿若憍陳如《あにゃきょうじんにょ》などの］五人が初果《しょか》を得るけれども、八万の諸天が存在の不生の認識【無生忍】を得ることを妨げない。わかるはずである。［不定教においては］頓教そのままが漸教であり、漸教そのままが頓教である。『涅槃経』には、「ある時は深遠なことを説き、ある時は浅薄なことを説き、許可

52　『無量義経』には、「漸と頓との二法、［声聞乗・縁覚乗・菩薩乗の］三道、［声聞の預流果・一来果・不還果・阿羅漢の］四果は合致しない」とある【無量義云漸頓二法三道四果不合】『無量義経』説法品に、「其の法性なる者も亦復た是の如く塵労を洗除すること、等しくして差別無けれども、三法・四果・二道は不一なり」（大正九、三八六中七～八）とある。『法華玄義』巻第五上（大正三三、七三七下二〇～二三）の解釈によって翻訳した。

53　転じて教え【転教】『大品般若経』において、釈尊が須菩提に命令して、菩薩のために仏の教え＝般若波羅蜜を、方向を転じて（声聞ではなく、菩薩に）教えること。

54　顕露　あらわな、はっきりとした意で、秘密と対になる。天台の教判においては、頓・漸・不定・秘密の化儀の四教が説かれる。このうち、頓・漸が顕露定教、第三の不定は顕露不定教、第四の秘密が秘密不定教というべきものである。つまり、全体が顕露と秘密（秘密不定教）に分かれ、さらに顕露が頓・漸・不定（顕露不定教）に分かれると考えられる。

55　智徳・断徳【智断】　智徳は智慧によって真理を悟ること、断徳は煩悩を断ち切ること。それぞれ菩提と涅槃に相当する。

56　八万の諸天が存在の不生の認識【無生忍】を得る【八万諸天獲無生忍】『大智度論』巻第六十五には、「初めて法輪を転ずるに、八万の諸天は無生法忍を得、阿若憍陳如は一人初道を得。今、無量の諸天は無生法忍を得。是の故に第二の法輪を転ずと説く」（大正二五、五一七上二四～二六）とあるように、初転法輪のときに、阿若憍陳如は初果（預流果）を得たが、八万の諸天は無生法忍（存在の不生［不滅］を認識すること）を得たことを指す。

すべきことを[57]すぐに禁止し、禁止すべきことをすぐに許可する」[58]とある。[59]一時、一説、一念のなかに、すべて不定教が備わっている。旧説が一経典の全体を［不定教と］判定することとは相違する。[60]［五味の］一々の味のなかにおいて、すべてこのようである。これが顕露《けんろ》不定教である。

秘密不定教については、その意味はこうではない。如来は法について最も自在でありえる。あるいは智慧、あるいは機会、あるいは時、あるいは場所、［身口意《しんくい》の］三密《さんみつ》、［有門《うもん》・空門《くうもん》・亦有亦空門《やくうやくくうもん》・非有非空門《ひうひくうもん》の］四《し》門《もん》について、どんな妨げも障害もない。この座で頓教を説き、十方世界《じっぽうせかい》で漸教を説き、不定教を説く。頓教の座では、十方世界［での説法］を聞かず、十方世界では頓教の座［での説法］を聞かない。あるいは十方世界で頓教を説き、不定教を説き、この座で漸教を説く。それぞれたがいに聞き知ることはない。ここでは顕《あら》わであり、かしこでは秘密である。ある場合は[684a]一人のために頓教を説き、あるいは多くの人のために漸教を説き、不定教を説く。ある場合は一人のために漸教を説き、多くの人のために頓教を説く。それぞれたがいに知らないで、たがいに顕わとなり、秘密となる。ある場合は一座で沈黙して十方世界で説き、十方世界で沈黙して一座で説き、ある場合はともに沈黙し、ともに説く。それぞれたがいに知らないで、たがいに顕わとなり、秘密となる。またこのようであるけれども、まだ法について自在である如来の力を尽くしていない。ただ智慧によって知ることができ、言葉によって論じることはできない。また［仏の教えは］とても多いけれども、漸教、頓教、不定教、秘密教［の枠］を越え出ない。

今の『法華［経］』は顕露教であって秘密［不定］教ではなく、漸頓教であって漸漸教ではなく、[61]開会であって不開会ではなく、[62]醍醐味《だいごみ》であって四味《しみ》ではなく、定教であって不定教ではない。このように区別すると、

57　許可すべきことを【開】　底本の「問」を『全集本』によって「開」に改める。「開」は、戒律について、通常禁止されていることが特定の条件のもとで許される場合、これを「開す」という。「開」と対になる「遮」は禁止するの意。

58　許可する【開】　底本の「問」を『全集本』によって「開」に改める。

59　『涅槃経』には、「ある時は深遠なことを説き、ある時は浅薄なことを説き、許可すべきことをすぐに禁止し、禁止すべきことをすぐに許可する」とある【大経云或時説深或時説浅応開即遮応遮即開】　『南本涅槃経』巻第四、四相品、「如来は初めて出で、何が故に波斯匿王《はしのく》の為めに是の法門の深妙の義を説かざるや。或る時は深きを説き、或る時は浅きを説き、或いは名づけて犯と為し、或いは不犯と名づく」（大正一二、六二六下一三～一五）、同、巻第十六、梵行品、「長老諸仏の制する所の四重の法、乃至七滅諍法は、衆生の為めの故に、或いは遮し或いは開す。十二部経も亦復た是の如し。何を以ての故に。仏は国土の時節各おの異なり、衆生は同じからず、利鈍は差別するを知る。是の故に如来は或いは遮し、或いは開し、軽重の説有り」（同前、七一六上二二～二六）を参照。

60　旧説が一経典の全体を［不定教と］判定することとは相違する【不同旧義専判一部】　天台以前の教判における不定教は『金光明経』『勝鬘経』のように特定の経典を規定する概念であったが、天台における不定教は、たとえば、同じ説法によって、聴衆に応じて異なった利益を与えるなどの仏の自在な説法を指す。

61　漸頓教であって漸漸教ではなく【是漸頓非漸漸】　「漸頓」とは、『釈籤』によれば、方等経や『般若経』のような漸教の後の頓教であり、漸教を開いて頓教を顕わしたものとされる。というのは、方等経や『般若経』のような漸教にも、化法の四教のなかの円教が説かれているからである。『法華経』は方等経や『般若経』の円教を十全に説き明かしたものとされる。これに対して、方等経や『般若経』における蔵教・通教・別教は「漸の中の漸」と規定される。これを本文では「漸漸」と表現しているのである。

62　開会であって不開会ではなく【是合非不合】　『釈籤』によれば、「合」は「会」と同義であり、『法華経』は「開権之円」（権＝蔵教・通教・別教を開会する円教の意）であるといわれる。

この『［法華］経』は多くの経の特徴とは異なるのである。

さらにまた異なるというのは、他の教えはそれぞれの機に応じて衆生に利益を与えるものであり【当機益物】、如来が教化を行なう意図を説かない。この『［法華］経』は、仏が教えを説き始めるときに、[63] 衆生のために巧みに頓教、漸教、不定教、顕教、密教の種子を作ることを明かしている。［大通智勝仏《だいつうちしょうぶつ》の時から『法華経』の説法までの］中間において頓漸の五味によって、［衆生の悪を］抑制し、［衆生の善を］育てることで衆生を成熟させ、さらに頓漸の五味によって、衆生を済度《さいど》する。いずれも［衆生を］成仏させ、［衆生の機を］成熟させ、［仏種《ぶっしゅ》を衆生に］植え、［仏の出現は］次々と続いて途絶えることがない。大きく勇ましい威力によって三世にわたって衆生を利益することは、詳しくは信解品《しんげほん》に説かれる通りである。[64] ［このように『法華経』は］その他の経と異なるのである。

さらにまた、多くの経にはみな、「菩提樹《ぼだいじゅ》において、師の真実の智慧【実智】が始めて完成し、菩提樹から起ち上がって、はじめて方便の智慧【権智】を働かせる」とある。[65] 今の『［法華］経』は、師の方便の智慧と真実の智慧とが、菩提樹以前にあって、はるか昔に完成していたことを明らかにする。多くの経は、二乗の弟子が、真実の智慧に入ることができず、また方便の智慧を働かせることができないことを明かしている。今の『［法華］経』は、弟子が真実の智慧に入ったのははるか昔であり、また最初から方便［の智慧を］理解して実行していることを明かす。

さらにまた、多くの経は、菩提樹以前の師と弟子とのきわめて近い入実施権《にゅうじつせごん》（実に入り権を施すこと）を論じてさえいないのに、どうしてはるかに遠いものを論じようか。今の『［法華］経』は、菩提樹以前の入実施権がはるかに遠い［過去から］であることを明かす。一生補処《いっしょうふしょ》の［弥勒《みろく》］菩薩は、［五百塵点劫《ごひゃくじんてんごう》の譬喩に出る多くの」世界を数えても、知ることができないのに、どうしてそれらの［世界をすりつぶしてできる、さらに多くの」塵《ちり》の数を数えることができようか。『経』には、「昔、まだ説いたことのないことを、今、みな聞くことができるであろう」とある。[66]［『法華経』のなかで『法華経』を］心を込めて賞賛することは、まことに理由があることである。当然わかるはずである。この『［法華］経』は、他の多くの教えと異なるのである。

63　仏が教えを説き始めるときに【仏設教元始】『法華経』化城喩品に説かれる大通智勝仏の物語において、釈尊は大通智勝仏の十六人の王子の一人として、大通智勝仏の代わりに『法華経』を説いたことが明かされるが、これが「仏の教を設くる元始」とされる。

64　詳しくは信解品に説かれる通りである【具如信解品中説】『釈籤』巻第二に、「次に信解を指すとは、即ち信解の中に云わく、『又た他日を以て、牕牖《そうゆう》の中於《よ》り』と。即ち法身地に機を鑒《かんが》みること久しきを指す。故に此の一語は、即ち三世益物《やくもつ》の相を兼ぬ。又た信解に具さに一代の五味を領すれば、則ち三世の五味並びに然るを知る」（大正三三、八二六上八～一一）とある。

65　多くの経にはみな、「菩提樹において、師の真実の智慧【実智】が始めて完成し、菩提樹から起ち上がって、はじめて方便の智慧【権智】を働かせる」とある【衆経咸云道樹師実智始満起道樹始施権智】特定の経典を指しているのではないので、特定の出典はない。

66　『経』には、「昔、まだ説いたことのないことを、今、みな聞くことができるであろう」とある【経云昔所未曾説今皆当得聞】『法華経』従地涌出品、「昔、未だ聞かざる所の法、今皆な当に聞くことを得べし」（大正九、四一上二三）を参照。

第二章　引用して証拠立てる——七項にわたって共通に解釈する②

第二に引用して証拠立てるとは、文殊菩薩《もんじゅぼさつ》が［弥勒の］質問に答える偈頌《げじゅ》にある通りである。「私は［日《にち》月《がつ》］灯明仏《とうみょうぶつ》を見たが、もとの光の瑞相《ずいそう》（仏が眉間白毫相《みけんびゃくごうそう》から光を放ったこと）はこの通りであった。これによってわかる。今、仏は『法華経』を説こうとしている」とある。[67] どうしてただ二万億［の日月灯明仏］だけであろうか。［化城喩品の］大通智勝［仏］や、［方便品に説かれる諸仏・過去仏・未来仏・現在仏・釈迦仏の］五《ご》仏章《ぶっしょう》の中で、三世の仏の説法は、すべて『法華経』と名づけるのである。

経文には、「今、仏は［眉間白毫相から］光明を放ち、それを助けとして、実相《じっそう》の意義を開示する」とある。[68] さらに、「諸法実相の意義は、あなたたちのために説いた」とある。[69] さらに、「はかりしれない多くの人々に尊敬され、実相という教えの印を説いた」とある。[70] これもまた今も昔も同じく[684b]実相を体とするのである。

経文には、「仏は法雨《ほうう》を降らして、道を求める者を満足させるだろう」とある。[71] つまり、このことは、会三《えさん》帰一《きいち》[72]の法雨が、仏の覚りの因を求める者を満足させ、ひいてはすべてのものを開会して満足させる。開近顕《かいごんけん》遠《のん》[73]の法雨の場合は、仏の覚りの果を求める者を満足させる。

経文には、「諸もろの三乗を求める人に、もし疑念後悔があるならば、仏は当然残りなく取り除くべきであ

67「私は［日月］灯明仏を見たが……今、仏は『法華経』を説こうとしている」とある【我見灯明仏本光瑞如此以是知今仏欲説法華経】『法華経』序品、「今、此の瑞を見るに、本《も》と異なること無し。是の故に惟忖《いじゅん》す、今日の如来は当に大乗経の

妙法蓮華と名づけ、菩薩に教うる法にして、仏に護念せらるるを説くべし」（同前、四中一六～一八）を参照。

68 経文には、「今、仏は［眉間白毫相から］光明を放ち、それを助けとして、実相の意義を開示する」とある【文云今仏放光明助発実相義】『法華経』序品、「今の相は本《もと》の瑞の如し。是れ諸仏の方便なり。今、仏は光明を放ちて、助けて実相の義を発す」（同前、五中一八～一九）を参照。

69 「諸法実相の意義は、あなたたちのために説いた」とある【云諸法実相義已為汝等説】『法華経』序品、「諸法実相の義は、已に汝等が為めに説く。我れは今、中夜に於いて、当に涅槃に入るべし」（同前、五上一〇～一一）を参照。

70 「はかりしれない多くの人々に尊敬され、実相という教えの印を説いた」とある【云無量衆所尊為説実相印】『法華経』方便品、「我れは相を以て身を厳《かざ》り、光明もて世間を照らし、無量の衆に尊ばれ、為めに実相の印を説く」（同前、八中一一～一三）を参照。

71 経文には、「仏は法雨を降らして、道を求める者を満足させるだろう」とある【文云仏当雨法雨充足求道者】『法華経』序品、「諸人は今当に知るべし。合掌して一心に待て。仏は当に法雨を雨らし、求道者を充足せしむべし」（同前、五中二〇～二二）を参照。

72 会三帰一　『法華経』方便品の思想で、三乗を集めて一乗に帰着させること。意味は開三顕一と通じる。

73 開近顕遠　菩提樹下ではじめて成仏したとする立場＝近が方便であることを打ち明けて、五百塵点劫の昔にすでに成仏したとする立場＝遠が真実であることを示すこと。『法華経』如来寿量品の思想。

る」とある。[74] さらに、「諸仏の法は長い時を経過して後、きっと真実を説くであろう」とある。[75] とりもなおさず三乗、［人乗・天乗・声聞乗・縁覚乗・菩薩乗の］五乗、［人・天・声聞・縁覚・蔵教の菩薩・通教の菩薩・別教の菩薩の］七方便、［地獄・餓鬼・畜生・阿修羅・人・天・声聞・縁覚・菩薩の］九法界《くほうかい》などの疑いを断ち切って、みな信を生じさせる。これは経の用《ゆう》を証明している。

さらに、如来神力品《にょらいじんりきほん》には、「要約していうと、如来の一切のあらゆる法、如来の一切の自在《じざい》の神通力《じんずうりき》、如来の一切の秘密枢要《すうよう》の蔵、如来の一切のとても深遠な事柄について、すべてこの経において述べ示し明確に説いた」[76]とある。「一切の法」とは、権実の一切の法をすべて含むのである。これは経典の名を証明する。「一切の自在の神通力」とは、内面の作用を「自在」と名づけ、外面にあらわれる作用を「神力」と名づける。つまり、用を証明するのである。「一切の秘密枢要の蔵」とは、［仏法を受ける］器でなければ［真実の教えを］授けることがないことを「秘密」とし、その［真実の教えの］正体を「枢要」とし、含むものが多いのに、固定した貯蔵物がないことを「蔵」と名づける。これは体《たい》を証明するのである。「一切のとても深遠な事柄」とは、実相を「とても深遠な」と名づけ、実相のために因を修行することを深因《じんいん》と名づけ、実相を究めることを深果《じんか》と名づける。

さらに、法師品《ほっしほん》に、「もしこの『［法華］経』を聞くならば、はじめて菩薩の道を巧みに行ずる」とある[77]のは、深因である。「仏道を求める者は、みな私の前で、妙法華経の一句を聞き、ないし、一瞬も随喜《ずいき》すれば、私は

74　経文には、「諸もろの三乗を求める人に、もし疑念後悔があるならば、仏は当然残りなく取り除くべきである」とある

【文云諸求三乗人若有疑悔者仏当為除断令尽無有余】『法華経』序品、「諸もろの三乗を求むる人に、若し疑悔有らば、仏は当に為めに除断して、尽くして余り有ること無からしむべし」（同前、五中二一～二三）を参照。

75　「諸仏の法は長い時を経過して後、きっと真実を説くであろう」とある【云諸仏法久後要当説真実】『法華経』方便品、「舎利弗よ、当に知るべし、諸仏の語に異なり無し。仏の説く所の法に於いて、当に大信力を生ずべし。世尊は法久しくして後、要《かなら》ず当に真実を説くべし」（同前、六上二一～二三）を参照。

76　如来神力品には、「要約していうと、如来の一切のあらゆる法……すべてこの経において述べ示し明確に説いた」【如来神力品云以要言之如来一切所有之法如来一切自在神力如来一切秘要之蔵如来一切甚深之事皆於此経宣示顕説】『法華経』如来神力品、「要を以て之れを言わば、如来の一切の所有《あらゆ》る法、如来の一切の自在の神力、如来の一切の秘要の蔵、如来の一切の甚深の事は、皆な此の経に於いて宣示顕説す」（同前、五二上一七～二〇）を参照。

77　法師品に、「もしこの『［法華］経』を聞くならば、はじめて菩薩の道を巧みに行ずる」とある【法師品云若聞此経乃是善行菩薩之道深因也】『法華経』法師品、「薬王よ、多く人有って在家・出家にて菩薩道を行ぜんに、若し是の法華経を見・聞・読・誦・書・持・供養することを得ること能わずば、当に知るべし、是の人は未だ善く菩薩道を行ぜず」（同前、三一下三～五）を参照。

みな授記《じゅき》する」[78]とあり、ないし、「一瞬でもこれを聞けば、すぐに三菩提《さんぼだい》を窮《きわ》め尽くすことができる」とある[79]のは、深果である。これは宗《しゅう》を証明するのである。

二つの文を引用する理由は、過去仏［の日月灯明仏］は出来事がすでに定まっており、［文殊菩薩は］要略を取りあげて［弥勒菩薩等の］疑いを解決する。今仏《こんぶつ》（釈尊）は説き終わって、要略を取りあげて付嘱《ふぞく》する。中間はちょうどそのときその機に応じて広く説く。それ故、引用して証拠立てることをしないだけである。若し引用すれば、「開示悟入《かいじごにゅう》」[80]はとりもなおさずその文である。「為大事因縁故」は名を証明し、「仏之知見」は体を証明し、「開示悟入」は宗を証明し、「為令衆生」は用を証明し、これらが他の経典と異なるのは、教を証明するのである。

さらに、薬王品《やくおうほん》では十の比喩[81]を取りあげて［『法華経』の］教えを賛嘆《さんたん》している。今、そのなかの六［つの比喩］を引用する。「海のように大きく、山のように高く、月のように円く、太陽のように照らし、梵天王の

78　「仏道を求める者は、みな私の前で、妙法華経の一句を聞き、ないし、一瞬も随喜すれば、私はみな授記する」【求仏道者咸於我前聞妙法華経一句乃至一念随喜我皆与授記】『法華経』法師品、「薬王よ、汝は是の大衆の中の無量の諸天・龍王・夜叉・乾闥婆・阿修羅・迦楼羅・緊那羅・摩睺羅伽、人と非人、及び比丘・比丘尼・優婆塞・優婆夷・声聞を求むる者、辟支仏を求むる者・仏道を求むる者、是の如き等類は、咸《ことごと》く仏の前に於いて、妙法華経の一偈一句を聞いて、乃至一念も随喜せば、我れは皆な与《た》めに当に阿耨多羅三藐三菩提を得べしと授記す」（同前、三〇中二九～下七）を参照。

79　「一瞬でもこれを聞けば、すぐに三菩提を窮め尽くすことができる」とある【須臾聞之即得究竟三菩提深果】『法華経』法師品、「是の人は歓喜して法を説かんに、須臾《しゅゆ》も之れを聞かば、即ち阿耨多羅三藐三菩提を究竟することを得んが故なり」

（同前、三一上九～一一）を参照。

80　開示悟入　『法華経』方便品、「諸仏・世尊は衆生をして仏知見を開かしめ、清浄なることを得しめんと欲するが故に世に出現す。衆生に仏知見を示さんと欲するが故に世に出現す。衆生をして仏知見を悟らしめんと欲するが故に世に出現す。衆生をして仏知見の道に入らしめんと欲するが故に世に出現す。舎利弗よ、是れ諸仏は一大事因縁を以ての故に、世に出現すと為す」（同前、七上二三～二八）を参照。

81　十の比喩【十譬】『法華経』薬王菩薩本事品に出る十種の比喩（同前、五四上～中を参照）で、『法華経』が諸経の王であることをたとえる。「宿王華よ、譬えば一切の川流江河の諸水の中に、海は為《こ》れ第一なるが如く、此の法華経も亦復た是の如く、諸の如来の説く所の経の中に於いて、最も為れ深大なり。又た土山・黒山・小鉄囲山・大鉄囲山、及び十宝山の衆山の中に、須弥山は為れ第一なるが如く、此の法華経も亦復た是の如く、諸経の中に於いて、最も為れ其の上なり。又た衆《もろもろ》の星の中に月天子は最も為れ第一なるが如く、此の法華経も亦復た是の如く、千万億種の諸の経法の中に於いて、最も為れ照明なり。又た日天子は能く諸の闇を除くが如く、此の経も亦復た是の如く、能く一切不善の闇を破す。又た諸の小王の中に、転輪聖王は最も為れ第一なるが如く、此の経も亦復た是の如く、衆経の中に於いて、最も為れ其の尊なり。又た帝釈の三十三天の中に於いて王なるが如く、此の経も亦復た是の如く、諸経の中の王なり。又た大梵天王の一切衆生の父なるが如く、此の経も亦復た是の如く、一切の賢・聖・学・無学、及び菩薩の心を発する者の父なり。又た一切の凡夫人の中に須陀洹・斯陀含・阿那含・阿羅漢・辟支仏は為れ第一なるが如く、此の経も亦復た是の如く、一切の如来の説く所、若しは菩薩の説く所、若しは声聞の説く所、諸の経法の中に、最も為れ第一なり。能く是の経典を受持すること有らん者も亦復た是の如く、一切衆生の中に於いて、亦た為れ第一なり。一切の声聞・辟支仏の中に、菩薩は為れ第一にして、此の経も亦復た是の如く、一切の諸の経法の中に於いて、最も為れ第一なり。仏は為れ諸法の王なるが如く、此の経も亦復た是の如く、諸経の中の王なり」（同前、五四上一九～中一一）を参照。

ように自在であり、仏のように究極的である」とある。[82]

海は［すべてのものを入れることができる］くぼみの徳がある。あらゆる流れが帰着するからであり、同じ塩味だからである。『法華経』も同様である。仏が証得《しょうとく》するものは、あらゆる善【万善】が同じく帰着し、同じく684c仏乗に乗る。江（大きな川）、湖、川の流れにはこの偉大な徳はない。他の経典も同様である。それ故、『法華経』は最大である。

山王［の須弥山《しゅみせん》］は最も高い。［金・銀・瑠璃《るり》・玻璃《はり》の］四つの宝からできているからであり、諸天だけが住むからである。『法華経』も同様であり、［乳味・酪味・生蘇味・熟蘇味の］四つの味の教えの頂点にあって、［断無《だんむ》・建立《こんりゅう》・異《い》・尽《じん》の］四つの誹謗《ひぼう》から離れている。［開示悟入《かいじごにゅう》］すれば、一つの機、一つの縁だけであり、同一の道味《どうみ》であり、菩薩だけであって、声聞の弟子がいないからである。

月は欠けたり満ちたりするからであり、月はしだいに円くなるからである。『法華経』も同様である。［月の満ち欠けは］同じ本体の権と実であるから、［月がしだいに円くなるように、『法華経』は］漸を開会して頓に入るからである。

灯火、かがり火、星、月が闇とともに存在するのは、さまざまな経典に、二乗の覚りの果を残して、小乗と共存することをたとえている。太陽は闇を破ることができるからである。『法華経』は［小乗の涅槃をたとえる］化城《けじょう》を破り、［小乗の教えをたとえる］草庵《そうあん》を除くからである。さらに、太陽は星・月［の光］を奪い去って、見えなくさせるからである。『法華経』は迹《しゃく》を払い、方便を除くからである。

転輪聖王《てんりんじょうおう》は［須弥山の周囲の］四つの地域（四大洲《しだいしゅう》）で自在であり、帝釈天《たいしゃくてん》は三十三天（忉利天《とうりてん》）で自在であり、大梵天王《だいぼんてんのう》は三界《さんがい》で自在である。さまざまな経典は、俗諦《ぞくたい》[83]において自在である場合もあり、真諦《しんたい》[84]において自在である場合もあり、中道において自在である場合もある。ただしこれは段階的な自在であって、大自在ではない。今の『[法華]経』は三諦が円融《えんゆう》であって、最も自在でありえるので、大梵天王にたとえる。他の経は衆生を生死から抜け出させる。五人の仏弟子が凡夫のなかで第一であるようなものである。あるいは衆生を[小乗の]涅槃から抜け出させる。菩薩が学ぶべきことのない無学(阿羅漢)の上に位置するようなものである。今の『[法華]経』は衆生を[方便の教えから]抜け出させて、方便の教えの菩薩の上に超え出させ、そのまま法王となり、最もすぐれている。多くの比喩を引用して、教相が最もすぐれていることを明らかにした。[教相を]例として次のことがわかる。用《ゆう》、宗《しゅう》、体、名も海のように大きく、境《きょう》(認識、観察の対象)、智から利益までも海のように大きい。[『法華経』の]教相は山のように、四味の教えの上にある。用、宗、体、名、境、智、利益も同様である。[『法華経』の]教相は欠けた月が満月になるように円満である。用、宗、体、名、境、智、利益も同様である。[『法華経』の]教は化城を破る。用、宗、体、名、教、智、利益も同様である。教相は自在であり、他も同様である。教相は王のなかの王であり、他も同様である。経文を引用して教相を証拠立てるばかりでなく、他(名・体・宗・用など)の意義も完成した。

82　「海のように大きく、山のように高く、月のように円く、太陽のように照らし、梵天王のように自在であり、仏のように究極的である」とある【大如海高如山円如月照如日自在如梵王極如仏】前注81を参照。

83　俗諦　saṃvṛti-satya, vyavahāra-satya. 世俗諦、世諦とも訳す。二諦の一つ。世俗の立場における、言葉によって説かれる真実。

84　真諦　paramārtha-satya. 第一義諦、勝義諦とも訳す。二諦の一つ。言葉によって説くことのできない究極的真実。

第三章　生起——七項にわたって共通に解釈する③

第三に生起《しょうき》とは、生じる主体を生とし、生じる対象を起とする。［生と起の］前後には次第順序があり、粗《あら》いものと細《こま》やかなものは［順番が］違わない。僧肇《そうじょう》は、「名には対象【物】を招き寄せる働きがなく、対象には名に対応する本質【実】がない。名もなく対象もなければ、名と対象とはどうして存在するであろうか」と述べている。[85]思うに、第一義［諦《たい》］のなかの無相の意味である。世諦《せたい》によっていえば、名がなければ、それによって法を示すことはない。それ故、最初に名を解釈する。名は法にたいして名づける。法はとりもなおさず体である。名を探求して体を知る。[685a]体は宗でなければ、会得《えとく》しない。体を会得して自行が完全になったなら、体から用を起こし、心識《しんしき》を有する衆生を導き利益を与える。利益が多い以上、教相を認識する必要がある。

神力品《じんりきほん》の中では、教えの順序に焦点をあわせている。「すべての法」は、もともとすべて仏法である。『大［般涅槃］経』には、「すべての世諦は、如来にとっては、第一義諦にほかならない」とある。[86]衆生は［考えが］倒錯《とうさく》しており、［すべての法が］仏法ではないと思う。今、［仏は］明らかに述べそのことを示すので、「すべての法」というのである。この法を説こうとするのに、最初に神通力によって［衆生を］驚かすので、「すべての自在の神通力」という。［衆生は］神通を見て、迷いから目覚め、［仏を］仰《あお》ぎ慕《した》う以上、［仏は］教えを説くことができる。教えは実相を説き明かすので、「秘密の蔵《ぞう》」というのである。［衆生が］教えを受けて修行するときに、すぐに因果があるので、「甚深《じんじん》の事」というのである。［名・体・宗・用の］四つの玄義について［『法華経』と］その他の経典との相違を区別しようとして、次に教相を明らかにするだけである。

序品《じょほん》は修行の順序に焦点をあわせている。最初に経典、または善知識《ぜんちしき》にしたがって、見聞するものがあるのは、そのまま名を聞くことである。［名を］聞くので、理を推測して、体が現われる。体を現わすには、修行が必要である。修行はそのまま因果の宗である。修行は自ら惑《わく》を退け、衆生も利《り》するのは、用である。［『法華経』と他の経典との］相違を区別して認識するのは、教相である。

「開示悟入」も修行の順序に焦点をあわせている。法にもともと開いたり閉じたりすることはないが、今、「方便の門が開かれる」と呼ぶ。これは名を聞くことである。「真実の様相を示す」とは体である。迷いから覚《さと》りを得るまで［の過程］は覚りの因である。因によるので覚りという果がある。［これが］宗である。覚るので［自身が］深く入り、また他［の衆生］を入らせるのは用である。相違を区別するのは教である。

今の［名・体・宗・用・教の］五つの玄義は、序品によって、修行の順序を助けるのである。

85　僧肇は、「名には対象【物】を招き寄せる働きがなく……名と対象とはどうして存在するであろうか」と述べている【肇云名無召物之功物無応名之実無名無物名物安在】　僧肇（三八四？～四一四）の『肇論』不真空論の引用。「夫れ名を以て物を求むるに、物に名に当たるの実無し。物を以て名を求むるに、名に物を得るの功《く》無し。物に名に当《あ》たるの実無ければ、物に非ざるなり。名に物を得るの功無ければ、名に非ざるなり。是を以て名は実に当たらず、実は名に当たらず。名と実とは当たること無ければ、万物は安《いずく》んぞ在らん」（大正四五、一五二下二〇～二三）を参照。

86　『大［般涅槃］経』には、「すべての世諦は、如来にとっては、第一義諦にほかならない」とある【大経云一切世諦若於如来即是第一義諦】『南本涅槃経』巻第十五、梵行品、「一切の世諦は、若し如来に於いては、即ち是れ第一義諦なり」（大正一二、七〇八上六～七）を参照。

第四章　展開と統合——七項にわたって共通に解釈する④

第四に展開と統合【開合】とは、［名・体・宗・用・教の］五章がまとまって一つの経典を解釈する場合に、様々に区別するのは、理解しやすくさせるからである。全部で三種類の開合がある。［事理・教行・因果・自行化他・説黙《せつもく》の］五種、十種［の三法］、比喩をいう。

最初に［五種のなかの事理について、］釈名《しゃくみょう》は事と理をともに論じ、顕体《けんたい》はただ理だけを論じ、宗と用とはただ事だけを論じ、教相は事と理とを区別して認識する。

［五種のなかの教行について、］釈名は教法と修行をともに説き、顕体は教法でもなく修行でもなく、宗と用とはただ修行だけであり、教相はただ教法だけである。

［五種の中の因果について、］釈名は因と果とをともに説き、顕体は因でもなく果でもなく、宗は自身［の修行］の因と果、用は他を教えることの因と果、教相は上の法を区別して認識するだけである。

［五種の中の自行化他について、］釈名は自行と化他とをともに論じ、体は自行でもなく化他でもなく、宗は自行であり、用は化他であり、教相は自行と化他とを区別して認識する。

［五種のなかの説黙について、］釈名は説法と沈黙をともに論じ、体は説法でもなく沈黙でもなく、宗は沈黙、用は説法、教相は［説法と沈黙とを］区別して認識する……。

十種[87]［の三法］とは、釈名は総じて［真性軌《しんしょうき》・観照軌《かんしょうき》・資成軌《しじょうき》の］三軌《さんき》[88]を論じ、体と宗と用とは三軌を開いてそれぞれに対応させ、教相は三軌を区別して認識する。

［第一の三道について、］釈名は総じて三道《さんどう》（苦道《くどう》・煩悩道《ぼんのうどう》・業道《ごうどう》）を論じ、体・宗・用[685b]は三道を開いてそれぞ

れに対応させ、教相は三道を区別して認識する。このように続いて、第十には、釈名は総じて三徳《さんとく》（法身《ほっしん》・般《はん》若《にゃ》・解脱《げだつ》）を論じ、体・宗・用は三徳を開いてそれぞれに対応させ、教相は三徳を区別して認識する……。

比喩とは、たとえばまとめて人と名づけ、人を開くと識《しき》と命根《みょうこん》と体温があり、さまざまな人を区別すると、貴賤《きせん》や賢愚《けんぐ》などのさまざまな差異があるようなものである。人は名をたとえ、識は体をたとえ、命根は宗をたとえ、体温は用をたとえ、区別することは教相をたとえる……。

第五章　問答による考察――七項にわたって共通に解釈する⑤

第五に問答による考察【料簡《りょうけん》】とは、もし蓮［の実《み》］のための華であれば、華と果は必ずともにあることになり、［サーンキヤ説の］因の中に果があるとする説に堕落するのではないか。

答える。因のなかに果がある［とするサーンキヤの説］は、［『涅槃経』に説かれている］古い医者の誤った

87　十種　五重玄義と十種類の三法との対応関係を明らかにする。十種類の三法とは、三道（苦道・煩悩道・業道）、三識（菴摩羅識・阿黎耶識・阿陀那識）、三仏性（正因仏性・了因仏性・縁因仏性）、三般若（実相般若・観照般若・文字般若）、三菩提（実相菩提・実智菩提・方便菩提）、三大乗（理乗・随乗・得乗）、三身（法身・報身・応身）、三涅槃（性浄涅槃・円浄涅槃・方便浄涅槃）、三宝（法宝・仏宝・僧宝）、三徳（法身・般若・解脱）をいい、『法華玄義』巻第五下（大正三三、七四四上～七四五下を参照）に出る。

88　三軌　真性軌・観性軌・資成軌の三種の軌範。真性軌は真如実相を指す。観性軌は真如実相を観察する智慧を指す。資成軌は智慧を補助する万行を指す。

治療法である。[89] すでに最初の教えに破られてしまった。［古い医者の誤った治療法は］麁《そ》の権実《ごんじつ》の意味でさえない。どうして妙《みょう》なる因、妙なる果であり、新しい医者の症状に合わせた乳薬《にゅうやく》による治療法であろうか。

質問する。華《け》はそれによって方便の教えをたとえる。方便の教えは小乗の法であるので、［化城喩品における小乗の涅槃をたとえた］草庵を破るべきではない。草庵を破る以上、どうして華によって方便の教えをたとえることができるであろうか。

答える。小乗とは他を教化するための方便の教えである。それ故、［草庵を］破る必要がある。今は、仏自身の修行における方便を明かすので、華によってたとえるだけである。

質問する。経文に、火宅《かたく》から医子《いし》（の比喩）まで、全部で七つの比喩があり、[90] すべて蓮華［の比喩］を明かしていない。どうしてこの［蓮華の比喩］を取りあげて題目とするのか。

答える。七つの比喩は個別的な比喩【別】であり、蓮華は［経典全体にわたる］総体的な比喩【総《そう》】である。総体的な比喩を取りあげて個別的な比喩を収めるので、経のはじめに立てるのである。

質問する。すべての法はみな仏法である。どのような意図によって、方便の教えを選び捨てて真実の教えを体として取るのか。

答える。もし方便の教えを開きあらわして真実の教えをあらわせば、さまざまな法もみな体である。もし方便の教えを破棄して真実の教えをあらわせば、以前に［仏自身の修行の体を］用いた通りである。

質問する。なぜ因と果のどちらも宗とするのか。

答える。因に基づき果を招く。果は因によって成就されたものである。もし成し遂げる主体にしたがうならば、因を宗とし、もし成し遂げられるものにしたがうならば、果を宗とする。この二義はもともとたがいに成立させるので、単独で［因と果のどちらか一方］を取りあげることはできない。その上、迹門と本門の二つの経文は、どちらも因と果を説くからである。

質問する。宗について議論する場合には他に対する教化の因と果を選び捨てるのに、［どうして］用《ゆう》を解明する場合には仏自身の修行と他者への教化の両方の権実を取りあげるのか。

答える。宗は［仏の］自身の修行を議論するので、他者を選び捨てる必要がある。用は他者に利益を与える。それ故に［仏自身の修行と他者への教化の］両方を取りあげるのである。

また質問する。用は他者への教化［の権実］であるので、自身の修行の権実も必要としないのか。

89　古い医者の誤った治療法である【旧医邪法】『南本涅槃経』巻第二、哀歎品（大正一二、六一七下～六一八下を参照）に出る比喩に基づく。旧医が乳薬の好醜善悪を認識せず、どんな病気にもただ乳薬を用いていたのを、新しくやって来た客医が王に、乳薬は毒であるから禁止するように求めた。ところが、後に王が病にかかったとき、客医はかえって乳薬を用いることを勧めたので、王は厳しく問いただした。客医は、旧医がさまざまな病気の種類を区別せず、ただ乳薬だけを投薬していたが、乳薬は毒害にも甘露にもなることを説き、今の王の病には、乳薬が効果のあることを説く。これが「新医の真乳の法」といわれている。外道の常楽我浄に対して、いったんは無常・苦・無我・不浄を説いたが、『涅槃経』において、再び真実の常楽我浄を説くことをたとえたものである。

90　七つの比喩があり【七譬】『法華経』譬喩品の三車火宅の比喩、信解品の長者窮子の比喩、薬草喩品の三草二木の比喩、化城喩品の化城宝処の比喩、五百弟子受記品の衣裏繋珠の比喩、安楽行品の髻中明珠の比喩、如来寿量品の良医病子の比喩のこと。

答える。［用に自行の権と実を必要とするのは］自身に利益を与えることによって他者に利益を与えようと思うからである。

重ねて質問する【並】。宗もまた［用と］同様であるはずである。［宗は仏］自ら他者への教化の因と果を行じようとしている。それ故当然、［宗においても］他［への教化の因と果］を取りあげるべきである。

答える。他者への教化の因と果では、仏は菩提《ぼだい》を実現することはできない。そのため［他者への教化の権と実を］取りあげない。

重ねて質問する。用における他者［への教化］の権実も、また他者を［菩提の］極地に到達させることはできない。また［宗と同様に用においても他者への教化の因果を］取りあげるべきではない。

答える。他者には、これ（他者への教化）を用いて利益を与えるのが適当である。そのために［用は］他者に対する教化を取りあげるのである。

質問する。宗・用は両方とも智徳《ちとく》と断徳《だんとく》を解明している。どのように［宗と用とを］区別するのか。

答える。仏自身の修行では、智徳を宗とし、[685c] 断徳を用とする。他者への教化では、仏自身の修行と他者への教化[91]との智徳と断徳とを両方とも宗とし、他者への教化の智徳と断徳とを両方とも用とする。

質問する。なぜ［名・体・宗・用・教の］五章であって、四章でもなく、六章でもないのか。

答える。たとえ四章や六章としても、また疑問が生じる。限りない問いに陥ってしまうのはよくない。

質問する。さまざまな経典にそれぞれ異なる意義がある。どうして五重玄義《ごじゅうげんぎ》によって共通してさまざまな経典を解釈することができるのか。

答える。もしさまざまな経典を個別に解釈すれば、ただ個別の意義を得るだけで、共通の意義を獲得しない。

今は、共通に五重玄義を論じれば、共通の意義も得て、個別の意義も失うことはない。

第六章　観心を明らかにする――七項にわたって共通に解釈する⑥

第六に観心《かんじん》を明らかにするとは、標章《ひょうしょう》から料簡《りょうけん》までは、すべて観心を明らかにしている。心は［奇術師の作る］幻や陽炎《かげろう》のように［実体がなく］、ただ名称があるだけである。このことを心と名づける。心があるといっても、［心の］具体的な形を見ず、心がないといっても、また想念を生ずる。有無によって考えることはできないので、心を妙と名づける。妙なる心は軌範《きはん》とすることができる。これを法と呼ぶ。心法は因でもなく果でもなく、理のように［心法を］観察できれば、すぐに因と果を成就する。これを蓮華と名づく。一心が観察を成就することによって、また転じて他者の心を教える。このことを経と名づける。［以上で］釈名が終わった。

［観心の体について］心にはもともと名称もなく、名称がないということもない。心は不生と名づけるが、不滅でもある。心は実相にほかならない。

［観心の宗について］初めに観察することを因とし、観察の完成することを果とする。

［観心の用について］観心を行なうので、悪いものごとを推し量る心の粗い働き【悪覚】が生じない。

［観心の教相について］心作用《しんさよう》の煩悩《ぼんのう》は、［教相が］同じでも、異なっても、みな教化されて［覚りに］転換

91　仏自身の修行と他者への教化【自他】　底本の「自行」を、文意によって改める。

する。これを観心とする。五章を掲げ終わった。

観心を引用して証拠立てるとは、『釈論《しゃくろん》』（『大智度論《だいちどろん》』）には、「［色《しき》の］一陰《いちおん》を色と名づけ、［受《じゅ》・想《そう》・行《ぎょう》・識《しき》の］四陰を名と名づける」とある。[92] 心は名であるだけである。

『大［般涅槃］経』には、「心性《しんしょう》を観察することができることを、最高の禅定と名づける」とある。[93]「最高の禅定」とは、第一義の禅定である。心は体であることを証明する。

『大［般涅槃］経』には、「そもそも心のあるものは、みな［阿耨多羅三藐《あのくたらさんみゃく》］三菩提《さんぼだい》を得るはずである」とある。[94] 心は宗である。『遺教《ゆいぎょう》［経《きょう》］』には、「心を一箇所に抑えれば、万事をなす」とある。[95] 心は用である。

『釈論』（『大智度論』）には、「三界には［心が作り出したもの以外の］別の法はない。ただ一心が作り出したものである」とある。[96] 心は地獄にも、心は天界にも、心は凡夫にも、心は賢人・聖人にもなることができる。粗い働きと細かい働き【覚観】をする心は言語の根本である。心によって心を認識する。心は教相であることを証明する。

観心の生成の関係とは、心によって心を観察する場合、観察する主体の心【能観心】によって、観察の対象【所観境】がある。観察が対象に合致するからであり、心にしたがって解脱を得るからである。もし一つの心が解脱を得るならば、すべての心作用もみな解脱を得させることができるからである。心王《しんのう》と心作用とが同時に生起《せいき》することと、片方だけ生起することなどとを区別することは、とりもなおさず教相であるからである。

観心の展開と統合とは、心は諸法の根本である。心は総称である。個別に説くと、三種の心がある。煩悩の心は［無明《むみょう》・愛《あい》・取《しゅ》の］三項であり、苦果《くか》の心は 686a ［識《しき》・名色《みょうしき》・六入《ろくにゅう》・触《そく》・受・生・老死の］七項であり、業の心は［行・有《う》の］二項である。苦の心は法身であり、心の体である。煩悩の心は般若であり、心の宗である。

業の心は解脱であり、心の用である。とりもなおさず心を開いて三とするのである。十二因縁の心の生起を区別して認識すると、［地獄・餓鬼・畜生・阿修羅・人・天の］六道の差別がある。心の滅を区別して認識する

92　『釈論』（『大智度論』）には、「［色の］一陰を色と名づけ、［受・想・行・識の］四陰を名と名づける」とある【釈論云一陰名色四陰名名】『大智度論』巻第六十五、「二法に一切法を摂《しょう》す。所謂《いわゆ》る名・色なり。四大、及び造色は、色の摂する所なり。受等の四衆は、名の摂する所なり」（大正二五、五一八下二九～五一九上一）を参照。

93　『大［般涅槃］経』には、「心性を観察することができることを、最高の禅定と名づける」とある【大経云能観心性名為上定】出典未詳。

94　『大［般涅槃］経』には、「そもそも心のあるものは、みな［阿耨多羅三藐］三菩提を得るはずである」とある【大経云夫有心者皆当得三菩提心】『南本涅槃経』巻第二十五、師子吼菩薩品、「凡そ心有る者は、定んで当に阿耨多羅三藐三菩提を成ずることを得べし」（大正一二、七六九上二〇～二一）を参照。

95　『遺教［経］』には、「心を一箇所に抑えれば、万事をなす」とある【遺教云制心一処無事不辦】『仏垂般涅槃略説教誡経』、「此の心を縦《ほしいまま》にすれば、人の善事を喪《うしな》い、之れを一処に制すれば、事として辦《べん》ぜざること無し」（同前、一一一一上一九～二〇）を参照。

96　『釈論』（『大智度論』）には、「三界には［心が作り出したもの以外の］別の法はない。ただ一心が作り出したものである」とある【釈論云三界無別法唯是一心】出典未詳。『維摩経玄疏』巻第二には、「『華厳経』に云わく、三界に別法無し。唯だ是れ一心の造るのみ」（大正三八、五二六上九～一〇）とあり、『華厳経』を出典としている。『六十巻華厳経』巻第二十五、十地品、「三界は虚妄にして、但だ是れ一（宋・元・明の三本と聖語蔵本によって補う）心の作なるのみ」（大正九、五五八下一〇）を参照。

と、［声聞・縁覚・菩薩・仏の］四聖という高低の差がある。これを教相とし、展開と統合を兼ねているのである。

観心の問答による考察とは、質問する。事柄に対する理解が足りている［のに］、どうして煩《わずら》わしく心を観察するのか。

答える。『大［智度］論』には、「仏は信行[97]の人のためには樹木を比喩とし、法行[98]の人のためには身を比喩とする」とある。[99]今も同様であり、文字の人[100]のためには事柄に焦点をあわせて解釈し、座禅の人[101]のためには観心の解釈をする。さらにまた、『［大智度］論』には四句を作って評している。「智慧があるが［説法を］多く聞くことがないものは、実相を知らない。たとえば真っ暗な闇の中で、目はあるが何も見えないようなものである。多く聞くが、智慧がないものも、実相を知らない。たとえば大変明るいところでは、灯火があっても、照らすことがないようなものである。多く聞いてすぐれた智慧のあるものは、説かれた内容を当然受けいれるべきである。聞くこともなく智慧もないものは、人の身体を持った牛と名づける」とある。[102]今、聞法《もんぼう》と智慧を合わせて修めさせようとして、教義と観心をどちらも取りあげる。『百論《ひゃくろん》』には目の不自由な人と足の不自由な人とが協力して歩むことができるという比喩がある。[103]『牟子《ぼうし》［理惑論《りわくろん》］』には言葉で教えを説くことと修行することとが［備わって国の宝であることが］説かれている。[104]

『華厳［経］』には、「たとえば貧乏な人が、昼夜、他人の宝を数えても、自分では半銭の取り分もないよう

97　信行　随信行ともいう。他の教えを信じて修行すること。法行に比して鈍根とされる。

98　法行　随法行ともいう。自ら思惟して法のように修行すること。信行に比して利根とされる。

99　『大［智度］論』には、「仏は信行の人のためには樹木を比喩とし、法行の人のためには身を比喩とする」とある【大論云仏為信行人以樹為喩為法行人以身為喩】『大智度論』巻第四十一、「復た次に菩薩に二種有り。一には坐禅、二には誦《じゅ》経《きょう》なり。坐禅とは、常に身、骨等の諸分和合を観ずるが故に、名づけて身と為す。……坐禅せざる者は、草、木、枝、葉、華、実を以て喩えと為す」（大正二五、三五八中一二～一九）を参照。

100　文字の人【文字人】経典や法門を文字の上でだけ学び、修行実践のない人。文字の法師、誦文の法師などといわれる。

101　座禅の人【坐禅人】座禅ばかりして、経典や法門を学ばない人。闇証の禅師ともいう。

102　『［大智度］論』には四句を作って評している……人の身体を持った牛と名づける」とある【論作四句評有慧無多聞是不知実相譬如大闇中有目無所見多聞無智慧亦不知実相譬如大明中有灯而無照多聞利智慧是所説応受無聞無智慧是名人身牛】『大智度論』巻第五、「慧有り多聞無きは、是れ実相を知らず。譬えば大闇の中、目有れども見る所無きが如し。多聞にして智慧無きも亦た実義を知らず。譬えば大明の中、灯有れども目無きが如し。多聞にして利《するど》き智慧あるは、是れ説く所応に受くべし。慧も無く亦た明も無きは、是れ人身牛と名づく」（同前、一〇一中一〇～一五）を参照。

103　『百論』には目の不自由な人と足の不自由な人とが協力して歩むことができるという比喩がある【百論有盲跛之譬】『百論』巻上、「譬えば盲跛相い仮りて能く去るが如し。是の如き神に思惟有り、身に動力有りて、和合して去る」（大正三〇、一七二中二一～二二）に基づく。

104　『牟子［理惑論］』には言葉で教えを説くことと修行することとが「備わって国の宝であることが」説かれている【牟子有説行之義】『牟子理惑論』（『弘明集』巻第一所収）、「故に能く言い行うこと能わざるは、国の師なり。能く行ない言うこと能わざるは、国の用なり。能く行ない能く言うは、国の宝なり」（大正五二、五上二〇～二一）に基づく。

なものである」とある。[105]聞法に偏《かたよ》る過失である。下の文には、「まだ［覚りを］得ていないのに得たと思いこみ、まだ証得していないのに証得したと思いこむ」とある。[106]観心に偏る過失である。どうしてかといえば、集中して見たり聞いたりしないのは、風のなかの灯火が物を明瞭に照らさないようなものであるからである。ただ耳から入り、口から出ていくことを尊ぶだけで、すべて心をととのえず、自分を肯定して人をあなどり、邪見を増して欠点を増大させる。刃を取って自分で自分を傷つける。［教えの］理解が悪道に引きづられるのは、観心を習わないからである。観心の人は、心がそのまま肯定されるものであり、自己は仏に等しいと思い込んで、すべて経・論を探求しないで、増上慢《ぞうじょうまん》に落ちる。このことはたいまつを抱いて自分を焼くようなものである。修行が悪道に引きづられるのは、聞法を習わないからである。

　もし貧乏から解放されようとするならば、［空観《くうがん》・仮観《けかん》・中観《ちゅうがん》の］三観《さんがん》に励むべきである。増上慢から解放されようとするならば、［理即《りそく》・名字即《みょうじそく》・観行即《かんぎょうそく》・相似即《そうじそく》・分証即《ぶんしょうそく》（分真即《ぶんしんそく》）・究竟即《くきょうそく》の］六即を聞くべきである。「世間の様相は常住である」[107]とは、理即である。「多くの過去仏のもとで、もし一句を聞くことがあれば」[108]とは、名字即である。「深く信じ随喜《ずいき》する」[109]とは、観行即である。「六根清浄《ろっこんしょうじょう》」[110]とは、相似即である。「真実の智慧に安住する」[111]とは、分証即である。「ただ仏と仏だけが実相を究め尽くす」[112]とは、究竟即である。心を修めて内に対して観察すれば、法の財宝がある。正しく信じて外に対して聞けば、増上慢もなくなる。眼のごとき智慧と明るさのごとき多聞《たもん》は、利益を備える。どうして観［心］と［教えの］理解とをしないことがあろうか。

妙法蓮華経玄義　巻第一上

105 『華厳［経］』には、「たとえば貧乏な人が、昼夜、他人の宝を数えても、自分では半銭の取り分もないようなものである」とある【華厳云譬如貧窮人日夜数他宝自無半銭分】『六十巻華厳経』巻第五、菩薩明難品、「譬えば貧窮《びんぐ》の人は、日夜に他の宝を数え、自ら半銭の分無きが如し。多聞も亦た是の如し」（大正九、四二九上三～四）を参照。

106 下の文には、「まだ［覚りを］得ていないのに得たと思いこみ、まだ証得していないのに証得したと思いこむ」とある【下文云未得謂得未証謂証】『法華経』方便品、「此の輩は罪根深重に、及び増上慢にして、未だ得ざるを得たりと謂《おも》い、未だ証せざるを証せりと謂えり。此の如き失有り。是を以て住せず」（同前、七上九～一〇）を参照。

107 「世間の様相は常住である」【世間相常住】『法華経』方便品、「是の法は法位に住して、世間の相は常住なり。道場に於いて知ろしめ已って、導師は方便もて説きたまわん」（同前、九中一〇～一一）を参照。

108 「多くの過去仏のもとで、もし一句を聞くことがあれば」【於諸過去仏若有聞一句】『法華経』方便品、「諸の過去仏に於いて、在世、或いは滅度、若し是の法を聞くこと有らば、皆な已に仏道を成ぜり」（同前、九上二六～二七）を参照。

109 「深く信じ随喜する」【深信随喜】『法華経』如来神力品、「汝等は当に深心に随喜すべし。亦た当に釈迦牟尼仏を礼拝・供養すべし」（同前、五二上六～七）を参照。

110 「六根清浄」『法華経』常不軽菩薩品、「是の六根清浄を得已《おわ》って、更に寿命を増すこと二百万億那由他歳にして、広く人の為めに是の法華経を説く」（同前、五一上六～七）を参照。

111 「真実の智慧に安住する」【安住実智中】『法華経』譬喩品、「実智の中に安住す」（同前、一一中六）を参照。

112 「ただ仏と仏だけが実相を究め尽くす」【唯仏与仏究尽実相】『法華経』方便品、「唯だ仏と仏とのみ乃《いま》し能く諸法の実相を究尽《くじん》す」（同前、五下一〇～一一）を参照。

妙法蓮華経玄義　巻第一下

天台智者大師が説く

第七章　たがいに異なるものの融合――七項にわたって共通に解釈する⑦

第一節　四悉檀を五重玄義に対応させる

686b 第七にたがいに異なるものの融合【会異】とは、質問する。仏が説法する場合は、四悉檀《ししつだん》[1]を根拠とする。今、五重玄義を理解するのに、四悉檀と合致するのか。

答える。この［五重玄義と四悉檀の合致という］意義について、今説くべきである。先に［四悉檀を名・体・宗《しゅう》・用《ゆう》・教の］五章に対応させ、次に四悉檀を解釈する。世界悉檀は釈名《しゃくみょう》に対応する。名は［経典の］全体を包括し、世界［悉檀］も［各各為人《かくかくいにん》悉檀・対治悉檀・第一義悉檀の］三悉檀の前にある。第一義［悉檀］が体に対応するのは、最もはっきりしている。為人［悉檀］は宗に対応する。宗は［仏の自行の］因果を論じ、為人［悉檀］は善を生ずる。その意義は同じである。対治［悉檀］は用に対応する。用は疑いや滞りを破り、病を治療することと事実として等しい。悉檀を区別することは、教相《きょうそう》に対応する。教相は後に説く通りである。

質問する。どうして順番通りでないのか。

答える。悉檀は、仏の智慧である。利根《りこん》と鈍根《どんこん》の［機］縁に対する場合、四種［の悉檀］を成立させる。利根の人は世界［悉檀］を聞いて、第一義［悉檀］を理解する。これは名を解釈すると、体を論じることがすぐに実現できることに対応している。もし鈍根の人はまだ悟らず、あらためて為人［悉檀］の生善、対治［悉檀］の破悪を待って、やっと第一義［悉檀］に入るならば、四［悉檀］をすべて用いるのである。五義《ごぎ》（五重玄義）の意味は、利根と鈍根をどちらも対象にし、四悉檀の法は、ただ鈍根の者だけのためである。対応の意義は同じで、順番は相違する。

質問する。『論』（『大智度論』）はただ『大品般若経』を解釈して、『法華』に関わらない。どうしてかしこの悉檀を指して、ここの五義と通じさせることができるのか。『中論』は多くの経典についてくまなく説明する。どうして用いないのか。

1　四悉檀　『大智度論』巻第一（大正二五、五九下～六一中を参照）に出る世界悉檀・各各為人悉檀・対治悉檀・第一義悉檀の四種の悉檀のこと。仏の説法を四種に分類したものである。悉檀は siddhānta の音写語で、確定した説の意。世界悉檀は世俗における真実、各各為人悉檀は衆生の性質・能力に応じて、善を生じるように説かれた真実、対治悉檀は衆生の悪を断ち切るように説かれた真実、第一義悉檀は究極的な真実をいう。詳しくは『法華玄義』の本文を参照。

答える。『大智度論』には、「四悉檀は、八万の法蔵、十二部経[2]を収める」とある。[3]『法華経』はどうして関わらないことがあろうか。『中論』は［多くの経典について］くまなく説明するので、道理として用いるのがふさわしい。もし『中論』を詳しく引用するならば、広いけれども、まだ巧みではない。今、『中論』の題名を取りあげて、五章（五重玄義）について説明しよう。「中」の字は体を説明し、「観」の字は宗を説明し、「論」の字は用を説明する。[4]『［菩薩］瓔珞《ようらく》［本業経《ほんごうきょう》］』には、「法を破る方便、法を立てる方便、衆生に利益を与える方便」とある。[5]『中論』には、研究考察して執著を破り、［仏宝・法宝・僧宝の］三宝《さんぽう》・四諦を確立し、四沙門《ししゃもん》果[6]を得ることが説かれている。それ故、「論」の字が用を説明することがわかる。

中観の理が不可思議であるのは妙を説明し、観察される境《きょう》（対象）が権実であるのは法を説明し、観察する智が因果であるのは蓮華を説明し、観がものごとの道理を説き明かすのは経を説明する。『中論』の三字（中・観・論）は四悉檀に合致して、五義に対応する。共通に説明する意味がはっきりとする。もしあらためて『中論』によってその他の経を説明するならば、［三諦］偈《げ》の初句（「衆因縁生法」）を取りあげて三蔵教を説明し、次の句（「我説即是無」）は通教を説明し、次の句（「亦為是仮名」）は別教を説明し、次の句（「亦是中道義」）は円［教］を説明する。[7]『法華経《ほけきょう》』はまた第四句によって説明されるのである。どうしてただ［『大智度論』と『中論』］の二論だけが、ここの五章を説明するであろうか。[686c]五章は多くの経・論をくまなく説明するのである。

第二節　十項目に分けて四悉檀を解釈する

次に、四悉檀を解釈するのに、十項に分ける。第一に［四悉檀の］名を解釈すること、第二に［四悉檀の］

2　十二部経　仏の説法を内容・形式のうえから十二種に分類したもの。ここでは、『法華玄義』の本文に出る名称と、それに対応する梵語、漢訳を示す。修多羅（sūtra. 経）・祇夜（geya. 重頌、応頌）・和伽羅那（vyākaraṇa. 授記）・伽陀（gāthā. 孤起頌、諷頌）・優陀那（udāna. 自説）・尼陀那（nidāna. 因縁）・阿波陀那（avadāna. 譬喩）・伊帝目多伽（itivṛttaka. 本事）・闍陀伽（jātaka. 本生）・毘仏略（vaipulya. 方広）・阿浮陀達磨（adbhutadharma. 未曾有）・優波提舎（upadeśa. 論議）のこと。

3　『大智度論』には、「四悉檀は、八万の法蔵、十二部経を収める」とある【釈論云四悉檀摂八万法蔵十二部経】『大智度論』巻第一、「四悉檀の中、一切の十二部経、八万四千の法蔵は、皆な是れ実にして、相い違背せず」（同前、五九中二〇～二二）を参照。

4　「中」の字は体を説明し、「観」の字は宗を説明し、「論」の字は用を説明する【中字申体観字申宗論字申用】『中論』は『中観論』ともいわれ、本文では「中観論」を題として解釈している。

5　『［菩薩］瓔珞［本業経］』には、「法を破る方便、法を立てる方便、衆生に利益を与える方便」とある【瓔珞云破法方便立法方便利益衆生方便】　出典未詳。ただし、『維摩経文疏』巻第九、「第四に観心に約す。別相三観の若《ごと》きは、前の二観を方便と為す。若し第三の中道正観に入らば、即ち是れ実慧なり。初めに従仮入空観は是れ法を破する方便にして、即ち折伏の義なり。次に従空入仮観は是れ法を立つる方便にして、即ち是れ摂受の義なり。三（底本の「受三」を文意によって「三」に改める）に中道正観は、即ち是れ衆生を教化する方便にして、実慧に入るなり。実慧に入れば、即ち是れ正法は久しく住することを得。正法は久しく住することを得れば、法身は常に存するなり」（『新纂大日本続蔵経』一八、五二〇中一〇～一五）を参照。

6　四沙門果　声聞の四種の階位。預流果（須陀洹果）・一来果（斯陀含果）・不還果（阿那含果）・無学果（阿羅漢果）のこと。

7　［三諦］偈の初句（「衆因縁生法」）を取りあげて三蔵教を説明し……次の句（「亦是中道義」）は円［教］を説明する【取偈初句申三蔵次句申通次句申別次句申円】『法華玄義』巻第一上の前注21を参照。

特徴を識別すること、第三に［四悉檀を］しっかりと解釈すること、第四に［四悉檀を四］諦に対応させること、第五に［四悉檀が化法《けほう》の四］教・［空・仮・中の三］観を生じること、第六に説法と沈黙、第七に［四悉檀を］用いることと用いないこと、第八に［四悉檀の］方便と真実、第九に開権顕実《かいごんけんじつ》、第十に［四悉檀を］『［法華］経』に通じさせることである。

第一項　四悉檀の名を解釈する――十項目の1

名を解釈するとは、悉檀はインドの言葉である。ある説には、「ここ（中国）には翻訳がない。たとえば、スートラ【修多羅】が多くの意味を含む［ので、翻訳がない］ようなものである」とある。ある説には、「宗《しゅう》、成《じょう》、墨《ぼく》、印《いん》、実《じつ》、成就《じょうじゅ》、究竟《くきょう》等と翻訳する」とある。どちらが正しいかわからない。『［菩薩］地持経《じじきょう》』菩提《ぼだい》分品《ぶんぼん》には、「一切の行は無常、一切の行は苦、一切の法は無我、涅槃は寂滅《じゃくめつ》である。これを四つのウダーナ【優檀那】と名づける」と説いている。[8] ここでは印と翻訳し、また宗とも翻訳する。印は手本であり、変えることができない。仏、菩薩は、この法を完備して、また教えを伝える。これは教について印を解釈することである。『経』には、「世俗の智によって説かれる有無に二［つの対立が］なく、この法は手本であって、これを伝え授ける」とある通りである。[9]『経』には、「過去の沈黙する多くの聖人たちは次々と伝える」とある。[10] これは行について印を解釈することである。『経』には、「増上《ぞうじょう》、踊出《ゆじゅつ》、さらには第一有《だいいちう》（非想非非想処《ひそうひひそうしょ》）を出し、最高であって、大勢の人がともに帰依信仰し、世間には存在しないものである」とある。[11] これは宗の意義を解釈する。それ（『菩薩地持経』）は、明らかな［経］文、完全に意義が解明されたものによって、ウダーナを解釈する。多くの師はどうして宗・印によって四悉檀を翻訳することができようか。このように誤謬がある以上、

8　『［菩薩］地持経』菩提分品には、「一切の行は無常、一切の行は苦、一切の法は無我、涅槃は寂滅である。これを四つのウダーナ【優檀那】と名づける」と説いている【地持菩提分品説一切行無常一切行苦一切法無我涅槃寂滅是名四優檀那】『菩薩地持経』巻第八、菩薩地持菩提分品、「謂う所の声聞の学ぶ所、行ずる所に、四憂檀那法有り。諸仏菩薩は、衆生をして清浄ならしめんが為めの故に説く。云何《いか》なるをか四と為すや。一切の行の無常なるは是れ憂檀那法なり。一切の行の苦なるは是れ憂檀那法なり。一切の法の無我なるは是れ憂檀那法なり。涅槃寂滅は是れ憂檀那法なり」（同前、九三四下七〜一二）を参照。「優檀那」は、udāna の音写語。自説と訳される。仏が他からの質問なしに、自ら説いたもの。ここではいわゆる四法印を指している。

9　『経』には、「世俗の智によって説かれる有無に二［つの対立が］なく、この法は手本であって、これを伝え授ける」とある通りである【如経世智所説有無無二此法楷定以此伝授経】『菩薩地持経』巻第八、菩薩地持菩提分品、「諸仏菩薩は、此の法を具足し、復た此の法を以て衆生に伝授す。是れ憂檀那と名づく。過去の寂默の諸の牟尼尊は、展転して相い伝う。是れ憂檀那と名づく。増上、勇出、乃至、具足して第一有を出す。是れ憂檀那と名づく」（同前、九三四下一二〜一五）を参照。

10　『経』には、「過去の沈黙する多くの聖人たちは次々と伝える」とある【経過去寂默諸牟尼尊展転相伝】前注9を参照。

11　『経』には、「増上、踊出、さらには第一有（非想非非想処）を出し、最高であって、大勢の人がともに帰依信仰し、世間には存在しないものである」とある【経増上踊出乃至出第一有最上衆共帰仰世間所無】前注9を参照。『地持義記巻第四』、「非想は是れ其の三有の中の極にして、第一有と名づく」（大正八五、九五三下四〜五）によれば、「第一有」は非想非非想処を指す。

その他の翻訳も信じがたい。南岳大師《なんがくだいし》［慧思《えし》］は、大涅槃が梵語《ぼんご》と漢語とを兼ねた呼称[12]であることを例としている。悉はここ（中国）の言葉、檀は梵語である。悉は遍を意味し、檀は施と翻訳する。[13]仏は四法をくまなく衆生に施すので、悉檀というのである。

第二項　四悉檀の特徴を識別する――十項目の2

第二に特徴を識別するとは[14]、世界［悉檀］は車のようである。車輪・車の輻《や》（スポーク）・車軸・おおわ（大輪）が調和するので車が存在するけれども、別の［実体としての］車は存在しないのである。五陰《ごおん》が調和するので人が存在するけれども、別の［実体としての］人は存在しないのである。[15]もし人が存在しなければ、仏は真実を語る人ではあるが、どうして「私［仏］は六道の衆生を見る」というのか。［そういう以上、私という］人が存在することがわかるはずである。

人とは、世界［悉檀］の故に存在し、第一義［悉檀］では存在しない。

第一義［悉檀］は真実であり、その他［の悉檀］は当然真実であるはずがない。

答える。［四悉檀は］それぞれ真実である。如如《にょにょ》[16]・法性《ほっしょう》等は、世界［悉檀］の故に存在せず、第一義［悉檀］の故に存在する。人等は、第一義［悉檀］の故に存在せず、世界［悉檀］の故に存在する。五陰、十二入、十八界などのすべての名《みょう》・相《そう》（概念と特徴）のたがいに区別され隔たっているものが存在するのを、世界［悉檀］と名づける。外道の人は、この世界に迷って事象の特徴【法相】に通じず、あるいは因縁がないのに世界が存在すると誤って考え、あるいは邪《よこしま》な因縁によって世界が存在すると誤って考える。偉大な聖人（仏）は、衆生が聞こうと願うものにしたがって、区別して[687a]正しい因縁の世界の法を説いて、世間に対する正しい見解を得させる。以上を世界悉檀の特徴と名づける。

第二に各各為人悉檀とは、偉大な聖人は、人の心を観察して法を説く。人の心はそれぞれ同じでないので、一つの事柄について、あるときは許可し、あるときは許可しない。雑多な業の故に世間に雑多な仕方で生まれ、雑多な［六根《ろっこん》と六境《ろっきょう》の］接触、雑多な感覚[17]を得る通りである。さらに『破群那経《はぐんなきょう》』に、「接触を得る人が存在

12　大涅槃が梵語と漢語とを兼ねた呼称【大涅槃梵漢兼称】「大涅槃」のうち、「大」は漢語で、「涅槃」は梵語である。梵語と漢語を兼ねて呼んだものなので、「梵漢兼称」という。

13　悉は遍を意味し、檀は施と翻訳する【悉之言遍檀翻為施】「悉檀」の「悉」を漢語として「遍」の意味と取り、檀を梵語 dāna の音写語として「施」の意と取っているが、悉檀は siddhānta の音写語であるので、この解釈は語学的には誤りである。

14　特徴を識別する【辨相】この段落の記述は、『大智度論』（大正二五、五九中一七～六一中一八）における四悉檀の説明に基づいているが、ここでは参照箇所を一々指摘しない。

15　車輪・車の輻（スポーク）・車軸・おおわ（大輪）が……別の［実体としての］人は存在しないのである【輪輻軸輞和合故有車無別車也五衆和合故有人無別人也】『大智度論』巻第一、「譬えば車の轅《ながえ》・軸・輻・輞《わ》等和合するが故に有れども、別の車無し。人も亦た是の如く、五衆和合するが故に有れども、別の人無し」（同前、五九中二五～二七）に基づく。

16　如如　tathatā の訳。真如とも訳す。原義は、そのようにあること、あるがままなこと。仏教における真理を表わす用語の一つ。

17　雑多な［六根と六境の］接触、雑多な感覚【雑触雑受】「雑」は雑多の意。「触」は六根と六境の接触。「受」は触によって生じる印象感覚。十二因縁のなかの一支。

せず、感覚を得る人が存在しない」と説く。[18] 二人は後世を疑って、罪福《ざいふく》［の果報］を信じないために、断見《だんけん》・常見《じょうけん》のなかに落ちるので、このように説く。この意味は、付随的には執著を破るためであり、中心的には信を生じ、善根を増大させて、その善法を施すためである。それ故、各各為人悉檀と名づける。

第三に対治悉檀とは、存在するもの【有法】は、対治［悉檀］においては存在するが、真実の本性（第一義悉檀）においては存在しない。[19] 対治とは、貪《むさぼ》りが多ければ、不浄《ふじょう》を観察することを教え、怒り憎しみが多ければ、慈《いつく》しみの心を修めることを教え、無知が多ければ、因縁を観察することを教える。[20] 悪い病気を治療する場合、この法の薬を説いて、くまなく衆生に施すので、対治悉檀の特徴と名づけるのである。

第四に第一義悉檀とは、二種ある。第一に説くことのできないもの、第二に説くことのできるものである。説くことのできないものは、多くの仏・辟支仏《びゃくしぶつ》・阿羅漢《あらかん》の得る真実の法である。偈《げ》を引いて、「言論が尽きはてれば、心の活動範囲もまた終わる。不生不滅の法は涅槃のようである。［心の］活動範囲を説くことを世界［悉檀］と名づけ、［心の］活動しない範囲について説くことを第一義［悉檀］と名づける」という。[21]

第二に説くことのできるものに焦点をあわせるとは、一切の真実であるもの・一切の真実でないもの・一切の真実でもあり真実でもないもの・一切の真実でもなく真実でないのでもないものは、いずれも事象の真実の特徴【諸法之実相】と名づける。仏はこのようないたるところの経のなかで、第一義悉檀の特徴を説く。[22] これも［天台家の］一家に［有門・空門・亦《やく》有亦空門・非有非空門の］四つの門から真実に入ることを明らかにす

18『破群那経』に、「接触を得る人が存在せず、感覚を得る人が存在しない」と説く【破群那経説無人得触無人得受】『大

智度論』巻第一、「更に『破群那経』の中に説くこと有り、『人の触を得ること無く、人の受を得ること無し』と」（同前、六〇上六～七）を参照。

19　存在するもの【有法】は、対治［悉檀］においては存在するが、真実の本性（第一義悉檀）においては存在しない【有法対治則有実性則無】『大智度論』巻第一、「対治悉檀とは、有法は、対治には則ち有り、実性には則ち無し」（同前、六〇上一五～一六）を参照。「有法」は、存在者をいう。無法に対する。

20　貪りが多ければ、不浄を観察することを教え、怒り憎しみが多ければ、慈しみの心を修めることを教え、無知が多ければ、因縁を観察することを教える【貪欲多教観不浄瞋恚多教修慈心愚癡多教観因縁】貪欲・瞋恚・愚癡の三毒に対する対治法を説いている。不浄観は、五停心観（不浄観・慈悲観・数息観・因縁観・念仏観）の一つで、身体の不浄であることを観察して、貪欲を止めること。慈悲観は、衆生に対する慈悲を身につけて、瞋恚を止めること。因縁観は、諸法が因縁によって生じることを観察して、愚癡を止めること。

21　偈を引いて、「言論が尽きはてれば……第一義［悉檀］と名づける」という【引偈云言論尽竟心行亦訖不生不滅法如涅槃説諸行処名世界説不行処名第一義】『大智度論』巻第一、「摩訶衍の義の偈の中に説く、『語言は尽き竟《お》われば、心行も亦た訖《お》わる。不生不滅の法は涅槃の如し。諸もろの行処を説くを、世界の法と名づけ、不行処を説くを、第一義と名づく』と」（同前、六一中一〇～一三）を参照。

22　一切の真実であるもの……事象の真実の特徴【諸法之実相】と名づける。仏はこのようないたるところの経のなかで、第一義悉檀の特徴を説く【一切実一切不実一切亦実亦不実一切非実非不実皆名諸法之実相仏於如是等処処経中説第一義悉檀相】『大智度論』巻第一、「一切の実、一切の非実、及び一切の実亦非実、一切の非実非不実は、是れ諸法の実相と名づく。是の如き等の処処の経の中に第一義悉檀を説く」（同前、六一中一四～一六）を参照。

る意味である。それ故、『中論』には、「道に向かう人のために四句を説くと、速い馬が鞭《むち》の影を見て、すぐに正しい道に入るようなものである」とある。[23] もし四句を聞いて、心に執著を生じるならば、すべて戯《たわむ》れの議論【戯論】である。どうして第一義［悉檀］であろうか。

個人的に十五箇条によって、その［四悉檀の］特徴を解釈して、理解しやすくしよう。

事理を説くにしたがって、聞く者が喜ぶのが世界［悉檀］である。古い善心が生じるのは為人［悉檀］である。新しい悪が除去されるのは対治［悉檀］である。聖道《しょうどう》を悟ることができるのは第一義［悉檀］である。仮法《けほう》（衆生、仮人《けにん》）と実法《じっぽう》（五陰）をどちらも説くのは世界［悉檀］である。『大智度論』に、「［車の］輪・車の輻《や》（スポーク）・軸・おおわ（大輪）が存在するので車が存在する。五陰が調和するので人が存在する」とある。[24] ただ仮人を説くのは為人［悉檀］である。『大智度論』に「あるいは人が存在すると説き、あるいは人が存在しないと説く」とある。[25] ただ実法を説くだけなのは、対治［悉檀］である。『大智度論』に「対治［悉檀］においては存在するが、真実の本性（第一義悉檀を指す）においては存在しない」とある。[26] 仮法と実法とをどちらも否定するのは第一義［悉檀］である。『大智度論』に「言語による表現の手だてが断え、心の活動範囲もまた終わる」とある[27]……。

原因と条件[687b]が調和して、善人と悪人の相違が存在するのは世界［悉檀］である。善の条件が調和して善人が存在するのは為人［悉檀］である。悪の条件が調和して悪人が存在するのは対治［悉檀］である。善と悪のどちらも否定するのは第一義［悉檀］である。

五陰の実法がたがいに隔たって別々となっているのは世界［悉檀］である。善の五陰から善の五陰を生じるのは為人［悉檀］である。善の五陰によって悪の五陰を破るのは対治［悉檀］である。無漏の五陰は第一義

〔悉檀〕である。

善法と悪法とが相違するのは世界〔悉檀〕である。今の善法を説いて後の善法を生じるのは為人〔悉檀〕である。今の善法によって今の悪法を破るのは対治〔悉檀〕である。善でもなく悪でもないのは第一義〔悉檀〕である。

質問する。人は善と悪に通じている。どうして善を生じるのは為人〔悉檀〕であるということができるのか。

23 『中論』には、「道に向かう人のために四句を説くと、速い馬が鞭の影を見て、すぐに正しい道に入るようなものである」とある【中論云為向道人説四句如快馬見鞭影即入正路】『中論』には関連の引用は見られない。「快馬」については、たとえば、『大智度論』巻第一、「爾の時、長爪梵志は、好馬の鞭影《べんよう》を見て即ち覚るが如く、便ち正道に著《つ》く」（同前、六二上六～七）を参照。

24 『大智度論』に、「［車の］輪・車の輻（スポーク）・軸・おおわ（大輪）が存在するので車が存在する。五陰が調和するので人が存在する」とある【論輪輻軸輞故有車五陰和合故有人】前注15を参照。

25 『大智度論』に「あるいは人が存在すると説き、あるいは人が存在しないと説く」とある【論或説有人或説無人】『大智度論』巻第一、「若し実に人無くば、仏は云何んが『我れは天眼もて衆生を見る』と言うや。是の故に当に知るべし、人有るは、世界悉檀なり。故に是れ第一義悉檀に非ず」（同前、五九下七～九）を参照。

26 『大智度論』に「対治［悉檀］においては存在するが、真実の本性（第一義悉檀を指す）においては存在しない」とある【論対治則有実性則無】前注19を参照。

27 『大智度論』に「言語による表現の手だてが断え、心の活動範囲もまた終わる」とある【論言語道断心行亦訖】『大智度論』巻第一、「心の行処は滅し、言語の道は断え、諸法を過ぎて、涅槃の相動ぜざるが如し」（同前、七一下七～八）を参照。

答える。善業は人によって実践され、その善を生じさせるので、為人［悉檀］であるという。

質問する。為人［悉檀］が善を生じることならば、ただ当然善を生じるだけであるはずである。どうしてまた悪を断じるのか。

答える。為人［悉檀］とは善を生じることであり、古いもの【旧】であり、中心的なもの【正】である。悪を断じるのは、付随的なもの【傍】であり、新しいもの【新】である。対治［悉檀］のなかで、悪を対治するのは、古いものであり、中心的なものである。善を生じるのは、新しいものであり、付随的なものである……。

三世がたがいに隔たって区別されるのは世界［悉檀］である。来世は為人［悉檀］である。現世は対治［悉檀］である。三世でないのは第一義［悉檀］である。

四善根（煖法《なんぽう》・頂法《ちょうぼう》・忍法《にんぽう》・世第一法）の内凡《ないぼん》と［三賢《さんげん》（五停心《ごじょうしん》・別相念処《べっそうねんじょ》・総相念処《そうそうねんじょ》）の］外凡《げぼん》とがたがいに隔たって区別されるのは世界［悉檀］である。煖・頂は為人［悉檀］である。総相念処・別相念処[28]は対治［悉檀］である。世第一法の真（聖位《しょうい》）に近いものは第一義［悉檀］である。

見道と修道[29]とが相違するのは世界［悉檀］である。見道は為人［悉檀］である。修道は対治［悉檀］である。無学道は第一義［悉檀］である。

有学《うがく》でもなく無学でもないのは世界［悉檀］である。見学（見道の学）は為人［悉檀］である。修学（修道の学）は対治［悉檀］である。無学は第一義［悉檀］である。

世界悉檀のなかには為人［悉檀］がある。為人［悉檀］のなかには対治［悉檀］がある。対治［悉檀］のなかには第一義［悉檀］がある。第一義［悉檀］のなかには［その他の］三悉檀がない……。

一つの悉檀には共通して四悉檀がある。『論』（『大智度論』）には、「［五］陰《おん》・［十二］入・［十八］界がたがいに隔たって区別されるのは世界［悉檀］である。原因と条件とが調和するので人が存在するのは為人［悉檀］である。正しい世界が邪な世界を破るのは対治［悉檀］である。正しい世界を聞いて悟って［真理の世界に］入ることができるのは第一義［悉檀］である」とある。[30]

為人［悉檀］に四［悉檀が］あるとは、雑多の業の原因・条件によって雑多な接触、雑多な感覚を得るのは世界［悉檀］である。一つの事柄についてあるときは許可するのは為人［悉檀］である。あるときは許可しな

28　総相念処・別相念処【総別念処】　四念処に別相念処と総相念処の二つがある。別相念処には、身・受・心・法の四に対して、順次に不浄・苦・無常・無我であると、それぞれの自相を観察する自相別観と、身・受・心・法の四はいずれも不浄・苦・無常・無我であると、それらの共相を観察する共相別観とがある。総相念処は、身・受・心・法の四を総じて不浄・苦・無常・無我であると観察することである。

29　見道と修道【見道修道】　小乗の修行階位のうち、七賢位（三賢と四善根）を超えて、無漏智を得た聖位をいう。これに見道・修道・無学道がある。声聞の四果に当てはめると、須陀洹果が見道、斯陀含果・阿那含果が修道、阿羅漢果が無学道である。

30　『論』（『大智度論』）には、「［五］陰・［十二］入・［十八］界が……第一義［悉檀］である」とある【論云陰入界隔別是世界因縁和合故有人是為人正世界破邪世界是対治聞正世界得悟入是第一義】『大智度論』を指すのであろうが、出典未詳。

いのは対治［悉檀］である。接触を得る人が存在せず、感覚を得る人が存在しないのは第一義［悉檀］である。[31]
対治［悉檀］のなかに四［悉檀］があるとは、仏は三種の法によって人の心の病を治療する場合、薬と病とが相違するので世界［悉檀］である。人を治療するのは為人［悉檀］である。病に対応するのは対治［悉檀］である。真実の本性においては存在しないのは第一義［悉檀］である。

第一義の［悉檀の］なかの四［悉檀］とは、一切の真実であるもの、ないし、四句[32]（一切実・一切非実・一切亦実亦非実・一切非実非非実）は世界［悉檀］である。仏・辟支仏の心のなかで[687c]得る法は、どうして理善[33]でないであろうかというのは為人［悉檀］である。一切の言語についての議論、一切の見解、一切の執著はすべて破ることができ、一切は通じることができず、第一義［悉檀］は通じることができるのは対治［悉檀］である。言語による表現の手だてが断え、法が涅槃のようであるのは[34]第一義［悉檀］である。

また、通じて［四悉檀を］解釈すれば、四悉檀の異なるのは通じて世界悉檀である。四悉［檀］がくまなく衆生を教化するのは通じて為人［悉檀］である。四悉檀がみな邪《じゃ》を破るのは通じて対治［悉檀］である。一種［の悉檀］を聞くにしたがってみな道を悟ることができるのは通じて第一義［悉檀］である。

個別に解釈すれば、苦《く》・集諦《じったい》に焦点をあわせて世界［悉檀］を明らかにし、道諦《どうたい》の対治する主体に焦点をあわせて為人［悉檀］を明らかにし、道諦によって対治する対象に焦点をあわせて対治［悉檀］を明らかにし、滅諦《めったい》に焦点をあわせて第一義［悉檀］を明らかにする。

質問する。『論』（『大智度論』）によって［四悉檀の］特徴を理解することはもう十分である。どうして多く解釈する必要があろうか。

答える。『論』（『大智度論』）には、「四悉檀に八万四千の法蔵を収める」とある。[35]

個人的に十五法に焦点をあわせて［四悉檀について］識別することについて、何の過失があろうか。

第三項　四悉檀を解釈する――十項目の3

第三にしっかりと解釈するとは、四悉檀は龍樹《りゅうじゅ》の説くもので、四随《しずい》[36]は『禅経《ぜんぎょう》』[37]に仏が説くものである。今、

31　雑多の業の原因・条件によって……感覚を得る人が存在しないのは第一義［悉檀］である【雑業因縁得雑触雑受是世界於一事中或聴是為人或不聴是対治無人得触無人得受是第一義】『大智度論』巻第一、「人の心行を観じて為めに説法し、一事の中に於いて、或いは聴《ゆる》し、或いは聴さず。『経』の中に説く所の如し、『雑報業の故に、雑《まじ》えて世間に生じ、雑触・雑受を得』と。更に『破群那経』の中に説くこと有り、『人の触を得るもの無く、人の受を得るもの無し』と」（同前、六〇上四～七）を参照。

32　四句　『大智度論』巻第一、「一切の実、一切の非実、及び一切の実亦非実、一切の非実非不実は、是れ諸法の実相と名づく」（同前、六一中一四～一五）を参照。

33　理善　事善の対。善に浅深の区別をし、浅い善を事善といい、深い善を理善という。三蔵教は三界内部の事善、通教は三界内部の理善、別教は三界外部の事善、円教は三界外部の理善にそれぞれ相当する。

34　言語による表現の手だてが断え、法が涅槃のようである【言語道断法如涅槃】　前注21を参照。

35　『論』（『大智度論』）には、「四悉檀に八万四千の法蔵を収める」とある【論云四悉檀摂八萬四千法蔵】　前注3を参照。

36　四随　随楽欲・随便宜・随対治・随第一義のこと。内容的には四悉檀に相当する。仏の説法は、衆生の楽欲（願い・欲望）、便宜（都合）、対治、第一義にしたがってなされるといわれる。

37　『禅経』【禅経】　四随の出典として挙げられているが、未詳。

［四随を説く］『経』によって［四悉檀を説く］『論』を成立させると、［四悉檀の］意義についていよいよ明らかとなる。［四随とは］いわゆる随楽欲《ずいぎょうよく》・随便宜《ずいべんぎ》・随対治《ずいたいじ》・随第一義《ずいだいいちぎ》である。

楽欲は因［の立場］から名づけられ、世界は果［の立場から］呼び名を付けられている。『大智度論』には、「一切の善悪は、欲をその根本とする」とある。[38]『浄名経《じょうみょうきょう》』（『維摩経』）には、「先に欲という鉤《かぎ》によって引っ張り、後に仏道に入らせる」とある。[39]仏の『経』（『維摩経』）には因を修める特徴を取りあげ、『論』（『大智度論』）には果を得る特徴を明らかにしている。随楽欲を取りあげて、世界悉檀をしっかりと解釈するのである。

随便宜とは、修行者にとって都合の良い法にしたがう。各各為人［悉檀］とは、教化の主人（仏）が［衆生の］機を識別してその可否を了解する。『大智度論』には、「一つの事柄について、あるいは許可し、あるいは許可しない」とある。[40]都合が良ければ許可し、良くなければ許可しない。鍛冶工《かじこう》の子は数息観《すそくかん》に適しており、洗濯屋の子は不浄観《ふじょうかん》に適しているようなものである。[41]『経』は修行者の能力・都合【堪宜】を取りあげ、『論』（『大智度論』）は教化の主人の［衆生の機に対する］識別・了解を明かして、しっかりと解釈するのである。

他の二種（随対治と随第一義）については、『経』（『禅経』）と『論』（『大智度論』）で名称と意味が同じである……。

第四項　四悉檀を四諦に対応させる——十項目の4

第四に［四悉檀を四］諦に対応させるとは、ただ一種の四諦にだけ対応させることとは、前に説明した通りである。広く四種の四諦に対応させるとは、四種の四諦の一々に四悉檀を対応させることである。また、総体的に対応させるとは、生滅《しょうめつ》の四諦は世界［悉檀］に対応させ、無生《むしょう》の四諦は為人［悉檀］に対応させ、無量《むりょう》の四諦は対治［悉檀］に対応させ、無作《むさ》の四諦は第一義［悉檀］に対応させることである。

第五項　四悉檀が観と教を生起させる──十項目の5

第五に［四悉檀が］観と教を生起させる。奥深く隠れている理は、観でなければ明らかにすることはできない。理に合致する観は、悉檀でなければ生起しない。従仮入空観《じゅげにっくうがん》を修める時は、先に正しい因縁の法を観察す

38　『大智度論』には、「一切の善悪は、欲をその根本とする」とある【釈論云一切善悪欲為其本】『大智度論』巻第十一、「一切の諸法は、欲を其の本と為す」（同前、一四〇上一四）を参照。

39　『浄名経』（『維摩経』）には、「先に欲という鉤によって引っ張り、後に仏道に入らせる」とある【浄名云先以欲鉤牽後令入仏道】『維摩経』巻中、仏道品、「或いは婬女と作《な》るを現じ、諸もろの好色の者を引く。先に欲の鉤を以て牽《ひ》き、後に仏道に入らしむ」（大正一四、五五〇中六～七）を参照。

40　『大智度論』には、「一つの事柄について、あるいは許可し、あるいは許可しない」とある【論云於一事中或聴或不聴】前注31を参照。

41　鍛冶工の子は数息観に適しており、洗濯屋の子は不浄観に適しているようなものである【如金師子宜数息浣衣子宜不浄】『南本涅槃経』巻第二十四、光明遍照高貴徳王菩薩品（大正一二、七六四上～中）に出るたとえ。舎利弗に金師（鍛冶工）の子と浣衣（衣類を洗濯するもの）の子の二人の弟子がいて、はじめ金師の子に白骨観、浣衣の子に数息観を教えたが、いずれも修行の効果があがるどころか、かえって邪見を生じるばかりであった。仏は舎利弗に、二人の弟子の性質に応じて、金師の子に数息観、浣衣の子に白骨観を教えるべきことを説いた。

る。この法は内と外、親近なものと疎遠なもののようにばらばらに隔てられる。もしくりかえして願わなければ、習う内容は完成しない。朝夜に熱心[688a]に修行し、喜んで嫌になることがないことが必須である。これは世界悉檀によって初めの観（従仮入空観）を生起させるのである。

もし仮を観察して空に入ろうとするならば、為人［悉檀］の［衆生にとっての］適宜さを認識する必要がある。もし観察を修めるのに適宜であれば、正しい智慧によって真実なものを選択すること【択】・一心に努力すること【精進】・心に喜びを生ずること【喜】の三つの覚りに導く要素[42]によってこれ（仮観）を生起させる。もし止（心の散乱をしずめること）を修めるのに適宜であれば、身心を軽やかにすること【除】・執著を捨てること【捨】・心を統一安定させること【定】の三つの覚りに導く要素によってこれ（仮観）を生起させる。集中して思うこと【念】は二つのもの（観《かん》と止《し》）に共通である。適宜なことにしたがって善心が生ずることである。

もし沈むことと浮き立つことの病があれば、対治悉檀を用いる必要がある。もし心が沈む時には、集中して思うこと・正しい智慧によって真実なものを選択すること・一心に努力すること・心に喜びを生ずることによってこれを対治する。もし心が浮き立つ時には、集中して思うこと・執著を捨てること・身心を軽やかにすること・心を統一安定させることによってこれを対治する。もし為人［悉檀］を巧みに用いるならば、善根は厚くなり、もし対治［悉檀］を巧みに用いるならば、煩悩は薄くなる。

七つの覚り［に導く要素］のなかで、一つの覚り［に導く要素］にしたがう【随依】と、ぼんやりとして失うように、この覚りに導く要素によって修行すると、真実の智慧を生じて第一義［悉檀］を見ることができる。［以上が］四悉檀によって仮から空に入る観察【従仮入空観】を生起させ、一切智《いっさいち》[43]を完成して、慧眼《えげん》[44]を生ずることである。

空から仮に入る観察【従空入仮観】が巧みに四悉檀によって道種智《どうしゅち》・法眼《ほうげん》を取得する場合も同様である。中道第一義の観察【中道第一義観】を修め、巧みに四悉檀によって一切種智《いっさいしゅち》・仏眼《ぶつげん》を取得する場合も同様である。一心三観《いっしんさんがん》[45]が巧みに用いられる場合も同様である。

教を生起させることについては、『大［智度］論』には、「仏は常に沈黙していることを願い、説法することを願わない」とある。[46]『浄名［経］』（『維摩経』）にも口を閉じることを論じている。[47]この『［法華］経』には、

42　正しい智慧によって……三つの覚りに導く要素【択精進喜三覚分】　七覚分（七覚支、七菩提分）のなかの三つ。七覚分（択・精進・喜・除［軽安］・捨・定・念）は三十七道品の構成要素の一つ。「覚分」（bodhiaṅga）は、覚りへ導く要素の意。

43　一切智　三智（一切智・道種智・一切種智）の一つで、空観を行なう二乗の智慧。道種智は、仮観を行なう菩薩の智慧。一切種智は、中観を行なう仏の智慧。

44　慧眼　五眼（肉眼・天眼・慧眼・法眼・仏眼）の一つで、空観に相当する二乗の眼。法眼は、仮観に相当する菩薩の眼。仏眼は、中観に相当する仏の眼。

45　一心三観　空観・仮観・中観を段階的に修することを次第三観といい、別教の観法を意味する。これに対して、己心を対象として三観を同時に修することを一心三観といい、円教の観法を意味する。

46　『大［智度］論』には、「仏は常に沈黙していることを願い、説法することを願わない」とある【大論云仏常楽黙然不楽説法】　『大品般若経』巻第十六、大如品、「是の義を以ての故に、仏は初めて成道する時、心に黙然を楽《ねが》い、説法を楽わず」（大正八、三三五上二～三）を参照。

47　『浄名［経］』（『維摩経』）にも口を閉じることを論じている【浄名亦論杜口】　『維摩経』入不二法門品に説かれる維摩詰の沈黙を指す（大正一四、五五一下二〇～二二）を参照。

「言葉で述べることができない」とある。[48]『大［般涅槃］経』には、「生生《しょうしょう》について説くことができず、ないし、不生《ふしょう》不生《ふしょう》について説くことができない」とある。[49]また、「また説くことができる。十因縁の法は、生のために因となるので、また説くことができる」とある。[50]十因縁とは、無明から有までのこれら十［法］は衆生を成立させる。四種の性質[51]を備えて、如来が四種の法（蔵教・通教・別教・円教）を説くのを感受することができる。

もし十因縁によって成立する衆生に下品《げぼん》の欲求【楽欲】があるならば、三界《さんがい》内部の事善を生じ、拙《つたな》い済度《さいど》の方法[52]によって惑を破し、法の分析によって空に入ることができる。[53]この因縁を備えれば、如来は生滅の四諦の教えの輪を回転させて、三蔵教を生起させるのである。もし十因縁の法によって成立する衆生に中品《ちゅうぼん》の欲求があれば、三界内部の理善を生じ、巧みな済度の方法【巧度】によって惑を破り、法の体得によって空に入ることができる。[54]この因縁を備えれば、如来は無生の四諦の教えの輪を回転させて、通教を生起させるのである。もし十因縁によって成立する衆生に上品《じょうぼん》の欲求があるならば、三界外部の事善を生じ、別々に惑を破り、段階的に中［道］に入ることができる。[55]この因縁を備えれば、如来は無量の四諦の教えの輪を回転させて、別教を生起させるのである。もし十因縁によって成立する衆生に上上品《じょうじょうぼん》の欲求があるならば、688b 三界外部の理善を生じ、一の破惑《はわく》は一切の破惑であり、円満にたちどころに中［道］に入ることができる。[56]この因縁を備えれば、

48　この『［法華］経』には、「言葉で述べることができない」とある【此経云不可以言宣】『法華経』方便品、「諸法の寂滅の相は、言を以て宣《の》ぶ可からず。方便力を以ての故に、五比丘の為めに説く」（大正九、一〇上四～五）を参照。

49　『大［般涅槃］経』には、「生生について説くことができず、ないし、不生不生について説くことができない」とある【大

経云生生不可説乃至不生不生不可説】『南本涅槃経』巻第十九、光明遍照高貴徳王菩薩品、「仏の言わく、善き哉、善き哉。善男子よ、不生生も不可説、生生も亦た不可説、生不生も亦た不可説、不生不生も亦た不可説、生も亦た不可説、不生も亦た不可説なり。因縁有るが故に、亦た説くことを得可し」（大正一二、七三三下九～一二）を参照。

50 また、「また説くことができる。十因縁の法は、生のために因となるので、また説くことができる」とある【又云亦可得説十因縁法為生作因亦可得説】『南本涅槃経』巻第十九、光明遍照高貴徳王菩薩品、「云何んが因縁有るが故に亦た説くことを得可し。十因縁の法は生の為めに因と作る。是の義を以ての故に、亦た説くことを得可し」（同前、七三三下一九～二二）を参照。「十因縁法」については、十二因縁を三世に分けると、過去の因（無明・行）、現在の果（識・名色・六入・触・受）、現在の因（愛・取・有）、未来の果（生・老死）に分類される。そのうち、過去の因、現在の果、現在の因に属する十法を十因縁の法としている。

51 四種の性質【四根性】四段階の宗教的能力・性質。蔵・通・別・円の化法の四教は、この衆生の四段階の根性に適応して説かれたものとする。

52 拙い済度の方法【拙度】通教の巧度に対する言葉で、済度の方法が拙いこと。

53 法の分析によって空に入ることができる【析法入空】諸法の分析を経由して、諸法の空であることを観察すること。蔵教の析空観《しゃっくうがん》を指す。

54 法の体得によって空に入ることができる【体法入空】諸法の分析を経由しないで、諸法がそのまま空であることを観察する通教の体空観をいう。

55 段階的に中［道］に入ることができる【次第入中】空観、仮観、中観を段階的に修す別教の次第三観のこと。

56 円満にたちどころに中［道］に入る【円頓入中】空観、仮観、中観を同時に修す円教の一心三観のこと。「円頓《えんどん》」は、完全でたちどころにの意。

如来は無作の四諦の教えの輪を回転させて、円教を生起させるのである。

次に、一々の教えのなかに、それぞれ十二部経がある。また悉檀によってこれ（十二部経）を生起させる。もし十因縁の法によって成立する衆生が正しい因縁の世界の事象を聞くことを願うならば、如来はただちに［五］陰・［十八］界・［十二］入等[57]の仮法・実法を説く。修多羅と名づける。

あるいは四、五、六、七、八、九字の偈《げ》によって重ねて世界の［五］陰《おん》・［十二］入等の事象を頌《じゅ》すことは、祇夜《ぎや》と名づける。

あるいはただちに衆生の未来の事象を予言し、ないし、鳩《はと》や雀《すずめ》の成仏等を予言すること[58]は、和伽羅那《わからな》と名づける。

あるいは孤起偈《こきげ》[59]によって、世界の［五］陰・［十二］入等の事象を説くことは、伽陀《かだ》と名づける。

あるいは人が質問しないのに、自分の方から世界の事象を説くことは、優陀那《うだな》と名づける。

あるいは世界の悪の事象に焦点をあわせて、禁止規定を決めることは、尼陀那《にだな》と名づける。

あるいは比喩によって世界の事象を説くことは、阿波陀那《あばだな》と名づける。

あるいは過去の世界の事象を説くことは、伊帝目多伽《いたいもくたか》と名づける。

あるいは過去に生を受ける事象を説くことは、闍陀伽《じゃだか》と名づける。

あるいは世界の広大な事象を説くことは、毘仏略《びぶつりゃく》と名づける。

あるいは世界の未曾有《みぞう》の事象を説くことは、阿浮陀達磨《あぶだだつま》と名づける。

あるいは世界の事象について質問することは、優波提舎《うばだいしゃ》と名づける。

これは世界悉檀であり、衆生を喜ばせるために、十二部経を生起させる。あるいは十二種の説を示して衆生の善を生じ、あるいは十二種の説を示して衆生の悪を破り、あるいは十二種の説を示して衆生を悟らせることは、四悉檀によって三蔵の十二部経を生起させると名づける。

もし十因縁の法によって成立する衆生が空を聞くことを願うならば、ただちに五陰・十二入・十八界はすべてそのまま空である【即空】と説く。あるいは四、五、六、七、八、九字の偈頌《げじゅ》によってあらためて［五］陰・［十八］界・［十二］入がそのまま空であることを頌す。あるいは［五］陰・［十二］入・［十八］界はそのまま空であると理解することができれば、そのまま授記《じゅき》すると説く。あるいは単独に［五］陰・［十八］界・［十二］入はそのまま空であると説く。あるいは質問がないのに、自ら［五］陰・［十八］界・［十二］入はそのまま空であると説く。あるいは［五］陰・［十八］界・［十二］入はそのまま空であると知ることを、禁止規定と名づけると説く。あるいは幻のようであり、作り出したもの【化】のようである等を取りあげて、［五］陰・［十八］界・［十二］入がそのまま空であることをたとえる。あるいは過去世の世間・国土はそのまま空であると説く。あるいは前生《ぜんしょう》の［五］陰・［十八］界・［十二］入はそのまま空であると説く。あるいはそのまま

57　［五］陰・［十八］界・［十二］入【陰界入】　五陰は色・受・想・行・識陰。十八界は、六根（眼・耳・鼻・舌・身・意根）と六境（色・声・香・味・触・法境）六識（眼・耳・鼻・舌・身・意識）のこと。十二入は、六根と六境のこと。

58　鳩や雀の成仏等を予言する【記鴿雀成仏等】『大智度論』巻第十一（大正二五、一三八下一七～一三九上一七を参照）に説かれる鳩への授記のこと。雀に対する授記については未詳。

59　孤起偈　祇夜（geya. 重頌、応頌）が散文の部分をくり返す内容であるのに対し、前に散文がなく、韻文だけの場合を伽陀（gāthā. 孤起頌、孤起偈、諷頌）という。

空であることは広大であると説く。あるいは［五］陰・［十二］入・［十八］界がそのまま空であることは稀有《けう》であると[60]説く。あるいは［五］陰・［十八］界・［十二］入がそのまま空であることについて難詰《なんきつ》する。以上が随楽欲の世界悉檀によって通教の十二部経[688c]を生起させることである。あるいは十二種［の説］を示してそのまま空であることを説いて善を生じ、あるいは十二種［の説］を示してそのまま空であると説いて悪を破り、あるいは十二種［の説］を示してそのまま空であると説いて理を悟らせる。以上が四悉檀によって通教の十二部経を生起させることである。

もし十因縁の法によって成立する衆生が、すべての世界、すべての［五］陰・［十八］界・［十二］入、及び不可説《ふかせつ》の世界、不可説の［五］陰・［十八］界・［十二］入等の事象を聞くことを願うならば、如来はただちにすべての正しい世界、及び［五］陰・［十二］入等、すべての翻覆《ほんぷく》の世界、及び［五］陰・［十二］入等、すべての仰世界《ぎょうせかい》、及び［五］陰・［十二］入等、すべての倒住《とうじゅう》の世界、及び［五］陰・［十二］入等、すべての穢国《えこく》、すべての浄国《じょうこく》、すべての凡国《ぼんこく》、すべての聖国《しょうこく》、このようなさまざまな世界、不可説の世界[61]、さまざまな［五］陰・［十二］入・［十八］界、不可説の［五］陰・［十二］入・［十八］界を説く……。あるいは四字、ないし、九字の偈頌を作って繰り返し頌す。あるいは孤起偈である。あるいは国土の［五］陰・［十二］入・［十八］界を知ることができれば、すぐに成仏することを予言する。あるいは知ることができれば、禁止規定を備える。あるいは比喩によって説く。あるいは昔の国土の事象を説く。あるいは昔、生存を受ける事象を説く。あるいは広大な事象を説く。あるいは稀有の事象を説く。あるいは論議の事象を説く。このような十二種の説は、その欲求を悦ばせ、あるいはその善を生じ、あるいはその悪を破り、あるいは悟入させる。以上を四悉檀によって別教の十二部経を生起させると名づける。

もし十因縁によって成立する衆生が、不可説の国土、不可説の［五］陰・［十八］界・［十二］入はみな真如《しんにょ》実相《じっそう》であることを聞くことを願うならば、ただちにすべての国土の依報《えほう》・正報《しょうほう》はそのまま常寂光《じょうじゃっこう》[62]であり、すべての［五］陰・［十二］入はそのまま菩提《ぼだい》であり、これを離れて菩提はなく、どんな微少な色《しき》も香《こう》も中道で

60　稀有である【希有】　まれなこと。adbhuta の訳。未曾有、難得、難思議などとも漢訳する。

61　すべての正しい世界……不可説の世界【一切正世界及陰入等一切翻覆世界及陰入等一切仰世界及陰入等一切倒住世界及陰入等一切穢国一切浄国一切凡国一切聖国如是等種種世界不可説世界】『六十巻華厳経』に説かれるさまざまな世界を列挙している。たとえば、巻第九、初発心菩薩功徳品、「微細世界は即ち是れ大世界なりと知らんと欲せば、大世界は即ち是れ微細世界なりと知る。少世界は即ち是れ多世界なりと知り、多世界は即ち是れ少世界なりと知る。広世界は即ち是れ狭世界なりと知り、狭世界は即ち是れ広世界なりと知る。一世界は即ち是れ無量無辺世界なりと知り、無量無辺世界は即ち是れ一世界なりと知る。無量無辺世界は一世界に入ると知り、一世界は無量無辺世界に入ると知る。穢世界は即ち是れ浄世界なりと知り、浄世界は即ち是れ穢世界なりと知る」（大正九、四五〇下一四～二二）、同巻第十九、金剛幢菩薩十廻向品、「一切衆生をして、一切世界、浄世界、不浄世界、小世界、中世界、大世界、微細世界、広世界、翻覆世界、伏世界、是の如き等の一切世界に於いて、皆《み》悉な厳浄ならしむ」（同前、五一八下一四～一七）、同巻第六十、入法界品、「爾の時、善財は宝鏡の中に於いて、諸如来、及び其の眷属を見る。諸大菩薩、声聞、縁覚あり。浄き世界、不浄の世界、雑世界あり。或いは世界に仏有り、或いは世界に仏無く、或いは上、中、下の世界あり。或いは世界有りて、因陀羅網の如く、或いは翻覆・仰伏有るの世界あり。又復た平正の世界を観見《み》、悉《こと》ごとく分別して五道の別異を知る」（同前、七八一中二九～下四）などを参照。

62　常寂光　天台教学における四土（凡聖同居土・方便有余土・実報無障礙土・常寂光土）の一つで、法身仏の住する浄土。

ないことはなく、これを離れて別の中道はなく、眼《げん》・耳《に》・鼻《び》・舌《ぜつ》はみな寂静門《じゃくじょうもん》であり、これを離れて別の寂静門がないと説く。あるいは偈頌を作ってあらためて頌す。あるいは孤起偈を作り、あるいは質問がないのに自分の方から説き、あるいは知れば授記し、あるいは知れば戒を備え、あるいは比喩によって説き、あるいは昔の世界を指し、あるいは過去世を指し、あるいは広大を説き、あるいは稀有を説き、あるいは論議をする。以上は欲求に赴く世界悉檀によって円教の十二部経を生起させることである。あるいは十二種の説を示して妙なる善を生じ、あるいは十二種の説を示してたちどころに悪を破り、あるいは十二種の説を示してたちどころに理に合致させる。以上が四悉檀によって円教の十二部経を生起させることである。

　次に、別教・円教の二種類の四悉檀によって十二部経を説くとは、『華厳［経］』の教えを生起させること
689a である。ただ一種類（蔵教）の四悉檀だけによって十二部経を説くとは、三蔵教を生起させることである。四種類（蔵教・通教・別教・円教）の四悉檀によって十二部経を説くことに関しては、方等［経］の教えを生起させることである。三種類（通教・別教・円教）の四悉檀によって十二部経を説くことに関しては、『般若［経］』の教えを生起させることである。ただ一種類（円教）の四悉檀だけによって十二部経を説くことに関しては、『法華［経］』の教えを生起させることである。『大［智度］論』には、「四悉檀は、十二部経を収める」とある。[63] その意義は以上の通りである。

　『［菩薩］地持《じじ》［経］』には、「菩薩は摩得勒伽《まとくろくか》に入って『不顛倒論《ふてんどうろん》』を作成する。正法を永く禅に止住《しじゅう》させることができるようにするために論を作成するのである」とある。[64] 菩薩はこの禅に止住して衆生を観察するとき、仏が世を去った後には、［衆生の］能力・条件が同じでないので、論を作成して経を解釈する。天親《てんじん》は二種類（別教・円教）の四悉檀によって『［十］地《じ》［経］論』を作成し、『華厳［経］』を解釈する。舎利弗は第一の種

類（蔵教）の四悉檀によって『［阿《あ》］毘曇《びどん》［論］』を作成し、五百の羅漢[65]は『毘婆沙《びばしゃ》［論］[66]』を作成し、三蔵教（小乗）の有《う》を見て覚りを得るという意義を解釈する。訶黎跋摩《かりばつま》[67]も第一の種類（蔵教）の四悉檀によって『成実《じょうじつ》論《ろん》』を作成し、三蔵の空を見て覚りを得るという意義を解釈するのである。迦栴延《かせんねん》[68]も第一の種類（蔵教）の四

63 『大［智度］論』には、「四悉檀は、十二部経を収める」とある【大論云四悉檀摂十二部経】前注3を参照。

64 『［菩薩］地持［経］』には、「菩薩は摩得勒伽に入って……論を作成するのである」とある【地持云菩薩入摩得勒伽造不顛倒論為令正法得久住禅而作論也】『菩薩地持経』巻第六、禅品、「七には不顛倒、微妙の讃頌、摩得勒伽を造り、正法をして久しく世に住せしめんが為めの禅なり」（大正三〇、九二二上二八～中一）を参照。「摩得勒伽」は、mātṛkā の音写語。本母、行母、智母、論母などと訳す。優波提舎や論蔵の総称。

65 五百の羅漢【五百羅漢】伝説では、カニシカ王が五百人の阿羅漢をカシュミールに集め、三蔵に注釈させた。このとき成立したものが『大毘婆沙論』といわれる。いわゆる第四結集の伝説である。

66 『毘婆沙［論］』【毘婆沙】浮陀跋摩・道泰等訳『阿毘曇毘婆沙論』六十巻のこと。

67 訶黎跋摩　Harivarman の音写語。三～四世紀。『成実論』十六巻（鳩摩羅什訳）の著者。

68 迦栴延　Kātyāyana の音写語。迦旃延とも音写する。釈尊の十大弟子の一人で、論議第一といわれる。

悉檀によって『昆勒論《こんろくろん》』[69]を作成し、三蔵教の空有《くうう》を見て覚りを得るという意義を解釈するのである。龍樹は四種類（蔵教・通教・別教・円教）の四悉檀によって『中論』を作成する。三種類（通教・別教・円教）は正面から大乗を解釈し、一種類（蔵教）は傍《かたわ》らから三蔵教を解釈する。弥勒は二種類（別教・円教）の四悉檀によって『［菩薩］地持［経］』を作成し、『華厳［経］』を解釈する。無著《むじゃく》も二種類（別教・円教）の四悉檀によって『摂《しょう》大乗《だいじょう》［論］』を作成する。龍樹は三種類（通教・別教・円教）の四悉檀によって『大智度［論］』を作成し、『大品［般若経］』を解釈する。天親は一種類（円教）の四悉檀によって『法華［経］』を解釈する。[70]世間の人は、「天親、龍樹はそれぞれ『涅槃論』[71]を作成する」と伝える。まだこの土（中国）に来ていないが、［上記の］例にならってわかるであろう。

また、五種の神通力（神足通《じんそくつう》・天眼通《てんげんつう》・天耳通《てんにつう》・他心通《たしんつう》・宿命通《しゅくみょうつう》）を備えた仙人のさまざまな論、帝釈天の『善論』[72]、大梵天の『出欲論』[73]は、すべて第一の種類（蔵教）の悉檀により、巧みな手段を用いて［衆生に］利益を与えるという意味である。『書［経］』に、「文章・徳行・誠実・信義があり、礼楽《れいがく》を定め、［三千余篇の］詩を削り、功績や名声を後世のために留める」とあるの[74]は、世界［悉檀］である。人材を選んで適当な官職を与

69　『昆勒論』　底本の「毘」を『全集本』によって「昆」に改める。『大智度論』巻第十八に、「問うて曰う。云何なるをか蜫勒と名づくるや。云何なるをか阿毘曇と名づくるや。云何なるをか空門と名づくるや。答えて曰う。蜫勒に三百二十万言有りて、仏の世に在る時、大迦栴延の造る所なり。仏は滅度して後、人寿は転《うた》た減じ、憶識の力少なく、広く誦すること能わず、諸の得道の人は撰んで三十八万四千言と為す。若し人は蜫勒門に入りて論議せば、則ち無窮なり。其の中に随相門・対治門等の種種の諸門有り」（大正二五、一九二中一～七）とあるが、現存しない。この書がパーリ文献

の *Peṭakopadesa* に相当するのではないかという説がある。Stefano Zacchetti, "Some Remarks on the 'Peṭaka Passages' in the *Da zhidu lun* and their Relation to the Pāli *Peṭakopadesa*"（『創価大学国際仏教学高等研究所年報』5、二〇〇二年、六七～八五頁）を参照。

70　天親は一種類（円教）の四悉檀によって『法華［経］』を解釈する【天親用一番四悉檀通法華】　『法華論』のこと。菩提留支訳『妙法蓮華経憂波提舎』二巻、勒那摩提訳『妙法蓮華経論優波提舎』一巻がある。

71　『涅槃論』　天親の著わしたものは、達摩菩提訳『涅槃論』一巻、真諦訳『涅槃経本有今無偈論』一巻として、中国に流伝した。

72　帝釈天の『善論』【釈天善論】　帝釈天が欲界に住して十善について説いた論を指す。

73　大梵天の『出欲論』【大梵出欲論】　大梵天が色界に住して欲界を超出することについて説いた論を指す。

74　『書［経］』に、「文章・徳行・誠実・信義があり、礼楽を定め、［三千余篇の］詩を削り、功績や名声を後世のために留める」とある【書云文行誠信定礼刪詩垂裕後昆】　「文行誠信」については、『論語』述而、「子は四を以て教う。文・行・忠・信なり」に基づく表現。「忠」と「誠」は意味が通じる。「文行」は、文章と徳行のこと。「誠信」は誠実と信義のこと。『礼記』祭統、「是の故に賢者の祭るや、其の誠信と其の忠敬とを致して、之れを奉ずるに物を以てし、之れを道《みち》びくに礼を以てし、之れを安んずるに楽《がく》を以てし、之れに参《まじ》うるに時を以てし、明《きよらか》に之れを薦《すす》むるのみ」を参照。「定礼」は、孔子が礼楽を定めたこと。「刪詩」は、『史記』孔子世家に出る逸話で、孔子が各地の歌謡三千余篇を削って、三百五篇の『詩経』を編集したことをいう。孔安国『尚書序』、「先君孔子は、周の末に生まれ、史籍の煩文を睹《み》、之れを覧《み》る者の不一なるを懼《おそ》れ、遂に乃ち礼楽を定め、旧章を明らかにし、詩を刪《けず》りて三百篇と為し、史記を約して春秋を修め、易道を讃じて以て八索を黜《しりぞ》け、職方を述べて以て九丘を除く」を参照。「垂裕後昆」は、後世のために功績や名声を留めること。『書経』仲虺之誥、「王懋《つと》めて大徳を昭《あきら》かにし、中を民に建てよ。義を以て事を制し、礼を以て心を制し、裕を後昆《こうこん》に垂れよ」を参照。

える[75]のに徳によって行ない、褒賞《ほうしょう》が子孫まで及ぶ[76]のは、為人［悉檀］である。叛乱を起こす者に対してはこれを征伐し、故意の犯罪に対しては、その罪が小さなものであっても必ず刑罰を与える[77]のは、対治［悉檀］である。政治は無欲で、心が安静なあり方にあり[78]、道は本性【天心】に合致して、人王のなかで最高であるのは、世間の第一義悉檀である。

第六項　四悉檀は聖人の説法・聖人の沈黙を生起させる――十項目の6

六に聖人の説法・聖人の沈黙を生起させるとは、『思益《しやく》［梵天所問《ぼんてんしょもん》］経』には、「仏は比丘たちに告げる。『あなたたちは二つの事柄を実践しなければならない。聖人の説法、聖人の沈黙である』」とある[79]。聖人の説法については、上に述べた通りである。聖人の沈黙とは、そもそも四種の四諦は[689b]すべて三乗の聖人が証得する法である。低下《ていげ》の凡夫が知るものではないので、不可説である。たといこれを説いても、目の不自由な人のために灯火を設けるようなものであり、どうして目の無い者に利益を与えようか。それ故、不可説なので、聖人の沈黙と名づける。

『華厳［経］』のなかに世界の不可説不可説を数える[80]のは、究極の理【理極】の不可説不可説を明らかにすることである。無量・無作の二種類の四諦であり、不生生、不生不生の法に焦点をあわせて、不可説を明らかにする。不可説であるので、聖人の沈黙と名づける。

三蔵教のなかの憍陳如《きょうじんにょ》比丘[81]に関しては、最初に真実の知見を獲得し、静かで音声・文字がなかった。身子

75　人材を選んで適当な官職を与える【官人】『書経』皐陶謨《こうようぼ》、「人を知るは則ち哲にして、能く人を官す」を参照。

76　褒賞が子孫まで及ぶ【賞延于世】『書経』大禹謨《だいうぼ》、「皐陶曰わく、帝の徳愆《あやま》つこと罔《な》し。下に臨むに簡を以てし、衆を御するに寛を以てす。罰は嗣《し》に及ぼさず、賞は世に延《ひ》く。過を宥《ゆる》すに大とする無く、故《こ》を刑するに小とすること無し」を参照。

77　故意の犯罪に対しては、その罪が小さなものであっても必ず刑罰を与える【刑故無小】前注76を参照。

78　政治は無欲で、心が安静なあり方にあり【政在清静】『老子』第四十五章、「躁は寒に勝ち、静は熱に勝ち、清静は天下の正と為る」を参照。

79　『思益［梵天所問］経』には……聖人の説法、聖人の沈黙である』」とある【思益云仏告諸比丘汝等当行二事若聖説法若聖黙然】『思益梵天所問経』巻第三、論寂品、「仏の説く所の如し。汝等は集会して当に二事を行ずべし。若しは説法、若しは聖黙然《しょうもくねん》なり」（大正一五、五〇中一〇～一一）を参照。

80　『華厳［経］』のなかに世界の不可説不可説を数える【華厳中数世界不可説不可説】出典を特定できないが、『六十巻華厳経』巻第三十、仏不思議法品、「一切諸仏は悉ごとく無量常妙の光明有りて、普く十方一切の世界を照らし、不可説不可説の諸の雑妙色もて之れを荘厳し、普く世間を照らして障礙《しょうげ》する所無く、一切光明の蔵を出生す。是れ一切諸仏の最勝無上なる常光の荘厳と為す」（大正九、五九三中一七～二一）を参照。

81　憍陳如比丘　Ājñātakauṇḍinya.　阿若憍陳如と音写する。釈尊の最初の五人の弟子のなかの一人で、最初に悟った人。

〈舎利弗〉が「私は、解脱のなかに言説がないと聞いた」というのは[82]、生滅の四諦であり、生生の法に焦点をあわせて、不可説を明らかにすることである。不可説なので、聖人の沈黙と名づける。

『浄名［経］』（『維摩経』）の［維摩詰が］口を閉じること、『大集経《だいじっきょう》』の無言菩薩《むごん》[83]は、智によっても知ることができず、識によっても認識することができない。言語による表現の手だてが断え、心の活動範囲も終わる。不生不滅の法は、涅槃のようである[84]。これは四種類の四諦に焦点をあわせて、不可説である。不可説であるので、聖人の沈黙と名づける。

『大品［般若経］』に関しては、一々の句がすべて不可得である。不可得とは、身によっても獲得できず、心によっても獲得できず、口によっても獲得できない。これは三種類の四諦であり、生不生・不生生・不生不生の法に焦点をあわせて、不可得を明らかにする。不可得であるので、不可説である。不可説であるので、聖人の沈黙と名づける。

この『［法華］経』には、「止めなさい。止めなさい。説く必要はない。わたしの法はすばらしく【妙】、思惟することは難しい。この法は示すことができず、［示す］言葉の様相は静かに滅している。言葉で伝えることはできず、思慮分別《しりょふんべつ》によって理解することのできるものではない」と明らかにしている[85]。これは無作の四諦であり、不生不生の法に焦点をあわせて、不可説を明らかにする。不可説であるので、聖人の沈黙と名づける。

質問する。他を楽しませるために、聖人の説法がある。自ら楽しむために、聖人の沈黙と名づける。沈黙していれば、他者に利益を与えないであろうか。

答える。中心的には自ら楽しむためであり、付随的にはまた他者に利益を与える。もし人が文字を厭い言語を好まなければ、この人を喜ばせるために、聖人は沈黙をする。律のなかで、他者を幸福にするために供養を受けるが、聖人は沈黙するようなものである。脇比丘《きょうびく》[86]が馬鳴《めみょう》[87]を相手に破るようなものである。このために沈黙する。仏は結跏趺坐《けっかふざ》し、正しい想念を持って、身心が動かないようなものである。無数の人々に［声聞の］

82　身子（舎利弗）が「私は、解脱のなかに言説がないと聞いた」という【身子云吾聞解脱之中無有言説】『維摩経』巻中、観衆生品、「舎利弗の言わく、此《ここ》に止まること久しきや。天の曰わく、耆年《ぎねん》は解脱すること、亦た何如《いか》んが久しきや。舎利弗は黙然として答えず。天の曰わく、如何んが耆旧《ぎく》は大智あれども黙するや。答えて曰わく、解脱とは、言説する所無きが故に、吾れは是に於いて云う所を知らず。天の曰わく、言説文字は、皆な解脱相なり。所以《ゆえん》は何《いか》んとなれば、解脱とは、内ならず外ならず、両間に在らず、文字も亦た内ならず外ならず、両間に在らず。是の故に舎利弗よ、文字を離れて解脱を得ること無きなり。所以は何んとなれば、一切諸法は是れ解脱相なればなり」（大正一四、五四八上八～一五）を参照。

83　『大集経』の無言菩薩【大集無言菩薩】曇無讖訳『大方等大集経』巻第十二、無言菩薩品（大正一三、七四下～八三下）に出る菩薩の名。

84　言語による表現の手だて……涅槃のようである【不可智知不可識識言語道断心行亦訖不生不滅法如涅槃】前注21を参照。

85　この『［法華］経』には、「止めなさい。止めなさい……思慮分別によって理解することのできるものではない」と明らかにしている【此経明止止不須説我法妙難思是法不可示言辞相寂滅不可以言宣非思量分別之所能解】『法華経』方便品の各所から経文を引用している。『法華経』方便品、「止みなん、止みなん。説くを須《もち》いず。我が法は妙にして思い難し」（大正九、六下一九）、「是の法は示す可からず、言辞の相は寂滅す」（同前、五下二五）、「諸法の寂滅の相は、言を以て宣《の》ぶ可からず」（同前、一〇上四）、「是の法は思量分別の能く解する所に非ず」（同前、七上二〇）を参照。

86　脇比丘　Pārśva. 一～二世紀。カニシカ王のとき、仏典の第四結集を勧めた人。

87　馬鳴　Aśvaghoṣa. 一～二世紀。著作として『仏所行讃』が有名。

第一果【道跡】を悟ることができるようにさせる。このために沈黙する。みな四悉檀によってこの沈黙を生起させ、すべてに利益を与える。どうして利益がないというであろうか。

質問する。『［大智度］論』には、「四悉檀は、八万四千の法蔵を収める」とある。[88] その様相はどのようであるか。

答える。『賢劫経《げんごうきょう》』には、「仏が発心したばかりのときから、遺骨を分けるまで、全部で三百五十[689c]の法門がある。一々の門にそれぞれ六度があるので、合わせて二千一百度がある。この度によって四分の煩悩[89]に対して破れば、合わせて八千四百［度］となる。一が十に変化するのに焦点をあわせると、合わせて八万四千［度］となる」とある。[90]

もし八万四千の法蔵と名づければ、世界悉檀の所属である。もし八万四千の塵労《じんろう》（煩悩）の門と名づければ、為人悉檀の所属である。八万四千の三昧、八万四千の陀羅尼門《だらにもん》も同様である。もし八万四千の対治、八万四千の空門と名づければ、対治悉檀の所属である。もし八万四千の諸波羅蜜、八万四千の度無極《どむごく》[91]と名づければ、第一義悉檀の所属である。

また、一説には、「仏地は三百五十の法門である。一々の門に十善があるので、合わせて三千五百の善である。四分を対治すると、一万四千［の善］である。また、六根を対治すると、八万四千［の善］である」とある。

第七項　四悉檀を得ることと用いること、得ないことと用いないことを明らかにする——十項目の7

第七に［四悉檀を］得ることと・用いることと、得ないこと・用いないこととを明らかにするとは、そもそも四悉檀は、如来だけが究極的にすべてを得、すばらしく用いることができる。［仏より］以下の者は、［四悉檀を〕得ること・用いることについて同じではない。全部で〔次のような〕四句がある。得もしないし用いもしない・得るけれども用いない・得ないけれども用いる・得もするし用いもする。

凡夫・外道は、苦・集《じゅう》の〔迷いの因果に〕流転して、四悉檀の名前すら知ることができない。だれがその〔四悉檀を〕得ることを論じようか。得ない以上、どうして用いることができようか。

もし三蔵教の二乗は、くり返し自ら行じるならば、苦を知り、集を断ち切り、道を修め、滅を証得して、真に入る。また得ると名づける。衆生を救済しないので、用いることができない。たとい用いても、機に相違し

88　『〔大智度〕論』には、「四悉檀は、八万四千の法蔵を収める」とある【論云四悉檀摂八万四千法蔵】　前注3を参照。

89　四分の煩悩【四分煩悩】　貪・瞋・癡の三毒がそれぞれ単独に生起するものが三分で、三毒がいっしょに生起しているものが等分で、あわせて四分となる。

90　『賢劫経』には、「仏が発心したばかりのときから……合わせて八万四千〔度〕となる」とある【賢劫経云従仏初発心去乃至分舎利凡三百五十法門一一門各有六度合二千一百度用是度対破四分煩悩合成八千四百約一変為十合八万四千也】　そのままの文の出典は未詳であるが、『賢劫経』巻第六、八等品、「仏は喜王菩薩に告ぐらく、是の二千一百の諸もろの度無極《どむごく》は、説法して諸もろの貪婬《とんいん》の種を教化す。二千一百の諸もろの度無極は、説法して諸もろの瞋恚《しんに》の種を開化す。二千一百の諸もろの度無極は、説法して諸もろの愚癡《ぐち》の種を開覚す。二千一百の諸もろの度無極は、説法訓誨《くんげ》して等分の種を化す。是れ合して八千四百の諸もろの度無極なり。一変じて十と為れば、合して八万四千の諸もろの度無極なり」（大正一四、四四下一七〜二二）を参照。

91　度無極　pāramitā の古い訳。波羅蜜と音写する。度無極は、極みのない世界に渡るの意。『老子』第二十八章、「天下の式《のり》と為れば、常徳忒《たが》わず、無極に復帰す」を参照。

て合致しないので、『浄名［経］』（『維摩経』）に満願《まんがん》[92]をしかって、「人の能力を知らなければ、法を説くべきではない。穢《けが》れた食べ物を貴重な宝器に置いてはならない」という。[93]富楼那のような者は、九十日間、外道を教化して、かえって嘲笑されたが、文殊［菩薩］は少しの間行っただけで、［外道の］師弟はみな服従した。[94]これは欲求を知らず、世界悉檀を用いることができないことである。身子（舎利弗）のようなものは、二人の弟子を教えようとしたところ、［弟子は］善根が生ぜず、さらに邪な疑問を生じた。[95]これは為人悉檀を用いることができないことである。五百人の羅漢のような者は、迦絺那《かちな》のために四諦を説いたが、すべて利益がなかっ

92　満願　Pūrṇa. 富楼那と音写する。具名は、Pūrṇamaitrāyaṇīputra. 満願子と訳し、富楼那弥多羅尼子と音写する（子は意訳）。釈尊の十大弟子の一人で、説法第一といわれる。

93　『浄名［経］』（『維摩経』）に満願をしかって、「人の能力を知らなければ、法を説くべきではない。穢れた食べ物を宝器に置いてはならない」という【浄名訶満願云不知人根不応説法無以穢食置於宝器】『維摩経』巻上、弟子品、「時に維摩詰は来りて我れに謂《い》いて言わく、唯だ富楼那よ、先に当に定に入り、此の人心を観じ、然る後に説法すべし。穢食《えじき》を以て宝器に置くこと無かれ。当に是の比丘の心に念ずる所を知るべし。琉璃《るり》を以て彼の水精に同ずること無かれ」（同前、五四〇下二五～二八）を参照。

94　富楼那のような者は、九十日間、外道を教化して、かえって嘲笑されたが、文殊［菩薩］は少しの間行っただけで、［外道の］師弟はみな服従した【如富楼那九旬化外道反被蚩笑文殊暫往師徒皆伏】『大方広宝篋《ほうきょう》経』巻中～下、「爾の時、大徳富楼那弥多羅尼子は舎利弗に語らく、我れも亦た曾て文殊師利童子の所為を見る。昔、一時に於いて、仏は毘舎離《びしゃり》の菴《あん》羅《ら》樹林に在りて、大比丘五百人と倶なり。是の時、薩遮尼乾陀子《さっしゃにけんだし》は、毘舎離の大城の中に住し、六万の眷属と倶に、供養・恭敬《くぎょう》す。我れは三昧に入りて、是の尼乾を観ず。我れは時に百千の尼乾の応当《まさ》に化を受くべき有るを見る。我れは時に即

ち往きて為めに説法し、専聴有ること無く、善好心無く、反《かえ》りて軽笑せられ、麁悪の言を出す。我れは時に唐《むな》しく苦しみ、三月の中に於いて、一《ひと》りとして化を受くるもの無し。三月を過ぎ已りて、我れは心に悦《よろこ》ばず、便ち捨て去る。時に、文殊師利は即《すなわ》ち五百の異道を化作《けさ》し、自ら師範と為る。五百の弟子を将《ひき》いて薩遮尼乾子の所に往詣《おうけい》し、其の足に頂礼《ちょうらい》す。……爾の時、文殊師利童子は、外道衆の中にて、漸次に是の如き正法を開示し、五百の外道をして塵垢《じんく》を遠離《おんり》し、法眼浄を得しむ。八千の外道は無上正真道心を発す」（同前、四七五中二八～四七六中七）を参照。底本の「悼」は「蚩」と通じるが、本来は別字であるので、「蚩」に改める。『全集本』の「嗤」は、「蚩」と同義である。

95　身子（舎利弗）のような者は、二人の弟子を教えようとしたところ、「弟子は」善根が生ぜず、さらに邪な疑問を生じた【如身子教二弟子善根不発更生邪疑】『南本涅槃経』巻第二十四、光明遍照高貴徳王菩薩品（大正一二、七六四上～中）に出るたとえ。前注41を参照。

た。仏はわざわざ不浄観《ふじょうかん》を説いて、悪を破ることができた[96]。これは対治悉檀を用いることができないことである。身子が福増《ふくぞう》を救済しないようなものである。大医が治療しなければ、小医は手をこまねく。五百人［の羅漢］はみな救済しなかったが、仏は救済して、すぐに羅漢を得させた[97]。これは第一義悉檀を用いることができないことである。

辟支仏も同様である。得るけれども用いないと名づける。

次に、三蔵教の菩薩を明かすならば、苦・集（の迷いの因果）を知り、690a 道を修めるけれども、ただ煩悩【結惑】を制伏《せいふく》するだけで、まだ滅［諦］の証得はない。ただ三悉檀を得るだけである。まだ一［つの悉檀］を得ないけれども、四［つの悉檀］を用いる。なぜかといえば、病気の導師が船と栰《いかだ》を備えて、［自分の］身はこちらの岸にあるけれども、他の人を向こう岸に渡すようなものである。常に人を教化することを仕事として、自らまだ渡ることができないのに、先に他の人を渡す。得ないけれども用いることである。

通教の二乗は、体門（体空観《たいくうがん》の門）は巧みであるけれども、［四悉檀を］得るけれども用いないことは三蔵教と同じである。通教の菩薩は、初心から六地《ろくじ》まで[98]は、得もするし用いもする。用いるけれども、まだ巧みでは

96　五百人の羅漢のような者は、迦絺那のために四諦を説いたが、すべて利益がなかった。仏はわざわざ不浄観を説いて、悪を破ることができた【如五百羅漢為迦絺那説四諦都無利益仏為説不浄観即得破悪】舎利弗をはじめとする五百の声聞が迦絺那に四諦を教えたが、理解させることができなかった。そこで、仏は不浄観を教えて理解させた逸話。『禅秘要法経』巻上、「爾の時、王舎城の中に一比丘有りて、摩訶迦絺羅難陀《まかかちらなんだ》と名づく。聡慧多智なり。仏所に来至し、仏の為めに礼を作

し、仏を繞《めぐ》ること七匝《そう》なり。爾の時、世尊は深き禅定に入り、黙然として言無し。時に、迦絺羅難陀は、仏の定に入るを見て、即ち舎利弗の所に往き、頭面もて足に礼して白して言わく、大徳舎利弗よ、唯だ願わくは我が為めに広く法要を説け。爾の時、舎利弗は、即便《すなわ》ち為めに四諦を説き、義趣を分別すること、一遍、乃至六遍なり。時に、迦絺羅難陀は、心に疑いて未だ寤《さと》らず。是の如くして、乃至遍く五百の声聞の足を礼し、法要を説くことを請う。諸の声聞等も亦た各おの七遍、為めに四真諦法を転ず。時に、迦絺羅難陀は、心亦た寤らず。復た仏の所に還り、仏の為めに礼を作す。……仏は阿難に告ぐらく、汝は今、此の摩訶迦絺羅難陀比丘、不浄観に因りて、解脱を得るを見るや。汝は好《よ》く受持し、衆の為めに広く説け。阿難は仏に白すらく、唯だ然り、教えを受けん」（大正一五、二四二下二九～二四四中二三）を参照。『禅秘要法経』には、以下、詳しく不浄観（身体の不浄を観察する。白骨観ともいう。五停心観の一つで、貪欲を対治する）が説かれる。

97　**身子が福増を救済しないようなものである……仏は救済して、すぐに羅漢を得させた【如身子不度福増大医不治小医拱手五百皆不度仏度即得羅漢】**　年老いた福増の出家を舎利弗をはじめ五百の声聞が許可しなかったが、仏は出家を許可し、福増が阿羅漢になった逸話。『賢愚経』巻第四、出家功徳尸利苾提《しりひつだい》品、「王舎城に一長者有り、尸利苾提（秦に福増と言う）と名づく。其の年百歳にして、出家の功徳、是の如く無量なるを聞いて、便《すなわ》ち自ら思惟す。……時に、舎利弗は、是の人を視《み》已りて、此の人は老いて、三事皆な缺《か》け、学問、坐禅、衆事を佐助すること能わざるを念じ、告げて言わく、汝去れ。汝は老いて年過ぎ、出家することを得ず。……爾の時、世尊は大慈悲を以て、福増を慰喩《いゆ》す。譬えば慈父の孝子を慰喩するが如し。而して之れに告げて言わく、汝は憂悩《うのう》する莫《なか》れ。我れは今、当に汝をして出家することを得しむ。……仏の言わく、善き哉《かな》、善き哉。福増比丘よ、汝の見る所の如く、事実は是の如し。汝は今、已に生死の苦を離れ、涅槃の楽を得、応に一切の人天の供養を受くべし。比丘の応に作すべき所の事、汝は已に具足せり」（大正四、三七六下一四～三七九下二一）を参照。

98　**初心から六地まで【初心至六地】**　通教の三乗共の十地の名称は、乾慧地・性地・八人地・見地・薄地・離欲地・已辦地・支仏地・菩薩地・仏地。このうち、第一の乾慧地から第六の離欲地までを指す。

ない。七地《しちじ》に仮に入って、その用いることはすぐれているのである。

別教の十住《じゅうじゅう》に関しては、ただ析法《しゃくほう》・体法の二種類の四悉檀を得るだけであるけれども、まだ用いることができない。十行《じゅうぎょう》になってはじめて用いることができる。十廻向《じゅうえこう》になって、進んで相似[99]の四悉檀を得、また相似に用いることができる。十地に登れば、分真《ぶんしん》（部分的に真実を証得すること）に得、また分真に用いる。

円教の五品弟子《ごほんでし》[100]はまだ得て用いることができず、六根清浄《ろっこんしょうじょう》は相似に得て用い、初住は分真に得て用いるのである。ただ仏だけが究極的に得、究極的に用いる。

第八項　四悉檀の方便と真実を明らかにする——十項目の8

第八に四悉檀の方便・真実を明らかにするとは、四諦にそれぞれ四悉檀を論じるのは、これは一般的な説にすぎない。

『釈論』[101]（『大智度論』）に、「さまざまな経は多く三悉檀について説いて、第一義［悉檀］について説かない」とあるのは、これは三蔵教を指す。三蔵教は多く因縁の生生《しょうしょう》の事象の様相を説いて、色《しき》を滅して空を取り、少しばかり第一義［悉檀］を説く。三蔵教の菩薩についていえば、ただ三悉檀に焦点をあわせて四［悉檀］を明らかにするだけである。もし仏についていえば、四［悉檀］を備える。そうではあるけれども、最後まで拙い済度の方法であって、方便によって小機に与えるのである。

もし通教の四諦について四悉檀を明らかにするならば、法はそのまま真であると体得し、その門は巧みである。それ故、『釈論』（『大智度論』）には、「今、第一義悉檀を説こうとするので、摩訶般若波羅蜜経《まかはんにゃはらみつきょう》を説く」とある。[102]仏・菩薩についていえば、みな四［悉檀］を持つことができる。ところが、方便の真諦に焦点をあわせて悉檀を明らかにするならば、やはり方便に所属するのである。

もし別教の四諦について四悉檀を明らかにするならば、中道に焦点をあわせる。この意味は深いけれども、やはりばらばらで個別的である【歴別】。別々の様相であって、まだ融けあっていない。教道《きょうどう》[103]は方便であり、これは妙でない。

今、円教の四諦について四悉檀を明らかにするならば、その様相は円かに融けあい、最も真実の説である。それ故、四悉檀は真実であり、妙である。

99　相似　円教の六即（理即・名字即・観行即・相似即・分真即・究竟即）の位のなかの相似即に基づく表現。真無漏智に類似した智慧が生じるので、相似即という。

100　五品弟子　円教の十信以前の位で、随喜品・読誦品・説法品・兼行六度品・正行六度品をいう。観行即に相当。

101　『釈論』（大智度論）に、「さまざまな経は多く三悉檀について説いて、第一義［悉檀］について説かない」とある【釈論云諸経多説三悉檀不説第一義】『大智度論』にこのままの文はないが、巻第一に、「復た次に仏は第一義悉檀の相を説かんと欲するが故に、是の般若波羅蜜経を説く」（大正二五、五九中一七〜一八）とあるように、『般若経』は第一義悉檀を説くので、その他の経は第一義悉檀ではなく、三悉檀を説くということになるのであろう。

102　『釈論』（大智度論）には、「今、第一義悉檀を説こうとするので、摩訶般若波羅蜜経を説く」とある【釈論云今欲説第一義悉檀故説摩訶般若波羅蜜経】　前注101を参照。

103　教道　教道は仏の言教を指し、証道は真理を証得することをいう。蔵教・通教は、教道・証道ともに権であり、円教はともに実であるが、別教における教道は権＝方便で、証道は円教における悟りと同じく真実であるとされる。

もしこの方便・真実を用いるのに[104]、五味の教に焦点をあわせれば、乳教[105]には［別教の］四種の方便・［円教の］四種の真実がある。略教にはただ［蔵教の］四種の方便があるだけである。生蘇には［蔵教・通教・別教の］十二種の方便・［円教の］四種の真実がある。熟蘇には［通教・別教の］八種の方便・［円教の］四種の真実がある。『涅槃［経］』には［蔵教・通教・別教の］十二種の方便・［円教の］四種の真実がある。『法華［経］』には［円教の］四種がすべて真実である……。

質問する。三蔵教の菩薩は四悉檀を得るけれども、通教と比較すると、ただ三悉檀を成立させるだけである。
690b 今、通教を別教に比較すると、どのようであるか。

答える。二つの意義がある。通教そのものにおいては四［悉檀］を得、別教と比較するとただ三［悉檀］を得るだけである。

質問する。別教は円教と比較すると、また同様か。

答える。同じではない。円教と別教では、証道《しょうどう》が同じであるから[106]である。

重ねて質問する。三蔵教と通教とはどちらも真諦を証得する。またどちらも四［悉檀］を得るべきである。

答える。三蔵教は、真諦については［通教と］同じであるけれども、菩薩は惑を断ち切らないので、一［つの悉檀］を欠く[107]。円教と別教とはどちらも惑を断ち切る。このためにどちらも四［悉檀］がある。

また重ねて質問する。三蔵教・通教などは、四［悉檀］であるけれども、［実際には第一義悉檀がないので］三［悉檀］であるので、方便でありえる。別教は四［悉檀］であって三［悉檀］でないので、方便でないはずである。

答える。三蔵教と通教とは、教道・証道どちらも方便であるので、ただ三［悉檀］があるだけで、四［悉檀］はない。別教の教道は方便であり、証道は真実である。証［道］にしたがうと四［悉檀］であり、教［道］にしたがうと方便である。

また重ねて質問する。証道は四［悉檀］があるけれども、教道は三［悉檀］であるはずである。

答える。もし初地《しょじ》以前を取りあげて教道とするならば、質問の通りのはずである……。

第九項　すべての法はみな妙である（開権顕実）——十項目の9

第九に開権顕実《かいごんけんじつ》とは、すべての法はみな妙でないものはなく、一色・一香［のような微細な存在］も中道でないことはない。衆生の［迷える］心が妙を隔てるだけである。

大悲は、衆生を受け入れて世間と争わない。このためにさまざまな方便・真実の相違を明らかにする。それ故、『無量義経』には、「四十余年、三法（三乗）、［声聞の］四果、二道［頓漸《とんぜん》］があって［一つに］合致しな

104　方便・真実【権実】　蔵教・通教・別教の四悉檀を権といい、円教の四悉檀を実という。

105　乳教　五味のうち、乳味にたとえられる教えの意で、『華厳経』を指す。次下に出る酪教は三蔵教、生蘇は方等経、熟蘇は『般若経』をそれぞれ指す。

106　円教と別教では、証道が同じである【円別証道同】　別教の初地は、円教の初住に相当するので、別教の初地以上の証道は円教と同じことになる。

107　一［つの悉檀］を欠く【闕一】　第一義悉檀を欠いていること。

い」とある。[108]

　今、方便の門を開いて、真実の様相を示す。[109] 唯一の重大な仕事のために、[110] ただ最高の覚りを説くだけである。[111] 仏知見を開いて、[112]［衆生が］すべて究極的な実相に入ることができるようにさせる。化城《けじょう》を除き滅するのは、そのまま麁《そ》を麁であると決定し、みな宝所に至るのは、とりもなおさず妙に入ることである。

　乳教の四妙（円教の四悉檀）に関しては、今の妙と異ならない。ただその四種の方便を方便と決定して、今の妙に入らせる。このために［経］文に、「菩薩はこの法を聞いて、疑いの網はみな除かれた」とあるのは、[113] この意味である。略教の四種の方便、生蘇の十二種の方便、熟蘇の八種の方便を方便と決定して、みな妙に入ることができる。それ故、［経］文には、「千二百人の羅漢はすべてまた当然仏となるはずである」とある。[114] また、「声聞の法をきっぱりと定めて理解する【決了】と、諸経の王である。聞いてから詳細に思惟し、最高の覚りに近づくことができる」とある。[115] 方等［経］、『般若［経］』に論じる妙とは、また今の妙と異ならない。開権顕実の意味はここにある。

　質問する。さまざまな方便の悉檀を決定して、同様に妙の第一義［悉檀］を成立させることは、その通りであるのか。

　答える。方便を決定して妙に入れば、自在無礙《じざいむげ》である。たとい妙の第一義［悉檀］であっても、三［悉檀］を隔てず、三［悉檀］も一（第一義悉檀）を隔てず、一と三は自在である。今ひとまず一種の解釈をするのである。

108　『無量義経』には、「四十余年、三法（三乗）、［声聞の］四果、二道［頓漸］があって［一つに］合致しない」とある【無量義云四十余年三法四果二道不合】『無量義経』説法品、「世尊よ、如来の得道自従《よ》り已来、四十余年、常に衆生の為めに、諸法の四相の義を演説す……其の法性なる者も亦復た是の如く、塵労を洗除すること、等しくして差別無けれども、三法、四果、二道は不一なり」（大正九、三八六上一〇～中八）を参照。解釈は、『法華玄義』巻第五上、「無量法とは、一法従り生ず。所謂る二道・三法・四果なり。二道とは、即ち頓漸なり。三法とは、即ち三乗なり。四果とは、四位なり」（大正三三、七三七下二〇～二二）による。

109　方便の門を開いて、真実の様相を示す【開方便門示真実相】『法華玄義』巻第一上の前注4を参照。

110　唯一の重大な仕事のために【唯以一大事因縁】『法華経』方便品、「諸仏・世尊は、唯だ一大事因縁を以ての故に、世に出現す。舎利弗よ、云何んが諸仏・世尊は唯だ一大事因縁を以ての故に、世に出現すと名づくるや。諸仏・世尊は衆生をして仏知見を開かしめ、清浄なることを得しめんと欲するが故に、世に出現す」（大正九、七上二一～二五）を参照。

111　ただ最高の覚りを説くだけである【但説無上道】『法華経』方便品、「正直に方便を捨てて、但だ無上道を説くのみ」（同前、一〇上一九）を参照。

112　仏知見を開いて【開仏知見】前注110を参照。「仏知見」は、tathāgata-jñāna-darśana. 如来の知見、智慧のこと。

113　文に、「菩薩はこの法を聞いて、疑いの網はみな除かれた」とある【文云菩薩聞是法疑網皆已除】『法華経』方便品、「菩薩は是の法を聞いて、疑網は皆な已に除こる。千二百の羅漢は、悉ごとく亦た当に作仏すべし」（同前、一〇上二〇～二一）を参照。

114　文には、「千二百人の羅漢はすべてまた当然仏となるはずである」とある【文云千二百羅漢悉亦当作仏】前注113を参照。

115　また、「声聞の法をきっぱりと定めて理解する【決了】と、諸経の王である。聞いてから詳細に思惟し、最高の覚りに近づくことができる」とある【又云決了声聞法是衆経之王聞已諦思惟得近無上道】『法華経』法師品、「若し是の深経を聞いて、声聞法を決了せば、是れ諸経の王なり。聞き已りて諦《あき》らかに思惟せば、当に此の人等は仏智慧に近づくことを得と知るべし」（同前、三一上一五～一七）を参照。

もしさまざまな方便の世界悉檀を決定して妙の世界悉檀とするならば、とりもなおさず釈名《しゃくみょう》の妙に対応するのである。また九法界《くほうかい》の十如是の性相《しょうそう》の名は、同様に仏法界の性相を成立させ、690c すべての名を収めるのである。また生まれつきの性質【天性】を融合させて父子を確定し、またわざわざ名を作って、これを子と名づける。私は本当にあなたの父であり、あなたは本当に私の子である。

もしさまざまな方便の第一義悉檀を決定して、妙の第一義悉檀とするならば、経の体の妙に対応するのである。とりもなおさず仏知見を開いて、真実の様相を示し、宝所まで引いて到着させるのである。

もしさまざまな方便の為人悉檀を決定して、妙の為人悉檀とするならば、とりもなおさず宗の妙に対応するのである。この『[法華]経』に、「それぞれ多くの子に同等の大車《だいしゃ》を与える」とあるようなものである。[116]

もしさまざまな方便の対治悉檀を決定して妙の対治悉檀に入るならば、とりもなおさず用《ゆう》の妙に対応するのである。[『法華経』の]文には、「この宝珠《ほうじゅ》を、必要なものと交換する」とある。[117] また、「このような良薬を、今ここに留める。これを服用しなさい。癒《い》えないことを心配するな」とある。[118]『[法華]経』には、「正直に方便を捨てて、ただ最高の覚りを説くだけである」とある。[119] 執著を動揺させ疑いを生じさせるならば、「仏は当然除き断ち切って、すべて余すところなく尽くすべきである」とある。[120] また、「私は漏《も》れ出る汚れ【漏】を尽くすことができたけれども、聞いてまた憂い悩みを除く」とある。[121]

もしさまざまな方便の四悉檀の相違を識別して、決定してこの『[法華]経』の妙の悉檀のなかに入るならば、もはや相違を見ない。「昔、まだ説いたことのないものを、今みな当然聞くことができるに違いない」とある。[122] とりもなおさず妙であって相違はない。教相の妙に対応するのである。[『法華経』の]文に、「さまざ

116　この『[法華]経』に、「それぞれ多くの子に同等の大車を与える」とあるようなものである【如此経云各賜諸子等一大車】『法華経』譬喩品、「爾の時、長者は各おの諸子に等一の大車を賜う。其の車は高広にして、衆宝に荘校《しょうきょう》せられ、欄《らん》楯《じゅん》を周匝《しゅうそう》し、四面に鈴を懸《か》く」（同前、一二下一八～一九）を参照。

117　[『法華経』の]文には、「この宝珠を、必要なものと交換する」とある【文云以此宝珠用貿所須】『法華経』五百弟子受記品、「汝は今、此の宝を以て須《もち》うる所と貿易《むやく》す可し。常に意の如《ごと》かる可し。乏短《ぼうたん》する所無し」（同前、二九上一四～一六）を参照。

118　「このような良薬を、今ここに留める。これを服用しなさい。癒えないことを心配するな」とある【云如此良薬今留在此可用服之勿憂不差】『法華経』如来寿量品、「我れは今衰老して、死の時已に至りぬ。是の好《よ》き良薬を、今留めて此に在《お》く。汝は取って服す可し。差《い》えじと憂うること勿《なか》れ」（同前、四三上二六～二七）を参照。

119　『[法華]経』には、「正直に方便を捨てて、ただ最高の覚りを説くだけである」とある【経云正直捨方便但説無上道】前注111を参照。

120　「仏は当然除き断ち切って、すべて余すところなく尽くすべきである」とある【仏当為除断令尽無有余】『法華玄義』巻第一上の前注74を参照。

121　「私は漏れ出る汚れ【漏】を尽くすことができたけれども、聞いてまた憂い悩みを除く」とある【云我已得漏尽聞亦除憂悩】『法華経』譬喩品、「昔より来、仏の教えを蒙《こうむ》り、大乗を失わず。仏音は甚だ希有《けう》にして、能く衆生の悩みを除く。我れは已に漏尽を得れども、聞いて亦た憂悩を除く」（同前、一〇下一八～二〇）を参照。

122　「昔、まだ説いたことのないものを、今みな当然聞くことができるに違いない」とある【昔所未曾説今皆当得聞】『法華経』従地涌出品、「汝は今、信力を出し、忍善の中に住す。昔、未だ聞かざる所の法を、今皆な当に聞くことを得べし」（同前、四一上二二～二三）を参照。

まな道を示すけれども、本当は一乗のためである」とある通りである。[123]さまざまな相違を識別するけれども、相違はないことをあらわすために、識別を越えた法【無分別法】を説くのである。

第十項　四悉檀によって『法華経』を解釈する——十項目の10

第十に経を解釈するとは、質問する。今、四悉檀によってこの『［法華］経』を解釈する。この『［法華］経』のどの文が四悉檀を明らかにするのか。

答える。［『法華経』の］文のなかには、いたるところにみなこの意義が説かれている。詳しく引用することができないので、今かいつまんで迹門《しゃくもん》と本門《ほんもん》の二つの文を引用する。方便品には、「衆生のさまざまな行為、心中深く思っていること、過去に積み重ねた行為、欲、性質、精進の力やさまざまな感覚能力の鋭いものと鈍いものを知り、さまざまな因縁、比喩、また言語表現によって、［相手に］したがって巧みな手段によって説く」とある。[124]これはどうして四悉檀の語でないであろうか。「欲」とは、欲求【楽欲】、世界悉檀にほかならない。「性質」とは、智慧の性質、為人悉檀である。「精進《しょうじん》の力」は、悪を破ること、対治悉檀にほかならない。「さまざまな感覚能力の鋭いものと鈍いもの」は、［鋭い人と鈍い人との］二人の覚りを獲得することが相違することにほかならず、つまり第一義悉檀である。

また、寿量品には、「如来は明らかに見て、錯誤《さくご》がない。多くの衆生にさまざまな性質、さまざまな欲望、さまざまな行為、さまざまな想念・分別があるので、多くの善根を生じさせようとして、いくらかの因縁、比喩、言葉によって、さまざまに説法する。なすべき仏の仕事は、[691a]まだ少しの間も休んだことはない」とある。[125]「さまざまな性質」とは、為人［悉檀］である。「さまざまな欲望」とは、世界［悉檀］である。「さまざまな行為」とは、対治［悉檀］である。「さまざまな想念・分別」は、道理を推定し、邪な想念を転換して、第一義［悉檀］を見ることができる。

［方便品と寿量品の］二箇所の明らかな文に、四つの［悉檀の］意義が備わっている。そして、いずれも「衆生のために説法する」といっている。どうして四悉檀によって教えを設けることの明らかな証拠でないことがあろうか。

123　［『法華経』の］文に、「さまざまな道を示すけれども、本当は一乗のためである」とある通りである【如文云雖示種種道其実為一乗】『法華玄義』巻第一上の前注3を参照。

124　方便品には、「衆生のさまざまな行為……［相手に］したがって巧みな手段によって説く」とある【方便品云知衆生諸行深心之所念過去所習業欲性精進力及諸根利鈍以種種因縁譬喩亦言辞随応方便説】『法華経』方便品、「第一の寂滅を知りて、方便力を以ての故に、種種の道を示すと雖も、其の実は仏乗の為めなり。衆生の諸行、深心の念ずる所、過去に習う所の業、欲、性、精進力、及び諸根の利鈍を知り、種種の因縁、譬喩、亦た言辞《ごんじ》を以て、随応《ずいおう》して方便もて説く」（同前、九中一五～二〇）を参照。

125　寿量品には、「如来は明らかに見て……なすべき仏の仕事は、まだ少しの間も休んだことがない」とある【寿量品云如来明見無有錯謬以諸衆生有種種性種種欲種種行種種憶想分別故欲令生諸善根以若干因縁譬喩言辞種種説法所作仏事未曾暫廃】『法華経』如来寿量品、「斯《かく》の如きの事を、如来は明らかに見て、錯謬《しゃくみょう》有ること無し。諸もろの衆生に種種の性、種種の欲、種種の行、種種の憶想分別有るを以ての故に、諸もろの善根を生ぜしめんと欲して、若干の因縁、譬喩、言辞を以て、種種に説法す。作す所の仏事は、未だ曾《かつ》て暫《しばら》くも廃さず」（同前、四二下一五～一九）を参照。

第二部　五重玄義を個別に解釈する（各論）

第一章　妙法蓮華経の「名」を解釈する――五重玄義(1)

第二に、個別に五章を理解する。

最初に名を解釈するのに、四段とする。第一に共通性・個別性を判定し、第二に前後を確定し、第三に旧説を提示し、第四に正面から理解する。

第一節　教・行・理によって妙法蓮華経という「名」の共通性・個別性を論じる

妙法蓮華という名が、多くの経典と相違するのは、個別性である。すべて経と呼ぶのは、共通性である。この二つの名を立てるのに、全部で三つの意義に焦点をあわせる。教・行・理のことである。縁にしたがうので教の個別性であり、説にしたがうので教の共通性である。［理に］合致する主体【能契《のうかい》】にしたがうので行の個別性であり、合致する対象［としての理］【所契《しょかい》】にしたがうので行の共通性である。理は名にしたがうので個別性であり、名は理にしたがうので共通性である。かいつまんで説くことが終わった。

そもそも教はもと機に応じ、機にとっての都合が同じでないので、［経典の］種類が相違する。金口《こんく》に基づく梵天のような声であるので、共通に仏説である。それ故、共通性・個別性の二つの名があるのである。

行に焦点をあわせれば、涅槃の真実の法宝には、衆生は種種の門より入る。[126] 五百人の比丘がそれぞれ身の因を説き、仏が「正しい説でないものはない」という通りである。[127] 三十二人の菩薩はそれぞれ不二の法門に入り、

文殊はほめたたえる。[128]『大［智度］論』には、「阿那波那《あなばな》はすべて摩訶衍《まかえん》である。実体として捉えることができ

126　涅槃の真実の法宝には、衆生は種種の門より入る【泥洹真法宝衆生以種種門入】『成実論』巻第十八、「泥洹《ないおん》は是れ真の法宝にして、種種の門を以て入る」（大正三二、三七三上三～四）に基づく。

127　五百人の比丘がそれぞれ身の因を説き、仏が「正しい説でないものはない」という通りである【如五百比丘各説身因仏言無非正説】『南本涅槃経』巻第三十二、迦葉菩薩品、「五百の比丘、舍利弗に問うが如し。大徳よ、仏、身の因を説くに、何者か是なるや。舍利弗言わく、諸の大徳よ、汝等も亦た各おの正解脱を得たり。自ら応に之れを識《し》るべし。何に縁《よ》りてか方《まさ》に是の如き問いを作すや。比丘有りて言わく、大徳よ、我れは未だ正解脱を獲得せざる時、意に謂わく、無明は即ち是れ身の因なり。是の観を作す時、阿羅漢果を得たり。復た有るが説いて言わく、大徳よ、我れは未だ正解脱を獲得せざる時、謂わく、愛無明は即ち是れ身の因なり。是の観を作す時、阿羅漢果を得たり。或いは有るが説いて言わく、行・識・名色・六入・触・受・愛・取・有・生・飲食・五欲は即ち是れ身の因なり。爾の時、五百の比丘は各おの自ら己れの解する所を説き已りて、共に仏の所に往き、仏足に稽首《けいしゅ》し、右遶三匝《うにょうさんそう》す。礼拝し畢已《おわ》りて、却《しりぞ》いて一面に坐す。各おの上の如く己れの解する所の義を以て、仏に向かいて之れを説く。舎利弗は仏に白《もう》して言わく、世尊よ、是の如き諸人は、誰れか是れ正説なる、誰れか正説ならざる。仏は舎利弗に告ぐらく、善き哉、善き哉。一一の比丘は、正説に非ざること無し」（大正一二、八二〇中四～一七）を参照。

128　三十二人の菩薩はそれぞれ不二の法門に入り、文殊はほめたたえる【三十二菩薩各入不二法門文殊称善】『維摩経』巻中、入不二法門品（大正一四、五五〇中～五五一下を参照）において、三十二人の菩薩の不二法門に入ることについての解説を、文殊菩薩がほめたたえたこと。

ない【不可得】からである」と明らかにしている。[129] わかるはずである。行にしたがうならば個別性であり、合致する対象［としての理］【所契】は同じである。求那跋摩《ぐなばつま》は、「さまざまな議論はたがいにくいちがっているけれども、修行は道理として二つの異なるものはない」といっている[130]……。

理に焦点をあわせれば、理は不二であり、名字は一でない。『［大］智度［論］』には、「般若は一法であるけれども、仏はさまざまな名前を説く」とある。[131]『大［般涅槃］経』には、「解脱も同様であり、多くの名前がある。天帝釈《てんたいしゃく》に千種の名前があるようなものである」とある。[132] 名前が相違するので個別性であり、理は同一であるので共通性である。今、妙法の経と呼ぶのは、とりもなおさず教の共通性・個別性である。それぞれ子供たちに平等同一の大車を与え、この立派な車に乗ってまっすぐに道場に到着するのは[133]、行の共通性・個別性にほかならない。あるいは実相といい、あるいは仏知見、大乗、家業《けごう》[134]、一地《いちじ》[135]、実事《じつじ》[136]、宝所、繫珠《けいじゅ》[137]、平等大慧《びょうどうだいえ》[138]等というのは、とりもなおさず理の共通性・個別性である。この三つの意義に焦点をあわせるので、二つの名前を立てるのである。

質問する。教主は同じでなく、教を設けることも相違するならば、どうして金口に基づく梵天のような声を、教の共通性と名づけるというのか。

129　『大［智度］論』には、「阿那波那はすべて摩訶衍である。実体として捉えることができない【不可得】からである」と明らかにしている【大論明阿那波那皆是摩訶衍以不可得故】『大智度論』巻第六十五、「仏言わく、入出息は不可得なるが故なり」（大正二五、五一八中一〇～一一）を参照。「阿那波那」は、āna-apāna の音写語。安般とも音写する。数息観と訳す。āna は出息、apāna は入息のことで、息の出入を数えて、心を静める観法。

130　求那跋摩は、「さまざまな議論はたがいにくいちがっているけれども、修行は道理として二つの異なるものはない」といっている【求那跋摩云諸論各異端修行理無二】『高僧伝』巻第三、求那跋摩伝、「諸論は各おの端を異にすれども、修行は理として二無し」（大正五〇、三四二上二一）を参照。「求那跋摩」は、Gunavarman（三七七～四三一）の音写語。罽賓国（カシュミール地方）出身の翻訳僧で、『菩薩善戒経』など大乗の律を主として翻訳した。

131　『[大]智度[論]』には、「般若は一法であるけれども、仏はさまざまな名前を説く」とある【智度云般若是一法仏説種種名】『大智度論』巻第十八、「般若は是れ一法なれども、仏は種種の名を説く。諸もろの衆生力に随いて、之れが為めに異字を立つ」（大正二五、一九〇下三～四）を参照。

132　『大[般涅槃]経』には、「解脱も同様であり、多くの名前がある。天帝釈に千種の名前があるようなものである」とある【大経解脱亦爾多諸名字如天帝釈有千種名】『南本涅槃経』巻第三十一、迦葉菩薩品、「云何んが一義に無量の名を説くや。猶お帝釈の如し。亦た帝釈と名づけ、亦た憍尸迦《きょうしか》と名づけ、亦た婆蹉婆《ばさば》と名づけ、亦た富蘭陀羅《ふらんだら》と名づけ、亦た摩佉《まきゃ》婆《ば》と名づけ、亦た因陀羅と名づけ、亦た千眼と名づけ、亦た舎脂夫《しゃしてん》と名づけ、亦た金剛と名づけ、亦た宝頂と名づく。是れ一義に無量の名を説くと名づく」（大正一二、八一〇中八～一二）を参照。

133　この立派な車に乗ってまっすぐに道場に到着する【乗是宝乗直至道場】『法華経』譬喩品、「此の宝乗に乗りて、直ちに道場に至る」（大正九、一五上一三～一四）を参照。

134　家業　『法華経』信解品の長者窮子の譬喩に出る、長者の家業のこと。

135　一地　『法華経』薬草喩品の三草二木の譬喩に出る（同前、一九中五）。唯一の大地のこと。

136　実事　『法華経』信解品に出る（同前、一八中二〇）。真実の事柄の意。

137　繫珠　『法華経』五百弟子受記品の衣裏繫珠の譬喩に基づく（同前、二九中一一）。宝石を衣の裏に縫いつけること。

138　平等大慧　『法華経』見宝塔品に出る（同前、三二中二八～二九）。平等で偉大な智慧の意。

答える。これに二つの意義がある。第一に当分《とうぶん》[139]、第二に跨節《かせつ》[140]である。

当分とは、三蔵［教］の仏のようなものである。さまざまな［衆生の機］縁に赴いて、さまざまな教えを説く。［衆生の機］縁が相違するので教の個別性であり、［教えの］主が同一であるので教の共通性である。この
691b 教えに基づいて修行するのに、［理に］合致する主体【能契】と合致する対象［としての理］【所契】とがある。さまざまな仕方で理を名づけるけれども、理にさまざまなものがあるのではない。『［法華］経』には、「すぐに首飾りをはずし、粗末で破れ垢《あか》じみた衣を着て、『熱心に働きなさい。また他の所に行かないようにしなさい。あなたの賃金を上げてやろう。それと足に塗る油を増やしてあげよう』と語った」とある。[141] これは身《しん》・口《く》の行・理について、分斉《ぶんざい》に限定して説くのであり、その他の解釈をすることはできないのである。

通・別・円等の教・行・理の当分も同様である。この意義は理解しやすいけれども、理は融合しにくい……。

第二に跨節とは、どこにおいても個別的に［蔵教・通教・別教・円教の］四教の主のそれぞれの身、それぞれの口、それぞれの説がある。ただその無量の功徳によって荘厳された身を隠して、一丈六尺の紫色を帯びた金の輝きを現わして、甘い[142]常楽《じょうらく》の味を説かないで、塩や酢の無常の辛《から》い［味］を説き、王者の衣服の飾りを捨て、糞《ふん》を汲み取る器を取ることを、方便と名づける。もし方便の門を開いて、真実の様相を示すならば[143]、先の身は円常の身であり、先の法は円の法である。先の行、先の理は、すべて真実である。このように通じて一音《いっとん》の教え[144]であるけれども、小乗と大乗の区別がある。［理に］合致する主体【能契】に長短があるけれども、合致する対象［としての理］はただ一つの究極があるだけである。さまざまな名前によって一つの究極に名づける。ただ一つの究極は、多くの名前に対応する。

このように教・行・理の共通性・個別性を論じるならば、様相は理解しにくく、理は明らかにしやすい……。

第二節　妙法蓮華経の「妙」と「法」の前後を確定する

第二に妙・法の前後を確定するとは、もし意味を解釈するための便宜【義便】にしたがうならば、当然先に法を明かし、その後、その［法の］妙を論じるべきである。下の文には、「私の法はすばらしく【妙】、思惟す

139　当分　その当の分という意味。それぞれの分斉、分限の範囲を越えない立場をいう。具体的には、蔵・通・別・円の四教について、それぞれの教えの範囲に限定して、その教えの内容を解釈すること。

140　跨節　節を跨《また》ぐと読む。円教の立場から、蔵・通・別の三教の限界、範囲を越えて、その教えの内容を解釈すること。

141　『［法華］経』には、「すぐに首飾りをはずし、粗末で破れ垢じみた衣を着て、『熱心に働きなさい。また他の所に行かないようにしなさい。あなたの賃金を上げてやろう。それと足に塗る油を増やしてあげよう』と語った」とある【経言即脱瓔珞著弊垢衣語言勤作勿復余去并加汝価及塗足油】『法華経』信解品、「又た他日を以て、窓牖《そうゆう》の中より、遙かに子の身を見るに、羸瘦憔悴《るいしゅうしょうすい》して、糞土塵坌《ふんどじんぼん》、汚穢《うえ》不浄なり。即ち瓔珞、細軟の上服、厳飾《ごんじき》の具を脱ぎ、更に麁弊垢膩《そべくに》の衣を著、塵土に身を坌《けが》し、右手に除糞の器を執持し、畏《おそ》るる所有るに状《かたど》る」（同前、一七上一四～一七）、同、「是に於いて長者は、弊《べ》垢《く》の衣を著、除糞の器を執って、子の所に往到し、方便して附近《ちかづ》き、語って勤作《ごんさ》せしむ。既に汝が価《あたい》、并びに足に塗る油を益《ま》し、飲食は充足し、薦席《せんじゃく》は厚煖《こうなん》ならしめん」（同前、一八上二一～二五）を参照。

142　甘い【甘甜】　底本の「甘恬」を『全集本』によって「甘甜」に改める。

143　もし方便の門を開いて、真実の様相を示すならば【若開方便門示真実相】『法華玄義』巻第一上の前注4を参照。

144　一音の教え【一音之教】　一音とは、同一の言葉の意。仏の説法は一つであるが、衆生はそれぞれの機根に応じて理解するといわれる。

ることが難しい」とある。[145] もし言葉の表現上の便宜【名便】にしたがうならば、当然先に妙、次に法とあるべきである。彼をほめようとして、好い人と呼ぶようなものである。心を込めて論じる場合、もし人がなければ、どうして好いと呼ぶことがあろうか。きっと当然先に人、後に好とあるべきである。今の［妙法蓮華経の］題は言葉の表現上の便宜にしたがうので、先に妙、後に法である。解釈は意味を解釈するための便宜であるので、先に法、後に妙である。［妙と法の順序は］前後するけれども、またたがいにそむかない……。

第三節　旧来（智顗以前）の解釈を提示して麁・妙を判定する

第三に旧来の解釈を提示する。旧来の解釈はとても多いので、要点を取りあげて四家を提示する。道場《どうじょう》［寺慧《じえ》］観《かん》は、「衆生に応じて三［乗］を説く。三［乗］は真実でないので、最終的にその一［乗］に帰着する。これを無上という。無上であるので、妙である」という。[146]『［法華］経』を引用して、「この乗は捉えがたく清らかで第一であり、多くの世間のなかで最高の存在である」とある。[147] また、「言葉による議論を、形を越えた世界にこと寄せるけれども、その体は精と麁［の対立］を絶する。それ故、妙と呼ぶ」とある。また、『［法華］経』を引用して、「この法は示すことができず、言葉の様相は静まりかえっている」とある。[148]

会稽《かいけい》の［慧《え》］基《き》[149]は、「妙とは、同一性を表わす呼び名である。昔は三つの因が趣旨を異にし、三つの果は相違するので、妙と呼ぶことができない」という。

北地師《ほくじし》は、「理は三つあるのではない。三教を麁とし、三ではないという趣旨を妙とする」という。これは、

145　下の文には、「私の法はすばらしく【妙】、思惟することが難しい」とある【下文云我法妙難思】『法華経』方便品、「我が法は妙にして思い難し」（同前、六下一九）を参照。

146　道場［寺慧］観は、「衆生に応じて三［乗］を説く。三［乗］は真実でないので、最終的にその一［乗］に帰着する。これを無上という。無上であるので、妙である」という【道場観云応物説三三非真実終帰其一謂之無上無上故妙】慧観『法華宗要序』（『出三蔵記集』巻第八所収）、「始めて物に応じ津《しん》を開くが故に、三乗は別流《べつる》す。別流して真に非ざれば、則ち終に期するに会《え》有り。会すれば必ず源を同じくするが故に、其の乗は唯一なり。唯一無上なるが故に、之れを妙法と謂う。頌《じゅ》して曰わく、是の乗は微妙、清浄第一にして、諸の世間に於いて、最にして上有ること無し」（大正五五、五七上六～一〇）を参照。『法華経』の引用は、譬喩品、「是の乗は微妙、清浄第一にして、諸の世間に於いて、上有ること無しと為す。仏の悦可する所なり」（大正九、一五上七～九）を参照。「道場観」は、道場寺慧観（生没年未詳）のこと。鳩摩羅什の弟子で、『法華宗要序』を著わす。また、頓漸五時教判の創唱者と伝えられる。

147　『［法華］経』を引用して、「この乗は捉えがたく清らかで第一であり、多くの世間のなかで最高の存在である」とある【引経云是乗微妙清浄第一於諸世間為無有上】『法華経』譬喩品、「是の乗は微妙、清浄第一にして、諸の世間に於いて、上有ること無しと為す」（同前、一五上七～九）を参照。

148　また、「言葉による議論を……言葉の様相は静まりかえっている」とある【又云寄言譚於象外而其体絶精麁所以称妙又引経是法不可示言辞相寂滅】慧観『法華宗要序』（『出三蔵記集』巻第八所収）、「華に寄せて微《み》を宣《の》ぶと雖も、道は像表に玄にして、之れを称して妙と曰《い》えども、体は精麁を絶す。頌して曰わく、是の法は示す可からず、言辞の相は寂滅す」（大正五五、五七上一三～一五）を参照。『法華経』の引用は、『法華経』方便品、「是の法は示す可からず、言辞の相は寂滅す」（大正九、五下二五）を参照。

149　会稽の［慧］基　会稽の法華寺に住んだ慧基（四一二～四九六）のこと。法華疏三巻を著わしたとされるが、現存しない。『高僧伝』巻第八、「基は乃ち法華義疏を著わし、凡そ三巻有り」（大正五〇、三七九中四）を参照。

意味は同じであるけれども、表現が弱い。
光宅《こうたく》［寺法《じほう》］雲《うん》[150]は、「妙とは、一乗の因と果の法である。昔の因と果[691c]にそれぞれ三麁があるのに相対させると、今の教の因と果にはそれぞれ三妙がある。昔の因と果の麁とは、因の体が狭く、因の位が低く、因の用が短い。声聞は四諦を修行し、辟支仏は十二因縁を修行し、菩薩は六度を修行する。三つの因は区別されており、たがいに収めることができないので、因の体は狭い。昔、第九の無礙道《むげどう》[151]において修行するものを菩薩と名づけ、［煩悩を断じないで制伏するだけの］伏道《ぶくどう》[152]であって［煩悩を］断ぜず、まだ三界を越え出ないので、因の位が低いと名づける。第九の無礙［道］は、ただ四つの住地惑《じゅうじわく》[153]を制伏するだけで、無明を制伏しないので、用が短いという。以上が昔の因は三つの意義のために麁であるということである。

昔の果が麁であるとは、体が狭く、位が低く、用が短いことである。有余《うよ》・無余《むよ》[154]の多くの徳が備わらないので、体が狭いという。位は化城にあり、［不思議］変易［の生死］[155]を越え出ないので、位が低いという。第九の解脱[156]［道］は、ただ四つの住地惑を除くだけで、無明を破らない。さらにまた、八十年の寿命は、過去についてはガンジス河の砂粒の数を越えず、未来については上記の［過去世の最初の成仏のときから『法華経』を説法している現在までの］数の二倍ない[157]。このために用が短い。以上が昔の果は三つの意義のために麁であるとする。

今の因は体が広く、位が高く、用が長いとは、三［乗］を集めて一［乗］とし、すべての善【万善】を収めるので、体が広いという。ただ三界内部の無礙道において修行するだけでなく、三界の外部に越え出て、菩薩

150　光宅［寺法］雲【光宅雲】　長文の引用があるが、光宅寺法雲（四六七～五二九）の『法華義記』巻第一からの取意引用である。大正三三、五七三上一六～五七四上七を参照。

151　第九の無礙道【第九無礙道】　三界（欲界・色界・無色界）は九地（欲界・四禅天・四無色天）に分けられ、九地の一々に見惑と修惑（思惑）がある。そして、それぞれの地の修惑に九品の段階を設け、その一品の修惑を断じるのに、無礙道（無間道ともいう。惑を断じつつある位）と解脱道（惑を断じおわって解脱を得る位）がある。したがって、一地ごとに、九無礙道、九解脱道があることになる。ここで、第九の無礙道というのは、第九地の第九品の修惑を断じつつある無礙道のこと。

152　伏道　煩悩を完全には断じないで、制伏するだけのあり方をいう。

153　四つの住地惑【四住】『勝鬘経』一乗章（大正一二、二一九下～二二〇上を参照）に出る五住地惑（五住地煩悩）、すなわち見一処住地惑・欲愛住地惑・色愛住地惑・有愛住地惑、無明住地惑のうち、前の四つをいう。

154　有余・無余【有余無余】　有余涅槃と無余涅槃のことと推定される。現行の『法華義記』（大正三三、五七三中～下を参照）によれば、果については、無為果（涅槃）と有為果（功徳＝慈悲と智慧）に分けて説いている。ここでは、無為果＝涅槃について、有余と無余とを分けて出しているのであろう。

155　［不思議］変易［の生死］【変易】　不思議変易の生死のこと。三界内部の生死＝輪廻を分段の生死といい、三界を越えた世界における生死＝輪廻を変易の生死という。小乗の阿羅漢の涅槃は、三界内部の分段の生死を免れただけの不完全なもので、さらに三界を越えた世界に輪廻するといわれる。

156　第九の解脱【第九解脱】　第九地の第九品の修惑を断じおわって解脱を得る解脱道のこと。前注151を参照。

157　過去については……数の二倍ない【前不過恒沙後不倍上数】『法華経』如来寿量品の五百塵点劫の譬喩に基づく表現。寿量品において、釈尊は、五百塵点劫の譬喩によってたとえられる過去よりもさらに遠い過去に成仏し、未来の寿命も、過去の二倍あるとされる。「恒沙」は、恒河沙のことで、ガンジス河の砂の数ほど多い数を一恒河沙という。『法華経』以前の経には、このような釈尊の長遠な寿命を説かない。

の道を修行するので、位が高いという。無礙［道］において惑を制伏するのに、ただ四つの住地惑だけでなく、進んで無明を制伏するので、用が長い。今の因は、三つの意義によって妙である。

今の果は三つの意義によって妙であるとは、体が広く、位が高く、用が長いことである。体にすべての徳を備え、多くの善がくまなく集まるので、体が広いという。位は宝所に到達するので、位が高いという。五つの住地惑を断ち切り、神通によって寿命を延長し、衆生に利益を与えるので、用が長いという。今の果は三つの意義のために妙である。とりもなおさず一乗の因と果の法が妙なのである」という。

古今のさまざまな解釈のなかで、世間では光宅［寺法雲］を優れていると見なしている。南方の大乗に対する解釈を観察すると、多くは僧肇・鳩摩羅什[158]を継承し、僧肇・鳩摩羅什は多く通教の意味に一致する。光宅［寺法雲］が妙を解釈することは、どうして［僧肇・鳩摩羅什から］遠く離れていることがあろうか。今、先に光宅［寺法雲］を非難する。その他の者たちは［私の非難に］したがうであろう……。

因の体の広さについての四つの非難とは、もし昔の因の体が狭いことを麁とするというならば、何を指して昔とするのか。もし三蔵等を指すならば、その通りである。もし『法華経』以前を指して、みな昔と呼ぶならば、これは当然そうではない。なぜかといえば、『般若［経］』に、「すべての法はみな摩訶衍であり、運び載せないことはない」と説いている[159]。『思益［梵天所問経］』には、「諸法の様相を理解することは、菩薩であればだれでも修行するもの【遍行】」であると明かしている[160]。『華厳［経］』は法界に入るのに、祇洹《ぎおん》[161]を動かない。『浄名［経］』には、「一念にすべての法を知ることは、道場に座ることである」とある[162]。昔の因はこのようにすべて収められる。どうして狭いであろうか。

もし今の因の体が広いというならば、どうして軽率に『法華経』に一乗を明かすことは了義《りょうぎ》[163]であり、仏性を 692a

明かさないことは不了義であるというのか。どうしてまた『法華［経］』に縁因《えんいん》[164]を明かすことは満《まん》[165]［字］であり、了因を明かさないことは満［字］ではないというのか。どうしてまた過去についてはガンジス河の砂粒の

158　僧肇・鳩摩羅什【肇什】　僧肇（三八四？～四一四）と鳩摩羅什（三四四～四一三／三五〇～四〇九）のこと。僧肇は鳩摩羅什の弟子で、『肇論』が現存する。

159　『般若［経］』に、「すべての法はみな摩訶衍であり、運び載せないことはない」と説いている【般若説一切法皆摩訶衍靡不運載】　出典未詳。

160　『思益［梵天所問経］』には、「諸法の様相を理解することは、菩薩であればだれでも修行するもの【遍行】」であると明かしている【思益明解諸法相是菩薩遍行】　『思益梵天所問経』巻第一、分別品、「諸法を明解し、道・非道を疑わず、憎愛の心に異無きは、是れ菩薩の遍行なり」（大正一五、三七下二三～二四）を参照。

161　祇洹　祇園ともいう。祇樹給孤独園の略。『六十巻華厳経』入法界品の説法場所である。

162　『浄名経』には、「一念にすべての法を知ることは、道場に座ることである」とある【浄名一念知一切法是為坐道場】　『維摩経』巻上、菩薩品、「一念に一切法を知るは是れ道場なり。一切智を成就するが故なり」（大正一四、五四三上四～五）を参照。

163　了義【了】　後に出る了義に同じ。nita-artha. その意味が完全に解明されたものの意で、不了義に対する。

164　縁因　天台教学にいう三因（正因・縁因・了因）仏性の一つ。智慧を生じるための縁＝条件となるすべての善行のこと。了因は、真如＝正因を観察する智慧を仏性と見立てていう。

165　満　後に出る満字に同じ。梵語で、母韻十二字、子音三十五字のそれぞれを半字といい、母韻と子音を合わせて意味を持つ一語としたものを満字という。教判に応用され、小乗を半字、大乗を満字と判定する。

数を超え、未来については上記の［過去世の最初の成仏のときから『法華経』を説法している現在までの］数の二倍とするけれども、やはり無常の因であるというのか。無常の因による以上、どうして常住の果を獲得するであろうか。因と果はともに無常であるならば、この無常の人はどうして仏性を見るであろうか。了義でないので、体に修行の単一性【行一】を収めない。満字でないので、体に教えの単一性【教一】を収めない。常住でないので、体に人の単一性【人一】を収めない。仏性を見ないので、体に道理の単一性【理一】を収めない。わかるはずである。今の因は狭いなかでも狭い。狭いので麁である。昔の体が広いからには、昔は逆に妙である。この一つの非難によって、麁妙がわかった。いよいよ詳しく後の非難を試みよう。

因の位の高さについての四つの非難とは、般若は最高の呪文《じゅもん》[166]、等しいものがないほどすぐれた[167]呪文である。優れた人は当然すぐれた法を求めるべきである。因の教は低くない。『大［智度］論』には、「菩薩は三界の外に超え出て、法性身《ほっしょうしん》を受け、菩薩の行を修行する」とある[168]。因の位は低くない。『浄名［経］』に菩薩の徳をほめたたえて、「等しいものがないほどすぐれた仏の自在慧《じざいえ》に近い。十方［の世界で］魔王となる者は、みな不可思議解脱《ふかしぎげだつ》に留まっている」とある[169]。因の［位の］人は低くない。『浄名［経］』には、「仏の覚りを完成して法輪《ほうりん》を転じるけれども、菩薩道を修行する」とある[170]。また、「諸仏の秘密の蔵には、すべて入ることができる」とある[171]。理を見ることは低くない。このような因の位の四つの単一性[172]はみな高い。どうして麁であるというのか。

166　呪文【明呪】「明呪」は vidyā の翻訳。

167　等しいものがないほどすぐれた【無等等】「無等等」は asama-sama の翻訳。

168　『大［智度］論』には、「菩薩は三界の外に越え出て、法性身を受け、菩薩の行を修行する」とある【大論云菩薩出三界外受法性身行菩薩行】『大智度論』巻第三十九、「是の菩薩は三界を出でて、法性生身を得、菩薩の十力を得るが故なり。是の如き等の因縁もて、菩薩の天眼は浄なり」（大正二五、三四七下二三～二四）を参照。「法性身」については、『大智度論』では、菩薩を二種類に区別している。たとえば、巻第三十八、「菩薩に二種有り。一には業に随いて生じ、二には法性身を得」（同前、三四〇上二一～二二）、同巻、「菩薩に二種有り。一には生身の菩薩、二には法身の菩薩なり」（同前、三四二上二二～二三）、巻第七十四、「是の菩薩に二種有り。一には生死の肉身、二には法性生身なり。無生忍法を得て、諸の煩悩を断ず。是の身を捨てて後、法性生身を得」（同前、五八〇上一四～一六）などとあり、三界の外に身を受ける菩薩を法身の菩薩、法性生身の菩薩と呼ぶ。したがって、ここでいう「法性身」はこの菩薩が三界の外において、法性を体得して受ける身をいう。

169　『浄名経』に菩薩の徳をほめたたえて……みな不可思議解脱に留まっている」とある【浄名歎菩薩徳近無等等仏時自在慧十方作魔王者皆是住不可思議解脱】『維摩経』巻上、仏国品、「無等等の仏の自在慧、十力、無畏、十八不共に近し」（大正一四、五三七上二四～二五）、同巻中、不思議品、「十方無量阿僧祇世界の中に魔王と作る者は、多く是れ不可思議解脱に住する菩薩なり」（同前、五四七上一五～一七）を参照。

170　『浄名［経］』には、「仏の覚りを完成して法輪を転じるけれども、菩薩道を修行する」とある【浄名云雖成仏道転法輪而行菩薩道】『維摩経』巻中、文殊師利問疾品、「仏道を得て法輪を転じ、涅槃に入ると雖も、菩薩の道を捨てざるは、是れ菩薩行なり」（同前、五四五下二八～二九）を参照。

171　また、「諸仏の秘密の蔵には、すべて入ることができる」とある【又云諸仏秘蔵無不得入】『維摩経』巻中、文殊師利問疾品、「一切菩薩の法式は悉ごとく知り、諸仏の秘蔵は入ることを得ざること無し」（同前、五四四上二九～中一）を参照。

172　四つの単一性【四一】教一・行一・人一・理一をいう。

もし今の因の位が高いというならば、教はどうして軽率に第四時［教］[173]とするのか。位はどうして軽率に無礙道《むげどう》に留まって無明を制伏するとするのか。人はどうして軽率に生死の身であって、法性身でないとするのか。理はどうして軽率に無常であって、仏性を見ないとするのか。わかるはずである。今の因にはみな四つの単一性がなく、その位は低くて麁となり、昔の因は四つの単一性を備えて、高くて妙となってしまう。

因の用の長さについての四つの非難とは、『釈論』（『大智度論』）には、「いたるところで破無明三昧《はむみょうざんまい》を説く」とある。[174]教の用が長いということである。「この事柄を知らないことを、無明と名づける。仏は一切種智《いっさいしゅち》によってすべての法を知る。明と無明とに区別はない。もし無明は不可得であると知るならば、無明もない。以上が不二法門《ふにほうもん》に入るということである」とある。[175]行が長いということである。また、一日般若を修行すれば、太陽が世間を照らすことが、ホタル【蛍火虫】よりもすぐれているようなものである。[176]もし人がセンボクの林に入るならば、その他の香を嗅《か》がない。[177]だれが二乗の功徳を願うだろうか。座に敬礼することを必要とせ

173　第四時［教］【第四時】　慧観の創唱と伝えられる五時教判においては、『法華経』は第四時同帰教と規定される。

174　『釈論』（『大智度論』）には、「いたるところで破無明三昧を説く」とある【釈論云処処説破無明三昧】『大智度論』巻第九十七、「是の故に薩陀波崙《さつだばりん》は、仏法の中の邪見、無明、及び我見に於いて皆な尽くすが故に、破無明三昧と名づくるを得て咎《とが》無し」（大正二五、七三六下一二～一四）を参照。

175　「この事柄を知らないことを……不二法門に入るということである」とある【是事不知名為無明仏一切種智知一切法明無明無二若知無明不可得亦無無明是為入不二法門】いろいろな経論から引用して作文したもの。『大智度論』巻第四十三、「仏の言わく、諸法は無所有にして、是の如き有、是の如き無所有、是の事を知らざるを、名づけて無明と為す」（同前、

三七四上二九～中一）、同巻第八十八、「是の菩薩は一切種智を用て一切法を知り已って、応当《まさ》に一切種智を得て、声聞・辟支仏と共ならざるべし」（同前、六七五中二四～二六）、『維摩経』巻中、入不二法門品、「電天菩薩の曰わく、明と無明とを二と為す。無明の実性は即ち是れ明なり。明も亦た取る可からず、一切数を離る。其の中に於いて平等無二ならば、是れ入不二法門と為す」（大正一四、五五一上一六～一八）などを参照。

176　一日般若を修行すれば、太陽が世間を照らすことが、ホタル【蛍火虫】よりすぐれているようなものである【一日行般若如日照世勝蛍火虫】『大智度論』巻第七十四、「復た次に一日般若波羅蜜を行ずる功徳は、仮令《たと》い形有り、取って恒河沙等の如き三千大千世界の中に満つるも、一日の中に於ける正功徳の体は、猶《な》故お滅せず。此の福徳に於いて百分の一に及ばず、乃至、算数《さんじゅ》・譬喩も及ぶこと能わざる所なり」（大正二五、五八二上一六～一九）を参照。『大品般若経』巻第一、習応品、「仏は舎利弗に告ぐらく、菩薩摩訶薩は能く是の念を作す。我れは当に六波羅蜜、乃至十八不共法を行じ、阿耨多羅三藐三菩提を成じ、無量阿僧祇の衆生を度脱し、涅槃を得しむ。譬えば蛍火虫の是の念を作さざるが如し。『我が力能く閻《えん》浮提《ぶだい》を照らし、普く大いに明らかならしむ』と。諸の阿羅漢、辟支仏も亦た是の如く、是の念を作さず。『我れ等は六波羅蜜、乃至十八不共法を行じ、阿耨多羅三藐三菩提を得、無量阿僧祇の衆生を度脱し、涅槃を得しむ』と。舎利弗よ、譬えば日の出づる時、光明は遍く照らし、閻浮提に明を蒙らざる者無きが如し。菩薩摩訶薩も亦た是の如く、六波羅蜜、乃至十八不共法を行じ、阿耨多羅三藐三菩提を得、無量阿僧祇の衆生を度脱し、涅槃を得しむ」（大正八、二二一中二一～二三）を参照。

177　もし人がセンボクの林に入るならば、その他の香を嗅がない【若人入薝蔔林不嗅余香】『法華玄義』巻第一上の前注41を参照。

ず、[178]華が身に付着しないのは、[179]みな不退転[180]の類である。人の用が長いということである。「色は無辺であるので、般若も無辺である。受・想・行・識は無辺であるので、般若も無辺である」とある。[181]理が長いということである。わかるはずである。692b昔の教・行・人・理はいずれも長い。長いので妙である。もし今の因の用が長いと言うならば、どうして『法華経』は真相を覆《おお》い隠した教え【覆相教】というのか。教は短い。行は真相を覆い隠しているので、行は短い。真相を覆い隠して仏性を明かしていないので、理は短い。四つの単一性が欠けている以上、今は短くて麁である。昔の用は長いことが確定している。長いので妙である。

　果の体の広さについての四つの非難とは、もし昔の果の体は有余・無余であって、多くの徳を備えないので、狭くて麁であるとするならば、これはどうしてそうであろうか。般若は仏の母であり、[182]十方の仏はみな守護する。『浄名［経］』には、「まだこの実相の深い経を聞いたことがない」とある。[183]わかるはずである。昔の果の体に多くの徳を備えているのである。もし今の果の体が広いというならば、当然満字・了義を備えるべきである。なぜ満字でもあり満字でもない【亦満不満】とか、また了義でもあり了義でもない【亦了不了】というのか。なぜ仏果は無常であるというのか。また我・楽・浄等がなく、多くの徳が欠けているので、広いという意義はどうしてあるであろうか。もし体が広ければ、法身は当然すべての場所に行き渡るべきである。なぜ寿命はただ八十歳だけなのか、あるいは七百阿僧祇《あそうぎ》[184]であって、灰身滅智《けしんめっち》【灰断】[185]して涅槃に入り、ここを去ってか

178　座に敬礼することを必要とせず【座不須礼】『維摩経』巻中、不思議品（大正一四、五四六中一一～二〇）に基づく。維摩詰が部屋に高広厳浄な獅子座を現じたとき、舎利弗をはじめとする声聞と新発意の菩薩たちは、その巨大さゆえに自力

で座ることができず、須弥灯王《しゅみとうおう》如来に礼拝してはじめて座ることができたのに対し、菩薩は自らの神通力によって、礼拝することなく座れたことをいう。

179　華が身に付着しない【華不著身】『法華玄義』巻第一上の前注42を参照。

180　不退転【阿惟越】「阿惟越」は、阿惟越地の略。阿惟越地は、avaivartya などの音写語で、不退転の意。

181　「色は無辺であるので、般若も無辺である。受・想・行・識は無辺であるので、般若も無辺である」とある【色無辺故般若亦無辺受想行識無辺故般若亦無辺】『大品般若経』巻第八、散花品、「憍尸迦《きょうしか》よ、色は無辺なるが故に、諸の菩薩摩訶薩の般若波羅蜜は無辺なり。何を以ての故に。憍尸迦よ、是の色の前際は不可得、後際は不可得、中際は不可得なり。受想行識は無辺なるが故に、般若波羅蜜は無辺なり。何を以ての故に。受想行識の前際・後際・中際は皆な不可得なるが故なり」（大正八、二七九上二一～二五）を参照。

182　般若は仏の母であり【般若是仏母】『大品般若経』巻第十四、問相品、「爾の時、仏は須菩提に告ぐらく、般若波羅蜜は是れ諸仏の母にして、般若波羅蜜は能く世間の相を示す。是の故に仏は是の法行に依止《えし》し、是の法を供養・恭敬・尊重・讃歎す」（同前、三二六上六～九）を参照。

183　『浄名［経］』には、「まだこの実相の深い経を聞いたことがない」とある【浄名云未曾聞此実相深経】『維摩経』巻下、法供養品、「我れは仏、及び文殊師利に従って百千の経を聞くと雖も、未だ曾て此の不可思議、自在神通、決定実相の経典を聞かず」（大正一四、五五六上二～四）を参照。

184　七百阿僧祇　『首楞厳三昧経』巻下、「我が寿は七百阿僧祇劫なり。釈迦牟尼仏の寿命も亦た爾り」（大正一五、六四四下二九～六四五上一）を参照。釈尊の寿命。「阿僧祇」は、インドの巨大な数の単位。asaṃkhya, asaṃkheya の音写語。無数、無央数と訳す。

185　灰身滅智【灰断】「灰断」は、灰身滅智と同義。無余涅槃に入って、身も心＝智もまったく無に帰すこと。

しこには至らないというのか。もし体が広いというならば、当然五眼《ごげん》を備えて、仏性を見るべきである。わかるはずである。今の果は四つの単一性を欠いているので、狭くて麁である。今を昔と比べると、昔は逆に妙となってしまう。

果の位の高さについての四つの非難とは、今の果の位がもし高いならば、教を設ける場合、どうして第五の教えの下[186]に位置づけることができるのか。行はどうして変易［の生死］を越え出ないのか。理はどうして秘密の蔵を極めないのか。人はどうして無常を越え出ないのか。わかるはずである。今の果の位は四つの単一性を欠いているので、みな低く、みな麁である。昔の果の位は四つの単一性を備えているので、みな高く、みな妙である。

果の用の長さについての四つの非難とは、もし今の果の用が長いならば、教はどうして常住を明かさないのか。行はどうしてたちどころに無明を破らないのか。人はどうしてとりもなおさず毘盧遮那《びるしゃな》［仏《ぶつ》］でないのか。理はどうしてとりもなおさず秘密の蔵でないのか。わかるはずである。今の果には妙法がない。どうして麁でないであろうか……。ところが神通によって寿命を延長するという。何の神通であろうか。もし意図的な神通であるならば、彼の地（インド）の外道と同じである。もし無漏《むろ》（漏れ出る汚れのない）神通であるならば、彼の地（インド）の小乗と同じである。もし実相の神通であるならば、延長でもなく、延長でないのでもなく、延長することもできるし、延長しないこともできる。延長することができるならば、どうしてただ寿命を延長するだけで、眼を延長して仏性を見させないのか。どうして舌を延長して常住を説かないのか。眼が［仏］性を見なければ、実相の神通でないことがわかる。麁でなければ、何というのであろうか。

前の一つの非難によって麁であることがわかった。後の非難はあらためて生じるだけである。彼（法雲）は因と果に関する六種［の判定］をなして、麁妙を判定し、また四つの単一性によって、［『法華経』を］まったく妙と判定する。今、［法雲のいう『法華経』以前の教えである］その麁にはみな四つの単一性を備えるので、昔の麁は麁でないと非難する。［法雲のいう『法華経』の］その妙にはまったく692c四つの単一性がないので、今の妙は妙でないと非難する。その一句について、四句の非難を設ければ、［合わせると］四六＝二十四があるだけである。かの矛《ほこ》と盾《たて》［の比喩］によってたがいに攻撃するので、拡大するのでもなく縮小するのでもなく、当然このようであるべきである。

妙法蓮華経玄義　巻第一下

186　第五の教えの下【第五教下】　慧観の創唱と伝えられる五時教判においては、『法華経』は第四時同帰教と規定されるので、第五時常住教の『涅槃経』の下に位置づけられることになる。

妙法蓮華経玄義　巻第二上

天台智者大師が説く

第四節　妙法蓮華経の「名」を正面から解釈する

第四に正面から今の意味を論ずるのに、二段とする。

第一項　かいつまんで「妙」の意義をあらわす

先にかいつまんで彼（法雲《ほううん》）の［立てた因の三義や果の三義などの］名称によって妙の意義をあらわす。因に三つの意義を備えるとは、一法界《いっぽうかい》に九法界《くほうかい》を備えることを体が広いと名づけ、九法界はそのまま仏法界《ぶっぽうかい》であることを位が高いと名づけ、十法界は即空・即仮・即中であることを用が長いと名づける。一そのままが三であることを論じ、三そのままが一であることを論じる。それぞれ相違するのでもなく、横［に並ぶの］でもなく、同一でもないので、妙と呼ぶのである。

果の体に三つの意義を備えるとは、体はすべての場所に行き渡ることを体が広いと名づけ、久しい以前に成仏してはるか長い時間が経過していることを位が高いと名づけ、本《ほん》から迹《しゃく》を垂《た》れ、過去・現在・未来の三世にわたって衆生に利益を与えることを用が長いと名づける。以上が因と果の六義について［『法華経』が］他の経と相違することである。このために妙と呼ぶ。

また、乳の経（『華厳経』）の［円教の］一種の因と果は広く高く長く、［別教の］一種の因と果は狭く低く短いので、一麁《いっそ》一妙《いちみょう》である……。酪の経（『阿含経』）はただ［蔵教の］一種の因と果だけで狭く低く短い。ただ麁であるだけで妙はない。生蘇の経（方等経）は、［蔵教・通教・別教の］三種の因と果は狭く低く短く、［円教の］一種の因と果は広く高く長いので、三麁一妙である。熟蘇の経（『般若経』）は、［通教・別教の］二種の因と果は狭く低く短く、［円教の］一種の因と果は広く高く長いので、二麁一妙である。醍醐の経（『法華経』）は、［円教の］一種の因と果は広く高く長いので、ただ妙であるだけで麁はない。また、醍醐の経は妙なる因と妙なる果であって、さまざまな経の妙なる因と妙なる果と相違しないので、妙と呼ぶのである。

次に、観心によって解釈する。もし己心を観察する場合、衆生心と仏心を備えなければ、体が狭い。備えれば、体が広い。もし己心が仏心に等しくなければ、位が低い。もし仏心に等しければ、位が高い。もし己心と衆生心《しゅじょうしん》と仏心《ぶっしん》は即空《そっくう》・即仮《そっけ》・即中《そくちゅう》でなければ、用が短い。即空・即仮・即中であれば、用が長い。

次に、一法界において十法界の六即《ろくそく》位《い》693a に精通すれば、体が広くもあり、位が高くもあり、用が長くもある。最初に十法界に焦点をあわせることは、理の単一性【理二】をあらわすことである。次に、五味に焦点をあわせることは、教の単一性【教二】に焦点をあわせることである。次に、観心に焦点をあわせることは、行の単一性【行二】に焦点をあわせることである。次に、六即に焦点をあわせることは、人の単一性【人二】に焦点をあわせることである。かいつまんで妙の意義を示した。

第二項　詳しく「法」と「妙」を説く

詳しく説くならば、先に法、後に妙である。

一　「法」を明らかにする

(一) 略して、三種の法妙（衆生法妙・仏法妙・心法妙）を取りあげる

南岳《なんがく》師（慧思）は三種［の法］を取りあげた。衆生法・仏法・心法のことである。『［法華］経』に、「衆生に仏の知見を開き示し悟らせ入らせようとするためである」とある通りである。[1] もし衆生に仏の知見がなければ、どうして［仏の知見を］開くことを論じようか。わかるはずである。仏の知見は、衆生のなかに含まれているのである。また、『［法華］経』に、「ただ父母の生んだ眼によるだけである」とあるのは、[2] 肉眼《にくげん》である。内外の弥楼山《みるせん》[3]を見通すことは、天眼《てんげん》である。色形あるもの【色】を明らかに見て執著のないことは、慧眼《えげん》である。色形あるものを見て誤謬のないことは、法眼《ほうげん》である。まだ無漏《むろ》（漏れ出る汚れのない境地）を得ていないけれども、その眼根がこのように清浄であり、一つの眼に多くの眼の作用を備えるのは、仏眼《ぶつげん》である。これは今の『［法華］経』に衆生法が妙であることを明らかにする文である。『大［般涅槃］経』には、「大乗を学ぶ者は、肉眼があるけれども、仏眼と名づける。耳・鼻［など］の五根も［眼根を］例として同様である」とある。[4]『央掘《おうくつ》［魔羅経《まらきょう》］』には、「いわゆる彼の眼根《げんこん》は、多くの如来にとって常住であって、すべて備わって欠けることなく修め、とても明了に見る。ひいては意根《いこん》も同様である」とある。[5]『大品［般若経］』には、「六自在《ろくじざい》王《おう》は、本性が清浄であるからである」とある。[6] また、「すべての法は眼を拠《よ》り所として、この拠り所を越えない。眼はなお不可得であるので、どうして［眼という］拠り所と拠り所でないものがあるであろうか。ないし

1　『[法華]経』に、「衆生に仏の知見を開き示し悟らせ入らせようとするためである」とある通りである【経為令衆生開示悟入仏之知見】『法華玄義』第一上の前注80を参照。

2　『[法華]経』に、「ただ父母の生んだ眼によるだけである」とある【経但以父母所生眼】『法華経』法師功徳品、「父母の生ずる所の清浄の肉眼もて、三千大千世界の内外の所有《あらゆ》る山林河海、下《しも》阿鼻地獄に至り、上《かみ》有頂に至るを見、亦た其の中の一切衆生、及び業因縁、果報の生ずる処を見、悉ごとく見、悉ごとく知る」（大正九、四七下八～一一）を参照。

3　弥楼山　Meru の音写語。世界の中心にある山のことで、須弥山と同じともいわれるが、『法華経』法師功徳品（同前、四七下一八）によれば、須弥山と区別して挙げられている。

4　『大[般涅槃]経』には、「大乗を学ぶ者は、肉眼があるけれども、仏眼と名づける。耳・鼻[など]の五根も[眼根を]例として同様である」とある【大経云学大乗者雖有肉眼名為仏眼耳鼻五根例亦如是】『南本涅槃経』巻第六、四依品、「大乗を学ぶ者は、肉眼有りと雖も、乃ち仏眼と名づく」（大正一二、六三八上三）を参照。

5　『殃掘[魔羅経]』には、「いわゆる彼の眼根は……ひいては意根も同様である」とある【殃掘云所謂彼眼根於諸如来常具足無減修了了分明見乃至意根亦如是】『央掘魔羅経』巻第三、「所謂る彼の眼根は、諸の如来に於いて常にして、決定して分別（宋・元・明の三本、聖語蔵本には「明」に作る）して見、具足して減損（宋・元・明の三本、聖語蔵本には「修」に作る）無し」（大正二、五三一下二四～二五）を参照。

6　『大品[般若経]』には、「六自在王は、本性が清浄であるからである」とある【大品云六自在王性清浄故】『大品般若経』巻第五、広乗品、「沙字門、諸法の六自在王は、性清浄なるが故なり」（大正八、二五六上一五）を参照。「六自在王」は、六根のこと。六根による煩悩が制御しがたいことを、王のように自在であることにたとえたもの。

すべての法が意を拠り所とすることも同様である」とある。[7] これはさまざまな経に衆生法が妙であることを明らかにするのである。

仏法妙とは、『［法華］経』に、「止めよう。止めよう。説く必要がない。私の法はすばらしく【妙】、思惟することが難しい」とある通りである。[8] 仏法は方便と真実を出ない。「この法はとても深遠ですばらしく【妙】、見ることが難しく理解することが難しい。すべての種類の衆生で仏を知ることのできる者はいない」とあるの[9]は、真実の智が妙であることである。「及び仏のその他の法も推測できる者がいない」とあるのは[10]、仏の方便の智が妙であることである。このような［方便の智と真実の智の］二法について、「ただ仏と仏とだけがはじめて諸法実相を究め尽くすことができる」とあるのは[11]、仏法妙と名づける。

心法妙《しんぽうみょう》とは、安楽行のなかで、その心を安定させ【修摂】、すべての法を観察する場合、動かなく退かないようなものである。[12] また、「一瞬、心のなかで随喜する」等とある。[13]『普賢観《ふげんかん》［経］』には、「私の心は自然と空であって、罪と福に主体者はない。心を観察すると心がなく、法は法に留まらない」とある。[14] また、心はもっぱら法である。『浄名［経］』には、「身を観察すると［そのまま］真実の様相である。仏を観察する場合も同

7　また、「すべての法は眼を拠り所として……すべての法が意を拠り所とすることも同様である」とある【又云一切法趣眼是趣不過眼尚不可得何況有趣有非趣乃至一切法趣意亦如是】『大品般若経』巻第十五、知識品、「一切法は空に趣き、是の趣を過ぎず。何を以ての故に。空の中の趣・不趣は不可得なるが故なり」（同前、三三二下二六～二七）を参照。

8　『［法華］経』に、「止めよう。止めよう。説く必要がない。私の法はすばらしく【妙】、思惟することが難しい」とある通りである【経止止不須説我法妙難思】『法華玄義』巻第一下の前注85を参照。

9　「この法はとても深遠ですばらしく【妙】、見ることが難しく理解することが難しい。すべての種類の衆生で仏を知ることのできる者はいない」とある【是法甚深妙難見難可了一切衆生類無能知仏者】『法華経』方便品、「世雄は量《はか》るべからず。諸天及び世人《せにん》、一切衆生の類の能く仏を知る者無し。仏の力・無所畏・解脱・諸もろの三昧、及び仏の諸余の法は、能く測量する者無し。本と《も》無数の仏に従って、具足して諸もろの道を行ず。甚深微妙の法は、見難く了すべきこと難し」（同前、五下一五～二〇）を参照。

10　「及び仏のその他の法も推測できる者がいない」とある【及仏諸余法亦無能測者】前注9を参照。

11　「ただ仏と仏とだけがはじめて諸法実相を究め尽くすことができる」とある【唯仏与仏乃能究尽諸法実相】『法華玄義』巻第一上の前注112を参照。

12　安楽行のなかで、その心を安定させ【修摂】、すべての法を観察する場合、動かなく退かないようなものである【安楽行中修摂其心観一切法不動不退】『法華経』安楽行品、「常に坐禅を好み、閑《しず》かなる処に在って、其の心を修摂せよ。文殊師利よ、是れ初めの親近処《しんごんしょ》と名づく。復た次に菩薩摩訶薩は、一切の法は空なり、如実相なり、顛倒《てんどう》せず、動ぜず、退せず、転ぜず、虚空の如くにして所有《あらゆ》る性無し」（同前、三七中一〇～一三）を参照。

13　「一瞬、心のなかで随喜する」等とある【一念随喜等】『法華経』法師品、「又た、如来の滅度の後に、若し人有って妙法華経の乃至一偈一句を聞いて、一念も随喜せば、我れは亦た与《た》めに阿耨多羅三藐三菩提の記を授く」（同前、三〇下七～九）を参照。

14　『普賢観［経］』には、「私の心は自然と空であって、罪と福に主体者はない。心を観察すると心がなく、法は法に留まらない」とある【普賢観云我心自空罪福無主観心無心法不住法】『観普賢菩薩行法経』、「我が心は自ら空にして、罪福に主無し。一切法は是の如く、住無く、壊《え》無し。是の如く懺悔《さんげ》し、心を観ずるに心無く、法は法の中に住せず、諸法は解脱し、滅諦は寂静なり」（同前、三九二下二六～二八）を参照。

様である。諸仏の解脱は、当然衆生の心の活動範囲のなかに求めるべきである」とある。[15]『華厳《けごん》［経］』には、「心、仏、衆生のこれら三つに差別はない。心という微細なものを破って、［三千］大千［世界］の経巻を出す」とある。[16] 693b 以上を心法妙と名づけるのである。

(二) 詳しく「衆生法・仏法・心法」を弁別する

今、［衆生法・仏法・心法の］三法によって、あらためて詳しく弁別《べんべつ》する。もし衆生法を拡大すれば、一応、共通にさまざまな因と果、及びすべての法を論じる。もし仏法を拡大すれば、これは果を根拠とする。もし心法を拡大すれば、これは因を根拠とする。

I 衆生法

衆生法を二段とする。先に法数を列挙し、次に法相を理解する。

i 法数を列挙する

［法《ほっ》］数《すう》とは、経論にはある場合は一つの法にすべての法を収めることを明らかにする。［一つの法とは］心のことである。「三界には［心が作り出したもの以外の］別の法はない。ただ一心が作り出したものである」とある。[17] ある場合は二つの法にすべての法を収めることを明らかにする。いわゆる名《みょう》と色《しき》である。[18] すべての世間のなかに、ただ名と色だけがある。ある場合は三つの法にすべての法を収めることを明らかにする。命根《みょうこん》【命】・心【識】・体温【煖】のことである。このように数を増やして、[19] ひいては百や千にまで至る。

今の『〔法華〕経』は十の法によってすべての法を収める。いわゆる諸法の如是《にょぜ》相・如是性《しょう》・如是体・如是

15　『浄名〔経〕』には、「身を観察すると〔そのまま〕真実の様相である……求めるべきである」とある【浄名云観身実相観仏亦然諸仏解脱当於衆生心行中求】『維摩経』巻下、見阿閦仏品、「自ら身を観ずるに実相なるが如く、仏を観ずるも亦た然り」（大正一四、五五四下二九～五五五上一）、同、巻中、文殊師利問疾品、「又た問う。諸仏の解脱は、当に何に於いて求むべき。答えて曰う。当に一切衆生の心行の中に求むべし」（同前、五四四下六～七）を参照。

16　『華厳〔経〕』には、「心、仏、衆生のこれら三つに差別はない。心という微細なものを破って、〔三千〕大千〔世界〕の経巻を出す」とある【華厳云心仏及衆生是三無差別破心微塵出大千経巻】『六十巻華厳経』巻第十、夜摩天宮菩薩説偈品、「心、仏、及び衆生は、是の三に差別無し」（大正九、四六五下二九）、同、巻第三十五、宝王如来性起品、「彼の三千大千世界等の経巻は一微塵《みじん》の内に在り、一切の微塵も亦復た是の如し。時に一人有りて世に出興し、智慧聡達《そうだつ》し、具足して清浄の天眼を成就し、此の経巻は微塵の内に在るを見て、是の如き念を作す。云何んが此の如き広大の経巻は微塵の内に在れども、衆生を饒益《にょうやく》せざるや。我れは当に勤めて方便を作し、彼の微塵を破して、此の経巻を出し、衆生を饒益す」（同前、六二四上六～一二）を参照。

17　「三界には〔心が作り出したもの以外の〕別の法はない。ただ一心が作りだしたものである」とある【三界無別法唯是一心作】『法華玄義』巻第一上の前注96を参照。

18　名と色【名色】nāma-rūpa. 名は精神的なもの、色は物質的なもの。五陰にあてはめれば、色陰が「色」に、受・想・行・識陰が「名」に配当される。

19　数を増やして【増数】一法、二法、三法というように数を増やしていくこと。

力・如是作・如是因・如是縁・如是果・如是報・如是《にょぜ》本末《ほんまつ》究竟《くきょう》等《とう》のことである。南岳師はこの文を読むとき、みな如というので、十如と呼んだのである。天台師は、「意味によって読むとき、全部で三つの転換[20]がある」という。第一に、「是の相は如であり、是の性は如であり、ないし是の報は如である」という。第二に、「是《かく》の如き相、是の如き性、ないし是の如き報である」という。第三に、「相は是《ぜ》に如《にょ》し（合致すること）、性は是に如し、ないし報は是に如す」という。

もしみな如と呼ぶならば、如は不異《ふい》（同一で差別がないこと）と名づける。即空の意義である。もし是の如き相・是の如き性とするならば、空である相と性に印を付けて、名字が設定され、さまざまに連なり行く[21]。即仮の意義である。もし相は是に如すとするならば、中道実相の是に如す。即中の意義である。識別して理解しやすくするために、空・仮・中を明らかにする。意味を理解して表現するならば、空はそのまま仮・中である。如に焦点をあわせて空を明らかにするならば、一つの空はすべての空である。如に印を付けて相を明らかにするならば、一つの仮はすべての仮である。是について中を論じるならば、一つの中はすべての中である。一、二、三でないけれども、一、二、三であり、縦でもなく横でもないことを、実相と名づける。ただ仏と仏とだけがこの法を究《きわ》め尽くす。この十の法にすべての法を収める。もし意味上の都合によるならば、［空・仮・中の］三つの意味を示して区別する。もし読む都合によるならば、当然偈の文に「このような偉大な果報のさまざまな性と相の意義」[22]とあるのによるべきである……。

次に、［十如是の］権《ごん》（方便《ほうべん》）と実《じつ》（真実）を判定するとは、光宅［寺法雲］は前の五如是を権とし、凡夫に所属させる。次の四如是を実とし、聖人《しょうにん》に所属させる。後の一如是は、まとめて権と実を結論づける。偈を引用して証拠立てて、「このような偉大な果報【如是大果報】」という。「偉大な【大】」であるので、実であることがわかる。「さまざまな性と相【種種性相】」であるので、権であることがわかる。

今、恐らくそう[693c]ではない。「偉大な【大】」の意義に三つある。大、多、勝である。もし大を取りあげて実とするならば、当然多も取りあげ、勝も取りあげるべきである。「さまざまな【種種】」という名前は、どうして多という意義でないであろうか。もし権は凡夫に所属するというならば、凡夫にはどのような意味で実がないのか。もし実は聖人に所属するならば、聖人にはどのような意味で権がないのか。このように［凡夫に実がなく、聖人に権がないというように、実と権の存在を］隠すこと【抑没】は、意味として拠り所とすることはできない。

また、北地師《ほくじし》は、前の五［如是］を権とし、後の五［如是］を実とする。これはみな凡夫の迷える気持ち【人情】であるだけである。

20　三つの転換【三転】　三転読文のこと。十如是に空・仮・中の三諦の意義が備わっていることを示すために、語順を三度変えて文を読むこと。是相如（是の相は如）という読み方は空諦、如是相（是の如き相）という読み方は仮諦、相如是（相は是《ぜ》に如《にょ》す）という読み方は中諦をそれぞれ示す。

21　連なり行く【邐迤】　連なり行くさまをいう。呉季重「答東阿王書」（『文選』巻第四十二）、「夫《そ》れ東嶽《とうがく》に登れば、然る後に衆山の邐迤《りい》を知るなり」の劉良注に「邐迤は、小にして相い連なる貌《ぼう》なり」とあるのを参照。『講義』には「性相等は前後展転して相い由るを謂う」とある。

22　偈の文に「このような偉大な果報のさまざまな性と相の意義」とある【偈文云如是大果法種種性相義】『法華経』方便品、「是の如き大果報の種種の性と相の義は、我れ及び十方の仏は乃ち能く是の事を知る」（同前、五下二三〜二四）を参照。

今、権と実を明らかにするとは、十如是を十法界に準拠させる。六道・四聖《ししょう》のことである。みな法界《ほうかい》と呼ぶのは、その意義に三つある。[23]［第一に、］十という数はみな法界を拠り所とする。法界の外に、あらためて法はない。［依る］主体［としての十］【能】と［依る］対象［としての法界］【所】とを合わせて呼ぶので、十法界というのである（十＋法界）。第二に、この十種の法は、分斉《ぶんざい》は同じでない。因と果が別々で隔たっており、凡夫と聖人に相違があるので、これに界を加えるのである（十法＋界）。第三に、この十はみなそのまま法界であって、すべての法を収める（十法界）。すべての法は地獄を拠り所とし、この拠り所を越えない。体そのものはそのまま理であって、あらためて拠り所はないので、法界と名づける。ひいては仏法界も同様である。もし十という数が法界を拠り所とするならば、依る主体［としての十］【能依】は依る対象［としての法界］【所依】にしたがう。そのまま空に入る界である。十のそれぞれの界が隔たっているのは、そのまま仮の界である。十の数がみな法界であるのは、そのまま中の界である。理解しやすくさせようとして、このように区別する。意味を理解して表現するならば、空はそのまま仮・中であって、上記のように一、二、三はない……。

ii　法相を理解する

この一法界に十如是を備えれば、十法界に百如是を備える。また、一法界に九法界を備えれば、百法界、千如是がある。五段階にまとめる。第一に悪（地獄・餓鬼・畜生の三種の法界）、第二に善（阿修羅・人・天の三種の法界）、第三に二乗、第四に菩薩、第五に仏である。二つの法に判別する。前の四つは権の法、後の一つは実の法である。詳しく論じれば、それぞれ権と実を備える。ひとまず二つの意義による。しかしながら、この権と実は不可思議であって、かえって三世の諸仏の［権実の］二智の境である。これを境とする場合、どんな法を収めないであろうか。この境が智を生じる場合、どんな智が生じないであろうか。それ故、文に「諸法」とある。[24]「諸法」とは、照らす境が広い。「ただ仏と仏とだけがはじめて究め尽くすことができる」[25]とは、照らす主体としての智が深く、横【辺】も縦【底】も究め尽くすことを明らかにする。「その智慧の門は、理解することが難しく入ることが難しい」[26]とは、境妙をたたえるのである。「私が得た智慧は、奥深く知りがたく最高である」[27]とは、智と境とがたがいに合致することをたたえるのである。方便品の長行《じょうごう》にはかいつまんでこの法を説き、後の「仏知見について」開き示し悟らせ入らせる部分には詳しくこの法を説く。火宅はこの法をた

23　みな法界と呼ぶのは、その意義に三つある【皆称法界者其意有三】『摩訶止観』にも同様の記述があり参考になる。『摩訶止観』巻第五、「法界とは、三義あり。十の数は是れ能依、法界は是れ所依なり。能所合して称するが故に、十法界と言う。又た、此の十法の各各の因、各各の果は、相い混濫《こんらん》せざるが故に、十法界と言う。又た、此の十法の一一の当体は、皆な是れ法界なるが故に、十時界と言う、云云」（大正四六、五二下九〜一二）を参照。

24　文に「諸法」とある【文云諸法】『法華玄義』巻第一上の前注112を参照。

25　「ただ仏と仏とだけがはじめて究め尽くすことができる」【唯仏与仏乃能究尽】『法華玄義』巻第一上の前注112を参照。

26　「その智慧の門は、理解することが難しく入ることが難しい」【其智慧門難解難入】『法華経』方便品、「其の智慧の門は、解し難く入り難し」（同前、五中二六）を参照。

27　「私が得た智慧は、奥深く知りがたく最高である」【我所得智慧微妙最第一】『法華経』方便品、「我が得る所の智慧は、微妙にして最も第一なり」（同前、九下六）を参照。

とえ、信解［品］はこの法を理解し、長者は子にこの法を付与し、薬草《やくそう》［喩品《ゆほん》］はこの法をしっかりと祖述《そじゅつ》し、化城［喩品］は引き導いてこの法に入らせる。[694a]このようにさまざまであるけれども、ただ十如是という権と実の法に名づけるだけである。如来は明らかに理解して十法《じっぽう》の縦【底】も横【辺】も究め尽くし、明らかに衆生の種《しゅ》・非種、芽《げ》・未芽《みげ》、熟・不熟、可度脱《かどだつ》・不可度脱《ふかどだつ》[28]を認識する。ありのままにこれを知って、誤謬がない。殃掘摩羅《おうくつまら》[29]は悪人であるけれども、実の相・性が成熟すれば、すぐさま救済することができる。四禅比丘《しぜんびく》[30]は善人であるけれども、悪の性・相が成熟しているので、救済することができない。わかるはずである。衆生の法は、不可思議である。実であるけれども権、権であるけれども実である。実と権とが相即して、たがいに妨げあわない。牛《ご》・羊《よう》の眼で衆生を見てはならない、凡夫の心で衆生を評価してはならない。智が如来のようであれば、はじめて評価することができる。どうしてであろうか。衆生法は妙であるからである。

次に、十如是の法を解釈する。最初に共通に解釈し、後に個別に解釈する。

共通に解釈するとは、「相」は外を根拠とする。見て区別できることを、「相」と名づける。「性」は内を根拠とする。自らの分斉《ぶんざい》が改変されないことを、「性」と名づける。根本の実体【主質】を「体」と名づけ、機能【功能】を「力」とし、作り上げること【構造】を「作」とし、習因《しゅういん》[31]を「因」とし、補助的原因を「縁」とし、習果《しゅうか》を「果」とし、報果《ほうか》[32]を「報」とし、最初の相を「本」とし、最後の報を「末」とし、帰着する場所を「究竟等《くきょうとう》」とする……。もし如の意義（平等性）を示すならば、最初から最後までみな空であることを「等」とする。もし性相の意義（差別性）を示すならば、最初から最後まで相が存在することを「等」とする。もし中の意義を示すならば、最初から最後までみな実相《じっそう》であることを「等」とする。今、これらの［個別的な］「等」に依らず、［空諦・仮諦・中諦の］三法が備わっていることを、「究竟等」とする。そもそも「究竟」とは、中はそのまま「究竟」である。とりもなおさず実相を「等」とするのである。

次に、個別に解釈するとは、類似しているものを取りあげて、合わせて四種とする。最初に四趣《ししゅ》（地獄・餓鬼・畜生・阿修羅）、次に人・天、次に二乗、次に菩薩・仏である。

28　**種・非種、芽・未芽、熟・不熟、可度脱・不可度脱【種非種芽未芽熟不熟可度脱不可度脱】**　植物の種子を播《ま》いて、芽が出、成熟し、結実して収穫する過程を、衆生の救済の過程にたとえている。『釈籤』によれば、法を聞くことが「種」、発心することが「芽」、賢の位にあることが「熟」、聖の位に入ることが「脱」と規定される。『釈籤』巻第四、「種芽等とは、皆な二法を以て種と為す。熟脱するが故なり。聞法を種と為し、発心を芽と為し、賢に在るは熟の如く、聖に入るは脱の如し」（大正三三、八四〇中二二～二四）を参照。

29　**鴦掘摩羅**　Aṅguli-māla の音写語。指鬘と訳す。出家前、多くの人を殺した凶悪人であったが、後に仏弟子となって阿羅漢となった。

30　**四禅比丘**　四禅（色界の四禅天に生まれるための禅定）を得ただけなのに、増上慢によって、声聞の四果を得たと思いこみ、地獄に堕ちた比丘のこと。『摩訶止観』巻第九、「仏の世に在る時、四禅を得たる比丘は、謂いて四果と為す」（大正四六、一三〇中一七）、『維摩経略疏』巻第七、「四禅比丘は、是れ四果なりと謂い、臨終に生処を見、涅槃無しと謗じ、即ち地獄に堕す」（大正三八、六五六上二三～二五）を参照。

31　**習因**　因果関係において、因が善ならば果も善、因が悪ならば果も悪、因が無記ならば果も無記である場合、因を習因（新訳では同類因）、果を習果（新訳では等流果）という。

32　**報果**　善因に対して楽果、悪因に対して苦果が報いとしてある場合の原因と結果について、因を報因（新訳では異熟因）、果を報果（異熟果）という。

最初に四趣の十法を明らかにする。「如是相」とは、とりもなおさず悪相であって、思うままにならない場所に堕落することを表わす。たとえば、人がまだ災いを受けていないのに、悪い顔つきがあらわれ、人相占い師が識別して、不幸なこと【凶衰】を予言することができるようなものである。悪相がもし起これば、遠く〔未来の〕地獄を表わす。凡夫は知らず、二乗はぼんやりと知り、菩薩は深くは知らず、仏は徹底的に知る。巧みな人相占い師が、明らかに始終を見るようなものである。それ故、「如是相」というのである。

「如是性」とは、黒は自己の分斉《ぶんざい》の性質である。もっぱら黒悪に慣れ親しみ【習】、改変することが難しい。木に火があり、条件に合えばすぐに〔火が〕生じるようなものである。『大〔般涅槃〕経』には、「有漏の法（漏れ出る汚れのある法）は、生じるという性質があるので、生はこれを生じることができる」とある。[33] この悪に四趣の生の性質があるので、条件があれば、これを生じることができる。泥や木で作った像[34]には外の様相はあるけれども、内に生の性質がないので、生は生じることができない。悪の性質はそうでないので、「如是
694b
性」というのである。

「如是体」とは、あの摧《くだ》け折れる粗悪な身心【色心】を本体として取りあげる。次に、この世でまず心を摧き、来世で身【色】を摧く。また、この世の報い[35]も身心を摧き、来世の果報も身心を摧くので、摧かれる身心を体とするのである。

「如是力」とは、悪の作用である。たとえば、〔二つある物のうちの〕一方の物【片物】はまだ用いられないけれども、〔潜在的に〕できることを指して【指擬】、それに作用があるというようなものである。『大〔般涅槃〕経』には、「家を作る場合には、木を取って糸を取らず、布を作る場合には、糸を取って泥や木を取らない」とある。[36] 地獄には刀に登り、剣の上に登る作用がある。餓鬼には銅を呑みこみ鉄を食う作用がある。畜生

には、強い者が弱い者を制伏《せいふく》し、魚が鱗《うろこ》をたがいに噛《か》みあい、車を牽《ひ》いたり重い物を引く［作用がある］。みな悪の力の作用である。

「如是作」とは、計画的に作り上げて【構造経営】、［身口意の］三種の行為をなし、さまざまな悪をはじめて作る。これを作と名づける。『大［般涅槃］経』巻第八には、「たとえば、世間に悪い行為をする者を、半人《はんにん》

33　『大［般涅槃］経』には、「有漏法（漏れ出る汚れのある法）は、生じるという性質があるので、生はこれを生じることができる」とある【大経云有漏之法以有生性故生能生之】『南本涅槃経』巻第十九、光明遍照高貴徳王菩薩品、「有漏の法は未だ生ぜざるの時、已に生の性有るが故に、生は能く生ず。無漏の法は本と生の性無し。是の故に生は生ずること能わず」（大正一二、七三三下二九～七三四上一）を参照。

34　泥や木で作った像【泥木像】　泥でこねた仏像、木彫の仏像のこと。『大荘厳論経』巻第九、「喩《たと》えば涅木《でいもく》を以て仏像を造《ぞう》作《さ》するに、世間の人天は皆な共に礼敬するが如し。爾の時、涅木を敬せず、仏を敬礼せんと欲するが故に、我れは仏の色像を礼して、魔形を礼するを為さず」（大正四、三〇九中一九～二二）を参照。

35　この世の報い【此世華報】　この世の報いを、来世の報いに比べた表現。来世の報いを果報と呼ぶのに対して、この世の報いは、果の実る前に咲く花のようなものなので、華報という。

36　『大［般涅槃］経』には、「家を作る場合には、木を取って糸を取らず、布を作る場合には、糸を取って泥や木を取らない」とある【大経云作舎取木不取縷線作布取縷不取泥木】『南本涅槃経』巻第二十三、光明遍照高貴徳王菩薩品、「提婆達が牆壁《しょうへき》を造らんと欲せば、則ち泥土を取りて、彩色を取らず、画像を造らんと欲せば、則ち彩色を集め、草木を取らず、衣を作るには縷を取りて、泥木を取らず、舎を作るには泥を取りて、縷綖《るせん》を取らざるが如し」（大正一二、七六〇上二一～二四）を参照。

と名づけるようなものである」とある。[37] 悪い行為をする以上、地獄の作と名づけるのである。

「如是因」とは、悪の習因である。自ら［悪の習因を］種えて生じさせ、重なり持続して断えない。重なって生じるので、悪をなすのに成立しやすい。それ故、「如是因」と名づける。

「如是縁」とは、縁（条件）は補助である。いわゆるさまざまな悪の我と我の所有物、あらゆる付嘱品[38]は、みな習業《しゅうごう》（業という習因）を成立させるように助けることができる。水が種子を潤すことができるようなものである。それ故、報因を縁とするのである。

「如是果」とは、習果である。欲の多い人は地獄の身を受け、苦しませる道具を見て、欲の対象と思い込み、すぐに愛着を生起するようなものである。これを習果というのである。

「如是報」とは、報果である。欲の多い人は地獄のなかで、欲の対象に趣くとき、そのまま銅柱、鉄床《てっしょう》の苦しみを受けるようなものである。それ故、「如是報」と名づけるのである。

「本末究竟等」とは、［空・仮・中の］三つの意義がある。本は空であれば、末も空である。それ故、「等」という。また、悪の果報は本の相・性のなかにある。これは、末が本と等しいことである。本の相・性は、悪の果報のなかにある。これは、本が末と等しいことである。これは、もし先に後の事柄がなければ、人相占い師は当然前もって予言すべきではない。もし後に先の事柄がなければ、人相占い師は当然［先の事柄を］あとからいうべきではない。わかるはずである。最初から最後まで相が存在する。これは事柄を仮りて「等」を論じる。中《ちゅう》実《じつ》（中道実相）の理の心は、仏果と相違しない。どんな微少な色も香も中道でないことはない。これは理に焦点をあわせて「等」を論じる。この意義のために、「本末究竟等」という。三つの意義が備わるので、「等」というのである。

次に、人・天界の十法を論じるとは、ただ善楽《ぜんらく》について語ると、四趣と相違するだけである。「相」は清らかで上に昇ること【清升】を表わし、「性」は白法《びゃくほう》（善の法）、「体」は安楽の身心であり、「力」は善の器とな 694c
ることができ、「作」は止善《しぜん》（悪を制止するという消極的な善）と行善《ぎょうぜん》（善を実行するという積極的な善）の二善をなし、「因」は白業《びゃくごう》（善業）、「縁」は善の我と我の所有物、あらゆる道具類、「果」は自在に善心の報いとして生じ、「報」は自然に楽を受け、「等」とは前述の通りである……。

次に、二乗の法界の十法を論じるとは、真実の無漏に焦点をあわせる。「相」は涅槃を表わし、「性」は白でも黒でもない法、「体」は「戒・定・慧・解脱・解脱知見の」五つの部分から構成される功徳の集まり【五分法身】であり、「力」は動き出ることができて、道（覚り）の器となることができ、「作」は熱心に努力し自ら

37　『大〔般涅槃〕経』巻第八には、「たとえば、世間に悪い行為をする者を、半人と名づけるようなものである」とある【大経第八云譬如世間為悪行者名為半人】『南本涅槃経』巻第八、文字品、「譬えば世間にて悪行を為す者を、名づけて半人と為し、善行を修する者を、名づけて満人と為すが如し」（同前、六五五上二二～二三）を参照。

38　付嘱品【具度】　具は備えるべき用具の意であるが、度の意味は未詳（鍍に通じるか）。『摩訶止観』には「法門具度」という表現が二回出（大正四六、一〇〇中を参照）、これに対し、湛然の『止観輔行伝弘決』巻第七には、大白牛車について「車体、及以び具度」（同前、三八七中一）という表現が出る。この場合は、牛車の備えている装飾品や付属品を指している。おそらく修行徳目を指しているのであろう。『講義』には「資具調度」とある。

を励まし、「因」は無漏の正しい智慧であり、「縁」は行行[39]という助道であり、「果」は［預流果・一来果・不還果・阿羅漢果の声聞の］四果である。二乗は不生である以上、このため「報」がない。なぜであるか。真実［の無漏］を生じることは、「果」であって、「報」を論じないからである。無漏の法が生起して、習因に報いれば、習果であることがある。無漏によって生死の苦を減らすこと【損生】は、生を引く法でないので、未来の報はない。［預流果・一来果・不還果の］三果に「報」があるのは、残りの思惑《しわく》[40]がまだ断ち切られず、あるいは七回生まれ、あるいは一回［天界と人界を］往来し、あるいは色界に生まれるのであり、無漏の報ではないのである。このためにただ［報がないので］九だけあって、十ではない。もし大乗を拠り所とするならば、この［二乗の］無漏はやはり有漏と名づける。『大［般涅槃］経』には、「福徳による荘厳《しょうごん》とは、有為・有漏であって、声聞僧である」とある。[41]無漏でない以上、別惑《べつわく》（菩薩だけが断じる塵沙惑《じんじゃわく》・無明惑）をなくさず、やはり［界外《かいげ》の不思議］変易《へんにゃく》の生を受けるので、無漏を「因」とし、無明を「縁」とする。［界外の］変易の土に生じるのは、とりもなおさず「報」があるのである。

次に、菩薩［界］・仏界の十法を明らかにするとは、これはさらに詳しく展開すると、［六度の菩薩＝蔵教の菩薩、通教の菩薩、別教の菩薩の］三種の菩薩がいる……。

六度の菩薩に関しては、福徳に焦点をあわせて、「相」・「性」・「体」・「力」を論じ、善業を「因」とし、煩悩を「縁」とし、三十四心に煩悩【結】を断ち切ることを[42]「果」とする。仏には「報」がない。菩薩は十を備えるのである。

通教の菩薩に関しては、無漏に焦点をあわせて、「相」・「性」を論じる。六地の前の残りの思惑は「報」を受け、六地に思惑がなくなって、未来の身体を受けない。誓願によって習気《じっけ》を扶助して生を受ければ【誓扶習

39　行行　行に慧行と行行の二種があり、慧行は正行で、行行は助行とされる。『摩訶止観』巻第三下、「行に両種有り。所謂る慧行・行行なり。三蔵の中の慧行・行行、乃至円の中の慧行・行行の若《ごと》し。慧行は是れ正行、行行は是れ助行なり」（同前、三〇中一三～一五）を参照。

40　残りの思惑【残思】　預流果は、三界の見惑を断じ終わって、無漏の聖道の流れに入った位。預流果の者は、人界と天界とを最多でも七回往復する間に阿羅漢果を得る。一来果は、欲界の九品の思惑のうち、前の六品の思惑を断じ終わった位で、一度天界に生まれ、再び人界に生まれて阿羅漢果を得る。不還果は、欲界の思惑をすべて断じ終わった位で、欲界に帰って来ないで色界に生まれ、そこで阿羅漢果を得る。

41　『大〔般涅槃〕経』には、「福徳による荘厳とは、有為・有漏であって、声聞僧である」とある【大経云福徳荘厳者有為有漏是声聞僧】　『南本涅槃経』巻第二十五、師子吼菩薩品、「復た次に、善男子よ、慧荘厳とは、所謂る諸仏・菩薩なり。福徳荘厳とは、謂わく、声聞・縁覚・九住の菩薩なり。復た次に、善男子よ、福徳荘厳とは、有為・有漏・有有・有果報・有礙《うげ》・非常にして、是れ凡夫法なり。慧荘厳とは、無為・無漏・無有・無果報・無礙《むげ》・常住なり」（大正一二、七六七中二四～二九）を参照。

42　三十四心に煩悩【結】を断ち切ること【三十四心断結】　蔵教の菩薩は、三十四刹那《せつな》の心によって、結＝煩悩を断じて成道する。三十四刹那の心とは、八忍八智の十六心と、九無礙道・九解脱道の十八心をいう。十六心によって見惑を断じ、十八心によって思惑を断じる。

生】[43]、実体的な業の報ではないので、ただ九だけで十はない。

　別教の菩薩に関しては、中道を修行し次第《しだい》［の三《さん》］観《がん》[44]を修行することに焦点をあわせて、十法を論じる。この人は、通惑《つうわく》（声聞・縁覚・菩薩が共通に断じる見思惑《けんじわく》）を断じるけれども、自分で生があると知れば、十法を備える……。そもそも変易［の土］に生じれば、三点にわたって同じではない。第一に、まったくまだ別惑を断じないで変易［の土］に生じるとは、とりもなおさず三蔵の二乗、通教の三乗のことである。たとえば分《ぶん》段《だん》［生死《しょうじ》］の最低の凡夫[45]で見思惑を制伏しない者のようである……。第二に、別惑を制伏し、変易［の土］に生じる者は、とりもなおさず別教の三十心（十住・十行・十廻向の位の菩薩）の人が、中道を習い、制伏するが、まだ断じない。たとえば、分段［生死］の小乗の方便道のようなものである……。第三に、別惑を断じ、変易［の土］に生じる者は、初地、初住に惑を断じるようなものである……。たとえば、初果に見惑[695a]【見諦[46]】を断じるけれども、やはり七回生じることがあるようなものである。それもまた同様である。もしまだ断じ制伏しないで生じるならば、方便行（空観・仮観）と［それによって得られる］真実の無漏智【真無漏】を「因」とし、無明を「縁」とする。もし制伏し断じるならば、順道法愛《じゅんどうほうあい》[47]を「因」とし、無明を「縁」として、変易の土に生じる……。

　仏界の十法とは、みな中道に焦点をあわせて弁別するのである。『浄名［経］』（『維摩経』）には、「すべての衆生はみな菩提の様相である。もはや［実体として］獲得することができない」とある。[48]これは縁因［仏性］を仏の「相」とする。「性」は内側を拠り所とするとは、智［を得ようとする］願はまだ存在して失われていない。[49]智は了因［仏性］であり、仏の「性」とする。自性清浄心《じしょうしょうじょうしん》はとりもなおさず正因［仏性］であ

43 誓願によって習気を扶助して生を受ければ【誓扶習生】 誓願の力によって煩悩の習気を扶助して三界に生を受けることを指す。習気は、煩悩を断じた後にも残る煩悩の影響力をいう。見思惑をまったく断じると、三界に生を受けないので、衆生救済の菩薩行を実践できない。そこで、見思惑の習気を残し、それだけでは弱いので、誓願の力によってそれを補助して、三界に生を受けるのである。

44 次第［の三］観【次第観】 空観、仮観、中観を段階的に修すること。次第三観のこと。

45 分段［生死］の最低の凡夫【分段博地凡夫】 「分段」は三界内の分段の生死のこと。「博地」は、薄地ともいい、最低の凡夫のこと。

46 見惑【見諦】 預流果においては、三界の見惑を断じて、四諦の理を見る。見諦は、四諦を見るという意味で使われることもあるが、ここでは見惑を意味する。

47 順道法愛 『釈籤』によれば、別教の初住、初地においては、一分の中道法性を証得するけれども、まだ無明を断じていないので、中道法愛（中道という法に対する執著）があるという。『釈籤』巻第四、「『若断伏者用順道法愛為因』と言うは、断に従いて説くが故に、初地・初住に一分の中道法性を証す。無明は未だ尽きざるを以て、中道法愛有り。之れを以て因と為す」（大正三三、八四二中二四～二六）を参照。なお、初住以前の法愛を順道法愛（似道法愛）といい、初住以上の法愛を真道法愛という場合もある。

48 『浄名［経］』（『維摩経』）には、「すべての衆生はみな菩提の様相である。もはや［実体として］獲得することができない」とある【浄名云一切衆生皆菩提相不可復得】 『維摩経』巻上、菩薩品、「夫れ如とは、二ならず異ならず。若し弥勒は阿耨多羅三藐三菩提を得ば、一切衆生は皆な亦た応に得べし。所以は何《いか》んとなれば、一切衆生は即ち菩提の相なればなり」（大正一四、五四二中一四～一七）を参照。

49 智［を得ようとする］願はまだ存在して失われていない【智願猶在不失】 「智願」は、一切智を得ることを願うこと。『法華経』五百弟子受記品、「一切智の願は、猶《な》お在りて失わず」（大正九、二九上一八～一九）を参照。

り、仏の「体」とする。これは三軌《さんき》[50]である……。「力」とは、最初に菩提心を生じ、二乗の上に超え出ることを、「力」と名づける。「作」とは、四弘誓願《しぐぜいがん》、要求・期待[51]である。「因」とは、智慧による荘厳である。「縁」とは、福徳による荘厳である。「果」は、一念心に［定《じょう》と慧《え》とが］相応する偉大な覚りが明らかに最高の覚りであることを習果とするのである。「報」は、大般涅槃の果果《かか》の断徳《だんとく》[52]、禅定、三昧がすべて備わる。報果である。「本末等」とは、相・性の三諦は、究極的な三諦と相違しないので、「等」というのである。空諦《くうたい》の「等」とは、元初《がんじょ》の衆生の如[53]、ないし仏の如とがみな等しいことである。俗諦の「等」とは、衆生はまだ発心しないのに、仏は成仏するであろうと予言する。仏が成仏する以上は、仏の過去世の事柄を説く。とりもなおさず最初から最後まで相が存在することが仮の「等」である。中の「等」とは、凡夫・聖人がみな実相であることである。

仏界についていえば、九でもあり、十でもある。一般的にいえば、一地一地《いちじ》にみな万行《まんぎょう》があり、福徳を「因」とし、無明を「縁」とし、習果、報果があり、段階的に十法を得て、すべて備える。この『［法華］経』には、「無量で無漏の清浄な果報を得る」とある。[54]「法王の法のなかで長い間、清浄な修行をして、はじめて今日、その果報を得た」とある。[55]また、「長い間、修行して得たものである」とある。[56]『大［般涅槃］経』には、「私が今献上する食事によって、最高の報を得ることを願う」とある。[57]『仁王《にんのう》［般若経］』には、「三賢《さんげん》（十住・

50　三軌　真性軌・観照軌・資成軌の三種の軌範の意。真性軌は真如実相のこと、観照軌は智慧のこと、資成軌は智慧を補助する万行のこと。

51　四弘誓願、要求・期待【四弘誓願要期】「四弘誓願」は、四つの広大な誓願の意で、衆生無辺誓願度・煩悩無数誓願断・法門無尽誓願学・仏道無上誓願成のこと。「要期（要求・期待）」については、『釈籤』巻第四には「無作の四諦に約して、誓いを以て自ら要《もと》め、心を極果に期《ご》す」（大正三三、八四二下一一～一二）とある。『摩訶止観』巻第二上には、「須らく要期誓願し、我が筋骨をして枯朽《こく》せしむとも、是の三昧を学んで得ざれば、終《つい》に休息《くそく》せざるべし」（大正四六、一二中一〇～一一）とあり、『輔行』巻第二之二の注には、「『須要期等』とは、願を以て自ら要め、心を三昧に期す」（同前、一八六中三～四）とある。湛然の解釈は、両者とも同じ方向の解釈であるが、「誓願要期」「要期誓願」と語順が入れ替わっていることから推定すると、要期、すなわち文字通りには、要求、期待という用語は、誓願の類義語として並列させられたものであろう。

52　果果の断徳【果果断徳】菩提を果とし、その菩提＝果によって涅槃が得られるので、涅槃を「果果」という。また、菩提を智徳というのに対して、涅槃は煩悩を絶滅させることから「断徳」という。

53　如　tathatā. 真如とも訳す。真実のあり方の意。

54　この『［法華］経』には、「無量で無漏の清浄な果報を得る」とある【此経云得無量無漏清浄之果報】『法華経』分別功徳品、「是の如き等の衆生は、仏寿の長遠《じょうおん》を聞きて、無量無漏清浄の果報を得」（大正九、四四中二六～二七）を参照。

55　「法王の法のなかで長い間、清浄な修行をして、はじめて今日、その果報を得た」とある【法王法中久修梵行始於今日得其果報】『法華経』信解品、「我れ等は長夜《じょうや》に、仏の浄戒を持ち、始めて今日に於いて、其の果報を得。法王の法の中に、久しく梵行を修し、今、無漏、無上の大果を得」（同前、一八下一七～二一）を参照。

56　また、「長い間、修行して得たものである」とある【又云久修業所得】『法華経』如来寿量品、「我が智力は是の如し。慧光もて照らすこと無量なり。寿命は無数劫にして、久しく修業して得る所なり」（同前、四三下二〇～二一）を参照。

57　『大［般涅槃］経』には、「私が今献上する食事によって、最高の報を得ることを願う」とある【大経云我今所献食願得無上報】『南本涅槃経』巻第二、純陀品、「我れ今奉《ぶ》する所の食もて、願わくは無上の報を得ん。一切煩悩の結は、摧破して堅固無し」（大正一二、六一二中一九～二〇）を参照。

十行・十廻向の菩薩）・十聖《じっしょう》（十地の菩薩）は、果報に留まる」とある。[58]『摂大乗《しょうだいじょう》［論］』には、「因縁生死《いんねんしょうじ》、有後《うご》生死《しょうじ》」とある。[59]みな段階的に果報を論じる。果報はとりもなおさず生滅である。なぜならば、無明は段階的になくなる。このために滅を論じる。真実の智慧【真明】はますます盛んになる。このために生という。また、残りの無明がある。このために生という。一分の惑が除かれる。このために滅という。『大［智度］論』には、「一人は除草する【耘】ことができ、一人は種子を播く【種】ことができる」とある。[60]万行によって助け成立させることは「種子を播《ま》く【種】」ことのようで、智慧が惑を破ることは「除草する【耘】」ことのようである。覚りの智慧を増やし、生死の苦を減らすこと【増道損生】については、その意味はここにある。「十住・十行・十廻向・十地・等覚《とうがく》の」四十一地にはみな十法があるのである。もし妙覚《みょうかく》についていうならば、九でもあり、十でもある。[695b]なぜかといえば、中道の智慧は、かえって生をなくす。生はまだ尽きないので、諸地の生滅の相違がある。妙覚は、生をなくす意義が十分である。最後にどうして報を論じることができようか。それ故、「ただ仏一人だけが浄土に住む」とある。[61]三十生[62]がなくなって、偉大な覚りに等しい。後有《ごう》（未来の生存）の生死がないのは、煩悩がなくなるからである。智徳が円かであれば、もはや習果はなく、未来の身体を受けないので、報果がない。また、現《げん》［報］・生《しょう》［報］・後［報］に焦点をあわせて九を論じ、十を論じる……。もし『［大般］涅槃経』の文を研究すれば、「最高の報を得ることを願う」とは、仏界の報が最高であることを明らかにするのである。仏の報は最高であるというからには、仏の相・性等の九法《くほう》は、すべて最高である。

58　『仁王［般若経］』には、「三賢（十住・十行・十廻向の菩薩）・十聖（十地の菩薩）は、果報に留まる」とある【仁王云

三賢十聖住果報】『仁王般若経』巻第一、菩薩教化品、「三賢・十聖は果報に住す。唯だ仏一人のみ浄土に居《こ》し、一切衆生は暫《しば》らく報に住し、金剛原に登りて浄土に居す」（大正八、八二八上一～二）を参照。

59 『摂大乗［論］』には、「因縁生死、有後生死」とある**【摂大乗云因縁生死有後生死】**七種の生死（分段生死・流来生死・反出生死・方便生死・因縁生死・有後生死・無後生死）のうちの第五、第六の生死をいう。「因縁生死」は、初地以上の菩薩が受ける生死で、「有後生死」は、最後の一品の無明を残す第十地の菩薩が受ける生死のこと。『止観輔行伝弘決』巻第七、「摂家は二死を荒外に割《さ》くとは、摂大乗師は七種の生死を立つ。一に分段なり。三界の果報を謂う。二に流来なり。真に迷うの初めを謂う。三に反出なり。妄に背くの始めを謂う。四に方便なり。滅に入る二乗を謂う。五に因縁なり。初地已上を謂う。六に有後なり。第十地を謂う。七に無後なり。金剛心を謂う」（大正四六、三五八上二一～二五）を参照。『法華玄論』巻第八、「『摂大乗論』に七種の生死を明かす。界内は通じて分段と名づく。即ち三種の生死あり。界外に四種の生死有り。方便生死を謂う。即ち変易、是れなり。二に因縁の生死なり。三に有有生死なり。四に無有生死なり」（大正三四、四三〇上一八～二二）を参照。『摂大乗論釈』巻第十一には、「即ち是れ方便生死は大浄を障《さ》う。此の障を破するに由るが故に、大浄の果を得。……即ち是れ因縁生死は、大我を障う。此の障を破するに由るが故に、大我の果を得。……即ち是れ有有生死は大楽を障う。此の障を破するに由るが故に、大楽の果を得。……即ち是れ無有生死は大常を障う。此の障を破するに由るが故に、大常の果を得」（大正三一、二三四下二九～二三五上二九）とある。

60 『大［智度］論』には、「一人は除草する**【耘】**ことができ、一人は種子を播く**【種】**ことができる」とある**【大論云一人能耘一人能種】**出典未詳。

61 「ただ仏一人だけが浄土に住む」とある**【云唯仏一人居浄土】**前注58を参照。

62 三十生　『釈籤』によれば、十地の一々の地を三品に分け、それぞれを一生と数えるので、三十生という。『釈籤』巻第四、「『三十』と言うは、『仁王経』の中には、一一の地の中に、分ちて三品と為す。即ち一品を以て一生と為す。『仁王経』の中に、等覚を立てざるが故に、三十生は尽き、即ち妙覚に入る」（大正三三、八四三上一八～中一）を参照。

なぜかといえば、六道の相・性はすべて五住《ごじゅう》［地惑《じわく》］を表わし、二乗の相・性は四住［地惑］を破ることを表わし、すべて無明を表わし、菩薩の相・性はしだいに五住［地惑］を破ることを表わす。仏の相・性は、一切種智が虚空のように清浄で、五住［地惑］に汚染されないことを表わすので、仏の十法は最高である……。

次に、六趣（六道）の相は生死の苦を表わし、二乗の相は涅槃の楽を表わし、仏界の相は生死でもなく涅槃でもない中道の常楽我浄《じょうらくがじょう》を表わすので、仏界は最高であるという。

次に、四道は悪を表わし、人天は善を表わし、二乗は無漏の善を表わし、菩薩・仏は［有］漏でもなく無漏でもない善を表わすので、仏界は最高である。

次に、六道はあらゆる因縁によって生じる法を表わし、二乗は即空を表わし、菩薩は即仮を表わし、仏は即空・即仮・即中を表わすので、仏界は最高である。

次に、四趣はただ悪を表わすだけで、善を表わすことはできない。人天の相はただ善を表わすだけで、悪を表わすことはできない。二乗はただ無漏を表わすだけで、善悪を兼ねない。仏の相は、兼ねてすべての［善悪の］相を表わす。もし仏の相を理解するならば、くまなくすべての相を理解する。このために仏界は最高である。それ故、『賢聖集《げんじょうしゅう》』には、「地獄の中陰《ちゅういん》（中有《ちゅうう》）はただ地獄を見るだけで、上の趣（道）を知ることができない。天の中陰に関しては、天や下を知ることができる。その相はこれを表わすけれども、正遍知《しょうへんち》とは名づけない」とある。[63] 仏の相は正遍智を表わすのである。仏智はくまなくさまざまな相を知る以上、経教は当然くまなくこれを説くべきである。

もしこの法によって五味の教を経歴すれば、乳教（『華厳経』）は、菩薩界・仏界の二つの性・相を説き、あるいは即仮の等に入り、あるいは即中の等に入る。中に入るのは、かえって最高であるけれども、［別教という」一つの方便を帯びているので、まだまったく最高であるわけではない。略教（『阿含経』）は、ただ二乗の相・性を明らかにして、析空《しゃっくう》の等に入ることができるけれども、なお即空の等に入ることを明らかにしない。まして［即仮、即中の］695c その他の場合はなおさらである。それ故、最高ではない。生蘇（方等経）は［蔵教・通教・別教・円教の］四種の相・性を明らかにし、あるいは析空の等に入り、あるいは即空の等に入り、あるいは即仮の等に入り、あるいは即中の等に入る。ただ仏の相・性だけが即空・即仮・即中に入ることができるけれども、［蔵教・通教・別教の］三つの方便を帯びるので、最高ではない。熟蘇（『般若経』）は［通教・別教・円教の］三種の相・性を明らかにし、あるいは即空に入り、あるいは即仮に入り、あるいは即中に入る。ただ仏の性・相だけが即空・即仮・即中に入ることができるけれども、［通教・別教の］二つの方便を帯びるので、最高ではない。この『法華経』は、九種の性・相は、みな即空・即仮・即中に入ることを明らかにする。「あなたは本当に私の子であり、私は本当にあなたの父である」とある。[64] どんな微小な色も味ももっぱら仏法

63　『賢聖集』には、「地獄の中陰は……正遍知とは名づけない」とある【賢聖集云地獄中陰但見地獄不能知上趣若天中陰能知天及下其相表之不名正遍知】出典未詳。『衆経目録』の序に、「興善寺の大徳と翻経沙門、及び学士等に、法蔵を披検し経録を詳定するを請《こ》う。類に随いて区辯するに、総じて五分と為す。単本第一、重翻第二、別生第三、賢聖集伝第四、疑偽第五なり。別生・疑偽は、抄写するを須《もち》いず。已外の三分は入蔵して録に見ゆ」（大正五五、一五〇上二八～中三）とあり、インドの賢聖が撰述した文献を指している。

64　「あなたは本当に私の子であり、私は本当にあなたの父である」とある【汝実我子我実汝父】『法華経』信解品、「此れは実に我が子、我れは実に其の父なり」（大正九、一七中一三～一四）を参照。

であって、さらに他の法はない。それ故、仏界は最高であることがわかる。

次に、他の経に明らかにする九つの性・相が、仏の性・相の即空・即仮・即中に入ることができないことについては、この『［法華］経』がみな方便を開会し、くまなく入ることができるようにさせる。また、その相・性［の位］に留まる【按】と、とりもなおさず即空・即仮・即中であって、上の位に進入すること【引入】を論じない。このために如来はくり返しこの『法華経』をほめたたえて、最高とする。その意味はここにあるのである。

次に、百界・千法（如是）は縦横《じゅうおう》にとても多いけれども、経論の偈でこれを結論づけ、理解しやすくさせる。『中論』の偈には、「因縁によって生じる法について、私は空にほかならないと説き、また仮名《けみょう》と名づけ、また中道の意義と名づける」とある。[65] 六道の性・相は、「因縁によって生じる法」にほかならない。二乗、通教の菩薩等の性・相は、「私は空にほかならないと説く」である。六度［の菩薩］・別教の菩薩の相・性は、「また仮名と名づける」である。仏界の相・性は、「また中道の意義と名づける」である。要点をまとめると少ないけれども、前の多くのものを収めることができる。その意義はわかるであろう……。

また、『涅槃［経］』の偈には、「諸行は無常である。生じては滅する性質である。生滅が滅して、寂滅《じゃくめつ》を楽とする」とある。[66] 六道の相・性は、「諸行」にほかならない。二乗・通教の相・性は、「無常」にほかならない。別教の菩薩の相・性は、「生滅が滅する」にほかならない。仏界の相・性は、「寂滅を楽とする」にほかならない。また、「生滅が滅して、寂滅を楽とする」は、別教の相・性にほかならない。生滅そのままが、やはり寂滅である。滅するのを待って、はじめて楽と呼ぶのでないのは、円教の仏界の相・性である……。

また、七仏通戒《しちぶつつうかい》偈《げ》には、「多くの悪はしてはならない。多くの善は実行しなさい。自らその心を浄化しなさい。以上が諸仏の教えである」とある。[67] 四趣の相・性は、「多くの悪」にほかならない。人天の相・性は、「多くの善」にほかならない。「自らその心を浄化しなさい」には、析・体[68]の心の浄化がある。二乗の相・性である。入仮《にっけ》の心[696a]の浄化は、菩薩の相・性である。入中《にっちゅう》の心の浄化は、仏界の相・性である……。

もし十の相・性と多くの経・論・律とが合致することを理解することができるならば、すぐに三蔵［教］・通［教］・別［教］を深く理解し、すべての法を認識するのに障碍がない。詳しく衆生法の様相を明らかにした。

65　『中論』の偈には、「因縁によって生じる法について、私は空にほかならないと説き、また仮名と名づけ、また中道の意義と名づける」とある【中論偈云因縁所生法我説即是空亦名為仮名亦名中道義】『法華玄義』巻第一上前注21を参照。

66　『涅槃［経］』の偈には、「諸行は無常である。生じては滅する性質である。生滅が滅して、寂滅を楽とする」とある【涅槃偈云諸行無常是生滅法生滅滅已寂滅為楽】『大般涅槃経』巻第三、「諸行は無常なり。是れ生滅の法なり。生滅滅し已って、寂滅を楽と為す」（大正一、二〇四下二三～二四）を参照。

67　七仏通戒偈には、「多くの悪はしてはならない。多くの善は実行しなさい。自らその心を浄化しなさい。以上が諸仏の教えである」とある【七仏通戒偈云諸悪莫作衆善奉行自浄其意是諸仏教】過去七仏が共通に戒めた偈の意で、たとえば、『増一阿含経』巻第一、序品、「諸悪は作す莫《なか》れ。諸善は奉行《ぶぎょう》せよ。自ら其の意を浄《きよ》めよ。是れ諸仏の教えなり」（大正二、五五一上一三～一四）を参照。

68　析・体【析体】蔵教の析空観と通教の体空観のこと。前者は、諸法の分析を経由して、諸法の空であることを観察することである。後者は、諸法の分析を経由しないで、いっきょに諸法の空であることを観察することである。

Ⅱ　仏法

第二に詳しく仏法を明らかにするとは、仏にどうして別の法があるだろうか。ただ百界・千如が仏の境界であるだけである。ただ仏と仏とだけがこの道理を究め尽くす。箱が大きければ、蓋《ふた》も［それに］したがって大きいようなものである。限りない仏の智慧によって、広大な仏の境界を照らして、その奥底に到達することを、随自意の法と名づけるのである。もし［仏法界以外の］九法界の性・相、本から末までを照らして、少しも残さなければ、随他意の法と名づける。［随自意の法と随他意の法との］二つの法の本から十界の迹を垂れ、あるいは自己の身を示し、あるいは他者の身を示し、あるいは自己の意にしたがう語を説き、あるいは他者の意にしたがう語を説く。自己の意・他者の意は思議することができず、自己の身・他者の身は奥深くて知りがたく静かですばらしく、みな方便でもなく真実でもないけれども、九界の方便、一界（仏界）の真実に応じて、仏法について欠けるところがない。諸仏の法は、どうして妙でないことがあろうか。この事柄は知ることができるので、力を尽くして詳しく説くことはない。方便品に至って、さらにこれを明らかにするべきである。

Ⅲ　心法

第三に詳しく心法《しんぽう》を解釈するとは、前に明らかにした法（衆生法と仏法）は、どうして心と相違することがあろうか。ただし、衆生法はとても広く、仏法はとても高く、初学者にとっては難しい。ところが、心、仏、衆生のこれら三つに区別はない[69]ので、ただ自分で自己の心を観察するのは容易である。『涅槃［経］』には、「すべての衆生は三つの禅定を備える」とある。[70]上定《じょうじょう》とは、仏性を意味するのである。心性《しんしょう》を観察することのできることを、上定と名づける。上［定］が下［定］を兼ねることができるのは、衆生法を収めることである。『華厳［経］』には、「心を虚空のような法界に遊ばせれば、諸仏の境界を知る」とある。[71]「法界」は、とりもなおさず中［道］である。「虚空」は、とりもなおさず空である。「心、仏」は、とりもなおさず仮である。［空・仮・中の］三種が備わっているのは、仏の境界にほかならない。以上が心を観察し、そこで仏法を備えるということである。

また、「心を法界に遊ばせる」とは、感覚器官（六根）と対象（六境）【根塵】がたがいに向き合って一瞬の

69 心、仏、衆生のこれら三つに区別はない【心仏及衆生是三無差別】『六十巻華厳経』巻第十、夜摩天宮菩薩説偈品、「心は工《たく》みなる画師《えし》の種種の五陰を画《えが》くが如し。一切世界の中、法として造らざること無し。心の如く仏も亦た爾り。仏の如く衆生も然り。心、仏、及び衆生の是の三は差別《しゃべつ》無し」（大正九、四六五下二六～二九）を参照。

70 『涅槃［経］』には、「すべての衆生は三つの禅定を備える」とある【涅槃云一切衆生具足三定】『南本涅槃経』巻第二十五、師子吼菩薩品、「一切衆生は三定を具足す。上、中、下を謂う。上とは、仏性を謂うなり。是れを以ての故に、一切衆生に悉ごとく仏性有りと言う。中とは、一切衆生は初禅を具足す。因縁有る時には、則ち能く修習し、若し因縁無くば、則ち修すること能わず。因縁に二種あり。一に火災を謂う。二に欲界の結を破するを謂う。是れを以ての故に、一切衆生は悉ごとく中定を具すと言う。下定とは、十大地の中の心数《しんじゅ》の定なり」（大正一二、七六九中一二～一八）を参照。

71 『華厳［経］』には、「心を虚空のような法界に遊ばせれば、諸仏の境界を知る」とある【華厳云遊心法界如虚空則知諸仏之境界】『六十巻華厳経』巻第三、盧舎那仏品、「心を法界に遊ばすこと虚空の如し。是の人は乃ち仏の境界を知る」（大正九、四〇九下一）を参照。

心が生じることを観察すると、十界のなかで、必ず一つの界に所属する。もし一界に所属するならば、すぐに百界・千法を備える。一瞬の心のなかに、すべて備える。この心という幻術師《げんじゅつし》は、一日の昼夜にわたって、いつもさまざまな衆生、さまざまな五陰、さまざまな国土を造る。いわゆる地獄［界］の仮［法である衆生］・実［法である五陰］・国土、ひいては仏界の仮・実・国土である。修行者は、自分でどの道にしたがうことができるのか選択すべきである。

また、「虚空のようである」とは、心を観察すると、自然と心を生じるならば、条件【縁】を借りる必要がない。条件を借りて心があるならば、心に生じる力はない。心に生じる力がなければ、条件も生じることがない。[696b]心と条件がどちらもなければ、［心と条件が］合わさっても、どうしてあるのか。合わさってさえ、やはり生じることが難しい。［心と条件が］離れれば、生じない。一つの生さえない。まして百界・千法があるであろうか。心は空であるから、心から生じるものは、すべて空である。この空も空である。もし空が空でなければ、空に印を付けて仮を設ける。仮も仮でない。仮もなく空もなく、究極的に清浄である。

また、衆生の境界とは、上は仏法に等しく、下は衆生法に等しい。また、心法とは、心、仏、衆生のこれら三つに区別はない。以上を心法と名づけるのである。

質問する。一瞬の心にどのように百界・千法を含むのか。

答える。［如意珠《にょいしゅ》、三毒、夢の］三種の［比喩］を借りて譬えとする。『［摩訶］止観』に説く通りである……[72]。

二　「妙」を明らかにする

第二に妙を明らかにするとは、第一に共通に解釈し、第二に個別に解釈する。

(一)「妙」を共通に解釈する

共通［の解釈］をまた二段とする。第一に相待《そうだい》、第二に絶待《ぜつだい》である。この経はただ［相待妙と絶待妙の］二つの妙を明らかにするだけで、さらに絶待でもなく相待でもない文はない。もしさらに［絶待でもなく相待でもないものを追求することを］なすならば、何の惑を絶して、何の理をあらわすであろうか。それ故、さらに論じることをしないのである。光宅《こうたく》［寺法雲《じほううん》］は『法華［経］』の妙を、［『法華経』の］前の多くの教えがみな麁であることに相対させる。[73] 大いに妨げるものがある。前に非難した通りである……。

I　相待妙

今、麁に相対する妙とは、半字《はんじ》を麁とするのに相対して、満字《まんじ》を妙とすることを明らかにする。また常・無常、大・小が相待して、麁妙となるのである。『浄名［経］』には、「法を説くのに、有でもなく、無でもない。

72　『［摩訶］止観』に説く通りである……【如止観中説云云】『摩訶止観』巻第五上（大正四六、五五五下）を参照。如意珠、三毒、夢の三種の比喩が出る。

73　光宅［寺法雲］は『法華［経］』の妙を、［『法華経』の］前の多くの教えがみな麁であることに相対させる【光宅用法華之妙待前諸教皆麁】『法華義記』巻第一、「何となれば、今、妙法と言うは、是れ因果相待の名なり。昔に対して論を為さば、昔日の因果は倶に麁にして、今日の因果は倶に妙なり」（大正三三、五七三上一六～一八）を参照。

因縁によるので、諸法が生じる」とある。[74] とりもなおさず満字を明らかにするのである。「始めて仏樹《ぶつじゅ》（菩提《ぼだい》樹《じゅ》）に座って、全力で魔を降伏し、甘露《かんろ》の涅槃を得て、覚りが完成する」とある。[75] つまり昔の半を提示して、［半に］相対して【待】満を出すのである。『般若［経］』には、「閻浮提《えんぶだい》で、第二の法輪《ほうりん》が転じられるのを見る」とある。[76] また鹿苑《ろくおん》を第一とするのに相対【待】して、『般若［経］』を第二とするのである。『涅槃［経］』には、「昔、ヴァーラーナシー【波羅柰】で、最初に法輪を転じ、今、クシナガラ【尸城】で、再び法輪を転じる」とある。[77] 多くの経はみなともに鹿苑を半とし、小とし、麁とする。これに相対【待】して満・大・妙を明らかにする。その意義は同じである。今、『法華［経］』には「昔、ヴァーラーナシー【波羅柰】で、四諦の法輪、五陰【五衆】の生滅を転じ、今、再び最もすぐれた最高の法輪を転じる」と明らかにしている。[78] これも鹿苑を麁とするのに相対して【待】、『法華［経］』を妙とする。妙の意義はみな同じである。麁に相対する【待】ことも等しい。文の意義はここにあるのである。

　質問する。方等に限って以降、円満な道理に異なることがなければ、すべて妙と呼ぶべきである。

答える。今もまた教えと時を限定しない。どうして軽率に方等に限るというのか。たといそうであっても、別に理由がある。なぜならば、利根の菩薩は、かしこ（方等の教え）で妙に入ることが、『法華［経］』［で妙に入ること］と相違しない。鈍根の菩薩や二乗の人は、696c なお方便を帯びて、［醍醐味《だいごみ》以外の］さまざまな味において調伏《じょうぶく》する。方等は生蘇を帯びて妙を論じて、麁に相対する【待】。『般若［経］』は熟蘇を帯びて妙を論じて、麁に相対する【待】。今の『［法華］経』は［生蘇と熟蘇の］二つの味の方便がなく、純真の醍醐であって

74『浄名［経］』には、「法を説くのに、有でもなく、無でもない。因縁によるので、諸法が生じる」とある【浄名云説法不有亦不無以因縁故諸法生】『維摩経』巻上、仏国品、「法を説くに、有ならず、亦た無ならず。因縁を以ての故に、諸法生ず。我無く、造無く、受者無く、善悪の業も亦た亡《もう》ぜず」（大正一四、五三七下一五～一六）を参照。

75「始めて仏樹（菩提樹）に座って、全力で魔を降伏し、甘露の涅槃を得て、覚りが完成する」とある【始坐仏樹力降魔得甘露滅成覚道】『維摩経』巻上、仏国品、「始め仏樹に在りて、力《つと》めて魔を降《くだ》し、甘露の滅を得、覚道成ず。已に心意無く、受行無く、而も悉ごとく諸の外道を摧伏《さいぶく》す」（同前、五三七下一七～一八）を参照。

76『般若［経］』には、「閻浮提で、第二の法輪が転じられるのを見る」とある【般若云於閻浮提見第二法輪転】『大品般若経』巻第十二、無作品、「是の如き言を作す。我れ等は閻浮提に於いて、第二の法輪を転ずるを見る。是の中の無量百千の天子は、無生法忍を得」（大正八、三一一中一五～一七）を参照。

77『涅槃［経］』には、「昔、ヴァーラーナシー【波羅柰】で、最初に法輪を転じ、今、クシナガラ【尸城】で、再び法輪を転じる」とある【涅槃云昔於波羅柰初転法輪今於尸城復転法輪】『南本涅槃経』巻第十三、聖行品、「我れは昔日の波羅㮈《はらな》城に於いて、諸の声聞の為めに法輪を転ず。今、始めて此の拘尸那《くしな》城に於いて、諸の菩薩の為めに大法輪を転ず」（大正一二、六八九下五～七）を参照。「波羅柰」は、Vārāṇasī の音写語。波羅奈とも書く。中インドの都市の名。この市の東北に、初転法輪の地である鹿野苑がある。「尸城」は、拘尸那掲羅《くしながら》（*Kuśinagara* の音写語）のこと。「城」は nagara の訳で、町の意。釈尊入滅の地である。

78『法華［経］』には「昔、ヴァーラーナシー【波羅柰】で、四諦の法輪、五陰【五衆】の生滅を転じ、今、再び最もすぐれた最高の法輪を転じる」と明らかにしている【法華明昔於波羅柰転四諦法輪五衆之生滅今復転最妙無上之法輪】『法華経』譬喩品、「仏は昔、波羅㮈に於いて、初めに法輪を転じ、今乃ち復た無上最大の法輪を転ず。爾の時、諸の天子は重ねて此の義を宣べんと欲して偈を説いて言わく、昔、波羅㮈に於いて、四諦の法輪を転じ、分別して諸法、五衆の生滅を説く」（大正九、一二上一五～一九）を参照。

妙を論じて、麁に相対する【待】。この妙とかの［法華経以外の］妙とは、妙の意義に相違はない。ただ方便を帯びていることと、方便を帯びていないこととを相違［点］とするだけである。

次に、三蔵［教］はただ半字の生滅門であるだけで、円満な道理に通じることができないので、麁と名づける。満字は不生不滅の門である。円満な道理に通じることができるので、妙と名づける。円満な道理に通じることができるのに、二種がある。第一には方便を帯びて円満な道理に通じる。第二にはただちに円満な道理を示す。方等、『般若［経］』は方便を帯びて、円満な道理に通じる。今の『［法華］経』はただちに円満な道理を示す。それ故、『中論』には、「鈍根の弟子のために因縁の生滅の様相を説き、利根の弟子のために因縁の不生不滅の様相を説く」とある[79]……。『中論』の偈……。もし即空でなければ、真に通じる方便である。このために麁という。もし即空であることができれば、中［道］に通じる方便である。中［道］に通じる方便であって、もし即空・即仮を帯びて中［道］に通じるならば、麁である。空・仮を帯びずに、ただちに中［道］に通じるならば、妙である……。

質問する。乳から醍醐まで、同じく満と呼ぶ。この比喩はどのような意味か。

答える。今、比喩によって比喩を理解する。官に三つの船（通教・別教・円教）、及び私船（蔵教）があるようなものである。この岸から、人を向こう岸に渡すのに、乳教は、大（円教）・中（別教）の二つの船で一緒に人を向こう岸に渡すようなものである。酪教は、私船で人を中州に渡すようなものである。生蘇は、［三種の官船と一つの私船の］四種、つまり小さな船（通教）と私船で人を中州に渡し、二つの船で人を向こう岸に渡すようなものである。熟蘇は、三つの船の一つの船（通教）は中州に渡し、二つの船（別教・円教）は向こう岸に渡すようなものである。醍醐は、大きな船（円教）で人を向こう岸に渡すようなものである。三つの船は同じく公の物であるので、ともに満と呼ぶ。私船は公の物でない。このために半という。公の物のなかで、二つの船は小さく、収容するものは思うに少ない。大きな船は壮大で美しく、収載するものはますます多い。これだけを妙と呼ぶのである。智慧のある者は比喩によって理解することができる。[80]その比喩の意義はこのとおりである……。

79 『中論』には、「鈍根の弟子のために因縁の生滅の様相を説き、利根の弟子のために因縁の不生不滅の様相を説く」とある【中論云為鈍根弟子説因縁生滅相為利根弟子説因縁不生不滅相】『中論』巻第一、観因縁品、「仏は是の如き等の諸の邪見を断じ、仏法を知らしめんと欲するが故に、先に声聞法の中に於いて十二因縁を説く。又た、已に習行して大心有りて深法を受くるに堪うる者の為めに、大乗の法を以て因縁の相を説く。所謂る一切法は不生不滅、不一不異等にして、畢竟空、無所有なり」(大正三〇、一中二三～二七)を参照。

80 智慧のある者は比喩によって理解することができる【智者以譬喩得解】『法華経』譬喩品、「今当に復た譬喩を以て更に此の義を明かせば、諸の智有る者は譬喩を以て解を得」(大正九、一二中一二～一三)に基づく。

Ⅱ　絶待妙

第二に絶待《ぜつだい》によって妙を明らかにするとは、四段とする。第一に随情《ずいじょう》[81]の三仮《さんけ》[82]の法が生起するとき、もし真諦に入るならば、相対【待対】はすぐに絶する。それ故、身子（舎利弗）は、「私は解脱のなかに言説がないと聞く」という。[83]これは三蔵の経のなかの絶待［妙］の意味である。

第二に随理《ずいり》の三仮に関しては、すべての世間はみな幻術師によって化作《けさ》されたもののようで［実体がなく］、事柄そのものが真実であって【即事而真】、一つの事柄でも真実でないものはない。さらに何に相対して真実でないとするのか。かの三蔵と比較すると、絶は逆に絶でない。事柄そのままが真実であるのは、かえって絶待である。[697a]これは通教の絶待である。

第三に別教がもし生起するならば、［事柄そのままが］真実であるという絶（通教の絶待妙）と比較すると、逆に世［俗］諦である。なぜならば、大涅槃ではなく、やはり生死の世諦であるからである。絶は逆に相対【待】がある。もし別教の中道に入るならば、相対【待】は絶する。

第四に円教がもし生起するならば、無分別《むふんべつ》の法を説く。極端がそのまま中道であって【即辺而中】、仏法でないことはなく、［すべての対立が］滅んで清浄である。どうしてさらに仏法があって仏法に相対する【待】であろうか。如来の法界であるので、法界の外に、もはや法のたがいに比較できるものはない。何に相対して【待】麁とし、何に比較して妙とすることがあろうか。相対する【待】ことのできるものもなく、絶するものもない。何と名づけるのかを知らないので、強いて絶という。

『大［般涅槃］経』には、「大は測《はか》ることができず、思議することができないものに名づけるので、大と名づける。たとえば、虚空は小空に基づいて大と名づけるのではないようなものである。涅槃も同様である。小さな様相に基づいて大涅槃とするのではない」とある。[84]妙も同様である。妙は思議できないものに名づける。麁

81　随情　仏の説法について、相手の機根に応じて説く場合を、随情、随事、随他意といい、仏の覚りのままに説く場合を、随智、随理、随自意という。随情・随智は観察する智慧についての表現、随事・随理は観察する対境についての表現、随他意・随自意は教えについての表現である。ここでは、随情と随理という対比が見られる。また、相手の機根に応じて説くことと、仏の覚りのままに説くこととが合致する場合、随情智、随自他意語という。

82　三仮　『成実論』仮名相品（大正三二、三二七下二九～三二八下一二）に基づいて、中国で概念化された因成仮・相続仮・相待仮の三種の仮名有のこと。仮は、実体がないの意。因成仮は、一切の有為法が因縁によって成立したものであることをいう。相続仮は、有為法が前後相続して存在することをいう。相待仮は、大小、長短のような相対的な存在をいう。『大般涅槃経集解』巻第四十七の僧宗の注に、「其の体は無常なるを以ての故に、是れ相続仮なり。其れに自性無きを以ての故に、一時の因成仮有るなり。相待もて称を得るが故に、相待仮有り」（大正三七、五二三中七～九）とある。

83　身子（舎利弗）は、「私は解脱のなかに言説がないと聞く」という【身子云吾聞解脱之中無有言説】『法華玄義』巻第一下の前注82を参照。

84　『大［般涅槃］経』には、「大は測ることができず……大涅槃とするのではない」とある【大経云大名不可称量不可思議故名為大譬如虚空不因小空名為大也涅槃亦爾不因小相名大涅槃】『南本涅槃経』巻第二十一、光明遍照高貴徳王菩薩品、「譬えば虚空の小空に因りて名づけて大と為さざるが如きなり。涅槃も亦た爾り。小相に因りて大涅槃と名づけず。善男子よ、譬えば法の不可称量、不可思議有るが故に、名づけて大と為すが如し。涅槃も亦た爾り。不可称量、不可思議なるが故に、名づけて大般涅槃と為すことを得。純浄なるを以ての故に、大涅槃と名づく」（大正一二、七四七中一九～二四）を参照。

に基づいて妙と名づけるのではない。もし確定的に法界があって、広大でそれだけが絶するというならば、これは［実体として］存在するものが大いにあることになる。どうして絶というのか。今、法界は清浄であって、見たり聞いたり覚ったり知ったりするのではなく、説き示すことができない。

［経］文には、「止めよう。止めよう。止めよう。説く必要がない。私の法はすばらしく【妙】、思惟することが難しい」とある。[85]「止めよう。止めよう。説く必要がない」とは、とりもなおさず言葉を絶する。「私の法はすばらしく【妙】、思惟することが難しい」とは、とりもなおさず思惟を絶する。また、「この法は示すことができず、言葉の様相が静かに滅している」とある。[86]またきわめて讃歎する【絶歎】文でもある。相対【待】によっても示すことができず、絶［待］によっても示すことができない。相対【待】を滅し、絶［待］を滅するので、「静かに滅している」という。また、「すべての事象は、常に静かに滅している様相であって、最終的に空に帰着する」とある。[87]この「空」も空であるので、もはや相対【待】・絶［待］はない。『中論』には、「もし法が相対【待】のために成立すれば、この法が逆に相対【待】を成立させる」とある。[88]今は相対【待】に基づくことがなく、成立させられる法もない。『華首《けしゅ》［経《きょう》］』には、「無生《むしょう》［法《ぼう》］忍《にん》を得る以上、また無生をも生じない。無生はとりもなおさず無生である」とある。[89]以上を絶待と名づける。

これ以外にさらに［絶待でもなく相待でもないものを追求することを］なすならば、何［の惑］を絶して、何の理をあらわすであろうか。きりがなくさまようならば、戯れの議論に堕落する。かえって迷いの心の誤った識別であるので、絶は不絶に相対【待】し、非絶非待《ひぜつひだい》（絶でもなく待でもないもの）は亦待亦絶《やくたいやくぜつ》（待でもあり絶でもあるもの）に相対し【待】、言葉は［相手の言葉を］追いかけ、永久に絶がなくなる。なぜならば、言葉は心の覚（推し量る心の粗い働き）・観（細かな働き）から生じる。心の考えが止まなければ、言葉は何に

85　［経］文には、「止めよう。止めよう。説く必要がない。私の法はすばらしく【妙】、思惟することが難しい」とある【文云止止不須説我法妙難思】『法華経』方便品、「止みなん、止みなん。説くを須いず。我が法は妙にして思い難し。諸の増上慢の者は、聞けば必ず敬信せず」（大正九、六下一九～二〇）を参照。

86　「この法は示すことができず、言葉の様相が静かに滅している」とある【云是法不可示言辞相寂滅】『法華経』方便品、「是の法は示す可からず、言辞の相は寂滅す。諸余の衆生の類は、能く解を得るもの有ること無し。諸の菩薩衆の信力堅固なる者を除く」（同前、五下二五～二七）を参照。

87　「すべての事象は、常に静かに滅している様相であって、最終的に空に帰着する」とある【云一切諸法常寂滅相終帰於空】『法華経』薬草喩品、「如来は是の一相一味の法を知る。所謂る解脱相、離相、滅相、究竟の涅槃、常寂滅の相にして、終に空に帰す」（同前、一九下二～五）を参照。

88　『中論』には、「もし法が相対【待】のために成立すれば、この法が逆に相対【待】を成立させる」とある【中論云若法為待成是法還成待】『中論』巻第二、観燃可燃品、「若し法は待に因りて成ぜば、是の法は還《かえ》って待を成ず。今は則ち因待無ければ、亦た成ずる所の法無し」（大正三〇、一五中一四～一五）を参照。

89　『華首［経］』には、「無生［法］忍を得る以上、また無生をも生じない。無生はとりもなおさず無生である」とある【華首云既得無生忍亦不生無生無生即無生】『華手経』巻第八、衆雑品《しゅぞうほん》、「是の故に此の菩薩は、疾《と》く無生忍を得。亦た無生を生ぜず。無生は即ち無生なり」（大正一六、一八九中一～二）を参照。

よって絶するだろうか。愚かな犬が［自分の］影を追い、[90]いたずらに疲労するけれども、影は最後までなくならないようなものである。もし絶対的な境地[91]を見事に覚ることができれば【妙悟】、覚・観の風を止め、心の水は澄んで清らかで、言葉と思惟はみな絶する。賢いライオンは、影を見捨てて人を追うようなものである。影という根本が除かれるからには、影は絶する。見事に覚る時、法界の外に法が[697b]ないことを明らかに知って、絶を論じるのは、有門に焦点をあわせて絶を明らかにすることである。この絶も絶するのは、空門に焦点をあわせて絶を明らかにすることである。速い馬が鞭の影を見て、［正しい道に］入ることができないことはないようなものである。[92]以上を絶待妙と名づけるのである。

この［相待妙と絶待妙の］二つの妙によって、上の［衆生法・仏法・心法の］三法を妙にする。衆生の法も二妙を備えているので、これを妙と呼ぶ。仏法・心法も二妙を備えているので、これを妙と呼ぶ。

もし上の［蔵教・通教・別教・円教の］四種の絶待によって五味の経に焦点をあわせれば、乳教は［別教・円教の］二つの絶があり、酪教は［蔵教の］一つの絶があり、生蘇は［蔵教・通教・別教・円教の］四つの絶があり、熟蘇は［通教・別教・円教の］三つの絶があり、この『［法華］経』はただ［円教の］一つの絶があるだけである。開権［顕実］の絶に関しては、［円教の］一つの妙（絶待妙）の絶に入らないことはないのである。

質問する。どんな意味で絶によって妙を解釈するのか。

答える。ただ妙を絶と呼ぶだけである。絶は妙の別名である。世間の人が、絶能《ぜつのう》と呼ぶようなものである。また、妙は絶する主体【能絶】、麁は絶する対象【所絶】である。この妙に麁を絶する働きがあるので、絶を取りあげて妙に名づける。迹［門］のなかで、先に方便の教えを与えれば、大教《だいきょう》が生起することができないようなものである。今、大教がもし生起するならば、方便の教えは絶する。絶する対象によって、妙と名づけるだけである。また、迹のなかの大教が生起する以上、本地の大教は興起することができない。今、本地の教が興起するならば、迹のなかの大教はすぐに絶する。迹の大を絶するのは、その働きは本［門］の大による。迹を絶する大を、本の大と名づけるので、絶というのである。また、本の大教がもし興起するならば、観心の妙は生起することができない。今、観に入って条件【縁】が滅すれば、言葉で表現する手だては断ち切られ、本の教はすぐに絶する。絶は観による。この絶の名を、観の妙と名づける。この意義をあらわそうとするために、絶を妙とする。今、迹の絶［待］妙によって、上の衆生法を妙にする。本地の絶［待］妙によって、上の仏法を妙にする。観心の絶［待］妙によって、上の心法を妙にする。前の四つの絶［待妙］は横に四教に焦点をあ

90　愚かな犬が［自分の］影を追い【癡犬逐塊】『勝天王般若波羅蜜経』巻第三、法性品、「犬は唯だ塊《かい》を逐《お》い、人を逐うを知らず。塊は終に息《や》まず。外道も亦た爾り。生を断ずるを知らず、終に死を離れず」（大正八、七〇三上二五～二六）、『南本涅槃経』巻第二十三、光明遍照高貴徳王菩薩品、「一切の凡夫は唯だ果を観じ、因縁を観ぜざること、犬の塊を逐いて、人を逐わざるが如し。凡夫の人も亦復た是の如く、唯だ果を観じて、因縁を観ぜず」（大正一二、七六〇中二一～二三）を参照。

91　絶対的な境地【寰中】『荘子』斉物論篇に出る「環中」に同じ。輪の中の空虚な場所の意から転じて、是非善悪を超越した絶対的な世界、境地を意味する。

92　速い馬が鞭の影を見て、［正しい道に］入ることができないことはないようなものである【如快馬見鞭影無不得入】『法華玄義』巻第一下の注23を参照。

わせ、今の［迹門・本門・観心の］三つの絶［待妙］は縦に円教に焦点をあわせる……。

㈡　個別に「妙」を解釈する

個別に妙を解釈するとは、三段とする。鹿苑《ろくおん》の三麁（三乗）、霊鷲山《りょうじゅせん》【鷲頭】の一妙（一乗）に関しては、みな迹のなかの説である。迹に焦点をあわせて十項目を開いて妙を論じる。この妙に迹があり、本がある。本は元初を拠り所とする。元初の本妙は、十項目にわたって妙を論じる。迹・本はどちらも教である。教によって観をなすならば、観にまた十項目があって妙を論じる。迹のなかに、衆生法妙・仏法妙・心法妙がある。それぞれに十項目あるので、合わせて三十項目があることになる。これは多くの経に妙を論じるのと同一性もあり、相違性もある。本のなかの三十妙は、多くの経とまったく相違する。この六十項目は、一々にまた相待妙・絶697c待妙があるので、百二十項目がある。もし破麁顕妙《はそけんみょう》（麁を破って妙をあらわすこと）するならば、上の相待妙を用いる。もし開麁顕妙《かいそけんみょう》（麁を開いて妙をあらわすこと）するならば、上の絶待妙を用いる……。

Ⅰ　迹門の十妙

迹のなかの十妙とは、第一に境妙《きょうみょう》、第二に智妙《ちみょう》、第三に行妙《ぎょうみょう》、第四に位妙《いみょう》、第五に三法《さんぼう》（真性軌《しんしょうき》・観照軌《かんしょうき》・資成軌《しじょうき》の三軌《さんき》）妙、第六に感応妙《かんのうみょう》、第七に神通妙《じんずうみょう》、第八に説法妙《せっぽうみょう》、第九に眷属妙《けんぞくみょう》、第十に功徳利益妙《くどくりやくみょう》である。

十妙を解釈するのに、五段とする。第一に［境・智・行・位・三法・感応・神通・説法・眷属・利益の十］章を高く掲げ【標章】、第二に［経文を］引用して証拠立て【引証】、第三に生成の関係（順序）を示し【生起】、第四に詳しく解釈し【広解】、第五に権と実を結論づける。

i　章を高く掲げる——五段の1

境妙とはどのようなものか。十如《じゅうにょ》・［十二］因縁・四諦・三諦・二諦・一諦等を意味する。諸仏の師とするものなので、境妙と呼ぶ。

智妙とは、いわゆる二十智、四菩提智《しぼだいち》、下・中・上・上上［の智］、七つの権実［の二智］、五つの三智、一つの如実智である。境が妙であるので、智もそれにしたがって妙である。法が常住であるので、諸仏も常住である。箱と蓋《ふた》がたがいに合致して、境と智とが思議することができないので、智妙と呼ぶのである。

行妙とは、数を増やしていく行を意味する。次第の五行、不次第の五行である。智は行を導くので、行妙という。

位妙とは、三草の位、二木の位、一実の位を意味する。妙行が合致するものなので、位妙という。

三法妙とは、総の三法、縦の三法、横の三法、不縦不横の三法、類通《るいずう》（同類のものが共通性を持つこと）の三法を意味する。みな秘密の蔵であるので、妙と呼ぶ。

感応妙とは、四句の感応、三十六句の感応、二十五の感応、別［教］・円［教］の感応を意味する。水は上《じょう》升《しょう》せず、月は下降しないで、一つの月が同時にくまなく多くの水に現われる。諸仏は来ず、衆生は行かないで、慈しみという善根の力によってこのような事柄を見るので、感応妙と名づける。

神通妙とは、報《ほう》の通《つう》、修《しゅ》の通、作為的な【作意】通、体法《たいほう》の通、無記化化《むきけけ》の通を意味する。権謀《ごんぼう》（巧みなはかりごと＝方便）を越えた権謀は、［衆生の機］縁に合致して転換する。あるいは遠《おん》、あるいは近《ごん》、あるいは種《しゅ》、あるいは熟《じゅく》、あるいは脱《だつ》は、みな一乗のためであるので、神通妙という。

説法妙とは、十二部の法、小部の法、大部の法、［衆生の機］縁に［教えを］与える【逗縁】法、説き明かす対象【所詮】の法、円妙の法を説くことを意味する。道理のように円かに説いて、すべて衆生に仏の知見を開示悟入《かいじごにゅう》させるので、説法妙という。

眷属（随行者）妙とは、業の眷属、神通の眷属、願の眷属、応の眷属、法門の眷属を意味する。曇り空の雲が月を包み込むように、多くの臣下や豪族が前後に囲むので、眷属妙という。

利益妙とは、結果の益《やく》、原因の益、空の益、仮の益、中の益、変易の益を意味する。あたかも大海が龍の降らした雨を受けることができるようなものであるので、利益妙と名づける。

ii　（迹門の）経文を引用して証拠立てる——五段の2

698a 第二に引用して証拠立てるとは、ただ迹［門］の文を引用するだけで、まだ本［門］の文を引用しない。ましてその他の経を引用するであろうか。［経］文には、「諸法の如是相《にょぜそう》等については、ただ仏と仏とだけがはじめて諸法実相を究め尽くすことができる」とある。[93]「実相」は仏の智慧の門である。門は境にほかならない。また、「とても深遠で知りがたい法は、見ることが難しく、理解することが難しい。私と十方の仏は、はじめてこの様相を知ることができた」とある。[94] 境妙のことである。

「私が得た智慧は、奥深く知りがたく最高である」とある。[95] また、「このすばらしい智慧によって、最高の覚りを求める。汚れがなく、思議できず、とても深遠で知りがたい【無漏不思議甚深微妙】法については、ただ私のみ、この様相を知る」とある……。[96] 智妙のことである。

「もともと無数の仏にしたがって、残りなく【具足】さまざまな道を修行する。これらのさまざまな道を修

93　［経］文には、「諸法の如是相等については、ただ仏と仏とだけがはじめて諸法実相を究め尽くすことができる」とある【文云諸法如是相等唯仏与仏乃能究尽諸法実相】『法華経』方便品、「仏の成就する所は、第一希有難解の法なり。唯だ仏と仏とのみ乃《いま》し能く諸法の実相を究尽す。所謂《いわゆ》る諸法の、如是相・如是性・如是体・如是力・如是作・如是因・如是縁・如是果・如是報・如是本末究竟等なり」（大正九、五下一〇～一三）を参照。

94　「とても深遠で知りがたい法は、見ることが難しく、理解することが難しい。私と十方の仏は、はじめてこの様相を知ることができた」とある【云甚深微妙法難見難可了我及十方仏乃能知是相】『法華経』方便品、「本《も》と無数の仏に従って、具足して諸もろの道を行ず。甚深微妙の法は、見難く了すべきこと難し。無量億劫に於いて、此の諸の道を行じ已って、道場にして果を成ずることを得て、我れは已に悉ごとく知見す。是の如き大果報の種種の性と相の義は、我れ及び十方の仏は乃ち能く是の事を知る」（同前、五下一九～二四）を参照。

95　「私が得た智慧は、奥深く知りがたく最高である」とある【我所得智慧微妙最第一】『法華経』方便品、「我れは始め道場に坐し、樹を観じ亦た経行して、三七日の中に於いて、是の如き事を思惟しき。我が得る所の智慧は、微妙にして最も第一なり」（同前、九下四～六）を参照。

96　「このすばらしい智慧によって、最高の覚りを求める。汚れがなく、思議できず、とても深遠で知りがたい甚深微妙な法については、ただ私のみ、この様相を知る」とある【以此妙慧求無上道無漏不思議甚深微妙法唯我知是相】『法華経』方便品、「無漏不思議の甚深微妙の法を、我れは今已に具え得たり。唯だ我れのみ是の相を知れり。十方の仏も亦た然なり」（同前、六上一八～二〇）を参照。

行してから、道場で果を完成することができる」とある。[97] また、「合掌して尊敬の心で、完備した道を聞こうとする」とある。[98] また、「諸法はもともと常に静まりかえった様相である。仏の子は道を修行してから、来世に仏となることができる」とある。[99] 行妙のことである。

天が「曼陀羅華《まんだらけ》・摩訶《まか》曼陀羅華・曼珠沙華《まんじゅしゃげ》・摩訶曼珠沙華の」四種の花を降らせるのは、住《じゅう》・行《ぎょう》・向《こう》・地《じ》（菩薩の階位である十住・十行・十廻向・十地）を表わし、開示悟入も位の意義である。「この宝石でできた乗り物に乗って四方に遊ぶ」とある。[100] 「四方」は、因の位である。「ただちに道場に到達する」[101] は、果の位である。以上を位妙と名づける。

「仏は自ら大乗に留まる。その得た法に関しては、禅定【定】と智慧【慧】の力によって荘厳する」とある。[102] 「大乗」は、真性［軌］である。「定」は、資成［軌］である。「慧」は、観照［軌］である。以上が三法妙である。

「私は三週間の間、このような事柄を思惟する」とある。[103] また、「私は仏眼で観察すると、六道の衆生が見えた」とある。[104] また、「すべての衆生はみな私の子供である」とある。[105] また、「その父がライオン（百獣の王にたとえられる立派な人物）の立派な腰掛けに座るのが遠くから見えた」とある。[106] 感応妙のことである。

97 「もともと無数の仏にしたがって、残りなく【具足】さまざまな道を修行する。これらのさまざまな道を修行してから、道場で果を完成することができる」とある【本従無数仏具足行諸道行此諸道已道場得成果】前注94を参照。

98 「合掌して尊敬の心で、完備した道を聞こうとする」とある【云合掌以敬心欲聞具足道】『法華経』方便品、「又た、諸もろの万億国の転輪聖王は至れり。合掌し敬心を以て、具足の道を聞かんと欲す」（同前、六下五～六）を参照。

99 「諸法はもともと常に静まりかえった様相である。仏の子は道を修行してから、来世に仏となることができる」とある

【諸法従本来常自寂滅相仏子行道已来世得作仏】『法華経』方便品、「我れは涅槃を説くと雖も、是れ亦た真の滅に非ず。諸法は本《もと》より来《このかた》、常《つね》自に寂滅の相なり。仏子は道を行じ已って、来世に作仏することを得ん」（同前、八中二四〜二六）を参照。

100 「この宝石でできた乗り物に乗って四方に遊ぶ」とある**【乗是宝乗遊於四方】**『法華経』譬喩品、「諸子は是の時、歓喜踊躍《ゆやく》して、是の宝車に乗って、四方に遊び、嬉戯《きげ》快楽《けらく》して、自在無礙《むげ》なり」（同前、一四下一七〜一九）を参照。

101 「ただちに道場に到達する」**【直至道場】**『法華経』譬喩品、「諸子等をして、日夜劫数《こっしゅ》に、常に遊戯《ゆげ》することを得、諸もろの菩薩、及び声聞衆と、此の宝乗に乗りて、直ちに道場に至らしむ」（同前、一五上一二〜一四）を参照。

102 「仏は自ら大乗に留まる。その得た法に関しては、禅定**【定】**と智慧**【慧】**の力によって荘厳する」とある**【仏自住大乗如其所得法定慧力荘厳】**『法華経』方便品、「仏は自ら大乗に住し、其の得る所の法の如きは、定慧の力もて荘厳し、此れを以て衆生を度す」（同前、八上二三〜二四）を参照。

103 「私は三週間の間、このような事柄を思惟する」とある**【我於三七日中思惟如是事】**前注95を参照。

104 「私は仏眼で観察すると、六道の衆生が見えた」とある**【我以仏眼観見六道衆生】**『法華経』方便品、「我れは仏眼を以て観じて、六道の衆生を見るに、貧窮《びんぐ》にして福慧無し。生死の険道に入りて、相続して苦断えず、深く五欲に著すること、犛《みょう》牛《ご》の尾を愛するが如し。貪愛を以て自ら蔽《おお》い、盲冥《もうみょう》にして見る所無し」（同前、九中二五〜二九）を参照。

105 「すべての衆生はみな私の子供である」とある**【一切衆生皆是吾子】**『法華経』譬喩品、「一切衆生は、皆な是れ吾が子なり。深く世楽に著して、慧心有ること無し」（同前、一四下二〇〜二一）を参照。

106 「その父がライオン（百獣の王にたとえられる立派な人物）の立派な腰掛けに座るのが遠くから見えた」とある**【遙見其父踞師子床】**『法華経』信解品、「門の側に住立して、遙《はる》かに其の父を見れば、師子の床に踞《こ》して、宝机《ほうき》は足を承《う》け、諸もろの婆羅門・刹利《せつり》・居士《こじ》は、皆な恭敬《くぎょう》し囲遶《いにょう》せり。真珠・瓔珞の価直《けじき》千万なるを以て、其の身を荘厳し、吏・民・僮僕《どうぼく》は、手に白払《びゃくほつ》を執《と》って、左右に侍立《じりゅう》せり」（同前、一六下一一〜一五）を参照。

「今、仏・世尊は三昧《さんまい》に入る。思議することができないことであり、稀有の事柄を示す」とある。[107] 神通妙である。「如来はさまざまに弁別し、巧みに諸法を説くことができる。言葉はものやわらかで、人々の心を喜ばせる」とある。[108] 身子（舎利弗）は、「仏のものやわらかな声を聞くと、深遠でとても奥深く知りがたい」という。[109] また、「その説く法は、みな一切智地《いっさいちじ》に到達する」とある。[110] また、「ただ最高の覚りを説くだけである」とある。[111] また、「過去、現在、未来［に説かれる教え］のなかで、最も信じ難く理解するのが難しい」とある。[112] 説法妙のことである。

「ただ菩薩を教化するだけで、声聞の弟子はいない」とある。[113] 眷属妙のことである。

「現在、未来に、もし一句・一偈《いちげ》を聞くならば、みな三菩提の記別《きべつ》を与える」とある。[114] さらにまた、「一瞬も聞くならば、すぐに三菩提を完成することができる」とある。[115] また、「もし小乗によって教化するならば、私

107 「今、仏・世尊は三昧に入る。思議することができないことであり、稀有の事柄を示す」とある【今仏世尊入于三昧是不可思議現希有事】『法華経』序品、「今、仏・世尊は三昧に入る。是れ不可思議にして、希有《けう》の事を現ず」（同前、二中二六～二七）を参照。

108 「如来はさまざまに弁別し、巧みに諸法を説くことができる。言葉はものやわらかで、人々の心を喜ばせる」とある【如来能種種分別巧説諸法言辞柔軟悦可衆心】『法華経』方便品、「如来は能く種種に分別し、巧みに諸法を説く。言辞柔軟《ごんじにゅうなん》にして、衆の心を悦可《えっか》す」（同前、五下七～八）を参照。

109 身子（舎利弗）は、「仏のものやわらかな声を聞くと、深遠でとても奥深く知りがたい」という【身子云聞仏柔軟音深遠甚微妙】『法華経』譬喩品、「我れは疑網に堕するが故に、是れ魔の所為と謂《おも》えり。仏の柔軟の音は、深遠に甚だ微妙にして、清

浄の法を演暢《えんちょう》するを聞いて、我が心は大いに歓喜し、疑悔《ぎけ》は永く已に尽き、実智の中に安住す」（同前、一一中三～六）を参照。

110 「その説く法は、みな一切智地に到達する」とある【其所説法皆悉到於一切智地】『法華経』薬草喩品、「一切法に於いて、智の方便を以て、之れを演説す。其の説く所の法は、皆悉《み》な一切智地に到る」（同前、一九上二三～二五）を参照。

111 「ただ最高の覚りを説くだけである」とある【但説無上道】『法華玄義』巻第一上の前注5を参照。

112 「過去、現在、未来［に説かれる教え］のなかで、最も信じ難く理解するのが難しい」とある【已今当説最為難信難解】『法華経』法師品、「我が説く所の経典は無量千万億にして、已に説き、今説き、当に説くべし。而も其の中に於いて、此の法華経は最も為《こ》れ難信難解なり」（同前、三一中一六～一八）を参照。

113 「ただ菩薩を教化するだけで、声聞の弟子はいない」とある【但教化菩薩無声聞弟子】『法華経』方便品、「若し我が弟子は、自ら阿羅漢、辟支仏なりと謂わば、諸仏如来は但だ菩薩のみを教化する事を聞かず知らず。此れは仏弟子に非ず、阿羅漢に非ず、辟支仏に非ず」（同前、七中二七～二九）を参照。

114 「現在、未来に、もし一句・一偈を聞くならば、みな三菩提の記別を与える」とある【現在未来若聞一句一偈皆与三菩提記】『法華経』法師品、「是の如き等類は、咸《ことごと》く仏の前に於いて、妙法華経の一偈一句を聞いて、乃至一念も随喜せば、我れは皆な与《た》めに当に阿耨多羅三藐三菩提を得べしと授記す。仏は薬王に告げたまわく、『又た、如来の滅度の後に、若し人有って妙法華経の乃至一偈一句を聞いて、一念も随喜せば、我れは亦た与めに阿耨多羅三藐三菩提の記を授く』と」（同前、三〇下四～九）を参照。

115 「一瞬も聞くならば、すぐに三菩提を完成することができる」とある【須臾聞者即得究竟三菩提】『法華玄義』巻第一上の前注79を参照。

は物惜しみ【慳貪《けんどん》】に堕落する。この事柄は許されない」とある。[116] また、「最終的に一人だけで滅度を得させず、みな如来の涅槃によって、涅槃させる」とある。[117] 利益妙のことである。

iii 生成の関係（順序）——五段の3

698b 第三に生成の関係【生起】（順序）とは、実相の境は、仏や神々の作るものではない。もともと存在していて、ただ今だけ存在するのではないのである。それ故、最初に位置する。道理【理】に迷うので惑を起こし、道理を理解するので智を生じる。智を行の本とする。智という目によって、行という足を起こす。目、足、境の三つの存在を乗り物とし、この乗り物に乗って、清涼な池に入り、さまざまな位に登る。位はどこに留まるのかといえば、三法（真性軌・資成軌・観照軌）の秘密の蔵の中に留まる。この法に留まってから、静寂でありながら常に照らす。十法界の機を照らして、機が来れば、きっと応じる。もし機に赴いてそれに応じれば、先に身《しん》輪《りん》[118]を用い、神通によって驚かす。神通を見てから、道を受けることができれば、口輪《くりん》によって伝え示し指導する。法の雨に潤うからには、教えを受け道を受けて、法の眷属となる。眷属は修行して、生死の本を抜き、仏知見を開き、大利益を得る。

　前の五は自［行］に焦点をあわせて因と果が備わり、後の五は［化］他に焦点をあわせて能《のう》（主体）と所《しょ》（対象）が備わる。法は無数であるけれども、十の意義は完全である。自行と化他の始めから終わりまでみな究極的である。

116　「もし小乗によって教化するならば、私は物惜しみ【慳貪】に堕落する。この事柄は許されない」とある【若以小乗化我即堕慳貪此事為不可】『法華経』方便品、「自ら無上道大乗平等の法を証して、若し小乗を以て、乃至一人をも化せば、我れは則ち慳貪に堕せん。此の事は不可と為す」（同前、八上二五～二七）を参照。

117　「最終的に一人だけで滅度を得させず、みな如来の涅槃によって、涅槃させる」とある【終不令一人独得滅度皆以如来滅度而滅度之】『法華経』譬喩品、「我れに無量無辺の智慧・力・無畏等の諸仏の法蔵有り。是の諸の衆生は、皆な是れ我が子なり。等しく大乗を与え、人をして独り滅度を得ること有らしめず、皆な如来の滅度を以て之れを滅度す」（同前、一三下五～八）を参照。

118　身輪　仏の身口意にわたるすぐれた教化を転輪聖王の輪宝にたとえて、身輪・口輪・意輪という。身輪は神通輪、神変輪ともいい、口輪は説法輪ともいい、意輪は他心輪、憶念輪、記心輪ともいう。

妙法蓮華経玄義　巻第二下

天台智者大師が説く

iv　詳しく解釈する――五段の4

(1)　境妙

第四に詳しく境《きょう》を解釈するのに、また二段とする。第一にさまざまな境を解釈し、第二にさまざまな境の相違点を論じる。

①　諸境を解釈する

境を解釈するのに、六段とする。第一に十如の境、第二に［十二］因縁の境、第三に四諦の境、第四に二諦の境、第五に三諦の境、第六に一諦の境である。

さて、多くの経が［衆生の機］縁に赴いて境を明らかにすることはとても多い。どうして詳しく載せることができようか。かいつまんで六種を取りあげる。

六種の順序とは、十如是は、この『［法華］経』の説くものなので、最初にある。次に、十二因縁は、三世に輪廻する場合、もともと備わっている。如来が世間に出現して、区別して巧みに示す場合、四諦の名が起こる。詳しいものから簡略なものに至るので、次に二諦を論じる。二諦の言葉はぼんやりとしていて、［二諦と］区別して中道をあらわそうとするので、次に三諦を明らかにする。三諦はまだ方便を帯びており、ただちに真実をあらわそうとするので、次に一諦を明らかにする。一諦はまだ名称と様相があるので、次に無諦を明らかにする。はじめの［十二因縁の］無明から、終わりの［無諦を意味する］実際《じっさい》[1]まで、［十如も加えて］かいつまんで六種を用いれば十分である。

1　十如是の境を明らかにする

第一に十如の境を明らかにすることは、前に説いた通りである……。

2　十二因縁の境を解釈する

第二に因縁の境を解釈する。また、四段とする。第一に正[698c]面から解釈し、第二に麁妙《そみょう》を判定し、第三に開麁《かいそ》顕妙《けんみょう》し、第四に心を観察する。

1　実際　bhūta-koṭi. 真実、究極の境界の意。真如、法性、空、実相などと同義で、現象世界の真実のあり方を意味する。

2・1　正面から十二因縁を解釈する

正面から解釈するのに、また四段とする。第一に思議生滅《しぎしょうめつ》の十二因縁[2]を明らかにし、第二に思議不生不滅《ふしょうふめつ》の十二因縁を明らかにし、第三に不思議《ふしぎ》生滅の十二因縁を明らかにし、第四に不思議不生不滅の十二因縁を明らかにする。思議の二種の因縁は、利根《りこん》と鈍根《どんこん》の二つの［衆生の機］縁のために、三界《さんがい》内部[3]の法を弁別《べんべつ》して論じるのである。

2・1・1　思議生滅の十二因縁

『中論』には、「鈍根の弟子のために、十二因縁の生滅の様相を説く」とある。[4]これは外道と区別する。外道は邪《よこし》まに諸法は自在天《じざいてん》[5]から生じると思い込む。あるいは世性《せしょう》[6]［から生じる］といい、あるいは微塵《みじん》［から生じる］といい、あるいは父母［から生じる］といい、あるいは原因がない［のに生じる］という。さまざまに邪推するけれども、道理に合わない。この正しい因縁は、邪まな考えと同じではない。ただ過去の無明は倒錯《とうさく》した心のなかでさまざまな行為をなし、今世の六道の苦しみの結果を出すことができるが、［その結果は］喜ぶべきもの、憎むべきもののさまざまである。『正法念《しょうぼうねん》［処経《じょきょう》］』には、「画家は、［青・黄・赤・白・黒の］五色を配置して、すべての形を描くが、端正なもの、醜悪なものがあり、数えることができない。その根本を探求すると、画家の手から出たものである」とある。[7]六道の区別は、自在［天］等がなしたものではなく、すべて一瞬の無明《むみょう》の心から出たものである。無明が上級の悪の行為と結びつけば、黒色を描き出すように、地獄の因縁を起こす。無明が中級の悪の行為と結びつけば、赤色を描き出すように、畜生道の因縁を起こす。無明が下級の悪行と結びつけば、青色を描くように、［餓《が》］鬼道《きどう》の因縁を起こす。無明が下級の善行と結びつけば、黄色を描くように、修羅《しゅら》の因縁を起こす。無明が中級の善行と結びつけば、白色を描くように、人《にん》の因縁を起こ

2　思議生滅の十二因縁【思議生滅十二因縁】　十二因縁を思議生滅・思議不生不滅・不思議生滅・不思議不生不滅の四種のあり方に分類し、順に、蔵教・通教・別教・円教の所説と位置づけている。思議・不思議と、生滅・不生不滅との二種の視点を組み合わせて、四種に分類していることがわかる。

3　三界内部【界内】　小乗仏教では、輪廻する世界は三界（欲界・色界・無色界）に限られていたが、大乗仏教では、輪廻する世界を三界の内部とそれを超えた世界とに二分した。前者を界内といい、後者を界外《かいげ》という。界内の輪廻を分段《ぶんだん》の生死といい、界外の輪廻を不思議変易《へんにゃく》の生死という。

4　『中論』には、「鈍根の弟子のために、十二因縁の生滅の様相を説く」とある【中論云為鈍根弟子説十二因縁生滅相】『法華玄義』巻第二上の前注79を参照。

5　自在天　Īśvara. バラモン教の世界創造神を指す。

6　世性　prakṛti. サーンキヤ学派において、世界を展開する根本原質をいう。自性とも訳す。

7　『正法念［処経］』には、「画家は、［青・黄・赤・白・黒の］五色を配置して……画家の手から出たものである」とある【正法念云画人分布五彩図一切形端正醜陋不可称計原其根本従画手出】『正法念処経』巻第二十三、観天品、「譬えば一《ひと》りの画師の、衆《もろもろ》の文飾を造作《ぞうさ》するが如く、一心も亦た是の如く、種種の業を造作し、五彩の光色現じ、之れを見て愛楽《あいぎょう》を生ず。五根の画も亦た爾り。業に生死有るが如し。世の巧みなる画師の如く、現前すれば則ち見る可し。心の画師は微細にして、一切は見ること能わず。好醜の形を図画して、壁に衆の像をして現ぜしむ。心の業も亦た是の如く、能く善悪の報を作る」（大正一七、一三五上二三～中一）を参照。

す。無明が上級の善行と結びつけば、最高【上上】の白色を描くように、天の因縁を起こす。わかるはずである。無明はさまざまな行為と結びつくので、六道の名色《みょうしき》・六入《ろくにゅう》・触《そく》・受《じゅ》・愛《あい》・取《しゅ》・有《う》・生《しょう》・老病死《ろうびょうし》等がある。［行為の］上・中・下にしたがって、区別はさまざまである。人・天の領域【趣】の苦楽は千差万別である。生から死に帰着し、死んでから再び生まれる。三世をぐるぐる回るありさまは、車輪や回転する火の輪のようである。それ故、『経』には、「有の河が回転して流れて衆生を水没させる。無明によって盲目とされ、脱出することができない」とある。[8]『経』にはまた十二牽連《けんれん》と呼ぶ。[9]たがいにとらわれまつわれば、十二重城《じゅうじょう》[10]とも名づけ、十二棘園《きょくおん》[11]とも名づける。この十二因縁は、一瞬一瞬生滅し、一瞬一瞬とどまらないので、生滅の十二因縁と名づけるのである。

　問答によって考察する【料簡】とは、『瓔珞《ようらく》［経《きょう》］』（『菩薩瓔珞経』）の巻第四に、「無明は行の縁となって十二［因縁］を生じ、ひいては生は老死の縁となって、[699a] また十二［因縁］を生じる」とある。[12]そうであれば、百二十の因縁がある。最初は癡《ち》（無明）であり、老死までずっとまた癡である。覚知しないので癡である。最初も覚知しないので、老死までまた覚知しない。癡であるので生まれ、癡であるので死ぬ。もし因縁を覚知することができれば、因縁は働かない。癡は働かないので、将来の生死［輪廻］が尽きるのを、賢い【黠】と名づける。賢いことは、とりもなおさず道にしたがうことである。

　また、十二縁起と十二縁生《えんしょう》とは同一であるか、相違するか。これらはいずれも原因によって作られたすべてのもの【一切有為法】［の範疇に収まるもの］であるので、相違はない。［しかし、］区別もある。原因は縁起、結果は縁生であるので、［過去世の原因となるから無明・行の］二つは縁起、［現在世の結果となるから識・名

8　『経』には、「有の河が回転して流れて衆生を水没させる。無明によって盲目とされ、脱出することができない」とある【経言有河洄澓没衆生無明所盲不能出】『南本涅槃経』巻第三十、師子吼菩薩品、「河有りて洄澓し衆生を没す。無明に盲《めし》いられ出ずることを知らず」（大正一二、八〇六中五）を参照。

9　『経』にはまた十二牽連と呼ぶ【経又称為十二牽連】「十二牽連」は、十二因縁の別名として、多くの経典に出る。「牽連」は、連なるの意の類義字を重ねた熟語で、十二因縁が次々と連続しているさまを表現したもの。『諸仏要集経』巻上、「彼れ若し諦《あき》らかに十二因縁を観ぜずして此の難を致せば、当に云何んが観ずべき。阿難よ、当に知るべし、十二牽連は悉ごとく生ずる所無し。生ずる所無しとは、法忍を起こさず。若し念を起こさずば、是れ審諦《つまび》らかに十二因縁を観ずと為す」（大正一七、七五七上二七～二九）を参照。

10　十二重城　十二因縁の別名。『五苦章句経』、「一切衆生は、常に長獄に在り、十二重の城有りて之れを囲み、三重の棘《いばら》の籬《まがき》を以て之れを籬《さかい》し、常に六抜の刀賊有りて之れを伺い、能く其の中に於いて脱出することを得るは、甚だ難く甚だ難し」（同前、五四四中一九～二一）に基づく。十二因縁は、十二重の城のように衆生を囲んで束縛することをたとえたもの。

11　十二棘園　十二因縁の別名。『五苦章句経』（前注10を参照）の「棘籬」に基づいて作られた表現。「棘園」は、茨《いばら》の園の意。

12　『瓔珞［経］』（『菩薩瓔珞経』）の巻第四に、「無明は行の縁となって十二［因縁］を生じ、ひいては生は老死の縁となって、また十二［因縁］を生じる」とある【瓔珞第四云無明縁行生十二乃至生縁老死亦生十二】『菩薩瓔珞経』巻第四、因縁品、「我れは今当《まさ》に説くべし。無明は行に縁たりて、便《すなわ》ち十二を生ず。行は識に縁たりて、便ち十二を生ず。識は名色に縁たりて、便ち十二を生ず。名色は更楽《きょうらく》に縁たりて、便ち十二を生ず。更楽は六入に縁たりて、便ち十二を生ず。六入は愛に縁たりて、便ち十二を生ず。愛は受に縁たりて、便ち十二を生ず。受は有に縁たりて、便ち十二を生ず。有は生老病死憂悲《うひ》苦悩に縁たりて、復た十二を生ず」（大正一六、三七下四～九）を参照。

色・六入・触・受の］五つは縁生、［現在世の原因となるから愛・取・有の］三つは縁起、［未来世の結果となるから生・老死の］二つは縁生である。また、無明は［行の原因となるから］縁起、行は［無明の結果となるから］縁生、ないし、生は［老死の因となるから］縁起、老死は［生の果となるから］縁生である。

また、四句がある。縁起であって縁生でないものは、［生・老死の］未来の二項の法のことである。縁生であって縁起でないものは、［無明・行の］過去の二項と、現在の阿羅漢の最後の死陰《しおん》のことである。縁起でもあり縁生でもあるものは、過去・現在の阿羅漢の死の五陰を除けば、その他の［生・老死と無明・行との中間の八項の］過去・現在の法のことである。縁起でもなく縁生でもないものは、原因によって作られたものでないもの【無為法】のことである。『法身経《ほっしんきょう》』には、「さまざまな無明は確定的に行を生じて、［行と］離れず、常に［行に］追随していく。縁起であって縁生ではないものと名づける。もし無明が確定的に行を生じるということがなく、あるときは［行と］離れて、［行に］したがわなければ、縁生であって縁起でないものと名づける。ひいては、老死も同様である」と説かれる。[13]尊者《そんじゃ》和《わ》須蜜《しゅみつ》[14]は、「原因は縁起であり、原因から生じる法は縁生である。和合は縁起であり、和合から生じるものは縁生である」と説く。[15]十二因縁の項目は、［無明・行の］二つは過去であるので、［無明・行を生じるものがなく、もともとあるので］ただ常《じょう》であるだけであり、［生・老死の］二つは未来であるので、［生・老死から生じるものがないので］ただ断《だん》であるだけである。現在［の八項］は中道をあらわす。［愛・取・有の］現在の三つの原因について推しはかれば、［生・老死の］未来の二つの結果を説く。［識・名色・六入・触・受の］現在の五つの結果を推しはかれば、［無明・行の］過去の二つの原因を説く。三世にみな十二項がある。原因と結果を推しはかろうとするために、このように説く。

十二時とは、無明は過去のさまざまな煩悩の時である。行は過去のさまざまな行の時である。識とは、継続する心や［心の］眷属《けんぞく》［である受・想・行］の時である。名色とは、生まれて継続するけれども、まだ［眼《げん》・耳《に》・鼻《び》・舌《ぜつ》の］四種の色根《しきこん》を生ぜず、六入（六根）がまだ備わらない［時である］。第一に歌邏羅《からら》[16]、第二に阿《あ》

13　『法身経』には……ひいては、老死も同様である」と説かれる【法身経説諸無明決定生行不相離常相随逐是名縁起非縁生若無明不決定生行或時相離不相随是名縁生非縁起乃至老死亦如是】『阿毘曇毘婆沙論』巻第十三、人品、「法身経に説く所の如し。諸もろの無明は決定して行を生じ、相い離れず常に相い随わば、是れ縁起にして縁生に非ずと名づく。若し無明は決定して行を生ぜず、或る時には相い離れ、相い随わずば、是れ縁生にして縁起に非ずと名づく。乃至、生老死も亦た応に是の如く説くべし」（大正二八、九三中二四～二八）を参照。

14　和須蜜　Vasumitra の音写語。世友《しよう》と訳す。一世紀末～二世紀。ガンダーラの人。カニシカ王が仏典の第四回結集を行なわせたとき、五百人の賢聖の指導者として、『阿毘達磨大毘婆沙論』（『阿毘曇毘婆沙論』）を編集した。婆沙四大論師の一人。

15　尊者和須蜜は……和合から生じるものは縁生である」と説く【尊者和須蜜説因是縁起従因生法是縁生和合是縁起従和合生是縁生】『阿毘曇毘婆沙論』巻第十三、人品、「尊者和須蜜は説いて曰わく、因は是れ縁起にして、因従り生ずる法は是れ縁生なり。復た次に、和合は是れ縁起にして、和合従り生ずるは是れ縁生なり」（同前、九三中二八～二九）を参照。

16　歌邏羅　kalala の音写語。凝滑《ぎょうかつ》、雑穢《ぞうえ》と訳す。胎内の五位（胎児の二百六十六日間の成長段階を五段階に分類したもの）の一つで、受胎直後の七日間の胎児をいう。

浮陀《ぶだ》[17]、第三に卑尸《ひし》[18]、第四に伽那《かな》[19]、第五に波羅奢訶《はらしゃか》[20]であり、このようなものの段階の時を、名色と名づける。六入は、四種の色根を生じて、六入を備える。これらの根はまだ触の拠り所となることができない。この時を六入と名づける。これらの根は触の拠り所となることができるけれども、まだ苦楽を識別せず、危害を避けることができないで、火を捉え毒に触れ、699b 刃・不浄を捉える。この時を触と名づける。苦楽を識別し、危害等を避けることができ、貪愛《とんあい》を生じても、婬欲《いんよく》を起こさず、すべての物について、愛着を生じないことができる。この時を受と名づける。上の［苦受《くじゅ》・楽受《らくじゅ》・不苦不楽受の］三つの感受を備える。この時を愛と名づける。境を貪るので、四方に追求する。この時を取と名づける。追求する時、身口意［の行為］を起こす。この時を有と名づける。現在の識は未来にあるようなものである。この時を生と名づける。現在の名色・六入・触・受が未来にあるようなものである。この時を老死と名づける。

一刹那《せつな》の十二縁とは、もし貪欲《とんよく》の心によって生物を殺す場合、その対応する愚かさは無明であり、対応する思惟は行であり、対応する心は識である。意識的な行為を起こすならば、きっと名色がある。意識的な行為を起こすならば、きっと六入がある。その対応する触は触であり、その対応する受は受である。貪欲は愛にほかならない。その対応する纏《てん》（まとわりつく煩悩）は取である。その身口の行為は有である。このようにさまざまな事象が生じるのは生であり、これらの事象が変化するのは老であり、これらの事象が破壊されるのは死である。

質問する。どうして病を［十二因縁の］項目と説かないのか。

答える。すべての時、すべての場所に例外なくあるならば、［十二因縁の］項目として立てる。人が生まれてからずっと病のないことがある。薄拘羅《はくら》[21]が生まれつき頭痛を知らないようなものである。ましてその他の病についてはなおさらである。このために［病を］立てない。

質問する。憂い・悲しみは項目であるか。

答える。そうではない。終わりによって、始めをあらわすだけである。老い死ねば、きっと憂い悲しむようなものである。

質問する。無明に因があるか。老死に果があるか。もしあるならば、当然［十二因縁の］項目であるべきである。もし無ければ、無因無果《むいんむか》の法に堕落する。

答える。［無明に因が］あるけれども、［その因は］項目ではない。無明に因がある。正しくない思惟のことである。老死に果がある。憂い・悲しみのことである。また、無明に因がある。老死のことである。老死に果がある。無明のことである。現在の愛・取は、過去の無明である。現在の名色・六入・触・受のこれら四つは、もし未来にあるならば、老死と名づける。受は愛に対して縁となることを説く通りである。わかるはずである。老死は無明に対して縁となると説くことを。あたかも車輪のように、たがいに依存するのである。

17　阿浮陀　arbuda の音写語。皰《ほう》、皰結《ほうけつ》と訳す。胎内の五位の一つで、第二週の胎児をいう。

18　卑尸　pesī の音写語。凝結、肉段と訳す。胎内の五位の一つで、第三週の胎児をいう。

19　伽那　ghana の音写語。凝厚、硬肉と訳す。胎内の五位の一つで、第四週の胎児をいう。

20　波羅奢訶　praśākhā の音写語。支節、枝枝と訳す。胎内の五位の一つで、手足が形成されるまでの二百三十八日間の胎児をいう。

21　薄拘羅　Vakkula の音写語。善容、偉形《いぎょう》と訳す。阿羅漢の名で、病気や頭痛がなかったことで有名。

欲界《よっかい》の母胎から生まれるもの【胎生】は、十二項目を備える。色界は十一［項目］があって、名色がないのである。無色界には十［項目］がある。名色・六入を除く。また、「すべて備わっている」とある。色界に最初にさまざまな感覚器官【根】を生じて、まだ強く鋭くないときは、名色と名づける。無色界には色形あるもの【色】はないけれども、名がある。わかるはずである。すべて十二項目を備えることを。

質問する。無明・行は、取・有と何が相違するのか。

答える。［無明・行は］過去で、［取・有は］現在であり、［無明・行は］新しく、［取・有は］古く、［無明・行は］果を与えたもので、［取・有は］まだ果を与えない等の相違がある。

2・1・2　思議不生不滅の十二因縁

第二に思議不生不滅《しぎふしょうふめつ》の十二［因縁］とは、これは［通教の］巧みさによって［蔵教の］拙さを破る。『中論』には、「利根[699c]（すぐれた能力）の弟子のために十二［因縁］の不生不滅を説く」とある。[22] 癡（無明）は虚空のようで、ないし、老死は虚空のようである。無明は幻術師によって作り出されたもののように［実体として］捉えることができないからである。ないし、老死は幻術師によって作り出されたもののように［実体として］捉えることができないのである。『金光明［経］』には、「無明の本質と様相【体相】は、もともとあるものではない。妄想という原因と条件が調和合体してある。悪の思惟や心の働きによって作られるものである」とある。[23] 幻術師が四つ辻でさまざまな象、馬、首飾り、人物等を幻のように作り出すようなものである。癡は真実と思い込み、智は真実でないと知る。無明は六道の依報《えほう》・正報《しょうほう》を幻のように作り出す。わかるはずである。もともとあるものではなく、無明によってなされたものであることを。藤《ふじ》はもともと蛇でないことを知れば、恐怖心は生じない。［恐怖心が］生じないので、滅しないようなものである。以上が思議不生不滅の十二因縁の様相と名づけるのである。

2・1・3　不思議生滅の十二因縁

第三に不思議生滅の因縁とは、小［乗］を破り大［乗］を明らかにする。利根と鈍根の二つの［機］縁のために、三界外部【界外】の法を説くのである。『華厳［経］』には、「心は巧みな画家【画師】のように、さま

22 『中論』には、「利根（すぐれた能力）の弟子のために十二［因縁］の不生不滅を説く」とある【中論云為利根弟子説十二不生不滅】『法華玄義』巻第二上の前注79を参照。

23 『金光明［経］』には……悪の思惟や心の働きによって作られるものである」とある【金光明云無明体相本自不有妄想因縁和合而有不善思惟心行所造】『金光明経』巻第一、空品、「無明の体相は、本《も》自と有らず。妄想の因縁、和合して有り。無所有なるが故に、仮名の無明あり。是の故に我れ説く。名づけて無明・行・識・名色・六入・触・受・愛・取・有・生・老死愁悩と曰う。衆苦の行業（底本の「衆」をCBETA（中華電子佛典協會）によって改める。『合部金光明経』［大正一六、三七九下一九］は「業」に作る）は、不可思議にして、生死は無際にして、輪転して息《や》まず。本と生有ること無く、亦た和合無し。不善の思惟、心行の造る所なり」（同前、三四〇中一五～二二）を参照。

ざまな五陰を作る。すべての世間のなかで、心から作らないものはない」とある。[24]「画家【画師】」は、無明の心のことである。「すべての世間」は、十法界《じっぽうかい》の仮法《けほう》（衆生）・実法《じっぽう》（五陰）・国土等のことである。さまざまな論書に、心がすべての法を出すと明らかにすることとは同じでない。あるいは、「阿黎耶《ありや》[25]は真識《しんしき》[26]であり、すべての法を出す」という。あるいは、「阿黎耶は無没識《むもつしき》[27]である。〔善でもない悪でもない〕無記《むき》の無明から、すべての法を出す[28]」という。もし確定的に自性の実体性に執著するならば、[29]冥初《みょうしょ》[30]は覚《かく》[31]を生じ、覚から我心《がしん》[32]を生じるという誤りに堕落する。三界内部の思議の因縁でさえ成立させない。どうして三界外部の不思議の因縁を成立させることができようか。惑は不思議の境でないからには、惑をくつがえす理解が、どうして不思議の智を成立させることができようか。これを破ることについては、『〔摩訶〕止観』のなかに説く通りである。

今、明らかにする。無明の心は、自ら生じたものでもなく、他から生じたものでもなく、〔自と他を〕合わせたものから生じたものでもなく、原因なく生じたものでもない。〔このような〕四句はみな不可思議である。もし四悉檀《ししつだん》という理由があるならば、説くこともできよう。四句によって夢を追求すると、〔実体として〕捉えることはできないけれども、夢のなかですべての事象を見ると説く通りである。四句によって無明を追求すると、〔実体として〕捉えることはできないけれども、無明から三界内部・三界外部のすべての法を出す。三界内部の十二因縁を提示することについては、前に説いた通りである。三界外部の十二因縁を提示することについては、『宝性論《ほうしょうろん》』に、「阿羅漢・辟支仏の空智は、如来の身について、もともと見ないものである。二乗には無常〔・苦・無我・不浄〕等の四つの対治があるけれども、如来の法身を拠り所とすると、また倒錯である。倒錯であるので、とりもなおさず無明である。無漏界《むろかい》のなかに留まると、四種の障《さわ》りがある。縁《えん》・相《そう》・生《しょう》・壊《え》を意味する。縁とは、無明住地が行に対して条件となることを意味するのである。700a 相とは、無明は行とともに因となるのである。生とは、無明住地は無漏業《むろごう》の因とともに、［阿羅漢・辟支仏・大力菩薩の］三種の意生身《いしょうしん》を生ずることを意味する。壊とは、三種の意生身は、不可思議の変易の死に対して条件となるのである。

24　『華厳［経］』には、「心は巧みな画家【画師】のように、さまざまな五陰を作る。すべての世間のなかで、心から作らないものはない」とある【華厳云心如工画師作種種五陰一切世間中莫不従心造】『六十巻華厳経』巻第十、夜摩天宮菩薩説偈品、「心は工《たく》みなる画師の如く、種種の五陰を画く。一切世間の中に、法として造らざるもの無し」（大正九、四六五下二六〜二七）を参照。

25　阿黎耶　ālaya の音写語。新訳では阿頼耶と音写する。蔵識、無没識と訳す。第八識のアーラヤ識のこと。

26　真識　清浄な識のこと。阿黎耶識を真識とする立場は、地論宗南道派のものである。南道派は八識説を立てる。

27　無没識　阿黎耶識は、無始より断絶しないので、無没識ともいわれる。

28　無記の無明から、すべての法を出す【無記無明出一切法】この立場は、摂論学派のものである。

29　自性の実体性に執著するならば【執性実】サーンキヤ学派において世界を作る根本原質である自性（prakṛti）が実体的なものであると執著すること。

30　冥初　prakṛti. サーンキヤ学派において、個人存在の開展の過程を説明するために想定された二十五諦の一つ。冥初は冥性、冥諦ともいい、また世性、自性ともいう。世界を作る根本原質のこと。

31　覚　buddhi. 冥初から展開する根源的な思惟機能をいう。

32　我心　ahaṃkāra. 覚から展開する自我意識。

る」という通りである。[33]

また、三界内部の十二因縁が無明から老死に至るようなものである。「縁」とは無明の項であり、「相」とは行の項であり、「生」とは、［識・］名色［・六入・触・受］等の五項である。愛・取・有の三項は、前にならって理解できるであろう。「壊」は、生死の項である。この十二項は、数は三界内部と同じく、その趣旨は大いに相違する。その『［宝性］論』には、「三種の意生身は、まだ無明の垢《あか》を離れることができないので、まだ無為《むい》の浄を究極的なものにすることができない。無明の細かな戯れの議論は、まだ永久に消滅しないので、まだ無為の我を究極的なものにすることができない。無明の細かな戯れの議論の集がある。無漏業によって意陰（意生身）を生じ、まだ永久に消滅しないので、まだ無為の楽を［究極的なものにすることが］できない。煩悩染《ぼんのうぜん》・業染《ごうぜん》・生染《しょうぜん》は、まだ究極的に消滅しないので、まだ甘露《かんろ》の究極的な常を証得しない」とある。[34] 縁は煩

33　『宝性論』に……不可思議の変易の死に対して条件となるものである」という通りである【如宝性論云羅漢支仏空智於如来身本所不見二乗雖有無常等四対治依如来法身復是顛倒顛倒故即是無明住無漏界中有四種障謂縁相生壊縁者謂無明住地与行作縁也相者無明共行為因也生者謂無明住地共無漏業因生三種意生身也壊者三種意生身縁不可思議変易死也】『究竟一乗宝性論』巻第三、一切衆生有如来蔵品、「又た、此の四種波羅蜜等は、無漏界中に住する声聞・辟支仏・大力自在を得たる菩薩も、如来の功徳法身の第一の彼岸を証せんが為めには、四種の障有り。何等をか四と為す。一には縁相、二には因相、三には生相、四には壊相なり。縁相とは、無明住地を謂う。即ち此の無明住地は、行の与《た》めに縁と作ること、無明は行に縁たるが如し。無明住地の縁たるも亦た是の如きが故なり。因相とは、無明住地は行に縁たるを謂う。即ち此の無明住地の行に縁たるを因と為す。行は識に縁たるが如し。無漏業の縁も亦た是の如きが故なり。生相とは、無明住地は縁たりて、

無漏業の因に依りて、三種の意生身を生ずるを謂う。四種の取は縁たりて、有漏業の因に依りて、三界を生ずるを謂う。三種の意生身の生も亦た是の如きが故なり。壊相とは、三種の意生身は、不可思議変易の死に縁たり。生の縁に依るが故に、老死有るが如し。三種の意生身は、不可思議変易の死に縁たるも亦た是の如きが故なり」（大正三一、八三〇上二八～中一二）を参照。「意生身」は、manomaya-ātmabhāva, -kāya, -skandha などの訳。意成身とも訳す。意より成る身、意のままに生まれる身、意によって生じた身などと種々に解釈される。三界外部の不思議変易の生死を受ける身のこと。『宝性論』によれば、三種とは、阿羅漢、辟支仏（独覚）、大力菩薩のことである。『勝鬘経』一乗章（大正一二、二二〇上を参照）も同様である。

34　その『［宝性］論』には……まだ甘露の究極的な常を証得しない」とある【彼論云三種意生身未得離無明垢未得究竟無為浄無明細戯論未永滅未得究竟無為我無明細戯論集因無漏業生意陰未永滅未得無為楽煩悩染業染生染未究竟滅未証甘露究竟常】『究竟一乗宝性論』巻第三、一切衆生有如来蔵品、「声聞・辟支仏・大力菩薩は、未だ無明住地の垢を遠離するを得ず。是の故に未だ無為の浄波羅蜜を究竟することを得ず。又た、即ち彼の無明住地の縁たるに依り、細相の戯論の習は未だ永滅することを得ざるを以て、是の故に未だ無為の我波羅蜜を究竟することを得ず。又た、即ち彼の無明住地に縁りて、細相の戯論の集有り。無漏業に因りて、意陰を生じ、未だ永滅することを得ず。是の故に未だ無為の楽波羅蜜を究竟することを得ず。諸の煩悩染・業染・生染は未だ永滅することを得ざるを以て、是の故に未だ究竟の甘露の如来の法身を証せず。未だ不可思議変易の生死を遠離せざるを以て、常に未だ究竟せず。是の故に未だ不変異の体を得ず。是の故に未だ無為の常波羅蜜を究竟することを得ず」（大正三一、八三〇中一三～二二）を参照。「意陰」は、manomaya-skandha. 意生身のこと。「煩悩染業染生染」は、煩悩・業・生（出生すること）の三種の雑染。雑染は有漏法の総称で、善・悪・無記の三種の性質を兼ねている。

悩道であるから、大浄を得ず、相は業道であるから、八自在我《はちじざいが》[35]を得ず、生は苦道であるから、大楽《だいらく》を得ず、壊《え》は老死であるから、不［思議］変易の常を得ないのは、不思議生滅の十二因縁によるからである。以上が三界外部の不思議生滅の十二因縁の様相である……。

2・1・4　不思議不生不滅の十二因縁

不思議不生不滅の十二因縁とは、利根の人のために、事象に即して道理をあらわすこと【即事顕理】である。『大［般涅槃］経』に、「十二因縁を、仏性と名づける」とある[36]のは、無明・愛・取は煩悩である以上、煩悩道は菩提にほかならない。菩提についてよく理解すれば、もはや煩悩はない。煩悩がない以上、とりもなおさず究極的に清浄であるのは、了因仏性である。行・有は業道であって、解脱にほかならない。解脱して自在であるのは、縁因仏性である。名色・老死は苦道である。苦は法身にほかならない。法身に苦もなく楽もないのは、大楽《だいらく》と名づける。不生不死《ふしょうふし》であって常《じょう》であるのは、正因仏性である。それ故、「無明と愛とこの二つの中間は、中道にほかならない」という[37]。無明は過去、愛は現在であり、極端であれ、中道であれ、すべて仏性でないことはない。いずれも常楽我浄である。無明は不生であり、また不滅である。以上を不思議不生不滅の十二因縁と名づけるのである。

2・2　十二因縁の麁妙を判定する

第二に麁妙を判定するとは、［十二］因縁の境は、麁妙に該当しない。これを取る深さについて、差異をもたらすだけである。無明から諸行、ないし老死を生じるようなものである。［無明・愛・取の］三から［行・

有の〕二を生じ、〔行・有の〕二から〔識・名色・六入・触・受・生・老死の〕七を生じ、〔識・名色・六入・触・受・生・老死の〕七から〔無明・愛・取の〕三を生じ、[700b]たがいに因縁となる。煩悩と業との因縁、業と苦との因縁は、無常で生滅する。『中論』には、これは鈍根を教える法であると判定している。[38]『涅槃〔経〕』に

35　八自在我　『南本涅槃経』巻第二十一、光明遍照高貴徳王菩薩品、「云何なるをか、名づけて大自在と為すや。八自在有れば、則ち名づけて我と為す。何等をか八と為す。一には能く一身を示して、以て多身と為す。……二には一塵の身を示して三千大千世界に満つ。……三には能く此の三千大千世界に満つるの身を以て、軽く挙がり空を飛びて、二十恒河沙等の諸仏世界を過ぐ。……四には自在なるを以ての故に、而も自在なるを得。……五には根自在なるが故なり。……六には自在なるを以ての故に、一切法を得。……七には自在なるを説くが故に、如来は一偈の義を演説す。……八には如来は一切諸処に遍満すること、猶お虚空の如し」（大正一二、七四六下一～七四七上三）を参照。

36　『大〔般涅槃〕経』に、「十二因縁を、仏性と名づける」とある【大経云十二因縁名為仏性】　『南本涅槃経』巻第二十五、師子吼菩薩品、「是れ十二因縁を観ずる智慧は、即ち是れ阿耨多羅三藐三菩提の種子なり。是の義を以ての故に、十二因縁を、名づけて仏性と為す」（同前、七六八中一〇～一二）を参照。

37　「無明と愛とこの二つの中間は、中道にほかならない」という【言無明与愛是二中間即是中道】　『南本涅槃経』巻第二十五、師子吼菩薩品、「生死の本際には、凡そ二種有り。一には無明、二には有愛なり。是の二つの中間には、則ち生老病死の苦有るは、是れ中道と名づく」（同前、七六八上一八～二〇）を参照。

38　『中論』には、これは鈍根を教える法であると判定している【中論判此教鈍根法】　『中論』巻第一、観因縁品、「仏滅度後、後の五百歳の像法の中、人根は転《うた》た鈍にして、深く諸法に著し、十二因縁・五陰・十二入・十八界等の決定相を求め、仏意を知らず、但だ文字に著するのみ」（大正三〇、一中二九～下三）を参照。

は、半字を真心を込めて［教える］という。[39] この『［法華］経』は、ただ虚妄を離れるのを、解脱と名づけるだけである。[40] それ故、この境は麁であることがわかる。

もし無明の本体と様相【体相】はもともとなく、妄想の因縁が和合してあるならば、境は幻のようである以上、智も捉えがたい。『［大品般若］経』には、「もし涅槃を超過する一法があるならば、私も［それが］幻のようであり、作り出されたもののようであると説く」とある。[41]『中論』には利根を教えると明かし、[42]『涅槃［経］』には長者が毘伽羅論《びがらろん》を教えるといい、[43]『大品［般若経］』には真実ありのままの巧みな救済と名づけ、[44] この『［法華］経』には小樹《しょうじゅ》と名づける。[45] この境は巧みである。

もし無明が縁であるならば、縁にしたがって相を生じ、相にしたがって生がある。生にしたがうので破壊される。［無明の］縁を消滅させるので清浄である。相を除くので我である。生をなくすのは楽である。破壊がないので常である。『中論』には、「因縁によって生じる法は、また仮名《けみょう》とも名づける」とある。[46]『大品［般若経］』には、十二［因］縁はただ菩薩だけの法であるという。[47]『涅槃［経］』には、無明を消滅させることに

39　『涅槃［経］』には、半字を真心を込めて［教える］という【涅槃称慇懃半字】『南本涅槃経』巻第五、四相品、「譬えば長者に唯だ一子有りて、心に常に憶念し憐愛して已むこと無きが如く、将《ひき》いて師の所に詣《いた》りて、受学せしめんと欲す。速かに成らざることを懼《おそ》れ、尋《つ》いで便ち将いて還り、愛念を以ての故に、昼夜慇懃《おんごん》に、其れに半字を教うれども、毘伽羅論《びがらろん》を教誨《きょうけ》せず」（大正一二、六三〇下二六～二九）を参照。また、後注43を参照。

40　この『［法華］経』は、ただ虚妄を離れるのを、解脱と名づけるだけである【此経但離虚妄名為解脱】『法華経』譬喩品、「但だ虚妄を離るるを、名づけて解脱と為すのみ」（大正九、一五中二一～二二）を参照。

41　『［大品般若］経』には……作り出されたもののようであると説く」とある【経言若有一法過於涅槃我亦説如幻如化】『大品般若経』巻第八、幻聴品、「若し当に法の涅槃に勝《すぐ》るる者有るべくば、我れは亦復た幻の如く夢の如しと説く」（大正八、二七六中七～八）を参照。

42　『中論』には利根を教えると明かし【中論明教利根】『法華玄義』巻第二上の前注79を参照。

43　『涅槃［経］』には長者が毘伽羅論を教えるといい【涅槃称長者教毘伽羅論】『南本涅槃経』巻第五、四相品、「我れは波斯匿王の為めに半字を教うるが故に、而も是の偈を説く。我れは今、諸の声聞弟子の為めに、毗伽羅論を説く」（大正一二、六三二中一五～一七）を参照。「毘伽羅論」は、vyākaraṇa の音写語、毘伽羅に論を付したもの。ヴェーダの六補助学の一つで、文法学をいう。

44　『大品［般若経］』には真実ありのままの巧みな救済と名づけ【大品名為如実巧度】『大品般若経』巻第一、序品、「悉ごとく衆生の心行の趣く所を知り、微妙の慧を以て之れを度脱す。意に罣閡《けいげ》無く、大忍成就するは、如実の巧度《ぎょうど》なり」（大正八、二一七上二三～二五）を参照。

45　この『［法華］経』には小樹と名づける【此経名小樹】『法華経』薬草喩品、「又た、諸の仏子は、心を仏道に専らにし、常に慈悲を行じ、自ら作仏するを知りて、決定して疑い無きを、是れ小樹と名づく」（大正九、二〇上二七～二九）を参照。『法華経』薬草喩品に出る三草二木を修行階位に配当して、大草を蔵教の菩薩、小樹を通教の菩薩、大樹を別教の菩薩に配当する。

46　『中論』には、「因縁によって生じる法は、仮名とも名づける」とある【中論云因縁生法亦名為仮名】『法華玄義』巻第一上の前注21を参照。

47　『大品［般若経］』には、十二［因］縁はただ菩薩だけの法であるという【大品称十二縁独菩薩法】『大品般若経』巻第二十、無尽品、「是の十二因縁は、是れ独《ひと》り菩薩のみの法にして、能く諸辺の顛倒を除く。道場に坐する時、応に是の如く観ずべく、当に一切種智を得べし」（大正八、三六四中二三～二五）を参照。

よって、［覚りが］盛んになることがあるという。[48] この『［法華］経』には、「大樹《だいじゅ》であって、増大成長することができる」とある。[49] 前に比較すると妙であり、後に比較すると麁である。

もし無明の三道はとりもなおさず三徳であるというならば、三徳を断ち切って、あらためて三徳を追求する必要はない。『中論』には、「因縁によって生じる法は、中道という意義とも名づける」とある。[50]『大品［般若経］』には、「十二因縁は、道場に座ることである」と説いている。[51]『涅槃［経］』には、「無明と愛と、この二つの中間は、とりもなおさず中道である」とある。[52] この『［法華］経』には、「仏種は縁より生起する。このために一乗を説く。最も真実の事柄とも名づける」とある。[53] どうして妙でないことがあろうか。前の三つは権であるので麁であり、後の一つは真実であるので妙である。

この麁妙［の判定］を、五味の教えに適用させれば、乳教は［別教・円教の］二種の因縁を備える。［別教の］一麁［円教の］一妙である。酪教は［蔵教の］一麁である。生蘇は［蔵教・通教・別教の］三麁［円教の］一妙である。熟蘇は［通教・別教の］二麁［円教の］一妙である。『法華［経］』はただ［円教の］一妙を説くだけである。以上が麁の因縁に相対して【待】、妙の因縁を明らかにすると名づけるのである。

2・3　開麁顕妙

第三に開麁顕妙とは、『［法華］経』には、「私の法はすばらしく【妙】、思惟することが難しい」とある通りである。[54] 前の三つ（思議生滅の十二因縁・思議不生滅の十二因縁・不思議生滅の十二因縁）はすべて仏法である。どうして不思議の妙に相違する思議の麁があるであろうか。文字を離れて解脱を説く意義はない。[55] ただ思議は不

48 『涅槃［経］』には、無明を消滅させることによって、［覚りが］盛んになることがあるという【涅槃称因滅無明則得熾燃】『南本涅槃経』巻第十九、光明遍照高貴徳王菩薩品、「無明を滅するに因《よ》れば、則ち阿耨多羅三藐三菩提の灯を熾然《しねん》することを得」（大正一二、七三二上二三～二四）を参照。

49 この『［法華］経』には、「大樹であって、増大成長することができる」とある【此経則是大樹而得増長】『法華経』薬草喩品、「復た禅に住して、神通力を得、諸法空を聞いて、心は大いに歓喜し、無数の光を放って、諸の衆生を度すること有るは、是れ大樹の而も増長することを得と名づく」（大正九、二〇中一五～一七）を参照。

50 『中論』には、「因縁によって生じる法は、中道という意義とも名づける」とある【中論云因縁所生法亦名中道義】『法華玄義』巻第一上の前注21を参照。

51 『大品［般若経］』には、「十二因縁は、道場に座ることである」と説いている【大品説十二因縁是為坐道場】前注47を参照。

52 『涅槃［経］』には、「無明と愛と、この二つの中間は、とりもなおさず中道である」とある【涅槃云無明与愛是二中間即是中道】前注37を参照。

53 この『［法華］経』には、「仏種は縁より生起する。このために一乗を説く。最も真実の事柄とも名づける」とある【此経仏種従縁起是故説一乗亦名最実事】『法華経』方便品、「諸仏両足尊は、法の常に無性なるを知る。仏種は縁従り起こる。是の故に一乗を説く」（同前、九中八～九）、薬草喩品、「今、汝等が為めに、最実事《さいじつじ》を説く」（同前、二〇中一二）を参照。

54 『［法華］経』には、「私の法はすばらしく【妙】、思惟することが難しい」とある通りである【如経我法妙難思】『法華玄義』巻第二上の前注85を参照。

55 文字を離れて、解脱を説く意義はない【無離文字説解脱義】『法華玄義』巻第一下の前注82を参照。

思議にほかならないと体得するだけである。たとえば、長者は、ほとぎや器、米や麺[56]を手にとって、窮子《ぐうじ》に与え、窮子の物とするようなものである。もし生まれつきの性質【天性】を確定するならば、窮子はもはや他のところから働きにやって来た人【客作】ではなく、［窮子に与えた］ほとぎや器は家に戻ることになる。どうして他者の物であろうか。如来は不思議について、方便によって麁を説いた。どうして妙と相違する麁を保持するであろうか。今、「声聞の法をきっぱりと定めて理解する【決了】と、諸経の王である」とある。[57]とりもなおさず二つ（思議生滅の十二因縁・思議不生滅の十二因縁）の因縁を開会《かいえ》して、[700c]妙を論じる。さらにまた、『大［般涅槃］経』には、「さまざまな声聞のために、慧眼《えげん》を開く」とあるのは、[58]昔の慧眼はただ空を見るだけで、不空を見ない。今、慧眼を開けば、すぐに不空を見る。不空は、仏性を見ることである。それ故、「慧眼によって見るので、明了ではない。仏は仏眼によって見るので、明了である」とある。[59]これは菩薩の慧眼を開いて【決】、第三の因縁（不思議生滅の十二因縁）を開会《かいえ》することである。とりもなおさず絶待によって妙を論じることである。

2・4　観心

第四に観心とは、一瞬【一念】の無明はとりもなおさず明であると観察する。『大［般涅槃］経』には、「無明の明とは、畢竟空《ひっきょうくう》にほかならない」とある。[60]空慧《くうえ》（空を観察する智慧）によって無明を照らすならば、無明はそのまま清浄である。たとえば、ある人が賊がいると認識すれば、賊は何もすることができないようなものである。無明に汚染されないからには、とりもなおさず煩悩道は清浄である。煩悩は清浄であるので、業はない。業がないので、縛《ばく》はない。縛がないので、自在な我《が》である。我が自在である以上、業に束縛されない。

だれがこの名色・触・受（感受）を受けるだろうか。受がなければ、苦はない。苦陰《くおん》がなければ、だれが移り滅するであろうか。とりもなおさず常《じょう》の徳である。一瞬の心は十二因縁を備える以上、この因縁を観察して、

56　ほとぎや器、米や麺【盆器米麺】『法華経』信解品、「咄、男子よ、汝は常に此にて作せ。復た余に去ること勿《なか》れ。当に汝の価を加うべし。諸有《あらゆ》る須うる所の瓫器《ぼんき》、米麪《まいめん》、鹽醋《えんそ》の属は、自ら疑難すること莫れ。亦た老弊の使人、須うること有らば、相い給わん。好く自ら意を安んぜよ」（大正九、一七上一九～二二）に基づく。

57　「声聞の法をきっぱりと定めて理解する【決了】と、諸経の王である」とある【決了声聞法是諸経之王】『法華玄義』巻第一下の前注115を参照。

58　『大［般涅槃］経』には、「さまざまな声聞のために、慧眼を開く」とある【大経云為諸声聞開発慧眼】『南本涅槃経』巻第四、四相品、「我れは今、此の闡揚《せんよう》分別に於いて、諸の声聞の為めに、慧眼を開発《かいほつ》す」（大正一二、六二七中一二～一三）を参照。

59　「慧眼によって見るので、明了ではない。仏は仏眼によって見るので、明了である」とある【云慧眼見故而不了了仏以仏眼見則了了】『南本涅槃経』巻第二十五、師子吼菩薩品、「十住菩薩は、何れの眼を以ての故に、仏性を見ると雖も、了了ならずや。諸仏世尊は、何れの眼を以ての故に、仏性を見て了了なることを得るや。善男子よ、慧眼もて見るが故に、明了なることを得ず。仏眼もて見るが故に、故《ことさら》に明了なることを得」（同前、七七二中一四～一七）を参照。

60　『大［般涅槃］経』には、「無明の明とは、畢竟空にほかならない」とある【大経云無明明者即畢竟空】『南本涅槃経』巻第十六、梵行品、「又復た、明とは、名づけて三明と為す。一に菩薩の明、二に諸仏の明、三に無明の明なり。菩薩の明とは、即ち是れ般若波羅蜜なり。諸仏の明とは、即ち是れ仏眼なり。無明の明とは、即ち畢竟空なり」（同前、七一一中七～九）を参照。

いつも常楽我浄の観察をするならば、その心は一瞬一瞬秘密の蔵のなかに留まる。いつもこの観察をすることを、聖なる母胎に宿ると名づける。観察の実践【観行】が純粋に成熟すれば、母胎の分斉《ぶんざい》が完成する。もし無明を破るならば、聖なる母胎を出ると名づける……。

3　四諦の境を明らかにする

第三に四諦の境を明らかにするのに、四段とする。第一に四諦を明らかにし、第二に麁妙を判定し、第三に開麁顕妙し、第四に観心である。

3・1　四諦を明らかにする

最初にまた二段がある。第一に他の解釈を提示し、第二に四番の四諦である。

3・1・1　他の解釈を示す

ある師が、「『勝鬘［経］』の無辺の聖諦《しょうたい》[61]は、二乗が不完全【有余】であるのに相対して、仏が究極的であることをあらわす。二乗は有作の四聖諦である」と解釈する。作とは、有量の四聖諦である。無作の四聖諦とは、無量の四聖諦である。作・無作は行についていい、量・無量は法についていう。二乗は諦を観察するのに、法を得ることが徹底せず、さらになすことがあるので、有作と名づける。法を得ることが徹底しなければ、限界がある。『［勝鬘］経』には、「他によって知る」という[62]。「知る」は、有作の行である。「他によって知る」とは、一切知《いっさいち》ではない。無量の法を知らないのである。それ故、有作、有量という。

無作、無量とは、仏の知は尽きることがなく、さらになすことがないので、無作と名づける。「自力によってすべてを知る」とある。[63]「知る」とは、無作の行である。「すべて」とは、無量の法である。このように解釈するならば、四つの名[64]を唱えるけれども、ただ二義を成立させるだけである。今用いるものではない。

61　『勝鬘［経］』の無辺の聖諦【勝鬘無辺聖諦】　『勝鬘経』法身章、「心に決定を得たる者は、此れは則ち二の聖諦を説くを信解す。是の如く知り難く解し難きは、二の聖諦の義を説くを謂う。何等をか二の聖諦の義を説くと為すや。作の聖諦義を説くと、無作の聖諦義を説くとを謂う。作の聖諦義を説くとは、是れ有量の四聖諦を説く。何を以ての故に。他に因りて能く一切の苦を知り、一切の集を断じ、一切の滅を証し、一切の道を修するには非ず。是の故に世尊よ、有為の生死と無為の生死と有り。涅槃も亦た是の如く、有余、及び無余あり。無作の聖諦の義を説くとは、無量の四聖諦の義を説く。何を以ての故に。能く自力を以て一切の受苦を知り、一切の受集を断じ、一切の受滅を証し、一切の受滅道を修す。是の如き八聖諦もて、如来は四聖諦を説く。是の如き四無作聖諦の義は、唯だ如来・応・等正覚のみ事究竟し、阿羅漢・辟支仏は事究竟するに非ず」（同前、二二一中二〇～下二）を参照。ここには、二種の四諦が説かれるだけである。すなわち、「作聖諦」＝「有量四聖諦」と「無作聖諦」＝「無量四聖諦」である。「無辺聖諦」は『勝鬘経』に出ない用語であり、『釈籤』には、「有る師」の使用した表現であることを指摘している。「無辺聖諦」の意味するものは、無量聖諦＝無作聖諦であろう。

62　『［勝鬘］経』には、「他によって知る」という【経言因他知】　前注61を参照。

63　「自力によってすべてを知る」とある【自力知一切】　前注61を参照。

64　四つの名【四名】　作・無作・量・無量をいう。

3・1・2　四種の四諦

四種の四諦とは、第一に生滅[65]、第二に無生滅、第三に無量、第四に無作［の四諦］である。その意義は、『涅槃［経］』の聖行品に出る[66]。[701a]偏《へん》・円《えん》・事《じ》・理《り》[67]に焦点をあわせて、四種の相違を分ける。

生滅というのは、真に迷うことが重いので、事柄にしたがって名づけられる。しかしながら、苦《く》・集《じゅう》は一法であって、因果を分けて二つの道を成立させる。道《どう》・滅《めつ》も同様である。『雑心《ぞうしん》［論《ろん》］』の偈《げ》には、「諸行の果性《かしょう》は苦諦と説き、因性《いんしょう》を集諦《じったい》と説き、すべての有漏の法が究極的に消滅することを滅諦と説き、すべての無漏の行を道諦と説く」とある[68]。『大［般涅槃］経』には、「［五］陰・［十二］入という重い荷物が差し迫り束縛することは苦諦であり、見煩悩《けんぼんのう》・愛煩悩が未来の結果を招き寄せることができることは集諦であり、戒・定・慧・無常・苦・空が苦の根本を除くことができることは道諦であり、二十五有《にじゅうごう》の子縛《しばく》・果縛《かばく》が断ち切られることは滅諦である」とある[69]。『遺教《ゆいきょう》［経《ぎょう》］』には、「集は本当に因であって、さらに別の因はない。苦を滅する道は、

65　生滅　四諦を生滅の四諦・無生滅の四諦・無量の四諦・無作の四諦の四種に分類し、それぞれ蔵教・通教・別教・円教の所説に対応させる。

66　『涅槃［経］』の聖行品に出る　【出涅槃聖行品】　天台宗の四種の四諦は『涅槃経』聖行品に出ると言われるが、経文にそのまま出ているわけではない。『釈籤』巻第五、「初めの文に『其義出涅槃聖行品』と云うは、第十一、第十二の経に広く聖諦を明かす。今多く彼れに依る。然るに聖行の中に四諦の義を明かすは、兼ねて大小を含む。若し生滅、及《およ》び無量を解せば、其の文は則ち顕わる。無生、無作の文は稍《や》や隠略《おんりゃく》なり。具《つぶ》さには『止観』第一の記の如し」（大正三三、八四九下

二七～八五〇上二）を参照。

67　偏・円・事・理　偏・円については、蔵教・通教・別教を偏とし、円教を円と規定する。事・理については、蔵教は界内の事、通教は界内の理、別教は界外の事、円教は界外の理をそれぞれ説くものと規定する。

68　『雑心［論］』の偈には……すべての無漏の行を道諦と説く」とある【雑心偈云諸行果性是説苦諦因性説集諦一切有漏法究竟滅説滅諦一切無漏行説道諦】『雑阿毘曇心論』巻第八、修多羅品、「性果の諸行の有漏は是れ苦と説くと謂うとは、一切有漏行に因、及び縛性《ばくしょう》有るが故に苦と説く。因性は則ち集と為すとは、此の有漏行は是れ因性なりとは集諦と説く。是の故に苦集は是れ一物なり。因果あるが故に、二諦を立つ。滅諦は衆苦尽くとは、一切有漏法は究竟して寂滅なり。是れ滅諦と説く。無漏諸行の若《ごと》きは、是れ説いて道諦と為す。此の二因は円かなるが故に、麁細次第して現ず。若し漏諸行は是れ説いて道諦と為さば、一切無漏行は道諦と説く。相違有るが故なり」（大正二八、九三六中二六～下五）を参照。

69　『大［般涅槃］経』には……子縛・果縛が断ち切られることは滅諦である」とある【大経云陰入重擔逼迫繫縛是苦諦見愛煩悩能招来果是集諦戒定慧無常苦空能除苦本是道諦二十五有子果縛断是滅諦】出典未詳。「重擔」は、重い荷物の意。擔は擔＝担に通じて用いられる。「見愛煩悩」は、見煩悩は見惑のことで、我見・邪見などの知的な煩悩。愛煩悩は修惑＝思惑のことで、貪欲・瞋恚などの情的な煩悩。「二十五有」は、衆生の輪廻する三界六道を二十五種に分類したもの。四洲（東弗婆提・南閻浮提・西瞿耶尼・北鬱単越）・四悪趣（地獄・餓鬼・畜生・阿修羅）・六欲天（四王天・忉利天・夜摩天・兜率天・化楽天・他化自在天）・色界の七天（初禅天・大梵天・二禅天・三禅天・四禅天・浄居天・無想天）・無色界の四天（空処天・識処天・無所有処天・非想非非想処天）のこと。「子果縛」は、子縛と果縛のこと。子縛は煩悩が我を束縛すること。果縛は煩悩の果報である生死の苦果が我を束縛すること。

とりもなおさず真の道である」とある。[70] これはみな生滅の四聖諦《ししょうたい》の様相を明らかにするものである。

順序【次第】とは、麁（粗いもの）から細《さい》（細やかなもの）に至る。苦の様相は麁であるので、先に説く。滅は真でないけれども、滅によって真と合致する。滅の様相は麁であるので、また先に説く。さらにまた、世間の苦の結果を取りあげて、世間の集を嫌わせ、滅は出世間の結果に合致することができ、人々に道を喜ばせるので、このような順序を立てるのである。

聖《しょう》とは、邪法《じゃほう》を対治《たいじ》破斥《はしゃく》するので、正しく神聖である【正聖】というのである。諦とは、三つの解釈がある……。その意味は、自体存在【自性】が空虚ではないので、諦と呼ぶ。さらにまた、この四［諦］を見て、倒錯のない覚りを得るので、諦と呼ぶ。さらにまた、この法を他者にあらわし示すので、諦と名づける。『大［般涅槃］経』には、「凡夫には苦があって諦はない。声聞・縁覚には苦もあり苦諦もある」とある。[71] わかるはずである。凡夫は聖なる理を見ず、智慧を得ず、［教えを］説くことができない。ただ苦だけで諦はない。声聞は三つの意義[72]を備えているので、諦と呼ぶ。この解釈は経典と合致するのである。

無生とは、真（空）に迷うことが軽微なので、理にしたがって名づけられる。苦に追いつめられる【逼迫】という様相がなく、集《じゅう》に調和集合の様相がなく、道には［対立する］二つのものという様相がなく、滅に生じるという様相がない。さらにまた、苦・空を学習し［苦・空と］相応する。[73]［苦諦以外の集諦・滅諦・道諦の］三つも同様である。さらにまた、無生とは、生は集・道に対して名づけたものである。集・道はとりもなおさず空である。空であるので、集・道を生じない。集・道は生じないので、苦・滅もない。事柄そのままが真であって、滅の後に［はじめて］真になるのではない。『大［般涅槃］経』には、「さまざまな菩薩は、苦に苦がないと理解する。このために、苦がないけれども、真諦がある」とある。[74]［集諦、滅諦、道諦］の三つも同様である。このために、無生の四聖諦と名づける。聖諦の意義は、前に説いた通りである。

　無量とは、中［道］に迷うことが重大なので、事柄にしたがって名づけられる。苦に無量の様相がある。十《じっ》法界《ほうかい》の果は同じでないからである。集に無量の様相がある。［見一処住地惑《けんいっしょじゅうじわく》・欲愛住地惑《よくあいじゅうじわく》・色愛住地惑《しきあいじゅうじわく》・有《う》愛住地惑《あいじゅうじわく》、無明住地惑《むみょうじゅうじわく》の］五住《ごじゅう》の煩悩は同じでないからである。道に無量の様相がある。ガンジス河の砂粒ほど多い【恒沙】仏法は 701b 同じでないからである。滅に無量の様相がある。さまざまな波羅蜜《はらみつ》は同じでないか

70 『遺教［経］』には、「集は本当に因であって、さらに別の因はない。苦を滅する道は、とりもなおさず真の道である」とある【遺教云集真是因更無別因滅苦之道即是真道】『遺教経』、「仏は四諦を説き、異ならしむ可からず。仏は苦諦は真実に是れ苦なりと説き、楽ならしむ可からず。集は真に是れ因にして、更に異因無し。苦は若し滅せば、即ち是れ因滅す。因滅するが故に果滅す。苦を滅するの道は実に是れ真の道にして、更に余の道無し」（大正一二、一一一二上二五～二八）を参照。

71 『大［般涅槃］経』には、「凡夫には苦があって諦はない。声聞・縁覚には苦もあり苦諦もある」とある【大経凡夫有苦無諦声聞縁覚有苦有苦諦】『南本涅槃経』巻第十二、聖行品、「諸の凡夫人には苦有れども諦無し。声聞・縁覚には苦も有り苦諦も有れども、真実無し。諸の菩薩等は苦に苦無しと解す。是の故に苦無けれども、真諦有り」（同前、六八二下七～一〇）を参照。

72 三つの意義【三義】聖なる理を見ること、智慧を得ること、教えを説くことができることの三種を指す。

73 学習し［苦・空と］相応する【習応】「習」は修習すること、「応」は相応すること。本文では、苦・空を繰り返し修習して、苦・空と結びつくことを意味する。『大品般若経』巻第一には習応品第三がある。

74 『大［般涅槃］経』には、「さまざまな菩薩は、苦に苦がないと理解する。このために、苦がないけれども、真諦がある」とある【大経云諸菩薩等解苦無苦是故無苦而有真諦】前注71を参照。

らである。『大［般涅槃］経』には、「さまざまな陰（色・受・想・行・識の五陰）の苦を知ることを、中智《ちゅうち》と名づける。さまざまな陰を区別すると、無量の様相がある。声聞・縁覚たちの知るものではない。私はその経において、とうとうこれを説かなかった」とある。[75]［集諦、滅諦、道諦の］三つも同様である。以上を無量の四聖諦と名づける。

無作とは、中［道］に迷うことが軽微なので、理にしたがって名づけられる。理に迷うので、菩提は煩悩であることを集諦と名づけ、涅槃は生死であることを苦諦と名づけ、理解することができるので、煩悩は菩提であることを道諦と名づけ、生死は涅槃であることを滅諦と名づける。事柄そのままが中［道］であって、考えもなく思いもなく、だれかが作成したものでもないので、無作と名づける。『大［般涅槃］経』には、「世諦は、第一義諦にほかならない。巧みな方便があって、衆生にしたがい、二諦があると説く。出世間の人が知るのは、第一義諦にほかならない。一実諦《いちじったい》とは、虚妄《こもう》がなく、倒錯がなく、常楽我浄等である」とある。[76]このために、無作の四聖諦と名づける。

しかしながら、『勝鬘［経］』に無作の四諦を説くなかで、個別に一つの滅諦を取りあげるのは、仏の到達するものである。常住であり、諦であり、拠り所である。［苦諦・集諦・道諦の］三つは無常であるので、諦でなく、拠り所でない。なぜならば、三つは有為《うい》の様相のなかに入るので、無常である。無常であれば、虚妄であるので、諦でない。無常であるので、安定しない。それ故、拠り所ではない。滅諦は、有為を離れるので、常住である。虚妄でないので、諦である。最高に安らかで穏やかなものであるので、拠り所である。それ故、第一義諦と名づける。不思議とも名づけるのである。[77]

75　『大〔般涅槃〕経』には……とうとうこれを説かなかった」とある【大経云知諸陰苦名為中智分別諸陰有無量相非諸声聞縁覚所知我於彼経竟不説之】『南本涅槃経』巻第十二、聖行品、「四聖諦を知るに、二種の智有り。一には中、二には上なり。中とは、声聞・縁覚の智なり。上とは、諸仏・菩薩の智なり。善男子よ、諸陰の苦を知るを、名づけて中智と為す。諸陰を分別するに、無量の相有り、悉ごとく是れ諸の苦にして、諸の声聞・縁覚の知る所に非ず。是れ上智と名づく。善男子よ、是の如き等の義は、我れは彼の経に於いて、竟《つい》に之れを説かず」（同前、六八四上二三～二八）を参照。

76　『大〔般涅槃〕経』には……常楽我浄等である」とある【大経云世諦即是第一義諦有善方便随順衆生説有二諦出世人知即第一義諦一実諦者無虚妄無顛倒常楽我浄等】『南本涅槃経』巻第十二、聖行品、「世諦とは、即ち第一義諦なり。世尊よ、若し爾らば、則ち二諦無し。仏の言わく、善男子よ、善方便有り。衆生に随順して、二諦有りと説く。善男子よ、若し言説に随わば、則ち二種有り。一には世法、二には出世の法なり。善男子よ、出世の人の知る所の如きは、第一義諦と名づけ、世人の知るは、名づけて世諦と為す」（同前、六八四下一四～一八）、同、「実諦とは、顛倒《てんどう》無し。顛倒無きは、乃ち実諦と名づく。善男子よ、実諦とは、虚妄有ること無し。若し虚妄有らば、実諦と名づけず」（同前、六八五上二五～二七）を参照。

77　『勝鬘〔経〕』に無作の四諦を説くなかで……不思議とも名づけるのである【勝鬘説無作四諦中別取一滅諦是仏所究竟是常是諦是依三是無常非諦非依何者三入有為相中故無常無常則虚妄故非諦無常則不安故非依滅諦離有為故是常非虚妄故是諦第一安隠故是依故名第一義諦亦名不思議也】『勝鬘経』一諦章、「此の四聖諦は、三は是れ無常、一は是れ常なり。何を以ての故に。三諦は有為の相に入る。有為の相に入るとは、是れ無常なり。無常とは、是れ虚妄の法なり。虚妄の法とは、諦に非ず、常に非ず、依《え》に非ず。是の故に苦諦・集諦・道諦は、第一義諦に非ず、常に非ず、依に非ず」（同前、二二二下二五～二八）、同、「一苦滅諦は、有為の相を離る。有為の相を離るとは、是れ常なり。常とは、虚妄の法に非ず。虚妄の法に非ずとは、是れ諦、是れ常、是れ依なり。是の故に、滅諦は是れ第一義なり」（同前、二二二上一～三）、同、顛倒真実章、「不思議は、是れ滅諦なり」（同前、二二二上五）を参照。

達摩鬱多羅《だつまうったら》は、[78]この意義を非難する。「しかしながら、『経』には、『仏の菩提の道は、三つの意義のために常住である。第一に惑が尽きるので常住である。第二に煩悩から生じないので常住である。第三に理解が十分となるので常住である。多くの［川の］流れが海に帰着するようなものである』と説いている。[79]どうして道諦が無常であるというであろうか」と。

答える。『勝鬘［経］』にこのように説くのは、前の苦滅諦は法を破壊する滅ではない。無始《むし》であり、無作であるガンジス川の砂粒より多い仏法が完成する。如来の法身は、煩悩の蔵を離れないと説く。苦諦が隠れることを如来蔵《にょらいぞう》と名づけ、顕われることを法身と名づけると説く。二乗の空智は、［常楽我浄の］四つの倒錯しない境界《きょうがい》について、見ないし知らない。今、はっきりと説こうとして、［滅諦の］一つは常住であり、真実であり、拠り所であると説く。［煩悩を］対治し、［煩悩の］障害を除き、法身が顕現することがあるので、［苦諦・集諦・道諦の］三つは常住でなく、真実でなく、［滅諦の］一つは常住で、真実であると明かすだけである。

今、非難する。もしそうであるならば、［滅諦の］一諦ははっきりあらわれているので、無作の諦であり、［苦諦・集諦・道諦の］三諦はまだはっきりとあらわれていないので、無作の諦でない。［滅諦の］一つは完全に意義が解明されたもの【了義】であり、［苦諦・集諦・道諦の］三つは完全に意義が解明されたものでない。わかるはずである。『勝鬘［経］』の説くことは、段階的な進展【次第】を説くので、浅いものから深いものに至り、たがいに離ればなれになってまだ融合していない。かえって無量の四諦の[701c]なかの無作であって、発心《ほっしん》と畢竟《ひっきょう》（究極の仏果）との二つが別物ではない[80]という無作ではない。『涅槃［経］』には、「諦があり、真実がある」とある。[81]わかるはずである。［苦諦・集諦・滅諦・道諦の］四種はみな諦と呼び、真実と呼び、常住と呼ぶのである。

3・2　四諦の麁妙を判定する

第二に麁妙を判定するとは、大乗と小乗において諦を論じる場合、この四［諦］を超え出ない。あるいは教《きょう》・行《ぎょう》・証《しょう》の融合していないものを麁とし、教が融合して、行・証がまだ融合していないものも麁である。［行と証とが］どちらも融合しているものは妙である。

もし五味に焦点をあわせれば、乳教は［別教と円教の］二種である。二乗はいずれも聞かない。大によって小を隔てれば、［別教の］一麁［円教の］一妙である。略教は［蔵教の］一種である。大乗の用いないもの

78　達摩欝多羅　北斉の法上（生没年未詳）のこと。『法華玄義』には、彼の説が数回引用されている。

79　『経』には、「仏の菩提の道は……海に帰着するようなものである」と説いている【経説仏菩提道三義故常一惑尽故常二不従煩悩生故常三解満故常如来流帰海】出典未詳。

80　発心と畢竟（究極の仏果）との二つが別物ではない【発心畢竟二不別】『南本涅槃経』巻第三十四、迦葉菩薩品、「発心と畢竟との二は別ならず。是の如き二心のうち、先の心は難し。自ら未だ度することを得ざるに、先に他を度す。是の故に我れは初発心を礼す」（同前、八三八上四～五）を参照。

81　『涅槃［経］』には、「諦があり、真実がある」とある【涅槃云有諦有実】『南本涅槃経』巻第十二、聖行品、「仏は文殊師利に告ぐらく、苦有り、諦有り、実有り。集有り、諦有り、実有り。滅有り、諦有り、実有り。道有り、諦有り、実有り」（同前、六八五中六～八）を参照。

である。小によって大を隔てれば、五根が破壊されたもの・耳と口が不自由なもの【根敗聾唖】[82]である。このために麁である。生蘇の教は［蔵教・通教・別教・円教の］四種である。［円教の］一は［蔵教・通教・別教の］三を破り、［蔵教・通教の］二は［中道に］入らず、［別教・円教の］二は等しく入るけれども、［別教の］一教は融合しないので、[83]［蔵教・通教・別教の］三麁［円教の］一妙である。熟蘇の教は［通教・別教・円教の］三種である。［円教の］一は［通教・別教の］二を破り、［円教の］一は一（中道）に入り、［通教の］一は一（中道）に入らず、［別教の］一は一（中道）に入るけれども、教は融合しないので、［通教・別教の］二麁［円教の］一妙である。醍醐の教はただ［円教の］一種の四諦だけである。ただ妙であるだけで、麁はない。以上が麁に相対して【待】妙を明らかにすることである……。

3・3　開麁顕妙

第三に開麁顕妙とは、先にさまざまな経の意味を述べる。『大品［般若経］』はただ［通教・別教・円教の］三種の四諦を明らかにするだけである。［『維摩経』の］文には、「色はとりもなおさず空であって、色が滅して空になるのではない」とある。[84]無生の意味である。「すべての法は色を拠り所として、この拠り所を越えない」とある。[85]無量の意味である。「色でさえ捉えることができない。どうして［色という］拠り所や拠り所でないものがあるであろうか」とある。[86]無作の意味である。『中論』の偈も［無生・無量・無作の］三つの意味がある。［『中論』の最］後の二つの品（観十二因縁品第二十六と観邪見品第二十七）に小乗の観法を明らかにするのは、とりもなおさず生滅の意味である。『無量義［経］』は、一のなかから無量を出すことを明らかにする。無作から［蔵教・通教・別教の］三種の四諦を展開して出すことである。『法華［経］』は、無量が一に入るこ

82　五根が破壊されたもの・耳と口が不自由なもの【根敗聾唖】「根敗」は、眼根などの五根が破壊された者で、成仏できないとされた二乗を指す。『維摩経』巻中、仏道品、「譬えば根敗の士は、其の五欲に於いて復た利なること能わざるが如し。是の如き声聞の諸結断ずる者は、仏法の中に於いて、復た益《やく》する所無く、永く志願せず」（大正一四、五四九中二〇～二二）を参照。「聾唖」は、二乗が『華厳経』の説法をまったく理解できなかったことをたとえる。『六十巻華厳経』巻第四十四、入法界品、「爾の時、諸の大声聞、舎利弗・目揵連・摩訶迦葉……是の如き等の諸の大声聞は、祇洹林に在りて、悉ごとく如来の自在、如来の荘厳、如来の境界……を見ず。是の如き等の事、皆悉《み》な見ず。亦復た不可思議の菩薩の大会を見ず。……是の因縁を以て、諸の大弟子は見ず聞かず、入らず知らず、覚らず念ぜず、遍く観ずること能わず、亦た意を生ぜず」（大正九、六七九中二八～下二八）を参照。

83　［別教・円教の］二は等しく入るけれども、［別教の］一教は融合しないので【二雖入一教不融】『釈籤』、巻第五、「『二雖入一教不融』とは、円・別の二教に於いて倶に中に入ると雖も、別教は融ぜず」（大正三三、八五二上二三～二四）を参照。

84　［『維摩経』の］文には、「色はとりもなおさず空であって、色が滅して空になるのではない」とある【文云色即是空非色滅空】『維摩経』巻中、入不二法門品、「色は即ち是れ空にして、色滅して空なるに非ず、色性は自ら空なり」（大正一四、五五一上一九～二〇）を参照。

85　「すべての法は色を拠り所として、この拠り所を越えない」とある【一切法趣色是趣不過】『大品般若経』巻第十五、知識品、「一切法は色に趣き、是の趣を過ぎず。何を以ての故に。色は畢竟不可得なり。云何んが当に趣・不趣有るべき」（大正八、三三三中一二～一四）を参照。

86　「色でさえ捉えることができない。どうして［色という］拠り所や拠り所でないものがあるであろうか」とある【色尚不可得何況有趣有不趣】前注85を参照。

とを明らかにする。三種の四諦を集めて、無作の［円教の］一種の四諦に帰着することである。『涅槃［経］』の聖行《しょうぎょう》［品《ぼん》］は、あとからさまざまな経を区別するので、残りなく四種の四諦を説くのである。徳王品《とくおうほん》にはあとからさまざまな経［の差別］を消滅させて、[87]ともに四種の四諦をなくす。［経］文には、「生生不可説《しょうしょうふかせつ》、生《しょう》不生不可説《ふしょうふかせつ》、不生生不可説、不生不生不可説である」とある。[88]経に最初の句を解釈して、「生生不可説とはどのようなものか。生生であるので、生である。生生であるので、不生である。それ故、不可説である」とある。もし［経］文に基づくならば、ただ生不生を取りあげて生生を解釈するだけである。この生生は、生不生にほかならないので、どうして生生だけに限定して説くことができるであろうか。仏は利根の人のために、一つのものを取りあげてさまざまなものの例とする。もし趣旨を理解すれば、生生は生不生にほかならない。不生不生でもある。どうして生生の一句だけに限定して説くことができるであろうか。もしこの趣旨を理解すれば、下の三句も［これを］例としてみな[702a]このようである。

質問する。仏はなぜ偏《かたよ》って［生不生によって生生不可説を］解釈するのか。

答える。利根の［人の］ためである。また理由があるので、このようにするべきである。当時の人々は、速い馬が鞭の影を見て［すぐに正しい道に入り］、骨に徹《てっ》する［まで鞭打たれる］ことを待たないようなものである。このようにあとから［不可説であるとして四教の差別を］消滅させると、どの教説［の相違］も静かに滅しないことがあろうか。あるいは［生生、生不生、不生生の］三種の可説を麁とし、［不生不生の］一の可説を妙とする。あるいは［生生、生不生、不生生の］三の不可説を麁とし、［不生不生の］一の不可説を妙とする。あるいは［生生、生不生、不生生、不生不生の］四つがすべて可説であることを麁とし、四つがすべて不可説であることを妙とする。あるいは四つの可説に、麁もあり妙もある。あるいは四の不可説に、麁もあり妙もある。あるいは四の可説はすべて麁でもなく妙でもない。あるいは四の不可説はすべて麁でもなく妙でもない。このようなさまざまな立場をすべてきっぱりと定めて理解して【決了】妙に入れ、方便を開いて真実をあらわす。四つがすべて不可説であるのは、位が高いことである。四つがすべて可説であることは、体が広いことである。四つが可説でもあり、不可説でもあることは、用が長いことである。四つが可説でもなく不可説でもないことは、高くもなく、広くもなく、長くもなく、短くもなく、同一でもなく、相違するものでもない。ともに妙と呼ぶのである。

87　徳王品にはあとからさまざまな経［の差別］を消滅させて【徳王品追泯衆経】『南本涅槃経』巻第十九、光明遍照高貴徳王菩薩品に六不可説を説く（大正一二、七三三下を参照）ことを指す。「追泯衆経」とは、『涅槃経』の追説・追泯のうち、追泯を指す。追説は、直前の「涅槃聖行追分別衆経」を指す。追説とは、蔵教・通教・別教を開会して円教に帰入させた『法華経』の後に、『涅槃経』においてあらためて蔵教・通教・別教・円教に配当される四種の四諦を説くことをいう。追泯は、高貴徳王菩薩品において、この四種の四諦が不可説であることを説いて、四教の差別を無くすことをいう。

88　［経］文には、「生生不可説、生不生不可説、不生生不可説、不生不生不可説である」とある【文云生生不可説生不生不可説不生生不可説不生不生不可説】『南本涅槃経』巻第十九、光明遍照高貴徳王菩薩品、「不生生も不可説、生生も亦た不可説、生不生も亦た不可説、不生不生も亦た不可説、生も亦た不可説、不生も亦た不可説なり。因縁有るが故に、亦た説くことを得可し」（同前、七三三下九～一二）を参照。ここに説かれる六不可説のうち、四種を取り出したもの。

3・4　観心

観心は理解できるであろうから、これ以上記さない。

4　二諦の境を明らかにする

第四に二諦を明らかにするのに、さらにまた四段とする。第一にかいつまんでさまざまな意義について述べ、第二に二諦を明らかにし、第三に麁妙を判定し、第四に開麁顕妙する。

4・1　かいつまんで二諦の境のさまざまな意義を述べる

そもそも二諦とは、その名称は多くの経に出るけれども、その理は、明らかにすることが難しい。世間では議論が錯綜《さくそう》して、これまで大いに争ってきた。『妙勝定経《みょうしょうじょうきょう》』には、「仏は昔、文殊と二諦について争い、一緒に地獄に落ちた。迦葉仏《かしょうぶつ》の時になって、ともに疑問を問いただした」とある。[89]［釈尊と文殊師利の］二人の聖人の修行の因位ですら理解することができない。まして人の迷いの心が強くて取捨を生じる場合はなおさら理解できない。

質問する。釈迦が迦葉［仏］に会うのは、とりもなおさず二生後に成仏する菩薩［の時］である。どうして始めて二諦を理解するのか。その前に、また悪道に落ちるべきではない。

答える。「その前」という言葉は広くあいまいである。どうして二生の前という限定をして、始めて悪道から出るとするのか。さらにまた、二生の菩薩は、［一生《いっしょう》］補処《ふしょ》の隣の［位］となるであろう。補処の位は多い。

別教・円教には永遠にこの理はない。通教の［十地の第四］見地《けんじ》に悪道を免れてしまい、［地獄に］落ちることもない。三蔵の菩薩に違いない。二生にまでなった時には、まだ惑を断じていない。始めて二諦を理解するという、この意義に誤りはない。その前に悪道に落ちることにも、その意義がある。

質問する。三蔵の菩薩に［地獄に］落ちることがあって、その他の［通教・別教・円教の］三教にないならば、『金光明経』にはどうして「十地に虎《こ》・狼《ろう》・獅子《しし》などの恐怖がある」というのであろうか。[90]

89　『妙勝定経』には、「仏は昔、文殊とともに二諦について争い、一緒に地獄に落ちた。迦葉仏の時になって、ともに疑問を問いただした」とある【妙勝定経云仏昔与文殊共諍二諦倶堕地獄至迦葉仏時共質所疑】　大蔵経には収められていなかったが、敦煌から新発見された。関口真大『天台止観の研究』（一九六九年、岩波書店）に収められている。『最妙勝定経』、「我れは自ら憶《おも》う。往昔《おうしゃく》、多聞士と作る。文殊と共に利を諍《あらそ》い、有無の二諦を諍う。文殊は有と言い、我れは無と言うなり。是の諍論《じょうろん》に由りて、二諦の有無を定むること能わず。死して三悪道に堕し、熱鉄丸を服す。無量劫を経て、地獄従《よ》り出ず。迦葉仏に値うに、我れの為めに有無の二諦を解説《げせつ》す」（三九八頁）を参照。

90　『金光明経』にはどうして「十地に虎・狼・師子などの恐怖がある」というのであろうか【金光明経那云十地猶有虎狼師子等怖】　『合部金光明経』巻第三、陀羅尼最浄地品、「十地菩薩は、陀羅尼呪を誦持し、一切の怖畏、一切の悪獣の虎・狼・師子、一切の悪鬼、人非人等、怨賊《おんぞく》・毒害・災横を度することを得、五障を解脱し、十地を念ずるを忘れず」（大正一六、三七六中一八～二一）を参照。

答える。悪友に殺されるならば、地獄に落ちるが、悪象に殺されるならば、地獄に落ちない[91]。しかしながら、円教の肉体には、一生のなかで、十地に超越して登る意義がある。これは煩悩が破られてしまい、地獄の業はないけれども、まだ肉体があるので、まだ悪獣を免れないということである。その他の教の肉体は[702b]、一生のなかで、十地に登らない。ただ［観］行の理解【行解[92]】をなして、煩悩を虎・狼とするだけである。［観］行の理解をするならば、理においては通じるが、事においては［問題が］解決されない……。

しかしながら、捉える者はさまざまである。荘厳寺《しょうごんじ》僧旻《そうびん》[93]は、仏果《ぶっか》は二諦の外に出るとすることを拠り所として、中論師[94]に厳しく調べられた。このような仏智はどのような理を照らし、どのような惑を破るのであろうか。もし照らすような別の理がなければ、［二諦の］外に出るべきではない。もし［二諦の］外に出て、別に照らすことがなければ、何によって出ることができるであろうか。進んでは三［諦］を成立させず、退いては二［諦］を成立させない……。梁の時代には、成論《じょうろん》［師《し》］の世諦の捉え方はさまざまであった。あるいは「世諦には、名《みょう》・用《ゆう》・体《たい》がみなある」という。あるいは「ただ名・用だけで、体はない」という。あるいは「ただ名があるだけで、体・用がない」という……。陳の時代には、中論［師］は、論破・確立【破立】についてさまざまである。あるいは古来の二十三家の二諦の意義を明らかにすることを論破して[95]、自ら二諦の意義を確立する。あるいは他を論破しおわって、四仮《しけ》[96]に焦点をあわせて二諦を明らかにする。古今のさまざまな理解は、それぞれの証拠を引用して、自ら一文を保持し、その他の説を信じない。

今思うに、そうではない。そもそも経論のさまざまな説は、すべて如来の方便である。［衆生の心の］能力を知り、欲望を知ると、「能力や欲望は」さまざまである。要略すると三つの相違がある。随情《ずいじょう》・［随《ずい》］情智《じょうち》・

91　悪友に殺されるならば、地獄に落ちるが、悪象に殺されるならば、地獄に落ちない【為悪友殺則堕地獄為悪象殺不堕地獄】『南本涅槃経』巻第二〇、光明遍照高貴徳王菩薩品、「菩薩摩訶薩も亦復た是の如し。是の身には無量の不浄具足充満せるを見ると雖も、大涅槃経を受持せんと欲せんが為めの故に、猶お好んで将護し、乏少せしめず。菩薩摩訶薩は、悪象及び悪知識は等しくして二有ること無しと観る。何を以ての故に。倶に身を壊《え》するが故なり。菩薩摩訶薩は悪象等の心に於いて怖懼《ふく》すること無く、悪知識に於いて畏懼《いく》の心を生ず。何を以ての故に。是の悪象等は唯だ能く身を壊せども、能く心を壊せず。悪知識の者は二ながら倶に壊するが故なり。是の悪象等は唯だ一身を壊するのみにして、悪知識の者は無量の善身、無量の善心を壊す。是の悪象等は唯だ能く不浄の臭身を破壊《はえ》すれども、悪知識の者は能く浄身、及以《およ》び浄心を壊す。是の悪象等は能く肉身を壊せども、悪知識の者は法身を壊す。悪象に殺さるるも三趣に至らず、悪友に殺さるれば、必ず三趣に至る」（大正一二、七四一中七～一九）を参照。

92　［観］観行の理解【行解】『釈籤』などでは「観解」と言い換えている。観行（観心の修行）の立場からの理解の意。

93　荘厳寺僧旻【荘厳旻】僧旻（四六七～五二七）は梁の三大法師の一人で、『成実論』を講じた。

94　中論師『中論』を重視する立場の僧のこと。『講義』に「荘厳寺僧旻は地論を弘め、開善寺智蔵は中論を弘め、互いに仏果二諦の出・不出を諍う」とあるが、本文で、智蔵（四五八～五二二）を「中論師」と呼んでいるかどうかは疑問である。ただし、智蔵は、仏果が二諦の外に出ないことを主張し、僧旻と対立する解釈をしたことは事実である。

95　二十三家の二諦の意義を明らかにすること【二十三家明二諦義】『広弘明集』巻第二十一（大正五二、二四七下～二五〇中を参照）に、二十三人の二諦の義についての説が収録されている。

96　四仮『講義』によれば、因縁仮・随縁仮・就縁仮・対縁仮をいう。これは『大乗玄論』巻第五などに説かれる。「第五に用仮を明かすこと同じからず。仮は乃ち衆多にして、略して四種を明かす。一に因縁、二に随縁、三に就縁、四に対縁なり」（大正四五、七一下二三～二五）を参照。

［随《ずい》］智《ち》等を意味する。

随情の説とは、［衆生の］心の性質【情性】は同じでないので、説は心【情】にしたがって相違する。『毘婆《びば》沙《しゃ》［論《ろん》］』に、世第一法《せだいいっぽう》には限りない種類があると明らかにする通りである。[97] 真の隣の位（世第一法）【際真】[98]でさえそうである。ましてやその他のものはなおさらである。目の不自由な人の心に順じてさまざまな仕方で乳を示すと、目の不自由な人はさまざまな説を聞いて、白色について争うようなものである。[99]［目の不自由な人のさまざまな主張は］どうして乳［の真実の白色を正しく指摘したもの］であろうか。多くの師はこの意味を理解しないで、それぞれ一つの文に執著し、自分たちで見解の争いを生じ、たがいに非難し、一つのものを信じ、［他の］一つのものを信じない。なんと限りなく秩序のないことか。どれが正しいかを知ることがない。もし二十三種の説とそれを論破することのできる者に、経典の文証《もんしょう》があるならば、みな随情の二諦の意味であると判定するだけである。文証がなければ、すべて邪まな考えである。かの外道と同様に、二諦に収められるものではない。

随情智とは、心【情】は二諦を意味する。二［諦］はみな俗である。もし真理【諦理】を悟るならば、やっと真とすることができる。真であれば、ただ一つである。五百人の比丘がそれぞれ身の因を説く通りである。[100] 身の因はかえって多いけれども、正しい理はただ一つである。『［涅槃］経』には、「世間の人の心が見る対象を世諦と名づけ、出世間の人の心が見る対象を第一義諦と名づける」とある。[101] このように説くことは、随情智の二諦にほかならない。

随智とは、聖人が理を悟る場合、ただ真を見るだけではなく、俗を理解することもできる。眼は膜《まく》を除くと、色《いろ》を見、空《そら》を見るようなものである。さらにまた、禅に入る者は、観を出るとき、軽い雲が空にたなびくよう

に、身心がからりと開け、散心《さんしん》と同じでないようなものである。まして真を悟って、702c 俗を理解しないことがあ

97　『毘婆沙［論］』に、世第一法には限りない種類があると明らかにする通りである【如毘婆沙明世第一法有無量種】『阿毘曇毘婆沙論』巻第一、世第一法品、「諸論師は世第一法を説くこと、種種同じからず」（大正二八、四中二～三）を参照。「世第一法」は、四善根位（煖・頂・忍・世第一法）の一つ。世間＝有漏法の中の最高の善根を生じる位。

98　真の隣の位（世第一法）【際真】　世第一法は有漏の最高位であるから、無漏＝真に相接して触れあうので、「真に際す」という。

99　目の不自由な人の心に順じてさまざまな仕方で乳を示すと、目の不自由な人はさまざまな説を聞いて、白色について争うようなものである【如順盲情種種示乳盲聞異説而諍白色】『南本涅槃経』巻第十三、聖行品、「生盲の人は乳の色を識《し》らざるが如し。便ち他に問うて言わく、『乳の色は何に似たるや』と。他の人は答えて言わく、『色は白にして貝の如し』と。盲人は復た問うらく、『是の乳の色とは、貝声の如きや』と。答えて言わく、『不《いな》なり』と。復た問うらく、『貝の色は為《は》た何に似たるや』と。答えて言わく、『猶お稲米の末のごとし』と。盲人は復た問うらく、『乳の色は柔軟にして、稲米の末の如きや。稲米の末とは、復た何ぞ似たる所あらん』と。答えて言わく、『猶お雨雪の如し』と。盲人は復た言わく、『彼の稲米の末は冷きこと雪の如きや。雪は復た何に似たるや』と。答えて言わく、『猶お白鶴の如し』と。是れ生盲の人は是の如き四種の譬喩を聞くと雖も、終に乳の真の色を識ることを得ること能わず」（大正一二、六八八下一五～二三）を参照。

100　五百人の比丘がそれぞれ身の因を説く通りである【如五百比丘各説身因】『法華玄義』巻第一下の注127を参照。

101　『［涅槃］経』には、「世間の人の心が見る対象を世諦と名づけ、出世間の人の心が見る対象を第一義諦と名づける」とある【経云世人心所見名為世諦出世人心所見名第一義諦】『南本涅槃経』巻第十二、聖行品、「出世の人の知る所の如きは、第一義諦と名づけ、世人の知るは、名づけて世諦と為す」（同前、六八四下一七～一八）を参照。

ろうか。『［阿《あ》］毘曇《びどん》［論《ろん》］』には、「小さな雲が遮《さえぎ》る物を開けば、大きな雲も遮る物を開く。無漏がいよいよ深いならば、世俗の智もいっそう清らかとなる」とある。[102] それ故、『［思益梵天所問《しゃくぼんてんしょもん》］経《ぎょう》』には、「凡人は世間で活動するが、世間の様相を知らない。如来は世間で活動して、明らかに世間の様相を理解する」とある。[103] これは随智の二諦である。

もしこの［随情、随情智、随智の］三つの意義を理解するならば、経論を探求しようとする場合、［経論の］説はさまざまであるけれども、一々の諦についてみな三つの意義を備えるのである。

4・2　正面から二諦を明らかにする

第二に正面から二諦を明らかにするとは、意味を取って簡略なものを残す。ただ法性《ほっしょう》に印をつけて選んで真諦とし、無明［から始まる］十二因縁を俗諦とする場合、意義において充足するのである。しかし、人の心は粗雑で浅く、その深く知りがたいものを覚知しない。さらに展開させれば、七種の二諦[104]を論じる必要がある。一々の二諦は、さらに［随情、随情智、随智の］三種を開くならば、合わせて二十一種の二諦となる。もし最初の二諦によって、すべての邪まな考えを破れば、執著はみな尽きることは、劫火《ごうか》に焼かれて、捨てられた塵《ちり》さえ留めないようなものである。ましてはるかに［経典の］文の外に飛び出て、もはや世俗の心によって推測するものではない。後の［六種の］さまざまな諦を設定する場合はなおさらである。

七種の二諦というのは、第一には実有（実在）を俗とし、実有の滅することを真とする。第二には幻有《げんう》（幻のような存在）を俗とし、幻有そのままが空であることを真とする。第三には幻有を俗とし、幻有そのままがともに空・不空であることを真とする。第四には幻有を俗とし、幻有そのままが空・不空であり、すべての法が空・不空を拠り所とすることを真とする。第五には幻有、幻有そのままが空であることをみな俗と名づけ、不有不空を真とする。第六には幻有、幻有そのままが空であることをみな名づけて俗とし、不有不空、すべての法が不有不空を拠り所とすることを真とする。第七には幻有、幻有そのままが空であることをみな俗とし、すべての法が有を拠り所とし、空を拠り所とし、不有不空を拠り所とすることを真とする。

［七種二諦の第一の］実有の二諦とは、［五］陰・［十二］入・［十八］界等はみな実法である。実法によって成立する森羅《しんら》万象《ばんしょう》であるので、俗と名づける。方便によって道を修行し、この俗を滅してしまい、やっと真に

102　『［阿］毘曇［論］』には、「小さな雲が遮る物を開けば、大きな雲も遮る物を開く。無漏がいよいよ深いならば、世俗の智もいっそう清らかとなる」とある【毘曇云小雲発障大雲発障無漏愈深世智転浄】出典未詳。

103　『［思益梵天所問］経』には、「凡人は世間で活動するが、世間の様相を知らない。如来は世間で活動して、明らかに世間の様相を理解する」とある【経言凡人行世間不知世間相如来行世間明了世間相】『思益梵天所問経』巻第一、分別品、「世間は世間を行じて、是の世間を知らず。菩薩は世間を行じて、明らかに世間の相を了す」（大正一五、三八上二一～二二）を参照。

104　七種の二諦【七種二諦】以下に出るが、七種とは、蔵教・通教・別入（接）通（通教から別教に引き継がれ入ること）・円入（接）通（通教から円教に引き継がれ入ること）・別教・円入（接）別（別教から円教に引き継がれ入ること）・円教をいう。別入通・円入通・円入別は三被接といわれる。通教の修行者が空を悟る場合、その空が但空でなく、不但空であることを知って、中道を悟る。その中道が但中（中道が空・仮から独立していること）である場合は、別教に引き継がれ、これを別入通という。不但中（中道が空・仮と融合していること）である場合は、円教に引き継がれ、これを円入通という。別教の地前（初地以前の位）の修行者が不但中を悟る場合は、円教に引き継がれ、これを円入別という。

合致することができる。『大品［般若］経』に、「色を空ずると、色は空である。俗を滅するので、空色という。色を滅しないので、色空という」とある。[105]「病のなかに薬がなく、文字のなかに菩提がない」とあるのは、[106]みなこの意味である。以上が実有《じつう》の二諦の様相である。これに焦点をあわせて、また随情・情智・智等の三つの意義がある。推定して理解できるであろう。

［七種二諦の第二の］幻有空《げんうくう》の二諦とは、前の意味を破斥《はしゃく》する。なぜかといえば、実有のときには真がなく、有を滅するときには俗がなく、二諦の意義が成立しないからである。もし幻有を明らかにするならば、幻有は俗であり、幻有は［実体として］把握できないので、俗そのままが真である。『大品［般若］経』には、「色そのままが空であり、703a 空そのままが色である」とある。[107]空と色は相即して、二諦の意義が成立する。以上を幻有無（幻有空）の二諦と名づけるのである。これに焦点をあわせて、また随情・情智・智等の三つの意義がある……。

随智については、少し区別しよう。なぜならば、実有の随智が真を照らすことは、これ（幻有空の二諦）と異ならず、随智が俗を照らすことは、［幻有空の二諦と］同じでないからである。なぜならば、通［教の］人が観に入ることは巧みであるので、また限定して俗を照らすことについても巧みであるからである。すべての川が海に入って集まれば、その味には区別はないが、また限定して源に戻れば、江河［の水の味］は異なるようなものである。俗は事法《じほう》（事物的存在）であるので、照らすことが異なることは疑うべきことではない。真は理法であるので、同じでないわけにはいかない。ただ通［教の］人が［菩薩が具体的に衆生救済の活動をするという］仮《け》に出ることについていえば、またそれぞれの人で同じではない。心によって理解できるであろう。三蔵［教］の仮に出ることを例とすると、また当然このようであるにちがいない……。

幻有空不空の二諦とは、俗は前と相違せず、真は三種あって同じでない。第一の俗は、三つの真にしたがって、［通教・別入通《べつにゅうつう》・円入通《えんにゅうつう》の］三種の二諦を成立させる。[108] その様相はどのようであるか。『大品［般若］経』に、非漏非無漏《ひろひむろ》を明らかにする通りである。[109] 最初の人［通教の人］の場合は、非漏は俗でなく、非無漏は執著を捨て去ることを意味する。なぜならば、修行者が無漏によって執著を生じることは、滅によって煩悩【使】を生じるようなものだからである。その執著の心を破って、かえって無漏に入ること、

105　『大品［般若］経』に、「色を空ずると、色は空である。俗を滅するので、空色という。色を滅しないので、色空という」とある【大品云空色色空以滅俗故謂為空色不滅色故謂為色空】　出典未詳。

106　「病のなかに薬がなく、文字のなかに菩提がない」とある【病中無薬文字中無菩提】　出典未詳。

107　『大品［般若］経』には、「色そのままが空であり、空そのままが色である」とある【大品云即色是空即空是色】　『大品般若経』巻第一、奉鉢品、「色は即ち是れ空にして、空は即ち是れ色なり。受想行識は即ち是れ空にして、空は即ち是れ識なり」（大正八、二二一下一～二）を参照。

108　真は三種あって同じでない……三種の二諦を成立させる【真則三種不同一俗随三真即成三種二諦】　幻有を俗諦とするのは共通であるが、真諦の規定の仕方によって三種の二諦が生じる。つまり、即空を真諦とするのは通教の二諦、即空不空を真諦とするのは別入通の二諦、一切の法が空不空に趣くことを真諦とするのは円入通の二諦である。

109　『大品［般若］経』に、非漏非無漏を明らかにする通りである【大品明非漏非無漏】　『大品般若経』巻第十、法称品、「是の般若波羅蜜は此に非ず彼に非ず、高に非ず下に非ず、等に非ず不等に非ず、相に非ず無相に非ず、世間に非ず出世間に非ず、有漏に非ず無漏に非ず、有為に非ず無為に非ず、善に非ず不善に非ず、過去に非ず未来に非ず現在に非ず」（同前、二九二下九～一三）を参照。

これは［通教という］一つの二諦である。

次に、［七種二諦の第三の別入通《べつにゅうつう》の］人は非漏非無漏を聞いて、二辺（二つの極端）を否定して、別に中［道の］理をあらわすと思う。中［道の］理を真とする。また、［別入通という］一つの二諦である。

さらにまた、［七種二諦の第四の円入通《えんにゅうつう》の］人は非有漏非無漏を聞いて、両者の否定【双非】は正面から中道をあらわし、中道の法界の作用は広大であって、虚空と等しく、すべての法は非有漏非無漏を拠り所とすることを知る。また、［円入通という］一つの二諦である。

『大［般涅槃］経』に、「声聞の人はただ空を見るだけで、不空を見ない。智者は空と不空を見る」とある[110]のは、とりもなおさずこの趣旨である。二乗は考えてこの空に執著する。空に執著することを破るので、不空という。空に対する執著がもし破られれば、ただ空を見るだけで、不空を見ないのである。利［根の］人は、不空は妙有《みょうう》であると思うので、不空という。利［根のなかの］の利［根の］人は、不空を聞いて、如来蔵であり、すべての法は如来蔵を拠り所とすると思う。かえって空・不空に焦点をあわせて、［通教・別入通・円入通の］三種の二諦があるのである。

次に、すべての法が非漏非無漏を拠り所とするのに焦点をあわせて、［通教・別教・円教の］三種の相違をあらわすとは、最初の［通教の］人は、すべての法が非漏非無漏を拠り所とすることを聞くならば、さまざまな事象【諸法】は空を離れず、十方の境界《きょうがい》にくまなく行くと、［十方の境界は］かえって瓶《かめ》のなかの如《にょ》（空）であると思う。さらにまた、［別教の］人は、［非漏非無漏を］拠り所とすることを聞き、この中［道の］理は、すべての行を修することによって、これを生じると知る。さらにまた、［円教の］人は、すべての［法が非漏非無漏を］拠り所とすることを聞き、非漏非無漏そのままがすべての法を備える［ことを知る］のである。

このために、この一つの俗は［単真《たんしん》・複真《ふくしん》・不思議の真の］三つの真703b[111]にしたがって展開すると説く場合、あるいは単真に対し、あるいは複真に対し、あるいは不思議の真に対する。限りないありさま【形勢】があってさまざまな仕方で【婉転】［衆生の］機縁《きえん》に趣き、現われたり消えたりして【出没】衆生【物】に利益を与える。一々にみな随情・情智・智等の三つの意義がある。もし随智によって証得するならば、俗は智にしたがって展開する。智が偏真《へんしん》を証得するならば、すぐに通［教］の二諦を成立させる。智が不空の真を証得するならば、すぐに別入通の二諦を成立させる。智がすべての不空を拠り所とする真を証得するならば、すぐに円入通の二諦を成立させる。［通・別入通・円入通の］三人が智に入ることは同じではない。また限定して俗を照らすことも相違する……。なぜ三人は同じく二諦を聞くけれども、理解の仕方がそれぞれ相違するのであろ

110　『大［般涅槃］経』に、「声聞の人はただ空を見るだけで、不空を見ない。智者は空と不空を見る」とある【大経云声聞之人但見於空不見不空智者見空及与不空】『南本涅槃経』巻第二十五、師子吼菩薩品、「声聞・縁覚は一切空を見るも、不空を見ず。乃至、一切無我を見るも、我を見ず。是の義を以ての故に、第一義空を得ず。第一義空を得ざるが故に、中道を行ぜず。中道無きが故に、仏性を見ず」（大正一二、七六七下二六～七六八上一）、同、「仏性とは、第一義空と名づく。第一義空は、名づけて智慧と為す。言う所の空とは、空と不空とを見ず。智者は空、及与び不空、常と無常、苦と楽、我と無我を見る」（同前、七六七下一八～二一）を参照。

111　三つの真【三真】単真・複真・不思議の真のこと。単真とは、真諦として空だけを説く通教の立場を指す。複真とは、真諦として空と中の二つを説く別入通の立場を指す。不思議の真とは、真諦として中と空・仮の辺が融合していることを説く円入通の立場を指す。

うかとは、これは不共般若《ふぐうはんにゃ》[112]と、二乗と共に説くもの（共般若《ぐうはんにゃ》）であり、浅深の相違があるだけである。『大品〔般若経〕』に、「ある菩薩は初発心《しょほっしん》に薩婆若《さつばにゃ》[113]と相応する。ある菩薩は初発心に神通に遊び戯れて、仏国土を浄める。ある菩薩は初発心に仏のように道場に座る」とあるのは[114]、とりもなおさずこの意味である。

〔七種二諦の第五の〕幻有無《げんうむ》を俗とし、不有不無《ふうふむ》を真とするとは、有無は二であるので俗とし、中道は有でもなく無でもなく不二であることを真とする。二乗はこの真俗を聞くけれども、いずれもみな理解しないので、口の不自由な人や耳の不自由な人のようである。『大〔般涅槃〕経』に、「私は弥勒と世諦について議論したが、五百の声聞は真諦を説いていると思い込んだ」とあるのは[115]、とりもなおさずこの意味である。これに焦点をあわせて、また随情・情智・智等がある……。

円入別の二諦とは、俗は別〔教〕と同じく、真諦は相違する。別〔教の〕人は、不空はただ理だけであると思う。この理をあらわそうとするならば、〔真如を〕対象とする〔有心有作《うしんうさ》の〕修行【縁修】の方便を必要とするので、すべての法は不空を拠り所とするという。円〔教の〕人は不空の理を聞いて、すぐにすべての仏法を備えて、欠けるものがないと知るので、すべては不空を拠り所とするというのである。これに焦点をあわせて、また随情等がある……。

円教の二諦とは、ただちに不思議の二諦を説くのである。真は俗にほかならず、俗は真にほかならない。如《にょ》意珠《いしゅ》のようなものである。珠は真をたとえ、用《ゆう》は俗をたとえる。珠そのままが用であり、用そのままが珠である。不二であるのに二であるので、真俗を分けるだけである。これに焦点をあわせて、また随情智等がある……。身子（舎利弗）が、「仏はさまざまな縁、比喩によって、巧みに言葉で説く。その心は海のように安らか

112　不共般若　般若には三乗の人が共に学ぶ共般若＝通教と、菩薩だけが学ぶ不共般若＝別教・円教がある。

113　薩婆若　sarvajña の音写語。一切智と訳す。ここでは、空を見る智慧のことで、通教に相当する。

114　『大品［般若経］』に、「ある菩薩は初発心に薩婆若と相応する……仏のように道場に座る」とある**【大品云有菩薩初発心与薩婆若相応有菩薩初発心如遊戯神通浄仏国土有菩薩初発心即坐道場為如仏】**　ぴったりした出典は未詳であるが、『大品般若経』巻第一、習応品、「菩薩摩訶薩は般若波羅蜜を行じ、薩婆若は過去世と合せず。何を以ての故に。過去世は見る可からざればなり。何に況んや薩婆若は過去世と合せんや。薩婆若は未来世と合せず。何を以ての故に。未来世は見る可からざればなり。何に況んや薩婆若は未来世と合せんや。薩婆若は現在世と合せず。何を以ての故に。現在世は見る可からざればなり。何に況んや薩婆若は現在世と合せんや。舎利弗よ、菩薩摩訶薩は、是の如く習応す。是れ般若波羅蜜と相応すと名づく」（大正八、二二三中二二～二九）、同、巻第二十四、善達品、「又た、須陀洹《しゅだおん》、斯陀含《しだごん》、阿那含《あなごん》、阿羅漢、辟支仏、菩薩摩訶薩を幻作《げんさ》し、初発意《しょほっち》従り檀那《だんな》波羅蜜、尸羅《しら》波羅蜜、羼提《せんだい》波羅蜜、毘梨耶《びりや》波羅蜜、禅那《ぜんな》波羅蜜、般若波羅蜜を行じ、初地を行じ、乃至、十地を行じ、菩薩位に入りて神通に遊戯《ゆげ》し、衆生を成就し、仏国土を浄め、諸禅解脱三昧に遊戯し、仏十力、四無所畏、四無礙智、十八不共法、大慈大悲を行じ、仏身の三十二相、八十随形好《ずいぎょうこう》を具足して、以て衆人に示す」（同前、四〇〇中一〇～一七）、同、巻第一、習応品、「菩薩摩訶薩は初発意従り六波羅蜜を行じ、乃至、道場に坐し、其の中間に於いて常に諸の声聞、辟支仏の為めに福田と作る」（同前、二二二中二〇～二二）などを参照。

115　『大［般涅槃］経』に、「私は弥勒と世諦について議論したが、五百の声聞は真諦を説いていると思い込んだ」とある**【大経云我与弥勒共論世諦五百声聞謂説真諦】**　『南本涅槃経』巻第三十二、迦葉菩薩品、「我れは往《むかし》の一時、耆闍崛山《ぎじゃくっせん》に在りて、弥勒菩薩と共に世諦を論ず。舎利弗等の五百の声聞は、是の事の中に於いて都《すべ》て識知せず。何《いか》に況《いわ》んや出世の第一義諦をや」（大正一二、八二一下五～八）を参照。

である。私は聞いて、疑いの網は断ち切られる」というのは[116]、その意味である。

質問する。真俗《しんぞく》は当然相対するべきである。どうして同じでないであろうか。

答える。これは当然四句があるはずである。俗は異なって真は同じ。真は異なって俗は同じ。真と俗とが異なって相対する。真と俗とが同じで相対する。

三蔵［教］と通［教］とは、真は［実有滅《じつうめつ》と幻有即空《げんうそっくう》は同じく空と理解できるので］同じで、俗は［三蔵教の俗は幻有即空で、通教の俗は幻有即空不空《げんうそっくうふくう》で］異なる。［別入通と円入通の］二つの入通は、真は［別入通の真は幻有即空不空で、円入通の真は幻有即空不空・一切法趣空不空《いっさいほうしゅくうふくう》で］異なって、俗は［どちらも幻有で］同じである。別［教］の真と俗とはみな異なって相対する。円入別は、［別教・円教と］703c 俗は同じで真は異なる。円［教］は、真と俗とが異ならないで相対し、同じでないけれども同じである。もし［円教に］入らなければ、それぞれ【当分】の真俗は相対する……。

七種の二諦は、詳しく説くことは前の通りである。かいつまんで説くならば、三界内部の相即《そうそく》（蔵教）・不《ふ》相即《そうそく》（通教）、三界外部の相即（別教）・不相即（円教）は、四種の二諦である。別接通《べつせっつう》は第五で、円接通《えんせっつう》は第六で、円接別《えんしょうべつ》は第七である。

質問する。どうして三蔵教を［高い教えに］接続しないのか。

答える。三蔵［教］は三界内部の不相即である。小乗の覚りを取った、五根の破壊された者【根敗士】であるので、接《しょう》を論じない。その他の六種は大乗の門である。もし［より高い教えに］進もうとするならば、［今の教えの水準から］離れ去ることもできる。このために［上の教えに］接続される【被接】[117]。

質問する。もし接続しないならば、また開会【会】しないのか。

答える。接続の意義は、開会の意義ではない。まだ開会しない前には、［高い教えに］接続されることを論じない。

4・3　二諦の麁妙を判定する

第三に麁妙を判定するとは、［蔵教の］実有の二諦は、半字の法門である。鈍根の人を導いて、戯れの議論の糞《あくた》を除去するので、二諦の義は成立しない。この法は麁である。［通教の］如幻《にょげん》の二諦は、満字の法門であり、それで利根［の人］を教える。諸法の実相については、［声聞・縁覚・菩薩の］三人がともに証得するので、前（蔵教）と比較すると妙である。同様に但空《たんくう》を見るのは、後（別入通以上）と比較すると麁である。別入通によって、不空を見ることができる。そうであれば妙である。［しかし、］教、理について語ることが融合しない。このために麁である。円入通を妙とする。妙は後［の円教］と異ならないが、通［教］の方便を帯びて

116　身子（舎利弗）が、「仏はさまざまな縁、比喩によって、巧みに言葉で説く。その心は海のように安らかである。私は聞いて、疑いの網は断ち切られる」という【身子云仏以種種縁譬喩巧言説其心安如海我聞疑網断】『法華経』譬喩品、「仏は種種の縁、譬喩を以て巧みに言説す。其の心は安きこと海の如し。我れは聞いて、疑網断つ」（大正九、一一上二二～二三）を参照。

117　接続される【被接】「被」は受け身の助字。「接」は接続の意。引き継がれるの意。三種の被接がある。通教から別教に引き継がれることを別接（入）通といい、通教から円教へ引き継がれることを円接（入）通といい、別教から円教に引き継がれることを円接（入）別という。

いる。このために麁である。別［教］の二諦は、通［教］の方便を帯びていない。このために妙である。［しかし、］教、理について語ることが融合しない。このために麁である。円入別は、理が融合していることが妙であり、別［教］の方便を帯びていることが麁である。ただ円［教］の二諦だけが正しくまっすぐで最高の覚りである。このために妙である。

次に、随情智に焦点をあわせて麁妙を判定するとは、ひとまず三蔵に焦点をあわせれば、最初に随情の二諦を聞くと、真実の言葉を虚妄の言葉であると誤解して言葉に関する誤った見解を生じるので、生死の迷いが止めることができず、仏法らしさ【気分】がない。もし［身の不浄、受の苦、心の無常、法の無我を観察する四《し》］念処《ねんじょ》を熱心に修行すれば、［煖・頂・忍・世第一法の］四善根を生じる。この時、随情の二諦をみな俗と名づける。無漏を獲得し、［それによって］照らされる二諦をみな真と名づける。［声聞の預流果、一来果、不還果、阿羅漢果の］四果の人から、無漏智によって照らされる真俗を、みな随智の二諦と名づける。随情は麁、随智は妙である。たとえば、乳を転換して始めて酪を完成することができたようなものである。酪を完成する以上、「心はたがいに理解し信じ、［長者の邸宅に］出入りするのに恐れはばかることはなくなった」[118]とは、随情・情智・智等によって、通・別入通・円入通［の二諦］を説くことができ、彼らに小乗を恥じ大乗を慕い、自ら腐敗した種子[119]であることを悲しみ、すぐれた教え【上乗】を仰ぎ慕わせることである。このとき、酪を転換して生蘇とするようなものである。「心がようやくのびのびとしゆったりとする」[120]のは、随情・情智・智等によって、別・円入別［の二諦］を説いて、[704a]不共般若を明らかにし、「家業を管理するように命令することである。金・銀・宝物があり、どれほど取るべきか、与えるべきかについてみな知らせている」[121]とは、これを知った以上、生蘇を転換して熟蘇とするようなものである。「諸仏の法は長い時を経過して後、きっと真実[122]を説くであろう」[123]とは、随情・情智・智等によって、円の二諦を説くことである。塾蘇を転換して醍醐とするようなものである。以上が六種の二諦によって衆生を成熟させることである。［たがいに］離れさせて[124]四味《しみ》を成

118　「心はたがいに理解し信じ、［長者の邸宅に］出入りするのに恐れはばかることはなくなった」【心相体信入出無難】『法華経』信解品、「是れを過ぎて已後、心は相い体信し、入出に難《はば》かり無し。然るに其の止まる所は、猶《な》お本の処に在り」（同前、一七上二七～二九）を参照。

119　腐敗した種子【敗種】　成仏できないとされた二乗をたとえる。『維摩経』巻中、不思議品、「我れ等は何為《なんす》れぞ永く其の根を絶するや。此の大乗に於いて、已に敗種の如し」（大正一四、五四七上八～九）を参照。

120　「心がようやくのびのびとしゆったりとする」【心漸通泰】『法華経』信解品、「復た少時を経て、父は子の意漸く已に通泰し、大志を成就し、自ら先の心を鄙《いや》しむを知る」（大正九、一七中七～八）を参照。

121　「家業を管理するように命令することである……みな知らせている」【命領家業金銀珍宝出入取与皆使令知】『法華経』信解品、「爾の時、窮子は即ち教勅を受け、衆物、金銀、珍宝、及び諸の庫蔵を領知すれども、一飡《いっさん》を悕取《けしゅ》するの意無し」（同前、一七中四～六）、同、「我れ今、多く金銀・珍宝有りて、倉庫に盈溢《よういつ》す。其の中の多少、応に取与すべき所、汝悉ごとく之れを知る」（同前、一七中一～二）、同、「長者は智有って、漸く入出せしむ。二十年を経て、家事を執作せしめ、其れに金銀、真珠、頗梨《はり》、諸物の出入を示し、皆な知らしむ」（同前、一八上二六～二九）を参照。

122　真実【実】　底本の「宝」を『全集本』によって改める。

123　「諸仏の法は長い時を経過して後、きっと真実を説くであろう」【諸仏法久後要当説真実】『法華玄義』巻第一上の前注75を参照。

124　［たがいに］離れさせて【離】　底本の「雖」を『全集本』によって改める。

立させる。このために麁である。醍醐の一味は妙である。

さらにまた、まとめて麁妙を判定する。前の［蔵教・通教の］二教は、随智等があるけれども、まったく随情である。随他意語を説くからである。それ故、麁と名づける。別入通以下は、随情等があるけれども、まったくまとめて情智とする。随自意語・随他意語を説くからである。また、麁でもあり、妙でもある。円［教］の二諦は、随情等があるけれども、まったく随智である。仏の随自意語を説くからである。それ故、妙と呼ぶ。

質問する。前の［蔵教・通教の］二つの二諦はまったく随情であり、［四］諦を見ることではないはずである。また、覚りを得ない。

答える。中道を得ないので、随情と呼ぶ。諸仏・如来は、無駄に法を説くことはしない。中道第一義悉檀でないけれども、［世界悉檀・為人悉檀・対治悉檀の］三悉檀の利益を失わない。おおざっぱに判定すると、みな随情に所属して、麁であるだけである。

もし七種の二諦を五味の教に適用すれば、乳教に別・円入別・円の三種の二諦があって、［別・円入別の］二麁［円の］一妙である。酪教はただ実有の二諦だけで、もっぱら麁である。生蘇は七種の二諦を備えて、六麁一妙である。熟蘇は六種［の二諦］であり、五麁一妙である。『法華経』はただ一つの円の二諦だけであって、六つの方便がない。ただ妙だけであり、麁でない。題に妙と掲げるのは、その意味はここにあるのである。以上が相待によって麁妙を判定することである。

4・4　開麁顕妙

第四に開麁顕妙とは、三世の如来はもともと衆生に仏知見を開き、無生忍《むしょうにん》を得させようとして、重大な事柄という理由で世に出現する。『法華論』には、「蓮華が水を出る意義は、小乗の泥で濁った水から離れ出ることが十分できないからである。［声聞が］如来の大衆のなかに入って座る［ようなものである］。［また、］さまざまな菩薩で、蓮華の上に座って、最高で清浄な智慧が説かれるのを聞く者のようである」とある。[125]［蓮］華の葉に座るのではきっとない。かえってさまざまな菩薩は、一つの円の道を説くことを聞いて、一つの円の結果を証得し、華王界《けおうかい》[126]に身を置き、［毘盧《びる》］舎那仏《しゃなぶつ》と同様に、蓮華の台《うてな》[127]に座るだけである。仏の意図はこのようである。

125　『法華論』には、「蓮華が……聞く者のようである」とある【法華論云蓮華出水義不可尽出離小乗泥濁水故入如来大衆中坐如諸菩薩坐蓮華上聞説無上清浄智慧者】『法華論』巻上、「十六に妙法蓮華経と名づくるは、二種の義有り。何等か二種なる。一には出水の義なり。小乗の泥濁の水を出離すること尽くす可からざるを以ての故なり。又復た、義有り。彼の蓮華の泥水を出ずるが如きは、諸の声聞の如来の大衆の中に入りて坐することを得るに喩う。諸の菩薩の如きは、蓮華の上に坐し、如来の無上の智慧の清浄の境界を説くを聞きて、如来の深密蔵を証することを得るが故なり」（大正二六、三上一〇～一五）を参照。

126　華王界　毘盧舎那仏（Vairocana-buddha の音写語）の住する蓮華蔵世界のこと。

127　蓮華の台【蓮華台】『釈籤』巻第六には、「祇《た》だ実に入るを以て、名づけて華台と為す。内心の仏に同じく実に入るを以ての故に、故《ことさら》に外器をして仏に同じく台に処せしむ」（大正三三、八五七中一八～一九）を参照。「台」は、花托のこと。この花托が仏の座る台座になる。

始めて我が身を見て、[128]最初に一つの真実を聞くならば、［蓮］華の台に入ってしまう。まだ入らない者のために、頓《とん》から漸《ぜん》を展開し、さらに別の方便によって、それを助けとして第一義をあらわし、[129]さまざまな二諦を説く。単であれ、複であれ、不可思議であれ、さまざまで同じでないけれども、[704b]みな［蓮］華の台のために、方便となる。ただ如来は常に静寂であるけれども、教化は法界にくまなく広がる。本当に区別して、先に計画し後に動き、このような引導《いんどう》を与えることをなさない。慈《いつく》しみという善根《ぜんごん》の力によって、さまざまな衆生をここから入ることができるようにさせるのである。

ある人は、「はじめ鹿苑［での説法］からはみな『法華［経］』［に入るため］の方便【弄引】である」という。今はそうではないという。ひとまず近く説くならば、［『華厳経』を説く］寂滅道場以降は、すべて『法華［経］』［に入るため］の方便である。それ故、光によって他の国土を照らす場合、現在の仏はすべて頓のために漸を展開する。文殊は、先（過去世）の仏も頓のために漸を展開したことを引く。このような方便については、まだその［時間的な］近さを不平に思う。大通智勝［仏］以降は、衆生のために、『法華［経］』の方便となる。わかるはずである。［大通智勝仏の時は］ただ近く寂［滅道］場にあるのではないが、またこれもまだ近い。もと成仏して以降、[130]衆生のために、［蓮］華の台の方便となる。またまだ近い。もと菩薩の道を修行したときから、[131]衆生のために、［蓮］華の台の方便となる。［経］文には、「私はもと誓願を立てて、くまなくすべての衆生に同様にこの覚りを得させる」とある。[132]わかるはずである。方便はどうしてただ今だけであろうか。もともと教化されて［蓮］華の台に入る者は、もともと一つの極端である。そのまだ入らない者は、上のように方便は止《や》まない。中間も同様である。もし『華厳』・方等《ほうどう》・『般若』等の経にしたがい、あるいは別入通・円入通・円入別等によって［蓮］華の台に入る者は、もともと入っている者と相違しない。またもともと一つの極端である。そのまだ入らない者は、四味によって成熟させ、みなこの『〔法華〕経』において、〔蓮〕華の台に入ることができる。さまざまな教えのなかで、あるいは三味、二味、一味に留まり、あるいはまったく未成熟【生】の者はみな麁をはっきりと定めて【決】妙にさせ、すべて〔蓮〕華の台に入らせる。三蔵は果を保持し、破ることが難しいものを破り、開くことが難しいものを開いた。まして破ることが易しく、開くことが易しいもの

128　始めて我が身を見て【始見我身】『法華経』従地涌出品、「此の諸もろの衆生は、始めて我が身を見、我が説く所を聞き、即ち皆な信受して、如来の慧に入りにき。先より修習して小乗を学ぶ者をば除く。是の如きの人は、我れ今亦た是の経を聞くことを得て、仏慧に入らしむ」（大正九、四〇中八～一一）を参照。

129　さらに別の方便によって、それを助けとして第一義をあらわし【更以異方便助顕第一義】『法華経』方便品、「又た、諸の大聖主は、一切世間、天人、群生《ぐんじょう》の類の深心の欲する所を知りて、更に異の方便を以て、助けて第一義を顕わす」（同前、八下八～一〇）を参照。

130　もと成仏して以降【従本成仏已来】『法華経』如来寿量品、「是の如し。我れ成仏してより已来《このかた》、甚だ大いに久遠なり。寿命は無量阿僧祇劫にして、常住にして滅せず」（同前、四二下一九～二一）を参照。

131　もと菩薩の道を修行したときから【従本行菩薩道時】『法華経』如来寿量品、「我れ本と菩薩の道を行じて成ぜし所の寿命は、今猶お未だ尽きず、復た上の数に倍せり」（同前、四二下二二～二三）を参照。

132　〔経〕文には、「私はもと誓願を立てて、くまなくすべての衆生に同様にこの覚りを得させる」とある【文云我本立誓願普令一切衆亦同得此道】『法華経』方便品、「我れ本と誓願を立て、一切衆をして、我が如く等しくして異なること無からしめん。我が昔の願う所の如きは、今者《いま》已に満足せり。一切衆生を化して、皆な仏道に入らしむ」（同前、八中四～七）を参照。

はなおさらである。すべて情にしたがい本によって、その当の門に実をあらわして、すぐに［蓮］華の台に入る。［経］文には、「七宝《しっぽう》の大車《だいしゃ》は、その数が限りない。それぞれ子供たちに与える」とある……。[133] これは開権《かいごん》顕実《けんじつ》するならば、さまざまな麁はみな妙であって、絶待妙である。もし上に説く通りであれば、『法華経』は多くの経を総括して、事《じ》（仏の衆生救済の仕事）はここ（『法華経』）においてきわまる。仏が世に出現する本心であり、さまざまな教法《きょうほう》の帰着点である。人々はこの道理を見ない。因縁の事相であると思って、軽んじ侮ろうとする心が止まないので、舌は口のなかで爛《ただ》れる。もしその趣旨を理解するならば、深く七種［の二諦］・二十一種（七種の二諦を、随情・随情智・随智の三義によって展開したもの）の無量の教門を見るであろう。意気は広大深遠であり、［異なる教えが］たがいに関わり合い、[134] さまざまな教えが雑然とせず、[135] 詳しく細かく遺漏《いろう》がない。横に普遍的で縦に徹底しており、すべて『法華［経］』に帰着する。二万の［日月《にちがつ》］灯明《とうみょう》［仏］[136] や迦葉等の古仏《こぶつ》が教えを説く場合、妙はここ（『法華経』）にきわまる。ある『経』には、「弥勒の未来においても妙はここ（『法華経』）にきわまる」とある。[137] 釈迦は尊敬して三世［の諸仏］と同様に、704c また妙はここ（『法華経』）にきわまる。『涅槃［経］』はそれで命を手に入れることのできる重宝であって、重ねて［丁寧に］掌《たなごころ》をう［って『法華経』の説をくり返す］だけである。この妙なる趣旨を見ると、広大な包みや籠《かご》のようなものである。探求する者は、その意を広大にする必要がある。人の迷いの心によって、かの大空を制限してはならない。

『摂大乗《しょうだいじょう》［論《ろん》］』に十種のすぐれた様相の意義を明らかにしている。[138] すべて深遠で究極的であると思って、地論《じろん》［師《し》］にその中心思想【宗】を転換させる。[139] 今、試みに十妙をこれ（『摂大乗論』）と比較すると、それ（『摂大乗論』）には遺漏がある。ひとまず理妙《りみょう》（境妙《きょうみょう》）を、依止勝相《えししょうそう》[140] と比較すると、不思議の因縁を明らかに

133　［経］文には、「七宝の大車は、その数が限りない。それぞれ子供たちに与える」とある【文云七宝大車其数無量各賜諸子】『法華経』譬喩品、「我れに是の如き七宝の大車有りて、其の数は無量なり。応当《まさ》に等心もて各各之れを与うべく、差別するに宜しからず」（同前、一二下二七～二八）を参照。

134　［異なる教えが］たがいに関わり合い【更相間入】二つのものがたがいに隔てられているのに関わること。『釈籤』巻第六、「大小は互いに入るが故に、『更相』と云う。教を越えて相い接するが故に、『間入』と云う」（大正三三、八五八中二～三）を参照。

135　雑然とせず【繍淡】「繍」は衣に刺繍すること、「淡」は刺繍のないこと。さまざまな教えが秩序をもって雑然としないことをたとえたものであろう。

136　二万の［日月］灯明［仏］【二万灯明】『法華経』序品に出る二万の日月灯明仏のこと。

137　ある『経』には、「弥勒の未来においても妙はここ（『法華経』）にきわまる」とある【有経云弥勒当来亦妙極於此】出典未詳。

138　十種のすぐれた様相の意義【十勝相義】諸仏世尊に十種の勝相があるといわれる。真諦訳『摂大乗論』巻上、「十の勝相とは、一に応知依止勝相、二に応知勝相、三に応知入勝相、四に入因果勝相、五に入因果修差別勝相、六に於修差別依戒学勝相、七に此中依心学勝相、八に此中依慧学勝相、九に学果寂滅勝相、十に智差別勝相なり」（大正三一、一一三中一六～二一）を参照。

139　地論［師］にその中心思想【宗】を転換させる【使地論翻宗】阿黎耶識が一切の法を生ずるとする摂論師の立場から、法性が一切の法を生ずるとする地論師の立場を改めさせること。

140　依止勝相『摂大乗論』の十種の勝相の第一で、知られるべき依り所の意で、阿黎耶識を指す。

し、四句によって執著を破る。どうして黎《り》耶《や》[141]、庵《あん》摩《ま》羅《ら》[142]を留めて、拠り所【依止】とするのか。四悉檀の設定は、ただ無《む》明《みょう》他《た》生《しょう》[143]の一句を立てるだけではない。それ（『摂大乗論』）はただ一道[144]によって義を明らかにし、多くの経を展開統合し、頓漸《とんぜん》は衆生のためであり、教に焦点をあわせ、修行に焦点をあわせ、情にしたがい、智にしたがい、大いに仏の教化を包含し、深く［教えの］始めから終わりまでを総括するのを見ない。［十二］因縁の一境《いっきょう》は、すでに依止（阿《あ》黎《り》耶《や》識《しき》）より広い。さらに四つの四諦、七つの二諦、五つの三諦、一諦等によって比較すれば、かれに［理妙と］比較できる【準擬】ものはない。［『摂大乗論』は］迹《しゃく》のなかの十妙においてすでに漏れるものがある

本門のなかの十妙は、多くの経にないものである。ましてその『［摂大乗］論』にないのはなおさらである。さらにまた、観心の十妙は、修行の働きを獲得するので、貧しい人が果《か》位《い》（仏果）の宝を数え［て自分の取り分が何もない］ようなものではない。わかるはずである。十妙の法門は、鱗《うろこ》が重なるように重層的であることは、言葉でいうことができるであろうか。インド【天竺】の『大［智度］論』でさえその同等のものではない。中国【真旦】[145]の人師については、どうして煩《わず》わしく語る必要があるであろうか。これは誇って見せびらかすものではなく、［十妙という］教えがそうさせるだけである。思索して自分でこれを見、言葉を費やすことを待ってはならない。

5　三諦の境を明らかにする

第五に三諦を明らかにするとは、多くの経にその意義が備わっているけれども、名称は『瓔珞経《ようらくきょう》』『仁王《にんのう》経《きょう》』に出ている。[146]有諦、無諦、中道第一義諦をいう。今の『［法華］経』にもその意義がある。寿量品に「如

〔同一性〕でもなく、異〔相違性〕でもない」とあるのは[147]、とりもなおさず中道である。「如」は真、「異」は俗にほかならない。

質問する。もしこの『〔法華〕経』に〔思議生滅・思議不生滅・不思議生滅・不思議不生滅の〕四種の〔十二〕因縁などの名称がなければ、どうしてその意義を用いるのか。

141　黎耶　阿黎耶識の略。前注25を参照。

142　庵摩羅　amala の音写語。菴摩羅、阿摩羅とも音写する。無垢識、清浄識と訳す。第九識を指す。

143　無明他生　一切の法が無明＝阿黎耶識という他者から生じるということと推定される。

144　一道　「無明他生の一句」を指す。

145　中国【真旦】真丹　Cīna-sthāna の音写語。震旦、振旦とも音写する。中国を指す。

146　名称は『瓔珞経』『仁王経』に出ている【名出瓔珞仁王】『菩薩瓔珞本業経』巻下、仏母品、「所謂る有諦、無諦、中道第一義諦は、是れ一切諸仏菩薩の智母なり」（大正二四、一〇一八中二一～二二）を参照。また、『仁王般若経』巻第一、二諦品、「若しは有、若しは無とは、即ち世諦なり。三諦を以て一切法を摂《しょう》す。空諦、色諦、心諦なるが故に、我れは一切法を説くに、三諦を出でず」（大正八、八二九中二七～二九）を参照。

147　寿量品に「如〔同一性〕でもなく、異〔相違性〕でもない」とある【寿量云非如非異】『法華玄義』巻第一上の前注19を参照。

答える。五住《ごじゅう》［地煩悩《じぼんのう》］・二死《にし》（分段生死《ぶんだんしょうじ》・不思議変易生死《ふしぎへんにゃくしょうじ》）は、その名称が『勝鬘［経］』に出ているから[148]といって、『涅槃［経］』は、その意義を用いるべきでないであろうか。もし五住［地煩悩］を用いなければ、無明を破らないであろう。もし［分段生死・不思議変易生死の］二死を用いなければ、常住でないことになろう。さらにまた、［法身《ほっしん》・報身《ほうしん》・応身《おうじん》の］三仏の名称は『楞伽《りょうが》［経《きょう》］』に出ているから[149]といって、その他の経には三仏の意義がないとすべきであろうか。多くの経はみな仏説である。名称は意外にも同じでないけれども、その意義は［通じ合って］ふさぐことはできない……。

今、三諦を明らかにするのに、三段とする。第一に三諦を明らかにし、第二に麁妙を判定し、第三に開麁顕妙する。

5・1　三諦を明らかにする

前の［蔵教・通教の］二種の二諦を退けるのは、中道を明らかにしないからである。［別入通・円入通・別教・円入別・円教の］五種の二諦については、中道を論じることができるので、五種の三諦がある。別入通に焦点をあわせて、非有漏非無漏に印を付けると、三諦の意義が成立する。有漏は俗、無漏は真、非有漏非無漏は中道である。その［別入通の］当の教えに中道を論じると、[705a]ただ空と相違するだけである。中道に働きがないので、さまざまな［功徳の］法を備えない。

円入通の三諦とは、二諦は前と相違しない。非漏非無漏に印を付けると、すべての法を備える。前の中道と相違するのである。

別［教］の三諦とは、その［別の二諦のなかの］俗を開いて二つの諦とし、真に対して中道とする。中道は理であるにすぎない……。

円入別の三諦とは、二諦は前と相違せず、真の中道に印を付けると、仏法を備えるのである。

円［教］の三諦とは、ただ中道に仏法を備えるだけではなく、真俗も同様である。三諦は円かに融けあって、一は三、三は一である。『［摩訶］止観』のなかに説く通りである[150]……。

148　五住［地煩悩］・二死（分断生死・不思議変易生死）は、その名称が『勝鬘経』に出ている【五住二死名出勝鬘】『勝鬘経』一乗章、「是の阿羅漢・辟支仏の断ずること能わざる所の煩悩に二種有り。何等をか二と為す。謂わく、住地煩悩、及び起煩悩なり。住地に四種有り。何等をか四と為す。謂わく、見一処住地、欲愛住地、色愛住地、有愛住地なり。此の四種の住地は、一切の起煩悩を生ず。起とは、刹那心、刹那に相応す。世尊よ、心不相応の無始の無明住地なり」（大正一二、二二〇上一～六）、同、「二種の死有り。何等をか二と為す。謂わく、分段の死、不思議変易の死なり。分段の死とは、謂わく、虚偽の衆生なり。不思議変易の死とは、謂わく、阿羅漢・辟支仏・大力の菩薩の意生身、乃至、究竟無上の菩提なり」（同前、二一九下二〇～二三）を参照。
149　三仏の名称は『楞伽経』に出ている【三仏名出楞伽】『楞伽阿跋多羅宝経』巻第一、一切仏語心品、「云何んが化仏と為す。云何んが報生仏なる。云何んが如如仏なる。云何んが智慧仏なる」（大正一六、四八一中八～九）、同、「云何んが化仏と為す。云何んが報仏と為す。云何んが如如平等智慧仏と為す」（同前、四八二中一七～一九）を参照。
150　『［摩訶］止観』のなかに説く通りである【如止観中説】『釈籤』巻第六、「『一三二一如止観』とは、第三巻の顕体の中、及び第七巻の横竪《おうじゅ》を破す中の如し」（大正三三、八五九上二一～二二）を参照。

5・2　三諦の麁妙を判定する

第二に麁妙を判定するとは、別入通・円入通は、通［教］の方便を帯びているので麁とし、別［教］は通を帯びていないので妙とする。円入別は、別［教］の方便を帯びているので麁とし、円［教］は方便を帯びていないので最も妙である。

五味の教に焦点をあわせれば、乳教は［別教・円入別・円教の］三種の三諦を説き、［別教・円入別の］二麁［円教の］一妙である。酪教はただ麁であるだけで妙はない。生蘇、熟蘇は、みな［別入通・円入通・別教・円入別・円教の］五種の三諦を備え、［別入通・円入通・別教・円入別の］四麁［円教の］一妙である。この『［法華］経』は、ただ［円教の］一種の三諦だけである。［以上が］とりもなおさず相待妙である。

5・3　開麁顕妙

第三に開麁顕妙である。前のさまざまな麁をはっきりと定めて【決】、一つの妙の三諦に入る場合、相対することのできる対象がないのは、絶待妙である。

6　一諦の境を明らかにする

6・1　別して一諦を明らかにする

第六に一諦《いったい》を明らかにするとは、『大［般涅槃］経』には、「二諦というのは、実際は一つである。方便によって二つと説く」とある。[151]酔ってまだ吐かなければ、太陽や月が回転するのを見て、回転する太陽や回転しない太陽があると思い込み、醒めた人は、ただ不回転を見るだけで、回転を見ないようなものである。[152]回転［と不回転との］二つ［を見ること］を麁とし、不回転［だけを見ること］を妙とする。三蔵はまったく回転［と不回転との］二つであって、その酔った人と同じである。さまざまな大乗経は、回転［と不回転との］二つを帯びて、不回転の一つを説く。今の『［法華］経』は、正直に方便を捨てて、ただ最高の覚りを説くだけであ

151　『大［般涅槃］経』には、「二諦というのは、実際は一つである。方便によって二つと説く」とある【大経云所言二諦其実是一方便説二】『南本涅槃経』巻第十二、聖行品、「爾の時、文殊師利菩薩は仏に白して言わく、『世尊よ、説く所の世諦・第一義諦は、其の義云何ん。世尊よ、第一義の中に、世諦有るや。世諦の中に第一義有るや。如其《も》し有らば、即ち是れ一諦なり。如其し無くば、将《は》た如来の虚妄の説に非ずや。善男子よ、世諦とは、即ち第一義諦なり。世尊よ、若し爾らば、則ち二諦無し』と。仏の言わく、『善男子よ、善方便有りて衆生に随順して説くに二諦あり』と」（大正一二、六八四下一〇～一六）を参照。

152　酔ってまだ吐かなければ……回転を見ないようなものである【如酔未吐見日月転謂有転日及不転日醒人但見不転不見於転】『南本涅槃経』巻第二、哀歎品、「但だ文字を知るのみにして、未だ其の義に達せず。何等をか義と為す。彼の酔人の上の日月を見て、実に廻転《えてん》に非ず、廻転の想を生ずるが如し。衆生も亦た爾り。諸煩悩無明の覆う所と為り、顛倒心を生ず。我をば無我と計《け》し、常をば無常と計し、浄をば不浄と計し、楽をば計して苦と為す。煩悩の覆う所と為るを以ての故に、此の想を生ずと雖も、其の義に達せず。彼の酔人の非転処に於いて転想を生ずるが如し」（同前、六一七上一七～二二）を参照。

る。[153] 不回転は一実である。このために妙とする。『［菩薩］地持［経］[154]』には、「地の［前の］様相【地相】に意義を明かすことは相似《そうじ》の法を説き、地の真実【地実】に意義を明かすことは真実の法を説く」と明らかにする。[155] さらにまた、教門《きょうもん》の方便は教道《きょうどう》に意義を明らかにし、証得する法を説くことは、証道《しょうどう》に意義を明らかにする。

今、これを借りて用いる。「諸仏の法は長い時が経過して後、きっと真実を説くであろう[156]」とは、地の真実の意義である。「道場で獲得する法[157]」とは、証道に意義を明らかにすることにほかならない。このために妙である。この真実に執著すれば、真実の語は虚妄の語となる。言葉についての誤った見解を生じるので、麁と名づける。滞《とどこお》りなく通じて執著がなければ、このために妙という。

開麁顕妙は、理解できるであろう……。

6・2　通じて無諦を明らかにする

さまざまな諦の不可説《ふかせつ》とは、多くの事象【諸法】はもとから常に静寂の様相をしている。[158] どうしてさまざまな諦が複雑に入り混じってたがいに妨げることができようか。一諦でさえないのであるから、さまざまな諦はどうしてあろうか。一々がすべて不可説である。可説を麁とし、不可説を妙とする。不可説もまた不可説であ 705b り、妙である。この妙もまた妙である。言葉で表現する手立てが断たれているからである。もし共通に不可説とするならば、生生不可説、ないし不生不生不可説である。前の不可説（生生不可説）を麁とし、不生不生不可説を妙とする。もし麁が妙に相違するならば、相対して融合しない。麁と妙とが不二であるのは、絶待妙にほかならない……。

五味の教えに焦点をあわせれば、乳教は［別教の］一麁の無諦・［円教の］一妙の無諦である。酪教は［蔵教の］一麁の無諦である。生蘇は［蔵教・通教・別教の］三麁の無諦・［円教の］一妙の無諦である。熟蘇は［通教・別教の］二麁の無諦・［円教の］一妙の無諦である。この『［法華］経』は、ただ［円教の］一妙の無諦だけである。

開麁［顕妙］は前の通りである……。

質問する。なぜ大乗・小乗は共通に無諦を論じるのか。

答える。『釈論』（『大智度論』）には、「聖人が心のなかで得る涅槃を破らない。まだ得ない者は涅槃に執著

153　正直に方便を捨てて、ただ最高の覚りを説くだけである【正直捨方便但説無上道】『法華玄義』巻第一上の前注5を参照。

154　『［菩薩］地持［経］』『私記』には『地論』の誤りとし、『講義』はこれに賛成するが、『講述』はこれに反対している。いずれにしろ、出典未詳。

155　『［菩薩］地持［経］』には、「地の［前の］様相【地相】に意義を明かすことは……真実の法を説く」と明らかにする【地持明地相明義説相似法地実明義説真実法】『講述』によれば、「地相」は初地以前の相の現前することをいい、「地実」は初地以上において真実の法を明らかにすることをいう。

156　「諸仏の法は長い時が経過して後、きっと真実を説くであろう」【諸仏法久後要当説真実】『法華玄義』巻第一上の前注75を参照。

157　「道場で獲得する法」【道場所得法】『法華経』方便品、「道場に得る所の法は、能く問いを発する者無し」（大正九、六中一七）を参照。

158　多くの事象【諸法】はもとから常に静寂の様相をしている【諸法従本来常自寂滅相】『法華玄義』巻第二上の前注99を参照。

して戯れの議論を生ずるためである。無を対象として使《し》（煩悩）を生ずるようなものである」とある。[159] それ故、破って無諦というのである。

質問する。もしそうであるならば、小乗が［涅槃を］得ることと得ないこととは、どちらも破られる。大乗も［涅槃を］得ることと得ないこととは、どちらも破るべきである。

答える。［大乗の場合は、小乗の場合を］例としない。小乗はまだ除くべき別惑《べつわく》があり、あらわすべき別理がある。それ故、［涅槃を］得るけれども、破る必要がある。中道はそうではない。［中道を］得れば、どうして破るのか。

質問する。もしそうであるならば、中道はただ一実諦《いちじったい》があるべきであり、無諦というべきではないのである。

答える。まだ［中道を］得ない者は、中道に執著して惑を生じるために、無諦を必要とする。実に［中道を］得る者には［一実諦が］あり、戯れて議論する者には［一実諦が］ない……。

妙法蓮華経玄義　巻第二下

159　『釈論』（『大智度論』）には……無を対象として使（煩悩）を生ずるようなものである」とある【釈論云不破聖人心中所得涅槃為未得者執涅槃生戯論如縁無生使】『大智度論』巻第三十一、「衆生は涅槃の名を聞くを以て、邪見を生じ、涅槃音声に著《じゃく》して、戯論を作す。若しは有、若しは無、著を破するを以ての故に、涅槃の空を説く。若し人は有に著せば、是れ世間に著す。若し無に著せば、則ち涅槃に著す。是の凡人の著する所の涅槃を破し、聖人の得る所を破せず。何を以ての故に。聖人は一切法の中に於いて相を取らざるが故なり」（大正二五、二八八下八～一二）を参照。「縁無生使」は、『講義』

によれば、滅諦を縁じて、邪見・疑・無明を起こすことをいう。

妙法蓮華経玄義　巻第三上

天台智者大師が説く

② 諸境の「展開と統合」を論じる

第二にさまざまな境の展開・統合【開合】とは、まず十如を一番目とする。なぜならば、この『〔法華〕経』の初章[1]（方便品）に、言葉を絶することによって十如をほめたたえるからである。[2] 今、あらためて〔十二因縁・四諦・二諦・三諦・一諦の〕五境を説く。どのように相違するのか。

1 十二因縁と十如是

十二因縁と十如との展開・統合とは、名称が相違するので展開【開】といい、意味が同じであるので統合【合】という。

〔個別に符合させるとは、〕無明の項【支】は如是性に符合し、行の項は如是相に符合し、識・名色《みょうしき》・六入・触《そく》・受は如是体に符合し、愛は如是縁に符合し、取は如是力・作《さ》に符合し、有は如是因に符合し、生・老死は如是果・報等に符合する……。

さらにまた、総体的に符合させる【総合】とは、如是相は行・有の二項[705c]に符合し、如是性は無明・愛・取の三項に符合し、如是体は識・名色から老死までの七項（識・名色・六入・触・受・生・老死）に符合する。如是力はやはり煩悩道の三項（無明・愛・取）で、無明・愛・取は業を生ずることのできる力である。如是作はやはり行・有の二項で、苦のために業を作ることができる。如是因はやはり行・有の二項で、［生苦・老苦・病苦・死苦・怨憎会苦《おんぞうえく》・愛別離苦《あいべつりく》・求不得苦《ぐふとくく》の］七苦のために因となるのである。如是縁はやはり無明・愛・取の三項で、業を潤《うるお》して苦を取ることができる。如是果はやはり行・有の習果《しゅうか》（因果が善悪無記《ぜんあくむき》について同類である場合の果）である。如是報はやはり行・有の業が名色等の報［果］（善因、悪因に対して生じる無記の果）を招く。この［個別に符合させることと総体的に符合させることとの］二つは、通じて思義の十二因縁を、六道の十如是に符合させることである。

次に、不思議の十二因縁を、［声聞・縁覚・菩薩・仏の］四聖《ししょう》の十如に符合させるとは、無明の項が転換すれば、すぐに明に変化する。明はとりもなおさず了因［仏性］であって、聖人の如是性となる。悪の行の項が転換すれば、すぐに善の行に変化する。善の行はとりもなおさず縁因［仏性］であって、聖人の如是相となる。

1　初章【命章】『釈籤』によれば、「命」とは招く、起こすの意で、初章を命章という。ここでは、『法華経』の説法の実質的な始まりである方便品を指す。『釈籤』巻第六、「初めの文に命と言うは、召なり、起なり。故に初章を以て、名づけて命章と為す」（大正三三、八六〇上二七～二八）を参照。

2　言葉を絶することによって十如をほめたたえるからである【絶言称歎十如】どんなほめ言葉によっても表現できないとして、ほめ言葉を止めることを、「絶言称歎」という。具体的には、方便品の「止みね。舎利弗よ、復た説くことを須《もち》いず」（大正九、五下九）を指す。『釈籤』巻第六、「『絶言称歎』とは、文に云わく、『止みね。舎利弗よ、復た説くことを須いず』と。絶言もて歎じ已りて、次に絶言の境を歎ず。即ち十如なり」（大正三三、八六〇上二八～中一）を参照。

識・名色等の苦道が転換すれば、とりもなおさず法身であって、聖人の如是体となる。愛・取の二項が転換すれば、聖人の菩提心となり、如是力にほかならない。有の項に果を含む場合は、六度（六波羅蜜）の行に変化し、すぐに聖人の如是作となる。また転換して聖人の如是因となる。この有の項の転換に二種がある。正道に転換する場合は如是因となり、助道に転換する場合は聖人の如是縁となる。老死の項が転換すれば、法性《ほっしょう》常《じょう》住《じゅう》となり、聖人の如是果・報となる……。

さらにまた、総体的に符合させるとは、体・力・作の三法はただ煩悩・業・苦にすぎず、法身・菩提心・六度の行等に変化する。［体・力・作の］三法を熱心に習うと、内においては性となり、外においては相となる。正意は体となり、誓願が深遠であるのは力となり、行を立てるのは作となり、果をもたらすのは因となり、たがいに助けるのは縁となり、獲得し生じる【剋発】のは、果・報となる……。もし詳しく四聖を分けるならば、［四聖の］一つ一つにおいて相違がある。今はだいたいの内容を取るので、通じて解釈するだけである。『［法華］経』には、「すべてを知る智を得ようとする願は、まだ存在して失われていない」とある。[3] 二乗もまた共通に解釈することができるのである。

2　四種の四諦と十如是・十二因縁

四種の四諦が十如に符合するとは、生滅・無生［滅］の二種の［四諦のなかの］苦・集は六道の十如である。如是相・如是性は集、如是体は苦、如是作・力・因・縁はまた集、如是果・報はまた苦である……。

生滅・無生［滅］の二種の［四諦のなかの］道・滅は析［空観の蔵教］・体［空観の通教］の二乗と通［教］の菩薩の十如である。如是相・性は道、如是体は滅、如是力・作・因・縁はいずれも道、如是果・報はまた滅で 706a

ある。

無量・無作の二種の［四諦のなかの］苦・集は四聖の三界外部【界外】の果報の十如である。集諦は三界外部の如是相・性・力・作・因・縁である。苦諦は三界外部の如是体・果・報等である……。

無量・無作の二種の［四諦のなかの］道・滅は四聖の三界外部の涅槃の十如である。道諦は涅槃の性・相・力・作・因・縁等であって、般若・解脱でもある。滅諦は涅槃の体・果・報等であって、常住の法身ともなるのである……。

四種の四諦が四種の十二因縁に符合するとは、生滅・無生［滅］の二種の［四諦のなかの］苦・集は、［思議生滅と思議不生滅の］二種の思議の十二因縁である。生滅・無生［滅］の二種の［四諦のなかの］道・滅は、［思議生滅と思議不生滅の］二種の思議の十二因縁の無明の滅、ないし老死の滅である。

無量・無作の二種の［四諦のなかの］苦・集は［不思議生滅と不思議不生滅の］二種の不思議の十二因縁である。無量・無作の二種の［四諦のなかの］道・滅は［不思議生滅と不思議不生滅の］二種の不思議の十二因縁の無明の滅、ないし老死の滅である。このことは理解できるであろう。

3　『［法華］経』には、「すべてを知る智を得ようとする願は、まだ存在して失われていない」とある【経云一切智願猶在不失】『法華経』五百弟子受記品、「仏も亦た是の如し。菩薩と為る時、我れ等を教化し、一切智の心を発せしむれども、尋《つ》いで廃忘《はいもう》し、知らず覚せず。既に阿羅漢道を得れば、自ら滅度せりと謂い、資生《ししょう》艱難《かんなん》にして、少《すく》きを得て足ると為す。一切智の願は、猶《な》お在りて失わず」（大正九、二九上一六～一九）を参照。

3　七種の二諦と十如是・十二因縁・四諦

七種の二諦が十如に符合するとは、蔵・通・別［入通］・円入通の全部で四つの俗はいずれも六道の十如である。蔵・通の二つの真［諦］は二乗の十如である。別・円入別の二つの俗［諦］は、有の極端【有辺】が六道の十如、無の極端【無辺】が二乗の十如である。円の俗、これは九法界の十如に通じる。別入通・円入通・別・円入別・円の全部で五種の真は、いずれも仏法界の十如である。

七種の二諦が四種の十二因縁に符合するとは、蔵・通・別入通・円入通の全部で四つの俗は［思議生滅と思議不生滅の］思議の二種の十二因縁である。蔵・通の二つの真は思議の十二因縁の無明の滅、ないし老死の滅である。別・円入別の二つの俗は、有の極端が思義の十二因縁、無の極端が思議の無明の滅、ないし老死の滅である。円の俗は三界の内部・外部の四種の十二因縁に通じるのである。別入通・円入通・別・円入別・円の全部で五種の真は三界外部の不思議の十二因縁の無明の滅、ないし老死の滅である。

七種の二諦が四種の四諦に符合するとは、実有の二諦は生滅の四諦である。幻有の二諦は無生［滅］の四諦である。別入通・円入通の二つの俗は、やはり無生［滅］の［四諦のなかの］苦・集である。別入通の真は無量の［四諦のなかの］道・滅である。円入通の真は無作の［四諦のなかの］道・滅である。別の俗、円入別の俗、706b これは無量の［四諦のなかの］苦・集、円の俗は無作の［四諦のなかの］苦・集である。別の真は無量の［四諦のなかの］道・滅であり、円入別の真、円の真は無作の［四諦のなかの］道・滅である。

4　五種の三諦と十如是・十二因縁・四諦・二諦

五種の三諦が十如に符合するとは、別入通・円入通の二つの俗は六道の十如である。別の俗、円入別の俗は、有の極端が六道の十如、無の極端が二乗の十如である。円の俗は、その意味は九界に通じる……。五種の真諦はいずれも二乗・菩薩等の十如である。五種の中諦はいずれも仏界の十如である。

五種の三諦が四種の十二因縁に符合するとは、別入通・円入通の二つの俗は六道の思議の十二因縁である。別・円入別の二つの俗は、有の極端が思議の六道の十二因縁の生、無の極端が思議の十二因縁の滅である。円の俗は、その意義は通じる……。

今、ひとまずこの四種の十二因縁を用いると、五種の真諦は思議の十二因縁の滅である。また不思議の十二因縁の生でもある。五種の中諦は不思議の十二因縁の滅である。

五種の三諦が四種の四諦に符合するとは、別入通・円入通の二つの俗は無生［滅］の［四諦のなかの］苦・集である。別の俗、円入別の俗、円の俗は、共通に無生［滅］の［四諦のなかの］苦・集である。無生［滅］の［四諦のなかの］道・滅でもある。無量の［四諦のなかの］苦・集でもある。別入通・円入通の二つの真は、もともと但空《たんくう》を取る立場では無生［滅］の［四諦のなかの］道・滅である。別の真、円入別の真は無生［滅］の［四諦のなかの］道・滅であるけれども、無量［の四諦］において苦・集である。円の真は、無生［滅の四諦］においては道・滅であるけれども、無量［の四諦］・無作《むさ》［の四諦］において苦・集である。別入通の中［道］は無量［の四諦］の道・滅、円入通の中［道］は無作［の四諦］の道・滅、別の中［道］は無量［の四諦］の道・滅、円入別の中［道］は無作［の四諦］の道・滅、円の中［道］はちょうど無作［の四諦］の道・滅である。

五種の三諦が七種の二諦に符合するとは、［七種の二諦のなかの］前の二つの［蔵教・通教の］二諦で符合させられないものを選び捨てるのである。次の二種の［別入通と円入通の］二諦は、二つの俗が五種の三諦の範疇のなかの五種の俗、二つの真の空の極端【空辺】が五種の三諦の範疇のなかの真、不空の極端【不空辺】が五種の三諦の範疇のなかの中［道］である。後の三種の［別・円入別・円の］二諦の三つの俗は、空の極端が五種の三諦の範疇のなかの真、有の極端が五種の三諦の範疇のなかの俗、三つの真が五種の三諦の範疇のなかの中［道］である。

さらにまた、一種の説を示そう。後に選び捨てるように、前の［蔵教・通教の］二諦は符合させられない。後の五俗には真があり俗があり、後の五真には真があり中[706c]［道］がある。

5　一実諦と十如是・十二因縁・四諦・二諦・三諦

一実諦が十如に符合するとは、一々の法界にはいずれも十界を備える。九界を排除すれば、［一実諦は］ただ仏法界と同じであるだけである。三種の十二因縁を選び捨てると、［一実諦は］ただ一種の［不思議不生滅の］十二因縁の滅と同じであるだけである。三種の四諦を選び捨てると、［一実諦は］ただ一実の［円教の無作の］四諦と同じであるだけである。七種の二諦を選ぶと、［一実諦は］ただ［蔵教・通教を除く後の］五［種］の真諦と［円教の中道については］同じであり、［別教の中道については］同じでない。五種の三諦を選ぶと、［一実諦は］ただ五［番目の円教］の中諦と同じであるだけである……。

6　無諦と十如是・十二因縁・四諦・二諦・三諦・一諦

無諦が不可説であるというのは、十如に符合する。如は異ならないものに対する名前である。空寂《くうじゃく》にほかならない。言葉の様相は静かに滅して、説き示すことはできない。[4] とりもなおさず十種はいずれも如の意味である。さまざまな無明の滅、ないし老死の滅は、その意義がとても深い。とても深いのは、無諦と同じである。生生《しょうしょう》不《ふ》可説《かせつ》、ないし不生不生不可説は、無諦と同じである。七種の真諦はいずれも不可説である。最初の真諦不可説とは、身子（舎利弗）が、「私は、解脱のなかに言説がないと聞く」という通りである。[5] まして後の六［種の真諦］はなおさらである。五種の中諦は、無諦と同じである。生死でもなく、涅槃でもない。二辺（二つの極端）でない以上、また中道もない。一実を虚空《こくう》と名づける。虚空には一もない。どうして実があるだろうか。つまり、無諦と同じである。

無諦はもともと存在するものがない。平等大慧にはいくらの数量【若干】もない。いくらの数量もないけれども、［無諦を展開すると、四種の十二因縁や七種の二諦、さらには無量の法門になるように］いくらかの数量、無量となる。伸ばすと、法界に充満する。どこから来るのか知らない。無量であるけれども、いくらの数量もない。収めると、存在することを知ることがない。どこから去るのか知らない。来もせず去りもしないのは、とりもなおさず法身仏である……。

次に、七種の二諦は、［衆生の機］縁に趣いて展開・統合し、次々とたがいに［その他の境と］まざりあう。

4　言葉の様相は静かに滅して、説き示すことはできない【言辞相寂滅不可説示】『法華玄義』巻第二上の前注86を参照。

5　身子（舎利弗）が、「私は、解脱のなかに言説がないと聞く」という通りである【如身子云吾聞解脱之中無有言説】『法華玄義』巻第一下の前注82を参照。

［七種の二諦の］一々にまたそれぞれ随情・随情智・随智等がある。その他の五つの意義（五つの境）にも同様に、また当然［随情・随情智・随智等が］あるはずである。今、詳しくは記さない。なぜならば、仏は同一の音声で法を説くのに、衆生は［自分たちの］種類にしたがってそれぞれ理解するからである。[6]自分で考えなさい。

質問する。さまざまな境の理が融合する以上、どのような意味で［さまざまな境は］数が多く【紛葩《ふんぱ》】たがいにかかわって入り込む【拘入《くにゅう》】のか。

答える。如来は十界の性質と様相を観察認識すると、成熟している者、成熟していない者がいる。大機（大乗を受けいれる機）がまだ成熟していなければ、［大乗を強いて説いて］誹謗を生じさせることはしない。小機（小乗を受け入れる機）がもし成熟するならば、［小乗を説いて］適当な時を失わせない。衆生の都合に合わせて、［大機、または小機の］いずれか一方に【単】応じ、［大機と小機の］どちらにも【複】応じ、［蔵教・通教・別教の］偏教と円教とがまざりあって、衆生を成熟させ、［衆生が］聞けば、すぐに利益を得させる。

『華厳［経］』は十界すべてを残りなく観察するけれども、［菩薩界と仏界の］二界が成熟しているので、別・円の二種によって成熟させる。三蔵も十界を考慮に入れるけれども、二乗の性質と様相が成熟しているので、生滅［の四諦］によって成熟させる。方等［経］も十界を考慮に入れるけれども、［声聞界・縁覚界・菩薩界・仏界の］四界が成熟しているので、[707a]四種［の四諦が］まざりあったものによって成熟させる。『般若［経］』も十界を考慮に入れるけれども、また［声聞界・縁覚界・菩薩界・仏界の］四界が成熟しているので、［無生滅・無量・無作の］三種［の四諦が］まざりあったものによって成熟させる。『法華［経］』も十界を考慮に入れるけれども、［仏界の］一つの性質と様相が成熟しているので、ただ一つの円［教の四］諦によって成熟させるだけである。

もし巧みな方便による［四種の四諦のなかのどれを］用いるか用いないか【出没】の調整【調熟】がなければ、どうして境と智とが融合して妙となることができようか。たとえば画家がさらに［青黄赤白黒の］五色を薄くして混ぜ合わせて、さまざまな姿形を作るようなものである。まして仏である法王は法について自在であり、さまざまな仕方ですきまを開けて入り（別入通・円入通・円入別を意味する）衆生をととのえ、［悪行を］抑制する【調伏】ことができないであろうか。

質問する。上に六つの境等を明らかにする。この『［法華］経』は、名前がなくとも、その意義のあることを許すのか。

答える。十如の名前と意義は、前に備わっていた。四種の十二因縁については、化城［喩］品に生滅の十二［因］縁を明らかにする。譬喩品の「ただ虚妄を離れるだけである」[7]とは、不生［滅］の十二［因］縁である。方便品に「仏種は縁より生起する」とあるのは[8]、三界外部の無量・無作の二種の十二［因］縁である。四つの

6　仏は同一の音声で法を説くのに、衆生は［自分たちの］種類にしたがってそれぞれ理解するからである【仏以一音演説法衆生随類各得解】『法華玄義』巻第一上の前注40を参照。
7　譬喩品の「ただ虚妄を離れるだけである」【譬喩品但離虚妄】『法華玄義』巻第二下の前注40を参照。
8　方便品に「仏種は縁より生起する」とある【方便品云仏種従縁起】『法華玄義』巻第二下の前注53を参照。

四諦については、譬喩品の「さまざまな苦の原因は、貪欲を根本とする」[9]とは、生滅の四諦である。薬草喩品の「空法をよく理解する」[10]とは、無生［滅］の四諦である。さらにまた、「最高の覚り【無上道】」とあり[11]、また方便品の「ただ最高の覚りを説くだけである」[12]、「如来の滅度」[13]等とは、三界外部の無量・無作の二種の四諦である。十如が区別されるのは世諦（俗諦）である。「ただ仏と仏とだけがはじめて多くの事象の真実の様相【諸法実相】を究め尽くすことができる」[14]とは、真諦にほかならない。安楽行品には、「また有為と無為、真実と真実でない法を区別してはならない」とある。[15]「有」は俗諦、「無」は真諦である。「また区別してはならない」とは、二つの極端を遮って、中道をあらわすことである。寿量品には、「同一【如】でもなく、相違する【異】のでもない」とある。[16]「相違する【異】のでもない」は俗でないこと、「同一【如】でもない」は真でないことである。三諦の意義である。方便品には、「さらに別の【異】方便によって、それを助けとして第一義をあらわす」とある。[17]一実諦《いちじったい》である。さらにまた、「ただこの一つの事柄だけが真実である」とある。[18]あるいは、「無分別の法を説く」という。[19]さらにまた、「さまざまな事象【諸法】の静かに滅した様相は、言葉で述べることはできない」とある。[20]無諦の意義である。

9　譬喩品の「さまざまな苦の原因は、貪欲を根本とする」【譬喩品諸苦所因貪欲為本】『法華経』譬喩品、「諸苦の因《よ》る所、貪欲を本と為す。若し貪欲を滅せば、依止《えし》する所無し。諸苦を滅尽するを、第三諦と名づく」（大正九、一五上二七～二九）を参照。

10　薬草喩品の「空法をよく理解する」【薬草喩品了達空法】出典は、薬草喩品ではなく、化城喩品である。『法華経』化城喩品、「若し如来は自ら涅槃の時到り、衆は又た清浄にして、信解堅固にして、空法を了達し、深く禅定に入るを知らば、便《すなわ》ち諸菩薩、及び声聞衆を集めて、為めに是の経を説く」（同前、二五下二〇～二二）を参照。

11 「最高の覚り【無上道】」とあり【云無上道】『法華経』に頻出する。たとえば、後注12を参照。

12 方便品の「ただ最高の覚りを説くだけである」【方便品但説無上道】『法華玄義』巻第一上の前注5を参照。

13 「如来の滅度」【如来滅度】『法華玄義』巻第二上の前注117を参照。

14 「ただ仏と仏とだけがはじめてさまざまな事象の真実の様相【諸法実相】を究め尽くすことができる」【唯仏与仏乃能究尽諸法実相】『法華玄義』巻第二上の前注93を参照。

15 安楽行品には、「また有為と無為、真実と真実でない法を区別してはならない」とある【安楽行云亦不分別有為無為実不実法】『法華経』安楽行品、「又復《ま》た上中下の法、有為無為、実不実の法を行ぜざれ。亦た是れ男、是れ女と分別せざれ」（同前、三七下一〇～一一）を参照。

16 寿量品には、「同一【如】でもなく、相違する【異】のでもない」とある【寿量云非如非異】『法華玄義』巻第一上の前注19を参照。

17 方便品には、「さらに別の【異】方便によって、それを助けとして第一義をあらわす」とある【方便品云更以異方便助顕第一義】『法華玄義』巻第二下の前注129を参照。

18 「ただこの一つの事柄だけが真実である」とある【云唯此一事実】『法華経』方便品、「唯だ此の一事のみ実なり。余の二は則ち真に非ず。終《つい》に小乗を以て、衆生を済度《さいど》せず」（同前、八上二一～二二）を参照。

19 「無分別の法を説く」という【説無分別法】『法華経』方便品、「三世諸仏の説法の儀式の如く、我れは今亦た是の如く、無分別の法を説く」（同前、一〇上二二～二三）を参照。

20 「さまざまな事象【諸法】の静かに滅した様相は、言葉で述べることはできない」とある【諸法寂滅相不可以言宣】『法華玄義』巻第一下の前注48を参照。

(2) 智妙

第二に智妙とは、最高の理【至理】は奥深くかすかで【玄微】、智でなければあらわすことはない。智は［観察の］対象【所】を知ることができるけれども、［智による観察の対象である］境でなければ融合しない。境は融合してすばらしい【融妙】以上、智もこれに合致する。あたかも影や響きのようなものである。それ故、境の次に智を説く。

智について、二段とする。最初に総体的にさまざまな智を論じ、第二に境に対応させて智を論じる。

① 総体的に六段によって諸智を論じる

総体的に智を［論じるのに］六段とする。第一に［智の］数、第二に［智の］種類、第三に［智の］様相、第四に［智が境を］照らすこと、第五に［智の麁妙の］判定、第六に［智の］開会（開麁顕妙）である。

1 諸智の「数」を明らかにする

［智の］数とは、第一に世間の智、第二に五停心《ごじょうしん》（不浄観・慈悲観・数息観《すそくかん》・因縁観・念仏観）・四念処《しねんじょ》[21]の［三《さん》賢《げん》の］智、第三に［煖《なん》・頂《ちょう》・忍《にん》・世第一法《せだいいっぽう》の］四善根の智、第四に［声聞の須陀洹果《しゅだおんか》・斯陀含果《しだごんか》・阿那含果《あなごんか》・阿羅漢果《あらかんか》の］四果の智、第五に辟支仏の智、第六に［菩薩の布施・持戒・忍辱・精進・禅定・智慧の］六度の
707b 智、第七に［通教の］体法の声聞の智、第八に体法の辟支仏の智、第九に体法の菩薩の真（空）に入る方便の智、第十に体法の菩薩の仮《け》に出る智、第十一に別教の十信の智、第十二に［十住・十行・十廻向の］三十心の

智、第十三に十地の智、第十四に三蔵［教］の仏の智、第十五に通教の仏の智、第十六に別教の仏の智、第十七に円教の五品弟子[22]の智、第十八に六根清浄（十信）の智、第十九に初住から等覚までの智、第二十に妙覚の智である。

2　諸智の「種類」を明らかにする

第二に［智の］種類とは、世間の智には道がなく、邪《よこし》まに考えみだりに執著し、心は理の外に逸脱して働いて、［理を］信ぜず入らないので、一つ［の種類］とする。五停心・四念処は、最初の［三］賢に入っている。仏法らしさ【気分】があるけれども、いずれも外凡《げぼん》［の位］であるので、一つ［の種類］とする。四善根は、ともに内凡［の位］であるので、一つ［の種類］とする。四果は、ともに真（空）を見るので、一つ［の種類］とする。辟支仏は、細かな個別的な様相の観察【別相観】によって［煩悩の］習気《じっけ》（影響力）を抑えることができる

21　四念処　身・受・心・法の四に対して、順次に不浄・苦・無常・無我であると、それぞれの自相を観察する自相別観と、身・受・心・法の四はいずれも不浄・苦・無常・無我であると、それらの共相《ぐうそう》を観察する共相別観とからなる別相念処と、身・受・心・法の全体を総じて不浄・苦・無常・無我であると観察する総相念処がある。

22　五品弟子　『法華経』分別功徳品に基づいて、智顗が立てた円教の位。六即の観行即に相当する。五品は、随喜品・読誦品・説法品・兼行六度品・正行六度品のこと。

ので、一つ［の種類］とする。

六度は、理を対象とする智が弱く、事を対象とする智が強いので、一つ［の種類］とする。

通教の［内凡・外凡の位の声聞を含む］方便の声聞は、体法の智がすぐれているので、一つ［の種類］とする。

辟支仏は、さらにまた少し［声聞より］すぐれているので、一つ［の種類］とする。

通教の菩薩の真（空）に入る方便の智は、［有門・空門・亦有亦空門・非有非空門の］四門についてすべて学ぶので、一つ［の種類］とする。

通教の仮に出る菩薩の智は、正面から俗を対象とするので、一つ［の種類］とする。

別教の十信の智は、まず中道を知り、前［の智］よりすぐれ、後［の智］より劣るので、一つ［の種類］とする。

別教の三十心は、ともに内凡［の位］であるので、一つ［の種類］とする。

十地は、ともに聖なる智であるので、一つ［の種類］とする。

三蔵［教］の仏は、師の位の名であり、［声聞・辟支仏・菩薩の］三乗の弟子よりすぐれているので、一つ［の種類］とする。

通教の仏の智は、惑を断ち切り機を照らすことがすぐれているので、一つ［の種類］とする。

別教の仏の智は、さらにまたすぐれているので、一つ［の種類］とする。

円教の五品弟子は、ともに煩悩の性質を備えているけれども、如来の秘密の蔵を知ることができるので、一つ［の種類］とする。

［円教の］六根清浄の智は、真の隣に位置するので[23]、一つ［の種類］とする。

［円教の］初住から等覚までは、ともに無明を破るので、一つ［の種類］とする。［円教の］妙覚の仏の智は、最高で最も尊いので、一つ［の種類］とする。

このような［智］は、その種類にしたがって、たがいに似ているものを分類し、ある場合は離し、ある場合は合して、二十［種類の智］と判定した……。

3　諸智の「様相」を弁別する

第三に［智の］様相を論じるとは、インド【天竺】の世間の智は、究極は非想［非非想天］に到達する。この世間で尊ぶ、その要点は忠・孝にある。［木・火・土・金・水の］五行《ごぎょう》・［礼・楽《がく》・射《しゃ》・御《ぎょ》・書・数の］六種の技芸・天空の現象【天文】・地理・医術・占い・兵法・財貨の管理増殖の方法【貨法】・千種類もある草木についてすべて知り、鳥や獣などの万物についても、その名を知る。さらにまた、［香で仏の］左を塗り［刀

23　真の隣に位置する【隣真】　六根清浄位は六即の相似即に相当し、また十信位に相当する。円教では、初住より等覚までが分真即に相当し、段階的に真を証得するといわれる。そこで、六根清浄位は真の隣に位置するといわれる。

で仏の］右を割《さ》いても、［仏は］平等で憎しみも愛もなく、[24]根本定《こんぽんじょう》[25]を得て、［神足通・天眼通・天耳通・他心通・宿命通の］五種の神通力を生ずる。河の水を耳のなかに留《とど》め、[26]帝釈天を羊に変化させ、[27]風や雲を吸ったり吐《は》いたりし、[28]太陽や月を取ってつかむ。法は世間の法であり、定は惑を断ち切ることができない【不動】定[29]であり、慧は惑を動かして三界を出ることができない。[30] 707c 名利を求め、見［煩悩］・愛［煩悩］を増大させる。世間の心の知るものなので、世間の智と名づけるのである。

［数息観・不浄観・慈悲観・因縁観・念仏観の］五停［心観］・四念［処］とは、定があるので停といい、慧があるので観という。観は邪を覆《くつがえ》すことができ、定は乱を抑えることができる。数息［観］は散を対治し、不浄［観］は貪を対治し、慈［悲観］は瞋《しん》を対治し、因縁［観］は癡《ち》を対治し、念仏［観］は仏道の障害を対治する。

［四］念処は、苦諦について観察する四智であり、［無常・苦・無我・不浄である存在を常・楽・我・浄であるとする］四種の顛倒《てんどう》（倒錯した考え）を対治する。四種の顛倒が生起しないことは、この四［念処］観に基づく。最初に四種の顛倒を覆して、まだ聖なる理に入らないので、［五停心・別相念処・総相念処の三善根の］外凡の智というのである。

24　［香で仏の］左を塗り［刀で］右を割いても、［仏は］平等で憎しみも愛もなく【塗左割右等無憎愛】『大智度論』巻第二、「諸仏世尊の若《ごと》きは、若《も》し人刀を以て一臂《ひ》を割き、若し人栴檀香を以て一臂を泥《でい》するも、左右の眼の如く、心に憎愛無し。是《ここ》を以て永く残気無し」（大正二五、七一上二九～中二）、『南本涅槃経』巻第二、長寿品、「世尊よ、若し一人有りて刀を以て仏を害し、復た一人有りて栴檀もて仏に塗るも、仏は二人に於いて、等心を生ずるが若し」（大正一二、六二〇下二七〜二八）を参照。

25　根本定　下地の修惑（思惑）を断ち切って得られる上地の禅定をいい、色界の四禅、四無色定のそれぞれに根本定がある。定には、定に入った段階のものと、それに近づきつつある準備的段階の定とがあり、前者を根本定といい、後者を近分定《ごんぶんじょう》という。ただし、色界の初禅については近分定とは表現せず、とくに未至《みし》定（未到《みとう》定）と呼ぶ。

26　河の水を耳のなかに留め【停河在耳】　阿竭多仙《あかた》が十二年間、恒河《ごうが》の水を耳の中にとどめたこと。『南本涅槃経』巻第三十五、憍陳如品、「阿竭多仙は十二年の中、恒河の水の耳の中に停まるを聞かざるや」（同前、八四〇中三〜四）を参照。

27　帝釈天を羊に変化させ【変釈為羊】　瞿曇《くどん》仙人が帝釈天の身を羊に変えたこと。『南本涅槃経』巻第三十五、憍陳如品、「瞿曇仙人は大いに神通を現じ、十二年の中、変じて釈身と作る。並《なら》びに釈身をして羝羊《ていよう》の形と作《な》さしめ、千女の根を作して釈身に在るを聞かざるや」（同前、八四〇中四〜六）を参照。

28　風や雲を吸ったり吐いたりし【納吐風雲】　『釈籤』には、張楷（後漢の人）が霧を作り、欒巴《らんば》（後漢、蜀郡の人）が雲を吐いたことを例として出している。『釈籤』巻第七、「亦た此の土の古人、張揩は能く霧を作り、欒巴は善く雲を吐くが如し」（大正三三、八六一下一四）を参照。

29　惑を断ち切ることができない【不動】定　『釈籤』によれば、惑を断じることができないことを不動という。『釈籤』巻第七、「定は無漏に非ず、惑を断ずること能わざるが故に、不動と云う」（同前、八六一下一六〜一七）を参照。

30　慧は惑を動かして三界を出ることができない【不動出】　『釈籤』によれば、惑を動かすことも、三界を出ることもできないことをいう。『釈籤』巻第七、「常に三有に在るが故に、曰は出でず。邪慧は惑を動かして界を出ずること能わざるが故なり」（同前、八六一下一七〜一八）を参照。

煖法《なんぼう》は[31]、四諦の境を対象として智を生ずる。煩悩を制伏する智がさらに増大して、十六種の観察の智を成立させる。火鑽《ひきり》が上下依りあって火を生じ薪《たきぎ》を焼くようなものである。有の智によって有の境を知り、煖智《なんち》[32]を生ずることができて、有をしぼみ衰えさせる。夏の季節に華を集めてうずたかく積み上げると、華から暖かい気を生じて、［華が］かえってしぼみ衰えるようなものである。さらにまた、［五］陰を拠り所として［五］陰を観察するとき、智の火を生じて、かえって［五］陰を焼くことは、二本の竹がこすりあって火を生じ、かえって竹林を焼くようなものである。尊者瞿沙《くしゃ》は、「解脱を求める智の火は、煖が最も初めにあることを特徴としているようなものである。無漏智の火も煖法が先にあることを特徴としている。火は煙の初めにあることを特徴としているようなものである。このために煖と名づける。正法・毘尼《びに》（律）のなかで、信・愛・敬を生ずる。正法とは道諦を対象として信じ、毘尼とは滅諦を対象として信じる」と説く。[33]

煖は四諦を対象とすることができる。どうして［道諦と滅諦の］二つというのか。答える。この二つが最もすぐれているので、先に説くべきである。さらにまた、正法は［苦諦・集諦・道諦の］三諦であり、毘尼は滅諦である。仏が満宿《まんしゅく》のために［説く］通りである。「私に四句の法がある。あなたのために説きましょう。知ろうと思いますか。あなたの心の自由にしなさい」とある。[34]「四句」は、四諦にほ

31　煖法　四善根の第一。初めて無漏慧が生じ、それによって四諦の理を見る位を見道というが、その見道に入る直前の位を四善根の位という。煖法の煖は、あたたかさのことで、これが火の前触れであるように、見道の無漏慧の火によって煩

悩を焼き滅ぼす前触れとして、有漏の善根を生ずる位をいう。また、本文の煖法以下の四善根に対する解説は、ほとんど『阿毘曇毘婆沙論』巻第三（大正二八、一七下～二一上を参照）の引用からなっている。一々出典は記さない。

32　十六種の観察の智【十六観智】　十六行相の智。四諦を観察することのすがた、状態を行相という。四諦のそれぞれに四行相があるので、合わせて十六行相がある。苦諦に関しては、諸法が非常・苦・空・非我であることを観じ、集諦に関しては、すべての惑業が因・集・生・縁であることを観じ、滅諦に関しては、滅諦が滅・静・妙・離であることを観じ、道諦に関しては、道諦が道・如・行・出であることを観じること。

33　尊者瞿沙は、「解脱を求める智の火は……毘尼とは滅諦を対象として信じる」と説く【尊者瞿沙説求解脱智火煖最在初如火以煙在初為相無漏智火亦以煖法在先為相如日明相在初為相是故名煖於正法毘尼中生信愛敬正法者縁道諦信毘尼者縁滅諦信】『阿毘曇毘婆沙論』巻第三、世第一法品、「尊者瞿沙は説いて曰わく、解脱を求むる智火、彼れは最も初めに在り。火は烟《けむり》の初めに在るを以て相と為すが如し。無漏智の火も亦た煗法の先に在るを以て相と為す。日の明相は初めに在るを相と為すが如し。無漏智の日も亦た煖の初めに在るを以て相と為す。是の故に煖と名づく。云何《いか》なるをか煖と為す。正法・毘尼の中に於いて、信・愛・敬を生ず。乃至、広く説く。問うて曰わく、若し然らば、正法・毘尼を説く中、信・愛・敬を生じ、尽《ことごと》く煖を得るや。答えて曰わく、然らず。何を以ての故に。煖とは、乃ち是れ色界の修地・定地にして、能く聖行の摂する所を行ず。正法・毘尼の中、信・愛・敬を生ずる者なり。彼の正法とは、道諦に縁《よ》る信を説く。毘尼とは、滅諦に縁る信を説く」（同前、二〇上六～一四）を参照。「瞿沙」は、Ghoṣa の音写語。妙音と訳す。

34　仏が満宿のため「説く」通りである。「私に四句の法がある。あなたのために説きましょう。知ろうと思いますか。あなたの心の自由にしなさい」とある【如仏為満宿我有四句法当為汝説欲知不当恣汝意】「満宿」は、Punarvasu の訳語。馬師と満宿の非行は処々に説かれている。『阿毘曇毘婆沙論』巻第三、世第一法品、「仏は、馬師・満宿比丘に告ぐるが如し。『我れに四句の法有り。当に汝が為めに説く可し。為《は》た知らんと欲するや。当に汝の意を恣にすべし』と」（同前、二〇上二一～二二）を参照。

かならない。

あらゆる布施・持戒がすべて解脱に向かうのは、その趣旨である。色界定[35]から生起するのは、その拠り所【依】である。それぞれの地《じ》【自地】の前の［地］において善根を生ずるのは、相似の原因であり[36]、真実の四諦【四真諦】を対象とする。頂[37]は、その働きの結果である。それぞれの地【自地】の相似の後に善根を生ずるのは、依果《えか》[38]である。色界の五陰は、その報［果］である。涅槃［に至る］決定的な原因と善根を断ち切らないのは、その利益である。十六行[39]は、その行である。［義］によって生じ[40]、修慧《しゅえ》である。色界の所属【色界繋】である。三種の三昧《さんまい》[41]である。［捨根《しゃこん》・喜根《きこん》・楽根《らくこん》の］三根[42]は説くものにしたがって相応する。多くの心である。退転することである。

煖《なん》に三種がある。下の下、下の中、下の上のことである。頂に三つがある。中の下、中の中、中の上である。忍[43]に二種がある。上の下、上の中である。世第一［法］に一種がある。上の上のことである。この四善根は、三［段階］によって表現すれば、煖は下、頂は中、忍・世第一［法］は上である。

またある説には、「煖に二つがある。下の下、[708a]下の中のことである。頂に三つがある。下の上、中の下、中の中のことである。忍に三つがある。中の上、上の下、上の中のことである。世第一法に一つがある。上の上のことである。また三［段階］によって表現すれば、煖は下の下、頂は下の中、忍は中の上、世第一［法］は上の上である」とある[44]。瞿沙は、「煖に下の三つ（下の下・下の中・下の上）がある。頂に六つがある。下の下

35　色界定　色界の禅定のことであるが、『講義』には「未至・中間・四禅の六地を所依定と為す」とある。初禅の根本定と

第二禅の近分定の間に、中間定を設ける。『講義』の「六地」は未至定、中間定、四禅それぞれの根本定の六種を指す。

36 それぞれの地【自地】の前の［地］において善根を生ずるのは、相似の原因であり【於自地前生善根是相似因】『講義』には「六地の中、自ら依る所の地の前の念の智を同類因と為すなり」とある。これによれば、自地とは、未至定、中間定、四禅それぞれの根本定の六地のそれぞれをいう。それぞれの地の前において生じた善根が同類因＝習因とされる。

37 頂　四善根の第二。動善根（動揺して安定しない善根）の中の絶頂の位をいう。

38 依果　等流果＝習果のことと思われる。

39 十六行　十六行相のこと。前注32を参照。

40 ［義］によって生じ【縁生】「縁生」は、「縁義生」が正しく、「義」が脱落している。『阿毘曇毘婆沙論』巻第三、世第一法品、「為《は》た名に縁りて生ずるや、為た義に縁りて生ずるやとは、当に義に縁りて生ずと言うべし」（同前、二二上六～七）を参照。

41 三種の三昧【三三昧】　有覚有観三昧（未至定・初禅の根本定）・無覚有観三昧（中間定）・無覚無観三昧（二禅の近分定以上の禅定）のこと。

42 三根　捨根・喜根・楽根のこと。『講義』によれば、未至定・中間定・四禅に依る場合は捨根と相応し、初禅・二禅に依る場合は喜根と相応し、三禅に依る場合は楽根と相応する。

43 忍　四善根の第三。不動善根の位で、もはや悪趣に堕ちることはない。

44 またある説には、「煖に二つがある……世第一［法］は上の上である」とある【復有説者煖有二謂下下下中頂有三謂下上中下中中忍有三謂中上上下上中世第一法有一謂上上亦以三言之煖是下下頂是下中忍是中上世第一是上上】『阿毘曇毘婆沙論』巻第三、世第一法品、「復た有る説は、煖に二種有り。下の下・下の中を謂う。頂に三種有り。下の上・中の下・中の中を謂う。忍法に三種有り。中の上・上の下・上の中を謂う。世第一法に一種有り。上の上を謂う。此の善根は、三を以て之れを言わば、煖は是れ下、頂は是れ下の中、忍は是れ中の上、世第一法は是れ上なり」（同前、二一中九～一三）を参照。

から中の上までである。忍に八つがある。下の下から上の中までである。世第一［法］は、ただ上の上だけである。三［段階］によって表現すれば、煖法は一種である。下のことである。頂法は二種である。上のことである。忍に三種がある。下、中、上のことである。世第一［法］に一種がある。上のことである」という。[45]

煖に二つの捨《しゃ》（煖法が身を離れること）がある。第一に色界・地（未至定・中間定《ちゅうげんじょう》・四禅の六地）を離れる［時］【離界地《りかい》】[46]、第二に［煖法の位から］退転する時である。退転する時には、［煖法を］捨てて地獄に落ちる。無間地獄に落ちる五つの罪【五無間】[47]を作るけれども、善根を断ち切らない。頂も同様である。忍はただ一つの［離界地の］捨があるだけで、地獄に落ちない……。

頂法とは、色界の善根に、［都合の悪い縁に］動転する場合とそうでない場合、留まって進まない場合とそうでない場合があり、妨げがある場合とそうでない場合、［獲得する善根を］断絶する場合とそうでない場合、［極悪に］落ちる場合とそうでない場合がある。[48]［都合の悪い縁に］動転する場合、ないしは、［極悪に］落ちる場合について、二つがあるが、下の場合は煖、上は頂である。その［都合の悪い縁に］動転しない場合、ないし、［極悪に］落ちない場合を二つとする。下の場合は忍、上の場合は世第一法である。またある説には、「下頂《げちょう》というべきである。なぜならば、煖法の頂にあるので頂と名づけ、忍法の下にあるので下と名づける」とある。[49]またある説には、「山頂の道には、人は長くは留まらない。もし難がなければ、きっとここを過ぎてかしこに到達する。もし難に遇うならば、すぐに退き戻るようなものである。行く者も頂に留まることは長くない。もし難がなければ、きっと忍に到達する。難があるならば、煖に退《なん》いて戻る。あたかも山頂のようなも

45　瞿沙は、「煖に下の三つ（下の下・下の中・下の上）がある……世第一［法］に一種がある。上のことである」という【瞿沙云煖有下三頂有六下下乃至中上忍有八下下乃至上中世第一但上上以三言之煖法一種謂下頂法二種謂下中忍有三種謂下中上世第一有一種謂上】『阿毘曇毘婆沙論』巻第三、世第一法品、「尊者瞿沙は説いて曰わく、『煖に三種有り。下の下・下の中・下の上なり。頂に六種有り。下の下、乃至中の上なり。忍に八種有り。下の下、乃至上の中なり。世第一法は一種なり。上の上を謂う。若し三を以て之れを言わば、煗法は一種なり。是れ下なるを謂う。頂に二種有り。下・中を謂う。忍に三種有り。下・中・上を謂う。世第一法に一種有り。上を謂う。煗法を捨するも、亦た捨す。捨に二種有り。離界地の時、及び退の時に捨す。退の時に捨すとは、無間の業を作り、能く善根を断じ、亦た悪道に堕す」（同前、二一中一三～二〇）を参照。

46　色界・地（未至定・中間定・四禅の六地）を離れる［時］【離界地】『講義』によれば、「界」は色界のこと、「地」は未至定・中間定・四禅の六地のこと。この界・地を離れて、上界（無色界）・上地（四無色定）に進むときに、煖法が身を離れる。

47　五無間　五無間業のこと。無間地獄に堕ちる原因となる五種の行為のこと。具体的には、殺母・殺父・殺阿羅漢・出仏《すいぶつ》身血《しんけつ》・破和合僧。

48　［都合の悪い縁に］動転する場合とそうでない場合……［極悪に］落ちる場合とそうでない場合がある【有動不動住不住有難不難断不断退不退】『講義』によれば、「動不動」は「違縁に動転する有無」、「住不住」は「留住して進まざるの有無」、「難不難」は「障難の有無」、「断不断」は「得る所の善根を断絶するの有無」、「退不退」は「極悪に堕する有無」をそれぞれ意味する。

49　またある説には、「下頂というべきである。なぜならば、煖法の頂にあるので頂と名づけ、忍法の下にあるので下と名づける」とある【復有説者応言下頂所以者何在煖法頂故名頂在忍法下故名下】『阿毘曇毘婆沙論』巻第三、世第一法品、「復た有る説とは、応に下頂と言うべし。所以は何ん。下の煗法の頂に在るが故なり」（同前、一八中一一～一二）を参照。

のである。それ故、頂と名づける」とある。[50]

〔頂法の〕観とはどのようなことか。仏・法・僧に対して、下の小信を生ずることである。小信とは、この法は長く留まらないので、下の小〔信〕という。この信が仏を対象として小信を生ずるのは、道諦を対象としている。法を対象として下の小信を生ずるのは、滅諦を対象としている。

質問する。〔頂法の観は〕四諦を対象とすべきである。どうして〔道諦と滅諦の〕二諦を対象とするというのか。

答える。道〔諦〕・滅〔諦〕はすぐれているからである。清浄で、過失がなく、妙であり、〔過失を〕離れており、[51]信を生ずることのできる対象【処】である。教化を受ける者の信じ願う心を生じさせるためであるからである。もし世尊が、苦〔諦〕・集〔諦〕は信じ敬うべきであると説けば、教化を受ける者はなくなるであろう。この煩悩・悪行・邪見・顛倒は、どのように敬い信じることができようか。私は常にこれに逼迫されている。教化を受ける者は、道〔諦〕・滅〔諦〕に対して、喜び楽しみを生ずる。このために〔道諦・滅諦の〕二つを説くのである。またある説には、「仏・僧を信じるのは道〔諦〕を対象とし、法を信じるのは三諦を対象とすれば、すべて四諦を信じるのである」とある。[52]

質問する。頂に留まる場合もまた〔五〕陰を信じ、また〔三〕宝を信じ、また〔四〕諦を信じる。なぜただ[708b]三宝を信じると説くだけであろうか。

答える。三宝は、信・敬を生ずる対象【処】である。ただ修行者の心にしたがうだけである。〔五〕陰に対して喜びを生ずるのは、煖と名づける。〔三〕宝に対して喜びを生ずるのは、頂と名づける。〔四〕諦に対して喜びを生ずるのは、忍と名づける。

質問する。なぜ頂の退があって、煖の退を説かないのか。

答える。頂から退転する以上、また煖からの退転を説くべきである。修行者は頂にあるとき、煩悩・業の妨げが多い。煩悩等について、次のように思う、「もし修行者が忍に到達するならば、私はまた誰の身のなかで、果報を作るべきであろうか」と。欲界を離れるときにもまた思う、「修行者が欲界を出れば、私はまた誰

50　またある説には、「山頂の道には、人は長くは留まらない……山頂のようなものである。それ故、頂と名づける」とある【復有説者如山頂之道人不久住若無難必過此到彼若遇難即便退還行者住頂不久若無難必到忍有難退還煖猶如山頂故名頂】『阿毘曇毘婆沙論』巻第三、世第一法品、「復た有る説とは、猶お山頂の如し。故に名づけて頂と為す。山頂の道の人は久しく住せざるが如し。若し諸難無くば、必ず此の山を過ぎ、彼の山に到る。若し諸難に遇わば、即便《すなわ》ち退き還《かえ》る。是の如く行ずる者は、頂に住して久しく住する者無し。若し諸難無くば、必ず忍に到る。若し諸難有らば、還り退いて煖に到る。是《ここ》を以て猶お山頂の如し。故に名づけて頂と為す」（同前、一八中一二～一六）を参照。

51　［過失を］離れており【離】過失を離れている意。『阿毘曇毘婆沙論』巻第三、世第一法品、「此の四諦に於いて、何者か最も勝れたるや。所謂る滅・道なり。何を以ての故に。此の二諦は、清浄にして、過無きが故なり。復た有る説とは、此の二諦は是れ妙、是れ離なり」（同前、一八中二七～二九）を参照。

52　またある説には、「仏・僧を信じるのは道［諦］を対象とし、法を信じるのは三諦を対象とすれば、すべて四諦を信じるのである」とある【復有説者信仏僧是縁道信法是縁三諦則尽信四諦也】『阿毘曇毘婆沙論』巻第三、世第一法品、「復た有る説とは、仏を信じ僧を信ずるは、道を縁ずる信を説く。法を信ずるは、是れ三諦を縁ずる信なり。若し是の如くば、則ち四諦を縁ずる信を尽くすと説くなり」（同前、一八下九～一一）を参照。

の身のなかで果報を生ずるであろうか」と。非想非非想処《ひそうひひそうしょ》を離れるときもまた思う、「修行者がかの欲を離れてしまえば、さらに身を受けない。私はまた誰の身のなかで果報を生ずるであろうか」と。この［頂にあるとき、欲界を離れるとき、非想非非想処を離れるときの］三種のときについて、さまざまな妨げが多い。妨げによって退転するので、大いに憂い悩む。人が宝蔵を見て大いに喜び、取ろうとしてすぐに失うようなものである。頂法に留まる者は自ら思う、「まもなく忍を得、いつまでも悪道を断ち切って、重大な利益を得ること、あたかも聖人のようである」と。ところが、にわかに退転して失うので、大いに憂い悩む。このために、頂からの退転というのである。もし善友に近づき、その人にしたがって［衆生の機根に］したがった方便の教え［随順方便法《ずいじゅんほうべんほう》］を聞いて、内心に正しく観察して、仏の覚りを信じ、巧みに法を説くことを信じ、僧の清浄な功徳を信じることができるならば、［三］宝を信じることであると説き、色は無常であると説き、ないし識は無常であると説くのは、［五］陰を信じることと説き、苦・集・滅・道のあることを知るのは、諦を信じることと説く。もしこのようであれば、頂に留まる。もしこのようでなければ、頂から退転する。

忍法の観とは、正面から欲界の苦、色・無色界の苦、欲界の行の集、色・無色界の行の集、欲界の行の滅、色・無色界の行の滅、欲界の行を断ち切る道、色・無色界の行を断ち切る道を観察する。このような三十二心[53]は、下忍《げにん》と名づけられる。[54]修行者は、後にしだいに行と縁を減らす。また、さらに正面から欲界の苦、色・無色界の苦を観察し、ないし欲界の行を断ち切る道を観察するが、色・無色界の行を断ち切る道を観察することを除く。これにしたがうことを中忍《ちゅうにん》と名づける。また、さらに正面から欲界の苦を観察し、色・無色界の苦を観察し、ないし色・無色界の行の滅を観察して、すべての道［諦の四行相《しぎょうそう》］を［観察することを］除き滅する。また、正面から欲界の苦、色・無色界の苦を観察し、ないし欲界の行の滅を観察するが、色・無色界の行の滅を［観察することを］除く。また、正面から欲界の苦を観察し、ないし色・無色界の行の集を観察するが、すべての滅［諦］を［観察することを］除き滅す。また、正面から欲界の苦を観察し、ないし欲界の行の 708c
集を観察するが、色・無色界の行の集を［観察することを］除く。また、正面から欲界、色・無色の苦を観察するが、すべての集［諦］を［観察することを］除く。また、正面から欲界の苦を観察するが、色・無色界の苦を［観察することを］除く。また、正面から欲界が常に継続して断ち切られず、遠ざかり離れないことを観察する。このように観察するとき、深く嫌悪を生ずる。また、さらに減らして、ただ二［刹那の］心を作って、

53　三十二心　四諦それぞれに四行相があるので、十六行相となるが、これを欲界＝下界の四諦と色界・無色界＝上界の四諦に分けるので、合わせて三十二の行相がある。三十二の刹那の心において、三十二の行相による四諦の観察を行なう。前注32を参照。

54　行と縁を減らす【減損行及縁】　減縁減行のこと。「縁」は観察の対象の意で、四諦のこと。「行」は行相のことで、十六の行相がある。苦諦の非常・苦・空・非我、集諦の因・集・生・縁、滅諦の滅・静・妙・離、道諦の道・如・行・出をいう。下忍においては、三十二行相によって、上下八諦（下界の四諦と上界の四諦）を観察するが、中忍においては、三十二行相を少しずつ減らして観察することを減縁減行という。中忍の最後（中忍満）においては、最後に残された一行相（非常）によって欲界の苦諦を観察し、そのまま上忍に入る。

［欲界の苦諦の苦の］一行［相］を観察するだけである。[55] このように正面から観察することは、中忍と名づけられる。また、一心に欲界の苦を観察することは、上忍と名づけられる。

次に、世第一法を生ずる。世第一法の後、次に苦法忍《くほうにん》[56]・苦法智《くほうち》[57]のようである。たとえば、人が自分の国から他の国に行こうとするのに、財産が多くて持って行くことができず、物を銅貨【銭】に易《か》えるが、まだ銅貨を嫌って金に易え、金を嫌って価値のある宝に易えて、他国に行くようなものである。修行者は、ないししだいに捨て、継続して離れず、上忍を生ずる。上忍の後に、［世］第一法を生じ、［世］第一法の後に、苦忍を生ずる。

質問する。世第一法に三等級があるか。

答える。一人にはなく、多くの人にはある。身子（舎利弗）は上、目連は中、その他はみな下である。仏・辟支仏・声聞について三等級とする。

世第一法とは、[58] この心・心数《しんじゅ》（心作用）の法は、その他の法にとって最であり、勝であり、長であり、尊であり、上であり、妙である。また部分的［にすぐれていること］【分】であり、また全面的［にすぐれていること］【都】である。部分的［にすぐれていること］【分】とは、世間の法よりすぐれているけれども、第十六心【見諦】[59] よりはすぐれていない。他の十五心【見諦眷属】[60] はたがいに離れない。慧力はそれだけが多いからであり、熏禅《くんぜん》[61] は凡夫と同様に一つの場所に生じないからであり、尽智《じんち》[62]［を得る］ときのすべての善根は、い

55　ただ二［刹那の］心を作って、［欲界の苦諦の苦の］一行［相］を観察するだけである【但作二心観於一行】　二刹那の心において、欲界の苦諦の苦の一行相を観察すること。『講述』によれば、欲界の苦諦に関して、一刹那の心において、苦

の一行相を観察して、空の一行相を減らし、次の一刹那において、苦の一行相を観察して、これに乗じて上忍に進入する。

56 苦　底本の「忍」を『全集本』によって改める。

57 苦法忍・苦法智【苦法忍苦法智】「苦法忍」は苦法智忍ともいう。見道において四諦を現観する無漏智に、見惑を断じる無間道（無礙道）の智＝忍と、断じおわって四諦の理を証する解脱道の智がある。全部で八忍八智の十六心がある。欲界の苦諦に関して苦法智忍・苦法智、上界の苦諦に関して苦類智忍・苦類智があり、以下同様にして、集法智忍・集法智・集類智忍・集類智、滅法智忍・滅法智・滅類智忍・滅類智、道法智忍・道法智・道類智忍・道類智がある。道類智の前の十五心が見道に属し、道類智は修道に属す。

58 世第一法とは【世第一法者】　これ以下、「四禅を妙とする（四禅為妙）」（大正三三、七〇九上三～四）までは、『阿毘曇毘婆沙論』巻第一、世第一法品、「今、其の世第一と名づくる所以を説かんと欲す。第一と名づくるは、此の心・心法は、余の法に於いて最と為し、勝と為し、長と為し、尊と為し、上と為し、妙と為す。……若し初禅に依らば、名づけて勝と為す。若し中間に依らば、名づけて長と為す。若し二禅に依らば、名づけて尊と為す。若し三禅に依らば、名づけて上と為す。若し四禅に依らば、名づけて妙と為す」（同前、七下一六～八上二四）を参照。

59 第十六心【見諦】『釈籤』によれば、見諦とは第十六心のこと。四諦を見ること。『釈籤』巻第七、「初文に見諦、相い離れずと云うは、第十六心を見諦と為し、余の十五心を眷属と為す」（大正三三、八六三中二八～下一）を参照。

60 他の十五心【見諦眷属】『釈籤』によれば、十五心をいう。前注59を参照。

61 熏禅　世間禅・出世間禅・出世間上上禅のうち、出世間禅を四段階に分類したものが、観禅・練禅・熏禅・修禅である。この順に、しだいにすぐれた段階の禅といわれる。『釈籤』によれば、見諦＝預流果から第三果に至るまでに、熏禅が成就して、五浄居天に生まれるという。『釈籤』巻第七、「見諦従り後、第三果に至りて、熏禅成就し、五浄居に生ず」（同前、八六三下二～三）を参照。

62 尽智　無学の聖者＝阿羅漢の得る智で、四諦を体得し尽くしたと知る智のこと。

つまでもすべての垢障《くしょう》を離れているからである。三三昧《さんざんまい》[63]は、ないし無漏を憎み卑しめる。まして有漏についてはなおさらである。全面的にすぐれている【都勝】はずはなく、部分的にその煖・頂・忍法よりすぐれている。また第一というべきであり、部分的にすぐれているというべきである。煖・頂・忍・すべての凡夫の得る禅・［四］無量［心］・［初禅・二禅・四禅・四無色定《しむしきじょう》の八］解脱・除入《じょにゅう》（八勝処《はっしょうじょ》）よりすぐれている。あるいは全面的にすぐれているというが、すべての仕事【事業】のなかですぐれていることを意味しているのではない。ただ聖道の門を開くことができるからである。その見諦等は、聖道の門を開くことができない。世第一法は聖道の門を開くので、その見諦等の法について、修めることができる。見諦等の法について修めることができるとは、みな世第一法の働きである。この世第一法という名前と意味は、最勝の意味であり、第一の意味である。妙果を得るのは、第一の意味である。高い旗《はた》ぼこの頂点に、さらにそれより上のものがないようなものであるのが、第一の意味である。

質問する。前のさまざまな意味に、区別があるのか。

答える。これらはみな上妙の意味をほめたたえて説いているが、また区別がある。不浄［観］、安般《あんぱん》（数息観）については最と名づけ、[709a]聞慧については勝と名づけ、思慧については長と名づけ、煖については尊とし、頂については上とし、忍については妙とする。さらにまた、未至［定］を拠り所とすることを最とし、初禅を拠り所とすることを勝とし、中間《ちゅうげん》［禅］を長とし、二禅を尊とし、三禅を上とし、四禅を妙とする。このようなさまざまな説、これらは『［阿毘曇］毘婆沙［論］』を拠り所として解釈する。詳しく知ろうとすれば、それ（『阿毘曇毘婆沙論』）に問うべきである。

初果は八忍・八智であり、第三果は重ねて思慮して真を対象とすれば、九無礙・九解脱の智である。

辟支仏は、総相・別相[64]を用いる。三世に焦点をあわせて苦［諦］・集［諦］を明らかにし、十二因縁を区別するようなものは、別相の相にほかならない。

六度は、理を対象とする智が弱いので、［煩悩を］制伏するけれども、まだ断ち切らない。事の智が強ければ、身・命・財を捨てることができ、何もいい残すこと【遺顧】はない。声聞は、真を生じて聖となるけれども、やはり私の衣、私の鉢を論じ、たがいに強弱を論じる……。通教の声聞は、総相の一門[65]によって、俗はそのまま真であると理解する。通教の縁覚は、一門の総相・別相[66]について、俗はそのまま真であると理解する。

63　三三昧　空空三昧・無相無相三昧・無願無願三昧のこと。阿羅漢の無漏の空三昧を空なりと観察する有漏定を空空三昧といい、無相三昧の非択《ちゃくめつ》滅無為を静なりと観察する有漏定を無相無相三昧といい、無願三昧を非常なりと観察する有漏定を無願無願三昧という。すべて有漏定なので、無漏を悪賤す（憎み卑しめること）といわれる。

64　総相・別相【総相別相】『釈籤』巻第七、「次に支仏は苦集を以て総と為し、十二因縁を別と為す」（同前、八六四上五～六）によれば、次下の文の「約三世明苦集」が総、「分別十二因縁」が別となるはずであるが、両者を合わせて「別相の相」と規定する本文とは一致しない。おそらく「別相の相」は「別総の相」の誤りであろう。

65　総相の一門【総相一門】『釈籤』によれば、総相は、四諦のなかの苦諦・集諦を観じること。一門は空門のことであろう。『釈籤』巻第七、「次に通教の声聞・縁覚は、一門の総相等に於いてとは、総は但だ苦集の観を作すを謂うのみ。別は苦の七支を観じ、集の五支を観ずるを謂う。自行を以ての故に、但だ一門に依る。菩薩は他の為めなるが故に、四門に於いてす。然るに、七地の前は自行の辺に約すれば、亦た但だ一門なり」（同前、八六四上八～一一）を参照。

66　別相　『釈籤』によれば、十二因縁を観じること。前注64を参照。

ことができる。通教の菩薩は、四門[67]の総相・別相について、俗はそのまま真であると理解する。[68]さらにまた、くまなく四門によって仮《け》に出て、衆生を教化することができる。

十信《じっしん》は果位【果頭】の真如実相を信じて、この理を求めるために、十信の心を起こす。十住は中心的には入《にっ》空《くう》を習い、付随的には仮・中を習う。十行は中心的には仮を習い、付随的には中を習う。十廻向は中心的には中を習う。初地には中を証得し、二地以上には中を重ねて思慮する。

三蔵［教］の仏は、同時に三十四心[69]の八忍・八智・九無礙・九解脱を用いて、［煩悩の］正使《しょうし》と習気《じっけ》をすべて断ち切る。通［教］の仏は、道場に座り、［定と慧とがぴったり］一致相応する一念心の智慧によって、その他残りの習気を断ち切る。別教の仏は、金剛の後心《ごしん》[70]を用いて、［最後の］一品の無明を断ち切り、究め尽くして成仏する。あるいは、「断ち切るとき、等覚であれば、仏は断ち切るものがない」という。ただ円満の覚りを証得して、完全に備えるだけである。

円［教］の［随喜品・読誦品・説法品・兼行六度品・正行六度品の］五品［弟子位］は、五欲を断ち切らないのに、さまざまな感覚機能【根】を浄化し、煩悩の性質を備えたまま、如来の秘密の蔵を知ることができる。六根清浄の位は、相似の中道智を獲得する。初住は、如来の一身・無量身を獲得して、法の流れる海のなかに入って修行し、自然に流れ注ぐ。後の位は理解できるであろう。もう記さない。

4　諸智が境を「照」らすことを明らかにする

第四に智が境を照らすことを明らかにするとは、もし智に基づいて境を照らし、境に基づいて智を生ずるならば、［自性《じしょう》・他性《たしょう》・共性《ぐうしょう》・無因性《むいんしょう》の］四句はみな実体あるもの【性】のなかに落ちる。別に記す通りである……。もし四悉檀の因縁によって境智を立てるならば、ただ名字があるだけである……。

質問する。智は境を照らすことができる。境も智を照らすことができるか。

答える。もし［境と智を］不思議の立場から解釈すれば、たがいに照らすことには意味としてまた妨げがない。『仁王般若［経］』には、「智と[709b]智の対象（境）【智処】を説くことを、みな般若と名づける」とある[71]。鏡と面がたがいに照らすことにたとえる。また大地の一がさまざまな芽を生じ、芽もまた［大］地の一を生ずるようなものである。ひとまずこの意義を置く。

世智《せち》は、六道の十如を照らす。五停心智《ごじょうしんち》から体法までの全部で七智は、二乗の十如を照らす。六度と通教の出仮《しゅっけ》の菩薩の智は［菩薩の十如と六道の十如の］二つに所属する。上に［菩提を］求めることは菩薩の十如を照らし、下に［衆生を］教化することは六道の十如を照らす。［十信・十住・十行・十廻向の］四十心の智

67　四門　有門・空門・亦有亦空門・非有非空門のことであろう。

68　俗はそのまま真であると理解する【達俗即真】　底本の「俗達即真」を『全集本』によって「達俗即真」に改める。

69　三十四心　三十四の刹那の心で、八忍・八智と九無礙・九解脱とを合わせたもの。蔵教においては、八忍・八智によって見惑を断じ、九無礙・九解脱によって修惑（思惑）を断ち切って成仏するとされる。

70　金剛の後心【金剛後心】　金剛のように堅固な菩薩の心を金剛心という。具体的には、第十地の菩薩が最後の煩悩を断ち切って成仏するときに起こす禅定を金剛喩定、金剛心という。「後心」は、最後の刹那の意。

71　『仁王般若［経］』には、「智と智の対象（境）【智処】を説くことを、みな般若と名づける」とある【仁王般若云説智及智処皆名為般若】　多くの経疏に、たんに「経云」として引用されたり、『大智度論』の引用として出るが、出典未詳。

もまた二つに所属する。上に［菩提を］求めることは菩薩の十如を照らし、下に［衆生を］教化することは六道の十如を照らす。十地の智も二つに所属する。段階的に【次第】照らすことは菩薩の十如を照らし、段階を超越して【不次第】照らすことは仏の十如を照らす。五品以下、全部で四智はみな仏界の十如を照らす。大略はこのようである。詳しく対応させるならば[72]……。

二十智が四種の十二因縁の境を照らすとは、世智・五停・四念・四果、ないし［辟］支仏・六度・三蔵の仏の全部で七智は、思議生滅の十二因縁の境を照らす。通教の三乗の真（空）に入る方便の智・出仮の智・仏智の全部で五智は、思議不生不滅の十二因縁の境を照らす。別教の十信・［十住・十行・十廻向の］三十心・十地・仏の全部で四智は、不思議生滅の十二因縁の境を照らす。そのなか、別の意義がないわけではないが[73]、ひとまず全体的な判定【大判】にしたがう。円教の四智は、不思議不生不滅の十二因縁の境を照らす。

二十智が四種の四諦を照らすとは、前の三蔵［教］等の七智は、生滅の四諦の境を照らし、次の通教の五智は、無生滅の四諦の境を照らし、次の別教の四智は、無量の四諦の境を照らし、次の円教の四智は、無作の四諦の境を照らす。

次に、二十智は二諦を照らすとは、前の七智は析空の二諦を照らし、次の五智は体空の二諦を照らし、次の［別教の四智と円教の四智の］八智は中道をあらわす二諦を照らす。そのなかで、別円相入《べちえんそうにゅう》（円入別）の者については、理解できるであろう……。

次に二十智が三諦を照らすことを明かすとは、前の七智は中道のない【無中】二諦を照らす。「因縁によって生じる法」で、みな俗に所属する。次の五智は中道を含む【含中】二諦を照らす。「そのまま空である」の一句で、みな真諦に所属するのである。次の別・円の八智は中道をあらわす二諦を照らす。「そのまま仮名である」・「中道とも名づける」の二句で、みな中道諦に所属するのである。

次に二十智が一実諦を照らすとは、ここでは『釈論』（『大智度論』）に四悉檀を明かして、みな真実と名づけるものを引用する必要がある。[74] 世界［悉檀］であるので真実であり、ないし第一義［悉檀］であるので真実である。わかるはずである、真実という言葉[709c]は、また四諦に通じる。生滅であるので真実であり、無生滅であるので真実であり、無量であるので真実であり、無作であるので真実である。前の三蔵［教］の七智は生滅の真

72　詳しく対応させるならば【細捒】「捒《しゅ》」は、『釈籤』巻第七に「捒の字は数と音ず。荘捒《しょうしゅ》を謂うなり。今、安置と謂う。対当すること荘捒の如きなり」（同前、八六四中一六～一七）とあるように、飾るの意。『集韻』にも「捒は、装なり」という訓詁が示されている。『釈籤』にあるように、複数の概念をたがいに対応させること。

73　別の意義がないわけではない【不無別意】『講義』には「行位に約せば、別の意無からず」として解釈するべきであると指摘している。別教の修行の階位に焦点をあわせれば、別教の十信・三十心・十地・仏の四智のすべてが不思議生滅の十二因縁の境を照らすわけではないので、「それとは別の意義がある」ことを述べながら、しかし、今は「大判に従う」ことを述べたものである。

74　ここでは『釈論』（『大智度論』）に四悉檀を明かして、みな真実と名づけるものを引用する必要がある【此須引釈論明四悉檀皆名為実】『大智度論』巻第一、「復た次に、仏は第一義悉檀の相を説かんと欲するが故に、是の般若波羅蜜経を説く。四種の悉檀有り。一には世界悉檀、二には各各為人悉檀、三には対治悉檀、四には第一義悉檀なり。四悉檀の中、一切の十二部経、八万四千の法蔵は、皆な是れ実にして、相い違背せず。仏法の中、世界悉檀を以ての故に実なる有り、各各為人悉檀を以ての故に実なる有り、対治悉檀を以ての故に実なる有り、第一義悉檀を以ての故に実なる有り」（大正二五、五九中一七～二四）を参照。

実を照らし、次の通教の五智は無生滅の真実を照らし、次の別教の四智は無量の真実を照らし、次の円教の四智は無作の真実を照らす。前後のさまざまな真実は……。

次に二十智の無諦《むたい》無照《むしょう》とは、無諦に別の道理はない。もし四種の四諦について悟ることができれば、もう諦と不諦とを見ないので、無諦についてもまた通じるのである。前の［蔵教の］七智は生滅の無諦を照らす。生生不可説であるからである。次の［通教の］五智は無生滅の無諦を照らす。生不生不可説であるからである。次の［別教の］四智は無量の無諦を照らす。不生生不可説であるからである。次の［円教の］四智は無作の無諦を照らす。不生不生不可説であるからである。前の無諦は権であり、後の無諦は実である。これは言葉による教えに基づく。もし妙なる覚りに基づくならば、聖人の心のなかで照らすものと同じであるとは、権と実があるのを見ないので、権でもなく実でもない。空拳《くうけん》によって子供をだまして、すべてのものを誘い救済する[75]。方便によって権を説き、方便によって実を説く。理に合致するときは、もう権も実もないので、権でもなく実でもないものを妙と呼ぶのである。

5　諸智の麁妙を「判定」する

第五に［智の］麁妙を明らかにするとは、前の［蔵教・通教の］十二番の智は麁で、後の［別教・円教の］八番の智は妙である。なぜならば、蔵［教］・通［教］等の仏はもともと無常である。また常を説かない。その［蔵教・通教の］二乗・菩薩は、どうして常を聞き、常を信じ、常を修行することができようか。このために麁とする。

別教の十信で、最初から常を聞いて、常を信じ修行するものでさえ、その［蔵教・通教の］仏よりすぐれている。まして［仏以外の］その他のものよりすぐれていることはなおさらである。このために妙とする。

いつも「『法華［経］』には常を明らかにしない」というのは、[76]ただ三蔵［教］の［仏についての］意味にすぎない。

今明らかにする。［別教の］十信は中［道］を知り、牟尼《むに》（蔵教・通教の仏）を超えているので、［別教・円教の］八番［の智］を妙とするのである。

さらにまた、別教の四智は、三つが麁で一つが妙である。円教の四智は、すべて妙と呼ぶ。なぜならば、地《じ》論師《ろんし》【地人】は、「中道ははじめて果位に現れることができる。初心の学者は、この理を仰ぎ信じることは、

75　空拳によって子供をだまして、すべてのものを誘い救済する【空拳誑小児誘度於一切】『大智度論』巻第二十、「我れは道場に坐する時、智慧は不可得なり。空拳もて小児を誑《たぶら》かし、以て一切を度す」（同前、二一一上四～五）を参照。

76　いつも「『法華［経］』には常を明らかにしない」という【常途云法華不明常】第五常住教の『涅槃経』が仏身の常住を説くのに対して、第四時同帰教の『法華経』は仏身の常住を説いていないことを意味する。慧観の創唱と伝えられる頓漸五時教判における法華経観である。智顗や吉蔵によって、法華無常説の代表者として法雲が批判された。

蓮の糸【藕絲《ぐうし》】を山に懸《か》けるようなものである」[77]という。それ故、［教えを］説くこと、信じること、修行すること【説信行】は、すべて円の意味でないのである。それ故、十信の智を麁とする。十住は中心的に空を修行し、付随的に仮・中を修行する。十行は中心的に仮を修行し、付随的に中を修行する。十廻向になってはじめて中心的に中［道］を修行する。この中［道］はただ理であるだけであり、さまざまな［功徳の］法を備えない。このためにすべて麁である。［十智の初］地に登る智は、無明を破って中道を見る。［中道を］証得するので、妙とする。

たとえば、通［教］・蔵［教］の二種［の教え］はいずれも道を得るけれども、三蔵［教］の門は拙いようなものである。今、別教も同様である。教門はすべて方便であるけれども、［中道の］証得は妙[710a]である……。円教の四智はすべて妙であるとは、法の様相のように説き、説のように信じ、理のように修行する。始め五品［弟子位］を論じ、終わり妙覚までは、実であり権ではない。このためにすべて妙である。以上を麁智《そち》に相対して妙智を説くと名づけるのである。

さらにまた、知・見に焦点をあわせて麁妙を明らかにするとは、知と見とはどのようなものか。しかしながら、区別すると四［つの場合］がある。知りもしないし見もしない［場合］、知るけれども見るのではない［場合］、見るけれども知るのではない［場合］、知りもするし見もする［場合］である。

まず三蔵［教］に焦点をあわせて解釈し、後に円［教］に焦点をあわせて解釈する。［通教・別教の］中間は［蔵教・円教を］例として理解できるであろう。

凡夫は聞かないので知らず、証得しないので見ない。五停［心］・四念［処］から世第一法までは、聞くので知ると名づけ、まだ証得しないので見るのではない。辟支仏は聞かないので知るのではなく、自然に証得するので見るのである。四果は聞くので知りもするし、証得するので見もする。次々に麁妙を判定することは理解できるであろう。

円教に焦点をあわせて解釈するとは、［人・天・声聞・縁覚・蔵教の菩薩・通教の菩薩・別教の菩薩の］七方便は聞かないので知らず、まだ証得しないので見ない。五品［弟子位］・六根［清浄位］は聞くので知り、まだ証得しないので見ない。過去の善悪の習慣の名残《なご》り【宿習】を生ずる者は見ると名づけ、聞くことにしたがわないので知らない。教えを受けて証得し入る者は、知りもするし見もする。これは一つひとつ【節節】次々と麁妙とする。

究極的に論じれば、前からの二十種の智があるが、かいつまんでいえば、権と実の二智を超え出ない。『法

77　蓮の糸【藕絲】を山に懸けるようなものである【如藕絲懸山】『釈籤』巻第七には、「『如藕絲懸山』とは、大経十六に云わく、『若し人有りて能く藕《はす》の中の絲《いと》を以て須弥山に懸けば、思議す可きや。不《いな》なり。世尊よ。仏の言わく、菩薩は能く一念を以て生死を称量せば、則ち思議す可からず』と。今明かさく、円理は暁《あきら》め難し。但だ仰いで信ずるのみ。彼れを借りて況喩するに、人、藕の絲を山に懸くるを説くを聞いて、但だ信ずるが如きのみ。生死に不思議の理有るを聞いて、但だ仰いで信ずるが如し。一心は即ち如来蔵なること能わざるが故に、円の意に非ず」（大正三三、八六五上一四～二〇）とある。引用文中の「大経」については、『南本涅槃経』巻第十六、梵行品、「有る人の能く藕根の絲を以て須弥山に懸くるは、思議す可きや。不なり。世尊よ。善男子よ、菩薩摩訶薩は一念頃《きょう》に於いて悉く能く一切の生死を称量す。是の故に復た不可思議と名づく」（大正一二、七一四上二八～中二）を参照。「藕絲」は、蓮の葉柄や地下茎を折ったときに出る糸。「藕」は蓮のこと。

華」経』に、「如来は方便と知見の波羅蜜がいずれも備わっている」とある通りである。[78]とりもなおさず一つにまとめて前からのさまざまな権智を得るのである。「如来の知見は、広大で深遠である」とある。[79]とりもなおさず前からの実智を一つにまとめるのである。方便は備わる以上、どうして行き渡らないものがあるであろうか。知見は広大で深遠である以上、どうして包摂しないものがあるであろうか。境の淵《ふち》は果てがないので、智の水は測ることがない。ただ仏と仏とだけがはじめて究め尽すことができる。[80]このような知見は、とりもなおさず眼・智である。眼は［肉眼・天眼・慧眼・法眼・仏眼の］五眼が備わり、智は［一切智・道種智・一切種智の］三智［が同時に］一心［に証得されること］である。一切種智は実を知り、［一切智・道種智の］二智は権を知る。仏眼は実を見、［肉眼・天眼・慧眼・法眼の］四つの眼は権を見る。この知は見にほかならず、この見は知にほかならない。前のさまざまな智に相対させると、さまざまな智は麁であり、この知見を妙と名づけるのである。

もし知見の中［道］の意味を得るならば、もう五眼を論じない。迷う者はまだ理解しないので、さらに眼に焦点をあわせて麁妙を明らかにする。肉眼が閉じられる場合は、何に基づいて色（いろ・形あるもの）を見るであろうか。むだに人の説を聞いて、さまざまな想念を起こすことは、最後まで真実の見でない。眼を開かせようとするならば、［眼を覆《おお》う］膜《まく》を治療すべきである。どうして眼を閉じることができようか。執著し闘争して、どうして利益を与えようか。眼を閉じて想念すれば麁であり、眼が開いて見れば妙である。天眼はまだ開かないので、つい立て【障】の外を見ないことを麁とする。禅定、願と智[81]を修める力は[710b]清浄な色を生じ獲得し、つい立ての内外を突き抜けて、明と闇には隔てがない。慧眼がまだ開かなければ、常に死の道を行く。たとい迷いの心で想念して【情想】も、また真実でないので麁とする。無漏が開かれ生じるので妙と呼び、真理【諦理】が明了であるので妙と呼ぶ。法眼がまだ開かなければ、［衆生の］機に相違して法を説く［ことになる］。身子（舎利弗）のかたよった教え[82]、満願《まんがん》（富楼那《ふるな》）の穢《けが》れた器[83]のようなものを、麁と名づける。神通を妨げる無知を破って、薬と病を区別して知ることを、妙と名づける。仏眼が開かなければ、実相を見ない。それ故、文

78　『［法華］経』に、「如来は方便と知見の波羅蜜がいずれも備わっている」とある通りである【如経如来方便知見波羅蜜皆悉具足】『法華経』方便品、「吾れ成仏して従り已来、種種の因縁、種種の譬喩もて、広く言教を演《の》べ、無数《むしゅ》の方便もて、衆生を引導し、諸著を離れしむ。所以は何ん。如来は方便と知見の波羅蜜皆な已に具足すればなり。舎利弗よ、如来の知見は、広大深遠にして、無量、無礙、力、無所畏、禅定、解脱、三昧に、深く入りて際無く、一切未曾有の法を成就す」（大正九、五下一～六）を参照。

79　「如来の知見は、広大で深遠である」とある【如来知見広大深遠】前注78を参照。

80　ただ仏と仏とだけがはじめて究め尽すことができる【唯仏与仏乃能究尽】『法華玄義』巻第一上の前注112を参照。

81　願と智【願智】『釈籤』巻第七、「若し了すれば、開と為す。天眼の中に願智力と云うは、願智は超越三昧を謂う。超越三昧は、止観第九の記の如し」（大正三三、八六五中一七～一九）を参照。

82　身子（舎利弗）のかたよった教え【身子僻教】身子＝舎利弗が相手の機根を理解せず、誤った教化をしたこと。『法華玄義』巻第一下の前注41を参照。

83　満願（富楼那）の穢れた器【満願穢器】満願は詳しくは満願子といい、Pūrṇamaitrāyaṇīputra の訳。富楼那弥多羅尼子と音写する（子は putra の訳語）。富楼那が新学の比丘に小乗の教えを説いていたところに、維摩詰が来て、相手の心を知ってから説法すべきであると教え、富楼那の説法を、「穢食《えじき》を以て宝器に置く」（大正一四、五四〇下二七）ことにたとえて戒めた。『法華玄義』巻第一下の前注93を参照。

には、「二乗の人、新たに発心した者、不退転の菩薩の知ることのできないものである」とある。[84]それ故、四つの眼はすべて麁である。「さまざまな菩薩たちの信力が堅固である者を除く」とある。[85]信によって入ることができ、相似［即］（十信位）の仏眼は、真の仏知見を開くことができるので、はじめて妙と名づける。さまざまな教えは多く四つの眼を説き、あるいは四つの眼を含み持って仏眼を説くだけである。このために麁とする。今の『［法華］経』だけが仏眼を説く。このために妙とする。以上が麁に相対して妙とするということである。

6　諸智の「開麁顕妙」を明らかにする

第六に開麁顕妙を明らかにするとは、［蔵教・通教・別教の］前の十六番の智は、もしきっぱりと定めて理解【決了】しなければ、ただ麁智であるだけである。もし正確に理解することができれば、すべて妙智となる。なぜならば、妙荘厳王《みょうしょうごんのう》[86]に関しては、先に外道の世智であるけれども、『法華経』を聞いて、そのまま正しく理解することができ、邪な様相によって正しい様相に入り、さまざまな見解について動揺しないで、三十七［道］品[87]を修め、八邪《はちじゃ》を捨てないで、八正[88]に入った。とりもなおさず世智をきっぱりと定めて【決】、妙智に入ることができる。あるいは五品［弟子位］と等しく、あるいは相似［即］と等しく、あるいは分得《ぶんとく》（分真即）と等しい。一つひとつ入るという意義がある。詳しく分析すれば……。

もし五停・方便（煖・頂・忍・世第一法の四善根）の智、ないし通教の仏などの智は、もしきっぱりと定めて理解しなければ、麁智にほかならない。今、開権顕実するならば、「あなたたちの修行する内容は菩薩の道であり」[89]、妙位に入る。一々に［蔵教の七智と通教の五智の］十二番の智によって円妙の四智に入り、あるいは五品［弟子位］・相似［即］・分得（分真即）などの智に入る必要がある……。さらにまた、別教の隔たって

84　文には、「二乗の人、新たに発心した者、不退転の菩薩の知ることのできないものである」とある【文云二乗之人及新発心者不退菩薩所不能知】『法華経』方便品、「仮使《たと》い世間に満てらん、皆な舎利弗の如き、思いを尽くして共に度量すとも、仏智を測ること能わじ。正使《たと》い十方に満てらん、皆な舎利弗の如き、及び余の諸もろの弟子、亦た十方の刹《せつ》に満てらん、思いを尽くして共に度量すとも、亦復た知ること能わじ。辟支仏の利智にして、無漏の最後身なる、亦た十方界に満ちて、其の数は竹林の如くならん。斯れ等は共に一心に、億無量劫に於いて、仏の実智を思わんと欲すとも、能く少分をも知ること莫《な》けん。新発意の菩薩の無数の仏を供養し、諸もろの義趣を了達し、又能善《よ》く法を説かんもの、稲麻竹葦《とうまちくい》の如くにして、十方の刹に充満せん。一心に妙智を以て、恒河沙劫に於いて、咸皆《ことごと》く共に思量すとも、仏智を知ること能わじ、不退の諸もろの菩薩、其の数恒沙の如くにして、一心に共に思求《しぐ》すとも、亦復た知ること能わじ」（大正九、六上二～一七）を要約したものである。

85　「さまざまな菩薩たちの信力が堅固である者を除く」とある【除諸菩薩衆信力堅固者】『法華玄義』巻第二上の前注86を参照。

86　妙荘厳王　『法華経』妙荘厳王本事品に出る。妙荘厳王はもと外道の法門に執著していたが、夫人の浄徳、二人の子供の浄蔵と浄眼によって仏弟子となり、『法華経』を修行して一切浄功徳荘厳三昧を得たとされる。

87　三十七［道］品【三十七品】　覚りを得るための実践修行の意。四念処・四正勤・四如意足・五根・五力・七覚支・八正道をいう。

88　八正　八正道のこと。三十七道品に含まれる。正見・正思・正語・正業・正命・正精進・正念・正定の八種の実践。「八邪」は、邪見・邪思・邪語・邪業・邪命・邪精進・邪念・邪定のこと。

89　「あなたたちの修行する内容は菩薩の道であり」【汝等所行是菩薩道】『法華経』薬草喩品、「汝等の行ずる所は是れ菩薩の道なり。漸漸に修学して、悉ごとく当に成仏すべし」（同前、二〇中二三～二四）を参照。

別々となっている【歴別《りゃくべつ》】智を正しく理解して妙智に入る。それぞれの体そのもの【当体《とうたい》】はとりもなおさず某位であり、進んで某位に入る。詳しく対応させるならば【細捒《さいしゅ》】……。［蔵教・通教・別教の］十六の麁智は、すべて妙智となる。相対することのできる麁はない。とりもなおさず絶待（相対を絶すること）の智妙である。

次に、麁眼を開いて妙眼とするとは、［『法華経』以外の］その他の経は五つの眼であると説くけれども、五つの眼は融合しない。このために麁とする。今の『［法華］経』は四つの眼をきっぱりと定めて理解して、仏眼に入らせる。文には、「父母によって生じた眼は、とうとう清浄になることができる」とある。[90]「大乗を学ぶ者は、肉眼があるけれども、仏眼と名づける」とある。[91]とりもなおさず肉眼をきっぱりと定めて理解すれば、仏眼と名づけるのである。『浄名［経］』には、「世間ではだれが[710c]真実の天眼のある者であろうか。仏世尊は、二つの［対立する］様相によって諸仏の国を見ない」とある。[92]これはとりもなおさず天眼を正しく理解すれば、仏眼にほかならないのである。「どうか世尊のように、慧眼の最高で清浄なものを得させてください」とある[93]のは、とりもなおさず慧眼を正しく理解すれば、妙に入ることができるということである。

法眼を理解して妙に入るとは、究極の智が完成することである。[94]四つの眼が融合して仏眼に入るならば、静寂でありながら常に照らす。それ故、文には、「声聞の教えをきっぱりと定めて理解すると、さまざまな経の王である」とある。[95]五つの眼が備わって覚りを完成し、仏知見を開くので、妙と呼ぶ。

質問する。仏眼が開くことを、はじめて妙と名づけるならば、六根は清浄であるけれど、どうして妙とするのか。

答える。仏眼はまだ開かないけれども、円かに学び、円かに信じることができた。迦陵頻伽鳥《かりょうびんがちょう》[96]は、卵の

90　文には、「父母によって生じた眼は、とうとう清浄になることができる」とある【文云父母所生眼遂得清浄】『法華玄義』巻第二上の前注2を参照。

91　「大乗を学ぶ者は、肉眼があるけれども、仏眼と名づける」とある【学大乗者雖有肉眼名為仏眼】『南本涅槃経』巻第六、四依品、「声聞の人は天眼有りと雖も、故《ことさら》に肉眼と名づく。大乗を学ぶ者は、肉眼有りと雖も、乃ち仏眼と名づく」（大正一二、六三八上二一～二三）を参照。

92　『浄名［経］』には、「世間ではだれが真実の天眼のある者だろうか。仏世尊は、二つの［対立する］様相によって諸仏の国を見ない」とある【浄名云世孰有真天眼者有仏世尊不以二相見諸仏国】『維摩経』巻上、弟子品、「即ち為めに礼を作して問うて曰わく、世に孰《た》れか真の天眼有る者ならん。維摩詰は言わく、仏世尊有りて、真の天眼を得、常に三昧に在りて、悉く諸仏の国を見るに、二相を以てせず」（大正一四、五四一中四～六）を参照。

93　「どうか世尊のように、慧眼の最高で清浄なものを得させてください」とある【願得如世尊慧眼第一浄】『法華経』化城喩品、「願わくは世尊の如き慧眼第一浄を得ん」（大正九、二六下五）を参照。

94　究極の智が完成する【辺際智満】「辺際」は、究極の意。「辺際智」は、等覚の菩薩の智慧。辺際智が満ずれば、妙覚＝仏の智慧となる。

95　文には、「声聞の教えをきっぱりと定めて理解すると、さまざまな経の王である」とある【文云決了声聞法是諸経之王】『法華経』法師品、「薬王よ、汝は当に知るべし。是の如き諸人等は、法華経を聞かずば、仏智を去ること甚だ遠し。若し是の深経を聞かば、声聞の法を決了するに、是れ諸経の王なりと聞き、聞き已って諦らかに思惟せば、当に知るべし、此の人等は、仏の智慧に近づきぬ」（同前、三一上一三～一七）を参照。

96　迦陵頻伽鳥　迦陵頻伽はkalaviṅkaの音写語。好声、妙声、美音などと訳す。ヒマーラヤ山中にいる美声の鳥。

から【諦】のなかにいるけれども、音声はさまざまな鳥よりもすぐれているようなものである。とりもなおさず仮名（観行即[97]）・相似［即］などの妙である。もし開くならば、とりもなおさず分［真即の］妙、究竟［即の］妙である……。

②　境に対して智を論じる

第二に境に対して智を明らかにするのに、さらにまた二つがある。第一に五境に対し、第二に次々と照らして境に対する。

1　五境に対して智を明らかにする

最初に十如の境に対すべきである。これは一経（『法華経』）の意であり、いたるところでこれを説く以上、理解できるであろう。それ故、もう解釈しない。

1・1　四種の十二因縁の境に対して智を明らかにする

次に、四種の十二因縁に対して智を明らかにするとは、『大［般涅槃］経』には、「十二因縁に四種の観がある。下智観《げちかん》であるので声聞の覚りを得、中智観《ちゅうちかん》であるので縁覚の覚りを得、上智観《じょうちかん》であるので菩薩の覚りを得、上上智観《じょうじょうちかん》であるので仏の覚りを得」とある。[98] なぜならば、十二因縁はもともと一つの境であるからである。理解の相違に基づいて、開いて四種を成立させる。

今、［蔵教・通教・別教・円教の］四教の意味によってこれを解釈するならば、三蔵［教］には［声聞・縁覚・菩薩の〕三人がそろっているけれども、すべて析智《しゃくち》によって、界内の十二因縁の事を観察して初門とする。ところが、析智は浅く弱く、三人のなかでは、声聞が最も劣っている。劣った人によって浅い教えを掲げるので、下智と名づける。通教にも三人がいる。同様に体智によって、三界内部の十二因縁の理を観察する。体法は深いけれども、蔵〔教〕と比較すると巧みであり、別〔教〕と比較するとまだ巧みでない。三人のなかでは、縁覚は中等である。中人《ちゅうにん》によって通〔教〕の教え【通法】に名づけるので、中智という。別教は、仏と菩薩といずれも三界外部の十二因縁の事を知る。次第の菩薩は仏と比較すると、なおまだ上でないけれども、通〔教〕・蔵〔教〕と比較すると、上法である。それ故、上智という名を付けるのである。円教は、仏と菩薩のいずれも三界外部の十二因縁の理を観察する。初心は事そのままが中〔道〕である。この法は最もすぐれているので、仏という名を付ける。それ故、上上智観というのである。四教によって〔下智観・中智観・上智観・上上智観の〕四観を解釈すると、趣旨について符合する……。

97　仮名（観行即）『講述』によれば、五品弟子位＝観行即を指す。
98　『大〔般涅槃〕経』には、「十二因縁に四種の観がある……上上智観であるので仏の覚りを得」とある【大経云十二因縁有四種観下智観故得声聞菩提中智観故得縁覚菩提上智観故得菩薩菩提上上智観故得仏菩提】『南本涅槃経』巻第二十五、師子吼菩薩品、「十二縁を観ずる智に、凡そ四種有り。一には下、二には中、三には上、四には上上なり。下智観とは、仏性を見ず。見ざるを以ての故に、声聞道を得。中智観とは、仏性を見ず。見ざるを以ての故に、縁覚道を得。上智観とは、見は了了ならず。了了ならざるを以ての故に、十住地に住す。上上智観とは、見は了了なるが故に、阿耨多羅三藐三菩提道を得」（大正一二、七六八下一二～一七）を参照。

711a 下智観というのは、受（感受作用）は触《そく》（感官と対象の接触）により、触は入（眼・耳・鼻・舌・身・意の六つの感官）により、入は名色（名称と形態、精神と身体）により、名色は識（識別作用）により、識は行（潜在的形成力）により、行は無明（根本的無知）によることを観察する。無明の倒錯、悪の思惟は、悪の行を招き、［地獄・餓鬼・畜生・阿修羅の］四趣の識・名色などを感得する。もし善の思惟は善の行を招くならば、人天の識・名色などを感得する。この無明を観察すると、一瞬一瞬無常であり、持続して留まらず、生じる善悪は、移り変化して速かに朽ち、受ける名色は、衰微し交替する。煩悩・業・苦は、相互の因縁関係があり、すべて少しの間も留まらない。過去の［無明・行の］二因、現在の［識・名色・六入・触・受の］五果、現在の［愛・取・有の］三因、未来の［生・老死の］二果は、三世において回転すること、あたかも車輪のようである。愚かで迷うこと【癡惑】の根本は、無常・苦・空・無我である以上、無明は滅する。無明が滅するので、さまざまな行が滅し、ないし老死が滅する。もし火を燃やさなければ、煙はない。子縛《しばく》（煩悩の束縛）の断絶と名づける。子［縛］がなければ、［生死の］結果はない。［無余涅槃に入って］智も身もまったく無に帰して、二十五有を離れる。果縛《かばく》（生死の苦果の束縛）の断絶と名づける。以上が下智によって十二因縁を観察して、声聞の覚りを得ることである。

　中智とは、受は触により、ないし行は無明によることを観察する。無明はただ一念の愚かな心にすぎない。心には形や中身【形質】がなく、ただ名称があるだけである。内と外とその中間に、字を求めても得られない。この字は留まりもせず、留まらないのでもない。あたかも幻や作り出されたもの【幻化】のようなものであって、いつわりで目を欺く。無明の本体と様相は、もともと有でなく、妄想という原因・条件【因縁】が調和して生じる。実体としてないので、かりに無明と名づける。悪の思惟、心の働きの作るものである。無明は幻や作り出されたもののようであると理解せずに、善・悪の思惟を起こすならば、善・悪の行があって、善・悪の名色・触・受を受ける。今、無明は幻や作り出されたもののようであると理解するので、さまざまな行も作り出されたもの【化】のようである。幻から識・名色などを生ずる場合、すべて幻のようである。愛・取・有が生じて、三世に車輪のように流転し、幻やつくりだされたものが変化して、すべて真実がない。智慧のある人は、それについて貪愛《とんあい》と瞋恚《しんに》【愛恚】を生ずるべきではない。無明が実体として把握できない【不可得】以上、無明は生じない。生じなければ、滅しない。諸行・老死も生じもせず滅しもしない。生じないので新しいものでもなく、滅しないので古いもの【故】でもない。古いものでないので、終えるべき古いものはなく、新しいものでないので、作るべき新しいものはない。新しいものがないとは、子縛が断絶することであり、古いものがないとは、果縛が断絶することである。以上が中智によって十二因縁を観察して、縁覚の覚りを得ると名づける。

上智観とは、受は触により、ないし行は無明によることを観察する。無明はただ愚かな一念の心にすぎない。心が愚かであるので、煩悩を派生し【派出】、煩悩によって711bさまざまな業を派生し、業によってさまざまな苦を派生する。この煩悩を観察すると、種類が同じでない。同じでないので、業は同じでない。業が同じでないので、苦が同じでない。さまざまな行はいくらかあり【若干】、名色はそれぞれ相違する。さまざまな「煩悩道・業道・苦道の」三道は数限りないけれども、区別して混乱することはない。この煩悩によって、この業を起こしてこの苦を得、あの業、及びあの煩悩に関わらないことを知る。このような三道は、「法身・般若・解脱の」三徳を覆《おお》い妨げる。妨げを破る方便も数限りない。無明がもし破られれば、般若をあらわし出し、業が破られれば、解脱をあらわし出し、識・名色が破られれば、法身をあらわす。愛・取・有・老死も同様である。

自ら理解したからには、また他を教化することができる。すべての種類について、すべての教えを知り、道種智を起こして、衆生を指導する。以上が上智によって十二因縁を観察すると名づけるのである。

上上智観とは、受は触により、ないし行は無明によることを観察する。十二項の［煩悩道・業道・苦道の］三道がとりもなおさず［法身・般若・解脱の］三徳であると知ると、どうして三徳を断ち切り破って、さらに三徳を求めることができようか。そうするならば、諸法の様相を破壊することになる。煩悩道は、般若にほかならない。わかるはずである。煩悩も暗闇ではない。般若は、煩悩にほかならないので、般若も明るさではない。煩悩が暗闇でない以上、どうしてさらに断ち切る必要があろうか。般若も明るさではないので、どうして破壊することができるであろうか。暗闇ももと暗闇ではないので、明るさを必要としない。耆《ぎ》婆《ば》[99]が毒を取って薬を作るようなものである。どうしてこれを捨ててあれを取ることができようか。業道は解脱にほかならないとは、わかるはずである。業道も束縛ではない。解脱はとりもなおさず業であるとは、［解］脱も自在でない。業も束縛でないので、どうして離れることのできるものがあろうか。［解］脱も自在でなければ、どうして得ることができるであろうか。神通の人に関しては、どうしてここを避けてあそこに行くであろうか。苦道はとりもなおさず法身であるとは、わかるはずである。苦は生死でなく、法身はとりもなおさず生死である。法身は楽でなく、苦は生死でない。どうし憂えることができるであろうか。法身は楽でなければ、どうして喜ぶことができるであろうか。あの大空には得ることもなく失うこともなく、喜ばず悲しまないようなものである。

このように観察するならば、三道は三徳と相違せず、三徳は三道と相違しない。また三道において、すべての仏法を備える。なぜならば、三道はとりもなおさず三徳であり、三徳は大涅槃であり、秘密の蔵と名づける。

これは仏果を備えることである。深く十二因縁を観察するのは、とりもなおさず道場に座ることである。これは仏因を備えることである。仏因・仏果はいずれも備える。その他は引き比べて知ることができるであろう。以上が上上智によって十二因縁を観察して、仏の覚りを得ると名づける。

これに焦点をあわせて、麁妙を判定し、開麁顕妙すべきである。趣旨は理解することができるであろうから、詳しくは記さないだけである。

さらにまた、［下智・中智・上智・上上智の］四つの智によって［思議生滅の十二因縁・思議不生不滅の十二因縁・不思議生滅の十二因縁・不思議不生不滅の十二因縁の］四つの境を照らす場合、境がもし転換しなければ、その智は麁である。[711c]四つの境が転換すれば、妙境となり、麁智は妙智となる。やはり相待と絶待【待絶】の意味である……。

1・2　四種の四諦の境に対して智を明らかにする

第二に四種の四諦に対して智を明らかにするとは、『大［般涅槃］経』には、「聖諦《しょうたい》を知る智に二種がある。

99　耆婆　Jīva, Jīvaka の音写語。王舎城の名医の名。

中智、上智である。中智とは、声聞・縁覚である。上智とは、諸仏・菩薩である」とある。[100]もしこの文によるならば、〔通教の〕体・〔蔵教の〕析《しゃく》をまとめ、合わせて中と呼び、大乗の〔円教の〕利・〔別教の〕鈍をまとめ、合わせて上と呼ぶ。今、もし〔衆生の〕根縁《こんえん》（能力）の利・鈍、内外の事・理に焦点をあわせれば、開いて四つを成立させる。声聞は根が鈍で、四諦の事を対象とする。とりもなおさず生滅の四諦の智である。縁覚は根が利で、四諦の理を対象とする。とりもなおさず無生の四諦の智である。菩薩は智が浅く、不思議の事を対象とする。とりもなおさず無量の四諦の智である。諸仏は智が深く、不思議の理を対象とする。とりもなおさず無作の四諦の智である。つまりこれが『大〔般涅槃〕経』の一文である。

さらにまた、「凡夫には苦があって諦はない。声聞には苦もあり苦諦もある」とある。[101]凡夫は苦の理を見ないので、諦がないという。声聞は無常・苦・空を見ることができるので、諦があるという。とりもなおさず生滅の四諦の智である。

さらにまた、「菩薩の人は苦に苦はなく、真諦があることを理解する」とある。[102]とりもなおさず苦は苦でないと体得するので、苦がないという。事そのままが真であるので、諦があるという。これこそ摩訶衍《まかえん》（大乗）門の無生の四諦の智である。

さらにまた、「さまざまな〔五〕陰は苦であると知り、さまざまな〔十二〕入を門とすることを知ることを、また苦と名づける。さまざまな〔十八〕界を分斉《ぶんざい》とすることを知ることを、また性と名づけ、また苦[103]と名づけ

100 『大〔般涅槃〕経』には、「聖諦を知る智に二種がある。中智、上智である。中智とは声聞・縁覚である。上智とは諸仏・

菩薩である」とある【大経云知聖諦智則有二種中智上智中智者声聞縁覚上智者諸仏菩薩】『南本涅槃経』巻第十二、聖行品、「四聖諦を知るに、二種の智有り。一には中、二には上なり。中とは、声聞・縁覚の智なり。上とは、諸仏・菩薩の智なり」（同前、六八四上二三～二五）を参照。

101　さらにまた、「凡夫には苦があって諦はない。声聞には苦もあり苦諦もある」とある【又云凡夫有苦無諦声聞有苦有苦諦】『法華玄義』巻第二下の前注71を参照。

102　さらにまた、「菩薩の人は苦に苦はなく、真諦があることを理解する」とある【又云菩薩之人解苦無苦而有真諦】『法華玄義』第二下の前注71を参照。

103　苦　底本の「知」を引用の『涅槃経』原文によって「苦」に改める。『講義』の指摘に基づく。

る。以上を中智と名づける」とある。[104]前の説によるならば、声聞に所属するのである。「さまざまな苦、さまざまな［十二］入・［十八］界等を分別すると、無量の様相がある。私はその経について、ついにこれを説かない。以上を上智と名づける。受・想・行・識も同様である。さまざまな声聞・縁覚の境界ではない」とある。[105]これは前の二つの意味に相違する。上智と呼ぶ以上、また二乗の境界ではない。どうして別教の菩薩が、恒河沙《ごうがしゃ》の仏法・如来蔵の理を観察するのではないであろうか。以上を無量の四諦の智とする。

さらにまた、「如来は苦でなく、集でなく、滅でなく、道でなく、諦でないことは、真実である。虚空は苦でなく、諦《たい》でないことは、真実である」とある。[106]「苦でない」とは、虚妄の生死でない。「諦でない」とは、二乗の涅槃でない。「真実である」とは、とりもなおさず実相中道の仏性である。さらにまた、「苦があり、苦の因があり、苦の滅があり、苦の対治がある。如来は苦でなく、ないし対治でない。このために真実とする」と

104　さらにまた、「さまざまな［五］陰は苦であると知り……以上を中智と名づける」とある【又云知諸陰是苦知諸入為門亦名為苦知諸界為分亦名為性亦名為苦是名中智】『南本涅槃経』巻第十二、聖行品、「善男子よ、諸陰の苦を知るを、名づけて中智と為す。諸陰を分別するに、無量の相有りて、悉ごとく是れ諸苦にして、諸もろの声聞・縁覚の知る所に非ず。是れ上智と名づく。善男子よ、是の如き等の義を、我れは彼の経に於いて、竟《つい》に之れを説かず。善男子よ、諸入を知るとは、是之れを名づけて門と為し、亦た名づけて苦と為す。是れ中智と名づく。諸入を分別するに、無量の相有り、悉ごとく是れ諸苦にして、諸もろの声聞・縁覚の知る所に非ず。是れ上智と名づく。是の如き等の義を、我れは彼の経に於いて、亦た之れを説かず。善男子よ、諸界を知るとは、之れを名づけて分と為し、亦た名づけて性と為し、亦た名づけて苦と為

す。是れ中智と名づく。諸界を分別するに、無量の相有り、悉ごとく是れ諸苦にして、諸もろの声聞・縁覚の知る所に非ず。是れ上智と名づく。善男子よ、是の如き等の義を、我れは彼の経に於いて、亦た之れを説かず。善男子よ、色の壊相《えそう》を知るは、是れ中智と名づく。諸色を分別するに、無量の相有り、悉ごとく是れ諸苦にして、諸もろの声聞・縁覚の知る所に非ず。是れ上智と名づく。是の如き等の義を、我れは彼の経に於いて、亦た之れを説かず。善男子よ、受の覚相を知るは、是れ中智と名づく。諸受を分別するに、無量の覚相有り、諸もろの声聞・縁覚の知る所に非ず。是れ上智と名づく。善男子よ、是の如き等の義を、我れは彼の経に於いて、亦た之れを説かず。善男子よ、想の取相を知るは、是れ中智と名づく。是の想を分別するに、無量の取相有り、諸もろの声聞・縁覚の知る所に非ず。是れ上智と名づく。是の如き等の義を、我れは彼の経に於いて、亦た之れを説かず。善男子よ、行の作相を知るは、是れ中智と名づく。是の行を分別するに、無量の作相あり、諸もろの声聞・縁覚の知る所に非ず。是れ上智と名づく。善男子よ、是の如き等の義を、我れは彼の経に於いて、亦た之れを説かず。善男子よ、識の分別相を知るは、是れ中智と名づく。是の識を分別するに、無量の知相あり。諸もろの声聞・縁覚の知る所に非ず。是れ上智と名づく。善男子よ、是の如き等の義を、我れは彼の経に於いて、亦た之れを説かず」（同前、六八四上二五～中二一）を参照。

105 「さまざまな苦、さまざまな［十二］入・［十八］界等を分別すると……さまざまな声聞・縁覚の境界ではない」とある【分別諸苦諸入界等有無量相我於彼経竟不説之是名上智受想行識亦復如是非諸声聞縁覚境界】前注104を参照。

106 さらにまた、「如来は苦でなく、集でなく、滅でなく、道でなく、諦でないことは、真実である。虚空は苦でなく、諦でないことは、真実である」とある【又云如来非苦非集非滅非道非諦是実】『南本涅槃経』巻第十二、聖行品、「如来は苦に非ず、諦に非ず、是れ実なり。虚空は苦に非ず、諦に非ず、是れ実なり。仏性は苦に非ず、諦に非ず、是れ実なり」（同前、六八五中八～九）を参照。

ある。[107]このように意義を明らかにすることが、上の三番と相違する以上、どうして無作の四諦の智でないであろうか。

この一諦を四［諦］とするのを例とすると、その他の三［諦］もそうであるはずである。その意味は、集が[712a]あり、集の結果があり、集の滅があり、集の対治がある。滅があり、滅の原因があり、滅の障があり、滅の障の様相がある。対治があり、対治の結果があり、対治の障があり、対治の障の様相がある。如来はこの四四十六種ではない。ただ真実においてするだけである……。

このような智によって四諦を観察すると、諦はまだ融合していない以上、智・諦はみな麁である。苦でなく、対治でなく、真実があることだけが妙である。もし諦が円かであるならば、智もしたがって円かである。みな如来の苦でなく、諦でなく、真実の妙智である。これは［相］待・絶［待］の二つの意味である……。

妙法蓮華経玄義　巻第三上

107　さらにまた、「苦があり、苦の因があり、苦の滅があり、苦の対治がある。如来は苦でなく、ないし対治でない。このために真実とする」とある【又云有苦有苦因有苦尽有苦対如来非苦乃至非対是故為実】『南本涅槃経』巻第十二、聖行品、「苦有り、苦の因有り、苦の尽有り、苦の対有り。如来は苦に非ず、乃至、対に非ず。是の故に実と為し、名づけて諦と為さず」（同前、六八五中二七～二九）を参照。

妙法蓮華経玄義　巻第三下

天台智者大師が説く

1・3　二諦の境に対して智を明らかにする

第三に二諦の境に対して智を明らかにするとは、権（方便）・実（真実）の二智である。上の真俗二諦に七種を開く以上、今の権・実の二智も七つとする。［三界］内部・外部の相即・不相即[1]で四つある。［別入《べつにゅう》（接《せっ》）通《つう》・円入《えんにゅう》（接《せつ》）通・円入（接《しょう》）別の］三つの接続があり、合わせて七つである。もし上に対して数えれば、析《しゃく》法《ほう》（蔵教）の権・実の二智、体法（通教）の二智、体法含中《たいほうごんちゅう》（別入通）の二智、体法顕中《たいほうけんちゅう》（円入通）の二智、別［教］の二智、別含円《べつごんえん》（円入別）の二智、円［教］の二智である。上の七種［の二智］にそれぞれ随情《ずいじょう》・随情《ずいじょう》智《ち》・随智《ずいち》を開いて、合わせて二十一種の諦がある。

今の七種の二智も、それぞれ三種を開く。化他の権・実、自行化他の権・実、自行の権・実を意味する。合わせて二十一の権・実がある。

1　［三界］内部・外部の相即・不相即【内外相即不相即】　三界内部の不相即は蔵教、三界内部の相即は通教、三界外部の不相即は別教、三界外部の相即は円教に相当する。

析法の権・実の二智に関しては、万物【森羅】の区別を照らすことを権智（方便の智）とし、万物の区別をなくすことを実智（真実の智）とする。この二智を説いて、さまざまな［衆生の機］縁に教えを投じ、さまざまな説をなし、さまざまな欲、さまざまな都合、さまざまな対治、さまざまな覚りにしたがい、それぞれ能力のあるものにしたがって、［衆生の機］縁に対して区別する。さまざまであるけれども、すべて析法の権・実に包摂されるので、化他の二智がある。化他の二智は、［衆生の機］縁にしたがう説であるので、みなまとめて権智とする。もし内に自ら証得する場合、あるいは権であっても、あるいは実であってもいずれも真実の証得【実証】であるならば、まとめて実智とする。内と外と相対させて、ともに二智とするので、自行化他の権・実の二智があるのである。自ら証得する権・実[712b]につきしたがうならば、ただその者だけが明了であるだけで、その他の人は見ない。さらに権・実を判定するので、自行の二智があるのである。今、さらに三蔵［教］に焦点をあわせて、重ねてこれを区別する。この［三蔵教の］仏が二乗の人を教化する場合、多く化他の実智を用い、二乗はこの化他の実［智］を受けて、自行の実［智］を修め完成する。それ故、仏は迦葉を承認【印】して、「私とあなたは一緒に解脱の腰掛けに座る」というのは[2]、とりもなおさずこの意義である。もし菩薩を教化するならば、多く化他の権・実を用い、菩薩は化他の方便を受けて、修学して自行の権を成就することができる。仏はまた承認して、「私もまたあなたと同様である」という[3]……。この三種の二智は、もし体法の二智と比べると、すべて権である。それ故、龍樹は破って、「どうして不浄の心のなかで、菩提の道を修めることがあろうか。あたかも毒の器が食を貯蔵することができず、食べれば人を殺すようなものである」という[4]。これは正面から析法の意を破るのである。それ故、みな権である……。

［通教の］体法の権・実の二智とは、万物の色（いろ・形あるもの）はとりもなおさず空[5]であると体得する。

2　仏は迦葉を承認【印】して、「私とあなたは一緒に解脱の腰掛けに座る」という【仏印迦葉云我之与汝倶坐解脱床】『中本起経』巻第二、大迦葉始来品、「是に於いて摩訶迦葉は、垂髪弊衣《すいはつべえ》もて、始めて来りて仏に詣《いた》る。世尊は遙かに見て歎じて言わく、善来。迦葉よ、予は半床を分けて、命じて坐に就かしむ。迦葉は進《すす》みて、頭面もて礼を作し、退して跪《ひざまず》いて自ら陳《の》べて曰わく、余は是れ如来の末行の弟子なれば、顧命《こみょう》して坐を分かつも、敢えて旨を承けず」（大正四、一六一上一九～二三）を参照。

3　仏はまた承認して、「私もまたあなたと同様である」という【仏亦印言我亦如汝】『中本起経』巻第二、大迦葉始来品、「世尊又た曰わく、吾れは四禅の禅定を以て心を息め、始め従り終わりに至るまで、損耗《そんもう》有ること無し。迦葉比丘も亦た四禅有り、禅に因りて定意を得。……迦葉比丘も亦復た是の如し」（同前、一六一上二六～中一一）を参照。

4　龍樹は破って、「どうして不浄の心のなかで、菩提の道を修めることがあろうか。あたかも毒の器が食を貯蔵することができず、食べれば人を殺すようなものである」という【龍樹破云豈有不浄心中修菩提道猶如毒器不任貯食食則殺人】『止観輔行伝弘決』巻第二之四、「毒器とは、大論に三蔵の菩薩を斥《しりぞ》けて云わく、三毒を具足すれば、云何んが能く無量の功徳を集むるや。譬えば毒瓶は甘露を貯うと雖も、皆な中食せざるが如し。菩薩は諸の純浄功徳を修し、乃ち仏と作ることを得。若し三毒を雑《まじ》えば、云何んが能く清浄の法門を具するや。菩薩の身は猶お毒器の如し。煩悩を具足するを、名づけて毒有りと為す。仏法を修習するは、甘露を貯うるが如し。此の法は他を教え、他をして常住の命を失わしむ」（大正四六、二〇三中一〇～一六）によれば、『大智度論』巻第二十七、「若し菩薩に具さに三毒有らば、云何んが能く無量の仏法を集むるや。譬えば毒瓶に甘露を著《お》くと雖も、皆な中食せざるが如し。菩薩は諸の純浄功徳を集め、乃ち仏と作ることを得。若し三毒を雑えば、云何んが能く清浄の仏法を具足せんや」（大正二五、二六二上三～六）に基づく。

5　空　底本の「於空」を改める。「於」は衍字であろう。

そのまま色であることは権智であり、そのまま空であることは実智である。『大品［般若経］』に、「色そのままが空である。色が滅して空であるのではない」とある[6]のは、ちょうどこの意義である。［衆生の機］縁のために［権・実の］二［智］を説くけれども、縁は別々で同じでないので、説もさまざまである。さまざまに説くけれども、すべて化他の権・実に包摂されるので、化他の二智がある。化他の二智は、情にしたがう以上、みなまとめて権とする。内証の権・実は、自ら証得する以上、すべて実と名づける。自の実によって、他の権に対するので、自行化他の二智があるのである。自らの証得について、さらにまた権・実とを分けるので、自行の二智があるのである。この［自行と化他と自行化他の］三つの二智は、含中《ごんちゅう》の二智（別入通）と比べると、またみな権と名づける。なぜならば、中道がないからである……。

　体法含中（別入通）の権・実の二智とは、色はそのまま空・不空であると体得する。色を照らすことは権智であり、空・不空は実智である。この二智を説いて、数限りない［衆生の機］縁に向かって行き、情にしたがってさまざまに説く。［説は］数限りないけれども、すべて含中の二智に包摂されるので、化他の二智がある。化他の二智は、もともと［衆生の］機に教えを投ずるので、みな権と名づける。自証の二智は、みな実と名づける。自証の二智について、さらに権と実とを分けるので、自行の二智がある。この［自行と化他と自行化他の］三つの二智は、顕中《けんちゅう》（円入通）の二智と比べると、すべて権である。なぜならば、［通教における］空＝真【空真】や教道の方便を含み持つからである。

　さらにまた、体法顕中（円入通）の権・実の二智とは、色はそのまま空・不空であり、すべての法は空・不空を拠り所とすることを体得する。色を理解することは権智、空・不空であって、すべての法が空・不空を拠り所とするのは、実智である。712c ［衆生の機］縁のために［権・実の］二［智］を説くけれども、縁は数限りない以上、説も数限りない。数限りない説は、すべて顕中の二智に包摂されるので、化他の二智がある。化他の二智は、［衆生の機］縁にしたがう以上、すべて権と名づける。自を他と比べるので、自行化他の二智がある。自証の二智について、さらに権と実とを分ける。自証の二智は、証得する以上、すべて実と名づける。この［通教・体法含中（別入通）・体法顕中（円入通）の］三つの［権・実の］二智は、別［教］の権・実の二智と比べると、すべて権である。なぜならば、そのまま空であることや教道の方便を含み持つからである。

別［教］の権・実の二智とは、色はそのまま空・不空であることを体得する。色と空とはいずれも権智であり、不空は実智である。この二智によって、百千の［衆生の機］縁にしたがって、さまざまに区別は多いけれども、すべて次第の二智[7]に包摂されるので、化他の二智がある。化他の二智は、すべて［衆生の機］縁のためであるので、みな権と名づける。自証の二智は、証得する以上、すべて実と名づける。自を他に対するので、自他の二智がある。自証の権・実について、もともと二智を分けるので、自行の二智がある。この［自行・化他・自行化他の］三つの二智は、別含円《べつごんえん》（円入別）の二智と比べると、すべてまた権である。なぜならば、次第であるからであり、教道を含み持つからである。

6　『大品［般若経］』に、「色そのままが空である。色が滅して空であるのではない」とある【大品云即色是空非色滅空】『大品般若経』には見られない。類似の文は、『維摩経』巻中、入不二法門品、「色、色空を二と為す。色は即ち是れ空にして、色滅して空なるに非ず、色性は自ら空なり」（大正一四、五五一上一九～二〇）を参照。

7　次第の二智【次第二智】　別教の次第の三諦＝隔歴の三諦に対する二智をいう。

別含円（円入別）の権・実の二智とは、色は空・不空であり、すべての法は不空を拠り所とする。色と空とを権智と名づけ、すべての法が不空を拠り所とすることを実智と名づける。この二智によって、百千の［衆生の機］縁にしたがって、さまざまに区別する。区別は多いけれども、すべて別含円の二智に包摂されるので、化他の二智がある。化他の二智は、［衆生の機］縁のためであるので、すべて権である。自証の二智は、証得する以上、すべて実と名づける。自他を相対させて、ともに二智とする。自の証得について、さらに権と実とを分けるので、自行の二智がある。この［自行と化他と自行化他の］三つの二智は円の二智と比べると、すべてまた権である。なぜならば、次第や教道を含み持つからである。

円の権実の二智とは、色そのままが空・不空であり、すべての法は色を拠り所とし、空を拠り所とし、不空を拠り所とする。すべての法が色を拠り所とし、空を拠り所とするのは権智であり、すべての法が不空を拠り所とするのは実智である。このような実智はとりもなおさず権智であり、権智はとりもなおさず実智であって、二つの別なものはない。衆生を教化しようとするために、さまざまに［衆生の機］縁にしたがい、欲望にしたがい、都合にしたがい、対治にしたがい、覚りにしたがって、さまざまに説くけれども、すべて円［教］の二智に包摂されるので、化他の二智がある。化他の二智は、［凡夫の迷いの］心にしたがう以上、すべてまた権である。自ら証得する二智は、すべて実と名づける。自ら証得する［智］のなかについて、さらに二智を分けるので、［自行の二智・化他の二智・自行化他の二智の］三種の相違があるのである。この二智は、［蔵教の］析法などの十八種の二智[8]という方便を含み持たず、ただ真の権、真の実があるだけであることを、仏の権・実と名づける。

『［法華］経』に、「如来の知見は広大で深遠で、方便波羅蜜がみな備わっている」とあるようなもの[9]を、ただ妙と呼び、前の麁であるものと相対させる。

さらにまた、［蔵教の］析法の二智から顕中（円入通）の二智まで、全部で［蔵教・通教・別入通・円入通のそれぞれに自行・化他・自行化他の］十二種の二智は、前の、みな麁と名づけるものに相対して、顕中を妙とする。どうしてであろうか。この妙は後の妙に異ならないからである。さらにまた、次第（別教）の二智から、［別教・円入別・円教のそれぞれ自行・化他・自行化他の］全部で九種の二智は、前の麁であるものに相対して、不次第（円教）を妙とする。さらにまた、前の［蔵教・通教・別入通・円入通・別教・円入別のそれぞれの自行・化他・自行化他の］十八種の二智はみな麁で、ただ不次第の三種を妙とするだけである。さらにまた、不次第の二種を麁とし、一種（円教の自行の二智）を妙とする。

さらにまた、五味の教を経歴すれば、乳教は［別教・円入別・円教の］三種、九種の二智を備え、酪教は［蔵教の］一種、［自行・化他・自行化他の］三種の二智、生蘇は［蔵教・通教・別教・円教の］四種、十二種の二智、熟蘇は［通教・別教・円教の］三種、九種の二智を備える。この『［法華］経』はただ［円教の］一

8　十八種の二智【十八種二智】　七種の二智のうち、円教の二智を除いた六種の二智に、自行・化他・自行化他の三種の別があるので、合わせて十八種となる。
9　『［法華］経』に、「如来の知見は広大で深遠で、方便波羅蜜がみな備わっている」とあるようなもの【如経如来知見広大深遠方便波羅蜜皆悉具足】　『法華経』方便品、「如来の知見は、広大深遠にして、無量、無礙、力、無所畏、禅定、解脱、三昧に、深く入りて際無く、一切未曾有の法を成就す」（大正九、五下四～六）、同、「如来方便知見波羅蜜は皆な已に具足せり」（同前、五下三～四）を参照。また、「方便波羅蜜」は妙荘厳王本事品（同前、五九下八）に出る。

種[10]、［自行・化他・自行化他の］三種の二智だけである。略教のなかの権・実に関してはみな麁で、醍醐教のなかの権・実はみな妙で、他の［乳味、生蘇味、熟蘇味の］三味のなかの権・実には麁もあり妙もある。心で推定することができるであろう。

もし上のようにさまざまな智を解釈しなければ、経論の異なる説について、その意味は理解することが難しい。なぜならば、『華厳［経］』に初住の心を解釈して、「三世の諸仏は、初住の智を知らない」とある。[11]世間の人は解釈して、「如実智については、仏も自分では仏の如実智を知らず、また初住の如実智についても知らない」とある。この解釈は、自分では理について通じると思い込んでいるが、実際には真実ではない。蔵［教］・通［教］等の仏に関しては、如実智を論じないので、どうして自らの如実智について知らないであろうか。別教の初住は如実智を得ないので、どうして知らないというのか。もし前からのさまざまな智の意味を理解すれば、三世の三蔵［教］の仏は、円教の初住の智を知らない。これは事と理の二つの解釈についていずれも滞《とどこお》りがない。このなかの意義は、二種を兼ねあわせる。第一に、二十一種の権・実を区別し、第二に麁に相対して妙を論じる。上に説いた通りである。

もし開麁顕妙するならば、さまざまな方便の諦は融合して妙諦となる以上、諦に対して智を立てる場合、すべてもう麁ではない。身分の低い人の家も、王がもし通り過ぎるならば、家は荘厳されるように、多くの川の流れが海に入るならば、同一の塩からい味になるようなものである。さまざまな麁なる智を開きあらわせば、とりもなおさず妙なる智である。

［権・実］二智は関係するものが多い。検討して、似たものを通じ合わせる必要がある。今、七種の二諦に対して、二十一種の権・実を明かして、[713b]章門とする。もしこの意味を理解すれば、［十二］因縁の境に焦点を

あわせることもまたこの通りのはずである。その意味は、析（蔵教）の因縁の智、体（通教）の因縁の智、含中（別入通）の因縁の智、顕中（円入通）の因縁の智、次第（別教）の因縁の智、次第を含み持つ（円入別）因縁の智、不次第（円教）の因縁の智である。一々にそれぞれ化他・自行化他・自行などの三種の区別があるので、合わせて二十一種がある。麁と妙を区別し、五味の多いか少ないかを判定し、相待と絶待を論じるなどがある。四諦・三諦・一諦などもまたこの通りであるはずである。自ら考えるべきである。どうして煩《わずら》わしく詳しく記すであろうか。

質問する。随情の諦や化他の智は、どのような意味で数限りがないであろうか。随智の諦や自行の智は、どのような意味で多くないであろうか。

答える。ただ一人に焦点をあわせて、まだ覚りを得ていない時には、邪見の心が邪まに生起し、邪な執著は果てしない。まして多くの人がさまざまに相違する場合はなおさらである。この意義のために、随情は多い。智は理を見る。理はただ一種だけで、相違はありえない……。

そもそも二諦の区別は、上に説いた通りである。この七つの権・実、二十一の権・実を説く場合、世間の人が執著する意義を用いるのか。世間の人が説く言葉と同じであるのか。さまざまな論が立てる意義を用いるの

10　一種　底本の「二種」を改める。『法華経』は円教だけであるから、「一種」とすべきである。『講述』に指摘がある。

11　『華厳［経］』に初住の心を解釈して、「三世の諸仏は、初住の智を知らない」とある【華厳解初住心云三世諸仏不知初住智】出典未詳。

か。世間の人にしたがわず、また注釈書【文疏】にしたがわない以上、とりわけ大小乗の経を推し量って、この解釈をなすだけである。あるいは破ることも、あるいは立てることもすべて『法華［経］』の意味である。もし巧と拙とを比較すれば、通［教の］経の二智によって三蔵［教の］経の二智を破り、ないし、次第と不次第とを比較すれば、円［教の］経の二智によって別［教の］経の二智を破る。方便のさまざまな経は、智を明かすことが麁である以上、経を解釈する【通経】論は、どうして妙とすることができようか。経論がそうである以上、経論を弘める人はどうして骨折って攻撃するであろうか。その説く内容のままにすれば、自然と堕ちることがある。

　もし生滅の立場から権・実を解釈すれば、［析法の］初番に堕ちる。もし不生不滅の立場から解釈すれば、［体法の］第二番に堕ちる。ないし、［円教の］第七番もわかるであろう。さらにまた、たとい広範に経論を引用して、自分の理論を飾る者も、初番の随情の二諦、化他の権・実を越え出ることはできない。まして初番の第二（自行）、第三（自行化他）の権・実を越え出ようか。初番の三種の権・実でさえ越え出ないのであるから、まして第七番の三種の権・実はなおさらである。もしただ初番の二智だけによって、すべての世間の迷いの心の執著【情執】を破るならば、ほぼ尽きる。たとい化城に入ることができても、ただ自行の真実の智であるだけである。化他の方便でさえ得られないのであるから、まして後番のさまざまな智を得ることができようか。もし二十一種の二智を捜すならば、全部でいくつの外道の713c邪見を破り、全部でいくつの権の経論を破るであろうか。またいくつの是（正しいこと）をあらわし、いくつの権の経論を立てて、そうして後、はじめて妙なる権と妙なる実と呼ぶであろうか。

　世間の人はまったく［蔵教の随情の］一と［随情智・随智の］二種の方便・真実の意味を認識しないで、迷いの心のなかですぐに誤って考えて智とする。もし智であるならば、どのような惑を破って、どのような理を見るであろうか。まだ理を見ず、まだ惑を破らない。生死は広くて大きい。迷いの心でなければ、何というのか。今、もし前のさまざまな麁なる智に相対して妙なる智を明らかにするならば、『法華〔経〕』における相対を破る意味である。もし開会するならば、すべての権の経論が明らかにした真理は、みな妙なる理となり、すべて智の状態【智地】でないことはない。すべての権の経論が明らかにした二智を開会すると、妙なる智でないものはなく、すべて大《だい》〔白牛《びゃくご》〕車《しゃ》である。このような破斥と開会は深く広いので、『中論』を〔これと〕比較してはならない。つくづく考えるべきである……。

1・4　三諦の境に対して智を明らかにする

第四に三諦に対して智を明らかにするとは、上で五種の三諦を明らかにしたが、今、あらためて区別する。そもそも三智によって十法界を照らす。十〔法界〕をまとめて三種とする。〔六道の〕有漏・〔声聞・縁覚の〕無漏・〔菩薩・仏の〕非有漏非無漏のことである。〔この有漏・無漏・非有漏非無漏の〕三法がたがいに入るが、区別すると〔別入通・円入通・別教・円入別・円教の〕五種がある。最初〔の別入通〕は、非漏非無漏が無漏に入り、漏・無漏に対することを三法とすることを意味する。第二〔の円入通〕は、すべての法が無漏に入り、漏・無漏に対することを三法とすることを意味する。第三〔の別教〕は、漏・無漏・非漏非無漏を三法とすることを意味する。第四〔の円入別〕は、すべての法が非漏非無漏を拠り所とし、漏・無漏に対することを三法とすることを意味する。第五〔の円教〕は、すべての法が漏を拠り所とし、無漏を拠り所とし、非漏非無漏を拠り所とすることを三法とすることを意味する。あらためて五境を説きおわった。

この五境に対して、〔別入通・円入通・別教・円入別・円教の〕五種の三智を明らかにするとは、一切智・

道種智・一切種智のことである。三智はたがいに入るが、五種は同じでない。第一に［別入通において］中智（一切種智のことで、別教の但中《たんちゅう》の智）は空智（一切智のことで、通教の空智）に入り、道智（道種智のことで、通教の仮智）に対して三種とする。次に［円入通において］如来蔵《にょらいぞう》智《ち》[12]は空智に入り、道智に対して三種とする。次に［別教において］中智は［空智と仮智の］二つに対して三智とする。次に［円入別において］如来蔵智は中智に入り、［空智と仮智の］二つに対して三智とする。次に円［教］の三智である。以上が五つの区別である。

［別入通においては］中智は空智に入り、区別して三智とするとは、最初に無漏によって一切智を生じ、[13]次に有漏によって道種智を生じ、[14]後に深く無漏の空を観察して、空もまた空であると知って、一切種智を生じる。[15]ところが、初心［の者は］は空の空であることを知らず、次に空を得るけれども、また空を実体化し、後に深く空を観察して前の空を実体化しない。ただ二空の名は同じく、二境もまた合致するので、[16]他のものに入る【相入】というだけである。今、もし区別すれば、無漏の空を一切智とし、有漏の空を道種智とし、中道の空を一切種智とする。世間の人が経論の意を取って、[714a]「六地に惑を断じることは、羅漢と等しい。七地に方便道を修行し、八地に［他を教化する］化導と空観とを並び行ない【道観双流】、無明を破って成仏する」というのは、とりもなおさずこの意味である。

［円入通においては］如来蔵智は空智に入り、三智を区別するとは、有漏・無漏によって、一切智・道種智を生じることは、前に異ならないけれども、後に別［教］の境（但中）によらないで、あらためて中智を修行する。ただ深く空を観察して、不空を見ることができるだけである。不空は、とりもなおさず如来蔵である。［如来］蔵は空と合致するので、他のものに入る【相入】という。深く空を観察して、不空を見るので、一切種智を生ずる。前の中道の智は、ただ別［教］の理（但中）をあらわすだけである。理と智とは、諸法を備え

ない。［如来］蔵の理と［如来］蔵の智は、すべての法を備えるので、前と相違する。［如来］蔵の智を［空智と仮智の］二つの智に対して、三智とするのである。『大［般涅槃］経』に、「声聞の人は、ただ空を見るだけで、不空を見ない。智者は空と不空を見る」とあり、[17]『大品［般若経］』に、「一切智は声聞の智、道種智は菩

12　如来蔵智　円教の不但中の智を指すが、ここの円入通と円入別においてのみ用いられる。
13　無漏によって一切智を生じ【依無漏発一切智】『講義』によれば、通教の第三の八人地、第四の見地以上を指す。
14　有漏によって道種智を生じ【依有漏発道種智】『講義』によれば、通教の第七地の出仮を指す。
15　深く無漏の空を観察して、空もまた空であると知って、一切種智を生じる【深観無漏之空知空亦空発一切種智】『講義』によれば、通教の第八地以上を指し、但中の智を生ずる。
16　二空の名は同じく、二境もまた合致する【二空名同二境亦合】『講義』を参考にして解釈すると、有を空じる通教の空と、空を空じる別教の空とは名が同じであり、無漏と非漏非無漏との境が一致すること。
17　『大［般涅槃］経』には、「声聞の人は、ただ空を見るだけで、不空を見ない。智者は空と不空を見る」とあり【大経云声聞之人但見於空不見不空智者見空及与不空】『南本涅槃経』巻第二十五、師子吼菩薩品、「智者は空、及与《およ》び不空、常と無常、苦と楽、我と無我を見る。……声聞・縁覚は一切空を見、不空を見ず。乃至、一切無我を見、我を見ず」（大正一二、七六七下二〇～二八）を参照。

薩の智、一切種智は仏の智である」とあるのは[18]、とりもなおさずこの意味である。

［別教においては］中智は［空智と仮智の］二つに対して三智を完成するとは、それぞれ一つの境を対象として、それぞれ一つの智を生ずる。順序正しい浅深があり、たがいに乱れて入ることはない。それ故、『［菩薩］地持《じじ》［経］』に、「種性住《しゅしょうじゅう》の菩薩は、発心して、［煩悩障と所知障《しょちしょう》の］二障を除こうとする。仏がいても仏がいなくても、必ず順序正しくさまざまな煩悩を断ち切る」とあるのは[19]、とりもなおさずこの意味である。

［円入別においては］如来蔵の智は中智に入って三智とするとは、［空智と仮智の］二つの智は前と相違せず、一切種智は少し相違する。なぜならば、前に中の境を明らかにするのは、ただ中の理であるだけである。この理をあらわそうとするならば、万行を修行すべきである。理をあらわす智であるので、一切種智と名づけるだけである。今、如来蔵の理は、すべての法を含んでいる。ただ理を顕わす智を、一切種智と名づけるだけでないので、前と相違する。この智を前に対して、三智とするのである。それ故、地論師は、「縁修は真修をあらわす。真修が生じる時は、縁修を必要としない」という。前の二つの智は、とりもなおさず縁修である。後の智が生じる時は、とりもなおさず真修である。真修はすべての法を備えれば、その他を必要としないのである。とりもなおさずこの意義である……。

［円教においては］円の三智とは、有漏はとりもなおさず因縁によって生じる法であり、即空・即仮・即中である。無漏もまた即仮・即中である。非漏非無漏もまた即空・即仮である。一法は三法、三法は一法、一智は三智、三智は一智、智は境、境は智であり、融け合って障《さわ》りがない。このような三智は、どうして前と同じであろうか。『釈論』（『大智度論』）には、「三智は一心のなかで得て、前もなく後もない」とある[20]。714b 人に向かって説いて、理解しやすくするために、三智の名を作って説くだけである。とりもなおさずこの意味である……。

もし智をあらわそうとするならば、観察が成就する必要がある。広く観・智を論じると、ともに因(修行の過程、原因)・果(修行の結果)に通じる。区別すると、観は因、智は果である。たとえば仏性が因・果に通じ

18 『大品[般若経]』に、「一切智は声聞の智、道種智は菩薩の智、一切種智は仏の智である」とある【大品云一切智是声聞智道種智是菩薩智一切種智是仏智】『大品般若経』巻第二十一、三慧品、「須菩提言わく、仏は一切智を説き、道種智を説き、一切種智を説くに、是の三種の智に何の差別有るや。仏は須菩提に告ぐらく、薩婆若は是れ一切の声聞・辟支仏の智、道種智は是れ菩薩摩訶薩の智、一切種智は是れ諸仏の智なり」(大正八、三七五中二三～二七)を参照。

19 『[菩薩]地持[経]』に、「種性住の菩薩は、発心して、[煩悩障と所知障の]二障を除こうとする。仏がいても仏がいなくても、必ず順序正しくさまざまな煩悩を断ち切る」とある【地持云種性菩薩発心欲除二障有仏無仏決定能次第断諸煩悩】『菩薩地持経』巻第三、成熟品、「自性成熟とは、善法の種子有り。善法を修習し、二障に随順す。清浄解脱の身心に力有り。真実・方便は究竟を具足す。仏有るも仏無きも、次第に煩悩障、及び智慧障を断ずるに堪能す」(大正三〇、九〇〇上九～一二)、同、巻第一、種性品、「種性菩薩は白浄法を成就すとは、四種煩悩の染汚する所と為らず」(同前、八八九中六～七)を参照。「種性住菩薩」とは、十住の位をいう。六種住(種性住・解行住・浄心住・行道迹住・決定住・究竟住)の一つ。

20 『釈論』(『大智度論』)には、「三智は一心のなかで得て、前もなく後もない」とある【釈論云三智一心中得無前無後】『大智度論』巻第二十七、序品、「問うて曰わく、一心の中に一切智・一切種智を得て、一切の煩悩習を断ず。今云何んが一切智を以て具足して一切種智を得、一切種智を以て煩悩習を断ずと言うや。答えて曰わく、実の一切智(宋本・明本・宮本によって「智」を補う)は一時に得。此の中、人をして般若波羅蜜を信ぜしめんが為めの故に、次第差品して説く。衆生をして清浄心を得しめんと欲す。是の故に是の如く説く。復た次に、一心の中に得と雖も、亦た初中後の次第有り。一心に三相有るが如し。生の因縁もて住あり、住の因縁もて滅あり」(大正二五、二六〇中一七～二四)を参照。

ているようなものである。区別すると、因を仏性と名づけ、果を涅槃と名づける。今、区別の意義につくと、観を因として、智の果を成就する。『瓔珞《ようらく》［経］』に、「従仮入空《じゅげにっくう》を二諦観と名づけ、従空入仮《じゅぐうにっけ》を平等観と名づけ、［この］二つの観を方便道として、中道第一義諦観に入ることができる」とある通りである。[21]今、従仮入空観を因として、果を成就することができることを、一切智と名づける。従空入仮観を因として、道種智の果を成就することができる。中観を因として、一切種智の果を成就することができるのである。上に智を明らかにするのに、かいつまんで五種がある。今、観の成就によっても、五種あるはずである。詳しい考察はわかるであろう。観を修行する意義は、『［摩訶］止観』の通りである……。

麁妙というのは、蔵［教］・通［教］の二仏に一切種智の名はあるけれども、まったく別［教］の理はなく、別［教］の惑を破らないので、この智は成就しない。それ故、用いないのである。［別入通においては］中入空の智[22]とは、中道を説くけれども、通［教の］門を因として二智を成就する。後に中道を照らしても、広大な働きがない。拙い教を因とするので、果はまた融けあわない。このために麁とする。次に［円入通においては］如来蔵入空《にょらいぞうにっくう》の智[23]とは、教の果の理【教果理】は融けあうけれども、因は通［教の］門であるので、また麁と名づける。［別教においては］中［智］は［空智と仮智の］二智に対すとは、通［教］を因としないけれども、三智は相違する。果の教はまだ融けあわない。このために麁とする。［円入別においては］如来蔵入中《にょらいぞうにっちゅう》[24]とは、果については融けあうけれども、因は別［教］の門であるので、この因も麁である。円［教］の三智とは、因も円、果も円、因も妙、果も妙、諦も妙、智も妙である。正直に方便を捨てて、ただ最高の覚りを説くだけである。[25]このために妙智とするのである。

もし五味の教を経歴すれば、乳教は［別教・円入別・円教の］三種の三智があり、酪教は一種[26]の三智、生蘇は［別入通・円入通・別教・円入別・円教の］五種の三智を備え、熟蘇も五種の三智を備える。麁妙はわかるであろう。『法華［経］』はただ［円教の］一種の三智だけである。これは『法華［経］』における破るという意味であるので、とりもなおさず相待妙である。開麁《かいそ》明《みょう》（顕《けん》）妙《みょう》とは、世間の智の道のない法でさえ、邪まな様相によって正しい様相に入る。さまざまな生計を立てる道は、すべて実相と背反しない。[27] 頭を低くし手を

21　『瓔珞［経］』に、「従仮入空を二諦観と名づけ、従空入仮を平等観と名づけ、［この］二つの観を方便道として、中道第一義諦観に入ることができる」とある通りである【如瓔珞云従仮入空名二諦観従空入仮名平等観二観為方便道得入中道第一義諦観】『菩薩瓔珞本業経』巻第一、賢聖学観品、「三観とは、従仮名入空は二諦観、従空入仮を平等観と名づく。是の二観は方便道なり。是の二空観に因りて、中道第一義諦観に入ることを得」（大正二四、一〇一四中一九～二一）を参照。

22　中入空の智【中入空智】　通教の体空の智が別教の但中に入る別入通の智を指す。

23　如来蔵入空の智【如来蔵入空智】　通教の体空の智が円教の不但中に入る円入通の智を指す。

24　如来蔵入中　別教の但中の智が円教の不但中に入る円入別の智を指す。

25　正直に方便を捨てて、ただ最高の覚りを説くだけである【正直捨方便但説無上道】『法華玄義』巻第一上の前注5を参照。

26　一種　五種の三智には酪教＝蔵教を含まないので、一種とあるのは奇妙であるが、『講義』には「種智の名有るに従いて、三智と云う」とある。

27　さまざまな生計を立てる道は、すべて実相と背反しない【治生産業皆与実相不相違背】『法華玄義』巻第一上の前注24を参照。

挙げる[28]場合も、開麁顕妙し、すべて仏の覚りを成就する。まして三乗の出世間の智はなおさらである。それ故、『大［般涅槃］経』には、「声聞・縁覚は、真実でもあり、虚妄でもある」とある。[29]煩悩を断ち切るので、これを真実と名づける。[714c]常住でないので、これを虚妄と名づける。凡夫はまだ煩悩を断ち切らないので、真実がなく、ただ虚妄だけである。やはり麁を開きあらわして妙に入るのは、とりもなおさず大乗である。まして二乗の智はなおさらである。二乗の智は、［五］根が破壊され、心が死んでも、やはりまた生じることができる。まして［菩薩の］道種の智はなおさらである。このように開きあらわすときは、すべてが妙であり、実相でないことがない。七宝《しっぽう》の大車《だいしゃ》の数は限りない[30]とは、これは『法華［経］』の開会の意味であり、とりもなおさず絶待妙である。

1・5　一諦の境に対して智を明らかにする

第五に一諦に対して智を明らかにするとは、とりもなおさず如実智である。『釈論』（『大智度論』）には、「さまざまな［川の］水が海に入ると、同一の塩からい味となる」とある。[31]さまざまな智も如実智に入ると、本来の名称を失う。それ故、如実智はまとめてすべての智を包摂し、もっぱら一つの境を照らすので、多くの［川の］水をまとめて、ともに一つの塩からい味となることがわかる。もし十智[32]の麁であるものに相対させれば、如実智を妙とする。もしさまざまな実智に相対させれば、さまざまな実智を麁と名づけ、中道の如実智を妙と名づける。

もし開麁顕妙するならば、たださまざまな実智を妙とするだけではなく、［麁である］十智も妙と名づける……。

無諦無説とは、無諦という以上、また無智である。もしさまざまな場所を経歴して無諦を明らかにするなら

28　頭を低くし手を挙げる【低頭挙手】『法華経』方便品、「或いは人有りて礼拝し、或いは復た但だ合掌し、乃至一手を挙げ、或いは復た小《すこ》し頭を低《た》れて、此れを以て像に供養せば、漸く無量の仏を見たり」（大正九、九上一九～二一）に基づく。「低頭」は、仏像に対して頭を垂れること。「挙手」は、合掌の代わりに片手だけを挙げること。

29　『大［般涅槃］経』には、「声聞・縁覚は、真実でもあり、虚妄でもある」とある【大経云声聞縁覚亦実亦虚】『南本涅槃経』巻第十二、聖行品、「文殊師利言わく、仏の説く所の大乗の如きは是れ実諦なりとは、当に知るべし、声聞・辟支仏乗は、則ち不実と為す。仏言わく、文殊師利よ、彼の二乗とは、亦た実にして、実ならず。声聞・縁覚は諸煩悩を断ずれば、則ち名づけて実と為す。無常不住は是れ変易《へんにゃく》の法にして、名づけて不実と為す」（大正一二、六八五下一七～二一）を参照。

30　七宝の大車の数は限りない【七宝大車其数無量】『法華玄義』巻第二下の前注133を参照。

31　『釈論』（『大智度論』）には、「さまざまな［川の］水が海に入ると、同一の塩からい味となる」とある【釈論云諸水入海同一鹹味】『大智度論』巻第二十五、「譬えば衆川万流《しゅせんまんる》、各各異なる色、異なる味なるも、大海に入れば、同じく一味一名と為るが如し。是の如く愚癡、智慧は、般若波羅蜜の中に入れば、皆な同一の味にして、差別有ること無し」（大正二五、二二一上二五～二八）を参照。

32　十智　世俗智・法智・類智・苦智・集智・滅智・道智・他心智・尽智・無生智のこと。これに如実智を加えて十一智とする。『大智度論』巻第二十七（同前、二五七下）を参照。

ば、その他の方便の無諦無智を麁とし、中道の無諦無智を妙とする。もし口をふさぎ言葉で表現できない[33]無諦無智によれば、また麁もなく妙もなく、相待もなく絶待もない。すべての法を経歴して、みな麁もなく妙もないのである。

2　智が次々と諸境を照らす

第二に次々と【展転】［境を］照らすとは、［十二因縁・四諦・二諦・三諦・一諦・無諦の六境それぞれに対する］六番の智は、前のさまざまな境を次々と照らす【伝照】。

思議の［十二］因縁の［生滅に対する］下智・［不生滅に対する］中智は、六道の十如の性質・様相【性相】などを照らす。下・中の二智は十二因縁の滅を観察するとは、二乗の十如の性質・様相などを照らす。上智は菩薩の性質・様相・本末などを照らし、上上智は仏法界の性質・様相・本末などを照らす。

四種の四諦の智が十法界を照らすとは、生滅・無生［滅］などの苦［諦］・集［諦］の智は、六道の十如の様相・性質を照らし、生滅・無生［滅］の道［諦］・滅［諦］の智は、とりもなおさず二乗の十如の様相・性質を照らす。無量・無作の苦［諦］・集［諦］の智は、菩薩界の性質・様相などを照らし、無量・無作の道［諦］・滅［諦］の智は、仏法界の様相・性質・本末などを照らす。

四種の四諦の智が四［種］の十二因縁を照らすとは、生滅・無生［諦］の苦［諦］・集［諦］の智は、思議の［生滅と無生滅の］二つの十二因縁を照らすのである。生滅・無生滅の二つの道［諦］・滅［諦］の智は、二つの思議の十二因縁の滅を照らすのである。無量・無作の二つの苦［諦］・集［諦］の智は、不思議の［生滅と無生滅の］二つの十二因縁を照らすのである。無量・無作の道［諦］・滅［諦］の智は、不思議の二つの十二因縁の[715a]滅を照らすのである。

七種の［権・実の］二智が十法界を照らすとは、生滅・無生滅の二つの権智と［別入通と円入通の］入通などの二つ［の権智］、合わせて四つの権智は、六道の性質・様相を照らす。生滅・無生滅の二つの実智は、二乗の性質・様相などを照らす。別［教］の権［智］、円入別の権［智］は、有の極端が六道の性質・様相を照らし、無の極端が二乗の性質・様相を照らす。円［教］の権［智］は、通じて九界の性質・様相を照らす。別入通の実［智］については、空の極端が二乗の性質・様相、不空の極端が菩薩の性質・様相［をそれぞれ照らすの］である。円入通の実［智］については、空の極端が二乗の性質・様相、不空の極端が仏界の様相・性質を照らす。別［教］の実［智］は菩薩の性質・様相を照らす。円入別の実［智］、円［教］の実［智］は、ともに仏法界の様相・性質を照らすのである。

七種の二智が四種の因縁を照らすとは、前の［蔵教・通教・別入通・円入通の］四つの権［智］は思議の［生滅・無生滅の］二つの十二［因］縁を照らす。別［教］の権［智］、円入別の権［智］については、有の極端【辺】が［生滅・無生滅の］二つの思議の十二［因］縁を照らし、無の極端が［思議の生滅・無生滅の］二つの十二［因］縁の滅を照らす。円［教］の権［智］は、通じる……。別入通の実［智］は、空の極端が思議の十二［因］縁の滅を照らし、不空の極端が不思議の十二［因］縁を照らす。円入通の実

33　口をふさぎ言葉で表現できない【杜口絶言】「杜口」は、口をふさぐこと。沈黙すること。『維摩経』入不二法門品における維摩詰の沈黙に基づく表現。「絶言」は、言葉で表現できないことを意味する。

〔智〕は、空の極端が上と同じで、不空の極端が不思議の十二〔因〕縁の滅を照らす。別〔教〕の実〔智〕は不思議の〔生滅・無生滅の〕二つの十二〔因〕縁の滅を照らし、円〔教〕の実〔智〕は〔生滅・無生滅の〕二つの不思議の十二〔因〕縁の滅などを照らす。前の〔蔵教・通教・別入通・円入通の〕四種の権智は、生滅・無生滅の二つの苦〔諦〕・集〔諦〕を照らし、さらにまた、〔別教・円入別・円教の〕三つの権智は、無量・無作の苦〔諦〕・集〔諦〕を照らす。〔蔵教・通教の〕二の実智は、思議の〔生滅・無生滅の〕二つの道〔諦〕・滅〔諦〕を照らす。さらにまた、〔別入通・円入通・別教・円入別・円教の〕五つの実智は、不思議の〔生滅・無生滅の〕二つの道〔諦〕・滅〔諦〕を照らす。

〔別入通・円入通・別教・円入別・円教の〕五種の三智が十法界を照らすとは、五種の道種智は、六道の性質・様相・本末などを照らす。五種の一切智は、二乗・菩薩の性質・様相・本末などを照らす。五種の一切種智は、仏法界の十如の様相・性質などを照らす。

さらにまた、五種の三智が四種の十二因縁を照らすとは、五種の有の智（道種智）は、思議の〔生滅・無生滅の〕二つの十二〔因〕縁を照らす。五種の一切智は、〔生滅・無生滅の〕二つの思議の十二〔因〕縁の滅を照らし、さらにまた不思議の十二〔因〕縁を照らす。五つの一切種智は、〔生滅・無生滅の〕二つの不思議の十二〔因〕縁の滅を照らす。

五種の三智が四種の四諦を照らすとは、五つの道種智は、生滅・無生〔滅〕の二つの苦〔諦〕・集〔諦〕を照らし、五種の一切智は、生滅・無生〔滅〕の二つの道〔諦〕・滅〔諦〕を照らし、また無量・無作の二つの苦〔諦〕・集〔諦〕を照らす。五種の一切種智は、無量・無作の二つの道〔諦〕・滅〔諦〕を照らす。

五種の三智が〔蔵教・通教・別入通・円入通・別教・円入別・円教の〕七種の二諦を照らすとは、715b 五つの道種智は、[蔵教・通教・別入通・円入通の] 四種の俗諦を照らす。五種の一切智は、[蔵教・通教の] 二種の真諦を照らし、また別 [教]・円入別・円 [教] の三種の俗諦を照らす。五種の一切種智は、[別入通・円入通・別教・円入別・円教の] 五種の真諦を照らす。

一つの如実智は、仏界の十如の性質・様相を照らし、さらにまた不思議の十二因縁を照らし、さらにまた無作の四諦を照らし、さらにまた五種の真諦を照らし、さらにまた五種の中道第一義諦を照らす。

無諦無説は、十の様相・性質の如と合致し、不思議の十二 [因] 縁の滅と合致し、四種の不生不生と合致し、真諦の無言説と合致し、中道の生死でもなく涅槃でもないものと合致する。

このようなさまざまな智は、次々と諦を照らす。諦がもし融合すれば、智もそのまま融合する。智・諦が融合することを、妙と名づける。このようなものはすべて方便の言説であり、妙・不妙と呼ぶ。理を見るときは、もはや権、実、権でもなく実でもないものはなく、また妙と不妙とがない。このために、妙と呼ぶのである。七種の二諦、五種の三諦は、[別入通・円入通・円入別のように] たがいに隙間を開けて入る【間入《けんにゅう》】。その他のさまざまな境にもこの意味がある。七種の二智、五種の三智はたがいに隙間を開けて入る以上、その他のさまざまな智にもこの意味がある。以上を例として自分で考察すべきである……。

(3) 行妙

第三に行妙とは、二 [段] とする。第一に通常【通途《つうず》】の数を増やして整理される行【増数行】、第二に教に焦点をあわせて数を増やして整理される行である。そもそも行は前進すること【進趣】に名づけたものであるが、智でなければ進まない。智による理解は行を導くけれども、境 [に基づくの] でなければ [その智は]

正しくない。智の目と行の足によって、［涅槃にたとえられる］清涼池に到達する。そして、理解は行の根本である。行は智を完成することができるので、行が完全になって智は円《まど》かとなる。智は理をあらわすことができる。理が究極的となれば、智も［新たに生ずることなく］休む。このように［智と理とが］たがいに依存するならば、妙なる行ではない。妙なる行とは、一行がそのまま一切行である［ような行である］。『［法華］経』に、「もともと無数の仏にしたがって、残りなく【具足】さまざまな道を修行する」とある通りである。[34] さらにまた、「数限りない仏のもとで、深く【深】妙なる道を修行する」とある。[35] さらにまた、「諸仏のあらゆる道法をすべて【尽】修行する」とある。[36]［『法華経』に］残りなく【具】、深く【深】、すべて【尽】とあった。「残りなく【具】」は広く、「深く【深】」は高く、「すべて【尽】」は究極【究竟】である。この妙なる行は、前の境智と一であるけれども［境・智・行の］三を論じ、三であるけれども一を論じる。前の境については、法の様相のように説く。法の様相も三を備えて、秘密蔵と名づける。前の智は、法の様相のように理解する。理解にも三を備えるのは、顔の三つの目[37]のようなものである。今の行は、修行するものであり、説く内容の通りである。行にも［境・智・行の］三を備えることを、伊字の三点[38]と名づける。三にしろ、一にしろ、すべて欠けるものがないので、妙なる行と呼ぶだけである。

⑴　智に対して数を増やして行を明らかにする

前に境に対して智を明らかにした。今も智に対して行を明らかにするべきである。もしただちに[715c]一種の智に対して数を増やして行を明らかにするならば、行は塵や砂のように多く、説いても尽くすことはできない。ましてさまざまな智に対して、それぞれ多くの行を導くのはなおさらである。虚空のように広大である。意味を理解して言葉をなくす【得意忘言】と、もう説くことはできない。『釈論』（『大智度論』）には、「菩薩は般若を修行するとき、一法を行として一切の行を包摂し、あるいは数限りない一法を行として一切の行を包摂し、あるいは二法を行として一切の行を包摂し、あるいは数限りない二法を行として一切の行を包摂し、ないし十法、百法、千万億の法を行として一切の行を包摂し、あるいは数限りない十法、百千万億の法を行として一切の行

34 『［法華］経』に、「もともと無数の仏にしたがって、残りなく【具足】さまざまな道を修行する」とある通りである【如経本従無数仏具足行諸道】『法華玄義』巻第二上の前注9を参照。

35 「数限りない仏のもとで、深く【深】妙なる道を修行する」とある【云無量諸仏所而行深妙道】『法華経』方便品、「仏子有りて心浄く、柔軟にして亦た利根なり。無量の諸仏の所にて、而も深妙の道を行ず」（同前、八上八～九）を参照。

36 「諸仏のあらゆる道法をすべて【尽】修行する」とある【云尽行諸仏所有道法】『法華経』方便品、「仏は曾て百千万億無数の諸仏に親近し、尽《ことごと》く諸仏の無量の道法を行じ、勇猛精進にして、名称普く聞こえ、甚深未曾有の法を成就し、宜しきに随いて説く所の意趣は解し難し」（同前、五中二七～下一）を参照。

37 顔の三つの目【面上三目】大自在天の顔にある三つの目のこと。境・智・行の三者の一体不離をたとえる。

38 伊字の三点【伊字の三点】悉曇文字の伊字が三点からなり、その三点が縦にも横にも一列には並ばず、三角形をなしているので、境・智・行の三者が一体不離の関係であることをたとえる。

を包摂する」とある。[39]行は多いけれども、智を根本とする。智は指導者のようであり、行は商人のようである。智は鋭い針のようであり、行は長い糸のようである。智が行の牛を制御すると、車は安全で、どこにでも到達することができる。この数を増やして整理されるさまざまな行を、前の十如や［四］諦の［境とそれに対する］智に導かれるもの、ないし一実諦の［境とそれに対する］智に導かれるものとする。もしこの意味を理解すれば、正しい智によって多くの行を導き、正しい境のなかに入る。この意義はただ［文を離れて］はるかに知ることができるだけである。記載することはできない……。

② 四教に焦点をあわせて数を増やして行を明らかにする

1 蔵教において数を増やして行を明らかにする

第二に［蔵教・通教・別教・円教の四］教に焦点をあわせて数を増やすとは、もし三蔵［教］の数を増やして行を明らかにするならば、『阿含［経］』のなか［に説かれる］通りである。仏は比丘に告げる。「一行を修行すべきである。私はあなたたちの四つの沙門果《しゃもんか》を証明する。心が放縦《ほうしょう》でないことを意味する。もし心を守って、放縦のない行を、広く述べ伝えれば、なすべきことを成し遂げ、涅槃を得ることができる」と。[40]さらにまた、比丘に告げる。「一行を修行すべきである。他人の物を取ってはならないことを意味する」と。[41]比丘は仏に申し上げる。「私はわかった」と。仏がいう。「あなたはどのようにわかったのか」と。比丘は仏に申し上げる。「他人の物とは、色・声・香・味・触・法を意味する」と。仏がいう。「すばらしい。もしこの六つを取らなければ、なすべきことを成し遂げて、涅槃を得ることができる」と。「広く述べ伝える」とは、放縦でない心によって、すべての法を経歴して、三界、六塵（色・声・香・味・触・法の六境）についてみな放縦でなく、涅槃に到達することがあることを意味する。

二の数を増やして行を明らかにするとは、『阿含［経］』には、「閑静な修行場所【阿練若】の比丘は、二つ

39　『釈論』（『大智度論』）には……百千万億の法を行として一切の行を包摂する」とある【釈論云菩薩行般若時以一法為行摂一切行或二法為行摂一切行或無量二法為行摂一切行乃至十法百法千万億法為行摂一切行或無量十法百千万億法為行摂一切行】　出典未詳であるが、『大智度論』巻第二十七、「仏の諸比丘に告ぐるが如し、汝の為めに一切法を説く。何等か是れ一切法なる。所謂る眼色、耳声、鼻香、舌味、身触、意法なり。是の十二入を一切法と名づく。……是の如き等の無量の二法門もて一切法を摂す。……是の如き等の無量の三法門もて一切法を摂す。……是の如き等の無量の四法門もて一切法を摂す。……是の如き等の無量の五法門もて一切法を摂す。……是の如き等の無量の六法門もて一切法を摂す」（大正二五、二五九中二一～下一八）を参照。

40　『阿含［経］』のなか［に説かれる］通りである……涅槃を得ることができる」と【如阿含中仏告比丘当修一行我証汝等四沙門果謂心不放逸若能護心不放逸行広演広布則所作已辦能得涅槃】　『増一阿含経』巻第四、護心品、「当に一法を修行すべく、当に広く一法を布《し》くべし。一法を修行し、広く一法を布き已れば、便ち神通を得、諸行は寂静にして、沙門果を得、泥洹《ないおん》界に至る。云何なるをか一法と為す。所謂る無放逸《むほういつ》の行なり。云何なるをか無放逸行と為す。所謂る護心なり。……生死已に尽き、梵行已に立ち、作す所已に辦《べん》じ、更に復た有を受けず、如実に之れを知る」（大正二、五六二下一二～一七）を参照。

41　さらにまた、比丘に告げる。「一行を修行すべきである。他人の物を取ってはならないことを意味する」と【又告比丘当修一行謂他物莫取】　ここからの仏と比丘の会話については、出典未詳。

の法を修行することを行とするべきである。止を修行し、観を修行することを意味する」とある。[42] 止を修行するときに関しては、さまざまな悪を止めることができ、戒律・威儀・諸行・禁戒《ごんかい》[43]はすべて失われないで、さまざまな功徳を成就する。観を修行するときに関しては、苦を観察し、ありのままにこれを知ることができる。苦の集、苦の尽、苦の出離【苦出要】[44]を観察して、ありのままにこれを知り、漏《ろ》（煩悩）を尽くして、未来の生存を受けない。ただ怛薩阿竭《たんさつあかつ》[45]（如来）はこのように修行する。

三の数を増やして行を明らかにするとは、戒・定・慧を意味する。この三つは出世の階段であり、仏法の規則【軌儀】である。『戒経』には、「多くの悪は[716a]してはならない。多くの善は実行しなさい。自らその心を浄化しなさい。以上が仏たちの教えである」とある。[46]「多くの悪」とは、七項目の罪、軽い、あるいは重い戒律違反[47]である。五部律[48]には詳しくその様相を明らかにしている。このような悪は、戒によって防止される。「多くの善」とは、善の三業、［つまり］あるいは散［禅］、あるいは静（定禅）、前後の方便の支林《しりん》の功徳[49]は、すべて清らかに［上の天界に］登っていくものなので、善と呼ぶ。「自らその心を浄化しなさい」とは、とりもなおさずさまざまな邪まな倒錯を破って、世間・出世間の因と果、中心的・補助的な【正助】法門を理解し、心の汚れを取り除き、さまざまな悪行【瑕穢】を浄化する。どうして智慧を越え出るであろうか。

42　『阿含［経］』には、「閑静な修行場所【阿練若】の比丘は、二つの法を修行することを行とするべきである。止を修行し、観を修行することを意味する」とある【阿含云阿練若比丘当修二法為行】『増一阿含経』巻第九、慚愧品、「当に二法を修すべし。云何なるをか二法と為す。所謂る止と観なり」（同前、五九二中一六～一七）を参照。「阿練若」は、araṇya の音写語。森林、原野の意から、より広く修行に適した閑静な場所を意味するようになった。

43 戒律・威儀・諸行・禁戒【戒律威儀諸行禁戒】　類義の語句を列挙している。「戒律」は修行生活の規範、「威儀」は礼式に合致した行為、「諸行」は善を修する修行、「禁戒」は戒律と同義。

44 苦の出離【苦出要】「出要」は、出離すること。道諦を苦出要諦ともいう。

45 怛薩阿竭　tathāgata の音写語。如来と訳す。

46『戒経』には、「多くの悪はしてはならない。多くの善は実行しなさい。自らその心を浄化しなさい。以上が仏たちの教えである」とある【戒経云諸悪莫作諸善奉行自浄其意是諸仏教】　いわゆる七仏通誡偈である。『法華玄義』巻第二上の前注67を参照。

47 七項目の罪、軽い、あるいは重い戒律違反【七支過罪軽重非違】「七支」とは、戒の条目（波羅提木叉）が罪の軽重によって分類された七聚《しちじゅ》のことで、波羅夷・僧残・偸蘭遮・波逸提・波羅提提舎尼・突吉羅・悪説をいう。「過罪」は、罪、とがのこと。「非違」は、戒の条目に乖き違うことか。

48 五部律　律蔵に関する五種の分派のこと。法蔵部の四分律、有部の十誦《じゅうじゅ》律、化地部の五分律、飲光部の律（解脱律というが未伝、戒本は解脱戒経）、大衆部の摩訶僧祇《まかそうぎ》律のこと。

49 善の三業、［つまり］あるいは散［禅］、あるいは静（定禅）、前後の方便の支林の功徳【善三業若散若静前後方便支林功徳】　ここでは禅定に当てはめて解釈される。「三業」とは、次下に出る「散」、「静」、「前後の方便」を指す。『講述』によれば、「散」は欲界定の散禅をいい、「静」は色界定などの定禅をいう。「前後方便」については、数息観から未到定（未至定。初禅に入る前段階の定をいう）までを修することを前方便といい、初禅の後に、二禅の近分定を修して二禅の方便とすることを後方便という。また、麁住、細住などの欲界定を前方便とし、未到定を後方便とする説も紹介されている。「支林」は、禅定を構成する覚・観・喜・楽・一心（初禅の五支）などの心作用の要素を、樹木が多数並び立つ林にたとえたもの。

仏法の広大な海は、この［戒・定・慧の］三つにすべて包摂される。もしこの意味が理解できれば、四、五、六、七、ないし百千万億の法を行として、すべての行を包摂することも同様である。以上を、下智が行を導くと名づけるのである。

2　通教において数を増やして行を明らかにする

通教における数を増やす行とは、各部の経典【部帙】を確定して通教であると判定しない。ただ三乗が共通に学ぶ法門を取りあげて、これを通［教］と指し示すだけである。[50]今、ひとまず『釈論』（『大智度論』）の数を増やすことを引用して、その様相を示す。『［大智度］論』には、「菩薩が般若を修行するとき、さまざまな法の一つの様相を知るけれども、同様にすべての法のいろいろな様相を知る。さまざまな教えのいろいろな様相を知るけれども、同様にすべての法の一つの様相を知る」とある。[51]どのようにすべての法の一つの様相を観察するのか。その意味は、すべての法の無相を観察することである。［地・水・火・風の］四大《しだい》のそれぞれがたがいに離れないようなものである。地のなかに水・火・風がある。ただ地が多いので、地を名とするだけである。水・火・風も同様である。今、この異なる様相がないことを観察する。もし火のなかに［水・火・風の］三大があるならば、三大はともに熱いはずである。もし三大は火のなかにあるけれども、三[52]大はその結果熱くなければ、火と名づけない。もし三大がともに熱ければ、三大は自体存在【自性】を捨て、みな火と名づけ、もはや三大はなくなるであろう。もし三大があるけれども、微細で知ることができないというならば、これは無いということとどうして相違するであろうか。もし粗雑で捉えることができれば、微細なものがあることがわかる。もし粗雑なものがなければ、微細なもののもない。このようであれば、火のなかのさまざまな様相は

［実体として］捉えることはできない。すべての法の様相も同様に［実体として］捉えることはできない。このために、すべての法はみな一つの様相である。これは一つの様相によって異なる様相を破ることである。また無相によって一つの様相を破る。無相も自然と消滅する。火を燃えさからせる木がさまざまな薪を燃やしてしまえば、また自らを焼くようなものである。以上が、すべての法は一つの様相であり、一つの様相は無相であると観察することである。このように無量のすべての法はすべて一つの様相であり、一つの様相は無相である。あるいは二法を行としてすべての行を包摂し、ないし百法、千万億の法を行としてすべての行を包摂することは、心で推し量ることができる。これ以上わずらわしく記さない。

50　各部の経典【部帙】を確定して通教であると判定しない。ただ三乗が共通に学ぶ法門を取りあげて、これを通［教］と指し示すだけである【定部帙判通教但取三乗共学法門指此為通耳】「部帙《ぶちつ》」は、類別した書物。「帙」は書物を収める包み。ここでは、各部の経典をいう。ここは、『般若経』という特定の経典が通教と判定された過去の教判と相違して、各経典の中に説かれる三乗に共通な法門を通教とすることを意味する。

51　『［大智度］論』には……同様にすべての法の一つの様相を知る」とある【論云菩薩行般若時雖知諸法一相亦能知一切法種種相雖知諸法種種相亦能知一切法一相】『大智度論』巻第十八、「復た次に菩薩摩訶薩は般若波羅蜜を行ずるに、諸法の一相を知ると雖も、亦た能く一切法の種種相を知る。諸法の種種相を知ると雖も、亦た能く一切法の一相を知る」（大正二五、一九四中一～四）を参照。

52　三　底本の「二」を『全集本』によって改める。

3　別教において数を増やして行を明らかにする

別教における数を増やす行とは、善財《ぜんざい》［童子］が法界に入る[53]なかに説く通りである。一人の善知識[716b]のもとで、それぞれ一つの法を聞いて行とする。あるいは如幻三昧《にょげんざんまい》[54]、あるいは大きい岩から身を投げて火に入り[55]、砂を数えほくろを占い[56]、菩提心を生ずるなど、いろいろな一行がある。みな、「仏法は海のようである。私はただこの一つの法門を知るだけである。その他は知ることができない」という。ないし百十人の善知識[57]、一つ一つの法門はみな同様である。この一つ一つの行はみな無明を破って、深い境界に入る。二法、三法、百千万億等の法に関しても、この通りのはずである……。

4　円教において数を増やして行を明らかにする

円教における数を増やす行とは、『文殊問経』に、「菩薩は一行三昧（常坐三昧）を修行する場合、静かに部屋で結跏趺坐し、法界を認識の対象とし【繋縁法界】、法界全体を想念し【一念法界】、すべての無明・倒錯は永遠に静まること、大空のようであるべきである」と明らかにする通りである[58]。この一行は、とりもなおさず

53　善財［童子］が法界に入る【善財入法界】　善財は善財童子のこと。「入法界」は、『華厳経』入法界品を指す。善財童子が文殊菩薩に出会って発心し、多数の善知識（『六十巻華厳経』では、文殊師利菩薩を加えて四十五人）を訪問し、最後に普賢菩薩に出会って、法界に入ることを説く。

54　如幻三昧　幻術師が自在にさまざまな物を作り出すように、あらゆる物を現出する三昧のこと。『釈籤』によれば、善財童子が摩耶夫人のもとで、この三昧を得たとされる。『釈籤』巻第八、「或いは如幻三昧と言うは、彼の法界品の善財は摩耶夫人の所に至りて、是の三昧を獲《う》」（大正三三、八七〇下一八～二〇）を参照。また、『六十巻華厳経』巻第五十七、入法界品、「我れは已に大願智幻法門を成就す」（大正九、七六三下一一）を参照。

55　大きい岩から身を投げて火に入り【投巌赴火】　第九の善知識である方便命婆羅門のもとで、善財童子が刀山に登って、火聚に身を投じたことを指す。『六十巻華厳経』巻第四十七（同前、七〇〇中～七〇二上）を参照。

56　砂を数えほくろを占い【算砂相黶】　第十二の善知識である釈天主（帝釈天）が、『六十巻華厳経』巻第四十八において、「文殊師利は、我れに黶子《ほくろ》を相する法、算数法、印法を教え、我れは因《よ》りて此の三種の法を知るが故に、一切巧術智慧法門を得」（同前、七〇四下二～四）と述べているのに基づく。「算砂」については、『六十巻華厳経』巻第四十八、「若し無量百由旬等の大沙聚有らば、我れは悉ごとく分別して其の数を算知す」（同前、七〇四下一四～一五）を参照。「相黶」は、ほくろを占うこと。

57　百十人の善知識【一百一十善知識】　善財童子が訪れた百十城にちなんで、百十人の善知識という。『六十巻華厳経』巻第六十、「爾の時、善財童子は、是の如く百一十城を経遊し、普門城の辺に到り、思惟して住し、十方を観察し、一心に専ら文殊師利を求む」（同前、七八三中二七～二九）に基づく。

58　『文殊問経』に……大空のようであるべきである」と明らかにする通りである【如文殊問経明菩薩修一行三昧当於静室結跏趺坐繋縁法界一念法界一切無明顛倒永寂如空】　『文殊問経』ではなく、『文殊師利所説摩訶般若波羅蜜経』巻下、「法界は一相なり。縁を法界に繫くは、是れ一行三昧と名づく。若し善男子、善女人は、一行三昧に入らんと欲せば、当に先に般若波羅蜜を聞き、説の如く修学し、然る後に能く一行三昧に入るべし。法界の縁の如く、不退、不壊、不思議、無礙無相なり。善男子、善女人は、一行三昧に入らんと欲せば、応に空閑《くうげん》に処し、諸の乱意を捨て、相貌《そうみょう》を取らず、心を一仏に繫《か》け、専ら名字を称《とな》うべし」（大正八、七三一上二六～中三）を参照。

障礙のないすべての人が一道から生死を出ることである[59]。すべての法のなかに、みな差別なく平等に観察すること【等観】によって入る。智慧【解慧】の心は静寂であり、三界に並ぶものはない。これこそ一行にすべての行を包摂することである。

二法を増やして行としてすべての行を包摂する。いわゆる止と観である。

三法を増やして行としてすべての行を包摂する。聞・思・修、戒・定・慧のことである。

四法を増やして行としてすべての行を包摂する。四念処のことである。

五法を増やして行としてすべての行を包摂する。五門禅[60]のことである。

六法を増やして行としてすべての行を包摂する。六波羅蜜のことである。

七法を増やして行としてすべての行を包摂する。七善法[61]のことである。

八法を増やして行としてすべての行を包摂する。八正道のことである。

九法を増やして行としてすべての行を包摂する。九種の大禅[62]のことである。

十の数を増やして行としてすべての行を包摂する。十境界[63]、あるいは十観成乗《じっかんじょうじょう》[64]などのことである。

百の数、千万億の数、阿僧祇《あそうぎ》不可説の法門を増やして行とすることについては、どうしてすべて載せることができようか。もしその意味を理解すれば、［これを］例として理解できるであろう。

しかし、数を増やして行を明らかにする場合、修行することは同じではない。麁妙を判定する必要がある。

三蔵［教］における数を増やすさまざまな行に関しては、生滅の智によって導き、ただ苦から脱出することをあてにし、化城にとどまり休むだけである。このために麁とする。通教における数を増やすさまざまな行については、［空を直観的に知る］体智は巧みであるけれども、ただ導いて苦を脱出するだけである。灰断《けだん》[65]という

59 障礙のないすべての人が一道から生死を出ることである【一切無礙人一道出生死】『六十巻華厳経』巻第五、菩薩明難品、「文殊よ、法は常に爾り。法王は唯一の法にして、一切無礙の人は、一道より生死を出ず。一切諸仏の身は、唯だ是れ一法身、一心、一智慧にして、力・無畏も亦た然り」（大正九、四二九中一八〜二一）を参照。

60 五門禅 『維摩経』弟子品に出る無常・苦・空・無我・寂滅の五種の意義のこと。『維摩経』巻上、弟子品、「憶念するに、昔者《むかし》、仏は諸の比丘の為めに略して法要を説き、我れは即ち後に於いて、其の義を敷演す。無常義、苦義、空義、無我義、寂滅義を謂う」（大正一四、五四一上一四〜一六）を参照。

61 七善法 仏の説法に備わる七種の美点。『釈籤』によれば、初中後善・其義深遠・其語巧妙・純一無雑・具足・清白・梵行の相である。『釈籤』巻第八、「『七善』とは、疏に云わく、夫れ七善の語は、大小に通ず。今、円の七善に局《かぎ》るなり。一に初・中・後善なるは、是れ序・正・流通の時節善なり。二に其の義深遠《じんのん》なるを、名づけて義善と為す。三に其の語巧《ぎょう》妙《みょう》なるを、名づけて語善と為す。四に純一無雑を、名づけて独一善と為す。五に具足を、名づけて円満善と為す。六に清《しょう》白《びゃく》を、名づけて調柔《じょうにゅう》善と為す。七に梵行の相を、名づけて慈悲善と為す」（大正三三、八七一下二〜七）を参照。

62 九種の大禅【九種大禅】 自性禅・一切禅・難禅・一切門禅・善人禅・一切行禅・除煩悩禅・此世他世楽禅・清浄浄禅をいう。世間禅・出世間禅・出世間上上禅のうち、出世間上上禅に属する。

63 十境界 観察の十種の対象界。陰入界・煩悩・病患・業相・魔事・禅定・諸見・増上慢・二乗・菩薩をいう。

64 十観成乗 十乗観法ともいう。乗は、この観法が修行者を究極の境地に運ぶことを乗り物にたとえたもの。対象界に対する十種の観察方法。観不思議境・起慈悲心・巧安止観・破法遍・識通塞・修道品・対治助開・知次位・能安忍・無法愛をいう。

65 灰断 灰身滅智と同義。無余涅槃に入って、身も心＝智もまったく無に帰すること。

点で［三蔵教と］同じである。別教における数を増やすさまざまな行については、智は遠くまで導く。浅いものから深いものに登って、さまざまな行は隔たってばらばらであり、事と理とは融合しない。このために麁とする。円教における数を増やすさまざまな行については、行は融合し智は円満である。このために妙とする。今の『［法華］経』は円［教］における数を増やすことに所属する。『観経』に、「三週間、ひたすら熱心に努力する」とある通りである。[66] これは一法について行妙を論じることである。「あるいは歩き、あるいは座って、この経を思惟す」とある。[67] [716c] これは二法について行妙を論じることである。「もしこの経を聞いて、思惟修習するならば、巧みに菩薩道を修行する」とある。[68] これは三法について行妙を論じることである。四安楽行、[69] これは四法について行妙を論じる。五品弟子、これは五法について行妙を論じる。六根清浄、これは六法について行妙を論じる。このようなものは、麁に相対して妙を論じるのである。

麁を開きあらわして妙を論じるとは、頭を低くし、手を挙げ、土を積み、砂を弄《もてあそ》ぶことは、[70] みな仏の覚りを成就する。いろいろな法を説くけれども、実際には一乗のためである。さまざまな行はみな妙であるので、［妙と］相対するような麁はなく、相対はすぐに絶せられる。

③　五という数に焦点をあわせて行妙を明らかにする

次に、五という数に焦点をあわせて行妙を明らかにするとは、さらに二［段］とする。まず別［教］の五行を明らかにし、次に円［教］の五行を明らかにする。

1　別教の五行

別［教］とは、『涅槃［経］』に、「五種の行とは、聖《しょう》行・梵行・天行・嬰児《ように》行・病行のことである」とある

66 『観経』に、「三週間、ひたすら熱心に努力する」とある通りである【如観経云於三七日一心精進】 実際には、『観普賢菩薩行法経』ではなく、『法華経』普賢菩薩勧発品に、「若し後の世の後の五百歳、濁悪世の中、比丘・比丘尼・優婆塞・優婆夷の求索《ぐしゃく》する者、受持する者、読誦する者、書写する者は、是の法華経を修習せんと欲せば、三七日の中に於いて、応に一心に精進すべし」（大正九、六一中九～一二）と出る。

67 「あるいは歩き、あるいは座って、この経を思惟す」とある【若行若坐思惟此経】 『法華経』譬喩品、「若しは坐し、若しは経行し、常に是の事を思惟す。嗚呼《うこ》して深く自ら責む。云何んが而も自ら欺くや」（同前、一〇下一二～一三）を参照。

68 「もしこの経を聞いて、思惟修習するならば、巧みに菩薩道を修行する」とある【若聞是経思惟修習善行菩薩道】 『法華経』法師品、「若し是の経典を聞くことを得ること有らば、乃ち能《よ》善く菩薩の道を行ず」（同前、三一下五～六）を参照。

69 四安楽行 『法華経』安楽行品に出る身・口・意・誓願の四種の安楽な修行のこと。

70 頭を低くし、手を挙げ、土を積み、砂を弄ぶこと【低頭挙手積土弄砂】 前注28を参照。また、『法華経』方便品、「若し曠野の中に於いて、土を積み仏と成り、乃至童子の戯れに、沙を聚めて仏塔を為《つく》る。是の如き諸人等は、皆な已に仏道を成ぜり」（同前、八下二三～二五）を参照。

通りである。[71]

1・1　聖行（戒・定・慧）

聖行に三つがある。戒・定・慧である。『［涅槃］経』に、「菩薩がもし大涅槃を聞くならば、聞いて信を生じ、次のように考える、『諸仏世尊に最高の覚りがあり、偉大な正法、大勢のものたちの正しい行がある』」とある通りである。[72] これにしたがって行を確立する。「もし大涅槃を聞くならば」は、果を信じることであり、また滅を信じることでもある。「最高の覚りがあり」以下は、果をあらわす行を信じることである。「最高の覚り」は慧を信じ、「偉大な正法があり」は定を信じ、「大勢のものたちの正しい行」は戒を信じることである。以上は因を信じ、覚り【道】を信じることと名づける。自身やさまざまな衆生が戒を破り罪を作って、人天の楽や涅槃の楽を失うことを哀れむことは、集［諦］を知ることである。生死［輪廻］を繰り返して、悪道の報いを受けることは、苦［諦］を知ることである。苦［諦］・集［諦］は、戒・定・慧と相違するので、道［諦］はない。道［諦］がないので、涅槃を得ない。そうであれば滅［諦］はない。菩薩は苦［諦］・集［諦］から［衆生を］救い出そうとして、大悲を生じ、［衆生《しゅじょう》無辺《むへん》誓願度《せいがんど》・煩悩《ぼんのう》無尽《むじん》誓願断《せいがんだん》の］二つの誓願を生ずる。道［諦］・滅［諦］を［衆生に］与えようとして、大慈を生じ、［法門《ほうもん》無量《むりょう》誓願学《せいがんがく》・仏道《ぶつどう》無上《むじょう》誓願成《せいがんじょう》の］二つの誓願を生ずる。

1・1・1　戒聖行

誓願を生じて、次に修行し、在家はあたかも牢獄のように差し迫られ[73]、寿命が尽きるまで梵行《ぼんぎょう》を清浄に修行

することができず、出家はあたかも大空のように静かで広々としていると[74]考える。つまり、家を捨

71　別［教］とは、『涅槃［経］』に、「五種の行とは、聖行・梵行・天行・嬰児行・病行のことである」とある通りである【如涅槃云五種之行謂聖行梵行天行嬰児行病行】『南本涅槃経』巻第十一、聖行品、「菩薩摩訶薩は応当《まさ》に是の般涅槃経に於いて専心に五種の行を思惟すべし。何等をか五と為す。一には聖行、二には梵行、三には天行、四には嬰児行、五には病行なり」（大正一二、六七三中二二～二五）を参照。「聖行」は戒・定・慧の三学を修めること。「梵行」は清浄な心で、衆生の苦を抜き楽を与える行。「天行」は天然の理によって修する行。「嬰児行」は嬰児にたとえられる人・天・小乗の小善の行。「病行」は煩悩のある衆生と同じ立場に立って、自らも煩悩、苦のあることを示す行。

72　『［涅槃］経』に、「菩薩が……大勢のものたちの正しい行がある』」とある通りである【如経菩薩若聞大涅槃聞已生信作是思惟諸仏世尊有無上道有大正法大衆正行】『南本涅槃経』巻第十一、聖行品、「菩薩摩訶薩は若しは声聞従り、若しは如来従り、是の如き大涅槃経を聞くことを得ば、聞き已りて信を生じ、信じ已りて応に是の如き思惟を作すべし。諸仏世尊に、無上道有り、大正法・大衆の正行有り」（同前、六七三中二八～下二）を参照。

73　在家はあたかも牢獄のように差し迫られ【在家逼迫猶如牢獄】『南本涅槃経』巻第十一、聖行品、「居家《こけ》は逼迫《ひっぱく》すること猶お牢獄の如し。一切の煩悩は、之れに由りて生ず。出家は閑曠《げんこう》なること猶お虚空の如し。一切の善法は、之れに因りて増長《ぞうじょう》す」（同前、六七三下六～八）を参照。

74　出家はあたかも大空のように静かで広々としている【出家閑曠猶如虚空】前注73を参照。

て、白四羯磨《びゃくしこんま》[75]し、性重戒《しょうじゅうかい》[76]・息世讖嫌《そくせきげん》［戒］[77]を等しく区別なく守る。愛［煩悩］・見［煩悩］の羅刹《らせつ》に戒の浮き袋を破られないことは[78]、『［摩訶］止観』のなかに説く通りである。

この持戒によって、根本業清浄戒《こんぽんごうしょうじょうかい》・前後眷属余清浄戒《ぜんごけんぞくよしょうじょうかい》・非諸悪覚覚清浄戒《ひしょあくかくかくしょうじょうかい》・護持正念念清浄戒《ごじしょうねんねんしょうじょうかい》・廻向具足無上道戒《えこうぐそくむじょうどうかい》[79]を完備する。

根本とは、十善性戒《じゅうぜんしょうかい》[80]であり、多くの戒の根本である。汚れのない心によって守られるので、清浄という。

717a 前後眷属余清浄戒とは、偸蘭遮《ちゅうらんじゃ》[81]などは前眷属であり、十三［種の僧残《そうざん》］[82]などは後眷属である。「余」とは、律蔵に出るものではなく、さまざまな経に制定されるものに関わる。方等の二十四戒[83]の類いのようなものを、

75　白四羯磨　羯磨は karman の音写語で、戒律に関する行為の作法をいう。白四羯磨は衆僧法（サンガ＝四人以上で構成される教団のなかで申し述べる方法）の一つで、僧衆に一度告知し、三度可否を問うこと。一度告知することを一白といい、三度可否を問うことを三羯磨という。これを一白三羯磨とも白四羯磨ともいう。これは具足戒を受ける場合、僧残罪の懺悔の場合などに行なう。

76　性重戒　仏が制定しなくても、本来の性質として罪悪であるものを禁止した戒を性戒といい、そのなかで、殺生・偸盗・邪婬・妄語の重大なものを性重戒という。

77　息世讖嫌［戒］【息世讖嫌】　遮戒ともいう。本来は罪悪ではないが、世間の非難を避けるために、仏が禁止した戒をいう。

78　愛［煩悩］・見［煩悩］の羅刹に戒の浮き袋を破られないこと【不為愛見羅刹毀戒浮囊】　『南本涅槃経』巻第十一、聖行品、「善男子よ、譬えば人有りて、浮囊《ふのう》を帯持《たいじ》して大海を渡らんと欲するが如し。爾の時、海中に一羅刹有り。即ち此の人従り浮囊を乞索《こっしゃく》す。其の人は聞き已りて、即ち是の念を作さく、我れは今若し与えば、必定《ひつじょう》して没死《もっし》せん。答えて言わく、羅刹

よ、汝は寧《むし》ろ我れを殺さんも、浮嚢は得巨《がた》し。羅刹は復た言わく、汝は若し全く我れに与うること能わずば、其の半を恵まれよ。是の人は猶故《な》お之れを与うることを肯《がえ》んぜず。羅刹は復た言わく、汝は若し我れに半を恵むこと能わずば、幸願《ねが》わくは我れに三分の一を恵まれよ。是の人は肯んぜず。羅刹は復た言わく、若し能わずば、我れに手許《ばかり》を施せ。是の人は肯んぜず。羅刹は復た言わく、汝は今若し復た我れに手許の如きも与うること能わずば、我れは今飢窮《けぐう》し、衆苦に逼《せま》まらる。願わくは当に我れを済《すく》うこと微塵許の如くすべし。是の人は復た言わく、汝は今索むる所は誠に復た多からず。然るに我れは今日方に当に海を渡るべし。前の道の近遠如何《いか》なるかを知らず。若し汝に与えば、気当に漸く出ずべし。大海の難は、何に由りてか過ぐることを得ん。能く中路を脱すれども、水に没して死せん。善男子よ、菩薩摩訶薩の禁戒《ごんかい》を護持すること、亦復た是の如し」（同前、六七三下一八～六七四上三）を参照。「愛見」は、愛煩悩と見煩悩のこと。愛煩悩は貪欲・瞋恚などの情的な煩悩。見煩悩は我見・邪見などの知的な煩悩。「羅刹」は、rākṣasa の音写語。凶暴な鬼神の一種。

79　**根本業清浄戒・前後眷属余清浄戒・非諸悪覚覚清浄戒・護持正念念清浄戒・廻向具足無上道戒【根本業清浄戒前後眷属余清浄戒非諸悪覚覚清浄戒護持正念念清浄戒廻向具足無上道戒】**　『南本涅槃経』巻第十一、聖行品、「菩薩は是の如く堅持して、為めに五支諸戒を具足す。謂う所は、菩薩根本業清浄戒、前後眷属余清浄戒、非諸悪覚覚清浄戒、護持正念念清浄戒、廻向阿耨多羅三藐三菩提戒を具足す」（同前、六七四上二五～二九）を参照。

80　**十善性戒**　十善を行なうことを十善戒、十善法戒、十善性戒という。十善は十悪（殺生・偸盗・邪婬・妄語・両舌・悪口・綺語・貪欲・瞋恚・邪見）を離れること。

81　**偸蘭遮**　sthūlātyaya の音写語。波羅夷・僧残の未遂罪や予備罪や五篇（波羅夷・僧残・波逸提・波羅提提舎尼・突吉羅）に含まれない重罪をいう。『講義』によれば、波羅夷・僧残の方便なので、前眷属と規定される。

82　**十三［種の僧残］**　僧残の十三種を指す。僧残は、saṃghāvaśeṣa の訳語。波羅夷の次に重罪とされ、これを犯すと、一定期間、僧尼の資格を失う。『講義』によれば、波羅夷の後に位置するので、後眷属と規定される。

83　**方等の二十四戒【方等二十四戒】**　『大方等陀羅尼経』巻第一（大正二一、六四五下～六四六中を参照）に出る。

余戒と名づける。この［根本業清浄戒と前後眷属余清浄戒の］二項目は、律儀《りつぎ》［戒］[84]に所属し、［受戒の儀式の］作法によって得られる戒である。後の［非諸悪覚覚清浄戒・護持正念念清浄戒・廻向具足無上道戒の］三項目は、作法［によって得られるもの］でなく、［定慧の］法を得るものである。［定慧の］法を得るとき、はじめてこの戒を生ずるのである。

非諸悪覚覚清浄戒とは、定共《じょうぐ》［戒］[85]である。尸羅《しら》（戒）は清浄でないので、三昧は前に出現しない。戒は清浄であるので、具体的な障害【事障[86]】が除かれて未到定《みとうじょう》【未来】を生じ獲得し、性障《しょうしょう》が除かれて根本定（四禅）を生じ獲得する。悪覚観《あくかくかん》[87]を滅することを、定共戒と名づける。

護持正念念清浄戒とは、四念処であり、理を観察する正念である。まだ真［無漏慧］を生じないけれども、類似した念によって、真道を生ずることができ、道共戒《どうぐかい》[88]を成立させるので、正念念清浄戒と名づける。次に、定共戒は、定心によって生じ、止善《しぜん》（悪を制止するという消極的な善）の意義に所属する。道共戒は、分別心によって生じ、行善（善を実行するという積極的な善）の意義に所属する。動・不動は、いずれも毘尼（律）である。なぜならば、戒は［非を］防ぎ［悪を］止めることを論じる。定共［戒］の心を得ると、二度と悪を起こさない。道共［戒］を得て真を生ずれば、永遠に罪過はないので、いずれも戒である。

廻向具足無上道戒とは、とりもなおさず菩薩はさまざまな戒のなかにおいて、四弘［誓願］・六度（六波羅蜜）を備え、誓願を立てて心を引き締め菩提に振り向けることである。それ故、大乗戒と名づける。弘誓《ぐぜい》（広大な誓願）は、前に説く通りである。六度とは、悪を嫌って出家し、愛着するものを捨てる。檀《だん》（布施）にほかならない。わずかでも［戒を］犯さないで、羅刹を拒み逆らうのは、尸《し》（戒）にほかならない。身も心も節制し、打たれ罵《ののし》られることを安んじて忍耐することを、生忍《しょうにん》[89]と名づける。八風[90]、寒さ熱さ、貪り怒りなどに忍耐することを、法忍[91]と名づける。愛〔煩悩〕・見〔煩悩〕でもそこなうことができないことは、羼提《せんだい》（忍辱）にほかならない。戒を守って、〔戒を〕犯す心が起こらないのは、精進にほかならない。意志を固めて戒を守り、ためらい迷い【狐疑】に欺かれず、心を集中させて動揺しないことを、禅と名づける。因果を明確に識別し、戒は正しく解脱にしたがうことの根本であり、すべての三乗の聖人を生み出すもので、六十二見[92]、鶏や犬

84　律儀〔戒〕【律儀】　律儀戒のこと。律儀は saṃvara の訳語で、もと抑制の意であり、身口意の悪行を防止する働きのあるものを意味する。律儀戒は受戒の作法によって得られるもの。有漏戒である。

85　定共〔戒〕【定共】　定共戒のこと。色界の四禅に入っている間だけ得られる戒。有漏戒である。

86　具体的な障害【事障】　身などの具体的な事物の障害を指すか。未到定（未至定）の障害となる。性障（根本定の障害となる）に対する。

87　悪覚観　推し量る心の粗い働きを「覚」といい、細かな働きを「観」という。いずれも禅定の妨げとなる。

88　道共戒　無漏定に入って無漏心が生じている間だけ得られる戒。

89　生忍　衆生忍ともいう。衆生の迫害や優遇のどちらに対しても心を動揺させず忍耐すること。

90　八風　利・衰・毀・誉・称・譏・苦・楽のこと。これらは風のように人の心を動揺させるとされる。

91　法忍　貪欲・瞋恚などの心法や、八風寒熱などの非心法に対して、心を動揺させず忍耐すること。

92　六十二見　六十二種の外道の誤った見解をいう。『南本涅槃経』巻第二十三、光明遍照高貴徳王菩薩品、「云何んが菩薩は五事を遠離《おんり》する。所謂る五見なり。何等をか五と為す。一には身見、二には辺見、三には邪見、四には戒取、五には見取なり。是の五見に因《よ》りて、六十二見を生ず。是の諸見に因りて、生死は絶えず。是の故に菩薩は防護して近づかず」（大正一二、七五九上二二～二六）を参照。

のまねをする戒【鶏狗等戒】ではないと知ることを、般若と名づける。

さらにまた、個別的な誓願を生じることは[93]、自己の心をしめくくり抑える【要制】。この身を熱い鉄の上に横たえたとしても、破戒によって他の寝台や敷物を受けることをしない。十二の誓願[94]によって、自分でその心を抑える。

さらにまた、どうかすべての衆生が禁戒を守ることができ、清浄戒・善戒・不欠戒・不析戒《ふしゃくかい》・大乗戒・不退戒・随順戒・畢竟戒・具足諸波羅蜜戒《ぐそくしょはらみつかい》を得るように[95]。[717b]この十願によって、衆生を守る。

菩薩は一つの持戒の心、いくらかの願・行によって、戒を荘厳する。その他の修行の心も［持戒の心と］同様であるべきである。

ところで、他のものを守る十戒[96]は、自行の五項目[97]のなかから出たものである。根本［業清浄戒］・［前後］眷属［余清浄戒］の二項目から、禁戒・清浄戒・善戒を出す。なぜならば、［五］篇《ひん》［七］聚[98]の作法は、とりもなおさず禁戒であるからである。禁戒がもし無作［戒[99]］を生じるならば、これこそ清浄と名づける。清浄は止善である。ところが、善戒というのは行善にほかならない。

非悪覚覚清浄戒から、不欠戒を開き出す。なぜならば、［殺生・偸盗《ちゅうとう》・邪婬《じゃいん》の身の三悪と、妄語・両舌《りょうぜつ》・悪口・綺語《きご》の口の四悪の］七項目を守るけれども、迷妄の思いがしばしば生じて、欠けたり漏れたりするようになるからである。もし未来禅（未到定）を生ずれば、具体的な修行【事行】は欠けない。根本禅（根本定）を得れば、性行は欠けない。

護持正念念清浄戒から、不析戒を開き出すのは、道共戒である。色を滅して空に入るのは、析法の道共

93　個別的な誓願を生じること【別発願】　四弘誓願を総願というのに対して、別願を指す。

94　十二の誓願【十二誓願】『私記』には「大経に十二願を列ぬ。一には女を犯さず。次には破戒の身を以て他の衣服・飲食・臥具・医薬・房舎・礼拝を受けざるを七と為す。他の五塵を受けざるを十二と為すなり」とある。『南本涅槃経』巻第十一、「善男子よ、菩薩摩訶薩は、是の如き諸禁戒を受持し已って、是の願を作して言わく、寧ろ此の身を以て熾然《しねん》たる猛火、深坑《じんこう》に投ずるも、終に過去・未来・現在の諸仏の制する所の禁戒を毀犯《きぼん》して、刹利《せつり》・婆羅門・居士等の女と而も不浄を行ぜず。……復た次に善男子よ、菩薩摩訶薩は復た是の願を作す。寧ろ利斧《りふ》を以て其の身を斬斫《ざんしゃく》するも、染心を以て諸触に貪著せず」（同前、六七四下一一～六七五上九）を参照。

95　どうかすべての衆生が……具足諸波羅蜜戒を得るように【願一切衆生得護持禁戒得清浄戒善戒不欠戒不析戒大乗戒不退戒随順戒畢竟戒具足諸波羅蜜戒】『南本涅槃経』巻第十一、聖行品、「菩薩摩訶薩は、是の如き諸の禁戒を護持し已って、悉ごとく以て一切衆生に施与《せよ》す。是の因縁を以て、願わくは衆生をして禁戒を護持し、清浄戒・善戒・不欠戒・不析戒・大乗戒・不退戒・随順戒・畢竟戒・具足成就波羅蜜戒を得んことを」（同前、六七五上一一～一五）を参照。

96　他のものを守る十戒【護他十戒】　直前の禁戒から具足諸波羅蜜戒までの十戒は、「衆生を守る【防護】」といわれるので、「護他」、つまり他を護ると規定される。

97　自行の五項目【自行五支】　根本業清浄戒・前後眷属余清浄戒・非諸悪覚覚清浄戒・護持正念念清浄戒・廻向具足無上道戒のこと。これらは自らの修行に関するものなので、自行と規定される。

98　［五］篇［七］聚【篇聚】　五篇（波羅夷・僧残・波逸提・波羅提提舎尼・突吉羅）と七聚（波羅夷・僧残・偸蘭遮・波逸提・波羅提提舎尼・突吉羅・悪説）をいう。戒の条目＝波羅提木叉が罪の軽重によって上のように分類される。

99　無作［戒］【無作】　無作戒のこと。受戒者の身に生じる戒体で、言語や動作に現われないが、悪を止める働きを持ち続ける。

〔戒〕である。今、法を体して空に入るので、不析と名づける。さらにまた、内に道共〔戒〕があれば、戒の種類【品】は堅固で、破析することはできないのである。

　廻向具足無上道戒から、大乗・不退・随順・畢竟・具足波羅蜜戒を開き出す。大乗というのは、菩薩は性《しょう》重《じゅう》〔戒〕（不殺生戒・不偸盗戒・不婬戒・不妄語戒）・〔息世《そくせ》〕譏嫌《きげん》〔戒〕を守り、平等で区別はない。自分で仏の覚り【仏道】を求めるには、性重〔戒〕は差し迫っている【急】。衆生を教化しようとするために、〔息世〕譏嫌〔戒〕は差し迫っている。小乗が自ら調えるには、性重〔戒〕は差し迫っている。他を救済しないので、〔息世〕譏嫌〔戒〕はゆるやかである【寛】。菩薩は〔性重戒と息世譏嫌戒の〕二種をどちらも守るので、大乗戒と名づける。不退とは、道にはずれたものを実行する巧みな手段によって、売春宿【婬舎】・酒家・法律にはずれた場所において、たやすく人を救済し、禁戒について、退き失うことはない。医者が病を治療して、病によって汚されないようなものである。それ故、不退と名づける。随順とは、衆生の能力の都合【機宜】にしたがい、道理に随順するので、随順戒と名づける。畢竟とは、しっかりと無上の法を究めるのである。具足波羅蜜とは、横にすべてが円満であり、すべての法を備えるのである。

　『大〔智度〕論』にも十種の戒を明らかにしている。[100] 不破・不欠・不穿《ふせん》・不雑《ふぞう》の四種は、『大〔般涅槃〕経』の根本の項目のなかの禁戒・清浄戒・善戒・不欠戒にほかならない。『〔大智度〕論』の随道戒《ずいどうかい》は、『大〔般涅槃〕経』の護持正念の項目のなかの不析戒にほかならない。『〔大智度〕論』の無著戒は、『大〔般涅槃〕経』の廻向の項目のなかの不退戒にほかならない。『〔大智度〕論』の智所讃戒《ちしょさんかい》は、『大〔般涅槃〕経』の大乗戒にほかならない。『〔大智度〕論』の自在戒は、『大〔般涅槃〕経』の自在戒にほかならない。『〔大智度〕論』の随定戒《ずいじょうかい》は、『大〔般涅槃〕経』の随順戒《ずいじゅんかい》にほかならない。『〔大智度〕論』の具足戒は、『大〔般涅槃〕経』の波羅蜜戒にほかならない。『大［般涅槃］経』[717c]には畢竟《ひっきょう》［戒］を明らかにし、『［大智度］論』には随定［戒］という。これは大同小異であって、意味において過失はない。

『涅槃［経］』は、菩薩の次第の聖行を論じようとするので、詳しくさまざまな戒の浅いものから深いものへ、始めから終わりへと完備するものを列挙する。巧みに守れば、すぐに初不動地[101]に入る。不動・不退・不堕・不散は、戒聖行《かいしょうぎょう》と名づける。

戒聖行は、始めの浅いものから深いものに至る以上、今、やはりその麁妙を判定する。禁［戒］・［清］浄［戒］・善［戒］の三戒は、律儀に所属する。律儀は共通に衆（比丘・比丘尼・正学女《しょうがくにょ》・沙弥《しゃみ》・沙弥尼《しゃみに》・優婆塞・優婆夷）を包摂するので、尊卑の位の順序を確定する。菩薩・仏などがいるけれども、別に衆を立てないので、戒法は同じである。ただ仏の覚りの心を相違とするだけである。それ故わかる。律儀など三戒は、三蔵［教］に収められる。不欠［戒］は定共［戒］、根本禅（根本定）は事である。同様に三蔵［教］に所属する。このために、麁である。不析戒は、体法の道共［戒］なので、通教に収められる。大乗［戒］・不退［戒］などは、別教に収められる。通［教］をも兼ねている。通［教］に仮に出ることがある。機にしたがい理にしたが

100　『大［智度］論』にも十種の戒を明らかにしている【大論亦明十種戒】　『大智度論』巻第二十二（大正二五、二二五下～二二六上を参照）には、清浄戒・不欠戒・不破戒・不穿戒・不雑戒・自在戒・不著戒・智者所讃戒が出る。また、巻第八十七（同前、六六七下を参照）には、聖戒・無欠戒・無隙《むきゃく》戒・無瑕《むか》戒・無濁戒・無著戒・自在戒・智者所讃戒・具足戒・随定戒が出る。『玄義』本文の十戒と少し相違する。

101　初不動地　『講義』には、初地を不動地と名づけるとある。

い、道において退かない。しかしながら、真諦によって、別［教の］人に及ばない。別［教の］人を妙とするのである。随順［戒］・畢竟［戒］・具足［戒］などは、円教に収められる。滅尽定《めつじんじょう》から離れず、さまざまな礼儀にかなった振る舞いを示し、道法を捨てないで、凡夫の事柄を示すので、随順［戒］と名づける。ただ仏一人だけが清らかな戒を備え、その他はみな汚れた戒の者と名づけるので、畢竟戒と名づける。戒は法界であり、すべての仏法・衆生法を備え、尸《し》（戒）の彼岸に到達するので、具足波羅蜜戒と名づける。『浄名［経］』には、「このようであることのできるものを、律を奉じると名づけ、正しく理解すると名づける」とある。[102]この『［法華］経』には、「私たちは、長い間、仏の清らかな戒を守り、法王の法のなかで長い間、清浄な修行をして、はじめて今日、その果報を得た」とある。[103]さらにまた、「羅睺羅《らごら》の厳密な戒の保持【密行】は、ただ私だけがこれを知ることができる」とある。[104]どうして前のさまざまな戒がみな麁《そ》であるのに相対して、ただ円だけを妙とするのでないであろうか。

次に、最初の戒を守るのは乳［味］のようで、中間は［酪味・生蘇味・熟蘇味の］三味のようで、後の戒は醍醐［味］のようである。醍醐［味］を妙とする……。

開麁顕妙とは、他者が、「梵網《ぼんもう》［経の戒］は菩薩戒である」という。

今、質問する。どのような菩薩戒であるか。彼がもし「蔵［教］・通［教］の菩薩戒である」と答えるならば、別に菩薩衆がいるはずである。衆が別でない以上、戒はどうして相違することがあろうか。さらにまた、もし別に菩薩戒を明らかにするならば、どのようなものが特別に縁覚戒であろうか。今、明らかにしよう。三蔵［教］の三乗に別の衆がいなければ、別に菩薩・縁覚の戒があることはありえない。もし別［教］・円［教］の菩薩という理解をすれば、その通りである。なぜならば、三乗に共通の衆の外に、菩薩がいるので、718a 別に戒があるからである。

質問する。三乗の衆の外に、別に菩薩戒があれば、縁覚戒はどうであろうか。

答える。三乗の衆の外に、別の縁覚はいない。この説はやはり麁に相対する戒であるだけである。開麁とは、毘尼《びに》（律）の学問とは、大乗の学問にほかならない。式叉《しきしゃ》[105]である。式叉は、とりもなおさず大乗の第一義である。光は、青でもなく、黄でもなく、赤・白でもない。三帰・五戒・十善・二百五十［戒］はみな摩訶衍（大乗）である。どうして妙戒と隔たった麁戒があるであろうか。戒が妙である以上、人も同様であ

102　『浄名［経］』には、「このようであることのできるものを、律を奉じると名づけ、正しく理解すると名づける」とある【浄名云其能如是名奉律是名善解】『維摩経』巻上、弟子品、「諸法は皆な妄見にして、夢の如く、炎の如く、水中の月の如く、鏡の中の像の如く、妄想を以て生ず。其れ此れを知れば、是れ律を奉《ぶ》すと名づく。其れ此れを知れば、是れ善解《ぜんげ》と名づく」（大正一四、五四一中二六～二九）を参照。

103　この『［法華］経』には、「私たちは、長い間、仏の清らかな戒を守り、法王のなかで長い間、清浄な修行をして、はじめて今日、その果報を得た」とある【此経云我等長夜持仏浄戒法王法中久修梵行始於今日得其果報】『法華玄義』巻第二上の前注55を参照。

104　「羅睺羅の厳密な戒の保持【密行】は、ただ私だけがこれを知ることができる」とある【羅睺羅密行唯我能知之】『法華経』授学無学人記品、「羅睺羅の密行は、唯だ我れのみ能く之れを知る。現じて我が長子と為り、以て諸の衆生に示す」（大正九、三〇上二九中～下一）「羅睺羅」は、Rāhula の音写語。釈尊の実子であり、出家して十大弟子の一人となり、密行第一といわれる。「密行」とは、微細に戒を保持すること。

105　式叉　śikṣā の音写語。学と訳す。

る。「あなたは本当に私の子供である」[106]とは、この意味である。以上が絶待の妙戒と名づける。

玄義　巻三下終

106　「あなたは本当に私の子供である」【汝実我子】『法華玄義』巻第二上の前注64を参照。

妙法蓮華経玄義　巻第四上

天台智者大師が説く

1・1・2　定聖行

定聖行《じょうしょうぎょう》とは、かいつまんで三［段］とする。第一に世間禅《せけんぜん》[1]、第二に出世［間］禅[2]、第三に上上禅《じょうじょうぜん》[3]である。世［間］禅にさらに二つがある。第一に根本味禅《こんぽんみぜん》である。隠没《おんもつ》・有垢《うく》・無記《むき》である。第二に根本浄禅《じょうぜん》である。不隠没・無垢《むく》・有記《うき》である。

根本とは、世［間］・出世［間］の法の根本である。『大品［般若経］』には、「諸仏の覚りを完成すること、

1　世間禅　禅を世間禅・出世禅・上上禅の三段階に分類する。世間禅には根本味禅と根本浄禅とがあり、前者は四禅・四無量心・四空定の十二門禅のことであり、後者は六妙門・十六特勝・通明《つうみょう》禅のことである。

2　出世［間］禅【出世禅】　観禅（九想・八背捨・八勝処・十一切処）・練禅（九次第定）・熏禅（師子奮迅三昧）・修禅（超越三昧）のこと。

3　上上禅　出世間上上禅ともいう。『菩薩地持経』巻第六、初方便処・禅品（大正三〇、九二一中～下を参照）に説かれる九種の大禅のこと。後注54を参照。

教えの輪を回転させること、涅槃に入ることとは、すべて禅のなかにある」とある。[4]もし深く根本を観察することができれば、すばらしい優れた禅定【勝妙上定】を生み出すので、根本と呼ぶのである。

隠没とは、覚りについて暗く【闇証】［真理を］観察する智慧がないことである。有垢とは、一つ一つの境地に愛著を生ずることである。無記とは、境界が明了に分けられていないことである。これに三等級がある。つまり、禅（色界の四禅）である。等（四無量心）である。空（無色界の四空定）である。つまり、十二門禅[5]である。最初に［二十五］方便を修行するのに、巧みに風《ふう》（音の出る呼吸）・喘《せん》（あえぎ[6]）を選び捨て、明らかに正しい呼吸【正息】を認識するべきである。ゆったりとして数を記憶し、増えたり減ったりさせてはならない。もし数が微細ならば、正しく理解して縁（能縁の定心）を［微細な状態に］転換させ[7]、調停して適切な状態にさせる。証悟の前の方便の法[8]に相当する。あるいは麁細住《そさいじゅう》[9]に、みな身体をまっすぐに支える法の生ずることがある。進んで欲界定[10]、あるいは未到定《みとうじょう》を獲得し、［身中に］八つの感触[11]が動き出して、［初禅を構成する覚・

4　『大品［般若経］』には、「諸仏の覚りを完成すること、教えの輪を回転させること、涅槃に入ることとは、すべて禅のなかにある」とある【大品云諸仏成道転法輪入涅槃悉在禅中】『大智度論』巻第二十六、「若し菩薩は母胎に在らば、母も亦た遠離行を楽《ねが》い、城を去ること四十里にして、嵐鞞尼《らんびに》林の中に生ず。道を得る時、漚楼頻螺《おうろうびんら》林の中に、独り樹下に在りて成仏す。初転法輪の時、亦た仙人住処鹿林の中に在り。涅槃に入る時、娑羅林双樹の下に在り。長夜に遠離を行ずるを楽い、是れを以ての故に、仏は禅定に入る。復た次に仏は常に捨心成就するが故に、禅定に入る」（大正二五、二四九上一二～一七）を参照。

5　十二門禅　四禅・四無量心・四空定を合わせた十二種の禅をいう。

6　風（音の出る呼吸）・喘（あえぎ）【風喘】『講義』『講述』によれば、「風・喘・気」とすべきであるという。『次第禅門』巻第二に調息法（呼吸を調整する方法）を説いて、「息調うるに、凡そ四相有り。一に風、二に喘、三に気、四に息なり。前の三を不調の相と為し、後の一を調の相と為す。云何なるか風の相なるや。坐する時、鼻の中の息、出入して声有るを覚ゆ。云何なるか喘の相なるや。坐する時、声無しと雖も、出入するに結滞して通ぜず。是れ喘の相なり。云何なるか気の相なるや。坐する時、声無く、亦た結滞せずと雖も、出入細ならず。是れ気の相と名づく。息の相とは、声ならず、結せず、麁ならず、出入綿綿として、存するが若《ごと》く亡ずるが若く、神を資《たす》けて安隠にして、情に悦予《えつよ》を抱く。此れは是れ息の相なり」（大正四六、四九〇上四～一〇）と述べている。したがって、風・喘・気の三種の不調の相を選び捨てて、第四の息を選び取らなければならない。この息は、次下の本文に「正息」とあるのを指す。

7　縁（能縁の定心）を［微細な状態に］転換させ【転縁】『釈籤』巻第八、「『転縁』と言うは、細心に依る中にて、麁を転じて細に入らしむ」（大正三三、八七三下二四～二五）を参照。『講述』には「能縁の定心を転じて細ならしむ」とある。

8　証悟の前の方便の法【証前方便法】『釈籤』巻第八、「麁細住の前の方便なり」（同前、八七三下二五～二六）を参照。つまり、麁住・細住を証得する前の準備段階の法のこと。後注9を参照。

9　麁細住　麁住・細住のこと。『摩訶止観』巻第九上によれば、心が縁（対象）に対して馳散《ちさん》しないことを麁住といい、心の安定の度合いが麁住より優れたものを細住という。「其の心は縁に在りて馳散せざるは、此れを麁住と名づく。此の心従《よ》り後、怗怗《ちょうちょう》として前に勝《すぐ》るるを、名づけて細住と為す」（大正四六、一一八中二三～二四）を参照。

10　欲界定　欲界に所属する禅定である麁住・細住・欲界定のなかの第三のもの。

11　八つの感触【八触】　初禅を得ようとするときに、身中に感じる動・痒・冷（涼）・煖・軽・重・渋・滑の八種の感触をいう。『講義』には「欲界の身の四大の中に、定力に由りて色界の四大を発生する時、身根に触るるに、動・痒・冷・煖・軽・重・渋・滑の八種の異有るを、八触と云う」とある。また、『次第禅門』巻第五（同前、五一〇上～中）、『摩訶止観』巻第九上（同前、一一九上～下）を参照。

観・喜・楽・一心の］五項目が成就する。

以上が初禅を生ずることである。『大［智度］論』には、「婬欲《いんよく》の火を離れることができれば、清涼定《しょうりょうじょう》を獲得する。人が大いに熱に苦しめられても、冷たい池に入ると、楽しむようなものである」とある……。[12] もし上に進んで下を離れようとすれば、凡夫は六行観[718b13]を拠り所とし、仏弟子は多く八聖種《はちしょうしゅ》[14]を修行する。修行者は、初禅の覚・観［など］の項目のなかで覚・観を厭《いと》い離れ、初禅を苦・麁・障とする。［覚・観の］二法は定心を動揺させ乱れさせるので苦である。二法から喜・楽を生ずるので麁である。二法はすぐれた禅定を覆《おお》うので障である。

二禅はこれ（苦・麁・障）に相違するので、勝・妙・出と名づける。まとめてこれをいうと、第一に過失を知って執著せず、第二に責め、第三に分析して破って初禅を離れることができる。以上が二禅を修行する様相である。巧みに［二禅に］攀《よ》じ登り、［初禅を］厭えば、内外ともに明らかとなり、喜とともに生じて、［二禅を構成する内・浄・喜・楽の］四項目が成就する。それ故、『［大智度］論』には、「このために、覚・観を除き、一識処《いっしきしょ》に入ることができる。内心は清浄なので、禅定が生じて、喜・楽を得る」とある……。[15] 二禅のなかで、覚・観を離れる以上、方便を設けることはできない。禅定を出るとき、修行して下を厭い上に進むのに、同様に六行がある。初禅を捨てる方法の通りである……。

そのとき、滅んでなくなるように内外を拠り所とせず、楽とともに生じて、［三禅を構成する捨《しゃ》・念・慧・楽・一心の］五支が成就する。それ故、『［大智度］論』には、「愛によるので、苦がある。喜を失うと、憂い

12 『大［智度］論』には、「婬欲の火を離れることができれば、清涼定を獲得する。人が大いに熱に苦しめられても、冷たい池に入ると、楽しむようなものである」とある【大論云已得離婬火則獲清涼定如人大熱悶入冷池則楽】『大智度論』巻第十七、「已に婬火を離るることを得れば、則ち清涼定を獲。人の大いに熱悶するも、冷池に入れば、則ち楽しむが如し」（大正二五、一八五下四～五）を参照。

13 六行観　『次第禅門』巻第二によれば、欲界定が苦・麁・障であることを厭い、色界の初禅が勝・妙・出であることを願うことをいう。下の段階の禅定から上の段階の禅定に進むときに修する。「六行観とは、一に下の苦・麁・障の三と為すを厭う。即ち是れ欲の不浄は欺誑《ごおう》して賤《いやし》む可しと観ず。上の勝・妙・出を三と為すを攀《よ》ず。即ち是れ初禅は尊重して貴ぶ可しと為すと観ず」（大正四六、四九〇下二五～二八）を参照。

14 八聖種　『講義』には「病の如く、癰《おう》の如く、瘡《そう》の如く、刺の如く、苦、空、無常、無我なり。前の四は対治の方便にして、後の四は理を縁ずる正観なり」とある。

15 『［大智度］論』には、「このために、覚・観を除き、一識処に入ることができる。内心は清浄なので、禅定が生じて、喜・楽を得る」とある【論云是故除覚観得入一識処内心清浄故定生得喜楽】『大智度論』巻第十七、「心を摂して禅に入る時、覚・観を以て悩と為す。是の故に、覚・観を除き、一識処に入ることを得。内心清浄なるが故に、定生じて喜・楽を得、此の二禅に入ることを得、喜び勇んで心大いに悦ぶ」（大正二五、一八五下一二～一五）を参照。「一識処」は、『講義』には「二禅の根本定なり。覚・観の二を離るるが故に一識処と云う」とある。

を生ずる。苦楽を離れて、身は安らかである。捨・念・方便がある」とある[16]……。下を厭い上に進もうとするのに、同様に六行がある。前の通りである……。

巧みに修行するので、心がからっとして開け明るく、出入する息が断たれ、捨（執着を捨てる心）とともに生じて、何ものもなく静まりかえっており、［四禅を構成する不苦不楽・捨・念・一心の］四項目が成就する。もし楽の憂いを知って不動を見ることができれば、大いに安らかである。憂・喜はまず除かれて、苦・楽も今同様に断ち切られる……。

修行者が内には四禅を証得し、外には福徳を身につけようとするならば、四等（四無量心）を学ぶべきである。これには通修と別修がある。通修とは、『大［智度］論』に、「この慈は色界の四禅の中間において修行することができる」とある[17]。この言葉は通［修］である。別修とは、初禅に覚・観の区別があることは悲を修行するのに容易で、喜の項目は喜を修行するのに容易で、楽の項目は慈を修行するのに容易で、一心の項目は捨を修行するのに容易である。次に、初禅は悲を修行するのに容易で、二禅は喜を修行するのに容易で、三禅は慈を修行するのに容易で、四禅は捨を修行するのに容易である。これは四無量定《しむりょうじょう》（四等）を修行する場所【処所】である。

次に、修行するとき、前人の苦を離れ楽を得て歓喜平等となる様相を対象として禅定に入る。［禅定が］生じるとき、内には喜・楽・平等の法を得て、外には前人の苦を離れて楽を得ることが見える。あるいは内には得て外には見えない。あるいは外には見えて内には得ない。邪正《じゃしょう》を区別する……。

修行者は、色の籠《かご》（色界）を脱出しようとして、四空定《しくうじょう》を修行する。色を滅して心を残し、心と心がたがいに依存するので、四空と名づける。方便とは、色は苦の根本であり、［色界には］饑渇《けかつ》寒熱があるので、色は

苦の集まりであるとし、空は清浄ですばらしく【浄妙】、さまざまな逼迫《ひっぱく》を離れるとたたえる必要がある。すべ 718c
ての色を過ぎて、空定と相応するならば、不苦不楽はますます増大する。深い禅定のなかで、ただ虚空を見るだけで、さまざまな色の様相はなく、心に分散がない。

次に、［四］空定を得るので、色界を越え出る。それ故、すべての色の様相を過ぎると名づける。空法が心を保持して、さまざまな色が起こることができないので、有対《うたい》[18]の様相を消滅させると名づける。空定を得て、きっぱりと色法を捨てることができ、思い出して離れがたく思うことがないので、さまざまな色の様相を心に思わないと名づける……。下をしかって上によじ登るのに、みな巧みな手段がある。詳しくは『［次第《しだい》］禅《ぜん》門《もん》』に説明がある……。根本味禅［の説明］が終わった。

16 『［大智度］論』には、「愛によるので、苦がある。喜を失うと、憂いを生ずる。苦楽を離れて、身は安らかである。捨・念・方便がある」とある【論云由愛故有苦失喜則生憂離苦楽身安捨念及方便】『大智度論』巻第十七、「受に由るが故に喜有り。喜を失えば、則ち憂を生ず。喜楽を離るれば、身受あり。捨、念、及び方便あり」（同前、一八五下一八～一九）を参照。なお、『法華玄義』の「由愛故有苦」は、『大智度論』では「由受故有喜」に作る。『法華玄義』の「身安」は、『大智度論』では「身受」に作る。

17 『大［智度］論』に、「この慈は色界の四禅の中間において修行することができる」とある【大論云是慈在色界四禅中間得修】『大智度論』巻第二十、「是の慈は色界に在り。或いは有漏、或いは無漏、或いは可断、或いは不可断、亦た根本禅の中に在り、亦た禅の中間なり」（同前、二〇九上二一～四）を参照。

18 有対　有礙《うげ》ともいう。「対」は、は妨げの意。場所を占有して、物質的に妨げるものがあること。

根本浄禅は、不隠没・無垢・有記である。上［の根本味禅］と相違する。これにさらにまた三等級がある。六妙門《ろくみょうもん》[19]・十六特勝《じゅうろくとくしょう》[20]・通明《つうみょう》[21]などのことである。涅槃は妙である。この［数息門《すそくもん》・随息門《ずいそくもん》・止門・観門・還《げん》門《もん》・浄門の］六は［涅槃に］通じるので、六妙門という。この［六妙門・十六特勝・通明の］三法は、三種の根性のためである。慧性《えしょう》が多ければ、六妙門を説く。この一つ一つの門は、欲界のなかで、無漏を生ずることができる。もし定性が多ければ、十六特勝を説く。それ故、下地に無漏を生ぜず、上地に禅定が満ちて、はじめて覚ることができる。定性と慧性が等しければ、通明を説く。通明の観察の智慧は深遠微細で、下から上までみな無漏を生ずることができる。これは［衆生の］機［縁］にしたがう説である。もし対治をするならば、別のあり方がある……。もし広く修行を明らかにするならば、すべての禅を包摂する。今はただ順番に他を生ずる【次第相生】一つの道の縦の意義であるだけである。

この六門を修行するのに、修行と証悟とを合わせて論じれば、十二の法がある。仏は、「三つの四（四禅・四無量心・四空定）に遊び止まって、十二［門］を出生する」という[22]。つまり、これは数［息門］を修行し、数を証悟し、ないしは浄［門］を修行し、浄［門］を証悟する。数［息門］を修行するとは、修行者が最初に呼吸を調和して、とどこおらず、すらすら運ばず、平静にゆっくりと数え、一から十に至る。心を数に収めて、散らばらせない。以上を数［息門］を修行すると名づける。数と相応するとは、覚りの心が自然に、一から十に至るまで、作為的力を加えないで、心が自ら数に留まる。息と心が微細である。以上を数［息門］を証悟すると名づける。もし数［息門］が麁であることを心配すると、数［息門］から離れて随［息門］を修行すべきである。ないしは浄［門］もそれぞれこのようである。

ところで、観［門］には三つの意義がある。第一に慧観である。真を観察する。第二に得解観《とくげかん》である。仮想《けそう》の観にほかならない。第三に実観である。このなかでは最初に実観を用い、後に慧観を用いる。実観を修行するとは、定心のなかで、心眼によって明らかにこの身を観察するのに、微細な呼吸の息の様相は、空中の風

19　六妙門　妙＝涅槃に入るための六種の禅観のこと。数息門・随息門・止門・観門・還門・浄門のこと。

20　十六特勝　数息観をより詳しく細分化した観法で、特に優れたものといわれる。知息入・知息出・知息長短・知息遍身・除諸身行・受喜・受楽・受諸心行・心作喜・心作摂・心作解脱・観無常・観出散・観欲（『大智度論』巻第十一［同前、一三八上一四］には観離欲とする）・観滅・観棄捨をいう（名称は、『次第禅門』巻第七、大正四六、五二五中二三～二七に基づく）。

21　通明　四禅・四空定（四無色定）・滅尽定のこと。これらの禅は共通に身・息・心を観じて明浄であり、また、六通（神足通・天眼通・天耳通・他心通・宿命通・漏尽通）・三明（宿命明・天眼明・漏尽明）を生じるので、通明禅と名づけられる。

22　仏は、「三つの四（四禅・四無量心・四空定）に遊び止まって、十二［門］を出生する」という【仏言遊止三四出生十二】『太子瑞応本起経』巻上、「内に安般《あんぱん》を思う。一に数、二に随、三に止、四に観、五に還、六に浄、三四に遊志（明本には「止」に作る）し、十二門を出し、分散の意無し」（大正三、四七六下二六～二七）を参照。「三四」は四禅・四無量心・四空定の十二門禅のことで、「十二」は、六妙門の修行と証悟を合わせたものを意味する。

のようで、皮・肉・筋《こん》・骨《こつ》の三十六物[23]は、芭蕉《ばしょう》[24]が実体でないように、内外ともに清浄でなく、とても厭い憎むべきものである。また、［禅］定のなかの喜・楽などの感受を観察すると、すべて破壊の様相[719a]がある。苦であって楽ではない。さらにまた、［禅］定のなかの心識《しんしき》（こころ）を観察すると、無常であり、一瞬も留まらない、執著するような対象はない。また、［禅］定のなかの善・悪などの法を観察すると、すべて因縁に所属して、みな自体存在【自性】がない。このように観察するとき、四種の倒錯【四倒】を破ることができ、人我を得なければ、［禅］定に何か拠り所となるものがあろうか。以上を観［門］を修行すると名づける。このように修行するとき、息が出入してさまざまな毛孔に行き渡ることを智覚し、心の眼が開け明らかとなって、身内の三十六物やさまざまな虫戸《ちゅうこ》[25]が内外ともに清浄でないことを見通す。多くの苦が差し迫り、一瞬に変化する。すべての法は、すべて自体存在がないと見る。心に悲しみ・喜びを生じて、依りかかるものはない。四念処を得て、四種の倒錯【四顛倒】を破る。以上を観と相応すると名づける。詳しくは記すことができない……。仏は樹の下に座って、内に安般《あんばん》を思う。第一に数、第二に随などである。まさしくこの禅である。

十六特勝とは、名を解釈する……。これは［九想を修行することによって自害するなどの］理由によって［九想より優れているということから、特勝と］名づけられたものである。修行の様相とは、息の入ることを知り（十六特勝の第一）、息の出ることを知る（第二）とは、これは数息［観］の代わりとなる。息を調えることが微細であり、ひたすら息にしたがう。［息が］入るときには鼻から臍《へそ》に至ると知り、出るときには臍から鼻に至ると知り、照らし見ることにしたがって乱れない。風《ふう》（音の出る呼吸）・喘《せん》（あえぎ）・気《き》（細やかでない呼吸）を知ることを麁とし、息（正しい呼吸）を知ることを細とする。麁に入ると、［息を］調えて細かにさせる。門戸を守る人が［人の］入ることを知り、出ることを知って、悪い者は遮り、良い者は進めるようなものである。渋滑《じゅうかつ》（ざらざらしていることとなめらかなこと）、軽重《きょうじゅう》、冷煖《れいなん》、久近《くごん》の難易[26]をすべて知る。息は命の拠り所であり、一息が戻らなければ、たちまち命が尽きたとわかる。息と命とは危険脆弱で無常であることを自覚して、愛着や慢心を生じない。息は私自身ではないと知れば、誤った見解を生じない。息の長短を知るようなもの（第三）は欲界定に対応し、息が身にくまなく行き渡ることを知ること（第四）は未到地に対応し、さまざまな身体的行為を除くこと（第五）は初禅の覚・観の項目に対応し、喜を受けること（第六）は喜の項目に対応し、楽を受けること（第七）は楽の項目に対応し、さまざまな心の活動を受けること（第八）は一心の項目に対応し、

23　三十六物　身体を構成する三十六種の物。身体の不浄を示す。『次第禅門』巻第八、「三十六物とは、諸髪、毛、爪、歯、薄皮、厚皮、筋、肉、骨、髄、脾、腎、心、肝、肺、小腸、大腸、胃、胞、胆、屎、尿、垢、汗、涙涕、唾、膿、血、脈、黄痰、白痰、癊、肪、䏿、脳、膜なり」（大正四六、五三〇上二一～二三）を参照。

24　芭蕉　植物の名。幹と思われるところを切っても、葉ばかりで、木質部がないので、実体のない空のたとえとして用いられる。

25　虫戸　虫のこと。『金光明経』巻第四、捨身品、「是の身は不浄にして、諸の虫戸多し」（大正一六、三五四中二六～二七）を参照。また、『摩訶止観』巻第七、「其の中に唯だ屎尿の聚、膿聚、血聚、膏髄等の聚、大腸、小腸、肪䏿、脳膜、筋纏、血塗、悪露、臭処、虫戸の集まる所有りて、尽《ことごと》く海水にて洗うも、浄ならしむること能わず」（大正四六、九三中一九～二二）、同、巻第九、「亦た身中の虫戸は、行来言語するに、細として了せざること無し」（同前、一二一上二九～中一）を参照。

26　久近の難易【久近難易】『講義』には、「息の遅滞の尽き難きを久難と為し、息の速疾にして尽き易きを近易と為す。久近の難易なり。句逗誤るなり」と注釈している。本文の翻訳は『講義』の句逗にしたがう。

心が喜ぶこと（第九）は喜と一緒の禅であり、心が包摂すること（第十）は二禅の一心の項目であり、心が解脱すること（第十一）は、三禅の楽であり、無常を観察すること（第十二）は四禅の不動であり、出散《しゅっさん》を観察すること（第十三）は空［無辺］処であり、離欲《りよく》を観察すること（第十四）は識《しき》（無辺《むへん》）処《しょ》であり、滅を観察すること（第十五）は無所有処に対応し、棄捨《きしゃ》を観察すること（第十六）は非想非非想処《ひそうひひそうしょ》に対応する。棄捨を観察するときには、たちまち三乗の涅槃を獲得する。もし横に観察の智慧を論じるならば、四念処に対応する……。

　通明禅《つうみょうぜん》とは、修行者が、息・色・心の三つの事柄を観察するのに、区別がない。明らかに出入する息を観察すると、入るのに積み集まることがなく、出るのに分散することがなく、来るのに［どこかを］経由するものがなく、去るのに［どこかに］歩み渡ることがない。空中の風のように、本性に実体的な存在がない。息はもともと身を拠り所としている。身はもともと実体としてなく、過去世の妄想は、719b 今の四大（地・水・火・風の四大元素）を招きよせる。虚空を囲んで、かりに身と名づける。頭などの六部分（頭、胴、両手、両足のこと）、三十六物、［色・香・味・触の］四つの微細なもの【四微】は、どれも身ではない。身を観察する場合は心による。心は条件【縁】によって起こる。［心は］生成・消滅するのが非常に速くて、留まる場所や特徴を見ない。ただ［心という］名前があるだけである。名前も空である。このように息・色・心を観察すると、［息・色・心の］三つの性質の相違を［実体として］捉えられない。［息・色・心の］三つの事柄を［実体として］捉えられない以上、すべての法を［実体として］捉えられない。これが修行の様相である。

　証とは、内に真諦の空を証悟することは、［六妙門の第四の］観［門］における理解のようである。しだいにこの身に通達して、色と息とがはっきりとする。同様に世間の天文・地理が身と相応すると知る。三界の禅定を備えることができ、非想［非非想処］に細煩悩《さいぼんのう》があることを知り、惑を破って真実［の無漏］を生じて、三乗の涅槃を獲得する。すべては『［次第］禅門』にある。世間禅［の説明］が終わった。

第二に出世間禅を明らかにするとは、四種がある。観《かん》・練《れん》・熏《くん》・修《じゅ》のことである。観とは、九想[27]・八背捨《はちはいしゃ》[28]・八勝処[29]・十一切処[30]のことである。共通に観禅と呼ぶ。修行者が婬欲《いんよく》の火を破ろうとするためには、ぜひ想を［一から九に］増やして熟練する必要がある。観察する対象にしたがうときに、［禅］定と相応する。想と［禅］

27　九想　人の死体の醜悪な九種の相を観じて、身体に対する執著を離れる不浄観。脹想・壊想・血塗想・膿爛想・青瘀（死体が青黒くなる）想・噉（死体に虫がわき、動物に食われる）想・散（死体が散乱する）想・骨想・焼（骨が焼かれる）想をいう。

28　八背捨　八解脱ともいう。「背捨」は、貪著の心に背き捨てること。『次第禅門』巻第十（同前、五四〇下を参照）によれば、内有色相（＝想）外観色背捨・内無色相外観色背捨・浄背捨身作証・虚空処背捨・識処背捨・不用処背捨・非有想非無想背捨・滅受想背捨。第一・第二は初禅・二禅により、第三は四禅により、第四から第七までは四無色定による。第八は滅尽定に入ること。

29　八勝処　勝知勝見を生じる拠り所なので、勝処という。欲界の色処を観じて、貪心を除く禅観。『次第禅門』巻第十（同前、五四三下を参照）によれば、八背捨の第一・第二をそれぞれ二分して、内有色相（＝想）外観色少勝処・内有色相外観色多勝処・内無色相外観色少勝処・内無色相外観色多勝処の四つの勝処があり、さらに、八背捨の第三を四分して、青勝処・黄勝処・赤勝処・白勝処の四つがある。

30　十一切処　万物を一つの対象に総合して観察する十種の禅観。『次第禅門』巻第十（同前、五四五上を参照）によれば、青・黄・赤・白・地・水・火・風・空・識をいう。

定とが心を保持して、心に分散がなく、世間の貪り愛することを除くことができる。六種の欲[31]を破る。ある人は赤白《しゃくびゃく》黄黒《おうこく》などの色に執著し、あるいは姿形の整って美しいものに執著し、あるいは礼儀にかなった振る舞いや容貌態度に執著し、あるいは話しぶりや美しい姿や声に執著し、あるいはすべすべした肌の身体に執著し、あるいは自分の心にかなう人に執著する。この六欲の淵は、修行者を沈没させる。九想を修行して、この六賊《ろくぞく》を除くことができる。死想は威儀《いぎ》・言語の二つの欲を破り、脹想《ちょうそう》・壊想《えそう》・噉想《かんそう》は形貌欲《ぎょうみょうよく》を破り、血塗想《けつずそう》・青《しょう》瘀想《おそう》・膿爛想《のうらんそう》は色欲を破り、骨想《こっそう》・焼想《しょうそう》は細滑欲《さいかつよく》を破る。九想は共通に執著する人欲を除き、さらに噉想・散《さん》想《そう》は心に執著する人を除く。この九［想］は欲を除く以上、また瞋恚《しんに》・愚痴を少なくし、九十八使《くじゅうはっし》[32]の山が動く。［九想は］不浄［観］の［八背捨・八勝処などに対して、最初に位置する］初門であるけれども、大事を成就することができることは、海中の屍《しかばね》がこれ（海）によって渡ることができるようなものである……[33]。

八背捨の名は……。清浄な五欲[34]に背き、執著する心を捨て離れさせるので、背捨と名づける。修行とは、修行者が戒を清浄に守って、偉大な誓願を立て、大事を成就しようとする。身と心を調え正して、明らかに足の親指を観察して、大豆が黒ずんで脹《は》れ、ふくれ[35]起こるようであると思う。この思いが成就するとき、さらに進んでふじ豆[36]の大きさのようであり、さらに一本の指の大きさのようであり、さらに鶏の卵の大きさのようである。次に、二本の指、三、四、五本の指［の大きさのよう］である。次に、足の甲[37]の底、踵《くびす》、踝《くるぶし》、𨂂《ふくらはぎ》、膝《ひざ》、髀《もも》、臗《しり》を観察すると、すべてふくれる【膖脹】のが見える。次に、右脚を観察すると、同様である。また、大小便の道、腰、脊《せぼね》[719c]、腹、背、胸、脇《わき》についてすべてふくれる【腫脹】のが見えると思うべきである。さらにまた、右の胛《かいがね》、臂《うで》、肘《ひじ》、腕《てくび》、掌《てのひら》、五指を観察し、さらに、頭・頷《おとがい》など［を観察する］。足から頭に至り、頭から足に至り、身体全体を回って観察して、ただふくれるのを見ると、心に厭《いと》い憎む心を生ずる。また、壊《こわ》れ、膿《う》み、爛《ただ》れるのを観察するべきである。大小便の道から虫や膿《うみ》が流出し、死んだ犬よりも激しく臭い。自己の身がそうである以上、愛する人を観察する場合も同様である。内には我を見ることを破り、外には貪り愛することを破る。長い間観察に留まれば、世俗の貪り愛することを除く。次に、皮肉を取り除く。白骨《びゃっこつ》を明らかに観察して、骨の色の様相が相違するのを見る。青・黄・白・赤【鴿】のことである。このように骨の様相も同様に我がない。この観察を得るときを、欲界定と名づける。次に、骨の青を観察するとき、この大地の東西南北

31　六種の欲【六種欲】　その内容は本文にすぐに出る。なお、『摩訶止観』巻第六には、名称化され、「女に六欲有るが如し。色欲・形貌欲・威儀姿態欲・言語音声欲・細滑欲・人相欲を謂う」（同前、七〇上二九～下一）と出る。
32　九十八使　三界の見惑・思惑の総数。見惑が八十八、思惑が十ある。使は煩悩の異名。
33　海中の屍がこれ（海）によって渡ることができるようなものである【如海中屍依之得度】　大海の八不思議（涅槃の不可思議をたとえる）の一つである「死尸《しし》を宿さず」（『南本涅槃経』巻第三十、師子吼菩薩品、大正一二、八〇五上一二）に基づく。大海は死屍《しし》を宿さず、浜辺に打ち上げる働きがあることをいう。
34　清浄な五欲【浄潔五欲】　欲界の麁弊の五欲に対して、色界・無色界の五欲を指す。五欲は、色・声・香・味・触の五境に対する欲。
35　ふくれ【疱】　底本、『全集本』には「症」に作るが、この字は未見なので、字体の似ている「疱」の誤りとして改める。『玉篇』には「疱、皮起也」とあり、はれるの意。
36　ふじ豆【貍豆】　貍《やまねこ》の首の文様のような斑点のある豆。ふじまめ。
37　足の甲【趺】　底本の「跌」を『全集本』によって改める。「趺」は足の甲。

がすべて青の様相であることを見る。黄・白・赤【鴿】色も同様である。これは未到［定］の様相である。さらにまた、骸骨《がいこつ》を観察すると、眉間《みけん》から光を出し、光のなかに仏を見るのは、最初の背捨が成就する様相である。このように次第して、八背捨が生じるまでに至る。詳しくは『［次第］禅門』のようである……。

八勝処《はちしょうしょ》とは、最初の二つの勝処は、位は初禅にある。第三、第四の二つの勝処は、位は二禅にある。後の四つの勝処は、位は四禅にある。三禅は楽が多く心が鈍いので、［八勝処のなかに］立てないのである。前の背捨［の第一、第二］は、外の対境【縁】が多いか少ないかについて自在であることができない。このために勝処はさらに深遠微細で、［八勝処の前の四勝処において、外境の色処《しきしょ》を観察する場合、色処が］少いか多いか、好ましいものと醜いものとを観察して、すべて優れた知、優れた見にさせる。速い馬が［敵］陣を破ることができ、同様に自らその馬を制御することができるようなものである……。

十一切処《じゅういっさいしょ》とは、［青・黄・赤・白・地・水・火・風の］八色と［空を縁じる心、識を縁じる心の］二つの心がたがいに関わり入り込むことによって、広くくまなく行き渡り、自在に転変する。詳しくは『［次第］禅門』の通りである……。

練禅《れんぜん》[38]とは、［四禅・四空定《しくうじょう》（四無色定《しむしきじょう》）・滅受想定《めつじゅそうじょう》（滅尽定《めつじんじょう》）の］九次第定《くしだいじょう》にほかならない。これまで［根本味禅・六妙門・十六特勝・通明禅・九想・八背捨・八勝処・十一切処の］八禅[39]を得たけれども、入る場合に［時間的］間隔があった。今、熟練して、最初の浅いものから、後の深いものまで至りつこうとして、順を追って入り、中間に垢《あか》、滓《おり》、間隔、汚れがなく、順序正しくないものを順序正しくさせる。それ故、次第と名づける。また無漏によって有漏を練り、さまざまな間隔のあいた稲の穂先【間穬】を除くので、練禅と名づける。またひとしくさまざまな禅を調え、禅定と智慧を平等で間隔のないものにさせるのである。

『阿毘曇［論］』に熏《くん》・練を明らかにする場合、ただ無漏によって四禅に熏じさせるというだけである。今、無漏によって、共通に八禅の境地を練る。とりもなおさず順を追って無間三昧《むけんざんまい》[40]に入るのである。

熏禅《くんぜん》とは、師子奮迅三昧《ししふんじんざんまい》にほかならない。前は順を追って間隔がなく入り、今も同様に順を追って間隔がなく入り、同様に順を追って間隔がなく出ることができる。粗雑な間隔や法に対する愛着、六塵（六境）に対する愛着【味塵】を除くことは、あたかもライオンが退くこともでき、進むこともできて、力をこめて塵や土を動かすようなものである。修行者は、[720a]この法に入ったり出たりして、くまなくさまざまな禅に熏じ（滲透すること）、すべて障害なくすらすらと通じ、自在に転変させる。皮が熟すように熏じ、心のままに物を作るようなものである。

38　練禅　『講義』によれば、「練」は、鍛錬成熟の意。下位の観禅を鍛錬する禅の意。

39　八禅　『釈籤』によれば、根本味禅・六妙門・十六特勝・通明禅・九想・八背捨・八勝処・十一切処の八種。『釈籤』巻第八、「次の文に『上来雖得八禅』と云うは、根本味禅を一と為す。根本浄禅の中に三有り。妙門・特勝・通明を謂う。観禅に四有り。九想・背捨・勝処・一切処を謂う。此の四に前を并《あわ》すが故に、八禅を成ず」（大正三三、八七五上二四～二七）を参照。

40　無間三昧　四禅・四無色定・滅尽定の九定を、異心をまじえず次第順序を追って修得することを、九次第定＝無間三昧という。

修禅《しゅぜん》とは、超越三昧《ちょうおつざんまい》である。近く遠く飛び越えて[41]［禅定に］入り、近く遠く飛び越えて［禅定から］出、近く遠く飛び越えて［禅定に］留まる。この禅は功徳が最も深いので、頂禅《ちょうぜん》と名づける。さまざまな法門について、自在に出たり入ったりする……。

さらにまた、九次第定は、巧みに八背捨に入り、奮迅《ふんじん》［三昧］は巧みに八背捨を出て、超越［三昧］は巧みに八背捨に留まる。「巧みに百千の三昧に入り、出、留まる」[42]とは、この意味にほかならない。たとえば、画家が五色を薄くして無量の色を出すように、世間の果はただ［地・水・火・風の］四大によってすべての五陰を出すだけであるようなものである。定法も同様である。ただ観・練・熏・修によって、すべての神通変化を出生する場合、功徳の種類【種】の備わらないことはない。『大［般涅槃］経』には、「菩薩は禅に留まって、堪忍地《かんにんじ》を得る」とある。[43]地は保持することができ、生じることができる。一々の禅のなかで、みな慈悲・誓願・「三十七」道品・六度（六波羅蜜）のさまざまな行があって、すべて備えないことはない。なぜならば、戒定のなかで、観察の智慧を明らかにすることに関しては、とりもなおさず共念処《ぐうねんじょ》[44]である。ただ観だけを論じるのは、性念処である。共通に戒定など、境智、文字などを取るのは、縁念処である。

さらにまた、不浄観は浄の顚倒（倒錯）を破る。身念処である。さまざまな禅のなかの心の感受は苦楽であり、三世の内外の受は実体として捉えられない【不可得】と観察して、楽の顚倒を破るのは、受念処である。さまざまな禅の心は、心があるので善悪を作り、心がなければ［善悪を］作る者がないと観察して、我の顚倒を破るのは、法念処である。心は生滅して、前後が断絶すると観察して、常の顚倒を破るのは、心念処である。

次に、八背捨は四念処を観察し、九次第定は四念処を練り、奮迅［三昧］は四念処に熏じ、超越［三昧］は四念処を修す。二乗は自分の滅度（涅槃）のために、この［根本禅と観・練・熏・修の四禅の］五禅[45]を修行し

41　近く遠く【近遠】『講義』によれば、九次第定において、一つの定を越えて修することを近といい、二つの定以上を越えて修することを遠という。

42　「巧みに百千の三昧に入り、出、留まる」【善入出住百千三昧】『法華経』従地涌出品、「仏も亦た是の如し。得道より已来、其の実、未だ久しからざれども、此の大衆、諸菩薩等は、已に無量千万億劫に於いて、仏道の為めの故に、懃行精進して、善く無量百千万億三昧に入り出て住し、大神通を得、久しく梵行を修して、善能《よ》く次第して諸の善法を習い、問答に巧みにして、人中の宝にして、一切世間に甚だ希有と為す」（大正九、四一下一五～二〇）を参照。

43　『大［般涅槃］経』には、「菩薩は禅に留まって、堪忍地を得る」とある【大経云菩薩住禅得堪忍地】『南本涅槃経』巻第十一、聖行品、「菩薩は爾の時、是の観を作し已って、四念処を得。四念処を得已れば、則ち堪忍地の中に住することを得」（大正一二、六七六上三～四）を参照。

44　共念処　『講述』によれば、助道である戒定と正行である観慧を共に修するので、共念処という。次下の性念処については、観慧の正行は念処の自体であるから、自性念処ともいう。縁念処は、仏の三蔵や世間の文字を縁じる（対象とするの意）とされる。

45　五禅　『釈籤』巻第八、「五禅と言うとは、世の根本禅、及び観等の四なり。故に知んぬ、菩薩は大悲願を以て根本禅に熏ず。亦た四栄を成ず。況んや復た熏等をや」（大正三三、八七五下一三～一五）を参照。

て、四枯《しこ》[46]の念処を成就するので、堪忍地と名づけない。菩薩は衆生を教化しようとするためにも、深く念処を観察して、慈悲・誓願によって衆生を担い、四栄の念処を成就する。摩訶衍《まかえん》（大乗）であって、堪忍地と名づけるのである。

質問する。無色［界］には身体がないのに、どうして四念処を備えるのか。

答える。『［阿］毘曇［論］』には、「無色［界］に道共戒がある。戒は無作色《むさしき》（無表色[47]）である。無漏の縁が共通するので、この戒色は無漏にしたがって無色［界］に至るのである」とある。[48]『成実論』の人師たちは、「無色は無教法（無作法）である。無色［界］に至らない」といっている。[49]『舎利弗［阿］毘曇［論］』には、「無色［界］に色がある」とある。[50]わかるはずである。小乗に趣旨を明らかにするのに、二つの意味がある。『大［般涅槃］経』には、「無色界の色は、声聞たちの知るものではない」とある。[51]もしそうであるならば、四念処が無色[720b]［界］に通じることもどうして妨げようか。

質問する。さまざまな禅のなかで、ただ［四］念処を明らかにすることができるだけで、やはり［四《し》］正《しょう》勤《ごん》[52]がない。どうして［三十七］道品を備えるであろうか。

答える。位に焦点をあわせていえば、［四］念処に［三十七道品のなかで四念処より］後の項目【品】がない。修行に焦点あわせて意味を明らかにすれば、［四］念処に道品を備えるのである。『大［智度］論』には、「最初に善の有漏の五陰を修し、有為法のなかで、正しい思い【憶念】を得ることは、［四］念処の智慧にほかならない。四種の精進は、［四］正勤にほかならない。定心のなかで修行することを、［四］如意足《にょいそく》と名づける。

46　四枯　「四栄」に対する。四枯四栄は、釈尊が涅槃に入るとき、東西南北の四方に娑羅の双樹があり、それぞれの方角の双樹のうち、一本が枯れ、一本が栄えたので、四枯四栄という。ここでは、二乗が凡夫の四倒を破して、世間の法について苦・空・無常・無我を正しく観じることを四枯といい、菩薩が二乗の四倒を破して、涅槃の法について常・楽・我・浄を正しく観じることを四栄という。

47　無作色（無表色）　色法は五根・五境・法処所摂色（意識のみの対象である法処に含まれる色のこと）の十一色からなるが、法処所摂色は無表業であり、これは極微からなる色法ではないが、四大（地・水・火・風）所造の色法であるから、無表色という。この無表色を無作色とも、無教色ともいう。受戒したときに戒体が得られ、これは持続する戒の働きをいい、これを無作戒、無教戒という。

48　『［阿］毘曇［論］』には、「無色［界］に道共戒がある……無色［界］に至るのである」とある【毘曇云無色有道共戒戒是無作色以無漏縁通故此戒色随無漏至無色】　出典未詳。

49　『成実論』の人師たちは、「色は無教法（無作法）である。無色［界］に至らない」といっている【成論人云色是無教法不至無色】　『成実論』巻第七、無作品、「是の無作は云何んが色性と名づくるや。又た、無色の中にも亦た無作有り。無色の中に云何んが当に色有るべきや」（大正三二、二九〇中二一～二二）を参照。「無教」は、無作と同義。前注47を参照。

50　『舎利弗［阿］毘曇［論］』には、「無色［界］に色がある」とある【舎利弗毘曇云無色有色】　出典未詳

51　『大［般涅槃］経』には、「無色界の色は、声聞たちの知るものではない」とある【大経云無色界色非諸声聞所知】　出典未詳。

52　正勤　prahāṇa.　四正勤（四正断・四意断）のこと。三十七道品（四念処・四正勤・四如意足・五根・五力・七覚支・八正道）の第二。四種の正しい努力のこと。律儀断（まだ生じない悪を生じさせないように努力すること）・断断（すでに生じた悪を断じようと努力すること）・随護断（まだ生じていない善を生じさせようと努力すること）・修断（すでに生じた善を増大させるように努力すること）。

五善根が生じることを［五］根と名づけ、［五］根が成長増大することを［五］力と名づけ、覚りの働き【道用】を区別することを七覚と名づけ、安穏な道のなかで行ずることを八正道と名づける」とある。[53] 最初の善の有漏のなかでこれを備えることができた。どうして見道にはじめて八正［道］があることが必要であろうか。もし［四］念処に三十七品を備える以上、煖《なん》・頂なども同様である。観禅がそうである以上、練・熏《くん》・修《じゅ》なども同様である。しかしながら、菩薩は一々の禅のなかで、入る法門にしたがって、衆生を慈しみ悲しむことは、あたかも父母が食べ物を得てその子を忘れないようなものである。暗愚で、内にしたがって自ら楽を求めず、他にしたがって外に［楽を］求め、五欲におぼれ乱れて苦を求め、［楽を］得ては恐れ、失っては心配し、さまざまな欲に楽のないことを哀れみ、このために悲を生ずる。そもそも欲の災いはこのようである。どうしてこれを去って、禅定の楽を得ることができ、欺《あざむ》かれないであろうか。このために、慈を生じ、四弘誓《しぐぜい》［願《がん》］があるのである。

　さらにまた、さまざまな禅のなかで六度を修行するのは、衆生は世間の生活、業務に縛られて、わずかの間も捨てることはできないけれども、菩薩はこれを捨てて、ひたすら禅に入る。以上を布施【檀】と名づける。もし戒を守らなければ、禅定が生じない。さらにまた、禅に入るとき、雑念は生ぜず、自然と悪がなくなる。以上は戒【尸】である。身と口を引き締めて、苦労をふせぎ苦痛を忍び、外界の［六］塵を制御して執著せず、六根【内入】を抑制して生じさせないのは、忍である。初夜・中夜・後夜にひと所に思いをかけて継続し、行住坐臥《ぎょうじゅうざが》に心は常に禅定にあって、間隔があいた思い【間念】が生じないのは、精進と名づける。一心が禅定にあって、乱れず愛著しないのは、定と名づける。もし一心が禅定にあって、世間の生滅の法の様相を知り、深く邪悪な偽りを認識することができるならば、般若と名づける。すべての修行はみな禅定のなかに備わっている。一々の禅定のなかで、さまざまな功徳を生じ、慈悲によって担うことができる。このために堪忍《かんにん》の地と名づけることができる。

第三に出世間上上禅とは、九種の大禅[54]である。『地持《じじ》〔経《きょう》〕』に解釈する通りである[55]。今、詳しくは論じない。自性禅《じしょうぜん》とは、とりもなおさず心の真実の本性を観察することを、上定《じょうじょう》と名づける。すべての事象のなかで、心によらないものが少しはあるであろうか。心にすべてのものを包摂することは、如意珠のようである。この九つの大禅は、みな法界である。すべては禅を拠り所とし、[720c]境に至るとそのまま真実である。どんなわずかな色も香も中道でないものはない。二乗はその名前さえ知らない。ましてその禅定を証得するであろうか。

前の根本の旧禅は乳のようで、練禅は酪のようで、熏禅は生蘇のようで、修禅は熟蘇のようで、九つの大禅は醍醐のようである。醍醐を妙とするのである。

53　『大〔智度〕論』には……安穏な道のなかで行ずることを八正道と名づける」とある【大論云初修善有漏五陰於有為法中得正憶念即念処智慧也四種精進即是正勤定心中修名如意足五善根生名為根根増長名為力分別道用名為七覚安穏道中行名八正道】　ぴったりした出典はないが、『大智度論』巻第十八、「仏、四念処を説くが如し。是の中、四正懃、四如意足、五根、五力を離れず。何を以ての故に。四念処の中、四種の精進は、則ち是れ四正懃なり。四種の定は、是れ四如意足と為す。五種の善法は、是れ五根、五力と為す」（大正二五、一九二中一二～一六）を参照。

54　九種の大禅【九種大禅】　『菩薩地持経』巻第六、初方便処・禅品（大正三〇、九二一中二九～下三）に説かれる九種大禅（自性禅・一切禅・難禅・一切門禅・善人禅・一切行禅・除悩禅・此世他世楽禅・清浄禅）をいう

55　『地持〔経〕』に解釈する通りである【如地持所釈】　前注54を参照。

次に、根本禅を愛著の心のなかで修行するのは乳となり、自らを救済する心のなかで修行するのは酪《らく》となり、慈悲の心のなかで修行するのは生蘇となり、慈悲の次第の心のなかで修行するのは熟蘇となり、実相の心のなかで修行するのは醍醐となる。他の四味（観禅・練禅・熏禅・修禅）も同様である。もし実相の心によって修行しなければ、みな麁と名づける。

もし開麁顕妙するならば、阿那波那《あなはな》（数息観）は、摩訶衍（大乗）にほかならない。法界実相は、諸法を包摂し保持する。これから離れて外に、さらに別の妙はない。それ故、諸仏が成道し、法輪を転じ、涅槃に入ることは、みな四禅にあるとわかる。四禅のなかに実相を見ることを、禅波羅蜜と名づける。ましてその他の禅定はなおさらである。これは絶待妙の意義である。定聖行［の説明］が終わった。

1・1・3　慧聖行

慧聖行《えしょうぎょう》とは、四種の四諦の智慧のことである……。

生滅の四諦の智慧とは、逆に九想・［八］背捨を観察すると、依［報］と正［報］の二つの報は、［死体が］膨張し腐乱する不浄の色である。［苦しみが］差し迫っている様相であり、［苦が］はっきりと現れている様相であり、［苦苦・壊苦・行苦の］三苦の様相である[56]。以上が苦諦の智慧である。迷いを起こし[57]、依［報］と正［報］に執著することによって、恩愛の奴隷となり、身・口を動かして、［上品・中品・下品の］三等級の十悪業[58]を起こし、［地獄・餓鬼・畜生の］三途《さんず》などの生を感受するのは、生長の様相、転の様相、二十五有の様相[59]である。さらにまた、世間の原因・結果、不浄、過失・憂いを知って、深く恥じ厭い恥じ、終に［次のようなことをしない。たとえば］、他者を殺して自己を活《い》かしたり、他の者から［物を］奪って［自己の］身を潤[60]したり、不浄に溺れたり、曲ったものを隠しまっすぐなものを求めたり、親しいものを離れさせ怨《うら》みのあるものを合わせたり、名誉を遠ざけて恥辱《ちじょく》を行なったり、内に諂《へつら》い外におもねったり、［物を］取り入れるのに節度がなかったり、毒をほしいままにして道を破ったり、不正で真実を失ったりしない。不浄を行なって十悪業を犯すことはしないで、自他に恥じ、三等級の十善[61]を行ない、三善道の生を感受する。以上が生長の様相、転の

56　［苦しみが］差し迫っている様相であり、［苦が］はっきりと現れている様相であり、［苦苦・壊苦・行苦の］三苦の様相【逼迫相現相三苦相】「逼迫」とは苦が差し迫っていること、「現」とは苦がはっきりあらわになっていること、「三苦」とは苦苦（好ましくない対象から感じる苦）・壊苦（好ましい対象が破壊されることから感じる苦）・行苦（すべてが無常であることを見て感じる苦）のこと。

57　迷いを起こし【起迷】　底本の「不起迷」の「不」は、『釈籤』によれば衍字である。『釈籤』にしたがう。

58　十悪業　殺生・偸盗・邪婬・妄語・両舌・悪口・綺語・貪欲・瞋恚・邪見のことで、上品の十悪は地獄道、中品のそれは餓鬼道、下品のそれは畜生道の果報をそれぞれ受けるとする。

59　生長の様相、転の様相、二十五有の様相【生長相転相二十五有相】「生長」とは煩悩によって来世に至ること、「転」とは煩悩によって輪廻すること、「二十五有」（『法華玄義』巻第二下の前注69を参照）の相とは煩悩によって有＝輪廻的生存の因を起こすこと。

60　潤　底本の「閏」を『全集本』によって改める。

61　三等級の十善【三品十善】　十善（十悪を離れること）を上品・中品・下品の三品に分け、それぞれが天道・人道・阿修羅道の果報を受けるとする。

様相、二十五有の様相でもある。以上が集諦の智慧と名づける。依［報］・正［報］の不浄を観察して浄の顛倒（倒錯）を破り、さまざまな感受は三苦であると観察して楽の顛倒を破り、諸行の和合を観察して我の顛倒を破り、さまざまな心の生滅を観察して常の顛倒を破る。別相［念処《ねんじょ》］・総相［念処］[62]、巧みな［四］正勤《しょうごん》・［四］如意［足］・［五］根・［五］力・［七］覚［支］・［八正］道は、涅槃の門に向かう。慈悲・誓願・六度のさまざまな修行などは、とりもなおさず大乗の様相である。また戒・定・慧の様相でもある。また［煩悩を］除くことのできる様相でもある。以上を道諦の智慧と名づける。顛倒が起こらなければ、業が生じない。業が生じなければ、因が生じない。因が生じないので、721a 果が生じない。以上を寂滅の様相と名づける。また二十五有の滅の様相でもある。また［煩悩を］除く様相とも名づける。以上が生滅の四諦の智慧である。

無生の四諦の智慧とは、不浄の色を観察すると、色の本性はもともと空である。色が滅して空であるのではない。鏡のなかの像に実体【真実】がないようなものである。五受陰《ごじゅおん》（五取蘊《ごしゅうん》）は空であって、実体がないと洞察して、苦に苦がないと理解して、真諦がある。以上が苦諦の智慧である。集は心に基づくけれども、心は幻術師によって作られた幻のようであるので、生起する集も同様に幻術師によって作られた幻のように、すべての愛煩悩（貪欲・瞋恚などの情的な煩悩）・見煩悩（我見・邪見などの知的な煩悩）は虚空と等しいとわかる。以上を集諦《じったい》の智慧と名づける。道はもともと集を対治する。対治される対象は、幻術師によって作られた幻のようなものなので、対治する主体も同様に幻術師によって作られた幻のようなものである。以上が道諦の智慧と名づける。法にもし生があるならば、同様に滅がありえる。法がもともと生じなければ、今滅しない。もし涅槃より優れたものが一法でもあれば、私も同様に［それは］幻術師によって作られた幻のようなものであると説く。以上を滅諦の智慧と名づける。五陰・衆生は虚空のようであるとわかるけれども、虚空のような衆生を救済しようと誓う。集に実体がないとわかるけれども、さまざまな妄想を断ち切ることは、虚空と戦うようなものである。道は二つの様相を持つものではないとわかるけれども、虚空に熱心に樹木を種える。衆生で涅槃に入ることのできる者がいないけれども、無量の衆生を涅槃に入らせる。このような、事柄そのままが真実であることに焦点をあわせて、［三十七］道品・六度などを論じる……。以上を無生の四諦の智慧と名づける。

無量の四諦の智慧とは、『大［般涅槃］経』には、「仏が四諦を説く場合、もし法を包摂し尽くすならば、説かないものは十方の土のよう［に多い］というべきではない。法を包摂し尽くさないならば、［四諦のほかに］さらに一諦があって］五諦があるはずである。仏は、『四諦に包摂し尽くす』という。第五の諦はないのである。ただ苦に無量の様相があり、集・滅・道などにもみな無量の様相がある。私はその経において、結局この

62　別相［念処］・総相［念処］【別相総相】　四念処に別相念処と総相念処の二つがある。別相念処には、身・受・心・法の四に対して、順次に不浄・苦・無常・無我であると、それぞれの自相を観察する自相別観と、身・受・心・法の四はいずれも不浄・苦・無常・無我であると、それらの共相を観察する共相別観とがある。総相念処は、身・受・心・法の四を総じて不浄・苦・無常・無我であると観察することである。

ことを説かなかった」とある。[63] もし空であるならば、空にもやはり空はない。どうして無量であろうか。わかるはずである。仮に出て分別する智慧である。この智慧がくまなく十法界の仮［法］・実［法］の区別を知ることを苦諦の智慧と名づけ、くまなく五住の煩悩の相違を知ることを集諦の智慧と名づけ、くまなく半（小乗）・満（大乗）、正［行］・助［行］などの修行を理解することを道諦の智慧と名づけ、半・満の十六門[64]のさまざまな滅門の相違を理解することは滅諦の智慧である。二乗はただ四諦の薬だけを飲んで見・思の病を治療し、自分は生死を出ても、［病と薬を］区別することについてはなおざりである。菩薩は偉大な医者の王となる。さまざまな脈を診《み》て、さまざまな病を識別し、さまざまな薬に精通し、さまざまに治癒することができることを理解する必要がある。これに焦点をあわせて、さまざまな慈悲を起こし、さまざまな修行、さまざまな度（波羅蜜）、［三十七］道品を実践し、さまざまな衆生を救済し、さまざまな仏土を浄化する。詳しく説くことは『［摩訶］止観』の通りである……。[721b] 以上を無量の四諦の智慧と名づける。

無作の四諦の智慧とは、惑から解放される因縁によって四［諦］を成就するのである。『大［般涅槃］経』

63　『大［般涅槃］経』には……私はその経において、結局このことを説かなかった」とある【大経云仏説四諦若摂法尽則不応言所不説者如十方土摂法不尽応有五諦仏言四諦摂尽無第五諦但苦有無量相集滅道等皆有無量相我於彼経竟不説之】『南本涅槃経』巻第十二、聖行品、「世尊は爾の時、是の如き言を説く。如来の了する所の無量の諸法は、若し四諦に入らば、則ち已説と為す。若し入らざらば、応に五諦有るべし。仏は迦葉を讃《たた》う。善き哉、善き哉。善男子よ、汝の今問う所は、則ち能く無量の衆生を利益し、安隠にし、快楽《けらく》にす。善男子よ、是の如き諸法は、悉ごとく已に四聖諦の中に摂す。迦葉菩薩は復た仏に白して言う。是の如き等の法は、若し四諦に在らば、如来は何が故に唱えて説かずと言うや。仏は言う。

善男子よ、復た中に入ると雖も、猶お説くと名づけず。何を以ての故に。善男子よ、四聖諦を知るに、二種の智有り。一には中、二には上なり。中とは、声聞・縁覚の智なり。上とは、諸仏・菩薩の智なり。善男子よ、諸陰の苦を知るを、名づけて中智と為す。諸陰を分別するに、無量の相有りて、悉ごとく是れ諸苦にして、諸もろの声聞・縁覚の知る所に非ず。是れ上智と名づく。善男子よ、是の如き等の義を、我れは彼の経に於いて、竟《つい》に之れを説かず。善男子よ、諸入を知るとは、之れを名づけて門と為し、亦た名づけて苦と為す。是れ中智と名づく。諸入を分別するに、無量の相有りて、悉ごとく是れ諸苦にして、諸もろの声聞・縁覚の知る所に非ず。是れ上智と名づく。是の如き等の義を、我れは彼の経に於いて、亦た之れを説かず」（大正一二、六八四上一六～中三）を参照。

64　十六門　蔵教・通教・別教・円教の四教に、それぞれ有門・空門・亦有亦空門・非有非空門の四門があるので、合わせて十六門となる。

には、「宝珠が体内にあるけれども、［宝珠を］失ったと叫んで、心配して泣き叫ぶ」とある。[65] ただその体と瘡《そう》（できもの）を見るだけで、宝珠と鏡を見ない。ただ憂い悲しみがあるだけで、歓喜はない。これは道［諦］・滅［諦］に迷って、苦［諦］・集［諦］を起こすことである。もし瘡の本体が宝珠にほかならないと理解すれば、喜んで泣かない。無明を滅することに基づいて、盛んな完全な覚りの灯火を得る。この覚りの因縁は、とりもなおさず道［諦］・滅［諦］である。道［諦］・滅［諦］は苦［諦］・集［諦］であり、苦［諦］・集［諦］は道［諦］・滅［諦］である。もしそうであれば、四［諦］は四［諦］でない。四［諦］は四［諦］でない以上、無量も同様に無量でない。無量は無量でない以上、仮は仮でない。仮は仮でないので、空は空でない。どうしてただ空そのままが空でないだけであろうか。また仮そのままが仮でない。空を亡じ仮を亡じ、正しく［中道に］入り、[66] 寂（空を滅し仮を滅すること）と照（正しく中道に入ること）とがどちらも成立する【寂照双流[67]】。『大品［般若経］』には、「一切種智は寂滅の様相である。さまざまな修行・種類、特徴をみな知ることを、一切種智と名づける」とある。[68]「寂滅の様相」は、双遮《そうしゃ》（空・仮を破ること）・双亡《そうもう》（照にして而も常に寂であるこ

65　『大［般涅槃］経』には、「宝珠が体内にあるけれども、［宝珠を］失ったと叫んで、心配して泣き叫ぶ」とある【大経云宝珠在体……見其体及瘡】『南本涅槃経』巻第八、如来性品、「譬えば王家に大力士有るが如し。其の人の眉間に金剛珠有り。余の力士と捔力《かくりき》相撲す。而るに彼の力士は頭を以て之れに触れ、其の額の上の珠は尋《つ》いで膚の中に没す。都て自ら是の珠の所在を知らず。其の処に瘡有り。即ち良医に命じて、自ら療治せんと欲す。時に明医有りて善く方薬を知り、即ち是の瘡は珠の体に入るに因《よ》る。是の珠は皮に入りて、即便《すなわ》ち停住す。是の時、良医は力士に尋問す。卿の額の上の珠は、為《は》た何所《いずこ》に在るや。力士は驚いて答う。大師医王よ、我が額の上の珠は、乃ち失去するや。是の珠は今者《いま》、為た何所に在

るや。将《は》た幻化に非ずや。憂愁啼哭《うしゅうたいこく》す。是の時、良医は力士を慰喩《いゆ》す。汝は今、応に大愁苦を生ずべし。汝は闘う時、宝珠は体に入るに因りて、今は皮の裏に在り、影は外に現ず。汝等は闘う時、瞋恚の毒は盛んなり。珠は体に陥入するが故に、自ら知らず。是の時、力士は医の言を信ぜず。若し皮の裏に在らば、膿血は不浄にして、何に縁《よ》りて出でざるや。若し筋の裏に在らば、応に見る可からず。汝は今、云何んが我れを欺誑《ごおう》するや。時に、医は鏡を執りて、以て其の面を照らす。珠は鏡の中に在り、明了として顕現す。力士は見已わりて、心に驚怪《きょうけ》を懐き、奇特の想を生ず」（同前、六四九上九～二四）を参照。

66 **空を亡じ仮を亡じ、正しく［中道に］入り【双亡正入】**『釈籤』によれば、「双亡」は、空を亡ずることと仮を亡ずることで、寂といわれる。「正入」は、中道に入ることで、照といわれる。『釈籤』巻第九、「初めの文とは、前の二諦を攬《と》りて二諦に非ざるが故に、中道を成ず。双亡・双照は、即ち三諦を結成するなり。双非は、即ち亡空亡仮なるが故に、名づけて寂と為す。正入は、秖《た》だ是れ中に入るが故に、名づけて照と為す。而して亡、而して照なるが故に、双流と曰う」（大正三三、八七七下一～四）を参照。

67 **寂（空を滅し仮を滅すること）と照（正しく中道に入ること）とがどちらも成立する【寂照双流】**『釈籤』によれば、「寂」は双亡を意味し、「照」は正入を意味する。「双流」は、寂と照が同時に成立すること。前注66を参照。

68 **『大品［般若経］』には、「一切種智は寂滅の様相である。さまざまな修行・種類、特徴をみな知ることを、一切種智と名づける」とある【大品云一切種智即寂滅相種種行類相貌皆知名一切種智】**『大品般若経』巻第二十一、三慧品、「須菩提の言わく、世尊よ、云何なるをか一切種智の相と為すや。仏の言わく、一相なるが故に、一切種智と名づく。所謂る一切法の寂滅相なり。復た次に、諸法の行・類、相貌、名字もて顕示して説き、仏は如実に知る。是れを以ての故に、一切種と名づく」（大正八、三七五下二一～二五）を参照。

と）[69]にほかならない。「修行・種類、特徴をみな知る」は、双流《そうる》（空・仮の二諦を用いること）・双照《そうしょう》（寂にして而も常に照らすこと）[70]にほかならない。無心に双亡・双照し、自然に寂知（亡・照）[71]するので、不可思議と名づける。とりもなおさず無作の四諦の智慧である。

『大［般涅槃］経』には、「苦がなく、諦がなく、実がある。集・道・滅がなく、諦がなく、実がある。実は中道・如来・虚空・仏性である」とある。[72]このように観察するとき、対象に制約されない［絶対平等の仏の］慈悲【無縁慈悲】は、二辺（二つの極端）の苦を抜き、中道の楽を与える。色は浄でもなく、不浄でもなく、即空・即仮・即中であると修行する。枯《こ》でもなく、栄《えい》でもなく、［枯と栄の］中間に滅を論じる。すべての道品は、備わらないことがない。くまなく十法界の依［報］・正［報］を捨てることを檀《だん》（布施）と名づけ、中道の道共［戒］が尸《し》（戒）の彼岸に到達することを戒と名づけ、寂滅忍[73]に留まって二辺が動揺しないことを忍と名づけ、二辺が混ざらないことを堅固な精進と名づけ、王三昧《おうざんまい》に入り首楞厳《しゅりょうごん》[74]に留まることを禅と名づけ、実相《じっそう》般若《はんにゃ》[75]を智慧と名づけ、意図的な策略のない働きを方便と名づけ、八自在の我を力と名づけ、無記化化禅《むきけけぜん》[76]を願と名づけ、三智が一心のなかで得られることを智慧と名づける。一波羅蜜に十を備え、同様にすべての仏法を備

69　双遮（空・仮を破ること）・双亡（照にして而も常に寂であること）【双遮双亡】『私記』によれば、智の用について、空・仮を破ることを「双遮」といい、智の体について、照にして而も常に寂であることを「双亡」という。

70　双流（空・仮の二諦を用いること）・双照（寂にして而も常に照らすこと）【双流双照】『私記』によれば、智の用について、空・仮の二諦を用いることを「双流」といい、智の体について、寂にして而も常に照らすことを「双照」という。

71　寂知（亡・照）【寂知】『釈籤』によれば、「寂」は亡、「知」は照のことなので、直前の「亡照」と同義である。

72 『大［般涅槃］経』には、「苦がなく、諦がなく、実がある。集・道・滅がなく、諦がなく、実がある。実は中道・如来・虚空・仏性である」とある【大経云無苦無諦有実無集道滅無諦有実実即中道如来虚空仏性】『南本涅槃経』巻第十二、聖行品、「文殊師利は仏に白して言わく、世尊よ、真実を以て実諦と為すとは、真実の法は即ち是れ如来、虚空、仏性なり。若し是の如くば、如来、虚空、及び仏性に差別有ること無し。仏は文殊師利に告ぐらく、苦有り、諦有り、実有り。集有り、諦有り、実有り。滅有り、諦有り、実有り。道有り、諦有り、実有り。善男子よ、如来は苦に非ず、諦に非ず、是れ実なり。虚空は苦に非ず、諦に非ず、是れ実なり。仏性は苦に非ず、諦に非ず、是れ実なり」（大正一二、六八五中三～九）を参照。

73 寂滅忍　『仁王般若経』巻上、教化品に出る五忍の一つで、煩悩を断じて寂静に安住する第十地、および仏果において得られる。忍は真理の認識の意。『仁王般若経』菩薩教化品、「仏の言わく、大王よ、五忍は是れ菩薩の法なり。伏忍の上中下、信忍の上中下、順忍の上中下、無生忍の上中下、寂滅忍の上中下を、名づけて諸仏菩薩の般若波羅蜜を修すと為す」（大正八、八二六中二一～二五）を参照。

74 首楞厳　Śūraṃgama の音写語。健相、健行、一切事竟と訳す。三昧の名。

75 実相般若　三般若（実相般若・観照般若・文字般若）の一つで、般若＝智慧によって観察される実相のこと。この実相は般若を起こす根源であるので、般若といわれる。

76 無記化化禅　『私記』には「禅の中に願・力有り。禅を開いて此の二を出す。故に禅を以て願と名づく。諸禅の中に於いて、無記を最と為す。故に此れに約して明かす」とある。六波羅蜜の禅定波羅蜜を開いて、十波羅蜜の願波羅蜜と力波羅蜜を出すので、禅を願と呼ぶ。また、禅は有漏禅・無漏禅・亦有漏亦無漏禅・非有漏非無漏禅の四種に分類されるが、有漏でもない無漏でもないという意味で無記の禅が最高の位置を占める。化化はよく分からないが、神通変化のきわまりないことを意味するか。『摩訶止観』巻第一下、「若し如来と諸の神変とに二無く異無しと見ば、如来は神変と作り、神変は如来と作る。無記化化は、化は復た化を作し、窮尽《ぐうじん》す可からず。皆な不可思議にして、皆な是れ実相にして仏事を作す」（大正四六、六下一五～一八）を参照。

える。一行は無量の行、無量の行は一行である。以上が如来の行である。以上が無作の四諦の智慧と名づける。

この智慧を身につけるとき、すぐに何ものも畏《おそ》れない境地【無所畏地】に留まることができる。とりもなおさず［十地の第一の］初歓喜地《しょかんきじ》である。五つの畏怖を離れるとは、生活のできない恐れ【不活畏】・悪名の恐れ・死の恐れ・悪道の恐れ・大衆の威徳の恐れのことである。『大［般涅槃］経』には、「貪り・怒り・愚かさを恐れない」とある。[77]これは内に三毒がなく、外に八風[721c]を離れれば、悪名の恐れはなくなる。もし「地獄などを恐れない」というならば、悪道の恐れがない。もし「沙門《しゃもん》・婆羅門《ばらもん》を恐れない」というならば、大衆の恐れがない。中道を見ると、二死の恐れがない。実相の智慧の常住の生活が確立すれば、生活のできない恐れがない。この地に入ることができて、二十五三昧[78]を備えて、二十五有を破り、二十五有の我性をあらわす。我性はとりもなおさず実性、実性はとりもなおさず仏性である。仏の知見を開いて、真実の中道を生じ、無明惑を断ち切って、真［身］・応［身］の二身をあらわし、［衆生の機］縁が感受すればすぐに応じる。百仏の世界に十法界の身を現わし、三世の仏の智の境地に入り、自らを利し、他を利することができ、本当に大いに幸いと喜ぶことを、歓喜地と名づけるのである。この地に［常楽我浄の］四徳を備える。二十五有の煩悩を破ることを浄と名づけ、二十五有の業を破ることを我と名づけ、二十五有の報を受けないことを楽と名づけ、二十五有の生死がないことを常と名づける。常楽我浄を、仏性が現われると名づけるのは、とりもなおさずこの意味である。

『地持［経］』に説く、「五つの畏怖を離れる。無我の智慧を身につければ、我の想念は生じない。どうして我愛《があい》・衆具愛《しゅぐあい》[79]があるべきであろうか。生活のできない恐れを離れることである。他人に対して求め欲するも

77　『大［般涅槃］経』には、「貪り・怒り・愚かさを恐れない」とある【大経云不畏貪欲恚癡】『南本涅槃経』巻第十三、聖行品、「若し菩薩有りて是の如き無所畏地に住することを得ば、則ち復た貪・恚・愚癡・生老病死を畏れず。亦復た悪道の地獄・畜生・餓鬼を畏れず。善男子よ、悪に二種有り。一には阿修羅、二には人中なり。人中に三種の悪有り。一には一闡提、二には方等経典を誹謗し、三には四重禁を犯す。善男子よ、是の地の中に住する諸菩薩等は、終《つい》に是の如き悪の中に堕することを畏れず。復た沙門・婆羅門・外道・邪見・天魔波旬を畏れず、復た二十五有を受くるを畏れず。是の故に此の地を無所畏と名づく。善男子よ、菩薩摩訶薩は無畏地に住し、二十五三昧もて二十五有を壊す」（大正一二、六九〇上二四～中四）を参照。

78　二十五三昧　『南本涅槃経』巻第十三、聖行品に、二十五有を破す二十五三昧の名が出る。『南本涅槃経』巻第十三、聖行品、「無垢三昧を得て、能く地獄の有を壊す。無退三昧を得て、能く畜生の有を壊す。心楽三昧を得て、能く餓鬼の有を壊す。歓喜三昧を得て、能く阿修羅の有を壊す。日光三昧を得て、能く弗婆提《ふつばだい》の有を断ず。月光三昧を得て、能く瞿耶尼《くやに》の有を断ず。熱炎三昧を得て、能く鬱單越《うったんのつ》の有を断ず。如幻三昧を得て、能く閻浮提の有を断ず。一切法不動三昧を得て、能く四天処の有を断ず。難伏三昧を得て、能く三十三天処の有を断ず。悦意三昧を得て、能く炎摩天の有を断ず。青色三昧を得て、能く兜率天の有を断ず。黄色三昧を得て、能く化楽天の有を断ず。赤色三昧を得て、能く他化自在天の有を断ず。白色三昧を得て、能く初禅の有を断ず。種種三昧を得て、能く大梵王の有を断ず。双三昧を得て、能く二禅の有を断ず。雷音三昧を得て、能く三禅の有を断ず。澍雨三昧を得て、能く四禅の有を断ず。如虚空三昧を得て、能く無想の有を断ず。照鏡三昧を得て、能く浄居阿那含の有を断ず。無礙三昧を得て、能く空処の有を断ず。常三昧を得て、能く識処の有を断ず。楽三昧を得て、能く不用処の有を断ず。我三昧を得て、能く非想非非想処の有を断ず」（同前、六九〇中四～二一）を参照。『法華玄義』に出る名称と文字の相違するものもあるが、重要な相違ではない。

79　衆具愛　衆具について、『釈籤』巻第九に、「初めの文の中に衆具と言うは、身を資《たす》くるに須《もち》うる所なり」（大正三三、八七八中一六～一七）とあるように、身を養うのに必要なものをいう。これに対する愛著を衆具愛という。

のがなく、常に一切衆生に利益を与えることは、悪名の恐れを離れることである。我見・我想に対して、心が生じないことは、死の恐れを離れることである。この身体と生命が尽きて、未来世において、必ず仏・菩薩と出会うことは、悪道の恐れを離れることである。世間を観察すると、匹敵する者がいない。まして優れた者はいない。［これは］大衆の恐れを離れることである」と。[80]『十地経《じゅうじきょう》』も同様である。『十地［経］論』には解釈して、「このなかの第一［の生活できない恐れ］は身に依り、第二［の悪名の恐れ］は口に依り、第三［の死の恐れ］・第四［の悪道の恐れ］は身に依り、第五［の大衆の威徳の恐れ］は意に依る」とある。[81]活（生活）とは、［心・心所の］拠り所となる身体の用いる必要なものは、生を助けるのに役立つことを、資生《しせい》と名づけ、生を活とするのである。これは因のなかについて果を説く。[82]菩薩にこの恐れはない。次に、名前や言葉はみな口の過失に依る。名前を守ることは、利得のためにするのではなく、心に他人が尊敬してくれることを望まないので、悪名がないと名づける。第五［の大衆威徳の恐れ］が意に依ることは理解できるであろう。第三［の死の恐れ］・第四［の悪道の恐れ］は身に依る。善道に愛着して悪道を憎むならば、身に愛着したり憎んだりすることがないので、悪道の恐れがない。同様に身に愛着したり憎んだりしないので、死の恐れがない。

個人的に思うのに、貪欲などを恐れないことは、無作の集［諦］が破壊されることである。悪道を恐れないこと、これを無作の苦［諦］が破壊されると名づける。大衆を恐れないこと、これは無作の道［諦］が確立することである。生活できない［恐れ］がなく、死の恐れがないこと、これは［仏］性を見て、常住［の身］を得て、無作の滅［諦］が確立することである。次に、[722a]二十五有を破ることは、有は結果を含むことができる。有が破られるので、集諦が破壊され、結果が破られるので、苦諦が破壊される。二十五三昧を得ると、道諦が確立し、二十五有の我の本性を見ると、我の本性はとりもなおさず仏性であり、滅諦が確立する。二十五有を破ると、煩悩がない。浄徳である。二十五有の果を破るので苦がないのは、常徳である。二十五三昧を得ることは、楽である。二十五の我の本性を見ることは、我である。［常楽我浄の］四徳はそっくりそのまま備わっている【宛然】。

80　『地持［経］』に説く、「五つの畏怖を離れる……大衆の恐れを離れることである」と【地持説離五怖畏者修無我智我想不生云何当有我愛衆具愛是離不活畏不於他人有所求欲常饒益一切衆生是離悪名畏於我見我想心不生是離死畏此身命終於未来世必与仏菩薩共会是離悪道畏観於世間無与等者況復過上是離大衆畏】『菩薩地持経』巻第九、住品、「大菩提に於いて歓喜心を生じ、菩薩の決定心は、生じて五恐畏《くい》を離れ、無我智を修し、我想は生ぜず。云何んが当に我愛・衆具愛有るべきや。是の故に不活畏を離る。他人に於いて求欲する所有らず。常に一切衆生を饒益《にょうやく》せんと欲す。是の故に悪名畏を離る。我見、我想を離るれば、生ぜず。是の故に死畏を離る。此の身命は終わりて、未来世に於いて、必ず諸仏菩薩と共に会す。是の故に悪道畏を離る。世間を観ずるに、与等の者無し。況んや復た過上をや。是の故に大衆畏を離る。是の如く五恐畏を離れ已わり、亦た遠離を得て深法の畏を聞く」（大正三〇、九四一上一八～二六）を参照。

81　『十地［経］論』には解釈して……第五［の大衆の威徳の恐れ］は意に依る」とある【十地論解云是中第一依身第二依口第三第四依身第五依意】『十地経論』巻第二、「是の五怖畏の第一・第二・第五は身口意に依り、第三・第四は身に依る」（大正二六、一三七上四～五）を参照。

82　これは因のなかについて果を説く【就因中説果】『講述』によれば、「資財を失う畏」「衆具を失う畏」と名づけるべきところを「不活畏」と名づけたことを指す。衆具を失うことを「因」とし、その結果、生存できないこと＝不活を「果」と規定している。

今、二十五三昧の名を解釈すると、四悉檀の意義に依る。第一に時にしたがってすみやかに確立する。人に子が多いとき、それぞれに一つの名を与えて、兄弟が混乱しないようにさせるようなものである。二十五三昧も同様である。それぞれ一つの名を取りあげて、世諦を混乱させない。どうして固定的に執著することができようか。第二にその意味上の都合【義便】にしたがい、それぞれ理由にしがって、一つの名を与えるのである。第三に事柄にしたがって当てはめる。それぞれ中心的な対治があるので、対治する対象にしたがって名づけられるのである。第四に理の真実には名がないけれども、理によって名を与える。四つの意味があるけれども、多く対治を用い、理に焦点をあわせて、二十五三昧を確立するのである。共通に二十五を解釈すると、それぞれ四つを意味する。第一にさまざまな有の過失を提示し、第二に本法の功徳を明らかにし、第三に修行をまとめて締めくくって三昧を成就し、第四に慈悲によって有を破る。一々すべてその通りである。

地獄の有は無垢三昧《むくざんまい》によって破るとは、地獄は重い汚れ【垢】の報いの場所である。報因は汚れである。悪業の汚れ、見思〔惑〕の汚れ、塵沙〔惑〕の汚れ、無明〔惑〕の汚れ[83]のことである〔その一〕。菩薩はまずこの過失を見て、さまざまな汚れを破ろうとするために、これまで明らかにしてきた根本戒《こんぽんかい》を修行して悪業の汚れを破り、これまで明らかにしてきた背捨《はいしゃ》などの禅定を修行して見思〔惑〕の汚れを制伏し、これまで明らかにしてきた生滅・無生滅の智慧を修行して見思〔惑〕の汚れを破り、これまで明らかにしてきた無量の智慧を修行して塵沙〔惑〕の汚れを破り、これまで明らかにしてきた無作の智慧を修行して無明〔惑〕の汚れを破る〔その二〕。見思〔惑〕の汚れを破るので真諦三昧が成就し、悪業の苦、塵沙〔惑〕の汚れを破るので俗諦三昧が成就し、無明〔惑〕の汚れを破るので中道王三昧《ちゅうどうおうざんまい》が成就する〔その三〕。菩薩は自ら地獄のさまざまな汚れを破るとき、一つ一つの句にみな慈悲・誓願があって、深い次元で法界にしみこませる。その地獄の有に、もし機縁があって慈悲に関係するならば、王三昧の力によって、法性は不動であるけれどもこれに応ずることができる。婆藪《ばす》[84]、調達《じょうだつ》[85]のようなものに対しては、適宜な身を示し、適宜な法を説く。その地獄のなかに、もし善の機があるならば、持戒のなかの慈悲によってこれに応じ、苦を離れ楽を得させる。空に入る機があるならば、生・[722b]無生の智慧などの慈悲によってこれに応じ、真諦を得させる。仮に入る機があるならば、無量の智慧の慈悲によってこれに応じ、俗諦を得させる。中［道］に入る機があるならば、無作の智慧の慈悲によってこれに応じ、王三昧を得させる。まず自らにも汚れがなく、今、他者にも汚れをなくさせるので、この三昧を無垢《むく》と名づけるのである〔これを例として、以下同様である。これ以上詳しくは記さないのである〕。

畜生の有は不退三昧によって破るとは、畜生には慚愧《ざんき》［の心］がなく、善道から退き失うと、悪業の理由で退転し、見思［惑］の理由で退転し、塵沙［惑］の理由で退転し、無明［惑］の理由で退転する。菩薩はさま

83 見思［惑］の汚れ、塵沙［惑］の汚れ、無明［惑］の汚れ【見思垢塵沙垢無明垢】三惑（見思惑・塵沙惑・無明惑）の汚れをいう。見思惑は界内の惑で、声聞・縁覚・菩薩が共通に断じる惑なので通惑といい、空観によって断じられる。塵沙惑は、衆生救済のために必須な塵や砂のように多数の法門に無知である惑のことで、界内・界外の惑で、菩薩だけが断じる惑なので別惑といい、仮観によって断じられる。無明惑は、界外の惑、別惑で、中観によって断じられる。

84 婆藪　Vasu の音写語。王舎城の仙人の名で、殺生の罪により、地獄に堕ちたとされる。『大智度論』巻第三（大正二五、七六上～中を参照）、『大方等陀羅尼経』（大正二一、六四三中以下を参照）に出る。

85 調達　Devadatta. 提婆達多と音写する。三逆罪（阿羅漢を殺し、仏の身より血を出し、和合僧を破す）を犯したために、生きながら地獄に堕ちたとされる。

ざまな退転を破ろうとするために、前の持戒を修行して悪業による退転を破り、禅定を修行して見思［惑］による退転を制伏し、生・無生の智慧を修行して見思［惑］による退転を破り、無量の智慧を修行して塵沙［惑］による退転を破り、無作の智慧を修行して無明［惑］による退転を破る。見思［惑］が破られるので、位不退[86]を得て、真諦三昧が成就する。悪業・塵沙［惑］が破られるので、行不退を得て、俗諦三昧が成就する。無明［惑］が破られるので、念不退を得て、中道三昧が成就する。もともとさまざまな行を修行するのに、みな慈悲・誓願があって、深い次元で法界に滲透させる。その畜生のなかに、もし機縁があって慈悲に関係するならば、王三昧の力によって、法性を動かさないで、これに応じに行く。どんな身を示し、どんな法を説くことがふさわしいであろうか。龍となり、象となり、沙鶏《さけい》[87]大鷲となる。もし善の機があるならば、戒・定の慈悲によってこれに応じ、苦を出て楽を得させる。空に入る機があるならば、生・無生の智慧の慈悲によってこれに応じ、有を出て無を得させ、真諦三昧が成就する。仮に入る機があるならば、無量の智慧の慈悲によってこれに応じ、空を免れ仮を得させ、俗諦三昧が成就する。中［道］に入る機があるならば、無作の智慧の慈悲によってこれに応じ、極端を出て中［道］に入らせ、王三昧が成就する。菩薩は自ら退転しない以上、他者を退転させないので、不退三昧と名づけるのである。

餓鬼の有は心楽三昧によって破るとは、この有は常に飢渇にやぶれる【弊】[88]。悪業の苦、見思の煩悩の苦、客塵闇障《きゃくじんあんしょう》[89]の苦、無明根本の苦がある。菩薩はさまざまな苦を破ろうとするために、前の持戒を修行して悪業の苦を破り、禅定を修行して見思［惑］の苦を制伏し、生・無生の智慧を修行して見思［惑］の苦を破り、無量の智慧を修行して塵沙［惑］の苦を破り、無作の智慧を修行して無明［惑］の苦を破る。見思［惑］の苦を破って無為の心楽三昧《しんらくざんまい》が成就し、悪業・塵沙［惑］の苦を破って多聞分別楽三昧《たもんふんべつらくざんまい》が成就し、無明［惑］の苦を破って常楽三昧《じょうらくざんまい》が成就する。過去に修行した【本行】慈悲を、[722c]深い次元で法界に滲透させる。その餓鬼道に、もし機縁があって慈悲とたがいに関係するならば、王三昧の力によって法性を動かさないけれども、これに応じに行き、適宜な身を示し、適宜な法を説く。もし善の機があるならば、持戒の慈悲によってこれに応じ、手から茶褐色の乳【香乳】を出し、施して満ち足らせる。[90]空に入る機があるならば、生・無生の慈悲によってこれに応じ、無為の岸に到達させる。仮に入る機があるならば、無量の慈悲によってこれに応じ、五道に遊び戯

86　位不退　次下に出る「行不退」・「念不退」と合わせて三不退という。位不退はすでに得た位から退転しないこと。行不退はすでに修した行から退転しないこと。念不退は正念から退転しないこと。別教の初住から第七住までを位不退といい、第八住から十廻向の終わりまでを行不退といい、初地以上を念不退という。

87　沙鶏【鵽鳥】　はとの大きさで雉《きじ》に似ている。『釈籤』巻第九には、「鵽鳥《たつちょう》とは、鵽は鳥の名なり。的刮の反、亦た篤括の反なり。其の状は雉の如し。『爾雅』に云わく、『状は鴿《はと》の如く、鼠の脚にして、後指無く、母鳥を噉《くら》い、沙漠に出ず』と」（大正三三、八八〇上一八～二〇）とある。

88　やぶれる【弊】　底本の「標」を『全集本』によって改める。

89　客塵闇障　ここでは塵沙惑を指す。煩悩は心の本性に関係がなく浮動的であるから、主人に対する客、虚空に浮遊する塵にたとえて、客塵という。「闇障」は、暗い障害の意。

90　手から茶褐色の乳【香乳】を出し、施して満ち足らせる【手出香乳施令飽満】　観音菩薩が餓鬼界の衆生を救うありさまを説いたもの。『請観世音菩薩消伏毒害陀羅尼呪経』、「身を現じて餓鬼と作り、手より香色の乳を出し、飢渇の逼切せる者に、施して飽満なることを得しむ」（大正二〇、三六中二一～二三）を参照。

れさせる。中［道］に入る機があるならば、無作の慈悲によってこれに応じ、三毒の根本を浄化して仏の覚りを完成することに、疑いがないようにさせる。菩薩は自ら楽を得る以上、さらにまた他者に楽を得させる。このために、心楽三昧と名づけるのである。

阿修羅の有が歓喜三昧《かんぎざんまい》を用いるとは、修羅は疑いや恐れが多いので、悪業の疑い・恐れ、見思［惑］の疑い・恐れ、塵沙［惑］の疑い・恐れ、無明［惑］の疑い・恐れがある。菩薩はこれらの疑い・恐れを破ろうとするために、さまざまな行を修行する。戒を修行・保持して悪業の疑い・恐れを破り、さまざまな禅定を修行して見思［惑］の恐れを制伏し、生・無生の智慧を修行して見思の恐れを破り、無量の智慧を修行して塵沙［惑］の恐れを破り、無作の智慧を修行して無明［惑］の恐れを破る。見思［惑］が破られるので空法喜三昧《くうほうきざんまい》が成就し、悪業・塵沙［惑］が破られるので一切衆生喜見三昧《いっさいしゅじょうきけんざんまい》が成就し、無明［惑］が破られるので喜王三昧が成就する。過去に修行した慈悲・誓願を、深い次元で法界に滲透させる。その修羅のなかに、もし機縁があって慈悲に関係するならば、王三昧の力によって、法性を動かさないけれども、これに応じに行き、適宜な身を示し、適宜な法を説く。善の機があるならば、持戒の身の慈悲によって応じ、悪業の恐れを離れさせる。空に入る機があるならば、生・無生の慈悲によって応じ、見思［惑］の恐れを離れさせる。仮に入る機があるならば、無量の慈悲によって応じ、無知［惑］（塵沙惑）の恐れを離れさせる。中［道］に入る機があるならば、無作の慈悲によって応じ、無明［惑］の恐れを離れさせる。自ら［身の喜び・口の喜び・意の喜びの］三つの喜びを証得し、他者にまた［見思惑の恐れ・無知惑の恐れ・無明惑の恐れの］三つの恐れをなくさせる。このために、歓喜三昧と名づける。これ以前は、すべて対治によって名前をつけるのである。

弗婆提《ほっばだい》[91]の有は日光三昧によって破るとは、太陽は朝東から出るので、便利さにしたがって名づけるだけである。太陽は、智慧の光が照らして迷いを除くことができることをたとえる。東の天下の人には、悪業の闇、見思［惑］の闇、塵沙［惑］の闇、無明［惑］の闇がある。菩薩はこれらの闇を照らそうとするために、前の戒の光を修行して悪業の闇を破り、禅定の流れる光を修行して見思［惑］の闇を制伏し、[723a]一切智の光を修行して見思［惑］の闇を破り、道種智の光を修行して塵沙［惑］の闇を破り、一切種智の光を修行して無明［惑］の闇を破る。見思［惑］の闇を破るので一切智の日光三昧が成就し、塵沙［惑］の闇を破るので道種智の日光三昧が成就し、無明［惑］の闇が破られるので一切種智の日光三昧が成就する。過去に修行した慈悲・誓願を、深い次元で法界に滲透させる。その弗婆提に、もし機縁があって慈悲に関係するならば、王三昧の力によって法性を動かさないで、これに応じに行き、身を示し法を説く。もし具体的な善の機があるならば、持戒の慈悲によってこれに応じ、悪業の闇を免れさせる。空に入る機があるならば、生・無生の慈悲によってこれに応じ、見思［惑］の闇を免れさせる。仮に入る機があるならば、無量の慈悲によってこれに応じ、無知の闇を免れさせる。中［道］に入る機があるならば、無作の慈悲によってこれに応じ、無明［惑］の闇を免れさせる。自ら闇を破し、同様に他者に闇を破らせるので、日光三昧と呼ぶのである。

瞿耶尼《くやに》[92]の有は月光三昧によって破るとは、月は夕、最初に西に現われる。同様に亦た便利さにしたがって名前をつける。月も同様に闇を照らすことは、日光の例と同じである……。

91　弗婆提　Pūrva-videha の音写語。須弥山の周囲にある四大洲の一つで東方にある。
92　瞿耶尼　Apara-godānīya の音写語。四大洲の一つで西方にある。

欝単越《うったんのつ》[93]は熱焔三昧《ねつえんざんまい》によって破るとは、北方は日の当たらない土地なので、氷が凝結《ぎょうけつ》し溶けにくい。熱い炎【熱焔】がさかんに照らさなければ、最後まで［氷を］溶かさない。北の天下の人は、氷のように固く無我に執著して、教化救済することは難しい。もし智慧の火炎でなければ、［我と］我所が無いことに執著する心【無我所心】は最後まで救済されない。その［我と］我所が無いことに執著することは、これこそ誤った考え【妄計】で、やはり［三諦の理に背く］自性の人我、法我、真如我《しんにょが》がある。菩薩はさまざまな我を破ろうとするために、生滅・無生滅の智慧を修行して［自］性の人我を破り、無量の智慧を修行して法我を破り、無作の智慧を修行して真如我を破る。人空を得て真諦の智慧の炎を成就し、法空を得て俗諦の智慧の炎を成就し、真如空を得て中道の智慧の炎を成就する。もともとの慈悲を、深い次元で法界に滲透させる。その欝単越に、もし機縁があって慈悲に関係するならば、王三昧の力によって、法性を動かさないけれども、これに応じに行き、身を示し法を説く。善の機があるならば、戒の慈悲によって応じ、誤った考えの無我を免れさせる。空に入る機があるならば、生・無生の慈悲によって応じ、［自］性の［人］我を免れさせる。仮に入る機があるならば、無量の慈悲によって応じ、法我を免れさせる。中［道］に入る機があるならば、無作の慈悲によってこれに応じ、真如我を免れさせる。自ら迷いの我【妄我】を破り、他者に迷いの我を破らせるので、[723b]熱焔三昧と名づけるのである。

閻浮提《えんぶだい》[94]の有は如幻三昧《にょげんざんまい》によって破るとは、南［閻浮提］の天下は果報が雑然としていて、寿命などは定まっていない。あたかも幻術師の作り出した幻のようなものである。これは心から業を幻のように現わし出し、見思［惑］を幻のように現わし出し、無知［惑］（塵沙惑）を幻のように現わし出し、無明［惑］を幻のように現わし出す。菩薩はさまざまな幻を破ろうとするために、持戒から無作を幻のように現わし出して結業（煩悩によって生じる業）の幻を破り、禅定から背捨を幻のように現わし出し、生・無生の智慧から無漏を幻のように現わし出し、無量の智慧から有漏を幻のように現わし出し、無作の智慧から非漏非無漏を幻のように現わし出す。見思［惑］の幻が破られれば真諦の幻が成就し、無知［惑］の幻が破られれば俗諦の幻が成就し、無明［惑］の幻が破られれば中道の幻が成就する。それ故、『［華厳］経』には、「如来は偉大な幻術師である」とある[95]。その閻浮提に、さまざまな機縁があって、誓願に関係するならば、もともとの慈悲によって、感にしたがってこれに応じる。自らさまざまな幻を破り、他のさまざまな幻を成就する。このために、如幻三昧と名づける。その他のことは上に説いた通りである。

四天王の有は不動三昧《ふどうざんまい》によって破るとは、この天は国土を守護し、世界を自由に巡り行けば【遊行】、果報の動揺、見思［惑］・塵沙［惑］・無明［惑］などの動揺がある。菩薩はさまざまな行を修行してさまざまな動揺を破り、三昧を成就する。誓願滲透し、機縁が感ずると、もともとの慈悲によって、他者に［果報の動揺、見思惑の動搖、塵沙惑の動搖、無明惑の動揺の］四つの動揺を破らせ、［俗諦三昧・真諦三昧・中道三昧の］

93　欝単越　Uttara-kuru の音写語。四大洲の一つで北方にある。

94　閻浮提　Jambu-dvipa の音写語。四大洲の一つで南方にある。

95　『［華厳］経』には、「如来は偉大な幻術師である」とある【経言如来是大幻師】『六十巻華厳経』巻第九、初発心菩薩功徳品、「一切の如来の法は、菩薩は此れ由り生ず。清浄妙の法身は、種種の形を応現す。猶お大幻師の如く、楽《ねが》う所見《あらわ》れざること無し」（大正九、四五四下一～二）、同、巻第三十六、宝王如来性起品、「譬えば大幻師の如く、無量身を示現す。如来も亦た是の如く、普く一切身を現ず」（同前、六二九上二三～二四）を参照。

三つの不動[96]を成就する。このために、不動三昧と名づける。詳しくは上に説いた通りである。

　三十三天の有は難伏三昧《なんぷくざんまい》を用いるとは、これは地居《じご》［天］の頂[97]なので、果報も制伏することが難しく、見思［惑］・塵沙［惑］・無明［惑］なども制伏することが難しい。菩薩はさまざまな行を修行して、その上に越え出て、さまざまな制伏することが難しいものを破り、自ら三昧を成就する。誓願は他者に滲透し、もし機縁があるならば、もともとの慈悲によって、他者に証悟を得させる。このために、三昧を難伏と名づける。その他のことは上に説いた通りである。

　焔摩天《えんまてん》[98]の有は悦意三昧《えついざんまい》によって破るとは、この天は虚空に位置して、武器で争うこと【刀杖戦闘】がない。これを悦（喜び）とする。これは果報のなかの悦であるが、まだ不動業《ふどうごう》（色界の四禅・四無色定）の悦はない。同様に無漏、道種智、中智などの悦もない。菩薩はさまざまな不悦（喜ばしくないこと）を破ろうとするために、さまざまな行を修行し、自ら三諦の悦意三昧を成就する。誓いは法界に滲透し、機縁があるならば、もともとの慈悲によって、他者に心を喜ばせる。このために、三昧を悦意と名づける。その他のことは上に説いた通りである。

　兜率陀天《とそつだてん》[99]の有は青色三昧によって破るとは、真諦三蔵は、「この天の果報は、青を願う。宮殿、衣服や愛用する道具【服玩】などはすべて青である」という。菩薩はさまざまな青を破ろうとするために、第[723c]一義を修行して、青・黄・赤・白でないけれども、青・黄・赤・白を見る。第一義は戒・定・慧でないけれども、戒・定・慧である。戒によって果報の青を破り、生・無生の智慧によって見思［惑］の青を破る。真でないけれども真を見、仮でないけれども仮を見、中［道］でないけれども中［道］を見ることも、同様である。［見思惑の青、塵沙惑の青、無明惑の青の］三つの青の障害が破られて、自ら三諦の三青三昧を成就し、ないしは感応して他の三昧を成就する。上を例として理解できるであろう。

黄色三昧は、化楽天《けらくてん》の有を破る。

赤色三昧は、他化自在天《たけじざいてん》の有を破る。

白色三昧は、初禅の有を破る。すべて果報の白などである。青色三昧を例として、大意は理解できるであろう。白色三昧とは、初禅が五欲を離れることを白とする。まだ覚（心の粗い働き）・観（心の細かい働き）を離れないので、黒である。見思［惑］・塵沙［惑］・無明［惑］などの黒である。このさまざまな黒を破って、さまざまな行の白を修行し、自ら三昧を成就し、さらにまた他の三昧を成就することは、上に説いた通りである。

さまざまな三昧によって梵王の有を破るとは、梵王は［三千］大千［世］界を主宰する。種類が多い以上、果報はさまざまである。まださまざまな空、さまざまな仮、さまざまな中［道］を見ない。このさまざまなものを破って、さまざまな行を修行し、自らさまざまなものを成就し、同様に他のさまざまなものを成就する。上に説いた通りである。

96　三つの不動【三不動】　果報の動と見思の動を破ると俗諦三昧が成立し、塵沙の動を破ると真諦三昧が成立し、無明の動を破ると中道三昧が成立するので、これらの三種の三昧を三の不動という。
97　地居［天］の頂【地居之頂】　三十三天（忉利天）は六欲天の第二で、須弥山の頂上にあることを指す。四王天と忉利天は須弥山に住するので、地居天という。それ以上の天は、須弥山の上方の空中にある。
98　焔摩天　焔摩は Yama の音写語。夜摩とも音写する。六欲天の第三。
99　兜率陀天　兜率陀は Tuṣita の音写語。兜率とも音写する。六欲天の第四。

二禅が双三昧《そうざんまい》を用いるとは、二禅はただ内浄・喜の二つの項目があるだけである。他の項目は他の禅と共通である。これは果報の双である。ところが、まだ双空・双仮・双中[100]を見ない。例として上に説いた通りである。

三禅が雷音三昧《らいおんざんまい》を用いるとは、この禅は楽が最も深い。氷の下の魚・冬ごもりしている虫のように、この果報は楽に執著する。さらにまた、空の楽・仮の楽・中［道］の楽に執著する。さまざまな楽を驚かそうとするために、さまざまな雷音の行を修行する。その他のことは上に説いた通りである。

四禅が注雨三昧《ちゅううざんまい》を用いるとは、四禅は大地のように、さまざまな種子を備える。もし雨が降らなければ、芽は生じることができない。すべての善根は、四禅のなかにある。業の種、三諦の種のことである。さまざまな行の雨を修行して、自ら三昧を生じ、慈悲によって機に応じて、他者の三昧を生ずる……。

無想天《むそうてん》[101]の有は如虚空三昧《にょこくうざんまい》を用いるとは、外道が空でないことを、でたらめに涅槃と誤って考え、果報は空でなく、三諦はすべて虚無でないと思い込む。さまざまな空浄の行を修行して、自ら成就し、他者を成就させる……。

阿那含天《あなごんてん》[102]が照鏡三昧《しょうきょうざんまい》を用いるとは、これは聖無漏《しょうむろ》の天である。清浄な色を得るけれども、報いの清浄な色だけである。まだ色の空を究め尽くさないことは、鏡がまだきわめて明らかでないようなものである。まだ色の仮を知らないことは、鏡がまだ影（鏡に映った像）がないようなものである。まだ色の中［道］を知らないことは、まだ鏡が円《まる》いことに精通しないようなものである。その他のことは 724a 上に説いた通りである。

空処が無礙三昧《むげざんまい》を用いるとは、この禅定が色の籠《かご》（色界）を出ることができれば、果報は自在であるけれども、まだ空・仮・中［道］などが自在であることはない。その他は上に説いた通りである。

識処が常三昧を用いるとは、この禅定が、識が相続して断ち切られないことを常とすることを意味する。これはかえって禅定の報いである。三無為[103]の常、教化の働き【化用】の常、常楽の常でない。その他の例は上の通りである……。

不用処《ふゆうしょ》（無所有処）は楽三昧《らくざんまい》によって破るとは、この処は愚かさ【癡】であるようなものである。愚かさであるので、苦であり、ないし無明の苦である。その他の例は上の通りである……。

非想非非想《ひそうひひそう》が我三昧《がざんまい》によって破るとは、頂天は涅槃の果報であるといっても、やはり微細な煩悩があって自在でない。ないし無明［惑］があって自在でない。修行してこれを破り、真我、随俗の我、常楽の我を得る。その他の例は上の通りである……。

100　双空・双仮・双中【双空双仮双中】『釈籤』によれば、「双空」は見・思がともに空であること、「双仮」は見仮・思仮に入ること、「双中」は見・思がともに法界に入ることである。また、「双中」については、中道の双照・双亡を意味するとも解釈されている。『釈籤』巻第九、「双空は、見・思倶に空なるを謂う。双仮は、見仮・思仮に入るを謂う。双中は、見・思、同じく法界に入るを謂う。又た、中道の双照・双亡を以ての故に、双中と名づく」（大正三三、八八〇中一一～一三）を参照。
101　無想天　色界第四禅の広果天の一部をいう。
102　阿那含天　阿那含（anāgāmin の音写語）は声聞の四果の第三果＝不還果のこと。この果を得たものは、五浄居天に生まれる。阿那含天とは五浄居天のこと。五浄居天は、色界の第四禅にある無煩天・無熱天・善現天・善見天・色究竟天のこと。
103　三無為　因縁によって作られたものではなく、生滅変化を離れた常住の法をいう。虚空無為・択滅《ちゃくめつ》無為・非択滅無為のこと。『講義』によれば、ここでは択滅無為を指す。択滅無為とは、涅槃のこと。

この二十五をみな三昧と呼ぶのは、調えられまっすぐで、安定しているからである。[104] 真諦は空無漏を調えられ、まっすぐであるとし、仮に出る場合、機に合致することを調えられ、まっすぐであるとし、中道についてはニつの極端を遮ることを調えられ、まっすぐであるとする。それ故、みな三諦を備えるので、共通に三昧と呼ぶ。さらにまた、王と呼ぶのは、空・仮が調えられ、まっすぐであることは、まだ王とすることができない。したがって、二乗が空に入ること、菩薩が仮に出ることは、法王と名づけない。中道は調えられ、まっすぐであるので、王と呼ぶことができる。一々の三昧にみな中道があるので、すべて王と呼ぶ。『大［般涅槃］経』には、「この二十五三昧を、さまざまな三昧の王と名づける」とある。[105] つまりその位が高いという意義である。もしこの三昧に入るならば、すべての三昧はすべてそのなかに入る。つまりその体が広いという意義である。二十五有の機に応じるのは、つまりその用が長いのである。恐れなき境地【無畏地】のなかに、二十五三昧のさまざまな力用を備える。須弥《しゅみ》［山《せん》］を芥子《けし》［のなか］に入れるけれども、樹木を傷つけない。毛孔［のなか］に海を入れるけれども、亀や魚を騒がさない。地獄に居るけれども、身心に苦がなく、神通力によって現われたり消えたりするとき、動かないけれども遠くにいる。とりもなおさずその妙の意義である。思うに、まさに慧聖行《えしょうぎょう》が成就して、この力が存在することができる。

質問する。三昧が有を破るのは、まさに『涅槃［経］』の文である。どうしてこれ（『法華経』）を解釈することができるのか。

答える。「『法華経』巻」第三には、「有を破る法王（仏）は、世界に出現し、衆生の欲望にしたがって、教えを説く」とある。[106] 四［悉檀］の意義の明らかな文は、そのまま備わっている。さらにまた、『涅槃［経］』に菩薩が有を破ることを明らかにし、この『［法華］経』に法王が有を破ることを明らかにすることは、いよいよその意義がはっきりとあらわれるのである。聖行を明らかにすることが終わった。

1・2　梵行

第二に梵行《ぼんぎょう》とは、梵とは清浄［という意味］である。二辺（二つの極端）に対する愛［煩悩］・見［煩悩］と証得がないことを、清浄と名づける。この清浄な法によって、衆生に対して［楽を］与え［苦を］抜く【与抜】。とりもなおさず対象に制約されない［絶対平等の仏の］【無縁】慈・悲・喜・捨である。菩薩は大涅槃の心によって聖行を修行し、恐れなき境地【無畏地】を得て、[724b]二十五三昧の無限の大いなる作用を備える。そのときの慈悲は、真実の梵行である。その他の梵天の修行する四無量心ではなく、同様に三蔵・通教の衆生縁・

104　調えられまっすぐで、安定している【調直定】　三昧（samādhi）について、調＝心が調えられていること、直＝まっすぐであること、定＝安定していることの三種の意義を示している。

105　『大［般涅槃］経』には、「この二十五三昧を、さまざまな三昧の王と名づける」とある【大経云是二十五三昧名諸三昧王】『南本涅槃経』巻第十三、聖行品、「是の如き二十五三昧を、諸三昧王と名づく。善男子よ、菩薩摩訶薩は、是の如き等の諸三昧王に入る」（大正一二、六九〇中二三～二五）を参照。

106　［『法華経』巻］第三には、「有を破る法王（仏）は、世界に出現し、衆生の欲望にしたがって、教えを説く」とある【第三云破有法王出現於世随衆生欲而為説法】『法華経』薬草喩品、「有を破す法王は、世間に出現し、衆生の欲に随って、種種に説法す」（大正九、一九下一〇～一一）を参照。「第三」とは、薬草喩品が巻第三に含まれることによる。

法縁[107]などの慈悲でもない。今の慈・悲・喜・捨によって多くの行を習慣的に修行する【熏修】と、すべて成し遂げる。『大［般］涅槃経』には、「もしある人が、何がすべての善根の根本であるかと質問するならば、慈であるというべきである」とある。[108]慈は行の根本であるので、梵行という。もし円［教］によって語るならば、同様に『大［般涅槃］経』のようである。慈は如来であり、慈は仏性である。慈がもし仏の十力[109]・四無所畏《しむしょい》[110]・三十二相[111]を備えなければ、声聞の慈である。もし備えるならば、如来の慈である。この慈は偉大な法の集まり【大法聚】にほかならず、この慈は大涅槃である。慈の力は広く深く、すべての福徳荘厳を備えるので、梵行と名づける。

1・3　天行

第三に天行《てんぎょう》とは、第一義天である。天然の理、これは道前《どうぜん》[112]をいう。理によって行を成就すること、これは道中をいう。行によって理があらわれること、これは道後をいう。今は理によって行を成就することに焦点をあわせるので、天行という。菩薩は初地に入るけれども、初地には留まるべきではない。［初地以上に］得るべきものがあるからである。上の十地の智慧を修行して、十重に真修の智慧を生ずる。理によって行を成就することを、天行と名づける。天行は智慧荘厳である。上には仏の覚りを求めるので、聖行・天行がある。下には衆生を教化するので、梵行・病行・嬰児行があるのである。

1・4　嬰児行

第四に嬰児行とは、もし福徳・智慧がますます増大すれば、実相はいよいよあらわれる。注意して衆生に利

益を与えることをしないけれども、自然に冥［益］・顕［益］の二つの利益[113]がある。天行の力には冥益があり、

107　衆生縁・法縁【衆生縁法縁】　慈悲に衆生縁の慈悲、法縁の慈悲、無縁の慈悲の三種がある。「衆生縁」の慈悲は、衆生を対象として起こす慈悲で、凡夫の慈悲である。「法縁」の慈悲は、諸法無我を悟って起こす慈悲で、阿羅漢、初地以上の菩薩の慈悲である。無縁の慈悲は、対象に制約されない絶対平等の仏の慈悲である。

108　『大［般］涅槃経』には、「もしある人が、何がすべての善根の根本であるかと質問するならば、慈であるというべきである」とある【大経云若有人問誰是一切諸善根本当言慈是】『南本涅槃経』巻第十四、梵行品、「若し人有りて、誰れか是れ一切諸善根の本なるやと問わば、当に慈是れなりと言うべし。是の義を以ての故に、慈は是れ真実にして、虚妄に非ざるなり」（大正一二、六九八下一～三）を参照

109　十力　仏の持つ十種の智慧の力のこと。処非処智力・業異熟智力・静慮解脱等持等至智力・根上下智力・種種勝解智力・種種界智力・遍趣行智力・宿住随念智力・死生智力・漏尽智力をいう。

110　四無所畏　四種の畏れのない自信。正等覚無畏・漏永尽無畏・説障法無畏・説出道無畏をいう。

111　三十二相　仏、転輪聖王などが備える三十二種の身体的特徴。内容は省略する。

112　道前　『釈籤』巻第九、「初めの文に『道前』と言う等とは、道は自行真実の道を謂い、未だ実道に契《かな》わず、真如は纏《てん》に在るが故に、名づけて理と為す。故に地前を以て名づけて道前と為す。初地已上に、已に実理を証す。復た此の理に由りて、後の行を成ず。初証已後、究竟已前を、並びに道中と名づく。此の地の行に由りて、理は究竟して顕わる。已顕の理を、名づけて道後と為す。自行の証の後なるが故に、道後と名づく」（大正三三、八八一上七～一一）を参照。

113　冥［益］・顕［益］の二つの利益【冥顕両益】　冥益と顕益のこと。冥益は仏・菩薩の与える内密の利益、顕益は目に見える現実の利益のこと。

梵行の力には顕益がある。衆生に小善の機があるけれども、菩薩が悟らせる【開発】ことがなければ、生長することはできない。慈という善根の力は、磁石が鉄を引きつけるようなものである。光を和らげ利益を与えて[114]菩薩がその初学の者に同化することを、衆生に見ることができるようにさせる。しだいに五戒・十善、人天の果報、楊葉《ようよう》の行[115]を修行する。さらにまた、二百五十戒・観・練・熏《くん》・修《じゅ》・四諦・十二因縁・三十七品を示して、二乗の嬰児行と同化する。さらにまた、六度を習って、三阿僧祇百劫《さんあそうぎひゃっこう》[116]の間、相好《そうごう》（三十二相八十種好）を植え、煩悩を調《ととの》え伏する【柔伏】六度の菩薩の小善の行と同化する。さらにまた、色そのままが空である無生無滅の通教の小善の行と同化する。さらにまた、別教の個別的で段階的な【歴別次第】相似の中道の小善の行と同化する。すべて慈心の力によって、下に向って多くの小人と同化し、引き上げて成就する。慈心によって楽を与えることにしたがって、嬰児行を生起させる。

[724c]『大［般涅槃］経』には、「大字を説くことができる。その意味は婆和《ばわ》である」とある[117]。これは六度の小行であるが、仏となることを求めるので、「大字」という。さらにまた、「昼夜、親疎などの様相を見ない」とある[118]のは、通教の菩薩の色そのままが空である意義に同化するのである。さらにまた、「大小のさまざまな事柄を作ることができない。大事とは、五逆［罪］である。小事とは、二乗の心である」とある[119]。これは別教に同化

114　光を和らげ利益を与えて【和光利行】「和光」は、もと『老子』に出る語で、鋭い英知の光を和らげること、つまり、衆生と同じ立場に立って、同じ行為をすること。つまり、四摂法の同事を意味する。「利行」は、衆生を利益する行為のことで、四摂法の一つ。

115　楊葉の行【楊葉之行】『南本涅槃経』巻第十八、嬰児行品、「又た、嬰児行とは、彼の嬰児の啼哭《たいこく》するの時、父母は即ち楊樹の黄葉を以て之れに語りて言うが如し。啼《な》くこと莫《なか》れ、啼くこと莫れ。我れは汝に金を与う。嬰児は見已りて、真金の想を生じ、便ち止めて啼かず。然るに、此の楊葉は、実には金に非ざるなり」（大正一二、七二九上三～六）を参照。『講義』には「黄葉を金と為して、小児を誘うを以て、有漏の楽を説きて人天の機を引くを譬う」とある。「楊」は、枝の垂れないやなぎ。

116　三阿僧祇百劫　三大阿僧祇劫百大劫のこと。菩薩が発心してから成仏するまでの時間の長さをいう。

117　『大［般涅槃］経』には、「大字を説くことができる。その意味は婆和である」とある【大経云能説大字所謂婆和】『南本涅槃経』巻第十八、嬰児行品、「又た、嬰児とは、能く大字を説く。如來も亦た爾り。大字を説くとは、所謂る婆啝なり。啝とは有為、婆とは無為なり。是れ嬰児と名づく。啝とは、名づけて無常と為す。婆とは、名づけて有常と為す。如来は常を説き、衆生は聞き已りて、常法の為めの故に、無常を断ず。是れ嬰児行と名づく」（同前、七二八下二〇～二四）を参照。「婆和」は、もと幼児が言葉を学ぶ声であるとされる。

118　「昼夜、親疎などの様相を見ない」とある【不見昼夜親疎等相】『南本涅槃経』巻第十八、嬰児行品、「又た、嬰児とは、苦楽、昼夜、父母を知らず。菩薩摩訶薩も亦復た是の如し。衆生の為めの故に、苦楽を見ず、昼夜の相無し。諸の衆生に於いて、其の心は平等なるが故に、父母、親疎等の相無し。又た、嬰児とは、大小の諸事を造作《ぞうさ》すること能わず。菩薩摩訶薩も亦復た是の如し。菩薩は生死の作業を造作せず。是れ大事を作さずと名づく。大事とは、即ち五逆なり。菩薩摩訶薩は、終に五逆の重罪を造作せず。小事とは、即ち二乗心なり。菩薩は終に菩提心を退せずして、而も声聞・辟支仏の浄を作る」（同前、七二八下二四～七二九上三）を参照。

119　「大小のさまざまな事柄を作ることができない。大事とは、五逆［罪］である。小事とは、二乗の心である」とある【不能造作大小諸事大事即五逆小事即二乗心】前注118を参照。「五逆」は、母を殺す・父を殺す・阿羅漢を殺す・仏の身より血を出す・和合僧を破ることで、無間地獄に落ちる行為とされる。

する。別教は生死でないので、五逆がない。涅槃でないので、小乗の心がない。さらにまた、「楊樹黄葉《ようじゅおうよう》」[120]とあるのは、人天の五戒・十善の嬰児と同化する。さらにまた、「非道を道とする。道を生ずることのできるかすかな因縁であるからである」[121]とあるのは、二乗の嬰児と同化する。慈という善根の力によって仮《け》に出て衆生を教化することができ、小善の方便と同化し、仏の智慧に引き入れるのは、円教の嬰児とするのである。『『涅槃』経』には、「起きたり留まったり、来たり行ったり、言葉を話すことができない」とある。[122]『経』の通りである……。

さらにまた、麁妙を判定すること、開麁顕妙することは、他の例と同じように理解できるであろう……。

1・5　病行

第五に病行とは、これは対象に制約されない［絶対平等の仏の］【無縁】大悲から生じる。もし始めて小善を生ずるならば、必ず病行がある。今、善を生ずることと同じである立場を嬰児行と名づけ、煩悩と同じである立場を病行と名づける。衆生が病気になるので、大悲は心に滲透する。このために、私は病気になる。[123]あるいは地獄に遊び戯れ、あるいは畜生の姿となり、身を変化させて餓鬼などとなるのは、すべて悪業の病と同じである。調達《じょうだつ》（提婆達多）などのようである。さらにまた、父母、妻子、金鏘《こんず》、馬麦《めみゃく》、寒風に衣を求めること、熱病に乳を求めること[124]があることを示すこと、これは人天に結業《けつごう》（煩悩によって生じる業）、生老病死の病があることを示す。さらにまた、道場において三十四心によって結（煩悩）を断ち切ることを示すのは、二乗の見思［惑］の病と同じであることを示す。方便によって近づき、熱心に働くように語る。[125]三蔵・通教の菩薩も同様である。さらにまた、別教の寂滅道場に、最初に塵沙［惑］・無明［惑］の病を断ち切ることと同じである。

このために、菩薩はすべてその病と同じであり、法界にくまなく行き渡って衆生に利益を与える。次第の五行［の説明］が終わった。

120　楊樹黄葉　前注115を参照。

121　「非道を道とする。道を生ずることのできるかすかな因縁であるからである」【非道為道以能生道微因縁故】『南本涅槃経』巻第十八、嬰児行品、「如来も亦た非道を説いて道と為す。非道の中に、実に道有ること無し。能く道を生ずる微《かす》かな因縁を以ての故に、非道を説いて道と為す」（同前、七二九上二一～二四）を参照。

122　『［涅槃］経』には、「起きたり留まったり、来たり行ったり、言葉を話すことができない」とある【経云不能起住来去語言】『南本涅槃経』巻第十八、嬰児行品、「善男子よ、云何なるをか嬰児行と名づくるや。善男子よ、起住、来去、語言すること能わざるは、是れ嬰児と名づく」（同前、七二八下六～七）を参照。

123　衆生が病気になるので、大悲は心に滲透する。このために、私は病気になる【以衆生病則大悲熏心是故我病】『維摩経』巻中、文殊師利問疾品、「一切衆生病むを以て、是の故に我れ病む」（大正一四、五四四中一二）を参照。

124　父母、妻子、金鏘、馬麦、寒風に衣を求めること、熱病に乳を求めること【金鏘馬麦寒風索衣熱病求乳】いずれも釈尊が受けた苦難を指す。金鏘は、漿（白米を煮た汁）のこと。釈尊が臭い米汁を与えられたことについて、臭食の報いであると非難されたことを指す。『釈籤』によれば、『興起行経』（大正四、一六四上～一七四中を参照）に出るとあるが、未詳。馬麦は、阿耆達多婆羅門に馬麦を食わされたこと。寒風に衣を求めることについては、『大智度論』巻第九、「復た冬至の前後の八夜有り、寒風破竹に、三衣の寒さを禦《ふせ》ぐを索《もと》む」（大正二五、一二一下一五～一六）を参照。「熱病求乳」は、『釈籤』によれば、『乳光仏経』（大正一七、七五四中を参照）に出る。

125　方便によって近づき、熱心に働くように語る【方便附近語令勤作】『法華経』信解品（大正九、一八上二一～二三）に出る。

質問する。聖行は［初不動地・堪忍地《かんにんじ》・無所畏地の］三地を証得し、梵行は［一子地・空平等地の］二地を証得する。天行・病行・嬰児行は、どうして地を証得しないのか。

答える。聖［行］・梵［行］の二行は因を修行することに名づけるので、地を証得することを論じる。天行はまさしく証得するものである。病［行］・［嬰］児［行］の二行は、果から応を生起するので、証得を論じないだけである。さらにまた、意義がある。『［涅槃］経』に別［教］の意義をあらわすのは、地前《じぜん》（初地以前）よりそれぞれ証悟に入る。『［涅槃］経』に円［教］の意義をあらわすのは、登地《とうじ》[126]において同一に証得する。さらにまた、地前に円［教］を修行しないのでもなく、登地において別［教］がないわけでもなく、たがいにあらわして理解しやすいようにさせるので、文を煩わしくしない。地前の別［教］とは、戒行は浅い[725a]ものから深いものに至って不動地を証得し、定行は浅いものから深いものに至って堪忍地を証得し、慧行は浅いものから深いものに至って無畏地《むいじ》を証得する。初地以上【地上】はすべて同じであるとは、どうして［不動地・堪忍地・無畏地の］三地は一つ一つ長い間別々であることがあろうか。ただ登地のときに、二つの極端に動揺されないことを不動地と名づけ、上に仏法を持ち、下に衆生を担うことを堪忍地と名づけ、生死・涅槃についてともに自在であることを無畏地と名づける。無畏地は我の徳にしたがって名づけ、堪忍地は楽の徳にしたがって名づけ、不動地は常の徳にしたがって名づける。浄の徳は［不動地・堪忍地・無畏地の］三つの場所に共通である。登地の日、四徳がともに成就するので、増減はない。思うに教化はそうであるのが適当である。たとえば朝三暮四《ちょうさんぼし》[127]の意味のようなものである。

登地以上は、一々の地に自行があり、一々の地に自証がある。自行はただ天行を修行し、自証はただ天行を証得するだけである。それ故、別［教］には天行の証得を説かないのである。

もし地前の化他を梵行と名づけるならば、慈・悲・喜は化他の事行であり、一子地[128]はその証得である。捨心は化他の理行、空平等《くうびょうどう》はその証得である。この［梵行を二つに分けた化他の事行と理行の］二地も一つ一つ別々ではない。登地の慈悲であるので一子といい、慈悲は［理の］体と同じであるので、空平等というだけである。一々の地に悲があって悪に同化することを病行と名づけ、一々の地に慈があって善に同化することを嬰児行と名づける。証道は同じであるので、別に説かない。仏地の功徳は、仰いで信じるだけである。どうして迷闇《めいあん》の心で確定的に区別することができるであろうか。

126　登地　別教の初地は円教の初住に相当するので、正確には「地」を「住」に改めるべきである。『講義』の指摘がある。

127　朝三暮四　『荘子』斉物論篇に出る寓話。猿に、どんぐりを朝に三つ、暮れに四つ与えるといったら怒ったので、逆に朝に四つ、暮れに三つ与えると言ったら大いに喜んだという話。ここでの趣旨については、『釈籤』巻第九、「今の地前・地上に円を明かし別を明かすも亦復た是の如し。機に赴いて異を説けども、理実に差無し」（大正三三、八八二上一四～一六）を参照。

128　一子地　衆生を我が一子のごとく平等に愛する慈悲の境地をいう。『南本涅槃経』巻第十五、梵行品、「復た次に、善男子よ、菩薩摩訶薩は、慈悲喜を修し已りて、極めて一子を愛するの地に住することを得。善男子よ、云何なるか是れ地なるや。名づけて極愛と曰い、復た一子と名づく。善男子よ、譬えば父母は子を見て安隠に、心に大いに歓喜するが如し。菩薩摩訶薩の是の地の中に住するも、亦復た是の如く、諸の衆生は一子に同ずると視、善を修する者を見て大歓喜を生ず。是の故に、此の地を名づけて極愛と曰う」（大正一二、七〇一上二〇～二五）、同、「若し諸菩薩は一子地に住すること能く是の如くば、云何んが如来は昔、国王と為りて菩薩道を行ずる時、爾所《そこばく》の婆羅門の命を断絶するや」（同前、七〇一中二〇～二二）を参照。

かいつまんで答えることはこの通りである……。

妙法蓮華経玄義　巻第四上

妙法蓮華経玄義　巻第四下

天台智者大師が説く

2　円の五行

円の五行とは、『大［般涅槃《はつねはん》］経』には、「また一行がある。如来の行である。その意味は大乗の大般涅槃である」とある。[1] この「大乗」は円因で、「涅槃」は円果である。これを取りあげて如来の行を高く掲げる。他の六度（蔵教）・通［教］・別［教］などの行ではない。前に大乗と名づけるけれども、円かに運ぶことはできない。前に涅槃と名づけるけれども、［涅槃を意味する］茶《だ》[2]を過ぎて、［さらにそれ以上のことを］説くことができる。かえって菩薩の行であるので、如来の一行と名づけることはできない。[725b]円行に関しては、円かに十法

1　『大［般涅槃］経』には、「また一行がある。如来の行である。その意味は大乗の大般涅槃である」とある【大経云復有一行是如来行所謂大乗大般涅槃】『南本涅槃経』巻第十一、聖行品、「菩薩摩訶薩は常に当に是の五種の行を修習すべし。復た一行有り。是れ如来行なり。所謂る大乗の大涅槃経なり」（大正一二、六七三中二五～二七）を参照。

2　茶　底本の「茶」を『全集本』によって改める。以下同じ。茶はdhaの音写語。悉曇四十二字門の最後の文字なので、字母の究極と解釈される。ここでは、前は方便教なので、涅槃も仮りのものであり、最後の位＝涅槃を意味する茶を過ぎても、さらに修行の説くべきものがあることを意味する。

界をすべて備え、一運《いちうん》が一切運である。これこそ大乗と名づける。とりもなおさず仏乗に乗ずるので、如来の行と名づける。『大［智度］論』に、「初発心から常に涅槃を観察して道を修行する」とある通りである。[3]同様に『大品［般若経］』に、「初発心《しょほっしん》から［般若波羅蜜を］行じ、［般若波羅蜜を］生じ、［般若波羅蜜を］修し、ないしは道場に座って、同様に［般若波羅蜜を］行じ、［般若波羅蜜を］生じ、［般若波羅蜜を］修する。［究極の仏果である］畢竟《ひっきょう》と発心との二つは別のものではない」とある通りである。[4]すべて如来の行という意味である。

この『［法華］経』に安楽行を明らかにするとは、「安楽」を涅槃と名づける。とりもなおさず円果である。「行」は円因にほかならない。涅槃と意味が同じなので、如来の行と呼ぶ。［如来の］室に入り、［如来の］衣を着、［如来の］座席に座ることを[5]すべて如来と呼ぶのは、これは人について語るのである。涅槃は法について語るのである。人に即して法を論じれば、如来はとりもなおさず涅槃である。法に即して人を論じれば、涅槃はとりもなおさず如来である。［『涅槃経』と『法華経』の］二つの経の意義は同じである。『涅槃［経］』には一行の名を並べ、詳しく次第の五行を解釈する。『法華［経］』には安楽行を高く掲げて、詳しく円の意味を解釈する。

今、『法華［経］』によって円の五行を解釈するならば、五行が一心のなかにあり、すべて備わって欠けることがないものを如来の行と名づける。［『法華経』の］文に、「如来は荘厳《しょうごん》によって自ら荘厳する」とあるのは、[6]円の聖行《しょうぎょう》である。「如来の室」は、円の梵行である。「如来の座」は、円の天行である。「如来の衣」に二種類が

3　『大［智度］論』に、「初発心から常に涅槃を観察して道を修行する」とある通りである【如大論云従初発心常観涅槃行

道】『大智度論』巻第十一、「復た人有りて言わく、初発意従り乃ち道樹の下に至るまで、其の中間に於ける所有《あらゆ》る智慧は、是れ般若波羅蜜と名づく。成仏する時、是の般若波羅蜜は転じて薩婆若と名づく。復た人有りて言わく、菩薩の有漏・無漏の智慧を、総じて般若波羅蜜と名づく。何を以ての故に。菩薩は涅槃を観じて、仏道を行ずればなり。是の事を以ての故に、菩薩の智慧は応に是れ無漏なるべし」（大正二五、一三九下七～一二）を参照。

4　『大品［般若経］』に、「初発心から［般若波羅蜜を］行じ……畢竟と発心との二つは別のものではない」とある通りである【大品云従初発心行生修乃至坐道場亦行生修畢竟発心二不別】『大智度論』巻第八十三、「須菩提は仏に白して言わく、世尊よ、菩薩摩訶薩は云何んが般若波羅蜜を行ずるや。云何んが般若波羅蜜を生ずるや。云何んが般若波羅蜜を修するや。仏の言わく、色は寂滅するが故に、色は空なるが故に、色は虚誑《こおう》なるが故に、色は堅実ならざるが故に、応に般若波羅蜜を行ずべし。受、想、行、識も亦た是の如し」（同前、六四一下七～一一）を参照。『南本涅槃経』巻第三十四、迦葉菩薩品、「発心と畢竟との二は別ならず。是の如き二心のうち、先の心は難し。自ら未だ度することを得ざるに、先に他を度す。是の故に我れは初発心を礼す」（大正一二、八三八上四～五）を参照。「行生修」について、『講述』には「行は初心の始行を謂い、生は果法を生ずるを謂い、修は後心の重修を謂う」とある。

5　［如来の］室に入り、［如来の］衣を着、［如来の］座席に座ること【入室著衣坐座】『法華経』法師品、「若し善男子・善女人有って、如来の滅後に、四衆の為めに是の法華経を説かんと欲せば、云何んが応に説くべき。是の善男子・善女人は、如来の室に入り、如来の衣を著、如来の座に坐して、爾して乃ち応に四衆の為めに、広く斯の経を説くべし。如来の室とは、一切衆生の中の大慈悲心是れなり。如来の衣とは、柔和忍辱の心是れなり。如来の座とは、一切法の空是れなり」（大正九、三一下二一～二七）を参照。

6　［『法華経』の］文に、「如来は荘厳によって自ら荘厳する」とある【文云如来荘厳而自荘厳】『法華経』法師品、「其れ法華経を読誦する者有らば、当に知るべし、是の人は仏の荘厳を以て自ら荘厳すれば、則ち如来の肩の荷担《かたん》する所と為る」（同前、三一上三～五）を参照。

ある。「柔和」は、円の嬰児行《ようにぎょう》である。「忍辱《にんにく》」は、円の病行である。この五種の行は、一実相の行である。一は五とならず、五［種の行］は一［実相の行］とならず、まったく同じものでもなく、まったく別のものでもなく、不可思議であるものを、一［実相］・五［種］の行と名づける。

どうして「荘厳」を聖行と名づけるのか。［『法華経』の］文に、「仏の清浄な戒を守る」とある。[7]「仏の戒」は、円の戒である。さらにまた、「罪福の様相に深く精通し、くまなく十方を照らす」とある。[8]罪に即し福に即して実相を見ることを、はじめて「深く理解する」と名づける。実相の心によって、十の悩乱《のうらん》[9]を離れることなどは、みな円の戒である。「仏は自ら大乗に留まっている。その得る法に関しては、禅定と智慧の力によって荘厳する」[10]とは、とりもなおさず仏の禅定と智慧による荘厳であるので、仏の聖行と名づけるのである。

どうして「如来の室」を梵行と名づけるのか。対象の制約のない［仏の絶対的な］【無縁】慈悲は、法界の拠り所となることができること、あたかも磁石がくまなく［鉄を］吸って、［鉄が磁石に］趣かないことがないようなものである。さらにまた、広大な誓願・神通・智慧によってこれを引き導いて、この法のなかに留まることができるようにさせるので、「如来の室」を梵行とする。

どうして「如来の座」を天行とするのか。第一義天《だいいちぎてん》[11]、実相の妙理は、諸仏が師とするものであり、すべての如来が同じく憩《いこ》い休むものである。［『法華経』の］文には、「すべての法の空を観察して、動かず、退かない。同様に上・中・下の法、有為・無為、真実・不真実の法を区別しない」とある。[12]それ故、「如来の座」は、天

7　［『法華経』の］文に、「仏の清浄な戒を守る」とある【文云持仏浄戒】『法華玄義』巻第二上の前注55を参照。

8　「罪福の様相に深く精通し、くまなく十方を照らす」とある【云深達罪福相遍照於十方】『法華経』提婆達多品、「深く罪福の相に達し、遍く十方を照らす。微妙の浄き法身は、相を具せること三十二なり。八十種好を以て、用て法身を荘厳す」（同前、三五中二八～下一）を参照。

9　十の悩乱【十悩乱】『釈籤』巻第九、「十の悩乱とは、安楽行の中に、止観安楽行を修して、応に十の悩乱を離るべし。一には毫（豪の誤り）勢にして、国王・王子を謂う。二には邪人の法にして、路・逆路を謂う。三には兇戯なり。四には旃陀羅なり。五に二乗なり。六に欲想なり。七に不男なり。八に危害にして、独り他家に入るを謂う。九に譏嫌なり。十に畜養なり」（大正三三、八八二中二七～下二）を参照。これは『法華経』安楽行品（大正九、三七上～中を参照）に説かれる、親近してはならない十種のものである。

10　「仏は自ら大乗に留まっている。その得る法に関しては、禅定と智慧の力によって荘厳する」【仏自住大乗如其所得法定慧力荘厳】『法華玄義』巻第二上の前注102を参照。

11　第一義天『法華玄義』巻第四、「第一義天なり。天然の理、此れは道前を語る。理に由りて行を成ず、此れは道中を語る。行に由りて理は顕わる、此れは道後を語る。今は理に由りて行を成ずるに約するが故に、天行と言う」（大正三三、七二四中一〇～一三）とあるように、天然の理と同一視され、ここでも、実相の妙理と同格である。また、『南本涅槃経』巻第十六、梵行品に「我れは曾て第一義天有りと聞く。謂わく、諸仏菩薩は常に変易《へんにゃく》せず。常住なるを以ての故に、不生・不老・不病・不死なり」（大正一二、七一三中二九～下二）とある。

12　「『法華経』の」文には、「すべての法の空を観察して、動かず、退かない。同様に上・中・下の法、有為・無為、真実・不真実の法を区別しない」とある【文云観一切法空不動不退亦不分別上中下法有為無為実不実法】『法華経』安楽行品、「復た次に菩薩摩訶薩は、一切の法は空なり、如実相なり、顛倒《てんどう》せず、動ぜず、退せず、転ぜず、虚空の如くにして所有の性無しと観ぜよ」（大正九、三七中一二～一三）、同、「又復《ま》た、上中下の法、有為無為、実不実の法を行ぜざれ。亦た是れ男、是れ女と分別せざれ」（同前、三七下一〇～一一）を参照。

725c 行である。

どうして「如来の衣」は、嬰児行・病行であるのか。騒々しいことを遮り、静けさを遮るので「忍辱」と名づけ、二諦をどちらも照らすことを、また「柔和」と名づける。［『法華経』の］文には、「下劣のためにこのことを忍耐することができる」とある。[13] つまり、「首飾りを脱《ぬ》いで破れ垢《あか》じみた衣を着る」[14]のは、病行に同じであり、方便によって近づくのは嬰児行に同じである。さらにまた、十法界の寂滅《じゃくめつ》を観察するのは、「如来の座」であり、天行と名づける。［仏界以外の］九法界の性・相の苦を抜くので悲を起こし、［仏界の］一法界の楽を与えるので慈を起こすのは、とりもなおさず梵行である。柔和で善の性・相を照らすのは、とりもなおさず嬰児［行］に同じで、悪の性・相を照らすのは病行に同じである。さらにまた、善の性・相を照らすのは戒であり、静かに照らすこと【寂照】は禅定と智慧であり、とりもなおさず聖行である。わかるはずである。ひたすら十法界を照らすのは、円の五行を備えることである。

さらにまた、一心の五行は、とりもなおさず三諦三昧《さんたいざんまい》である。聖行は、真諦三昧である。梵［行］・嬰［児行］・病［行］は、俗諦三昧である。天行は、中道王《ちゅうどうおう》三昧である。

さらにまた、円の三三昧は、完全に二十五有を破る。即空なので、二十五の悪業・見思［惑］などを破り、即仮なので二十五の無知［惑］（塵沙惑）を破り、即中なので二十五の無明［惑］を破る。一そのままが三であり、三そのままが一であるので、一空は一切空、一仮は一切仮、一中は一切中である。それ故、如来の行と名づける。

さらにまた、「如来の室」は、深い次元で法界に滲透する。慈しみという善根の力は、真際《しんざい》を動かさないで、光を塵《ちり》や垢に合わせてやわらげ、病行の慈悲によってこれに応じて、さまざまな身を示すけれども、耳の不自由な人や口の不自由な人のようである。さまざまな法を説くけれども、狂っている人や愚かな人のようである。善を生ずる機があれば、嬰児行の慈悲によってこれに応じる。婆和《ばわ》、木牛《もくご》、楊葉《ようよう》[15]である。空に入る機があれば、聖行の慈悲によってこれに応じる。糞《ふん》［を除く］器を取って持ち、恐れられるような様子をする。[16]仮に入る機があれば、梵行の慈悲によってこれに応じる。慈しみという善根の力によって次のようなことを見る。［長者＝父は］ライオンの立派な腰掛けに座り、宝石でできた台に足をのせる。商人たちはそこで他国にまでくまな

13　［『法華経』の］文には、「下劣のためにこのことを忍耐することができる」とある【文云能為下劣忍于斯事】『法華経』信解品、「能く下劣の為めに、斯の事を忍ぶ。取相の凡夫は、宜しきに随いて為めに説く」（同前、一九上五〜六）を参照。

14　「首飾りを脱いで破れ垢じみた衣を着る」【脱瓔珞著弊垢衣】『法華玄義』巻第一下の前注141を参照。

15　婆和、木牛、楊葉【婆和木牛楊葉】いずれも方便によって初心の者を誘う譬喩。「婆和」は『法華玄義』巻第四上の前注117、「楊葉」は『法華玄義』巻第四上の前注115を参照。「木牛」は、『南本涅槃経』巻第十八、嬰児行品、「又た嬰児行とは、彼の嬰児啼哭《たいこく》するの時の如く、父母は即ち楊樹黄葉を以て之れに語りて言わく、啼《な》くこと莫れ、啼くこと莫れ。我れは汝に金を与う。嬰児は見已りて、真金の想を生じ、便ち止まりて啼かず。然るに、此の楊葉は、実には金に非ざるなり。木牛・木馬・木男・木女をば、嬰児は見已りて、亦復た男女等の想を生じ、即ち止まりて啼かず。実には男女に非ず、是の如き男女の想を作すを以ての故に、名づけて嬰児と曰う」（大正一二、七二九上三〜九）を参照。

16　糞［を除く］器を取って持ち、恐れられるような様子をする【執持糞器状有所畏】『法華玄義』巻第一下の前注141を参照。

く行き、すべての場所において金銭の貸し付けによって利息を得る。[17] 中［道］に入る機があれば、天行の慈悲によってこれに応じる。速い馬が鞭の影を見て、大きなまっすぐな道を行くと、障害がないようなものであるからである。[18] 前もなく後もなく、並ぶものでもなく別のものでもなく、無分別の法を説く。諸法はもとから常に寂滅の様相をしている。[19] 円かに多くの機に応じることは、阿修羅の琴のようである。[20] しだいに引き導いて円に入ることに関しては、前に説いた通りである。たちどころに引き導いて円に入ることに関しては、今説く通りである。円に入れば等しく証得して、けっして差別がない。別・円に最初に入る門【別円初入之門】をあらわそうとするために、慈しみという善根の力によって漸・頓の人にこのような説を見させる……。726a

さらにまた、円の五行は、とりもなおさず［蔵教・通教・別教・円教の］四種の十二因縁の智の行である。不思議の識・名色などの清浄なものは戒聖行、行・有などの清浄なものは定聖行、無明・愛などの清浄なものは慧聖行である。十二項目が寂滅し、さらにまた前の三種［の蔵教・通教・別教］の十二［因］縁がないのは天行、前の三種の十二因縁の滅に同じものは嬰児行、前の十二因縁の生に同じものは病行である。

さらにまた、四種の四諦の智の行である。無作の道［諦］は戒・定・慧の聖行、無作の滅［諦］は天行である。慈悲によって苦を抜き［楽を与え］、四種の苦を抜き、四種の楽を与えるのは梵行、単独の悲は病行、単独の慈は嬰児行である。

さらにまた、七種の二諦の智の行である。円［教の］真［諦］の方便は聖行、円［教の］真［諦］の理は天行、七つの俗［諦］を悲しみ、七つの善[21]（真諦）を慈しむのは梵行、七つの俗［諦］に同ずるのは病行、七つの真［諦］に同ずるのは嬰児行である。

さらにまた、［別接通《べっせつつう》・円接通《えんせつつう》・別教・円接別《えんしょうべつ》・円教の］五種の三諦の智の行である。俗諦のなかの善は戒聖行、真諦のなかの禅は定聖行、真諦の慧は慧聖行、中諦は天行、五の俗［諦］の苦を抜き、五の真［諦］・中［諦］の楽を与えるのは梵行、五の俗［諦］に同じであるのは病行、五の真［諦］・中［諦］に同じであるのは嬰児行である。

さらにまた、一実諦の智の行である。一実諦に道共戒《どうぐかい》・定・慧があるのは聖行、一実［諦］の境は天行、同

17　［長者＝父は］ライオンの立派な腰掛けに座り、宝石でできた台に足をのせる。商人たちはそこで他国にまでくまなく行き、すべての場所において金銭の貸し付けによって利息を得る【踞師子床宝几承足商估賈人乃遍他国出入息利無処不有】『法華玄義』巻第二上の前注106を参照。また、『法華経』信解品、「出入息利すること、乃ち他国に遍く、商估、賈客も亦た甚だ衆多なり」（大正九、一六下三～四）を参照。

18　速い馬が鞭の影を見て、大きなまっすぐな道を行くと、障害がないようなものであるからである【如快馬見鞭影行大直道無留難故】『法華玄義』巻第一下の前注23を参照。

19　諸法はもとから常に寂滅の様相をしている【諸法従本来常自寂滅相】『法華玄義』巻第二上の前注99を参照。

20　阿修羅の琴のようである【如阿修羅琴】『大智度論』巻第十七、「法身の菩薩は、無量身を変化して衆生の為めに法を説けども、菩薩の心に分別する所無し。阿修羅の琴の如く、常自に声を出し、随意にして作し、人の弾く者無し。此れも亦た散心無く、亦た摂心《しょうしん》無し。是れ福徳の報生ずるが故に、人の意に随いて声を出す。法身の菩薩も亦た是の如く、分別する所無く、亦た散心無く、亦た摂法の相無し」（大正二五、一八八下一八～二一）を参照。

21　七つの善【七善】『講義』によれば、「七善」は「七真」（七つの真諦）の誤りである。

体の慈と悲[22]とを合わせて説くのは梵行、［慈と悲とを］別々に説くのは病行・嬰児行である。

観心の円の五行とは、これまでの円行は、遠く求めることはできず、心そのままが円行である。すべての法のなかには、みな安楽の性がある。つまり、心性を観察することを、上定《じょうじょう》と名づける。心性は即空・即仮・即中である。五行・三諦・すべての仏法は、心に即して備える。初心にこのような如来の行を修行する。如来の供養によってこれを供養するべきである。[23]方向にしたがって敬礼し、至る所に塔を建立する。全身の舎利《しゃり》があるからである。初心でさえそうなのであるから、まして相似即【似解】はなおさらである。まして十住の位に入ることはなおさらである。『地持［経］』には、「自性禅からすべての禅を生ずる。すべての禅に三種類がある。第一に現法楽禅《げんほうらくぜん》である。つまり実相空慧《じっそうくうえ》、中三昧《ちゅうざんまい》である。第二に出生一切種性三摩跋提《しゅっしょういっさいしゅしょうさんまばつだい》である。二乗の背捨《はいしゃ》・除入《じょにゅう》（八勝処）などである。つまり真三昧である。第三に利益衆生禅《りやくしゅじょうぜん》である。つまり俗三昧である」とある。[24]わかるはずである。五行・三諦はすべての禅のなかで、みな成就する。つまり初住の分位である。この位に入るときは、726b 仏法でないものはない。以上が円心の行である。どうして前の五行の次第の意と同じであろうか。

わかるはずである、次第を麁とし、一行一切行を妙とする。つまり相待の意である。

もし開麁顕妙するならば、相対することのできる麁はない。つまり絶待の行妙の意である。

質問する。『法華［経］』に麁を開きあらわすと、麁はみな妙に入る。『涅槃［経］』はどのような意味で、あらためて次第の五行を明らかにするのか。

答える。『法華［経］』は仏が世間に存在したときの人のために、方便を破って真実に入るので、もう麁のあることはなく、教の意味は整い十分である。『涅槃［経］』は、末代の凡夫の見思［惑］の病が重くて、一つの真実に固定的に執著して、方便を誹謗し、甘露を服するけれども、事柄そのままが真実であることができず、命を傷つけ若死にするために、戒・定・慧を助けて、大涅槃を示した。『法華［経］』の意味が理解できれば、『涅槃［経］』において、次第の行を用いないのである。

22　同体の慈と悲【同体慈悲】　一切衆生と我が身とが同体一身であると観察して、抜苦与楽の心を起こすことをいう。

23　如来の供養によってこれを供養するべきである【応以如来供養而供養之】『法華経』法師品、「是の人は一切世間の応に瞻奉《せんぶ》すべき所にして、応に如来の供養を以て之れを供養すべし」（大正九、三〇下二〇～二一）を参照。

24　『地持［経］』には……つまり俗三昧である」とある【地持云従自性禅発一切禅一切禅有三種一現法楽禅即実相空慧中三昧也二出生一切種性三摩跋提二乗背捨除入等即真三昧也三利益衆生禅即俗三昧也】『菩薩地持経』巻第六、禅品、「云何んが自性禅なるや。菩薩蔵に於いて聞思す。前に世間・出世間の善を行じ、一心に安住す。或いは止分、或いは観分なり。或いは此の二は同類なり。或いは倶分なり。是れ自性禅と名づく。云何んが菩薩の一切禅なる。略して二種を説く。一には世間、二には出世間なり。又た、其の応ずる所に随いて、各おの三種有り。一には現法楽住禅、二には出生三昧功徳禅、三には利益衆生禅なり」（大正三〇、九二一下三～一〇）を参照。「自性禅」「一切禅」は、九種大禅の第一、第二に相当する。「現法楽禅」は、『釈籤』によれば、現に法性の楽を受ける禅のこと。「出生一切種性三摩跋提」は、『菩薩地持経』には「出生三昧功徳禅」とある。「三摩跋提」は、samāpatti の音写語。等至と訳す。身心の平等に至れるの意。『釈籤』巻第九、「現法楽と言うは、現に法性の楽を受く。種種の事禅は同一の真性なるが故に、種性三摩跋提と云う」（大正三三、八八三中六～七）を参照。

(4) 位妙

① 位妙を明らかにする

第四に位妙を明らかにするとは、真理【諦理】が融合し、智慧が円かでたがいに隔てることがない以上、行を導いて妙を成就する。〔境・智・行の〕三つの意義が示される以上、体・宗・用は十分に備わっている。あらためて位妙を明らかにするのは、〔位は〕行が登るものだからである。

② 諸経の位の権実をあらわす

ただ位に権と実があり、経論に広く説かれている。『成〔実〕論』、『〔阿〕毘曇〔論〕』に位を判定する場合は、大〔乗〕に言及していない。『〔十〕地〔経論〕』、『摂〔大乗論〕』などの論に位を判定する場合は、個別に一つのあり方を述べて、〔他のあり方を〕広く包括していない。方等〔経〕のさまざまな経に位を明らかにすることについては、『〔菩薩〕瓔珞〔本業経〕』に〔位の〕深さを判定している。『般若〔経〕』のさまざまな経に位を明らかにすることについては、『仁王〔般若経〕』は盛んに〔位の〕高さについて語るけれども、まだ麁妙を明らかにしていない。

③ 『法華経』の位をあらわす

今の『〔法華〕経』の位の名は明らかでないけれども、意味は小乗、大乗を兼ね備え、ほぼ権と実を判定している。ところが、［『法華経』の］梵文《ぼんもん》は、全部が［中国に］伝来しているわけではない。もとの経にはきっとあるはずである。今、薬草喩品にはただ六位を明らかにするだけである。［『法華経』の］文には、「転輪聖《てんりんじょう》王《おう》、帝釈天や梵天王という王たちは、小の薬草である。汚れのない法を知って、涅槃を得る力があり、ひとりきりで山や林にいて、縁覚の覚りを得るのは、中の薬草である。世尊という立場を求めて、『私は将来成仏する』と［思って］、精進と禅定を行う者は、上の薬草である。そのうえ、仏子たちが、心を仏の覚りに集中させて、常に慈悲のある振る舞いをし、成仏することが自分でわかり、確固として疑いがないならば、小さな樹木と名づけられる。神通から離れることなく、後退しない［法］輪を回転させ、無量億百千の衆生を救済する者は、大きな樹木と名づけられる」とある。[25] 付け加えて長行のなかの「同一の地面に生じ、同一の雨によって

25　［『法華経』の］文には、「転輪聖王……大きな樹木と名づけられる」とある【文云転輪聖王釈梵諸王是小薬草知無漏法能得涅槃独処山林得縁覚証是中薬草求世尊処我当作仏行精進定是上薬草又諸仏子専心仏道常行慈悲自知作仏決定無疑是名小樹安住神通転不退輪度無量億百千衆生是名大樹】『法華経』薬草喩品、「或いは人天、転輪聖王、釈梵諸王に処するは、是れ小の薬草なり。無漏の法を知って、能く涅槃を得、六神通を起こし、及び三明を得、独り山林に処し、常に禅定を行じて、縁覚の証を得るは、是れ中の薬草なり。世尊の処を求めて、我れは当に作仏すべしと、精進・定を行ずるは、是れ上の薬草なり。又た、諸の仏子は、心を仏道に専らにし、常に慈悲を行じ、自ら作仏するを知りて、決定して疑い無きを、是れ小樹と名づく。神通に安住して、不退の輪を転じ、無量億百千の衆生を度する、是の如き菩薩を、名づけて大樹と為す」（大正九、二〇上二二～中二）を参照。

潤される」[26]、及び、後の文に「今、あなたたちのために、最も真実であることを説こう」[27]とあるのを取りあげて、第六の位とするのである。

前の三つの意義は蔵［教］のなかの位、「小さな樹木」は通［教］の位、「大きな樹木」は別［教］の位、「最も真実であること」は円［教］の位である。

④『法華経』により詳しく位を明らかにする

1　小草の位

小草の位とは、人天乗である。［転］輪［聖］王は人主の位、帝釈天・梵天は天主の位である。みな報果に焦点をあわせて位を[726c]明らかにする。［報］果の中身に優劣がある以上、因を修行するとき、きっと浅深［の区別］があったことがわかるはずである。

1・1　人の位

人の位の因とは、とりもなおさず五戒をしっかりと守ることである。かいつまんで四等級とする。下の等級は鉄輪王《てつりんおう》となって、一天下に対して王である[28]。中の等級は銅輪王《どうりんおう》となって、二天下に対して王である。上の等級は銀輪王《ごんりんおう》となって、三天下に対して王である。上上の等級は金輪王《こんりんおう》となって、四天下に対して王である。みな［禅定に入らない］散乱した心で戒を守り、あわせて慈心によって、他者に福を行なうように勧める。それ故、報いとして人の主、飛行する皇帝[29]となる。四方［の衆生］は［彼らの］徳に帰し、神妙な宝[30]は自然と出現するのである。

1・2　天の位

天乗の位とは、十善道を修行して、自然に純粋に成熟することは、共通して天の因である。そのうえに禅定を修行して、進んで上界に登る。三界の天の果は、高さが同じではない。因を修行するのに、きっと深さの相違があるのである。『正法念《しょうぼうねん》［処経《じょきょう》］』には、「六万の山が須弥［山］を囲んでいる。須弥［山］の四つの盛り上がった土に持鬘天《じまんてん》[31]があって、十の住む場所がある。［その広さは］それぞれ千由旬である。北に四つ、他

26　「同一の地面に生じ、同一の雨によって潤される」【一地所生一雨所潤】『法華経』薬草喩品、「一地の生ずる所、一雨の潤す所なりと雖も、諸の草木に各おの差別有り」（同前、一九中五～六）を参照。
27　「今、あなたたちのために、最も真実であることを説こう」【今当為汝説最実事】『法華経』薬草喩品、「今、汝等の為めに、最実事を説く」（同前、二〇中一二）を参照。
28　鉄輪王となって、一天下に対して王である【為鉄輪王王一天下】　転輪聖王に、鉄輪王・銅輪王・銀輪王・金輪王の四種類があり、須弥山の周囲の四洲のうち、それぞれ一洲、二洲、三洲、四洲を支配する。
29　飛行する皇帝【飛行皇帝】　転輪聖王の古訳。
30　神妙な宝【神宝】　転輪聖王の所有する七宝で、金輪（または銀輪、銅輪、鉄輪）・象・馬・珠・主蔵臣・玉女・主兵臣のこと。
31　持鬘天　「持鬘」は、Mālādhāra の訳語。『正法念処経』巻第二十二、観天品には、「鬘持天」（大正一七、一二五上一七）とある。

［の三つの方角］にはそれぞれ二つがある。

南［方の第一］を白摩尼《びゃくまに》と名づける。十回拍手する間に、三帰依［をするように教え］を受け、他の心をまじえなければ、この天に生じて楽を受ける。転輪王は［白摩尼天の楽の］十六分の一にも及ばない。[32] さまざまな安楽の用具は、すべて山河から流出してくる。第二を峻崖《しゅんがい》と名づける。昔、河の渡し場[33]で、小舟を造って、持戒の人を渡し、あわせて他の人を渡し、多くの悪をなさなかった。［その］果報はわかるであろう。

西方の第一を果命《かみょう》と名づける。昔、飢餓の時代に、清浄な戒を守り、身口意を浄化し、果実のなる木を植え、旅人はこれを食べて、安楽でお腹が満たされた。第二を白功徳《びゃくくどく》と名づける。昔、花の飾りを、仏の上や塔の上に散らした。

東方の第一を一切喜《いっさいき》と名づける。昔、花を持戒の人に供養し、仏に供えた。自力で財を作り、花を買った。［その］果報はわかるであろう。第二を行道と名づける。昔、大火が生じて衆生を焼くのを見て、水でこれを消滅させた。［その］果報は［わかるであろう］……。

北方の四とは、第一を愛欲と名づけ、第二を愛境界《あいきょうがい》と名づけ、第三を意動《いどう》と名づけ、第四を遊戯林《ゆげりん》と名づける。最初は、他の親友たちがたがいに破るのを見、争いを調停して、この天に生じることができる。次に昔、説法の集会にいた。次に昔、清浄な信心によって、多くの僧を供養し、塔を掃除し、最高の田を清らかに信じた。次に昔、信心を持って、僧衣《そうえ》を施し、一つの果実の値を施して、衣を作る費用とし、愛し願い喜んだ。

次に迦留波陀天《かるはだてん》[34]は、ここ（中国）では象跡《ぞうしゃく》という。また十の場所がある。第一に行蓮華《ぎょうれんげ》と名づける。昔、持戒が心に滲透し、三帰依［をするように教え］を受け、南無仏と唱えた。あらゆる蜂の声さえ、他の天よりも優れている。まして他の果報はなおさらである。次に（第二に）勝蜂《しょうふう》[727a]歓喜と名づける。昔、信心によって戒を守り、慈悲があって衆生に利益を与え、華・香・音楽によって仏塔を供養した。第三に妙声と名づける。昔、仏に宝蓋《ほうがい》を施した。第四に香楽《こうがく》と名づける。昔、信心によって戒を守り、香を仏塔に塗った。第五に風行《ふうぎょう》と名づける。昔、信心によって戒を守り、僧に扇を施して清涼さを得させた。六［欲］天の香風がすべて吹いて来てこれに滲透し、みなますます増大する。香風でさえそうなのであるから、まして香風を思うと、思いにしたがってみな得るのはなおさらである。第六に散華歓喜《さんげかんぎ》と名づける。昔、持戒の人を見て、戒を説くとき、水瓶《すいびょう》を施す。あるいは道路で清浄な水を盛り満たして、人に水瓶を施した。第七に普観《ふかん》と名づける。昔、持戒の人に対して、善を心に滲透させて、破戒の人や、病気になって恩恵を求めない人に対して、悲心によって安らかさを施し、心のなかで疲れ厭うことをしないで、病人を供養した。第八に常歓喜《じょうかんぎ》と名づける。昔、法を犯す者で死ぬはずの人を見て、財で命を贖《あがな》い、その人に脱出することができるようにさせた。第九に香薬《こうやく》と名づける。昔、戒を守り三宝を信じる大福田のなかに対して、末香《まっこう》・塗香《ずこう》[35]を施し、清浄な心によって供養し、法の

32　転輪王は［白摩尼天の楽の］十六分の一にも及ばない【転輪王十六倍不及一】『正法念処経』巻第二十二、観天品には、「受くる所の快楽の十六分の中、転輪王の楽は、其の一に及ばず」（同前、一二五中一九～二〇）とある。つまり、転輪聖王の楽は白摩尼天の楽の十六分の一にも及ばないという意。

33　河の渡し場【済】　渡し場のこと。『正法念処経』巻第二十二、観天品には、「河の津済」（同前、一二五下一四）とある。

34　迦留波陀天　「迦留波陀」は、karipada の音写語。

35　末香・塗香【末香塗香】「末香」は、抹香とも書き、香木を粉末状にしたもの。「塗香」は、抹香を清めのために身体に塗る用途に使うもの。

ように財を得、施して喜んだ。第十に均頭《きんず》と名づける。昔、人が王に対して罪を犯し、美しい髪が切られるのを見て、救って脱することができるようにさせた。

第三の天を常恣意《じょうしい》と名づける。十の場所がある。第一に歓喜峯《かんぎぶ》と名づける。昔、神樹《じんじゅ》や夜叉《やしゃ》の拠り所となる樹木を救い守った。樹木があれば楽しみ、樹木を失えば苦しんだ。第二に優鉢羅色《うはつらしき》と名づける。昔、清浄な信によって戒を守り、三宝を供養し、優鉢羅華《うはつらけ》[36]の池を作ったからである。第三に分陀利《ふんだり》[37]と名づける。昔、この花の池を作った。第四に彩地《さいじ》と名づける。昔、信じる清浄な心によって僧のために袈裟《けさ》の雑色《ぞうしき》をうまく染め、法服をうまく染めたからである。第五に質多羅《しったら》[38]と名づける。ここでは雑地《ぞうじ》と翻訳する。昔、さまざまな食を、戒を守り戒を犯さないなどの人に施したからである。第六に山頂《せんちょう》と名づける。昔、家屋を作って、風や寒さを遮《さえぎ》り、人に受け用いさせたからである。第七に摩偸《まちゅう》[39]と名づける。ここでは美地《びじ》と翻訳する。昔、戒を守り、悲心をもち飾り気がなく正直で、人を悩まさなかった。食を仏道修行をする沙門、婆羅門に施し、あるいは一日、あるいは多数の日、あるいは［常に］休まず［供養］したからである。第八に欲境《よくきょう》と名づける。昔、戒を守り、あるいは邪見の人の病に対して、その安らかにするものを施したからである。第九に清涼と名づける。昔、臨終にのどの渇く病の人を見て、石蜜漿《せきみつしょう》[40]、あるいは冷水を、病人に施したからである。第十に常遊戯《じょうゆげ》と名づける。昔、座禅の人のために住居を作り、絵を描いて死体の観察をさせたからである。

第四に箜篌天《くごてん》[41]と名づける。十の場所がある。第一に楗陀羅《けんだら》と名づける。昔、遊園の甘蔗《かんしょ》や菴羅《あんら》[42]などの果樹の林を、[727b]サンガに施したからである。第二に応声《おうしょう》と名づける。昔、邪見の人のために、一偈の法を説いて、彼らに心を清浄にして仏を信じるようにさせたからである。第三に喜楽と名づける。昔、人に美味しい飲み物、あるいは清く美味しい水を施し、あるいは泉や井戸に蓋をして、虫や蟻を入らせず、旅人がこれを飲むとき、苦悩がないようにさせたからである。第四に掬水《きくすい》と名づける。昔、病で苦しむ者が臨終にのどからフーフー【忽忽】と声を出すのを見て、彼に飲み物【漿水】を施し、財物で彼の命を贖《あがな》った。第五に白身《びゃくしん》と名づける。昔、仏塔・僧の住居を塗り飾り、修繕し、また人を教えて修繕させたからである。第六に共遊戯《ぐゆげ》と名づける。昔、信心によって戒を守り、法の意義に同化し、和合し一緒になったからである。第七に楽遊戯《らくゆげ》と名づける。昔、戒を守って衆生を教化し、心を清浄にして信じるようにさせ、持戒・布施を喜んだからである。第八に共遊《ぐゆう》と名づける。昔、法会で法を聞き、仕事を補助し、心中深く喜んだからである。第九に化生《けしょう》と名づける。昔、飢饉の者が、溺《おぼ》れる者を見て、これを救い守った。第十に正行と名づける。昔、国や家が滅び破れ、略奪されるのを見て、救って脱出することができるようにさせ、険しい道を示した。

36　優鉢羅華　Utpala の音写語。青蓮華と訳す。
37　分陀利　Puṇḍarīka の音写語。白蓮華と訳す。
38　質多羅　Citra の音写語。雑色、雑飾などと訳す。
39　摩偸　Mathurā の音写語。
40　石蜜漿　氷砂糖を水に溶かしたもの。
41　箜篌天　「箜篌」は、楽器の名で、竪琴の類。
42　菴羅　āmra の音写語。菴摩羅とも音写する。マンゴー樹のこと。

次に、日行天《にちぎょうてん》は、須弥山の周囲をまわって宮殿に留まる。外道は［その日行天を］日曜《にちよう》[43]や星宿《せいしゅく》と説く。［それには］かいつまんで三十六億があると説く。昔、七戒[44]を守って、増上果を得させた[45]。風輪[46]に支えられている。この日行［天］などの大天は、提頭頼吒《たいずらた》[47]（持国天）、毘沙門《びしゃもん》[48]（多聞天）という二つの大天と、四天下に遊び、空中で遊び戯れ、五官の欲望の楽しみを受けて、心のままに楽しむ。日行［天］は須弥山の周囲をまわり、どの方向にあるかにしたがって、山に影を落とすことがあるので、人々は夜と説く。風輪は北方の星を支え、回転して没しない。外道は北極星【辰星】の没しないのを見て、それがすべての世間・国土を支えると思い、風力の仕業《しわざ》であることを知らないのである。

不殺［生］戒は四天［王の］場所に生じ、不殺［生戒］・不盗［戒］は三十三天に生じ、不婬《ふいん》［戒］を加えれば焔摩天《えんまてん》に生じ、口の四種の過失（妄語・両舌《りょうぜつ》・悪口・綺語《きご》）を犯さないことを加えれば兜率天《とそつてん》に生じる。さらにまた、世間戒[49]（息世譏嫌戒《そくせきげんかい》）を加え、また仏の七戒を信奉すれば、化楽［天］・他化［自在天］の二つの天に生じる。守る戒がいっそうすぐれていれば、天の身の福徳と寿命もいっそうすぐれたものになる。さらにまた、心の持戒と思索する心のすぐれていることにしたがって、その福もいっそうすぐれたものになる。

三十三天とは、第一に住善法堂天《じゅうぜんほうどうてん》[50]と名づける。昔、七戒を守り、［心が］しっかり確立していて嫌うことがなかった。［声聞の］四果、［看］病人[51]、父母、滅《めつ》［尽《じん》］定《じょう》に入る人に施し、慈・悲・喜・捨［の四無量心］によって恐怖する者に寿命を与え、善法堂天に生じて、帝釈天[52]となった。憍尸迦《きょうしか》[53]を姓とし、能天主《のうてんしゅ》[54]と名づける。九十九那由他《なゆた》の数の天女がいて随従者【眷属】となり、心に嫉妬がない。善法堂は、727c 広さが五百由旬である。第三に清浄天・焔摩天[55]と名づける。王を牟修楼陀《むしゅるだ》と名づける。身長は五由旬で、百千の帝釈が集まって合

43 日曜　太陽のこと。『正法念処経』巻第二十四、観天品には、「曜」（同前、一四二上二）とある。「曜」は、輝く天体のことで、日・月と、火・水・木・金・土の星を七曜という。

44 七戒　不殺生・不偸盗・不邪婬・不妄語・不両舌・不悪口・不綺語のこと。

45 増上果を得させた【令得増上果】　底本の「令得増上果」について、『講義』には「今得増上果」の誤りであろうと指摘している。「増上果」は、能作因に対する果のこと。

46 風輪　大地の下にある三つの層（金輪・水輪・風輪）のうちの一つ。風輪は虚空の上に浮かび、また金輪の上に、九山八海があるとされる。

47 提頭頼吒　Dhṛtarāṣṭra の音写語。四天王のなかの東方の持国天のこと。

48 毘沙門　Vaiśravaṇa の音写語。四天王のなかの北方の多聞天のこと。

49 世間戒　『釈籤』によれば、息世譏嫌戒のことで、『講義』はそれを受けて、不飲酒戒を指すと解釈している。『釈籤』巻第十、「世間戒とは、譏嫌戒なり」（大正三三、八八四中三）を参照。

50 住善法堂天　「善法堂」は、帝釈天の宮殿。

51 病人　『正法念処経』巻第二十五、観天品には、「看病人」（大正一七、一四三下一五～一六）とある。

52 帝釈天【釈迦提婆】　釈迦提婆因提（Śakro devānām indraḥ の音写語）の略。神々の王、シャクラの意。帝釈天、天帝釈のこと。

53 憍尸迦　Kauśika の音写語。帝釈天が人間であったときの姓。

54 能天主　Śakro devānām indraḥ の訳語。帝釈天のこと。

55 清浄天・焔摩天　「清浄天」は三十三天のなかの第三十三天の名であり、「焔摩天」は六欲天の第三であるから、「清浄天」は衍文であろう。

わさっても、及ばない。第四に兜率陀《とそつだ》［天］である。ここでは分別意宮《ふんべついぐう》という。その王を刪闘率陀《せんとうそつだ》と名づける。第五に涅摩地《ねまじ》[56]（化楽天）である。ここでは自在という。また不憍楽《ふきょうらく》とも名づける。第六に波羅尼蜜《はらにみつ》[57]（他化自在天《たけじざいてん》）と名づける。ここでは他化自在という」[58]とある。色・無色（界）についてはもう書かない。

小の薬草［の説明が］終わった。

2　中草（二乗）の位

中の薬草の位とは、とりもなおさず二乗である。これは習果について、位を判定する。旧説には、「『成［実］論』は探求して大乗を明らかにし、菩薩の意義を理解する」とある。これはそうではない。論主が自ら、「今、正面から三蔵のなかの真実の意義を明らかにする」といっている。[59]「真実の意義」とは、空のことである。［旧説の］人師はどうして［『成実論』の］論主をないがしろにすることができるのか。

これは、空門に二十七賢聖《げんじょう》[60]の断（煩悩を断ち切ること）・伏（煩悩を制伏すること）の位を明らかにし、『阿毘曇［論］』の有門には、七賢・七聖の断・伏の位を明らかにする。詳しくは［『成実論』と『阿毘曇論』の］論に説明がある。

2・1　声聞の位

今、かいつまんで有門の中草の位を提示する。最初に七賢《しちけん》を明らかにし、次に七聖《しちしょう》の位を明らかにする。七賢とは、第一に五停心、第二に別相念処、第三に総相念処、第四に煖法、第五に頂法、第六に忍法、第七に世第一法である。共通に賢と呼ぶのは、聖の隣に位置するので、賢という。相似の理解によって見［惑］を制伏し、相似したものによって真実のものを生ずることができるので、聖の隣に位置するという。さらにまた、天魔・外道は、愛［煩悩］・見［煩悩］[61]に流転して、四諦を認識しない。この七位の人は、明らかに四諦を認識

56　涅摩地　Nirmāṇa-rati の音写語。六欲天の第五の化楽天、楽変化天のこと。
57　波羅尼密　波羅尼密は Para-nirmita の音写語。六欲天の第六の他化自在天のこと。
58　『正法念［処経］』には、「六万の山が須弥［山］を囲んでいる……ここでは他化自在天という」【正法念云六万山遶須弥……此云他化自在】　漢字をすべて記すのが原則であるが、この範囲は千数百文字となるため中略する。『正法念処経』巻第二十二（同前、一二五上）から巻第三十六（同前、二〇九下）までの範囲から、必要な記述を摘録したものである。実際には、兜率陀以下は、『正法念処経』には出ない。
59　論主が自ら、「今、正面から三蔵のなかの真実の意義を明らかにする」といっている【論主自云今正自明三蔵中実義】『成実論』巻第一、具足品、「故に我れは正しく三蔵の中の実義を論ぜんと欲す」（大正三二、二三九中一一）を参照。
60　二十七賢聖　『釈籤』巻第十、「仏の言わく、学人に十八有り、無学に九有り。学の十八とは、謂わく、信行・法行・信解・見得・身証・家家・一種子・向初果・得初果・向二果・二果・向三果・三果、及び五種含なり。謂わく、中・生・行・不行・上流なり。九無学とは、思・進・退・不退・不動・住・護・慧・倶なり」（大正三三、八八四中八～一三）を参照。
61　愛［煩悩］・見［煩悩］【愛見】　愛煩悩は修惑＝思惑のことで、貪欲・瞋恚などの情的な煩悩。見煩悩は見惑のことで、我見・邪見などの知的な煩悩。

する。『大［般涅槃］経』には、「私は昔、あなたたちと四真諦を見なかった」とある……。[62] 四諦を見るとは、愛［煩悩］に所属する四諦を認識し、見［煩悩］に所属する四諦を認識すれば、みな明了にすることができる。もし四諦を理解すれば、見るものは真正であり、邪まで曲がったものがないので、賢人の様相である。

第一に初賢の位とは、五停心を学び、観が成就して五つの覚りを妨げる煩悩【障道】を破る。[63] とりもなおさず初賢の位である。その理由は何か。もし地獄に堕ちることが定まっている仲間【定邪聚】[64]の衆生が、三宝・四諦を認識しなければ、生死に貪着《とんじゃく》し汚染されるからである。もし人が三宝に帰依し、四真諦を理解して発心し、生死を離れて、涅槃の楽を求めようとするならば、五種の覚りを妨げる煩悩が散動《さんどう》して、四諦を観察することを妨げる。今、五［停心］観を修めて成就すれば、妨げるもの【障】は破られ道は明らかとなって、修行と理解【行解】とがたがいに合致するので、初賢と名づける。

第二に別相念処の位とは、五つの妨げるもの【五障】が除かれることによって、観察する智慧が適当であり【諦当】、四諦を観察し、まさに苦諦を初門とし、四念処観を修めて、四顛倒《してんどう》を破ることができる。慧解脱《えげだつ》の性質の人[65]に関しては、ただ性《しょう》の四念処観を修めて、性執《しょうしゅう》の四倒（四つの倒錯《とうさく》）を破るだけである。728a 倶解脱《くげだつ》の人[66]に関しては、共《ぐう》の四念処観を修めて、事理の四倒を破る。無疑解脱《むぎげだつ》の性質の人[67]に関しては、性・共・縁の三種の四念処を修めて、すべての事理、文字などの四顛倒（四つの倒錯）を破る。巧みな方便【善巧方便】によって、念処のなかに四種の精進があり、四種の定を修行する。五つの善法を生じ、五種の悪を破る。道の働き［道用］を区別し、安らかに穏やかに修行する。[68] 四諦を観察して、別相の四念処の位を成就することができるのである。

第三に総相四念処とは、前に別相念［処］の智慧によって四顛倒を破った。今、深く微細な観察の智

62 『大［般涅槃］経』には、「私は昔、あなたたちと四真諦を見なかった」とある【我昔与汝等不見四真諦】『南本涅槃経』巻第十四、梵行品、「我れは昔、汝等と、四真諦を見ず。是の故に久しく生死の大苦海に流転す」（大正一二、六九三下二～三）を参照。

63 五停心を学び、観が成就して五つの覚りを妨げる煩悩【障道】を破る【学五停心観成破五障道】不浄観によって貪欲を止め、慈悲観によって瞋恚を止め、数息観によって散乱心を止め、因縁観によって愚癡を止め、念仏観によって種々の煩悩を止めること。なお、『摩訶止観』巻第七上（大正四六、九上～中を参照）には、数息観は覚観を対治し、因縁観は邪倒を対治し、念仏観は睡の障道を対治すると述べられている。「障道」は、仏道を妨げる煩悩のこと。

64 地獄に堕ちることが定まっている仲間【定邪聚】『講義』によれば、「邪定聚」に改めるべきである。『講義』には、断善のものを邪定聚といい、学・無学のものを正定聚といい、その他のものを不定聚というとある。

65 慧解脱の性質の人【慧解脱根性人】「慧解脱」は、阿羅漢であって、まだ滅尽定を得ていないもの。性念処（無生の空理を観じて、煩悩を断じること）を修する。

66 倶解脱の人【倶解脱人】「倶解脱」は、阿羅漢であって、滅尽定を得たもの。共念処（性念処によって、三明六通を獲得すること）を修する。

67 無疑解脱の性質の人【無疑解脱根性人】「無疑解脱」は、一切の外道に精通して、疑いのない、最も優れた阿羅漢のこと。縁念処（広く教法を学ぶことによって悟ること）を修する。

68 四種の精進……安らかに穏やかに修行する【有四種精進修四種定生五善法破五種悪分別道用安隠而行】「四種の精進」は四正勤、「四種の定」は四如意足、「五つの善法」は五根、「五種の悪を破ること」は五力、「道の働きを区別すること」は七覚支、「安らかに穏やかに修行すること」は八正道に相当する。

慧によって、総じて四倒を破る。あるいは境総観総《きょうそうかんそう》、境別観総《きょうべつかんそう》、境総観別《きょうそうかんべつ》[69]、あるいは二陰《におん》・三陰・四陰・五陰をまとめることを、みな総相観と名づける。このなかでまた巧みな方便【巧方便】によって、〔四〕正勤《しょうごん》・〔四〕如意〔足〕・〔七〕覚〔支〕・八〔正〕道を生じ、すばやく後の法に入ることができるので、総相念処の位と名づけるのである。

第四に煖法の位とは、別〔相〕・総〔相〕の念処の観察によって、相似の理解（相似即）の十六種の四諦に対する観察[70]を生じて、仏法の気分を獲得する。たとえばきりもみして火を起こすと煙が起こるように、また春の陽に煖（暖かさ）が生じるようなものである。智慧によって境を深くきわめる【鑽】と、相似の理解を生ずる。理解は煖にたとえる。さらにまた、春夏に花や草を集めれば、自然と煖が生じることがあるようなものである。四諦の智慧によって、多くの善法を集めると、善法が滲透し積もって、智慧の理解が起こることができる。それ故、煖と名づけるのである。とりもなおさず内凡の最初の位である。仏弟子にはあるが、外道にはない。以上を煖法の位と名づける。

第五に頂法とは、相似の理解がますます増大して、四如意定《しにょいじょう》を得ると、十六種の四諦に対する観察がますます明らかとなる。〔頂法が〕煖の上にあることは、山の頂に登って、四方を見渡すと、すべて明了であるようなものである。それ故、頂法と名づける。

第六に忍法の位とは、また相似の理解が増大し、五種の善法（五根）が増大して根となる。四諦のなかで、忍耐し願い求める【堪忍楽欲】ので、忍法の位と名づける。下〔忍〕・中〔忍〕の二つの忍[71]を、みな忍位と名づける。

第七に世第一法の位とは、とりもなおさず上忍の一刹那《いちせつな》において、凡夫のもとで、最勝の善根を得ることを、世間の第一の法と名づけるのである。上の智妙のなかで、かいつまんで説いた。

七聖位とは、第一に随信行、第二に随法行、第三に信解、第四に見得、第五に身証、第六に時解脱羅漢《じげだつらかん》、第七に不時解脱羅漢である。共通に聖と名づけるのは、正［という意味］である。苦忍[72]（苦法智忍《くほうちにん》）の明（智慧）が生じて、凡性を捨てて聖性に入り、真智によって理を見るので、聖人と名づける。

第一に随信行の位とは、鈍根の人が見道に入る名である。自分の智力でなくて、他に依存して理解を生ずる。この人は方便道[728b][73]において、先に信があるけれども、まだ真を習わないので、信であって行と名づけない。行は、

69　境総観総、境別観総、境総観別　『釈籤』巻第十、「境総観総とは、四観を以て通じて四境を観ず。境別観総とは、一一の境に於いて四観もて之れを観ず。境総観別とは、一一の観を以て総じて四境を観ず」（大正三三、八八四中二三～二五）を参照。

70　十六種の四諦に対する観察【十六諦観】　十六行相（十六観智）のこと。『法華玄義』巻第三上の前注32を参照。

71　下［忍］・中［忍］の二つの忍【下中二忍】　忍法の位に、下忍位・中忍位・上忍位の三種がある。下忍位においては、四諦十六行相を修する。中忍位においては、しだいに観行を減少させ、ついに最後に残された欲界の苦諦の一行相を二刹那に観察する。上忍位においては、同じくその一行相を一刹那に観察する。

72　苦忍　苦法智忍（苦法忍）のこと。この智によって、欲界の苦諦を現観して、苦諦に迷う煩悩を断じる。

73　方便道　見道に入る前の三賢・四善根の七方便の位のこと。

進み趣くという意味である。苦［法智］忍の真の明（智慧）を得てから、十五刹那《せつな》[74]に進み趣いて真（四真諦）を見るので、随信行の位と名づけるのである。

第二に随法行の位とは、とりもなおさず利根［の人］が［見］道[75]に入る名である。利とは、自分の智力によって理を見て結《けつ》（煩悩）を断ち切ることである。方便道にあって、自ら観を用いて、四真諦の法を観察することができるが、まだ真（四真諦を見る無漏智）を生じないので、行と名づけない。世第一法によって、苦［法智］忍の真の明（智慧）を生じて、十五刹那に進み趣いて真を見るので、随法行の位と名づけるのである。

第三に信解の位を明らかにするとは、とりもなおさず信行の人が修道に入ることを、転じて信解の人と名づけるのである。鈍根は信に依存して、進んで真実の理解を生ずるので、信解と名づける。この人の証果に三つある。［預流果・一来果・不還果の］三果のことである……。初果を証得するとは、第十六の道比智《どうひち》[76]が相応して、須陀洹を証得する。須陀洹は、ここでは修習無漏《しゅじゅうむろ》と翻訳する。『成［実］論』に、「やはり見道である」と明らかにする。[77]数人《しゅにん》（説一切有部の人）は、果を証得すると、すぐに修道に入ると明らかにする。これを用いて修習無漏の意義を明らかにすると便利である。見道の断ち切るものに関しては、かいつまんで［有身見《うしんけん》結《けつ》・戒禁取結《かいごんしゅけつ》・疑結《ぎけつ》の］三結が尽きるといい、詳しくは八十八使[78]が尽きるという。七生があるが、最終的に八［生］には至らない[79]……。

次に、［斯陀含＝一来果の第］二果を証得することを明らかにするのに、二種類がある。第一に向《こう》、第二に果である。向とは、初果の心より後、さらに十六種の四諦に対する観察【十六諦観】を修行して、七菩提行《しちぼだいぎょう》[80]が現われる。つまり、この世で無漏によって煩悩を断ち切る。一品の無礙［道］[81]に、欲界の［九品の思惑のうち］一品の煩悩を断ち切り、ないしは五品を断ち切る。みな向においてである。また勝進須陀洹《しょうしんしゅだおん》とも名づける。

74　十五刹那　八忍八智の十六心（十六刹那）によって見惑を断じるが、十五心は見道＝預流向に属し、第十六心だけが預流果に属す。預流果以上を修道といい、阿羅漢果を無学道という。

75　［見］道【道】　見道のこと。鈍根のものが見道の位にあるのを随信行といい、利根のものが見道の位にあるのを随法行という。

76　道比智　十六刹那（十六心）の第十六を道比智（道類智）という。欲界の四諦を観じる智を法智といい、色界・無色界＝上二界の四諦を観じる智を比智（類智）という。さらに、法智と比智のそれぞれに、忍と智がある。忍は煩悩を断じる智、智は真理を証する智をいう。そこで、苦法智忍・苦法智・苦比智忍・苦比智・集法智忍・集法智・集比智忍・集比智・滅法智忍・滅法智・滅比智忍・滅比智・道法智忍・道法智・道比智忍・道比智が説かれる。これを八忍八智＝十六心という。

77　『成［実］論』に、「やはり見道であると明らかにする【成論明猶是見道】『成実論』巻第十五、智相品、「問うて曰わく、須陀洹果を行ずるは、見諦道の中に在り。念処等の法は、見諦と名づけず。答えて曰わく、須陀洹果を行ずるに、近有り遠有り。念処等の中に住するを遠行の者と名づけ、見諦を近と名づく」（大正三二、三六一下二八～三六二上二）を参照。

78　八十八使　三界の四諦のそれぞれを対象として生じる見惑に八十八種ある。「使」は、煩悩の異名。

79　七生があるが、最終的に八［生］には至らない【七生在終不至八】　預流果の聖者は、最も遅い場合でも、人界と天界とを七回往復する間に、阿羅漢果を獲得することをいう。

80　七菩提行　七覚支のこと。『法華玄義』巻第一下の前注42を参照。

81　無礙［道］【無礙】　無礙道のこと。『法華玄義』巻第一下の前注151を参照。

これに焦点をあわせて、家家《けけ》[82]を論じるのである。第二に果とは、［欲界の九品の思惑のうち］六品を断じ尽くして、欲界の第六品の解脱を証得するようなものは、とりもなおさず斯陀含果[83]である。天竺（インド）では薄《はく》という。欲界の煩悩を薄くするのである。

次に、阿那含[84]を証得することを明らかにするのに、同様に二つある。第一に向、第二に果である。向とは、欲界の七品、ないしは八品を断ち切るようなものを、みな向と名づけ、また勝進斯陀含とも名づける。これに焦点をあわせて、一種子《いちしゅじ》[85]を説くのである。果とは、九無礙に欲界［の煩悩］を断ち切る。第九の解脱を証得するようなものは、阿那含果と名づけるのである。天竺では不還という。欲界に帰ってきて生じることがないからである。

次に、須陀洹に三種がある。第一に行中の須陀洹である。とりもなおさず［須陀洹］向である。第二に住果（その果に留まること）である。まさに須陀洹のことである。第三に勝進須陀洹である。また家家とも名づける。とりもなおさず斯陀含向である。

斯陀含にはただ二種があるだけである。第一に住果、[728c]第二に勝進である。勝進はまた一種子とも名づける。阿那含向のことである。

阿那含にもまた二種がある。第一に住果、第二に勝進である。勝進那含は、五上分結《ごじょうぶんけつ》[86]を断ち切る。色［貪］・無色［貪］の汚れ【染】などのことである。阿羅漢向のことである。

羅漢にはただ一つあるだけである。住果のことである。

次に、超果《ちょうか》[87]とは、凡夫のとき、欲界の六品、ないしは八品を断じ尽くして、見道に入り、苦［法智］忍の真の明（智慧）を生ずる。十五心の範囲は斯陀含向である。十六心に斯陀含果を証得するのである。もし凡夫のとき、まず二界[88]の九品を断じ尽くし、ないしは無所有処《むしょうしょ》が尽き、後に見諦に入るならば、十五心を阿那含行（向）と名づけ、第十六心に［阿］那含果を証得する。これを超越の人が後の［第二果の斯陀含果と第三果の阿那含果の］二果を証得すると名づけるのである。この信解は不動［法の阿羅漢］ではないけれども、能力・

82　家家　斯陀含向（一来向）の聖者のなかで、欲界の思惑の九品のうち、前三品、または前四品を断じた聖者のこと。家から出て家に至るの意で、人界から天界に生まれ、天界から人界に生まれることを意味する。

83　斯陀含果　「斯陀含」は、sakṛdāgāmin の音写語。一来と訳す。声聞の四果の第二で、欲界の思惑の九品のうち、前六品を断じる位で、一度天界に生まれ、再び人界に来生して、涅槃を得る。

84　阿那含　anāgāmin の音写語。不還と訳す。阿那含果は、声聞の四果の第三で、欲界の思惑の九品をすべて断じ、色界・無色界には生まれるが、欲界には再び生まれない。

85　一種子　阿那含向の聖者のなかで、欲界の思惑の九品のうち、七品、または八品を断じ、欲界の人界、または天界に一度生まれるものをいう。一間、一種ともいう。

86　五上分結　色界・無色界の上二界に束縛する煩悩のことで、色貪・無色貪・掉挙《じょうこ》・慢・無明の五結をいう。また、欲界に束縛する五結を五下分結といい、有身見・戒禁取見・疑・欲貪・瞋恚を指す。

87　超果　果を越えること。声聞が阿羅漢果を得るまで、四向四果を次第に証得していくことを次第証というのに対して、初果、または二果を飛び越えて進むことをいう。超越証《ちょうおつしょう》ともいう。

88　二界　『講義』によれば、「欲界」に改めるべきである。

性質は相違する。退［法阿羅漢］・護［法阿羅漢］・思［法阿羅漢］・住［法阿羅漢］・進［法阿羅漢[89]］のことである。もし阿那含を証得するならば、それぞれまた五［種般《しゅはつ》］、七種般、八種般[90]がある。五種般とは、中般・生般・行般・不行般・上流般《じょうるはつ》[91]である。七種とは、中般を開いて、［速般《そくはつ》・非速般・経久《きょうく》の］三種とする[92]のである。八種般とは、五は前の通りである。さらに現般・無色般・不定般[93]がある……。

第四に見得の位を明らかにするとは、法行の人が転じて修道に入ることを、見得と名づける。利根の人が自ら智の功績によって、法を見、理を得るので、見得と名づける。この人は思惟道《しいどう》（修道）にあって、順序正しく（預流果・一来果・不還果の）三果を証得する。超越の二果[94]も、［七聖位の第三の］信解のなかで説明した通りである。ただ利根であるから、法を聞くことによらず、身を養うのに必要なもの【衆具】を借りないで、自ら法を見、理を得ることができることを、相違点とする。見得はただ不動の根性であるだけである。もし阿那含果を証得するならば、また五種［般］、七種［般］、八種般の相違があるのである。

第五に身証の位を明らかにするとは、逆に信解・見到《けんとう》（見得）の二人が思惟道（修道）に入り、無漏智によって、［五］上［分結《ぶんけつ》］・［五］下分結[95]を断ち切り、四禅・四無色定を生ずる。とりもなおさず共念処《ぐうねんじょ》によって、八背捨《はちはいしゃ》・八勝処・十一切処を修め、九次第定に入ると、三空（空・無相・無願の三解脱門）、事［障］・性《しょう》［障］の二つの障[96]はまず断じ尽くした。さらにまた、非想の事障を断ち切り、［四諦の］理を対象とするさまざまな心・心数《しんじゅ》の法を滅して、滅尽定《めつじんじょう》に入る。この定を得るので、身証阿那含と名づけるのである。なぜならば、滅［尽］定に入ると、涅槃に似た法を、身のなかに置いて、三界のすべての骨折りの仕事を止め、身に想《そう》

89　退［法阿羅漢］・護［法阿羅漢］・思［法阿羅漢］・住［法阿羅漢］・進［法阿羅漢］【退護思住進】　五種の阿羅漢の種類に対応して、五種の根性が説かれる。五種の阿羅漢は、『法華玄義』の本文に後出する。退法阿羅漢は、すでに得た阿羅漢の悟りから退失しやすいもの。護法阿羅漢は、退失しないように防護するもの。思法阿羅漢は、退失することを恐れて自殺しようと思うもの。住法阿羅漢は、防護しなくとも退失はしないが、また増進もしないもの。進法阿羅漢は、さらに増進して次の不動法の阿羅漢（不時解脱阿羅漢）に達するもの。第六の不動法阿羅漢に対して、前の五つは「動」と規定される。

90　五［種般］、七種般、八種般【五及七種般八種般】　不還果を細分して、五種般、七種般、八種般を立てる。

91　中般・生般・行般・不行般・上流般【中般生般行般不行般上流般】「中般」は、欲界において死に、色界に生まれる場合、中有の位において般涅槃するもの。「生般」は、色界に生まれてから、まもなく般涅槃するもの。「行般」（有行般）は、色界に生まれて長い間修行してから般涅槃するもの。「不行般」（無行般）は、色界に生まれて、そこで修行することなく、長い時を経過して般涅槃するもの。「上流般」は、色界に生まれてから、さらに上の天に進み、色界の色究竟天、または無色界の有頂天に生まれ、そこで般涅槃するもの。

92　中般を開いて、［速般・非速般・経久の］三種とする【開中般為三種】「中般」を、速般・非速般・経久の三種に分類する。中有において般涅槃する場合、その所要時間の長短によって三分類したものである。速般・非速般・経久の順に所要時間が長くなる。

93　現般・無色般・不定般【現般無色般不定般】「現般」は、欲界にあるままで、般涅槃するもの。「無色般」は、欲界において死に、無色界に生まれて、そこで般涅槃するもの。「不定般」は、三界のどこで般涅槃するか不定のもの。

94　超越の二果　預流果を超越して得る一来果と、預流果・一来果を超越して得る不還果の二つの果のこと。

95　［五］上［分結］・［五］下分結　五上分結と五下分結のこと。前注86を参照。

96　事［障］・性［障］の二つの障【事性両障】『講義』には「下地の定障を指して事障と云うに似たり。性障は即ち下地の惑なり」とある。

受滅《じゅめつ》（滅尽定）を証得するので、身証と名づけるのである。もし初果に焦点をあわせて身証を理解すれば、た[729a]だまず凡夫において、等智（有漏智）によって結を断ち切り、四禅・四無色定を得ることによって、後に見諦を得、第十六心に［阿］那含果を証得し、すぐに共念処を修める。逆に欲界から背捨・勝処・一切処を修め、九次第定に入ることは、身証である。この阿那含に二種がある。第一に住果である。ただ阿那含だけである。第二に果を帯びて向に行く[97]。とりもなおさず勝進阿那含である。また［阿］羅漢向の所属である。『釈論』（『大智度論』）には、「［阿］那含に十一種がある。五種はまさに阿那含、六種は阿羅漢向の所属である」とある[98]。この身証とは、とりもなおさず勝進であり、［阿］羅漢向の所属とする。五種［般］、七種般にはみな上流般がある。八種般はただ現般・無色般があるだけである。『［阿］毘曇［論］』に［阿］那含を区別するのに、一万二千九百六十種がある[99]……。

第六に時解脱羅漢《じげだつらかん》を明らかにするとは、信行の鈍根である。時や多くの条件が備わるのを待って、はじめて解脱を得るので、時解脱羅漢と名づける。羅漢は、ここでは翻訳がない。［阿羅漢の］名に三つの意義を含んでいる。殺賊《せつぞく》、不生《ふしょう》、応供《おうぐ》である。位は無学にある。羅漢に五種がある。随信行に、退法・思法・護法・住法・升進法《しょうしんほう》（勝進法）を生ずるのである。尽智《じんち》（四諦を体得したとする智）と無学等見《むがくとうけん》[100]とを得るのである。もし金剛三昧《こんごうざんまい》[101]によって非想［非非想処］の九品の惑[102]を尽くし、次の一刹那に、非想［非非想処］の第九の解脱を

97　果を帯びて向に行く【帯果行向】　果＝阿那含果を帯びて、阿羅漢向に行く意か。

98　『釈論』（『大智度論』）には、「［阿］那含に十一種がある。五種はまさに阿那含、六種は阿羅漢向の所属である」とある【釈

論云那含有十一種五種正是阿那含六種阿羅漢向摂】『大智度論』巻第二十二、「僧の中に四双八輩有りとは、仏が世間の無上の福田を説く所以は、此の八輩の聖人有るを以ての故に、無上の福田と名づく。問うて曰わく、仏の給孤独居士に告ぐるが如くば、世間の福田にして応に供養すべき者に二種有り。若しは学人、若しは無学人なり。学人に十八、無学人に九有り、と。今、此の中に何を以ての故に但だ八を説くや。答えて曰わく、彼れは広く説くが故に、十八、及び九なり。今、此れは略して説くが故に八なり。彼の二十七聖人は、此の八に皆な摂す。信行・法行は、或いは向須陀洹に摂《しょう》し、或いは向斯陀含に摂し、或いは向阿那含に摂し、家家は向斯陀含に摂し、一種は向阿那含に摂し、五種の阿那含は向阿羅漢に摂し、信行・法行の思惟道に入るを、信・解脱・見得と名づく。是の信・解脱・見得は、十五の学人に摂し、九種福田は阿羅漢に摂す」（大正二五、二二四上七～一八）を参照。『釈籤』巻第十、「但だ『那含に十一種有り。五種は正しく是れ阿那含なり。六種は阿羅漢向に摂す』と云う。那含の五種とは、恐らくは是れ現般の一、中般の三の速・非速・久住、生般の一なり。六種阿羅漢向とは、有行・無行・全超・半超・遍没・無色を云う」（大正三三、八八四下二二～二五）を参照。要するに、五種の阿那含とは、現般と、中般を細分した速・非速・久住（経久）と、生般とのこと。六種の阿羅漢向とは、有行・無行・全超・半超・遍没・無色のこと。

99 **『［阿］毘曇［論］』に［阿］那含を区別するのに、一万二千九百六十種がある**　『雑阿毘曇心論』巻第五、賢聖品、「是の如き阿那含は、其の数に五倍有り〔即ち上の二千五百九十二の五倍を一万二千九百六十と為す〕」（大正二八、九一二中一四～一五）を参照。

100 **無学等見**　『釈籤』巻第十、「又た、無学等見とは、一切の羅漢等に此の見有り。自ら我れは是れ阿羅漢果なりと知る。等しく此の見有るが故に、等見と名づく」（大正三三、八八五中八～一〇）を参照。

101 **金剛三昧**　最後の煩悩を断じて、阿羅漢果を得るときに起こす禅定のこと。金剛喩定ともいう。

102 **非想［非非想処］の九品の惑**　**【非想九品惑】**　無色界の非想非非想処の九品の修惑（思惑）のこと。三界九地（欲界と色界の四禅天と無色界の四空処）のそれぞれの地に、九品の修惑がある。したがって、三界の修惑は全部で八十一品である。

証得して尽智を成就するならば、次の一刹那に、無学等見を得るのである。あるいはその時に退くので、無《む》生《しょう》智《ち》[103]を得るとは説かない。この五種の阿羅漢は、信種性《しんしゅしょう》である。根が鈍であり、因において道を修めるとき、必ず衣食・寝台【床具】・場所・説法、そして人がしたがうことを借りて、善根が増大するが、いつも欲するままに進むことはできないのである。この五種にそれぞれ二種がある。滅尽定を得ないのは、ただ慧解脱にすぎない。滅尽定を得るのは、とりもなおさず倶解脱《くげだつ》（心解脱）である。もし滅尽定を得ないならば、この人は因において性念処だけを修める。もし滅尽定を得るならば、この人は因において性［念処］・共［念処］を修めるのである。果を証得するとき、三明・八解［脱］（八背捨）が同時に得られるので、倶解脱と名づけるのである。

第七に不時解脱羅漢《ふじげだつらかん》とは、とりもなおさず法行の利根であり、不動法の阿羅漢と名づけるのである。この人は因において道を修め、いつも欲するままに進んで善の行為を修め、身を養うのに必要なもの【衆具】を待たないので、不時解脱と名づける。この人は煩悩に動揺させられないので、不動と名づける。不動は不退［転］という意味である。三智を成就する。[729b]尽智・無生智・無学等見のことである。重空三昧《じゅうくうざんまい》[104]によって聖人の善法を攻撃することができる。定によって定を捨てるので、攻撃することができる【能撃】という。この不動羅漢にもまた二種がある。第一に滅尽定を得ないのは、ただ慧解脱と名づけるにすぎない。第二に滅尽定を得るのは、とりもなおさず倶解脱である。もし仏の三蔵の教門を説くのを聞いて、縁念処を修めて、すぐに［法無礙《ほうむげ》辯《べん》・義無礙辯・辞無礙辯・楽説無礙辯《ぎょうせつむげべん》の］四［無礙］辯を生ずるならば、無疑解脱と名づける。以上を波羅蜜の声聞と名づける。究極的にすべての羅漢の功徳を備えることができるのである。沙門那《しゃもんな》[105]とは、沙門果のことである。

2・2　縁覚の位

第二に辟支仏の位を明らかにするとは、ここでは縁覚と翻訳する。この人は過去世において［植えた］福が厚く、心の働き【神根】がすばらしく【猛利】、集諦を観察することを初門とする。『大［智度］論』には、独覚、因縁覚と呼んでいる[106]。もし無仏の世に出現して、自然に道を悟るならば、これは独覚である。もし仏の［在］世に出現して、十二因縁の法を聞き、これを受けて覚りを得るならば、わざわざ因縁覚と名づける。独覚が無仏の世に生まれるとき、卑小なものもいるし偉大なものもいる。もしもともと有学の人［の立場］にあって、今、仏が［涅槃に入った］後に生じ、七回生まれることが終わって、八回は生まれず、自然に覚りを

103　無生智　阿羅漢の得る智で、四諦を体得し尽くしたと知る智を「尽智」といい、体得し尽くしたので、さらに体現すべきものはないと知る智慧のことを「無生智」という。

104　重空三昧　空空三昧を指す。または、無相無相三昧、無願無願三昧を含むこともある。阿羅漢が無漏智によって諸法の空無我を観じることが空三昧であり、さらに有漏智によって前の空相を捨てることを空空三昧という。

105　沙門那　śramaṇa の音写語。沙門とも音写する。したがって、「沙門那とは、沙門果なり」という表現は奇妙である。『釈籤』巻第十、「沙門那とは、沙門は此に乏と云い、那とは此に道と云う」（同前、八八五中一一～一三）を参照。勤労、静志、息心、貧道、乏道などと訳す。出家の修行者のこと。

106　『大［智度］論』には、独覚、因縁覚と呼んでいる【大論称独覚因縁覚】　『大智度論』巻第十八、「復た次に辟支仏に二種有り。一に独覚と名づけ、二に因縁覚と名づく」（大正二五、一九一中五～六）を参照。

完成するならば、仏と名づけない。同様に羅漢でもない。卑小な辟支迦羅《びゃくしから》[107]と名づける。その修行によって得る力【道力】を論じると、舎利弗などの大羅漢に及ばない。第二には偉大な辟支迦羅である。二百劫の間功徳を得る行為を行ない、身体に三十二相とほぼ同じもの【分】を得る。あるいは三十一、三十、二十九、ひいては一相がある。福の力は増大し、智慧は鋭く、［四諦について総体的に三世を分けない］総相と［個別的に三世を分ける］別相について知ることができ、入ることができる。長い間、禅定を修行[108]して、常にひとりで居ることを願い求めるので、偉大な辟支迦羅と名づけるのである。もし因縁について卑小なもの、偉大なものを論じるならば、次のように区別すべきである。この人は感覚機能が鋭く、［声聞の四果のような段階的な］果を制定する必要がなく、煩悩の正体【正使】を断ち切ることができ、さらにまた［煩悩の］習気を減らす。たとえば身体が盛んであれば、直ちに目的地【所在】に到達して、中途で休まないようなものである。それ故、［段階的な］果を制定しない。中草の位と名づけることが終わった。

3　上草（三蔵教の菩薩）の位

上草の位とは、とりもなおさず三蔵［教］の菩薩の位である。この菩薩は、最初に菩提心を生じてから慈悲・誓願を起こし、四諦を観察するとき、道諦を初門とし、六波羅蜜を修行する。最初の釈迦から罽那尸棄仏《けいなしきぶつ》[109]のときまで、第一阿僧祇劫《あそぎこう》と名づける。常に女人の身を離れ、また自ら成仏するのか、成仏しないのかを知らない。二乗の位と比較すると、五停心・別相［念処］・総相念処の位のなかにあるべきである。慈悲心によって六度の行を修行するのである。

罽那尸棄仏から燃灯仏《ねんとうぶつ》[110]のときまでを、第二[729c]阿僧祇劫と名づける。そのとき、自ら成仏することを知るけれども、口では説かない。この［二乗の］位と比べると、煖法の位のなかにあるべきである。とりもなおさず性地順忍《しょうじじゅんにん》[111]の初心の位である。法を証得する信がある以上、必ず成仏することを知る。そして煖［法の位］の理解によって、六度を修行するけれども、心はまだ明瞭ではないので、他の者に対して口では説かないのである。

燃灯仏から毘婆尸仏《びばしぶつ》[112]のときまでを、第三阿僧祇劫と名づける。このとき、心のなかで明らかに自ら成仏することを知り、口ずから言葉を発して、畏《おそ》れはばかるものはない。この［二乗の］位と引き比べると、頂法の位のなかにあるべきである。六度を修行し、四諦の理解が明らかで、山頂に登って、明らかに四方を見るようなものである。それ故、他の者に対して口で説くのである。

もし三［阿］僧祇劫を過ぎて、三十二相［を得るため］の行為を行なうならば、これ（二乗の位）と引き比べると、下忍《げにん》の位である。この忍智によって、六度を修行し、百の福徳を成就し、百の福［徳］によって、一相

107 辟支迦羅　pratyeka-buddha（辟支仏）の pratyeka の音写語。
108 修行【修習】　底本の「集」を『全集本』によって「習」に改める。
109 罽那尸棄仏　『大智度論』巻第四（同前、八七上一二～一三）に「刺那尸棄仏」と出るが、「刺」は元本・明本などには「罽」に作る。罽那尸棄は Ratnaśikhin の音写語。宝髻、宝頂などと訳す。
110 燃灯仏【然灯仏】「然」は、燃に通じる。燃灯は Dīpaṃkara の訳語。錠光とも訳す。
111 性地順忍　「性地」は、三乗共の十地の第二で、この位で得る智慧を「順忍」（柔順忍）という。
112 毘婆尸仏　「毘婆尸」は Vipaśyin の音写語。

の因とする。下忍の位については、人のなかに仏が出現するとき、植えることができるのである。道場に座るときに関しては、位が中忍・上忍にある。上忍の一刹那から真に入り、三十四心に結《けつ》（煩悩）を断ち切って、最高の完全な覚り【阿耨三菩提】を得れば、仏と名づける。その前は、三蔵［教］の菩薩、上草の位である。

4　小樹（通教）の位

小樹の位とは、とりもなおさず通教である。三乗の人は、同じく言葉の表現を越えた方法によって、煩悩を断ち切って、第一義諦に入ることを明らかにする。体法（法を体得すること）の観察の智慧は相違しないが、ただ智慧の力に強弱の相違があるだけである。煩悩の習気《じっけ》に、尽・不尽のあることを、相違点とするだけである。先に三乗共の十地[113]の位を明らかにし、次に名別義通《みょうべつぎつう》[114]について説明する……。

4・1　三乗共（通教）の十地の位を明らかにする

第一に乾慧地《けんねじ》とは、三乗の最初を同じく乾慧と名づける。とりもなおさず体法の五停心・別相［念処］・総相［念処］の四念処観である。具体的な様相は三蔵［教］に相違しない。この［五停心観・別相念処観・総相念処観の］三段階の法門[115]においては、［五］陰・［十二］入・［十八］界は幻のようであり作り出されたもの【化】であると体得し、相対的に見・愛の八種の倒錯[116]を破ることを、身念処と名づける。受・心・法も同様である。この観のなかに留まって、［四］正勤・［四］如意［足］・［五］根・［五］力・［七］覚［支］・［八正］道を修行する。まだ煖法、相似［即］の理水（水にたとえられる理）を得ないけれども、総相［念処］の智慧は深く鋭いので、乾慧の位と呼ぶのである。

第二に性地の位とは、乾慧を超過することができる。煖を得てから、初心、中心、後心に増大し、頂法、ないし世第一法に入ることができることを、みな性地と名づける。性地のなかの無生の方便、理解を得るための智慧【解慧】が巧みであることは、いっそう前のものよりも優れ、相似［即］の無漏の性水《しょうすい》（理水）を得るので、性地というのである。

第三に八人地《はちにんじ》の位とは、とりもなおさず三乗の信行・法行の二人が、730a 見仮（見惑）を体得して、真（無漏智）を生じて惑を断ち切り、無間三昧《むけんざんまい》のなかにおいて、八忍が備わり、智が［十六心の道類智《どうるいち》の］一分を欠くので、八人の位と名づけるのである。

第四に見地の位とは、とりもなおさず三乗がみな同様に第一義無生の四諦の理を見、同様に見惑の八十八使を断じ尽くすことである。

第五に薄地《はくじ》の位とは、愛仮《あいけ》（思惑）は真であると体得して、六品の無礙［道］を生じ、欲界の六品［の愛

113　三乗共の十地　三乗に共通な十地であり、天台教学では、通教の十地といわれる。もと、『大品般若経』巻第十七（大正八、三四六中を参照）に説かれる。

114　名別義通　「名」は別教で、「義」は通教の意。別教の修行の名称によって、通教の階位を示すこと。通教の菩薩を別教の教えに親しませるためになされる。

115　三段階の法門【三階法門】　五停心観・別相念処観・総相念処観のこと。

116　八種の倒錯【八倒】　無常・苦・無我・不浄である世間の法を常・楽・我・浄であるとする誤った四種の見解と、常・楽・我・浄である涅槃の法を無常・苦・無我・不浄であるとする誤った四種の見解を合わせて八倒という。

仮］を断ち切って、第六の解脱［道］を証得し、欲界の煩悩は少ないのである。

第六に離欲地《りよくじ》の位とは、とりもなおさず三乗の人が、愛仮（思惑）は真であると体得して、欲界の五下分結を断じ尽くし、欲界の煩悩を離れるのである。

第七に已辦地《いべんじ》の位とは、とりもなおさず三乗の人が、色・無色の愛は真であると体得して、真無漏を生じ、五上分結、七十二品[117]を断じ尽くすのである。三界の事惑を断ち切ることが究極的になるので、已辦地という。

第八に辟支仏地の位とは、縁覚・菩薩は、真無漏を生じ、功徳の力が大きいので、習気を除くことができるのである。

第九に菩薩地の位とは、空から仮に入り、［他を教化する化］道と［空の理を観察する空］観とを並び行なう【道観双流】。深く［道諦と俗諦の］二諦を観察し、進んで習気、色心の無知を断ち切り、法眼・道種智を得て、神通に遊び戯れ、仏国土を浄化し、衆生を救済する。仏の十力・四無所畏を学び、習気を断ち切って、断じ尽くそうとするのである。これだけが小樹の位と名づけるのである。

第十に仏地とは、大いなる功徳の力によって智慧を助け、一念相応の慧[118]によって真諦を観察することが窮《きわ》まり、習気も同様に窮まる。劫火が木を焼いて、もう炭や灰がないように、象が河を渡るのに、河底に足が届くようなものである。菩薩と仏は、名は二乗と相違するけれども、共通して一緒に無生の体法を観察する。同じく無学である。［有余涅槃と無余涅槃の］二つの涅槃を得て、ともに灰断《けだん》（灰身滅智のこと。身も心＝智もまったく無に帰すること）に帰着する。果を証得する境地が一つであるので、通と呼ぶのである。

4・2　名別義通について説明する

第二に名別義通《みょうべつぎつう》について説明すると、あらためて二つとする。最初に三乗に共通な位について、菩薩は個別的に忍の名を立てるけれども、その意味は［三乗に］共通する。第二に別教の名を用いるが、名は別［教］で、意味は通［教］である。通［教］の意味は前に説いた通りである。

別して立てるとは、別して菩薩のために伏忍《ぶくにん》・柔順忍《にゅうじゅんにん》・無生忍《むしょうにん》の名を立てるのである。乾慧地《けんねじ》は、［声聞・縁覚・菩薩の］三人が同じく見惑を制伏する。ところが、菩薩にあらためて伏忍の名を加えるのは、菩薩が因縁は空であると信じて、無生の四諦について、その心を制圧【降伏】し、四弘誓願《しぐぜいがん》を起こすからである。衆生は虚空のようであると知るけれども、［菩提］心を生じてすべての衆生を救済する。この菩薩が衆生を救済しようとするのは、虚空を救済しようとするようなものである。それ故、『金剛般若［経］』には、「菩薩は、この 730b
ようにその心を制圧する。その意味は、無量の衆生に涅槃を得させるけれども、本当には涅槃を得る衆生はい

117　七十二品　色界の四禅と無色界の四空処の八地にそれぞれ九品の思惑があるので、合わせて七十二品の思惑があることになる。

118　一念相応の慧【一念相応慧】　定と慧とがぴったり一致した一念心。まさに成仏しようとする瞬間の智慧をいう。

ない」とある。[119]

次に、［煩悩無数誓願断《ぼんのうむしゅせいがんだん》・法門無尽誓願学《ほうもんむじんせいがんがく》・無上仏道誓願成《むじょうぶつどうせいがんじょう》の］三誓願によってその心を制圧することも同様である。以上が菩薩が乾慧地にあって、［五］停心・別相［念処］・総相念処観を修行するとき、二乗と相違するということである。それ故、特別に伏忍と呼ぶ。

次に、三乗の人は、同様に善有漏の五陰を生じて、相似［即］の理解を生じ、みな見惑を制伏して、第一義にしたがう。ところが、菩薩がひとり柔順忍の名を受けるのは、菩薩はただ結を制伏して理にしたがうだけではなく、さらにまたすべての衆生のために、心を制伏してくまなく六度を修行し、すべての事柄のなかで、福と慧をみな究極的なものにすることができるからである。三蔵［教］の菩薩が、中忍のなかで、三［阿］僧祇の間、六度を修行して、身命を惜しまないように、今の菩薩も同様である。空・無相・［無］願［の三三昧《さんざんまい》］によって、さまざまな感覚機能を調伏し、衆生のために六度を満足させるので、順忍と名づけるのである。

次に、三乗の人は、同様に真無漏を生ずる。あるいは智［徳］、あるいは断［徳］を、同じく無生と名づけるけれども、ところが、菩薩がひとり無生法忍《むしょうぼうにん》の名を受けるのは、その真理【諦理】を見て結使（煩悩）を断ち切るけれども、証得を取る心を生じないので、別して無生法忍の名を受けるのである。なぜならば、もし証得を取る心を生ずるならば、二乗地に堕落し、菩薩の第九地に入ることができないからである。

次に、三乗は同様に神通を得る。ところが、二乗は衆生を救済し、仏国土を浄化することができないので、遊び戯れる（自在に行動すること）と名づけられない。菩薩はそのようであることができるので、別して神通に遊び戯れると名づけられるのである。阿那含は五下分結を断ち切るけれども、深い禅定を捨てて欲界に生まれ、光を和らげて衆生に利益を与えることができず、その世俗に同化しない。[120]菩薩はこのようにすることができるので、別して欲を離れて清浄であると名づけられる。それ故、三乗の人は、同様に二諦を観察するけれども、［二諦を］用い参与することが相違する。二乗に関しては、二諦を観察するけれども、一向に仮を体得して空に入り、真によって結を断ち切り、無学果に至る。菩薩も同様に二諦を観察するけれども、始め乾慧［地］から終わり見地まで、多く従仮入空によって一切智・慧眼を得、多く真［諦］を用いるのである。薄地から神通に遊び戯れることを学んで、多く従空入仮観を修行し、道種智・法眼を得て、多く俗［諦］を用いるのである。辟支仏地から［従仮入空観と従空入仮観の］二観によって［空と仮を］ともに照らすことを学んで、菩薩地に入り、自然に薩婆若（一切智）の海に入る。そうであれば無功用《むくゆう》の心によって［一切］種智・仏眼を修め、仏地が円かに明るく、一切種智を成就する。仏眼によって同じく二諦を照らすことが730c窮まるのである。それ故、

119　『金剛般若［経］』には、「菩薩は、このようにその心を制圧する。その意味は、無量の衆生に涅槃を得させるけれども、本当には涅槃を得る衆生がいない」とある【金剛般若云菩薩如是降伏其心所謂滅度無量衆生実無衆生得滅度者】『金剛般若経』巻第一、「爾の時、須菩提は仏に白《もう》して言わく、世尊よ、善男子、善女人は阿耨多羅三藐三菩提心を発するに、云何んが応に住すべき。云何んが其の心を降伏《ごうぶく》するや。仏は須菩提に告ぐらく、善男子、善女人は、阿耨多羅三藐三菩提を発せば、当に是の如き心を生ず可し。我れは応に一切衆生を滅度すべし。一切衆生を滅度し已りて、一の衆生の実に滅度する者有ること無し」（大正八、七五一上八～一三）を参照。

120　その世俗に同化しない【不同其塵】「和光同塵」は『老子』に基づく。ここでは菩薩の説明として、鋭い英知の光を和らげて、塵＝世俗と同じ立場に立つことを意味する。阿那含は菩薩と異なり、塵＝世俗と同じ立場に立つことができないことが指摘されている。

『大〔智度〕論』には、「声聞法のなかでは乾慧地と名づけるが、菩薩においては伏忍《ぶくにん》にほかならない。声聞法においては性地と名づけるが、菩薩法のなかにおいては柔順忍と名づける。声聞法においては八人地と名づけるが、菩薩〔法〕においては無生忍の道と名づける。声聞法においては見地と名づけるが、菩薩法においては無生法忍の果である。声聞においては薄地と名づけるが、菩薩法においては離欲清浄と名づける。声聞法においては離欲地《りよくじ》と名づけるが、菩薩法においては五種の神通に遊び戯れると名づける」とある。[121]阿羅漢地は、声聞法においては仏地にほかならない。なぜならば、三蔵〔教〕の仏は三十四心に真（無漏智）を生じ、三界の結を断じ尽くすことが阿羅漢と等しいので、仏地と名づける。菩薩法のなかにおいては、やはり無生〔法〕忍と名づける。それ故、『大品〔般若経〕』には、「阿羅漢のあるいは智、あるいは断は、菩薩の無生法忍である」とある。[122]辟支仏地も同様である。

〔菩薩の第〕九地は辟支仏を過ぎて菩薩の位に入る。菩薩の位とは、九地・十地[123]である。以上は十地の菩薩である。わかるはずである。仏のようである。これだけは習気がまだ尽きない。菩薩地を過ぎて、仏地に入る。誓願によって余習（見思惑の習気）を補助して、[124]閻浮提に生まれ、八相成道《はっそうじょうどう》する。[125]〔下天《げてん》・託胎《たくたい》・降誕《ごうたん》・出家・降魔《ごうま》の〕五相は三蔵〔教〕と同じで相違しない。ただ第六の成道は、〔菩提〕樹のもとで一念相応の智慧（定と慧が一致する一瞬の智慧）を得て、無生の四諦の理と相応して、すべての煩悩の習気を断じ尽くす。大慈悲・

121　『大〔智度〕論』には、「声聞法のなかでは乾慧地と名づけるが……菩薩法においては離欲清浄と名づける」とある【大論云声聞法中名乾慧地於菩薩即是伏忍声聞法名性地於菩薩法中名柔順忍声聞法名八人地於菩薩名無生忍道声聞法名見地於菩薩法是無生法忍果声聞名薄地於菩薩法名為遊戯五神通声聞法名離欲地於菩薩法名為離欲清浄】『大智度論』巻第七十五、「智慧有りと雖も、禅定の水を得ざれば、則ち道を得ること能わざるが故に、乾慧地と名づく。菩薩に於いては、則ち初発心、乃至、未だ順忍を得ず。性地とは、声聞人は、煖法従り、乃至世間第一法なり。菩薩に於いては、順忍を得、諸法実相に愛着するも、亦た邪見を生ぜず、禅定の水を得。八人地とは、苦法忍従り、乃至道比智忍、是れ十五心なり。菩薩に於いては、則ち是れ無生法忍にして、菩薩位に入る。見地とは、初めに聖果を得。所謂る須陀洹果なり。菩薩に於いては、則ち是れ阿鞞跋致地なり。薄地とは、或いは須陀洹、或いは斯陀含なり。欲界の九種の煩悩は分断するが故なり。菩薩に於いては、阿鞞跋致地を過ぎ、乃至、未だ成仏せず。諸煩悩を断じ、余気も亦た薄し。離欲地とは、欲界等の貪欲、諸煩悩を離るるは、是れ阿那含と名づく。菩薩に於いては、欲の因縁を離るるが故に、五神通を得。已作地とは、声聞人は、尽智・無生智を得、阿羅漢を得。菩薩に於いては、仏地を成就す」（大正二五、五八六上三～一七）を参照。直後にある「阿羅漢地は……やはり無生忍と名づける」も、ここに引用した『大智度論』の文と関係がある。

122　『大品［般若経］』には、「阿羅漢のあるいは智、あるいは断は、菩薩の無生法忍である」とある【大品云阿羅漢若智若断是菩薩無生法忍】『大品般若経』巻第二十二、遍学品、「是の八人の若しは智、若しは断は、是れ菩薩の無生法忍なり。須陀洹の若しは智、若しは断、斯陀含の若しは智、若しは断、阿那含の若しは智、若しは断、阿羅漢の若しは智、若しは断、辟支仏の若しは智、若しは断は、皆な是れ菩薩の無生忍なり」（大正八、三八一中二三～二六）を参照。以下に出る『大品般若経』の引用も、ここの引用文を参照。

123　九地・十地【九地十地】『講義』によれば、九地の初心をまさしく九地となし、後心の近仏地（仏地に近いの意）の菩薩を仏地＝十地とする。

124　誓願によって余習（見思惑の習気）を補助して【用誓扶余習】誓扶習生を指す。『法華玄義』巻第二上の前注43を参照。

125　八相成道する【八相成道】釈尊が衆生救済のために、八種の姿を示したこと。成道も八相の一つであるが、最重要なので、別出する。下天・託胎・降誕・出家・降魔・成道・転法輪・入涅槃のこと。

十力・四無［所］畏・十八不共［仏］法などのすべての功徳（すぐれた徳性）を備える。これを仏と名づける。第七の転法輪は、方便の智によって三蔵［教］の生滅の四諦の法輪を開き、真実の智によって摩訶衍（大乗）の無生［滅］の四諦の法輪を説き、共通に［声聞・縁覚・菩薩の］三乗の人を教えるのである。第八の涅槃に入るという相とは、［沙羅《しゃら》］双樹《そうじゅ》で無余涅槃に入り、薪《たきぎ》が燃え尽きて火が滅するように、舎利《しゃり》（遺骨）を留めて、すべての神々と人間の福田となるのである。以上が通教の共通の位である。特別に菩薩のために、この名と位を立てるのである。

　第二に別［教］の名を用いて名づけるとは、とりもなおさず別教の名を取って、通教の菩薩の位と引きくらべるのである。別［教］の名とは、とりもなおさず十信・三十心（十住・十行・十廻向）・十地[126]の名である。鉄輪の位（十信の位）は、通［教］の意義においては乾慧地・伏忍にほかならない。三十心は性地・柔順忍と引きくらべるのである。八人地・見地は最初の歓喜地にほかならず、無生法忍を得るのである。それ故、『大品［般若経］』には、「須陀洹のあるいは智、あるいは断は、みな菩薩の無生忍である」とある。薄地の向（果に向かう段階）・果は、向が離垢地《りくじ》にほかならず、果が明地《みょうじ》にほかならないの731aである。それ故、『大品［般若経］』には、「斯陀含の智と断は、菩薩の無生法忍である」とある。離欲地の向・果は、向が焔地《えんじ》、果が難勝地《なんしょうじ》である。それ故、『大品［般若経］』には、「阿那含の智と断は、菩薩の無生法忍である」とある。已辦地《いべんじ》の向・果は、向が現前地《げんぜんじ》、果が遠行地《おんぎょうじ》である。『大品［般若経］』には、「阿羅漢の智と断は、菩薩の無生法忍である」とある。辟支仏地は、第八の不動地であり、習気を滅らすのである。『大品［般若経］』には、「辟支仏地の智と断は、菩薩の無生法忍である」とある。菩薩地は、善慧地にほかならない。十地は、仏地のようであるとわかるはずである。仏地は前に説いた通りである。この仏は三蔵の仏と同じでもあり、異なりもする。同じであることは、八十年で同じく本当の灰断《けだん》（灰身滅智）に入るのである。異なるとは、三蔵［教の仏は］因は制伏し果は断ち切り、通［教の］仏は因果をどちらも断ち切る。三蔵［教の仏は］は一日に三回［禅定に入って、救済すべき衆生の］機を照らし、通［教の］仏は俗そのままが真であるので、［衆生の機を］照らすのに、［禅定に］入る必要がないのである。以上が別［教］の名前を用いて位を弁別することである。名は［通教と］異なっているが意義は［通教と］同じである。やはり通教の位に所属するのである。

質問する。［別教の］初地（歓喜地）から七地（遠行地）までを［小乗の四］果に対応させることは、どの経論に出ているのか。

答える。経論は対応・相当【対当】しないわけではないが、高下の相違があるので、人師がこれに対応させることが相違するだけである。あるいは見地をただ［別教の］初地（歓喜地）に対応させるだけである。今、用いているもののようである。[127] あるいは前に最初に［別教の歓喜地・離垢地・明地の］三地を取りあげて、み

126　十地　別教の十地の名称は、歓喜地・離垢地・明地・焰慧地・難勝地・現前地・遠行地・不動地・善慧地・法雲地。

127　今、用いているもののようである【如今所用】『法華玄義』においては、八人地と見地とを合わせて、別教の初地＝歓喜地に対応させているが、『講義』によれば、八人地と見地とを合わせて一つの位と考えて、これを見地に代表させているので、「見地を用いて止《た》だ初地に対する」ことと同義としている。

な初地[128]に対応させる。『仁王［般若経］』に四地を明らかにし[129]、みな初地[130]に対応させる。これについては確定的に判定することが難しい。しかし、通教の見地はもともと無間の道（無礙道）なので、観察を出ないで、須陀洹を証得する。どうして初地に見［惑］を断ち切り、ないしは三地、あるいは四地［に見惑を断ち切る］ということができようか。もし別惑（塵沙惑）を断ち切るならば、二乗と共通ではない。この意義はあるのである。さらにまた、あるいは六地（現前地）に結を断ち切って、阿羅漢に等しいといい、あるいは七地（遠行地）［に結を断ち切る］という。これは確定的に取ることが難しい。前後の［須陀洹果と阿羅漢果の］二つの果については、経論の対応はみな確定していない。中間は理解できるであろう。今、意味によって推定すると、確定的に取るべきではないのである。

質問する。七地（遠行地）・八地（不動地）から常住を観察して、無明を破るとは、どのような地位であるのか。

答える。これは通［教］でもなく、また別［教］でもない。なぜならば、通教は一貫して常［住］を観察することを明らかにしない。どうして中間にあって無明を破ることができるであろうか。別教は初心にすぐに常住を知り、初地に無明を破ることができる。どうして八地に始めて無明を破るのか。これはかえって別接通《べつせつつう》の意味にすぎない。

質問する。『大［智度］論』の［通教の乾慧地、別教の初地、円教の初住の］三箇所に最初の［智慧の］焔《ほのお》を明らかにする[131]。別［教］・円［教］に焦点をあわせれば、みな真（無漏智）を生ずることを取りあげて最初の［智慧の］焔とする。通教はどのような意味で乾慧《けんね》を取りあげて最初の［智慧の］焔とするのか。

答える。別［教］・円［教］はそれぞれ一種の能力・性質に与えるので、真（無漏智）を生ずることを最初の［智慧の］焔とする。通教は[731b]多種の能力・性質に与える。いわゆる別［入通］・円入通である。それ故、［別教と円教を］含みこんで乾慧を取りあげるだけである。鈍根の者に関しては、八人・見地が最初の［智慧の］焔である。利根の者は乾慧［地］において、すぐに結を断ち切ることができるので、最初の［智慧の］焔である。質問する。利根の人には十地がないはずである。答える。すべて備わっている。利根であるので、わざわざ位を定めないだけである。質問する。別［教］・円［教］に利根の人はいないか。答える。利根も鈍根もいるけれども、能力・性質が純粋であるので、ただ一つの説を立てるだけである。このようであるのが適当である。

128　初地　『講義』によれば、通教の見地を「断見の初地」としている。

129　『仁王［般若経］』に四地を明らかにし【仁王明四地】　出典未詳。「四地」は、別教の歓喜地・離垢地・明地・焔慧地のこと。

130　初地　前注128の「初地」と同義。

131　『大［智度］論』の［通教の乾慧地、別教の初地、円教の初住の］三箇所に最初の［智慧の］焔を明らかにする【大論三処明初焔】　出典未詳であるが、「三処」は、『講述』によれば、通教の乾慧地、別教の初地、円教の初住を指す。なお、『法華経玄籤証釈』巻第四には、「大論七十五巻に云わく、燈は菩薩道を譬え、炷《ちゅう》は無明等の煩悩を喩え、燄《えん》は初地相応の智慧の如く、無明煩悩炷を燋《しょう》す（云云）」（『新纂大日本続蔵経』二八、六〇〇中一八～二〇）とある。『大智度論』巻第七十五、「燈は菩薩道を譬え、炷は無明等の煩悩を喩え、焔は初地相応の智慧、乃至金剛三昧相応の智慧の如く、無明等の煩悩の炷を焦し、亦た初心の智の焔に非ず、亦た後心の智の焔に非ざれども、而も無明等の煩悩の炷は燋し尽くして、無上道を成ずることを得」（大正二五、五八五下二一～二五）を参照。

5　大樹（別教）の位

大樹の位とは、別教の位である。これを三［段］とする。第一に経論の相違を提示し、第二に総体的に位を明らかにし、第三に個別的に位を明らかにする。

5・1　経論の多様な説を明らかにする

この別教の名前と意味は、理・惑・智・断がみな別であることである。これは正面から因縁［によって生じる法が］仮名［であること］[132]、ガンジス河の砂粒ほどの仏法、如来蔵の理、常住の涅槃、無量の四諦に焦点をあわせて、位の順序【位次】を論じる。無量の四諦に、全部で四種がある。無量の四諦には、塵沙《じんじゃ》［惑］も制伏・断破せず、また無明［惑］も制伏・断破しないことがある。無量の四諦には、二次的に【傍】塵沙［惑］を制伏・断破して、無明［惑］を制伏・断破しないことがある。無量の四諦には、中心的に塵沙［惑］を制伏・断破し、また無明［惑］を制伏することがある。無量の四諦には、中心的に塵沙［惑］も制伏・断破し、また無明［惑］も制伏・断破することがある。

無量［の四諦］が塵沙［惑］も制伏・断破せず、無明［惑］も制伏・断破しないとは、どのようなことか。三蔵［教］の伏道に関しては、十六種の四諦に対する観察【十六諦観】があって、真を妨げる惑に、無量の種類があることを明らかにする。これはかえって見思［惑］を制伏することである。どうして塵沙［惑］に関係するであろうか。たとえば外道の分別の世［間の］智が、見思［惑］を制伏するのではないようなものである。

無量［の四諦］が二次的に制伏・断破するとは、どのようなことか。通教の七地（已辦地）に関しては、仮に出て薬と病を弁別する。これは補助的に【助】界内［の惑］を滅し、中心的に【正】制伏・断破するのではない。

無量［の四諦］が正面から塵沙［惑］を制伏・断破するとは、どのようなことか。これは別教において内外の四諦を弁別するのに、無量の種類がある。とりもなおさず塵沙［惑］も制伏・断破し、無明［惑］も制伏する。かえって無明［惑］を破する意義がある。今、事柄にしたがって名づけられ、無明を制伏するものを都合が良いとするのである。

無量［の四諦］が無明を制伏・断破するとは、どのようなことか。円教の三諦に関しては、ともに法界の事・理を照らして、明了でないことはない。自らの境地【自地】の無明を破し、［それより］上の境地【上地】の無明を制伏する。別教の無量の四諦は、前の二（蔵教・通教）でもなく、後の一（円教）でもない。まさしくガンジス河の砂粒ほどの仏法について名づける。

ところが、本当は共通してさまざまな四諦を対象とする。順序立って論じれば、二次的なものと中心的なものの【傍正】がないわけではない。初心に無量を対象として、発心して誓願する。最初に中心的に生滅の四諦によって、通［教］の見思［惑］を伏し、二次的に［無生の四諦、無量の四諦、無作《むさ》の四諦の］三種を修める。

132　因縁［によって生じる法が］仮名［であること］【因縁仮名】『中論』観四諦品、「衆《もろもろ》の因縁もて生ずる法は、我れ即ち是れ無なりと説き、亦た是れ仮名と為し、亦た是れ中道の義なり」（大正三〇、三三中一一～一二）の四句のうち、別教を示す第三句「亦た是れ仮名と為し」を指す次に、中心的に無生［の四諦］によって、通［教］の見思［惑］を破り、二次的に［無量の四諦、無作の四諦の］二種を修める。次に、中心的に無量［の四諦］によって、内外の塵沙［惑］を破る。次に、731c 中心的に無作［の四諦］によって、無明を制伏する。次に、中心的に無作［の四諦］によって、無明を破る。

　このような無量の差異がある以上、このために経論の名と数、［惑の］断・伏の高下、さまざまな法門に対応させることに、多く相違がある。『華厳［経］』に関しては、四十一地を明らかにする。［十住・十行・十廻向の］三十心・十地・仏地のことである。『［菩薩］瓔珞［本業経］』には［十信・十住・十行・十廻向・十地・等覚・妙覚の］五十二位を明らかにする。『仁王［般若経］』には［十信・十住・十行・十廻向・十地・妙覚の］五十一位を明らかにする。『新金光明経』にはただ十地と仏果を提示するだけである。『勝天王般若［経］』には十四忍[133]を明らかにする。『大品［般若経］』にはただ十地を明らかにするだけである。『涅槃［経］』には五行・十功徳[134]を明らかにする。意味に焦点をあわせて位に配当すると、三十心・十地・仏地を開くようである。ところが、［経］文には名を出さない。

　さらにまた、『十地［経］論』・『摂大乗論』・『［菩薩］地持［経］論』・『十住毘婆沙論』・『大智度論』は、いずれも菩薩の地位を解釈する。ところが、［位の］多少や、［位の名目が］提示されているか、提示されていないかの相違がある……。

　さらにまた、断・伏の高下も相違する。さまざまな法門に対応させる行位もまた異なる。そうである理由は、界内の生［身］・界外の法［身］の二つの身の菩薩の行位を明らかにするからである。如来は方便によって四悉檀を用いて、界内の衆生を教化し、機にしたがって利益を与える。どうして確定的に説くことができるであろうか。詳しく経論を探求しなければ、目がないのに太陽について争うようなものである。今、もし位の数を明らかにするならば、『［菩薩］瓔珞［本業経］』・『仁王［般若経］』に基づく必要がある。もし断・伏の高下を明らかにするならば、『大品［般若経］』の三観に基づく必要がある。もし法門に対応させるならば、『涅槃［経］』に基づく必要がある。多くの経の意味を用い、ともに初心の観・教の二門を成就して、明確にさせるだけである。さまざまな聖人の上の位は、凡夫の測ることができるものではない。どうしてみだりに説くことができようか。ほぼ大意を知るならば、修行者の増上慢の心を破る。さらにまた、経文を解釈して衆生を引いて願い向かわせる。かたよって執著して是非を争ってはならないのである。

今、位の名と数を判定すると、『［菩薩］瓔珞［本業経］』・『仁王［般若経］』に基づくのは、『華厳［経］』の頓教《とんぎょう》には多く円断《えんだん》の四十一地を明らかにし、十信の名を出さないからである。さまざまな大乗経は、多くさ

133　十四忍　『仁王般若経』巻上、菩薩教化品、「衆生の本業は、是れ諸仏・菩薩の本業、本と修する所の行にして、五忍の中の十四忍は具足す」（大正八、八二七上六～七）を参照。すなわち、伏忍・信忍・順忍・無生忍のそれぞれに上中下の三種があり、寂滅忍に上下の二種があるので、合わせて十四忍といわれる。また、『法華玄義』巻第五上には、「仁王に十四忍を明かす。三十心を三般若と為し、十地を十般若と為し、等覚を一般若と為す。十四般若は菩薩の心中に在るを、皆な名づけて忍と為す」（大正三三、七三五上五～七）と出る。

134　十功徳　『南本涅槃経』巻第十九、光明高貴徳王菩薩品に「若し菩薩摩訶薩有りて、是の如き大涅槃経を修行せば、十事の功徳を得」（大正一二、七三〇上八～九）とあり、以下、その内容が説かれる。

まざまな法門を明らかにし、中心的には位を論じない。前の四時の『般若［経］』[135]は、多く菩薩の観行の法門の意義を明らかにし、また中心的には位を論じない。今思うのには、『［菩薩］瓔珞［本業経］』の五十二位は、名と意味が十分に整っている。恐らくはさまざまな大乗方等の別［教］・円［教］の位を結論づけるであろう。『仁王般若［経］』に五十一位を明らかにするのは、恐らくは前の四時の『般若［経］』の別［教］・円［教］の位をしっかりと結論づけるであろう。『法華［経］』はただ開権顕実して、一つの円［教］の位をあらわすだけである。『涅槃［経］』の大意も別［教］・円［教］の二つの位を明らかにして、名目を提示しない……。

　断・伏の高下が『大品［般若経］』の三観に基づくのは、次第順序の意義にとって都合が良い。観行の法
[732a] 門に対応させることが『涅槃［経］』の［聖行・梵行・天行・嬰児《ように》行・病行の］五行に基づくのは、ちょうど末代に道に入るのに適宜である。なぜならば、別教に観行を明らかにするのに、二種類がある。第一には二乗と共通にではなく説くのは、『華厳［経］』、『十地［経］論』、『［菩薩］地持［経］』の九種の戒定慧、『摂大乗論』等のようなものである。第二には二乗と共通に説く。方等・『大品［般若経］』・『中論』・『釈論』（『大智度論』）のようなものである。今、『涅槃［経］』の五行は、凡夫から究極に至る。それ故、末代に修行し用いることを中心とするのである。

5・2　三つの経に焦点をあわせて菩薩の位を明らかにする

　第二にまとめて菩薩の位を明らかにするとは、三つの経に焦点をあわせることである。第一に『［菩薩］瓔珞［本業経］』に焦点をあわせて、位の数を明らかにするとは、経に七つの位がある。十信・十住・十行・十廻向・十地・等覚・妙覚地のことである。

最初の十信心は、とりもなおさず外凡である。また別教の乾慧地でもある。また伏忍《ぶくにん》の位とも名づけるのである。

十住は、とりもなおさず習種性《しゅうしゅしょう》[136]である。これから［十住・十行・十廻向の］三十心が終わるまではみな解行の位であり、すべて別教の内凡である。また性地でもある。また柔順忍の位とも名づける。別教の意味に焦点をあわせて推し量ると、煖法のようなものであるはずである。

十行は、とりもなおさず性種性《しょうしゅしょう》である。別教の意味によって推し量ると、頂法のようなものであるはずである。

十廻向は、道種性《どうしゅしょう》である。別教の意味によって推し量ると、忍法・世第一法のようなものであるはずである。

質問する。別教を明らかにするのに、どうして［煖法・頂法・忍法・世第一法の］四善根の名を用いるのか。

答える。別教の十地が［須陀洹果・斯陀含果・阿那含果・阿羅漢果の］四果に対応する以上、今、巧みな手段によって四善根になぞらえる。どうして非難するのか。さらにまた、通教は通［教］・別［教］の真解《しんげ》と似《じ》

135　前の四時の『般若［経］』【前四時般若】『仁王般若経』巻上、序品に出る「摩訶般若波羅蜜、金剛般若波羅蜜、天王問般若波羅蜜、光讃般若波羅蜜」（大正八、八二五中二一～二三を参照）を指す。

136　習種性　「種性」は、gotra の訳で、悟りを開く種となる本来的な素質をいう。これを菩薩の階位に応用して、『菩薩瓔珞本業経』巻下、賢聖学観品（大正二四、一〇一二中を参照）には習種性・性種性・道種性・聖種性・等覚性・妙覚性を説く。

解《げ》[137]の二つの解に通じるので、このように比較して確定すると[138]、意味について明らかである。

十地はとりもなおさず聖種性《しょうしゅしょう》である。これはみな別教の四果の聖位に入って、すべて無明［惑］、別［惑の塵沙惑］、見思惑を断ち切る。

等覚《とうがく》の位は、とりもなおさず等覚性である。もし菩薩と比較すると、等覚仏と名づける。もし仏地と比較すると、金剛心《こんごうしん》の菩薩と名づけ、また無垢地《むくじ》の菩薩とも名づけるのである。

妙覚地《みょうかくじ》は、とりもなおさず妙覚性である。究極的な仏の菩提の果、大涅槃の果果《かか》[139]にほかならない。

第二に『大品［般若経］』と三観に焦点をあわせ、位を合して断［惑］・伏［惑］の高下を明らかにするとは、『大品［般若経］』に「菩薩が道慧を備えようとすれば、般若を学ぶべきである」とある[140]。つまり、この十信において従仮入空観を学んで、愛見の論（愛煩悩と見煩悩）を伏して、十住の位に入ろうとする。もし十住を得るならば、すぐに三界内部の見思［惑］を断ち切るのである。

「道慧《どうえ》によって道種慧を備えようとすれば、般若を学ぶべきである」と。これは従空入仮の十行を修行するのである。

「道種慧によって一切智を備えようとすれば、般若を学ぶべきである」と。これは中道正観を修行して、十廻向の位に入るのである。

「一切智によって一[732b]切種智を備えようとすれば、般若を学ぶべきである」と。これはとりもなおさず中道観を証得して、十地に入るのである。

「一切種智によって煩悩の習気を断ち切ろうとすれば、般若を学ぶべきである」と。これは等覚地である。無明煩悩の習気が尽きるのは、仏と名づける。妙覚地にほかならない。

第三に『涅槃［経］』に聖行を明らかになるのに焦点をあわせて、位を合するとは、最初の戒聖行・定聖行は、十信の位である。生滅・無生滅の四真諦の慧聖行は、十住の位である。無量の四聖諦の慧は、十行の位である。一実諦・無作の四聖諦を修行するのは、十廻向の位である。次に、もし真（無漏智）を生じて一実諦を見、無作の四聖諦を証得するならば、聖行が実現して無畏地《むいじ》に留まり、二十五三昧を得て、二十五有を破ることができる。歓喜地《かんぎじ》と名づける。［聖行・梵行・天行・嬰児行・病行の］五行が備わる。後に十功徳を説くのは、恐らくは大涅槃に留まる十地の功徳を表わすのであろう。これを越えて仏眼が明了であることを明らかにするのは、妙覚地である。

137　通［教］・別［教］の真解と似解【通別真似】『講義』には「界内外の断伏を、通別真似と云う」とある。つまり、「通」は三界内部、「別」は三界外部、「真」は断惑、「似」は伏惑を意味する。

138　比較して確定する【比決】　比べて定めるの意か。底本の「決」は『全集本』には「次」に作る。比次は、順序の意。

139　果果　『法華玄義』巻第二上の前注52を参照。

140　『大品［般若経］』に「菩薩が道慧を備えようとすれば、般若を学ぶべきである」とある【大品菩薩欲具道慧当学般若】『大品般若経』巻第一、序品、「菩薩摩訶薩は道慧を具足せんと欲せば、当に般若波羅蜜を習行すべし。菩薩摩訶薩は道慧を以て道種慧を具足せんと欲せば、当に般若波羅蜜を習行すべし。道種慧を以て一切智を具足せんと欲せば、当に般若波羅蜜を習行すべし。一切智を以て一切種智を具足せんと欲せば、当に般若波羅蜜を習行すべし。一切種智を以て煩悩の習を断ぜんと欲せば、当に般若波羅蜜を習行すべし」（大正八、二一九上一九～二五）を参照。

5・3　個別的に七位を解釈する

第三に個別的に［十信・十住・十行・十廻向・十地・等覚・妙覚の］七位を解釈するのは、他の本について探求しなさい。大樹の位［の説明］が終わった。

妙法蓮華経玄義　巻第四下終

妙法蓮華経玄義　巻第五上

天台智者大師が説く

6　最実位（円教の位）

最実位を明らかにするとは、円教の位である。これを十意とする。第一に名称と意義を選別【簡】し、第二に位の数を明らかにし、第三に［煩悩の］断（断ち切ること）・伏（制伏すること）を明らかにし、第四に働き【功用】を明らかにし、第五に麁妙《そみょう》を明らかにし、第六に位の興起を明らかにし、第七に位の廃止を明らかにし、第八に開麁顕妙し、第九に経を引用し、第十に妙の位の始終である。

6・1　名称と意義を選別する

第一に名称と意義を選別するとは、円［教］・別［教］の相違に関しては、もともと十意がある。下の体を弁別する【辨体】なかで説くであろう。今、通［教］・別［教］・円［教］に焦点をあわせて、三句によって考察する【料簡】。第一に名称は通［教］で意義は円［教］、第二に名称は別［教］で意義は円［教］、第三に名称と意義がともに円［教］である。

名称は通［教］で意義は円［教］とは、下の文には、「私たちは、今日、真実の阿羅漢である。広くそのなかにおいて、供養を受けるべきである」とある。[1]また、「私たちは、今日、本当に声聞である。仏道の声を、すべてのものに聞かせる」とある。[2]この名は通［教］・蔵［教］と同じであるけれども、[732c]意義は相違する。なぜならば、それはただ四住《しじゅう》［地惑《じわく》］の賊を殺すだけで、無明［住地惑］はやはり残っている。これは不生の意義が偏っている。それ故、天女は、「煩悩の余習【結習】がまだ尽きないので、花が身体に付着する」といっている。[3]今、通［教］・別［教］の二つの惑を殺して、如来の滅度を得るので、殺賊《せつぞく》の意義は円かである。また、それは、分段［身］が生じないけれども、三界外部ではやはり生じることである。『宝性論《ほうしょうろん》』には、「二乗は無漏界において、［阿羅漢・辟子仏（独覚《どっかく》）・大力菩薩の］三種の意陰《いおん》（意生身《いしょうしん》）を生ずる」とある。[4]今は分段・変易の二つが不生なので、不生の意義は円かである。それは三界内部の応供《おうぐ》であり、三界外部の応供でない。『浄名［経］』には、「もしあなたに供養すれば、福田と名づけない」とある。[5]つまり、応供の意義は偏っている。今は広くそのなかにおいて、供養を受けるべきである。応供の意義は円かである。それはただ小乗であり、他にしたがって四諦の声を聞くならば、声が偏り、聞が偏っている。今はすべての法界に一実の四諦、仏道の声を聞かせることができる。すべてのものに聞かせれば、声聞の意義は円かである。それ故、意義に基づいて、言葉に基づかないことがわかる。円［教］にしたがって位を判定するのである。

名称が別［教］で意義が円［教］であるとは、［十信・十住・十行・十廻向・十地・等覚・妙覚の］五十二位に関しては、名は別［教］と同じであるけれども、初・中・後の位は、円融、神妙真実、随自意語である。以上は教道の方便ではない。意義に基づいて、言葉に基づかない。円［教］にしたがって位を判定すべきである。

名称と意義がともに円［教］であるとは、文には、「開示悟入は、みな仏の知見、仏の一切種智の知、仏眼

1　下の文には、「私たちは、今日、真実の阿羅漢である。広くそのなかにおいて、供養を受けるべきである」とある【下文云我等今日真阿羅漢普於其中応受供養】『法華経』信解品、「我れ等は今者《いま》、真の阿羅漢なり。諸の世間、天・人・魔・梵に於いて、普く其の中に於いて、応に供養を受くべし」（大正九、一八下二一～二三）を参照。

2　「私たちは、今日、本当に声聞である。仏道の声を、すべてのものに聞かせる」とある【云我等今日真是声聞以仏道声令一切聞】『法華経』信解品、「我れ等は、今者、真に是れ声聞なり。仏道の声を以て、一切をして聞かしむ」（同前、一八下二〇～二一）を参照。

3　天女は、「煩悩の余習【結習】がまだ尽きないので、花が身体に付着する」といっている【天女曰結習未尽華則著身】『維摩経』巻中、観衆生品、「結習未だ尽きざれば、華は身に著《つ》く。結習尽くれば、華は著かざるなり」（大正一四、五四八上六）を参照。

4　『宝性論』には、「二乗は無漏界において、［阿羅漢・辟子仏（独覚）・大力菩薩の］三種の意陰（意生身）を生ずる」とある【宝性論云二乗於無漏界生三種意陰】『究竟一乗宝性論』巻第三、一切衆生有如来蔵品、「無明住地の縁、無漏業の因に依りて、阿羅漢・辟支仏・大力菩薩の三種の意生身を生ず。世尊よ、此の三乗の地の三種の意生身の生と、及び無漏業の生は、無明住地に依る。縁有りて、縁無きに非ず」（大正三一、八三〇中二六～二九）を参照。「三種の意陰」は、三種の意生身のこと。『法華玄義』巻第二下の前注33を参照。

5　『浄名［経］』には、「もしあなたに供養すれば、福田と名づけない」とある【浄名曰其供汝者不名福田】『維摩経』巻上、弟子品、「其の汝に施す者は、福田と名づけず。汝に供養すれば、三悪道に堕す」（大正一四、五四〇下七～八）を参照。

の見である。この知見には、欠けるところがない」とある。[6] また、「如来の室に入り、如来の座に座り、如来の荘厳によって［自らを荘厳］する」とある。[7] これは名称と意義がともに円［教］であり、円［教の］位を判定するのである。

6・2　位の数を明らかにする

第二に位の数を明らかにするとは、また三［段］とする。第一に数を明らかにし、第二に引用して［位の］多少を証拠立て、第三に問答によって考察する。

6・2・1　数を明らかにする

数とは、人の解釈は同じでない。ある者は、「頓悟《とんご》は仏であり、もう位【位次】の相違はない」という。『思《し》益《やく》［梵天所問経］』を引用して、「このように学ぶ者は、一地から一地に至らない」という。[8] さらにまた、ある師は、「頓悟の初心は、とりもなおさず究極的な円極である」といっている。ところが四十二位があるのは、鈍根を教化する巧みな手段であり、深さの相違する名を立てるだけである。『楞伽《りょうが》［経］』を引用して、「初地は二地であり、二地は三地である。寂滅真如《じゃくめつしんにょ》に何の次第の位があるであろうか」といっている。[9]

6　文には、「開示悟入は、みな仏の知見、仏の一切種智の知、仏眼の見である。この知見には、欠けるところがない」とある【文云開示悟入皆是仏之知見仏一切種智知仏眼見此之知見無有缺減】「仏知見」に関する箇所は、『法華玄義』巻第一上の前注80を参照。

7　「如来の室に入り、如来の座に座り、如来の荘厳によって［自らを荘厳］する」とある【入如来室坐如来座以如来荘厳】『法華経』法師品、「是れ善男子、善女人よ、如来の室に入り、如来の衣を著《き》、如来の座に坐す。爾《なんじ》は乃ち応に四衆の為めに広く斯の経を説くべし。如来の室とは、一切衆生の中の大慈悲心是れなり。如来の衣とは、柔和忍辱心是れなり。如来の座とは、一切法空是れなり」（同前、三一下二三～二七）を参照。「以如来荘厳」については、『法華経』法師品、「其の法華経を読誦する者は、当に知るべし、是の人は仏の荘厳を以て自ら荘厳すれば、則ち如来の肩の荷担する所と為る」（同前、三一上三～五）を参照。

8　『思益［梵天所問経］』を引用して、「このように学ぶ者は、一地から一地に至らない」という【引思益云如此学者不従住一地至一地】『思益梵天所問経』巻第一、分別品、「若し人は是の諸法の正性を聞き、勤行精進せば、是れ如説修行と名づく。一地従《よ》り一地に至らず。若し一地従り一地に至らずば、是の人は生死に在らず、涅槃に在らず。所以は何ん。諸仏は生死を得ず、涅槃を得ず」（大正一五、三六下六～九）を参照。

9　『楞伽［経］』を引用して、「初地は二地であり、二地は三地である。寂滅真如に何の次第の位があるであろうか」といっている【引楞伽云初地即二地二地即三地寂滅真如有何次位】『入楞伽経』巻第七、入道品、「十地を初地と為し、初地を八地と為し、九地を七地と為し、七地を八地と為し、二地を三地と為し、四地を五地と為し、三地を六地と為す。寂滅に何の次有らん」（大正一六、五五五下一四～一七）、同、巻第九、総品、「十地は即ち初地、初地は即ち八地、九地は即ち七地、七地は即ち八地、二地は即ち三地、四地は即ち五地、三地は即ち六地なり。寂静に次第無し」（同前、五七〇上一九～二二）を参照。

さらにまた、ある師は、「最初に頓悟して十住に至るとは、［その十住は］とりもなおさず十地である。ところが、十行・十廻向・十地があると説くのは、これは重ねて説くだけである」といっている。

今、考えると、さまざまな解釈は、すべて偏った理解である。しかし、平等法界には、やはり悟と不悟と［の区別］を論じない。だれが深さを弁別しようか。［しかし、］悟と不悟とを論じることができる以上、どうして深さを論じることを妨げようか。究極的な大乗は、『華厳［経］』・『大集［経］』・『大品［般若経］』・『法華 733a ［経］』・『涅槃［経］』に過ぎるものはない。法界平等には、説くこともなく示すこともないことを明らかにするけれども、菩薩の修行の位は終始明らかである。

さらにまた、ある人は、「平等法界には、きっと位【次位】はない」といっている。今、引きくらべて、この言葉を批判する。真諦に区別があるか、真諦に区別がないか、真を見る者に、七賢・七聖[10]・二十七賢聖[11]など［の区別］を判定する。今、実相は平等であり、［実相に］位がないけれども、実相を見る者に位を判定することについて、どうして非難するであろうか。『大［智度］論』には、「たとえば海に入るのに、入ったばかりの者、中間まで到着する者、向こう岸に至る者があるようなものである」とある[12]。真を見て位を判定することに関しては、大きな川の深さのようであり、実相について位を判定することに関しては、海に入る深さのようなものである。それ故、『普賢観《ふげんかん》［経］』には、「大乗の因とは、諸法の実相である。大乗の果とは、また諸法の実相である」とある[13]。

さまざまな位を論じることは、いたずらに臆説するのではない。経典【契経】にしたがい、四悉檀によって位を明らかにするのに、妨げはない。逆に七種に焦点をあわせて、階位を明らかにする。十信・十住・十行・十廻向・十地・等覚・妙覚のことである。今、十信の前に、さらに五品［弟子］の位を明らかにする……。

もし人が過去世に植えた【宿殖】善根が深く厚いならば、あるいは善知識に出会い、あるいは経巻にしたがって、完全に妙理を聞く。その意味は、一法が一切法であり、一切法が一法であり、一［法］でもなく一切［法］でもなく不可思議であることである。前（境妙の段）に説いた通り、円の信解を起こす。一心のなかに十法界を備えることを信じることは、一微塵《いちみじん》（一つの極微の粒子）に大千［世界］の経巻があるようなものである。[14]

10　七聖　随信行・随法行・信解・見得・身証・時解脱羅漢・不時解脱羅漢をいう。

11　二十七賢聖　『法華玄義』巻第四下の前注60を参照。

12　『大［智度］論』には、「たとえば海に入るのに、入ったばかりの者、中間まで到着する者、向こう岸に至る者があるようなものである」とある」【大論云譬如入海有始入者到中者至彼岸者】『大智度論』巻第十八、「人の海に入るが如し。始めて入る者有り、其の源底を尽くす者有り。深浅異なりと雖も、倶に名づけて入と為す。仏、菩薩も亦た是の如し。仏は則ち其の底を窮《きわ》め尽くす。菩薩は未だ諸煩悩の習を断ぜず、勢力少きが故に、深く入ること能わず」（大正二五、一九〇上二八～中二）を参照。

13　『普賢観［経］』には、「大乗の因とは、諸法の実相である。大乗の果とは、また諸法の実相である」とある【普賢観云大乗因者諸法実相大乗果者亦諸法実相】『観普賢菩薩行法経』、「汝は今応当《まさ》に大乗の因を観ずべし。大乗の因とは、諸法実相是れなり」（大正九、三九二中一～二）を参照。「大乗果者、亦諸法実相」については、『私記』に、「経に此の句無し。義を以て加うるのみ」とある。

14　一微塵（一つの極微の粒子）に大千［世界］の経巻があるようなものである【如一微塵有大千経巻】『六十巻華厳経』巻第三十五、宝王如来性起品、「彼の三千大千世界等の経巻は一微塵の内に在り、一切の微塵も亦復た是の如し」（大正九、六二四上六～七）に基づく表現。

この心を開こうとして、円行を修行する。円行とは、一行が一切行であることである。かいつまんで言うと十《じっ》［法成乗観《ほうじょうじょうかん》］である。

その意味は、一念に平等に備えて、不可思議であると認識し、自己の沈鬱《ちんうつ》な心の状態【昏沈《こんちん》】を心配して、慈しみをすべてのものに及ぼすことである。さらにまた、この心は常に静寂であり、常に［真理を］照らすものであると知る。静寂で照らす【寂照】心によって、すべての法を破ると、即空・即仮・即中である。さらにまた、一心と多心とのあるいは通じていること、あるいは塞がっていることを認識する。この心において、［三十七］道品を備え、菩提の道【路】に向かう。さらにまた、この心の正・助の法を理解する。さらにまた、自己の心と凡夫・聖人の心を認識する。さらにまた、心を安らかにして動揺させず、堕落せず、退かず、散らばらない。一心の無量の功徳を認識するけれども、執著を生じない。［このように］十心[15]が成就する。要点を取りあげて言うと、その心は一瞬一瞬すべて多くの波羅蜜と相応する。以上が円教の初随喜品《しょずいきぼん》の位と名づける。

修行者の円信がようやく生じれば、適切に守り育てる必要がある。もし物事を処理して散乱すれば、覚りの芽を破壊させてしまう。ただ内に理観を修行し、外に大乗経典を受持し読誦することができるだけである。聞に観を助ける力がある。内外がたがいに依存して、円信はますます明らかになり、[733b]十心が確固としたものになる。『金剛般若［経］』には、「一日三回、ガンジス河の砂粒ほどの身を布施することは、［経典の］一句を受持する功徳に及ばない」とある。[16]［五品の］最初の品の観察する智慧は目のようで、次の品の読誦は太陽のようである。太陽に光があるので、目でさまざまな色を見る。『［金剛般若波羅蜜経］論』には、「［法身の］真実においては了因と名づけ、他のものにおいては生因《しょういん》と名づける。福は菩提に趣かず、［受持と説法の］二つは菩提に趣く」とある。[17]聞に大いなる利益があるとは、その意味はここにある。以上を第二品の位と名づける。

修行者の内観はますます強く、外から助けるもの（観心を補助する他の修行）【外資】はさらに明らかとなる。円解は心にあり、広大な誓願【弘誓】が滲透して動き、さらに説法し、ありのままに広く述べる。安楽行［品］には、「ただ大乗の法によって答えなさい。たとい方便によって便宜にしたがっても、最後には大［乗の

15　十心　『摩訶止観』巻第五上から巻第七末に出る十法成乗観のこと。『摩訶止観』巻第五上、「観心に十法門を具す。一に観不可思議境、二に起慈悲心、三に巧安止観、四に破法遍、五に識通塞、六に修道品、七に対治助開、八に知次位、九に能安忍、十に無法愛なり」（大正四六、五二中一～四）を参照。

16　『金剛般若［経］』には、「一日三回、ガンジス河の砂粒ほどの身を布施することは、［経典の］一句を受持する功徳に及ばない」とある【一日三時以恒河沙身布施不如受持一句功徳】『金剛般若経』、「若し善男子、善女人有りて、恒河沙等の身命を以て布施す。若し復た人有りて、此の経の中に於いて、乃至、四句偈等を受持し、他人の為めに説かば、其の福は甚だ多し」（大正八、七五〇上二三～二六）を参照。

17　『［金剛般若波羅蜜経］論』には、「［法身の］真実においては了因と名づけ、他のものにおいては生因と名づける。福は菩提に趣かず、［受持と説法の］二つは菩提に趣く」とある【論云於実名了因於余名生因福不趣菩提二能趣菩提】『金剛般若波羅蜜経論』巻上、「法を受持し、及び説くことは、福徳に空ならず。福は菩提に趣かず、二は能く菩提に趣く」（大正二五、七八四下二九～七八五上一）、同、「実に於いては了因と名づけ、亦た余の生因と為る。唯だ独り諸仏の法のみ、福は第一体と成る」（同前、七八五上一七～一八）を参照。「実」は、法身の体の真実無為であることを意味する。「了因」は、菩提＝法身を悟る因である。「余」は、受報の相好荘厳仏・化身の相好仏を指す。「生因」は、それらの仏を生じる因を意味する。『講義』によれば、「了因」を無漏因、「生因」を有漏因とする。「二」は、『金剛般若波羅蜜経論』においては、受持と演説を指すが、『釈籤』によれば、受持と読誦を指す。

法」を悟らせなさい」とある。[18]『浄名［経］』には、「説法が清浄であれば、智慧が清浄である」とある。[19]『［阿］毘曇［論］』には、「法を説いて解脱し、法を聞いて解脱する」とある。[20] 法を説いて啓発して導くことは、人を前進させ覚りを得させる全因縁である。[21] 教化の功績は自己に帰着して、十心は三倍してますます明らかとなる。以上を第三品の位と名づける。

これまで観心を成熟させたけれども、まだ事柄を処理するのに暇がなかった。今、正観が少し明らかになったので、すぐに二次的に衆生に利益を与えることを兼ねる。少ない布施によって、虚空法界《こくうほうかい》（全世界・全宇宙）と等しく、すべての法を布施【檀】に趣かせ、布施を法界とすることができる。『大品［般若経］』に、「菩薩は少ない布施によって声聞・辟支仏に優越するならば、般若［波羅蜜］を学ぶべきである」とあるのは、[22] この意味である。その他の［持戒・忍辱・精進・禅定・智慧の］五［波羅蜜］も同様である。事柄の特徴は少ないけれども、心を働かせることはとても大きい。これは理を観察すること【理観】を中心として、具体的な修行【事行】を補助とする。それ故、兼ねて布施を行なうという。具体的な福によって理を助ければ、十心はいよいよ盛んとなる。以上を第四品の位と名づける。

修行者の円観が少し成熟して、事と理が融合しようとする。事に関わるけれども、理を妨げず、理においても、事を隔てない。それ故、六度をすべて修行する。

18　安楽行［品］には、「ただ大乗の法によって答えなさい。たとい方便によって便宜にしたがっても、最後には大［乗の法］を悟らせなさい」とある【安楽行云但以大乗法答設以方便随宜終令悟大】『法華経』安楽行品、「善く是の如き安楽心を修するが故に、諸有《あらゆ》る聴者は、其の意に逆わず、難問する所有れば、小乗の法を以て答えず、但だ大乗を以て為めに解説し、一切種智を得しむ」（大正九、三八上五～七）、同、「如来の方便随宜の説法は、聞かず、知らず、覚らず、問わず、信ぜず、解せず。其の人は是の経を問わず、信ぜず、解せざれば、我れ阿耨多羅三藐三菩提を得る時、何なる地に在るに随うも、神通力を以て、智慧力もて之れを引き、是の法の中に住することを得しむ」（同前、三八下七～一一）を参照。

19　『浄名［経］』には、「説法が清浄であれば、智慧が清浄である」とある【説法浄則智慧浄】『維摩経』巻上、仏国品、「衆生を成就するに随えば、則ち仏土は浄し。仏土の浄きに随えば、則ち説法は浄し。説法の浄きに随えば、則ち智慧は浄し。智慧の浄きに随えば、則ち其の心は浄し。其の心の浄きに随えば、則ち一切功徳は浄し」（大正一四、五三八下一～四）を参照。

20　『［阿］毘曇［論］』には、「法を説いて解脱し、法を聞いて解脱す」とある【毘曇云説法解脱聴法解脱】『阿毘曇毘婆沙論』巻第十六、愛敬品、「世尊は説法するを以ての故に、無量那由他の衆生をして諸の善根を種《う》えしめ、亦た成熟《じょうじゅく》せしめ、解脱を得しむ」（大正二八、一一六下二～三）、同巻第四十八、智犍度、「聖弟子は一心に耳を摂し法を聴き、能く五蓋を断じ、具足して七覚支を修す」（同前、三六六下一六～一七）を参照。

21　法を説いて啓発して導くことは、人を前進させ覚りを得させる全因縁である【説法開導是前人得道全因縁】『付法蔵因縁伝』巻第六、「昔、阿難は仏に白《もう》して言うが如し。世尊よ、善知識とは、得道の利に於いて、半因縁と作す。仏は言わく、不《いな》なり。善知識とは、即ち是れ得道の全分の因縁なり」（大正五〇、三二一上二三～二五）に基づく。

22　『大品［般若経］』に、「菩薩は少ない布施によって声聞・辟支仏に優越するならば、般若［波羅蜜］を学ぶべきである」とある【大品云菩薩少施超過声聞辟支仏上当学般若】ぴったりした文ではないが、『大品般若経』巻第一、序品、「菩薩摩訶薩は少施、少戒、少忍、少進、少禅、少智を行じ、方便力を以て廻向するが故に、而も無量無辺の功徳を得んと欲せば、当に般若波羅蜜を学ぶべし」（大正八、二一九中一二～一五）を参照。同、習応品、「菩薩摩訶薩は、般若波羅蜜を行ずることと一日にして智慧を修せば、一切の声聞、辟支仏の上に出過す」（同前、二二二上八～九）を参照。

布施の時に関しては、二つの極端にとらわれることがなく、十法界の依［報］・正［報］について、一つを捨てることは、すべてを捨てることである。財産、身体、生命、恐れない境地【無畏】などの布施である。持戒の時に関しては、性重《しょうじゅう》［戒］・［息世《そくせ》］譏嫌《きげん》［戒］が等しく区別がなく、［法蔵部の四分律、有部の十誦律《じゅうじゅりつ》、化地部の五分律、飲光《おんこう》部の律、大衆部の摩訶僧祇律《まかそうぎりつ》の］五部［律］の重罪や軽罪について、何も犯すものはない。忍［辱］を行ずる時に関しては、生［忍］・法［忍］・寂滅［忍］が、担い負い安らかに忍耐する。精進を修行することに関しては、身も心もともに清浄であり、隔てることもなく、退くこともない。禅を修行する時に関しては、さまざまな禅に自由に入り、寂静も散乱もない。慧を修行する時に関しては、権と実の二つの智が、［すべてを］究め尽くし理解する。ひいては、世智によって生計を立てること、産業は、みな実相と違背しない。[23]詳しく仏の知見を解釈するけれども、正観においてであり、火が薪［の燃焼］を増大させるようなものである。これは第五品の位である。

このような五品の円信の功徳は、［無辺である］東西［南北の四方・］八方によってもたとえることができない。初心であるけれども、[733c]声聞の無学［果］の功徳よりも優れている。詳しくは『［法華］経』に説く通りである。

もし比較して定め、理解しようとするならば、三蔵［教］の範疇の別［相念処］・総［相念処］の四念処の位のようである。理論的に推量すると【義推】、通教の乾慧地の位のようであり、また伏忍《ぶくにん》の位のようである。理論的に推量すると、また別教の十信の位でもありえる……。

個人的に思うに、五品［弟子］の位は、円［教］の範疇の方便の最初である。理解し易くさせようとして、小に準拠して大と比較する。三蔵［教］の五停心［観］（邪心を停止する五種の観法）のようである。最初の品において円かに法界を信じる。上には諸仏を信じ、下には衆生を信じて、みな喜びの心を生ずる。円［教］の範疇の慈［悲観の］停心であり、広く法界の嫉妬を対治する。第二品は大乗の文字を読誦する。文字は法身の生命【気命】である。読誦して聡明であることは、円［教］の範疇の数息［観の］停心であり、広く法界の心の粗い働きと細かい働き【覚観】を対治する。説法品は自ら心を浄化し、同様に他者の心を浄化することができる。円［教］の範疇の因縁［観の］停心であり、広く法界の自他の愚かさを対治する。愚かさが消失するので、さまざまな行が消失し、ひいては老死が消失する。兼行六度品は、円［教］の範疇の不浄［観の］停心である。［慳貪心《けんどんしん》（貪欲）・破戒心・瞋恚《しんに》心・懈怠《けだい》心・乱心・癡心の］六蔽《ろくへい》[24]の最初を貪欲と名づける。もし貪欲を捨てれば、欲の原因、欲の結果はいずれも捨てられる。捨てるので、もう［業の］報いとしての身はなく、清浄でもなく不浄でもない。正行六度品は、円［教］の範疇の念仏［観の］停心である。正面から六度を修行する時、事そのままが理である。理は道を妨げず、事は道を妨げる。事そのままが理であるので、論じることの

23　世智によって生計を立てること、産業は、みな実相と違背しない【世智治生産業皆与実相不相違背】『法華玄義』第一上の前注24を参照。

24　六蔽　六波羅蜜を妨げる六種の悪心のことで、慳貪心・破戒心・瞋恚心・懈怠心・乱心・癡心をいう。『大品般若経』序品、「菩薩摩訶薩は、慳心・破戒心・瞋恚心・懈怠心・乱心・癡心を起こさざらんと欲せば、当に般若波羅蜜を学ぶべし」（大正八、二二〇中一〇～一一）に対する『大智度論』巻第三十三の注、「是の六種の心の悪なるが故に、能く六波羅蜜門を障蔽《しょうへい》す。……菩薩は般若波羅蜜を行ずる力なるが故に、能く是の六蔽を障《さ》え、六波羅蜜を浄む。是れを以ての故に説く。若し六蔽を起こさざらんと欲せば、当に般若波羅蜜を学ぶべし」（大正二五、三〇三下二六～三〇四中六）を参照。

できる妨げるものはない。大意はこの通りである……。

第一に十信の位を明らかにするとは、最初に円を聞くこと【円聞】によって、円の信を起こし、円の行を修行し、たくみに増大させて、この円の行を五倍、深く明らかにさせる。この円の行によって、円の位に入ることができる。適確に【善】平等法界を修行することによってすぐに信心に入り、適確に慈しみ愍《あわ》れみを修行してすぐに憶念の心に入り、適確に寂照を修行してすぐに精進の心に入り、適確に破法（実体的存在を破ること）を修行してすぐに智慧の心に入り、適確に通じることと塞がることとを修行してすぐに禅定の心に入り、適確に［三十七］道品を修行してすぐに不退の心に入り、適確に正［行］・助［行］を修行してすぐに廻向の心に入り、適確に凡聖の位を修行してすぐに護法の心に入り、適確に不動を修行してすぐに戒心に入り、適確に無著を修行してすぐに誓願の心に入る。以上を十信の位に入ると名づける。『［菩薩］瓔珞［本業経］』には、「一信に十［法］[25]があるので、十信には百［法］がある。百法をすべての法の根本とするのである」とある。[26]以上を円教の鉄輪十信の位と名づける。六根清浄にほかならない。円教の相似［即］の解であり、煖・頂・忍・世第一法である。『普賢観［経］』に「無生忍を明らかにする前に、十境界がある」[27]とは、この位である。この信心に入って、三界内部の見思［惑］を破り尽くすことができ、さらにまた三界外部の塵沙《じんじゃ》734a無知［惑］を破り、無明住地《むみょうじゅうじ》の惑を制伏することができる。『仁王般若［経］』に、「十善の菩薩は大いなる心を生じ、長く三界の苦しみの輪の海と別かれる」とあるのも[28]、またこの位である。この位については、さまざまな経に提起することが相違する。『華厳［経］』に、法慧《ほうえ》菩薩が、正念天子に答えて、菩薩は十種の梵行の空を観察し、十種の智慧の力を学んで、初住に入ることを明らかにする。[29]「十種の梵行の空」とは、一実諦である。また無作の滅諦でもある。「十種の智慧の力を学ぶ」とは、無作の道諦を観察することである。十信の位である。『大品［般

若経』』に、「たとえば海に入るのに、まず平らな様相を見るようなものである。同様にこの乗は三界のなかか

25　十［法］【十】『釈籤』によれば、十乗＝観不思議境・真正発心・善巧安心・破法遍・識通塞・道品調適・対治助開・知次位・能安忍・無法愛を意味する。

26　『［菩薩］瓔珞［本業経］』には、「一信に十［法］があるので、十信には百［法］がある。百法をすべての法の根本とするのである」とある【瓔珞云一信有十十信有百百法為一切法之根本也】『菩薩瓔珞本業経』巻下、仏母品、「法門とは、所謂る十信心なり。是れ一切行の本なり。是の故に十信心の中、一信心に十品の信心有るを、百法明門と為す」（大正二四、一〇一九中二一～四）を参照。

27　『普賢観［経］』に「無生忍を明らかにする前に、十境界がある」出典未詳。

28　『仁王般若［経］』に、「十善の菩薩は大いなる心を生じ、長く三界の苦しみの輪の海と別かれる」とある【仁王般若云十善菩薩発大心長別三界苦輪海】『仁王般若波羅蜜経』巻上、菩薩教化品、「十善の菩薩は大心を発し、長く三界の苦輪海と別かる」（大正八、八二七中一四）を参照。

29　『華厳［経］』に、法慧菩薩が、正念天子に答えて、菩薩は十種の梵行の空を観察し、十種の智慧の力を学んで、初住に入ることを明らかにする【華厳法慧菩薩答正念天子明菩薩観十種梵行空学十種智力入初住】『六十巻華厳経』巻第八、梵行品、「爾の時、法慧菩薩は正念天子に答えて言わく、正士よ、此の菩薩摩訶薩は、一向に専ら無上菩提を求め、先に当に十種の法を分別すべし。何等をか十と為す。所謂る身・身業・口・口業・意・意業・仏・法・僧・戒なり。応に是の如く観ずべし。為《は》た身は是れ梵行なるや。乃至、戒は是れ梵行なるや」（大正九、四四九上一七～二一）を参照。

ら出るのである」とある通りである。[30]『仁王般若［経］』・『普賢観［経］』は、前に引用した通りである。下の文の「如来の室に入り、［如来の］座［に座り］、［如来の］衣［を着る］[31]」等は、とりもなおさず四安楽行の行動範囲・交際範囲[32]を修行することである。『涅槃［経］』には、「また一行がある。如来行であり、いわゆる大乗である」とある。[33]『大［智度］論』には、「菩薩は初発心から、すぐに涅槃を観察して道を修行する。もし涅槃を観察して道を修行し、相似［即］の解を生ずるならば、一行・如来行である」とある[34]……。

　第二に十住の位を明らかにするとは、相似［即］の十信から十住の真の中智に入るからである。初発心住が生じる時は、三種の心が生じる。第一に縁因の善心が生じ、第二に了因の慧心が生じ、第三に正因の理心が生じる。とりもなおさず前の境・智・行の妙の三種が展開し生じるのである。住とは、［法身・般若・解脱の］三徳［によって構成される］涅槃に留まることである。縁因の心が生じるのは、とりもなおさず不可思議解脱、首楞厳定《しゅりょうごんじょう》に留まることである。慧心が生じるのは、とりもなおさず摩訶般若《まかはんにゃ》、畢竟《ひっきょう》の空に留まることである。正因の心が生じるのは、とりもなおさず実相法身、中道第一義に留まることである。

　要約して言うと、[35]とりもなおさず三徳、すべての仏法に留まるのである。さらにまた、清浄で円満な菩提心、対象に制約されない［絶対平等の仏の］【無縁】慈悲、無作の誓願、広く法界を覆うことに留まる。さらにまた、一念のなかで、すべての万行、さまざまな波羅蜜を成就することに留まる。さらにまた、一切種智が円かに法界の見思［惑］・無明［惑］を断ち切ることに留まる。さらにまた、仏眼を得て、円かに十法界の三諦の法を見ることに留まる。さらにまた、すべての法門に入ることに留まる。二十五三昧というのは、深い次元で衆生に利益を与える。さらにまた、菩薩の円満の行為を成就し、すべての神通をあらわすことができる。［仏の教化の身輪・口輪・他心輪の］三輪の不思議な教化は、法界にあまねく満ち、はっきりと衆生に利益を与え

30　『大品［般若経］』に、「たとえば海に入るのに、先ず平らな様相を見るようなものである。同様にこの乗は三界のなかから出るのである」とある通りである【若大品云譬如入海先見平相亦是是乗従三界中出也】　『大品般若経』巻第十三、聞持品、「譬えば人の大海を見んと欲して、発心して往趣す。樹の相を見ず、山の相を見ず。是の人は未だ大海を見ずと雖も、大海の遠からざるを知る。何を以ての故に。大海は平らに処し、樹の相無く、山の相無きが故なり」（大正八、三一五上二八～中二）、同巻第六、出到品、「是の乗は三界の中従り出で、薩婆若の中に至りて住す。不二の法を以ての故なり」（同前、二五九下一八～一九）を参照。

31　下の文の「如来の室に入り、［如来の］座［に座り］、［如来の］衣［を着る］」【入如来室座衣】　『法華経』法師品、「如来の室に入り、如来の衣を著、如来の座に坐す」（大正九、三一下二三～二四）の省略的表現。

32　行動範囲・交際範囲【行処近処】　「行処」は ācāra の訳で、善行の意。「近処」は、親近処ともいい、gocara の訳で、交際範囲の意。

33　『涅槃［経］』には、「また一行がある。如来行であり、いわゆる大乗である」とある【涅槃云復有一行是如来行所謂大乗】　『南本涅槃経』巻第十一、聖行品、「復た一行有り、是れ如来行なり。所謂る大乗大涅槃経なり」（大正一二、六七三中二六～二七）を参照。

34　『大［智度］論』には、「菩薩は初発心から、すぐに涅槃を観察して道を修行する。もし涅槃を観察して道を修行し、相似［即］の解を生ずるならば、一行・如来行である」とある【大論云菩薩従初発心即観涅槃行道若観涅槃行道生相似解即是一行如来行也】　出典未詳。

35　要約して言うと【挙要言之】　『釈籤』によれば、以下の十文は、初住の十法を示し、これは、『講義』によれば、十乗（十乗観法）を意味する。前注25を参照。

ることを意味する。さらにまた、開権顕実を成就して、一乗の道に入ることができる。さらにまた、すべての仏土を荘厳浄化【厳浄】することができ、［身・口・意の］三業を生起して、すべての十方の仏を供養し、円満 734b
陀羅尼《だらに》を得、すべての仏法を受持することができることは、雲が雨を保持するようなものである。さらにまた、一地からすべての地の功徳を具足し、ひとつひとつの心が静かに滅して、自然に薩婆若《さつばにゃ》（一切智）の海に流入することに留まることができる。『華厳［経］』には、「初住の菩薩のあらゆる功徳については、三世の諸仏はたたえても尽くすことができない。もし詳しく説くならば、凡人は聞いて迷い乱れ、心に異常をきたす」とある。[36]

個人的に思うのには、初住に十徳を成就するとは、十信のなかの十法（十乗観法）が相似を真実に転換し、一応、十を備えるはずである。細心にこれを探求すると、［初住の十徳と十信の十法とが］ぴったりと対応する。なぜならば、十信の百法は、すべての法の根本である。どうしてこの解釈をすることができないであろうか。初住がそうである以上、［空・仮・中の］三観は目の前に現われ、作為的な努力を加えない自然な【無功用】心に、法界の無量の品（等級）の無明を断ち切ることは、数え上げることができない。一応、大ざっぱに分けると、かいつまんで十品（十の等級）の智・断とする。とりもなおさず十住である。それ故、『仁王［般若経］』には、「理に入る般若を、住と名づける」とある。[37]とりもなおさず十段階を経て、進んで無漏を生じ、みな同じく中道仏性、第一義の理を見ることである。不住の法によって、浅いものから深いものに至り、仏の三徳やすべての仏法に留まる。それ故、十住の位と名づける。

この位は、さまざまな経の出典が同じでない。『華厳［経］』には、「発心したばかりの時、そのまま正しい覚りを完成して、諸法の真実の本性に通達する。法を聞くあらゆる場合に、他によって悟るのではない。この菩薩は、十種の智慧の力を成就し、究極的に偽りを離れ、大空のように汚染がない。清浄ですばらしい法身は、ひっそりとしていながらすべてに応じる」とある。[38]わかるはずである。とりもなおさず真無漏を生じて、無明の最初の品を断ち切るのである。『浄名［経］』には、「一念にすべての法を知ることは、道場に座ることであ

36　『華厳［経］』には、「初住の菩薩のあらゆる功徳については、三世の諸仏はたたえても尽くすことができない。もし詳しく説くならば、凡人は聞いて迷い乱れ、心に異常をきたす」とある【華厳云初住菩薩所有功徳三世諸仏歎不能尽若具足説凡人聞迷乱心発狂】　ぴったりした文ではないが、『六十巻華厳経』巻第九、初発心菩薩功徳品、「是の如き仏真子は、境界は甚だ深妙にして、衆生は若し思議せば、迷乱して心に発狂す」（大正九、四五四下一一～一三）を参照。

37　『仁王［般若経］』には、「理に入る般若を、住と名づける」とある【仁王云入理般若名為住】　『仁王般若波羅蜜経』巻上、菩薩教化品、「理に入る般若を、名づけて住と為す。住の徳行を生ずるを、名づけて地と為す。初住の一心は徳行足り、第一義に於いて動ぜず」（大正八、八二七中二五～二六）を参照。

38　『華厳［経］』には、「発心したばかりの時……ひっそりとしていながらすべてに応じる」とある【華厳云初発心時便成正覚了達諸法真実之性所有聞法不由他悟是菩薩成就十種智力究竟離虚妄無染如虚空清浄妙法身湛然応一切】　『六十巻華厳経』巻第八、梵行品、「初発心の時、便《すなわ》ち正覚を成じ、一切法の真実の性を知り、慧身を具足して、他に由りて悟らず」（大正九、四四九下一四～一五）、同、巻九、初発心菩薩功徳品、「諸仏の妙色身は、種種の相もて荘厳し、究竟して虚妄を離れ、清浄なる真法身なり」（同前、四五八上一一～一三）、同、「菩提心は無量にして、清浄法界は等しく、著無く、依る所無く、無染なること、虚空の如し」（同前、四五三中一九～下一）、同、「虚妄の想を遠離し、其の心は虚空の如し。清浄法身は一にして、普く一切世に応ず。湛然《たんねん》として常に動ぜざれども、十方に現ぜざること無し。一切法を分別し、諸法の相を取らず」（同前、四五五上一三～一六）などを参照。

る。一切智を成就するからである」とある。[39]同様に不二法門に入り、無生［法］忍を得ることでもある。『大品［般若経］』には、「発心したばかりからすぐに道場に座って、法輪を転じて、衆生を救済する」と明らかにする。[40]わかるはずである。この菩薩は、仏のようである。また阿字門《あじもん》[41]でもある。その意味は、すべての法の最初・不生である。とりもなおさず今の『［法華］経』に、「衆生に仏知見を開かせるためである」とあること[42]である。同様に龍女は、一瞬の間に、覚りを求める心を生じ、完全な覚り【等正覚】を完成する。とりもなおさず『涅槃［経］』に、「発心と畢竟との二つは別のものではない。このような二心については、［発心という］前の心の方が［得るのが］難しい」と明らかにすること[43]である。これらの大乗は、すべて円［教］の初発心住の位を明らかにする。ないし第十住［を明らかにする］……。

第三に十行の位を明らかにするとは、とりもなおさず十住からずっと実相の真実の智慧【真明】であり、不可思議である。さらに十段階の智・断によって、十品の無明を破る。一行は一切行であり、一瞬一瞬進み行き、平等法界の海に流れ入り、さまざまな波羅蜜は自然に生長する。自行・化他の功徳は、大空と等しいので、十行の位と名づけるのである。

十廻向の位とは、とりもなおさず十行の後、作為的な努力を加えない自然な【無功用】道であり、不可思議であり、真実の智慧【真明】が一瞬一瞬開発し、すべての法界の願・行・事・理が自然に調和融合して、平等
734c 法界の海に巡りながら入る。さらに十段階の智・断を証得し、十品の無明を破るので、廻向と名づけるのである。

十地の位とは、とりもなおさず無漏の真実の智慧【真明】、作為的な努力を加えない自然な【無功用】道に入る。あたかも大地のように、すべての仏法を生じ、法界の衆生を担って、広く三世の仏地に入ることができ

る。さらにまた、十段階の智・断を証得し、十品の無明を破るので、十地の位と名づけるのである。

等覚地とは、無始の無明の根底を洞察して、辺際智《へんざいち》（妙覚の辺際＝きわにある等覚の智）が満ち、究極的に清

39 『浄名［経］』には、「一念にすべての法を知ることは、道場に座ることである。一切智を成就するからである」とある【浄名云一念知一切法是為坐道場成就一切智故】『法華玄義』巻第一下の前注162を参照。

40 『大品［般若経］』には、「発心したばかりからすぐに道場に座って、法輪を転じて、衆生を救済する」と明らかにする【大品明従初発心即坐道場転法輪度衆生】ぴったりした文ではないが、『大品般若経』巻第二十、摂五品、「菩薩摩訶薩は般若波羅蜜を行ずるに、初発意《しょほっち》従り、乃ち道場に坐すに至るまで、妄想分別有ること無し」（大正八、三六七下五～七）、同、巻第二十六、畢定品、「菩薩摩訶薩は是の善法を具足し已って、当に一切種智を得べし。一切種智を得已って、当に法輪を転ずべし。法輪を転じ已って、当に衆生を度すべし」（同前、四一一中一二～一四）を参照。

41 阿字門　阿は、梵語の最初の文字aの音写語。これは、初＝本（根本の意）、不生という意味である。

42 今の『［法華］経』に、「衆生に仏知見を開かせるためである」とある【今経為令衆生開仏知見】『法華玄義』巻第一上の前注80を参照。

43 『涅槃［経］』に、「発心と畢竟との二つは別のものではない。このような二心については、［発心という］前の心の方が［得るのが］難しい」と明らかにする【涅槃明発心畢竟二不別如是二心前心難】『南本涅槃経』巻第三十四、迦葉菩薩品、「発心と畢竟との二は別ならず。是の如き二心のうち、先の心は難し。自ら未だ度することを得ざるに、先に他を度す。是の故に我れは初発心を礼す」（大正一二、八三八上四～五）を参照。「前心」（原文では「先心」）は、「発心」の方を指す。「難し」といわれる理由については、『講義』には「凡を革めて聖を成ずるに由る」とある。

浄である。最後の根源を窮める微細な無明を断ち切って、中道の山頂に登り、無明の父母と別かれる。以上を「断ち切るものがある者を、さらに上のある士【有上士】と名づける」[44]と名づけるのである。

七に妙覚地を明かすとは、究極的な解脱、無上の仏智である。それ故、「断ち切るものがない者を、無上士《むじょうし》と名づける」[45]という。これは［大涅槃の法身・般若・解脱の］三徳が縦でもなく横でもなく、究極的な後心《ごしん》（菩薩が成仏する前の最後の心）の大涅槃である。すべてが大であるので、理大・誓願大・荘厳大・智断大《ちだんだい》・遍知《へんち》大《だい》・道大・用大・権実大・利益大・無住大《むじゅうだい》である。とりもなおさず前の十観成乗《じっかんじょうじょう》の円極は、ついに仏にある。［悉曇《しったん》四十二字の最後の］茶《だ》を過ぎれば、説くことのできる字はない……。それ故、［毘《び》］盧舎那仏《るしゃなぶつ》を、浄満《じょうまん》と名づける。すべてみな満ちるからである。

6・2・2　多くの経を引用して位の数の多さを明らかにする

第二に多くの経を引用して位の数の多さを明らかにするとは、『大［般］涅槃［経］』には、「月愛三昧《がつあいざんまい》は、最初の一日から十五日に至って、光がしだいに増大する」とある。[46]さらにまた、「十六日から三十日に至って、光がしだいに減る」とある。[47]光が増大するのは、十五の智徳の摩訶般若をたとえ、光がしだいに減るのは、十五の断徳の煩悩【累】のない解脱をたとえる。［十住・十行・十廻向の］三十心を三の智・断とし、十地を十の智・断とし、等覚・妙覚をそれぞれ一の智・断とする。合わせて十五の智・断である。月の体は法身をたとえる。『大［般涅槃］経』には、「月の本性は常に円かであり、本当には増減はない。須弥山によるので、満ち欠けがある」とある。[48]増さないけれども増して、白月（新月から満月までの月）がしだいに現われ、減らないけれども減って、黒月《こくがつ》（満月の翌日から新月の前日までの月）がようやくなくなる。法身も同様である。本当には智・断がない。無明によるので、如（真如）に焦点をあわせて智を論じるけれども、如は本当には智でない。如に焦点をあわせて断を論じるけれども、如は本当には断でない。智はないけれども智があるので、般若はしだいに明らかである。断はないけれども断[735a]があるので、解脱はしだいに離れる。月を取りあげて比喩とするのは、円教の智・断の位であることを知るのである。『大［般涅槃］経』には、「最初から子供たちを秘密の

44 「断ち切るものがある者を、さらに上のある士【有上士】と名づける」【名有所断者名有上士】『南本涅槃経』巻第十六、梵行品、「云何なるか無上士なる。上士とは、之れを名づけて断と為す。断ずる所無しとは、無上士と名づく。諸仏世尊に、煩悩有ること無きが故に、断ずる所無し。是の故に仏を号して無上士と為す」（同前、七一一下一二～一五）に基づく表現。

45 「断ち切るものがない者を、無上士と名づける」【無所断者名無上士】前注44を参照。

46 『大［般］涅槃［経］』には、「月愛三昧は、最初の一日から十五日に至って、光がしだいに増大する」とある【大涅槃云月愛三昧従初一日至十五日光色漸漸増長】『南本涅槃経』巻第十八、梵行品、「譬えば月光の初一日従り十五日に至るまで、形色光明は漸漸《ぜんぜん》に増長するが如し。月愛三昧も亦復た是の如し。初発心の諸善の根本にして漸漸に増長せしむ。乃至、大般涅槃を具足す。是の故に復た月愛三昧と名づく」（同前、七二四中一一～一四）を参照。

47 「十六日から三十日に至って、光がしだいに減る」とある【従十六日至三十日光色漸漸損減】『南本涅槃経』巻第十八、梵行品、「譬えば月光の十六日従り三十日に至りて、形色光明は漸漸に損減するが如し。月愛三昧も亦復た是の如し。光の照らす所の処に、所有《あらゆ》る煩悩は能く漸減せしむ。是の故に復た月愛三昧と名づく」（同前、七二四中一四～一七）を参照。

48 『大［般涅槃］経』には、「月の本性は常に円かであり、本当には増減はない。須弥山によるので、満ち欠けがある」とある【大経云月性常円実無増減因須弥山故有虧盈】『南本涅槃経』巻第九、月喩品、「而して此の月の性は実に虧盈《くよう》無し。須弥山に因りて増減有り」（同前、六五七上二九～中一）を参照。

蔵、三徳涅槃に安置して、そうして後、私はこの秘［密の］蔵において、完全な涅槃に入るべきである」とある。[49] これはとりもなおさず最後の智・断である。

　質問する。どうして月の比喩は位をたとえると知ることができるのか。

　答える。『仁王［般若経］』に十四忍を明らかにする。[50]［十住・十行・十廻向の］三十心を三般若とし、十地を十般若とし、等覚を一般若とする。十般若が菩薩の心のなかにあると、みな忍と名づける。転換して仏心に到達すると、これを智と名づける。これは十五日に智を明らかにする位と同じである。『勝天王［般若経］』に十四般若の位を明らかにするのは、[51] 正面から十四日の月を比喩とすることである。それ故、このように解釈するのである。『大品［般若経］』に四十二字門、語等、字等を明らかにする。[52] 南岳師は、「これは諸仏の秘密の言葉である。どうして必ず四十二位を表わさないであろうか」といっている。[53] 有学の人たちは、『釈論』（『大智度論』）に執らわれて、この解釈がないといって、多く疑って用いない。ただし、『［大智度］論』の本文は、千巻である。［鳩摩羅］什師は［百巻の］九倍を省略した。[54] どうして必ずこの解釈がないであろうか。

　今思うに、この解釈は深くて、深い次元で合致するはずである。なぜならば、『［大品般若］経』には、「最

49 『大［般涅槃］経』には、「最初から子供たちを秘密の蔵、三徳涅槃に安置して、そうして後、私はこの秘［密の］蔵において、完全な涅槃に入るべきである」とある【大経云従初安置諸子秘密之蔵三徳涅槃然後我当於此秘蔵而般涅槃】『南本涅槃経』巻第八、鳥喩品、「彼の鴛鴦迦隣提鳥は高原を選択し、其の子を安置するが如し。如来も亦た爾り。諸の衆生をして作す所辦ぜしめ已りて、即便《すなわ》ち大般涅槃に入る」（同前、六五六中二一～二三）を参照。

50 『仁王［般若経］』に十四忍を明らかにする【仁王明十四忍】『法華玄義』巻第四下の前注133を参照。

51 『勝天王［般若経］』に十四般若の位を明らかにする**【勝天王明十四般若位】**　出典未詳であるが、『勝天王般若波羅蜜経』巻第二、法界品、「譬えば初月の十五日、月の虧盈に異なり有れども、月の性に差無きが如し。此れ等の諸身は皆悉《み》な堅固にして、猶お金剛の破壊す可からざるが如し」（同前、六九七上四～六）を参照。

52 『大品［般若経］』に四十二字門、語等、字等を明らかにする**【大品明四十二字門語等字等】**　「四十二字門」は、悉曇四十二字門のことで、四十二字陀羅尼門ともいう。一々の梵字について、一切法空の意義を明らかにしたもの。「語等」、「字等」については、『大智度論』巻第四十八、「字等・語等とは、是れ陀羅尼にして、諸字平等に於いて愛憎有ること無し。……等とは、畢竟空、涅槃と同等なり。菩薩は此の陀羅尼を以て、一切諸法に於いて、通達無礙なり。是れ字等・語等と名づく」（大正二五、四〇八中一～七）を参照。『釈籤』巻第十には、「南岳釈して云わく、字等と言うは、法慧の十住を説くを謂う。十方に十住を説くとは、皆な法慧と名づく。乃至、金剛蔵も亦復た是の如し。語等と言うは、十方の諸仏の十住を説くは、法慧の説と等し。乃至、十地も亦復た是の如し。又た、一切の字は皆な是れ字無く、能く一切の字を作る。是れ字等と名づく。発言に二無し。是れ語等と名づく」（大正三三、八九〇上九～一四）とある。

53 南岳師は、「これは諸仏の秘密の言葉である。どうして必ず四十二位を表わさないであろうか」と言っている**【南岳師云此是諸仏密語何必不表四十二位】**　出典未詳。

54 ［鳩摩羅］什師は［百巻の］九倍を省略した**【什師作九倍略之】**　『大智度論』はもと千巻あったけれども、鳩摩羅什が簡潔を好む中国人に合わせて、要略して百巻として訳したことをいう。僧叡『大智釈論序』（『出三蔵記集』巻第十所収）、「論の略本に十万偈有り。偈に三十二字有り。并せて三百二十万言なり。胡夏既に乖けば、又た煩簡の異なり有り。三分に二を除いて、此の百巻を得。大智三十万言に於いて、玄章の婉旨《えんし》、朗然《ろうねん》として見る可し」（大正五五、七五上一五～一八）を参照。

初の阿《あ》と最後の荼《だ》とのなかに、四十［字］がある」とある。[55] 最初の阿字門に、四十一字を備え、最後の荼も同様である。『華厳［経］』には、「最初の一地から、すべての地の功徳を備える」とある。[56] この意味は同じである。『経』には、「もし阿字門を聞くならば、一切の意味を理解する。その意味は、諸法が最初から不生であるからである」とある。[57] これはどうして円教の初住に、最初に無生法忍を得ることでないであろうか。荼を過ぎて説くことのできる字がないのは、どうしてこの上無く、超過するものがない妙覚でないであろうか。広乗品[58]に、すべての法はみな摩訶衍《まかえん》（大乗）であると明らかにし終わって、すぐに四十二字門を説く。どうして円教の菩薩が、初発心から諸法の実相を得、すべての仏法を備えるので、阿字《あじ》と名づけ、妙覚地に達して、すべての法の底を窮めるので、荼字《だじ》と名づけることでないであろうか。この意味について、その数と円［教の］位とは、とても明瞭である。さらにまた、四十二字の後に、菩薩の十地を説く。これは別教の方便の位【次位】をあらわすのである。さらにまた、十地の次に、三乗共通の十地を説く。これは通教の方便の位をあらわすのである。経文の排列、［円教と別教と通教の位の］三つの意義がそのまま備わっている。今、四十二字を取りあげて、円［教の］位を証得するのである。

この『［法華］経』の分別功徳品に、初心の五品弟子の位を明らかにする。文はとても明瞭である。法師功徳品には、六根清浄の様相を明らかにしている。方便品には、「[735b]諸仏は一つの重大な事柄の理由のために、世に出現する。衆生に仏の知見を開かせるためである」の四句がある。[59] 南岳師は解釈して、「開仏知見は十住の位、示仏知見は十行の位、悟仏知見は十廻向の位、入仏知見は十地・等覚の位である。みな仏知というのは、一切種智を得るからである。みな仏見というのは、すべて仏眼を得るからである」といっている。[60] さらにま

55 『［大品般若］経』には、「最初の阿と最後の茶とのなかに、四十［字］がある」とある【経云初阿後茶中有四十】『大智度論』巻第四十八、「是の字、初めの阿、後の茶、中に四十有り」（大正二五、四〇八中一四）を参照。これは『大品般若経』広乗品、「須菩提よ、是れ陀羅尼門、字門、阿字門等にして、是れ菩薩摩訶薩摩訶衍と名づく」（大正八、二五六中二七～二八）に対する注釈である。

56 『華厳［経］』には、「最初の一地から、すべての地の功徳を備える」とある【華厳云従初一地具足一切諸地功徳】『六十巻華厳経』巻第一、世間浄眼品、「同一法性、覚慧の広大、甚深なる智境に、明達せざる靡《な》し。一地に住し、普く一切諸地の功徳を摂す」（大正九、三九五中二四～二六）を参照。

57 『経』には、「もし阿字門を聞くならば、一切の意味を理解する。その意味は、諸法が最初から不生であるからである」とある【経云若聞阿字門則解一切義所謂諸法初不生故】このままの文は、出典未詳。

58 広乗品　『大品般若経』巻第六、広乗品第十九（大正八、二五三中～二五六中を参照）のこと。

59 方便品には、「諸仏は一つの重大な事柄の理由のために、世に出現する。衆生に仏の知見を開かせるためである」の四句がある【方便品云諸仏為一大事因縁故出現於世為令衆生開仏知見四句】『法華経』方便品、「諸仏・世尊は、唯だ一大事因縁を以ての故に、世に出現す。舎利弗よ、云何なるをか、諸仏・世尊は唯だ一大事因縁を以ての故に、世に出現すと名づくるや。諸仏・世尊は、衆生をして仏知見を開かしめ、清浄なることを得しめんと欲せんが為めの故に、世に出現す」（大正九、七上二一～二五）を参照。「四句」は、引用されている「開仏知見」のほかに、示仏知見・悟仏知見・入仏知見道があるので、全部で四句という。

60 南岳師は解釈して、「開仏知見は十住の位……すべて仏眼を得るからである」といっている【南岳師解云開仏知見是十住位示仏知見是十行位悟仏知見是十廻向位入仏知見是十地等覚位皆言仏知者得一切種智也皆言仏見者悉得仏眼也】出典未詳。

た、『[法華]経』に「諸仏の一つの重大な事柄の理由である」とある[61]のは、同じく一乗、諸法の実相に入るのである。さらにまた、「ただ仏と仏とだけがはじめて諸法の実相を究め尽くすことができる」とある[62]のは、妙覚の位にほかならない。さらにまた、譬喩品には、「子供たちは、門の外に車を求める。長者は、それぞれに等しく同一の大車を与える。このとき、子供たちは、みな宝石でできた乗り物に乗って、四方に遊び、嬉しそうに遊び愉快で楽しく、自在無礙《むげ》であり、まっすぐ道場に至る」とある。[63]「四方」というのは、開・示・悟・入の四十位をたとえるのである。「まっすぐ道場に至る」とは、とりもなおさず実相を究め尽くす妙覚の位である。序品の中の「天から四華を降らす[64]」とは、この四十の因位を表現するのである。上に引用したような多くの経を証拠とし、また今の文に四十二位を明らかにするのを引用すると、明らかにみな位【位次】を越えた位【位次】である。実相に通達し、覚りの智慧を増やし、生死の苦を減らして【増道損生】、位【位次】を論じるだけである。

6・2・3　問答によって考察する

第三に問答によって考察する【料簡】とは、質問する。無明は、仏性中道を覆い隠す。ただ四十二品（等級）に分けて断じるだけであろうか。

答える。無明には実在性【所有】はないけれども、ないにもかかわらずあるので、等級【階品】がないわけではない。一応、おおざっぱに分けると、四十二品とする。ところが、その品の数は無量無辺である。『大[智度]論』には、「無明の類別は、その数はとても多い。このためにいたるところで破《は》無《む》明三昧《みょうざんまい》を説く」とある。[65]さらにまた、「法愛《ほうあい》（法に対する執着）はなくすことが難しいので、いたるところで重ねて般若を説くの

61　『[法華]経』に「諸仏の一つの重大な事柄の理由である」とある【経云是為諸仏一大事因縁】　前注59を参照。

62　「ただ仏と仏とだけがはじめて諸法の実相を究め尽くすことができる」とある【云唯仏与仏乃能究尽諸法実相】『法華玄義』巻第一上の前注112を参照。

63　譬喩品には、「子供たちは……まっすぐ道場に至る」とある【譬喩品諸子門外索車長者各賜等一大車是時諸子乗是宝乗遊於四方嬉戯快楽自在無礙直至道場】『法華経』譬喩品、「是の妙車を以て、等しく諸子に賜う。諸子は是の時、歓喜踊躍して、是の宝車に乗り、四方に遊び、嬉戯《きげ》快楽《けらく》して、自在無礙なり」（同前、一四下一六～一九）、同、「此の宝乗に乗りて、直ちに道場に至る」（同前、一五上一三～一四）を参照。

64　序品の中の「天から四華を降らす」【序品中天雨四華】『法華経』序品、「是の時、天は曼陀羅華、摩訶曼陀羅華、曼殊沙華、摩訶曼殊沙華を雨らして、仏の上、及び諸大衆に散ず」（同前、二中一〇～一二）を参照。

65　『大[智度]論』には、「無明の類別は、その数はとても多い。このためにいたるところで破無明三昧を説く」とある【大論云無明品類其数甚多是故処処説破無明三昧】　ぴったりした文ではないが、『大智度論』巻第九十七、「又た、無明の種数は甚だ多し。菩薩の破する所の分有り、仏の破する所の分有り、小菩薩の破する所の分、大菩薩の破する所の分有り。先に灯の譬喩を説くが如し。又た、須陀洹も亦た無明を破すと名づく。乃至、阿羅漢は方《まさ》に是れ実に破す。大乗の法の中も亦た是の如し。新発意《しんぼっち》の菩薩は、諸法実相を得るが故に、亦た無明を破すと名づく。乃至、仏の無明は尽ごとく破して余無し。是の故に薩陀波崙《さつだばりん》は、仏法の中の、邪見、無明、及び我見に於いては皆な尽くす。故に破無明三昧と名づくることを得て、咎《とが》無し」（大正二五、七三六下七～一四）を参照。

である」とある。[66]これらの円［教の］位は、不可思議である。もしただ法門に対応させるだけならば、尋ねる者は不満足に思い、多く個別に理解し、個別に執著して、円融の道に背く。このような位は、凡夫の迷いの心によって限定的に取ってはならない。凡夫の心によって述べることはできない。『華厳［経］』には、「さまざまな地は説くことができない。まして人に示すことができるであろうか」とある。[67]ひとまずこの事柄を置いておく。もし大乗の懺悔《さんげ》によって初随喜の円信の心を生じ、一つの旋陀羅尼《せんだらに》[68]を獲得しても、人に向かって説くことはできない。さまざまに説明するけれども、同様に理解することはできない。まして後のさまざまな位はなおさらである。二乗でさえその名前を聞かない。どうして凡人が説くことができようか。この言葉に意味がある。［天台］大師は自ら自己の証悟を説いた。さらにまた、ひとまずこの事柄を置いておく。声聞は四念処を学んで、735c 煖法を生じて得るけれども、同様に［五停心・別相念処・総相念処の三賢の］外凡について説き尽くすことはできない。たといさまざまに理解するけれども、同様に知ることができない。さらにまた、この事柄を置いておく。人が座禅して、最初に［初禅を構成する覚・観・喜・楽・一心の］五項【五支】を生ずるように、まだ証悟していない者のために説くことができない。たとい方便によって説くけれども、彼も同様に理解しない。さらにまた、この事柄を置いておく。木を削って車輪を作る人は、その技術をその子供に授けることができない。[69]ましてさまざまな深い法を、説くことができようか。末代の学者は、多く経論の方便［説］である［煩悩の］の断・伏に執らわれて闘争する……。水の本性は冷ややかであるようなものである。飲まなければ、どうして知るであろうか。[70]これはかえって諸仏が［衆生の機］縁に趣く不思議な言葉であるので、機にしたがって増減し、位の数は同じでない。あなたはまだ証得しないのに、空しく争ってどうするのか。法界の衆生が、僧に帰依して論争を止め、大いなる和合の海に入ることを広く願う。

さらにまた、四句によって、円［教の］位を問答によって考察する。あるいは初めを展開し、後を統合し、

66　「法愛（法に対する執着）はなくすことが難しいので、いたるところで重ねて般若を説くのである」とある【云法愛難尽処処重説般若】　ぴったりした文ではないが、『大智度論』巻第五十五、「舎利弗は、智慧第一なりと雖も、吾我《われ》に、嫉妬の心無きを以て、又た法愛を断ずるが故に、而も当に須菩提の説く所の品の中に於いて求むべし。問うて曰わく、仏は処処に般若波羅蜜を説き、須菩提の説く所に比せんと欲するに、百千万倍、算数《さんじゅ》譬喩す可からざるを比と為す。何を以て仏の説く所の品の中に求むと言わざるや」（大正二五、四五四上二四～二九）を参照。

67　『華厳［経］』には、「さまざまな地は説くことができない。ましてや人に示すことができるであろうか」とある【華厳云諸地不可説何況以示人】　『六十巻華厳経』巻第二十三、十地品、「言説の及び難き所なり。地行も亦た是の如し。之れを説くに、猶《な》尚お難し。何に況んや以て人に示さんをや」（大正九、五四四中一三～一四）を参照。

68　旋陀羅尼　「旋陀羅尼」は、旋、つまり教えを転じることのできる陀羅尼＝記憶力の意。『法華経』普賢菩薩勧発品、「爾の時、法華経を受持、読誦すれば、我が身を見ることを得て、甚だ大いに歓喜し、転《うた》た復た精進し、我れを見るを以ての故に、即ち三昧、及び陀羅尼を得るを、名づけて旋陀羅尼、百千万億旋陀羅尼、法音方便陀羅尼と名づけ、是の如き等の陀羅尼を得」（同前、六一中五～九）を参照。

69　木を削って車輪を作る人は、その技術をその子供に授けることができない【斲輪人不能以其術授其子】　『荘子』天道篇に出る説話。車輪作りの輪扁《りんぺん》という人が、斉の桓公《かんこう》に、車輪作りの秘訣は自分の子供にさえ伝授することができないのであるから、すでに死んだ聖人の書にも、体験的真理は伝えられておらず、その意味で、「古人の糟粕《そうはく》」であると教えた。

70　水の本性は冷ややかであるようなものである。飲まなければ、どうして知るであろうか【如水性冷不飲安知】　『成実論』巻第一、衆法品、「水の相は冷ややかなるが如し。飲めば乃ち知る」（大正三二、二四四中四）を参照。

あるいは後を展開し、初めを統合し、あるいは初めと後とをともに展開し、あるいは初めと後とをともに統合する。『大［般涅槃］経』に、「三十三天の不死の甘露《かんろ》を、将軍と臣下とともに飲む」と明らかにするようなもの[71]のは、これはさまざまな位をたとえる。前を展開して三十心とし、十地を統合して一とし、等覚を一とする。三十二臣[72]にたとえるのは因位をたとえ、妙覚を中心とするのは果位をたとえる。主君と臣下とはともに甘露を飲めば、因と果とともに常楽を証得する。もし円位によってこれを解釈するならば、この文は理解するのが難しい。以上は初めを展開し後を統合して、円［教の］位を明らかにすることである。

十四般若に関しては、三十心を統合して三般若とし、十地を展開して十般若とし、等覚にしたがって十四般若とする。みな因位である。転換して薩婆若（一切智）に入るとは、とりもなおさず果位である。以上は前を統合し後を展開して、円［教の］位を明らかにすることである。

四十二字門に関しては、とりもなおさず初めと後とをともに展開して、円［教の］位を明らかにする。天から四華を降らし、開・示・悟・入を表現し、四方に遊ぶことに関しては、これは前と後とをともに統合する。[73]

さまざまな経の展開・統合の相違は、みな［四］悉檀の方便である。そして、円［教の］位はそのまま備わっている。

6・3　円教の位の煩悩の断・伏を明らかにする

第三に円［教の］位の［煩悩の］断・伏を明らかにするとは、五品［弟子位］は円かに一実の四諦を解釈した。その心は一瞬一瞬法界のさまざまな波羅蜜と相応する。全身に邪・曲・偏などの倒錯がなく、円かに枝《し》客《きゃく》根本《こんぽん》の惑を制伏するので、[74]伏忍《ぶくにん》と名づける。さまざまな教えの初心に、この気分はない。『大［般涅槃］

経』には、「大乗を学ぶ者には、肉眼があるけれども、仏眼と名づける」とある。[75]「迦《か》陵《りょう》頻《びん》伽《が》鳥《ちょう》が卵の」殻《から》の

71 『大〔般涅槃〕経』に、「三十三天の不死の甘露を、将軍と臣下とともに飲む」と明らかにする【大経明三十三天不死甘露将臣共服】『南本涅槃経』巻第六、四依品、「呪術の致す所の三十三天は、上妙の甘露不死の薬なり。亦た当に共に分けて之れを服食すべし」（大正一二、六四〇下八～一〇）を参照。

72 三十二臣　三十三天のうち、帝釈天以外の三十二天（四方に八天ずつある）を指す。

73 天から四華を降らし、開・示・悟・入を表現し、四方に遊ぶことに関しては、これは前と後とをともに統合する【若天雨四華表開示悟入遊於四方者此即前後倶合】『法華玄義』巻第二、「天より四華を雨らし、住・行・向・地を表わす。開示悟入も亦た是れ位の義なり。是の宝乗に乗りて、四方に遊ぶ。四方は是れ因位なり。直ちに道場に至るは是れ果位なり。是れ位妙と名づく」（大正三三、六九八上一一～一四）を参照。

74 円かに枝客根本の惑を制伏す【円伏枝客根本惑】『講義』には「中道の理に相応して、界内外の隔てを亡ずれば、三惑同体にして、五住の異無ければ、円伏と云う」とある。「三惑」は見思惑・塵沙惑・無明惑のこと。「五住」は五住地惑のこと。「枝客根本の惑」は、全体として三惑を指すのであろうが、「枝・客・根本」と切るのか、「枝客・根本」と切るのか、よく分からない。前者の場合は、枝・客・根本が順に見思惑・塵沙惑・無明惑を指し、後者の場合は、枝客が見思惑と塵沙惑を指し、根本が無明惑を指すと思われる。

75 『大〔般涅槃〕経』には、「大乗を学ぶ者には、肉眼があるけれども、仏眼と名づける」とある【大経云学大乗者雖有肉眼名為仏眼】『法華玄義』巻第三上の前注91を参照。

なかで鳴くことは、さまざまな鳥よりも優れている。[76] たとえば、小乗の伏惑煖法《ぶくわくなんぼう》[77]は、仏法にはあるが、外道にはないようなものである。今、この伏忍は、円教にはあるが、〔蔵教・通教・別教の〕三教にはない。

十信の位は、伏道がますます強く、[736a] 相似〔即〕の理解を生ずることがあって、三界内部の見思〔惑〕、三界内部・三界外部の無知塵沙《むちじんじゃ》〔惑〕を破る。『〔法華〕経』の文に、「三陀羅尼《さんだらに》を得る」とあるようなもの[78]は、ただ相似〔即〕の道【似道】と名づけるだけである。まだ真実の道【真道】でない。旋《せん》陀羅尼は仮を旋《めぐら》して真に入り、百千〔万億〕旋陀羅尼は真を旋して俗に入り、法音方便《ほうおんほうべん》〔陀羅尼〕はまさしく伏道であり、まだ中〔道〕に入ることができない。『〔菩薩〕瓔珞〔本業経〕』の従仮入空観のようなもの[79]は、見思〔惑〕を断ち切るけれども、ただ虚妄を離れることを、解脱と名づけるだけである。その実はまだすべての解脱を得ない。わかるはずである。六根は清浄であるけれども、円教の煖・頂の四善根、柔順忍《にゅうじゅんにん》、伏道の位にすぎない。もし初住に入るならば、真の法音〔方便〕陀羅尼を得、まさしく無明〔惑〕を破ることを、やっと断道と名づける。仏性、常住、第一義の理を見ることを、円教の無生〔法〕忍と名づける。十行・十廻向・十地・等覚は、みな無明〔惑〕を破り、同じく無生〔法〕忍の位である。妙覚は、断道が広く行き渡り、究極的に完成していることを、寂滅忍《じゃくめつにん》と名づける。

もし位に焦点をあわせて個別に判定するならば、伏〔忍〕・〔柔〕順〔忍〕の二忍はただ制伏して断じないだけである。たとえば無礙道のようである。妙覚の一忍は、断じて、制伏しない。たとえば解脱道のようである。無生の一忍は、制伏しもするし断じもする。無礙〔道〕でもあり、解脱〔道〕でもある。もし共通の意味を論じるならば、妙覚の寂滅忍も、同様に無生〔法〕忍と名づける。『大〔般涅槃〕経』には、「涅《ね》を不生といい、槃《はん》を不滅という。不生不滅を、大涅槃と名づける」とある。[80] 伏忍とも名づける。『仁王〔般若経〕』には、

「初発心から金剛頂《こんごうちょう》に至るまでを、みな伏忍と名づける」とある。[81] 制伏【伏】は、賢の意味である。普賢菩薩は、多くの制伏の頂点に存在する。伏忍は共通する以上、［柔］順忍は理解できるであろう。伏［忍］・［柔］順［忍］は上と共通する以上、寂滅［忍］・無生［法忍］も同様に下と共通するはずである。『思益［梵天所問

76 ［卵の］殻のなかで鳴くことは、さまざまな鳥よりも優れている【誚中鳴勝諸鳥】 迦陵頻伽鳥（kalavinka の音写語）を指す。好声、妙声、美音などと訳す。ヒマーラヤ山中にいる美声の鳥。『大智度論』巻第二十八、「又た迦羅頻伽鳥の如く、殻の中に在りて未だ出でず、声を発すること微妙にして、余鳥に勝る」（大正二五、二六七上一二～一四）を参照。

77 伏惑煖法【伏煗】『講義』によれば、伏惑煖法（惑を制伏する煖法の位）のこと。煖と煗は異体字。

78 『［法華］経』の文に、「三陀羅尼を得る」とあるようなもの【如経文云得三陀羅尼】 前注68を参照。

79 『［菩薩］纓珞［本業経］』の従仮入空観のようなもの【如纓珞従仮入空観】『法華玄義』巻第三下の前注21を参照。

80 『大［般涅槃］経』には、「涅を不生といい、槃を不滅という。不生不滅を、大涅槃と名づける」とある【大経云涅言不生槃言不滅不生不滅名大涅槃】『南本涅槃経』巻第二十三、光明遍照高貴徳王菩薩品、「涅とは不と言い、槃とは滅と言い、不滅の義を、名づけて涅槃と為す」（大正一二、七五八下一八～一九）を参照。

81 『仁王［般若経］』には、「初発心から金剛頂に至るまでを、みな伏忍と名づける」とある【仁王云従初発心至金剛頂皆名伏忍】 出典未詳。『維摩経文疏』の巻第十七には、『菩薩纓珞本業経』を出典として挙げている（新纂大日本続蔵経一八、五九八上七～八）が、やはりこの文は見えない。

経」』には、「すべての衆生は、滅尽定にほかならない」とある。[82]『浄名［経］』には、「すべての衆生はみな如（真如）である」とある。[83]「如」は無生［法］忍にほかならない。さらにまた、事について無生［忍］とし、理について寂滅［忍］とする。さらにまた、分証（分証真実即）は寂滅［忍］とするけれども、果に対して譲って無生［法忍］とする。

もし因果に焦点をあわせれば、同様に共通性・個別性がある。共通性とは、すべての衆生は、大涅槃にほかならない。とりもなおさず因に焦点をあわせて果を論じることである。仏性とは、これを因と名づける。これは果に焦点をあわせて因を論じることである。『大［般涅槃］経』には、「果であって因でないことを大涅槃と名づけ、因であって果でないことを仏性と名づける」とある。[84]仏性を明瞭に見ることは、やっと仏においてのことなので、同様に因でもあるのである……。等覚を妙覚に比較して因とし、菩薩に比較して果とする。これ以下は因でもあり、因因でもあり、果でもあり、果果でもある。

区別【分別】の意義に焦点をあわせれば、伏［忍］・［柔］順［忍］の二忍は、まだ真因ではない。無生[736b]［法忍］の一忍は、まだ真果ではない。十住以上を真因と名づけ、妙覚を真果と名づける。どうして伏［忍］・［柔］順［忍］は真因でないのか。たとえば小乗の方便の位は修道と名づけず、見諦（見道）以上は真の修道に焦点をあわせるようなものである。この意義は理解できるであろう。今、［柔］順忍のなかで見思［惑］を断じ除くのは、水の上の油が虚妄（実在性がないこと）で吹きとばし易いようなものである。無明［惑］は［見思惑と］同体の惑である。水のなかの乳のようなものである。ただ初住の位に登る以上の菩薩の鵝王《がおう》[85]は、無明の乳を飲んで、法性の水を清くすることができるだけである。これより以上は、かえって真因であると判定する。

次に、別教においては三地、あるいは四地に見［惑］を断じ尽くし、六地、あるいは七地に思［惑］を断じ尽くすと判定する。これはそうであるはずがない。なぜならば、無明［惑］と見思［惑］とは同体の惑であるので、どうして前後［の時間的差異があって］断ち切ることができようか。別教のなかの小乗に依存する方便の説であるはずである。もし見［惑］が先に尽きれば、実理に妨げるものはもうない。どうして十地に見るこ

82　『思益［梵天所問経］』には、「すべての衆生は、滅尽定にほかならない」とある【思益云一切衆生即滅尽定】『思益梵天所問経』巻第二、難問品、「普華《ふけ》言わく、汝は滅尽定に入りて、能く法を聴くや。舎利弗言わく、滅尽定に入りて、二行有りて法を聴くこと無きなり。普華言わく、汝は仏の一切法は是れ滅尽の相なりと説くを信ずるや。舎利弗言わく、然り。一切法は皆な滅尽の相にして、我れは是の説を信ず。普華言わく、若し然らば、舎利弗は常に法を聴くこと能わず。所以は何ん。一切法は常に滅尽の相なるが故なり」（大正一五、四三上八～一四）を参照。

83　『浄名［経］』には、「すべての衆生はみな如（真如）である」とある【浄名云一切衆生皆如也】『維摩経』巻上、菩薩品、「一切衆生は皆な如なり。一切法も亦た如なり。衆《もろもろ》の聖賢も亦た如なり。弥勒に至るも亦た如なり。」（大正一四、五四二中一二～一三）を参照。

84　『大［般涅槃］経』には、「果であって因でないことを大涅槃と名づけ、因であって果でないことを仏性と名づける」とある【大経云是果非因名大涅槃是因非果名為仏性】『南本涅槃経』巻第二十五、師子吼菩薩品、「是れ因にして果に非ざるは、仏性の如し。是れ果にして因に非ざるは、大涅槃の如し」（大正一二、七六八中二一～二二）を参照。

85　鵝王　菩薩をたとえる。一器の中に水と乳を混ぜた場合、鵝王は乳だけを飲んで、水を残す説話に基づく。『正法念処経』巻第六十四、身念処品、「譬えば水乳をば同じく一器に置くが如し。鵝王は之れを飲むに、但だ乳汁を飲むのみにして、其の水は猶お存す」（大正一七、三七九下八～九）を参照。

とが明瞭でないであろうか。『［菩薩］地持［経］』には、「第九に離一切見清浄浄禅《りいっさいけんしょうじょうじょうぜん》である」とある。[86]第九は等覚地である。離見禅《りけんぜん》に入って、はじめて大いなる菩提の果を成就する。もし見［惑］が先に断ち切られるならば、等覚にまたどうして離れるべきものがあろうか。もし思［惑］が前に尽きれば、後の地には果報やさまざまな禅定がないはずである。なぜならば、『華厳［経］』に阿僧祇《あそうぎ》の香雲《こううん》・華雲《けうん》は不可思議であり、法界に満ちあふれると明らかにするのは[87]、これは菩薩のすぐれたすばらしい果報が感受する［色・声・香・味・触の］五塵《ごじん》である。これを欲界の思惑と呼ぶ。すべての菩薩は、みな無量百千の三昧禅定《さんまいぜんじょう》という心法の対象の法【心塵之法】に入ったり出たりする。これを色［界］・無色界の思惑と呼ぶ。もし七地に思［惑］が尽きるならば、上地に六塵を絶するはずである。なぜまた［十住・十行・十廻向の］三賢・［十地の］十聖は果報に留まるというのか。もし果報に留まるならば、思［惑］は前に尽きない。今明らかにすると、このような見思［惑］は、共通に上地に至り、仏に至ってはじめて尽きる。それ故、ただ仏一人だけが浄土に居り、ただ仏一人だけが源を尽くすことができるという。このために、伏・断は前に区別した通りである……。

質問する。三界内部は必ず先に見［惑］を断じ、次に思［惑］、後に無知［惑］（塵沙惑）である。三界外部は、どのような意味でそうではないのか。

答える。三界内部は［地獄・餓鬼・畜生の］三途《さんず》の苦が重いので、先に見［惑］を断じ、次に思［惑］、後に無知［惑］に及ぶ。三界外部は苦が軽いので、先に枝《し》［の塵沙惑］、後に本［の無明惑］である。さらにまた、［三界内部の］思［惑］・無知［惑］（塵沙惑）は偏真を［見ることを］妨げない。真理を見るために、先に見［惑］を除く。三界外部の塵沙［惑］は、［中道の理の］体についての惑[88]である。遠く［中道の］理を妨げることができる。先に［塵沙惑という］遠い障害を斥け、次に［無明惑という］近い障害[89]を除く……。

次に、三蔵［教］のなかの［成仏直前の］後身《ごしん》の菩薩や［預流果・一来果・不還果の三果の］果を超える二乗【超果二乗】（阿羅漢）は、見思［惑］については、同時に断じる。また先に思［惑］を断じる……。736c 果を超えない者は、前後［の時間的差異があって］断じるだけである。通教も同様に［果を］超えることと・超えないことの二つの意義がある。別教は前後［の時間的差異があって］断じ、円教は同時に断じる。［断惑の時間的］前後についての質問は、ただ一つのあり方を見るにすぎない……。

86 『［菩薩］地持［経］』には、「第九に離一切見清浄禅である」とある【地持云第九離一切見清浄禅】『菩薩地持経』巻第六、禅品、「云何なるか菩薩の清浄禅なるや。略して十種を説く。一には世間清浄浄不味不染汚禅、二には出世間清浄浄禅、三には方便清浄浄禅、四には得根本清浄浄禅、五には根本上勝進清浄浄禅、六には入住起力清浄浄禅、七には捨復入力清浄浄禅、八には神通所作力清浄浄禅、九には離一切見清浄浄禅、十には煩悩障智障断清浄浄禅なり。是の如き菩薩の無量禅は大菩提の果を得。菩薩は是れに依って阿耨多羅三藐三菩提を得、已に得、当に得べし」（大正三〇、九二二中四～一二）を参照。

87 『華厳［経］』に阿僧祇の香雲・華雲は不可思議であり、法界に満ちあふれると明らかにする【華厳明阿僧祇香雲華雲不可思議充塞法界】『六十巻華厳経』巻第三十六、宝王如来性起品、「爾の時、仏の神力の故に、法は是の如きの故に、衆の華雲を雨らし、諸天に勝過す。宝衣の雲、蓋雲、幢雲、幡雲、香雲、塗香雲、鬘雲、荘厳雲、衆宝雲を雨らして、菩薩は雲、菩薩身雲、三藐三菩提雲を讃嘆し、普く不可思議の世界をして皆悉な清浄ならしめ、如来の妙音声雲を雨らして、無量無辺の法界に充満す」（大正九、六三〇中二八～下四）を参照。

88 ［中道の理の］体についての惑【体上惑】『講義』には「中道の理を失わずして、而も縁起の差別に昧《くら》きを謂う」とある。

89 近い障害【近障】『講義』には、「無明は念を動じて、一法界を了せざれば、近障と云う」とあり、無明を指す。

6・4　他を教化するための功用を明らかにする

第四に功用《くゆう》を明らかにするとは、もし［功用の］字を分けて意味を理解するならば、功は自ら進むことを論じ、用は衆生に利益を与えることを論じる。［功用の］字を合わせて理解するならば、まさしく他を教化することをいう。五品の位は、理がまだあらわれないけれども、観察の智慧【観慧】はとっくに円かである。煩悩の性質を備えて、如来秘密の蔵を知ることができ、世間のために最初の拠り所となることができる。この人を拠り所とするのは、あたかも如来［を拠り所とする］ようなものである。わかるはずである。まもなく菩提樹に行き、覚り【三菩提】に近づく。すべての領域［の者たち］はみなそれに対して敬礼すべきであり、すべての賢人・聖人はみなこれを見ようと願う。六根［清浄］の相似［即］の理解に関しては、円観がますます明らかとなり、長く苦しみの海と別かれる。一つのすばらしい音声を、三千［大千世］界にくまなく行き渡らせ、思うがままに、すべての神々・龍はみなその場所に向って法を聞き、その人に説くべき法があれば、大勢の者たちを喜ばせることができる。やはり第一の拠り所である。

『涅槃［経］』に四依［の大士］を掲げるのは、その意味は円［教］・別［教］に通じる。人師は多く別［教］に焦点をあわせて判定する。十地の前は通じて初依と名づけ、初地に登ることから三地に至って見［惑］を断じ尽くすことを、須陀洹と名づけ、五地に至って思［惑］を押さえつけることを、斯陀含と名づける。第二依である。七地に至って思［惑］が尽きることを、阿那含と名づける。第三依である。八地より十地に至って欲［界］・色［界］・心（無色界）の三種の習気が尽きることを、阿羅漢と名づける。第四依である。

もし円［教］を推し出して別［教］と比較するならば、十住に焦点をあわせて三依を明らかにし、初住以前に対して四依とするべきである。もし［位の］始終を判定するならば、五品［弟子位］・六根［清浄位］を初依とし、十住を二依とし、十行・十廻向を三依とし、十地・等覚を四依とする。初住以上は、まとめて功用を論じる。もし縦の功はまだ深くないので、横の用は広くない。縦の功がもし深ければ、横の用は必ず広い。たとえばさまざまな樹木の根が深ければ、枝は広く、華・葉も多いようなものである。初住に縦に一分の無明［惑］を破り、一分の二十五三昧を獲得し、一分の我の本性【我性】（仏性）をあらわす。その真実の境地【処】を論じれば、不可思議である。教門に依ると、横は百仏世界に身を分ち影を散らばらせ、十法界の姿となって、衆生に利益を与え助ける。このように［十住の］一つ一つの住に縦に入って、ますます深くなる。無明はしだいに尽き、三昧はますます増え、我の本性は部分的にあらわれ、横の用は少しずつ広くなる。一千の仏界、一万の仏界、一恒沙《いちごうじゃ》の仏界、不可説不可説の仏界である。このような界に広く行き渡り、八相成道し、衆生を教化する。まして他の九法[737a]界の身はなおさらである。さまざまな行（十行）、さまざまな地（十地）も同様である。その完成【満足】を論じるならば、ただ仏と仏とだけがやっと無明の源を究め尽くすことができる。それ故、『経』には、「仏の心のようなものには無明がない。ただ仏、法王だけが究極的な王三昧《おうざんまい》に留まる」という。[90]毘盧遮那法身《びるしゃなほっしん》は、横に法界に広く行き渡り、縦に菩提をきわめる。大いなる功は完全であり、すぐれた用は完備する……。

90　『経』には、「仏の心のようなものには無明がない。ただ仏、法王だけが究極的な王三昧に留まる」という【経言如仏心中無無明唯仏法王住究竟王三昧】出典未詳。

6・5　さまざまな位に通じて麁妙を論じる

第五にさまざまな位に通じて麁妙を論じるとは、小草はただ［地獄・餓鬼・畜生・阿修羅の］四趣を免れて、動かず出ない。中草はまた動き出るけれども、智慧は根源を窮めず、恩恵は衆生に及ばない。上草は自己と他者を兼ねて救済する【兼済《けんさい》】ことができるけれども、色を滅するので、拙いとする。小樹は巧みであるけれども、功績は三界内部に限定される。それ故、その位はみな麁である。大樹・［最］実事は、同じく中道を対象として、みな無明［惑］を破り、ともに三界外部の功用がある。それ故、この位を妙とする。しかしながら、別教は、方便の門から、曲がり道を迂回し【曲逕紆迴《ごくけいうえ》】、［その］拠る場所【所因処】は拙いので、その位も麁である。円教はまっすぐな門である。このために妙とする。

さらにまた、三蔵［教］の菩薩は、まったく惑を断ぜず、円教の五品［弟子位］と比較すると、等しいものと劣っているものとがある。同じく惑を断じない。このために等しいという。五品［弟子位］は円かに常住を理解し、それ（三蔵教）はまったく常住を聞かない。このために劣るとする。三蔵［教］の仏の位に関しては、見思［惑］を断じ尽くす。六根清浄の位と比較すると、等しいものと劣っているものとがある。同じく［見一処住地・欲愛住地・色愛住地・有愛住地の］四住［惑］を除く。このあり方を等しいとする。もし無明［惑］を制伏するならば、三蔵［教］は劣る。仏でさえ劣るとするのであるから、二乗についてはわかるであろう。［小草・中草・上草の］三草は草木がはびこり乱れて茂っており【蒙籠《もうろう》】、生の働き【用】は浅く短いことがわかるはずである。それ故、その位はみな麁である。もし［小樹＝通教の］乾慧地（通教の第一地）・性地（通教の第二地）を五品［弟子］の位と比較するならば、等しいものと劣っているものとがある。前の例の通りである……。八人［地］（通教の第三地）、六地（離欲地）において見思［惑］が尽き、七地（已辦地）に方便を修行し、仏に至って習気を断じ尽くすことに関しては、円教の相似［即］の理解（六根清浄位）と比較すると、等しいものと劣っているものとがある。前を例として理解できるであろう。わかるはずである。小樹の位は、まだ高く大空を突き抜けたり、舞い踊ったりする能力がない[91]。このためにみな麁である。

もし別教の十信を五品［弟子］の位と比較すれば、等しい面もあり、劣る面もある。同じくまだ惑を断ち切っていない。このために、等しいとする。十信は段階的【歴別《りゃくべつ》】であり、五品は円［教の］解釈である。これは［別教の十信より］優れている。別教の十住は通［教］の見思［惑］を断ち切り、十行は塵沙［惑］を破り、十廻向は無明［惑］を制伏する。ただ円［教］の範疇の十信の位と等しいだけである。優劣は……。もし初地に登って無明［惑］を破れば、ただ円［教］の範疇の初住と等しいだけである。なぜならば、十地に関しては、十品（等級）に無明［惑］を破る。円［教］の範疇の十住も同様に十品に無明を破る。たとい十地を開いて三十品とするけれども、ただ円［教］の範疇の十住の三十品と等しいだけである。もし与えて論じるならば、円［教］の立場は十住を展開せず、三十心を合わせ[737b]取りあげて三十品とし、別［教］の範疇の十地の三十

91　高く大空を突き抜けたり、舞い踊ったりする【干雲婆娑】「干雲《かんうん》」は、高く大空を突き抜けるの意。何晏『景福殿賦』、「飛閣は雲を干《おか》し、浮階は虚に乗ず」を参照。「婆娑《ばしゃ》」は、舞うさまをいう。『詩』陳風・東門之枌、「子仲の子は、其の下に婆娑す」の「毛伝」に、「婆娑は、舞うなり」とあるのを参照。『講述』には「干雲は、自行竪《たて》に高く、婆娑は、化用横に広きなり」とある。

品と等しくさせるならば、十地と円［教］の範疇の十廻向とは等しい。もし奪って論じるならば、別［教］の範疇の仏地と円［教］の範疇の初行とは等しい。与えて論じるならば、別［教］の範疇の仏地と円［教］の範疇の初地とは等しい。それ故わかる。別教の方便の説においては、仏を判定することが高いけれども、真実と対比して言うならば、その仏はやはり低い。たとえば辺境はまだ静かに平定されていないので、官位を授けることは高く、爵位《しゃくい》を定め勲功《くんこう》を論じるならば、官職を置くことは低いようなものである。別教の方便の説は高いけれども、麁である。円教の真実の説は低いけれども、妙である。この比喩は理解できるであろう。

私の因をあなたの果とするならば、別［教］の位は麁である。大樹は周囲が巨大であるけれども、大地によって、はじめてしだいに生長するものであると知るべきである。そこでわかる。円［教の］位は、最初から最後まで、みな真実の説である。本当に制伏し、本当に断ち切る。いずれもみな妙と呼ぶ……。『大［智度］論』には、「たとえば好堅《こうけん》という名の樹木があり、大地［のなか］に百年も存在し、一たび［大地から］出ると、百丈の長さになり、多くの樹木の頂を覆うようなものである」とある。[92] これは円［教］の位をたとえるのである。

6・6　位の興起を明らかにする

第六に位の興起を明らかにするとは、質問する。方便の位はみな麁であるのに、仏はどのような意味で説くのか。

答える。衆生たちは好みも願いも同じでなく、善を生ずる条件も同じでなく、過失を知り悪を改めることも同じでなく、説かれたことに対して悟ることも同じでないからである。このために、如来のさまざまな説にはいずれも利益がある。もし三界内部の好み願いにしたがうならば、前の［蔵教・通教の］二教の位を説く。もし三界外部の好み願いにしたがうならば、後の［別教・円教の］二教の位を説く。三界内部の事善を生ずる場合には三蔵［教］の位を説き、三界内部の理善を生ずる場合には通教の位を説き、三界外部の事善を生ずる場合には別教の位を説き、三界外部の理善を生ずる場合には円教の位を説く。

三界内部の事悪を破る場合には三蔵［教］の位を説き、三界内部の理悪を破る場合には通教の位を説き、塵沙［惑］の事悪を破る場合には別教の位を説き、無明［惑］の理悪を破る場合には円教の位を説く。

事を対象として真に入る場合には三蔵［教］の位を説き、理を対象として真に入る場合には通教の位を説き、事から中［道］に入る場合には別教の位を説き、理を対象として中［道］を見る場合には円教の位を説く。この意義のために、さまざまな位が興起することがあり、段階の高低には限りが無い。

6・7　位の廃止を明らかにする

第七に位の廃止を明らかにするとは、理にはもともと位がなく、位は［衆生の機］縁のために生起する。

92　『大［智度］論』には、「たとえば好堅という名の樹木があり、大地［のなか］に百年も存在し、一たび［大地から］出ると、百丈の長さになり、多くの樹木の頂を覆うようなものである」とある【大論云譬如有樹名曰好堅在地百歳一出即長百丈蓋衆樹頂】『大智度論』巻第十、「譬えば樹有りて名づけて好堅と為すが如し。是の樹は地の中に在ること百歳にして、枝葉は具足し、一日出生すれば高さ百丈にして、是の樹出で已れば、大樹を求めて以て其の身を蔭《おお》わんと欲す」（大正二五、一三二下一二〜一四）を参照。

［衆生の機］縁がかわるがわる生起する以上、位も同様にかわるがわる廃し去る。『法華［経］』においてはじめて廃止するわけではない。さまざまな破ることと立てることとの意味を認識する必要がある。でたらめに破ったり、でたらめに立てたりしてはならない。

なぜならば、もともと如来が三蔵［教］の位を立てるのは、方便によって事善を生ずるからである。事善が生じる以上、［蔵教による位の上昇などの］効用【済用】がもし十分であるならば、すぐに廃止する必要がある。通［教］・別［教］の位も同様である。これは如来が［位を］破ったり立て737cたりする意味である。

『［阿］毘曇［毘］婆沙［論］』のなかに菩薩の意義を明らかにすることに関しては、龍樹がしばしばこれを破っている。その意味は、それが仏の方便を失っており、このために［位を］破る必要があり、仏の方便を述べる場合は、このために［位を］立てる必要があるということである。これが龍樹の［位を］破ったり立てたりする意味である。

［『華厳経』や『般若経』を重視する］普通の大乗師に関しては、まったく三蔵［教］を整理しない。これは仏の方便を失っている。普通の小乗師は、［大乗の］経の意義を探り取って、弘める［小乗の］論を解釈し、菩薩の意義を論じる。『毘婆沙［論］』は自ら菩薩の意義を説くけれども、用いようとせず、大乗経［の説く意義］を取って、三蔵［教］の空・有の二門を理解しようとする。どうしてたがいに合致するはずがあろうか。これに二つの過失がある。第一に仏の方便を覆い隠す。第二に［『阿毘曇論』の］論主が菩薩の意義を理解しないことをはっきりとさせる。このために破る必要がある。たとい経を引用して大乗の意義を解釈しても、どのような大乗であろうか。もし通教の大乗とするならば、三乗はいずれも真諦に入る。仏に至るまでも同様である。どうして八地に中道を観察して、無明［惑］を破ることができようか。通［教］の意義とすることは成

就しない。このために破る必要がある。もし別教の大乗の意義とするならば、はじめ初心から、二乗と相違する。どうして六地に阿羅漢と等しいことがあろうか。別［教］の意義とすることは成就しない。このために破る必要がある。さらにまた、別［教］は方便である。方便にとらわれて真実を誹謗する。このために破る必要がある。昔【往者】、［古師の］人が立ち去って、［古師の］意義が確定するけれども、今、その過失をひそかに見る。このために破る必要がある。仏の方便を述べれば、また立てる必要がある。とりもなおさず今の破ったり立てたりする意味である。そして、円教は［天台大師の］一師から起こる。［蔵教・通教・別教の］三つの権を超えて［円教の］一つの実に相即する。境・智・行・位は、前と同じでない。もし文と理が合致することがあるならば、［円教という］平らな道【夷途】で一緒に遊びなさい。趣旨を失い、軌跡【轍】に背くならば、良い指導者にしたがいなさい。まずこの意味を述べ、次に位を廃止することを明らかにする。

もし仏が、機に趣いて、［位を］生起したり、廃止したり、破ったり、立てたりするならば、『無量義経』に、「無量の法とは、一法から生じる。その意味は、二道・三法・四果である」とある通りである。[93]「二道」とは、頓・漸である。「三法」とは、三乗である。「四果」とは、［預流果・一来果・不還果・阿羅漢果の］四位である。これらの無量の法は、一法から生じる。なぜならば、二道は頓漸である以上、頓は大道であり、太陽が高

93　『無量義経』に、「無量の法とは、一法から生じる。その意味は、二道・三法・四果である」とある通りである【如無量義経云無量法者従一法生所謂二道三法】『無量義経』説法品、「其の法性とは、亦復た是の如く、塵労を洗除するに、等しくして差別無し。三法、四果、二道不一なり」（大正九、三八六中七～八）を参照。

山を照らす［ようなものである］。ひとまず置いておき、まだ論じない。今、漸道の最初を明らかにするならば、三蔵教である。［三蔵教の］教えには、「仏を求めるのに、三阿僧祇劫《あそうぎこう》の間、六度の修行をして、百劫の間、［三十二］相［を獲得する善根］を種えれば、やっと仏となることができる」とある。事善を生じさせようとするので、このように説く。仏を求めようとするならば、悪をあらためて善にしたがう。善が確立するならば、教えが廃止される。すぐに破っていう。どうして菩薩は煩悩【結惑】を断ち切らないで、菩提を得ることがあるであろうか。毒の器は、食を貯えることができない。この教が廃止されれば、行位はすべて廃止される。もともと果を望んで738a因を修行する。望むことのできる果がなければ、仏智・仏位はいずれも廃止される。もし二乗に焦点をあわせて廃止を論じるならば、もともと事の行に心を調えさせる。［蔵教の］拙度にしたがって真を見る。真を見てしまえば、教の意味は十分となる。このために［蔵教の］析教は廃止される。このさまざまな意義のために、蔵［教］を廃止して通［教］を立てるという。

　もともと通教を受けて、三蔵［教］を学ばないのは、この［通教の］人については廃止を論じないからである。通［教］を立てる意味は、理善を生ずるためである。［通教の］体法によって惑を断ち切り、巧度《ぎょうど》にしたがって真（空）に入るならば、教の意味は十分となる。智者は空を見、また不空を見るべきである。どうして常に空に留まることができようか。［そこで、］通教は廃止される。菩薩の行・智はすべて廃止され、仏の智・位も同様に廃止される……。二乗はただ教だけを廃止する。その他は……。この通教は、通（但空の三乗共）に通じ、別（利根が不空を見ること）に通じる。共般若《ぐうはんにゃ》の意味は、上に説いた通りである。不共《ふぐう》般若の意味は、廃止しないことがある……。それ故わかる。『成［実］論』・『［十］地［経］論』の師は、ただ共般若の意味を見るだけで、不共［般若］の意味を見ない。『中論』の師は、不共［般若］の意味を得て、共［般若］の意味を失う。通教は［共［般若］と不共［般若］の］二つの意味を備えるので、通［教］の菩薩と方便の声聞については、とりもなおさず廃止の意義である。［小乗の］果に留まる声聞は、まだ廃止の意義ではない。不共の菩薩は、廃止しない意義である……。

別［教］が起こる時に関しては、三界外部の事善を生ずる。もし無知塵沙《むちじんじゃ》［惑］を破って、事善が成就する以上、教の意は十分となる。また破る必要がある。これは随他意語である。このために別教の教は廃止され、［初］地の前の修行の位はすべて廃止される。［初］地以上の位と仏位は、みな高いものを廃止して低いものに帰着させる。このために別［教］を廃止して、円［教］を立てる。

円［教］の［五品弟子・十信・十住・十行・十廻向・十地・等覚・妙覚の］八番の位は、すべて真実の位である。それ故、廃止する必要がない。『大［般涅槃］経』には、「すべての大きな川にはすべて曲がっている所がある。すべての叢林には必ず樹木がある」とある。[94]さまざまな教えは、迷いの心【情】にしたがうので、曲りがある。三草二木は、仏の方便であるので、真実ではない。位を廃止するべきである。金の砂のある大河は、まっすぐ西海に入り、金銀《こんごん》の樹木はすべて宝石でできた林である。曲っているのではなく、まっすぐである。

94　『大［般涅槃］経』には、「すべての大きな川にはすべて曲がっている所がある。すべての叢林には必ず樹木がある」とある【大経云一切江河悉有迴曲一切叢林必有樹木】『南本涅槃経』巻第十、一切大衆所問品、「一切の江河に必ず迴曲《えごく》有り。一切の叢林を、必ず樹木と名づく。一切の女人は、必ず諂曲《てんごく》を懐《いだ》く。一切は自在にして、必ず安楽を受く」（大正一二、六六七中一四～一六）を参照。

このために廃止しない。昔、頓から漸を出せば、漸は頓に合致しない。漸を引いて頓に入らせるならば、いたるところで廃止する必要がある。今、もう頓に合致した。頓はどうして廃止することが必要であろうか。［経］文には、「はじめて私の身を見る」とある[95]……。このために、［円教の］一教は廃止しない。さらにまた、「ただ最高の覚りを説くだけである」とある[96]。この覚りは廃止しない。

昔、一仏乗について区別して三［乗］を説くならば、三乗は合致しない。三［乗］を一［乗］に合致させようとするならば、いたるところで[738b]廃止する必要がある。今、三［乗］を統合して一［乗］に帰着させ、同じく一乗に乗じる。このために、一行は廃止されない。

昔、四つの果は隔たって区別されている。羅漢、辟支仏、菩薩の習果、方便の仏果のことである。さらにまた、［蔵教・通教・別教・円教の］四［教の］仏を四果とする。この果を統合しようとすれば、いたるところで廃止する必要がある。今、草庵《そうあん》は破られ、化城はそのうえ滅し、ともに宝所に到達する。このために、一果は廃止されない。もしこの意義にしたがうならば、三［乗］は廃止され、一［乗］は廃止されない。

しかし、［蔵教・通教・別教の］三教に、廃止することもあり、廃止しないこともある。なぜならば、覚りを得た夜から涅槃に入る夜まで、説かれた［『長阿含経』『中阿含経』『増一阿含経』『雑阿含経』の］四つの『阿含経』は、結集して声聞蔵とされる。最初の［蔵］教はどうして廃止したためしがあろうか。前人の事善を成就し、後人の事善に合致させるので、廃止することもあり、廃止しないこともある。通教が前を成就し後に合致させることも同様である。別教が前を成就し後に合致させることも同様である。円教には、確立することもあり、確立しないこともある。最初に高山を照らすことは、もともと確立することである。三蔵［教］については、確立しない。［経］文に、「はじめて私の身を見て、如来の智慧に入る」という[97]のは、前の確立することである。「低劣［な教え］を学ぶ者は、今、仏の智慧に入る」とあるのは[98]、後の確立することである。中間は知ることができるであろう。さまざまな行・智に、廃止することもあり、廃止しないこともある。さまざまな果位に、廃止することもあり、廃止しないこともある。

もしさまざまな味を経歴すれば、乳味（『華厳経』）に［別教と円教の］二つの教がある。［別教］の一つの教・行・位は廃止することもあるし、廃止しないこともある。［円教の］一つの教・行・位は廃止しない。酪教（『阿含経』）の［蔵教の］行・位は、廃止することもあり、廃止しないこともある。生蘇（方等経）の［蔵教・通教・別教・円教の］四つの教については、［蔵教・通教・別教の］三つの教・行・位は廃止することもあり、廃止しないこともある。［円教の］一つの教・行・位は廃止しない。熟蘇（『般若経』）の［通教・別教・円教の］三つの教については、［通教・別教の］二つの教・行・位は廃止することも

95 ［経］文には、「はじめて私の身を見る」とある【文云始見我身】『法華経』従地涌出品、「此の諸の衆生は、始めて我が身を見、我が説く所を聞き、即ち皆な信受して如来の慧に入りにき」（大正九、四〇中八～九）を参照。

96 「ただ最高の覚りを説くだけである」とある【云但説無上道】『法華玄義』巻第一上の前注5を参照。

97 ［経］文に、「はじめて私の身を見て、如来の智慧に入る」とある【文云始見我身入如来慧】前注95を参照。

98 「低劣［な教え］を学ぶ者は、今、仏の智慧に入る」とある【学小者今入仏慧】『法華経』方便品、「鈍は小法を楽《ねが》い、生死に貪著し、諸の無量仏に於いて、深妙の道を行ぜず、衆苦に悩乱せらる。是の為めに涅槃を説く。我れは是の方便を設け、仏慧に入ることを得しむ。未だ曾て汝等は当に仏道を成ずることを得べしと説かず」（同前、七下二八～八上三）を参照。

あり、［円教の］一つの教・行・位は廃止しない。『法華［経］』は、［蔵教・通教・別教の］三つの教・行・位はすべて廃止し、［円教の］一つの教・行・位は廃止しない。ただ最高の覚りを説くだけで、同じく一つの宝石でできた乗り物に乗り、いっしょにまっすぐ道場に到達する。[99] それ故、［教・行・位の］三つの意義はみな廃止しない。『無量義［経］』には、「二道・三法・四果は合致しない」とある。[100]『法華［経］』に至って、すべて合致させるので、廃止を論じない。成道から四十余年、まだ真実をあらわさず、[101]『法華［経］』にはじめて真実をあらわす。相伝には、「仏は、年齢が七十二歳で『法華経』を説く」とある……。

さらにまた、教は廃止して行・位は廃止せず、行・位は廃止して教は廃止せず、［教と行・位の］どちらも廃止し、どちらも廃止しない。教は廃止して行・位は廃止しないとはどのようなことか。［小乗の］果に留まる声聞がまだ草庵にあるのは、[102] 行・位は廃止せず、教は廃止するのである。行・位は廃止して教は廃止しないとはどのようなことか。利根の秘密の利益は、教を廃止することを待たないで、早く行・位を休むことである。［教と行・位の］どちらも廃止するとはどのようなことか。三蔵［教］の菩薩のことである。どちらも廃止しないとはどのようなことか。後の［衆生の機］縁に［教えを］与える者のことである。通教・別教は、これを例として理解できるであろう……。

もし権を施すことにしたがうならば、［蔵教・通教・別教の］三つの教・行・位は確立して、［円教の］一つ［の教・行・位］は確立しない。もし権を廃止することにしたがうならば、［蔵教・通教・別教の］三つの教・行・位は廃止して、［円教の］一つ［の教・行・位］は廃止しない。もし利根にしたがうならば、［円教の］一つは確立して、［蔵教・通教・別教の］三つは確立しない。もし鈍根にしたがうならば、［蔵教・通教・別教の］三つは確立して、［円教の］一つは確立しない。もし鈍［根］を利［根］に転換することにしたがうならば、［円教の］738c一つは確立して、［蔵教・通教・別教の］三つは確立しない。利［根］と鈍［根］とを合わせて論じれば、確立もし、確立もせず、廃止もし、廃止もしない。もし平等法界にしたがうならば、確立するのでもなく、確立しないのでもなく、廃止するのでもなく、廃止しないのでもない。

さらにまた、教を廃止してあらためて教を聞くことがある。もともと教を廃止してあらためて教を聞かないことがある。もともと教を廃止しないであらためて教を聞くことがある。もともと教を廃止しないであらためて教を聞かないことがある。教を廃止してあらためて教を聞くとはどのようなことかといえば、六度の事善を廃止して、あらためて三［乗の差別］をなくす［通教の］理善を聞くようなものである。教を廃止してあらためて教を聞くとはどのようなことか。［小乗の］果に留まる二乗が、教を廃止してから涅槃に入るようなものである。教を廃止しないであらためて教を聞くとはどのようなことか。順番に学ぶ者に［教えを］与える方等

99　ただ最高の覚りを説くだけで、同じく一つの宝石でできた乗り物に乗り、いっしょにまっすぐ道場に到達する【但説無上道同乗一宝乗倶直至道場】『法華経』方便品、「正直に方便を捨て、但だ無上道を説くのみ」（同前、一〇上一九）、同、譬喩品、「此の宝乗に乗りて、直ちに道場に至らしむ」（同前、一五上一三～一四）に基づく。

100　『無量義［経］』には、「二道・三法・四果は合致しない」とある【無量義云二道三法四果不合】前注93を参照。

101　成道から四十余年、まだ真実をあらわさず【成道已来四十余年未顕真実】『無量義経』、説法品、「種種に説法し、方便力を以て、四十余年未だ曾て実を顕わさず」（同前、三八六中一～二）に基づく。

102　まだ草庵にある【猶在草庵】『法華経』信解品に説かれる長者窮子の譬喩に基づく。窮子は長者の実子であることに気づかず、あいかわらず粗末な家に住んだことを「猶お門外に処して、草庵に止宿す」（同前、一八上二九）と表現している。

［経］のなかで、小乗と大乗の名をどちらも聞く者のようである。［教を］廃止しないであらためて［教を］聞かないとはどのようなことか。まだ教を廃止しないで、秘密に［真実に］入る者である。

さらにまた、智を廃止してあらためて智を修し、智を廃止しないであらためて智を修し、智を廃止して智を修せず、智を廃止せず智を修しない。智を廃止してあらためて智を修すとはどのようなことか。三蔵の菩薩は、自己の智を廃止してあらためて無生智を修す。智を廃止しないであらためて智を修すとはどのようなことか。［小乗の］果に留まる声聞は、自己の智を廃止しないで、いよいよ自在に観察【遊観】して無生智を学ぶけれども、本当は巧みな智慧によって煩悩を断ち切らないのである。さらにまた、順番に習う者のことである。智を廃止しないで智を修しないとはどのようなことか。［小乗の］果に留まる声聞が、涅槃に入ったという思いを生じて、大乗を修行しようとしないことでもある。［須菩提《しゅぼだい》・迦旃延《かせんねん》・迦葉《かしょう》・目犍連《もっけんれん》の］四人の弟子が理解して、「私は昔、身体が疲れだらけて、ただ空・無相・無願を心に思うだけで、菩薩の法について、まったく好み願う心がなかった」[103]というような者のことである。そして、あらためて後の［衆生の機］縁に［教えを］合致させる者のことである。智を廃止して智を修しないとはどのようなことか。三蔵［教］の智を廃止する菩薩で、退いてさまざまな悪を行う者のことである。智を廃止してから秘密に頓のなかに入り、方便の智慧を修しない者のことでもある。

さらにまた、位を廃止してあらためて位に入り、位を廃止して位に入らず、［位を］廃止しないであらためて［位に］入ることをせず、［位を］廃止しないで［位に］入る。［位を］廃止してあらためて位に入るとはどのようなことか。三蔵［教］の菩薩が不断惑の位を廃止して、断惑の位に入ることである。位を廃止してあらためて位に入らないとはどのようなことか。位を廃止して秘密に頓を悟る者が、次第の位に入らないことを意味する。位を廃止しないであらためて位に入ることをしないとはどのようなことか。［小乗の］果に留まる二乗のことを意味する。位を廃止しないであらためて位に入るとはどのようなことか。後の［衆生の機］縁に［教えを］与える者を意味する。まだ［位を］廃さないで秘密に悟り、上位に入ることでもある。通教・別教の智・位、問答による考察【料簡】も、またこのようであるはずである……。

質問する。［位を］廃止してあらためて修するのは、利益がありえる。［位を］廃止してあらためて修しなければ、どのような利益があるのか。

答える。もともと修を廃止して利益を得ることがある。739a もともと批判し廃止する場合、聞いて、修しないけれども、小乗が低劣であることを恥ずかしく思うことがあって、その［小乗の］覚りを取ることを破る心がある。［この場合も］利益がある。さらにまた、その煩悩を断ち切ることに限定すれば、利益がないという。心を廻して大乗に入ることは、とりもなおさず利益を得ることである……。

103　「私は昔、身体が疲れだらけて、ただ空・無相・無願を心に思うだけで、菩薩の法について、まったく好み願う心がなかった」という【云我昔身体疲懈但念空無相願於菩薩法都無願楽之心】『法華経』信解品、「世尊は往昔、法を説くこと既に久しければ、我れは時に座に在りて、身体疲懈し、但だ空、無相、無作を念ずるのみにして、菩薩の法の神通に遊戯《ゆげ》し、仏国土を浄め、衆生を成就するに於いて、心に喜楽《ぎぎょう》せず。所以は何ん。世尊は我れ等をして三界を出で、涅槃の証を得しむればなり。又た、今、我れ等は年已に朽邁《くまい》し、仏の菩薩に阿耨多羅三藐三菩提を教化するに於いて、一念の好楽《こうぎょう》の心を生ぜず」（同前、一六中一五～二〇）を参照。

6・8　麁の位を開会して妙の位をあらわす（開麁顕妙）

第八に麁の位を開会して妙の位をあらわすとは、三乗を破って一乗をあらわす相待の意義に関しては、前のようでありえる。三乗に即して一乗である絶待の意義については、その意義はそうではない。なぜならば、昔の権が実を包含していたことは、華が蓮［の実］を含んでいるようなものである。権を開会して実をあらわすことは、華が開いて蓮［の実］が現われるようなものである。この華を離れてしまえば、別にあらためて蓮はなく、この麁を離れてしまえば、別にあらためて妙がない。どうして麁を破って妙に行く必要があるであろうか。ただ権の位を開会して、すぐに妙の位をあらわすのである。生死の麁の心を開会するとは、凡夫に報恩[104]があれば、覚りを求める心を生じ易いことを明らかにする。生死はそのまま涅槃であり、二つのものもなく別のものもなく、麁そのままが妙である。もしはじめ凡夫から析（蔵教）・体（通教）・別［教］・円［教］の四つの心を生ずるならば、また［蔵教の二乗・蔵教の菩薩・通教・別教の］四つの位の初心は、いずれも因縁によって生ずる心である。つまり、この因縁は、即空・即仮・即中であるので、円［教］の初心と、二つのものもなく別のものもない。

さまざまな初心は、乳であり、妙をあらわす。とりもなおさず毒を乳のなかに置くと、人を殺すことができる。[105]殺に遅いことと速いこと【奢促《しゃそく》】とがある。もしその位に留まる立場[106]で妙であるならば、すぐに仮名《けみょう》（五品弟子位＝観行即）の妙となり、もし進んで方便に入るならば、相似［即］の妙となり、もし進んで理に入るならば、すぐに分真［即］の妙となる……。

もし六度の権の位・行を開会すれば、檀（布施）は因縁によって生ずる法であり、即空・即仮・即中であるので、檀を開会して仏性を見ることができる。ひいては般若も同様である。また毒を乳のなかに置いて、人を殺すことができると名づける。その位に留まる立場であれば、仮名の妙である。もし方便に進むならば、相似［即］の妙となる。もし進んで理に入るならば、分真［即］の妙となる……。方便の声聞でまだ位に入らない者が、開権顕実することも同様である。三蔵［教］の煩悩を断ち切る位についていは、もしまだ権を開会しなければ、永遠に報恩はなく、焼けて黒くなった種子[107]に芽が出ないようなものである。今、析空を開会すると、即仮・即中である。毒を酪のなかに置くと、また人を殺すことができるようなものである。麁に留まったままでそのまま妙であるのは、相似［即］の位である。もし進んで入るならば、位にしたがって妙を判定するのである。次に通教の二乗・菩薩を開会する場合も同様である。出仮（入仮）の菩薩の位は、この仮を開会［決了］すると、仮は中［道］にほかならない。毒を生蘇に置くと、人を殺すことができるようなものである。麁に留

104　報恩【反復】　ここでは、仏の恩を返すことを意味する。『維摩経』巻中、仏道品、「凡夫は仏法に於いて返復有れども、声聞に無きなり」（大正一四、五四九中二二～二三）を参照。「返」は「反」に通じる。

105　毒を乳のなかに置くと、人を殺すことができる【置毒乳中即能殺人】『講義』には「四教の初心を乳と為し、開顕の法を聞くを、毒を置くと為し、円の伏断の位に入るを、人を殺すと為す」とある。

106　その位に留まる立場【按位】「按」は押さえ止めること。上の位に進入するのではなく、その位に留まることを意味する。

107　焼けて黒くなった種子【焦種】　成仏の可能性のないことを、焼けた種子からは芽が出ないことにたとえたもの。『成実論』巻第十一、明因品、「阿羅漢の無漏の智慧は煩悩を焼く。故に応に復た生ずべからず。焦種子は復た生ずること能わざるが如し」（大正三二、三二五下七～八）を参照。

まったままでそのまま妙であるのは、相似［即］の位である。もし進んで入るならば、位にしたがって妙を判定する。別教の十信の位を開くことに関しては、前と同じである。十住を開会することに関しては、二乗と同じである……。十行の位を開会することに関しては、通教の出仮[739b]（入仮）の菩薩と同じである。十廻向の無明を制伏する位を開会することに関しては、これ（但中）そのままが［円］中である。以上を、毒を熟蘇に置くと、人を殺すことができると名づける。麁に留まるままでそのまま妙であるのは、相似［即］の位である。もし進んで入るならば、位にしたがって妙を判定する。初地に登る位において開会しないことに関しては、ただ拙度《せつど》の位にすぎない。今、この権を開会【決】して真実をあらわすことができるようにさせるのは、とりもなおさず毒を醍醐に置いて人を殺すことである。麁に留まるままでそのまま妙であるのは、十住の位である。もし進んで入るならば、位にしたがって妙を判定する。

　もしさまざまな権を開会【決】するならば、あるいは位に留まる妙、あるいは［上の位に］進んで入る妙である。相対することのできる麁はなく、同じく一妙を成就することの意義はあらわれた。今、あらためて比喩によって説くと、たとえば小国の大臣が大国に来朝して、もともとの位階を失うようなものである。軍隊[108]に参加するけれども、員数外の職掌《しょくしょう》のない官位【限外空官】である。もし大国の小臣は、身心ともに［大国の王に］頼れば、[109]爵《しゃく》はかえってまだ高くないけれども、他に尊敬される。さまざまな教のさまざまな位は、麁を開会して妙に入る場合、［妙に］流れ入ることができるけれども、円教の妙に入る[110]ことと比較しようとすると、やはり鈍のなかから来る。円教の発心は、まだ位に入らないけれども、如来秘密の蔵を知ることができれば、仏となると呼ぶ。初心でさえそうである。まして後の位はなおさらである……。

6・9　『涅槃経』の五味の比喩を引用する

第九に『涅槃［経］』の五［味の］比喩【五譬】を引用して、［蔵教・通教・別教・円教の］四教の位を成就する。もし四教によって比喩を解釈するならば、比喩は理解できない。もし五［味の］比喩は四教の位を判定するのでなければ、信じることは難しい。もし経文を信じれば、位の意義は明らかにすることが易しく、さまざまな位の意味を理解すれば、その比喩は理解できる【冷然】。彼れと此れとがたがいに必要としあって、どちらもすぐれている【兼美】ということができるのである。その文には、「凡夫は乳のようで、須陀洹は酪のようで、斯陀含は生蘇のようで、阿那含《あなごん》は熟蘇のようで、阿羅漢・［辟］支仏・仏は醍醐のようである」とあ

108　軍隊【行伍】　兵隊五人を「伍」といい、それを五つ集めたものを「行」という。

109　身心ともに［大国の王に］頼れば【心膂憑寄】「膂」は背骨のこと。「憑寄」は頼ること。ここでは、身も心も仏に頼ること。『釈籤』には「秖《た》だ是れ全く身心を以て仏境に寄託するのみ」（大正三三、八九五上一八～一九）とある。

110　入　底本の「八」を『全集本』によって改める。

る。[111]これは三蔵の［凡夫、須陀洹、斯陀含、阿那含、阿羅漢・辟支仏・仏の］五位をたとえる。なぜならば、凡夫はまったく生《なま》であり、まだ惑を除くことができない。菩薩も同様である。ただ乳のようであることができるだけである。須陀洹は、見［惑］を破り、凡をあらためて聖人となる。乳が酪に変化するようなものである。斯陀含は、六品の思［惑］を押さえつけるので、生蘇のようである。阿那含は、欲界の思［惑］が尽きるので、熟蘇のようである。阿羅漢・［辟］支仏・仏は、いずれも三界の見思［惑］を断じ尽くすので、同じく醍醐と呼ぶ。それ故、『釈論』（『大智度論』）には、「声聞経のなかには、阿羅漢地を仏地と呼ぶ」とある。[112]それ故、ともに一味とするのである。

質問する。この『［法華］経』は、三蔵［教］の菩薩を上草とする。その経（『涅槃経』）は、どうして菩薩を乳味とするのか。

答える。経（『法華経』）は化他の側面の強い部分を取りあげて、これを上草にたとえる。このなか（『涅槃経』）では自ら覚る【自証】力が弱いので、凡夫と同様に乳味とする……。［『涅槃経』巻第］三十二には、「凡夫は血の雑《まじ》った乳のようで、須陀洹・斯陀含は清[739c]い乳のようで、阿那含は酪のようで、阿羅漢は生蘇のようで、［辟］支仏・菩薩は熟蘇のようで、仏は醍醐のようである」とある。[113]これは通教の五位をたとえるのである。凡夫は惑を断ち切らなければ、乳がまだ血と雑ったようなものである。二果は思［惑］を押さえつけることがまだ多くないので、初果と同様に乳のようである。三果は、欲［界］の思［惑］が尽きたので、酪のようである。四果は、見［惑］・思［惑］がともに尽きる。生蘇のようである。［辟］支仏は、智慧が鋭く習気を押さえつけ、声聞より少し優れているので、菩薩とともに熟蘇のようである。十地を仏地と名づける。とりもなおさず醍醐である。

前は、菩薩が凡［夫の］味と同じであるので、三蔵［教］であることを知る。今は、菩薩が［辟］支仏と同

111　その文には、「凡夫は乳のようで、須陀洹は酪のようで、斯陀含は生蘇のようで、阿那含は熟蘇のようで、阿羅漢・［辟］支仏・仏は醍醐のようである」とある【彼文云凡夫如乳須陀洹如酪斯陀含如生蘇阿那含如熟蘇阿羅漢支仏仏如醍醐】。厳密には一致しないが、『南本涅槃経』巻第三十二、迦葉菩薩品、「須陀洹の人、斯陀含の人は、少煩悩を断じて、仏性は乳の如し。阿那含の人の仏性は酪の如し。阿羅漢の人は、猶お生酥の如し。辟支仏従り十住の菩薩に至るまでは、猶お熟酥の如し。如来の仏性は、猶お醍醐の如し」（大正一二、八一八下六～九）を参照。

112　『釈論』（『大智度論』）には、「声聞経のなかには、阿羅漢地を仏地と呼ぶ」とある【釈論云声聞経中称阿羅漢地為仏地】。『摩訶止観』巻第三にも、「大論に云わく、声聞経の中に、阿羅漢を称して、名づけて仏地と為す」（大正四六、二三下二五～二六）、『維摩経玄疏』巻第四にも、「智度論に云うが如し。阿羅漢地は、声聞経の中に於いて、之れを名づけて仏と為す」（大正三八、五四二下二五～二六）と同文が引用されているが、『大智度論』には一致する文はない。

113　［『涅槃経』巻第］三十二には、「凡夫は血の雑った乳のようで、須陀洹・斯陀含は清い乳のようで、阿那含は酪のようで、阿羅漢は生蘇のようで、［辟］支仏・菩薩は熟蘇のようで、仏は醍醐のようである」とある【三十二云凡夫如雑血乳須陀洹斯陀含如浄乳阿那含如酪阿羅漢如生蘇支仏菩薩如熟蘇仏如醍醐】。『南本涅槃経』巻第三十二、迦葉菩薩品、「衆生の仏性は、雑血の乳の如し。血とは、即ち是れ無明・行等の一切の煩悩なり。乳とは、即ち是れ善の五陰なり。是の故に我れは、諸煩悩、及び善の五陰従り、阿耨多羅三藐三菩提を得と説く。衆生の身は、皆な精血従り而も成就することを得るが如し。仏性も亦た爾り。須陀洹の人、斯陀含の人は、少煩悩を断じ、仏性は乳の如し。阿那含の人の仏性は酪の如し。阿羅漢の人は、猶お生酥の如し。辟支仏従り十住の菩薩に至るは、猶お熟酥の如し。如来の仏性は、猶お醍醐の如し」（大正一二、八一八下二～九）を参照。前注111にも同じ箇所の引用がある。

じなので、通［教］であることを知る。もし通［教］の解釈をしないならば、比喩の意義は何によって理解することができるであろうか……。

妙法蓮華経玄義　巻第五上

妙法蓮華経玄義　巻第五下

天台智者大師が説く

［『涅槃経』］第九巻に、「凡夫の仏性は、牛が新たに生まれて、血と乳がまだ区別されていないようであり、声聞の仏性は、清浄な乳のようであり、［辟］支仏は酪のようであり、菩薩は生蘇・熟蘇のようであり、仏は醍醐のようである」とある。[1]これは別教の五位をたとえる。「乳」は無明をたとえ、「血」は四住《しじゅう》［地惑《じわく》］をたとえる。凡夫はこれを備えるので、「雑血《ぞうけつ》」という。十住において四住［地惑］の血を断ち切ったことは、二乗と等しい。それ故、「声聞は乳のようである」という。十住の後心《ごしん》は、理が明らかで智が鋭いので、［辟］支仏が習気《じっけ》を押さえつける【侵】ことに似ている。それ故、「酪のようである」という。十行において塵沙［惑］を破るのは、生蘇のようである。十廻向において三界外部の塵沙［惑］を破るのは、熟蘇のようである。それ

1　［『涅槃経』］第九巻に、「凡夫の仏性は……仏は醍醐のようである」とある【第九巻凡夫仏性如牛新生血乳未別声聞仏性如清浄乳支仏如酪菩薩如生熟蘇仏如醍醐】『南本涅槃経』巻第九、菩薩品、「云何んが性差別なる。仏の言わく、善男子よ、声聞は乳の如く、縁覚は酪の如く、菩薩の人は生・熟酥の如く、諸仏世尊は猶お醍醐の如し。是の義を以ての故に、大涅槃の中に四種の性を説いて、差別有り。迦葉は復た言わく、一切衆生の性相は云何ん。仏は言わく、善男子よ、牛の新たに生まれて、乳と血の未だ別かたざるが如し。凡夫の性は、諸煩悩を雑《まじ》うること、亦復た是の如し」（大正一二、六六四中一八～二三）を参照。

故、「菩薩は生蘇・熟蘇のようである」という。初地に登るとき、無明［惑］を破り、仏性をあらわし、一身［即］無量身を得て、百の仏の世界において作仏など八つの様相を示す。[2] それ故、「仏は醍醐のようである」という。

［『涅槃経』第］二十五［巻］には、「雪山に忍辱《にんにく》という名の草がある。牛がもし食べれば、すぐに醍醐を得る」とある。[3]「牛」は凡夫をたとえ、「草」は八正［道］をたとえる。八正［道］を修行することができれば、すぐに仏性を見ることを、「醍醐を得る」と名づける。これは円教において大いなるまっすぐな道を修行し、一切衆生がそのまま涅槃の様相であり、消滅することのできないものであると観察することをたとえる。円かに信じ円かに修行して、段階的差別[740a]【歴別】によらず、一生のなかにおいて、初住に入り、仏性を見ることができる。牛が忍［辱の］草を食べるように、［乳味・酪味・生蘇味・熟蘇味の］四味を経由しないで、ただちに[4]醍醐［味］を出す。それ故、円教の意味であることがわかるのである。「忍［辱の］草」は境妙をたとえ、「牛」は智妙をたとえ、「食べる」は行妙をたとえ、「醍醐［味］を出す」は位妙をたとえる。これは円の意味である。牛が他の草を食べれば、血と乳は転換変化する。四味を経由してから、はじめて醍醐［味］を成就する。他の方便の教えの境・智・行・位は、すべて麁の意味である。

前の四つの比喩には、四箇所で醍醐を明らかにすることがある。［蔵教・通教・別教・円教の］四教に仏智を明らかにすることはそれぞれ相違するけれども、いずれも仏と呼ぶ以上、同じく仏智を指して醍醐とする。蔵［教］・通［教］の二仏は、中道を明らかにしない。ただ果としての仏【果頭仏】の二諦の智を取って醍醐とするだけである。別教は、初地に登って無明を破り、すぐに仏となることができる。中道の理智を醍醐とする。円教は、初住に中道智を得る。同様に醍醐と呼ぶ。『［菩薩］瓔珞［本業経］』に、「頓悟《とんご》の世尊」とある[5]のは、とりもなおさずこの初住の智を醍醐とするのである。〔蔵教・通教の〕前の二つの醍醐は、権であって実でないので、教はあるけれども〔それを成就する〕人はいない。別教の醍醐は、名は権で、理は実である。[6] 円教の醍醐は、名も理もともに実である。この意義の故に、〔蔵教・通教・別教の〕前の三つの位は五味がすべて麁であり、円教の〔醍醐の〕一味はみな妙である。

〔『涅槃経』〕第二十七巻には、「たとえばある人が毒を乳のなかに置くと、人を殺すことができ、ないし醍

2　作仏など八つの様相を示す【八相作仏】　釈尊が衆生救済のために、八種の姿を示したこと。作仏は成道ともいわれ、八相の一つであるが、最重要なので、別出する。下天・託胎・降誕・出家・降魔・成道・転法輪・入涅槃のこと。
3　〔『涅槃経』第〕二十五〔巻〕には、「雪山に忍辱という名の草がある。牛がもし食べれば、すぐに醍醐を得る」とある【二十五云雪山有草名為忍辱牛若食者即得醍醐】　『南本涅槃経』巻第二十五、師子吼菩薩品、「雪山に草有り、名づけて忍辱と為す。牛若し食せば、則ち醍醐を出す」（同前、七七〇中一三～一四）を参照。
4　ただちに【直】　底本の「卓」を『全集本』によって改める。
5　『〔菩薩〕瓔珞〔本業経〕』に、「頓悟の世尊」とある【瓔珞云頓悟世尊】　『菩薩瓔珞本業経』巻下、仏母品、「唯だ頓覚の如来のみ有りて、三世の諸仏の説く所と異なり無し」（大正二四、一〇一八下二〇～二一）を参照。
6　名は権で、理は実である【名権理実】　『講義』によれば、円教の十住を別教では十地としているので、名は権である。ただし、別教の証得するものは、円教と同じなので、理は実である。

醐も同様に人を殺すことができるようなものである」とある。[7] この比喩に二つの働きがある。第一に共通に漸・頓に焦点をあわせて不定教《ふじょうきょう》を明らかにする。至るところで仏性を見ることができるのである。第二に行が不定であることに焦点をあわせる。修行者の心の働きは、これを乳にたとえるようなものである。実相の智は、これを毒にたとえるようなものである。毒に命を損《そこ》なう能力がある。この智には無明を破る力がある。久遠の昔から、実相という毒を説いて、凡夫の心の乳に置いてきた。毒という智慧が発現することは、固定的なものであるとすることはできない。あるいは最初の味において発現し、あるいは後の味において発現する。順番に判定することはできない。それ故、「毒を乳のなかに、ないし醍醐に置くと、五味のなかに広く行き渡って、すべて殺の意義がある」という。

衆生がはじめ凡夫の境地において、『華厳［経］』を聞くことができ、すぐに理を見て仏の智慧に入る場合は、これは血乳において人を殺すことである。先に十住を得て、今、『華厳［経］』において悟ることができる場合は、とりもなおさず酪のなかにおいて人を殺す。十行において悟る場合は、生蘇において人を殺す。十廻向において悟る場合は、熟蘇において人を殺す。さまざまな境地においてさらに悟る場合は、醍醐のなかにおいて人を殺す。過去において先に円教のなかの観行即【仮名】・相似即の位であって、今、『華厳［経］』を聞いて悟ることができる場合は、同様に乳のなかにおいて人を殺す。同様に酪、[740b] 生・熟などの蘇のなかにおいて人を殺す。先にさまざまな住（十住）、さまざまな行（十行）などの位であって、今、あらためて『華厳［経］』を聞いて、覚りの智慧を増やし、生死の苦を減らすこと【増道損生】ができる場合は、とりもなおさず醍醐のなかにおいて人を殺す……。

三蔵教のなかの凡夫、方便の位、菩薩の位を経歴して、三蔵教を聞き、そのなかですぐに密かに中道を見ることができる場合は、とりもなおさず乳のなかにおいて人を殺す。［声聞の］四果の位において密かに中道を見る場合は、とりもなおさず酪のなかにおいて人を殺す。顕露《けんろ》の教のなかにおいては、この事柄はないのである。

通教のなかの凡夫、三乗の方便の位に関しては、通教を聞いて、密かに仏性を見る場合は、とりもなおさず乳のなかにおいて人を殺す。［三乗の真実の］位に入る者で秘密［不定］以上の場合は、とりもなおさず酪のなかにおいて人を殺す。菩薩の道種智以上の場合は、とりもなおさず生蘇において人を殺す。九地以上の場合は、とりもなおさず熟蘇において人を殺す。十地以上は、とりもなおさず醍醐のなかにおいて人を殺す。通教の声聞は、ただ秘密［不定］のなかにおいて人を殺すだけで、顕露不定の殺はないのである。

もし別教のなかを経歴すれば、十信において教を聞く以上、とりもなおさず乳のなかにおいて人を殺す。［十住・十行・十廻向の］三十心以上は、とりもなおさす酪において人を殺し、生蘇・熟蘇などにおいて人を殺す。初地に登る以上は、とりもなおさず醍醐において人を殺すのである。

7　［『涅槃経』］第二十七巻には、「たとえばある人が毒を乳のなかに置くと、人を殺すことができ、ないし醍醐も同様に人を殺すことができるようなものである」とある【第二十七巻云譬如有人置毒乳中則能殺人乃至醍醐亦能殺人】『南本涅槃経』巻第二十七、師子吼菩薩品、「譬えば人有りて、毒を乳の中に置き、乃至、醍醐も皆悉《み》な毒有るが如し。乳を酪と名づけず、酪を乳と名づけず、乃至、醍醐も亦復た是の如し。名字は変ずと雖も、毒の性は失わず。五味の中に遍じて、皆悉な是の如し。若し醍醐を服せば、亦た能く人を殺す。実に毒を醍醐の中に置かず。衆生の仏性も亦復た是の如し。五道に処りて別異の身を受くと雖も、是の仏性は常に一にして変ずること無し」（大正一二、七八四下九～一四）を参照。

円教のなかで、はじめに［名字即の位で］経を聞いて、すぐに無明を破り仏性を見る場合は、乳のなかにおいて人を殺す。六根清浄（相似即＝十信）以上は、酪、生・熟蘇などにおいて人を殺す。初住以上の場合は、醍醐において人を殺す。

修行者が、さまざまな教の四つの比喩・五味を経歴し、それを過ぎた後にはじめて円教の醍醐のなかにおいて人を殺すことに入ることができる場合は、これは三［乗］を破って一［乗］をあらわし、比較相対して妙とする。毒を乳のなかに置き、一々の味においてすべて人を殺す場合は、これは開権顕実である。すべての法のなかにおいて、すぐに中道を見る。それ故、［『法華経』の］文には、「あなたたちの修行することは、菩薩の道である」とある。[8]あらためて道を改め轍《わだち》を変える必要はないけれども、真実を求め、麁そのままが妙であることを見る。それ故、毒を置くことを比喩とする。

さまざまな経にすべて秘密に毒を置くという妙はあるけれども、まだ顕露《けんろ》に［五］味を経歴して妙に入ることはない。同様に顕露に麁をはっきりとさせるとそのまま妙であることはない。この『法華［経］』に至って、はじめて［顕露に五味を経歴して妙に入ることと、顕露に麁をはっきりと定めるとそのまま妙であることの］二つの意味がある。同じく宝石でできた乗り物に乗り、[9]みな仏知見を開く。[10]顕露に事柄が現れる。このために、［『法華経』］だけを妙と呼ぶのである。その意味はここにある。

しだいに妙に入ることと麁を開きあらわすとそのまま妙であることに[11]、それぞれ二つの意味がある。その位にとどまって【按位】開き入り、あるいは上の位に進んで【増進】開き入る。「声聞の法をはっきりと定めて理解すると、諸経の王である。聞いた後に明らかに思惟するならば、最高の覚りに近づくことができる」[12]という場合は、とりもなおさずその位にとどまって【按位】740c 妙をあらわすことである。覚りの智慧を増やし、生死の苦を滅らすこと【増道損生】は、とりもなおさず進み昇って妙に入ることである。それ故、『法華［経］』だけを妙と呼ぶのである。

6・10　妙位の始めと終わりを明らかにする

第十に妙位の始終を明らかにするとは、真如法《しんにょほう》のなかには次第がなく、一地も二地もない。法性は平等であり、常に静まりかえっている。どうして初と後、始めと終わりを区別するであろうか。本当に平等大慧によって法界を観察すると、いくらかという複数のもの【若干】はないので、いくらか【若干】の無明を破ることができ、いくらかという複数のもの【若干】がない智慧をあらわし出す。この智慧に焦点をあわせると、始めが

8　［『法華経』の］文には、「あなたたちの修行することは、菩薩の道である」とある【文云汝等所行是菩薩道】『法華玄義』巻第三上の前注89を参照。

9　宝石でできた乗り物に乗り【乗宝乗】『法華経』譬喩品、「此の宝乗に乗りて、直ちに道場に至らしむ」（同前、一五上一三～一四）に基づく。

10　仏知見を開く【開仏知見】『法華玄義』巻第一上の前注80を参照。

11　しだいに妙に入ることと麁を開きあらわすとそのまま妙であること【次第入妙開麁即妙】『講義』には「竪《たて》に調熟《じょうじゅく》を歴て実に会する者を、次第に妙に入ると云う。横に当教当位に在りて実に会する者を、麁を開くに即ち妙なりと云う」とある。

12　「声聞の法をはっきりと定めて理解すると、諸経の王である。聞いた後に明らかに思惟するならば、最高の覚りに近づくことができる」【決了声聞法是諸経之王聞已諦思惟得近無上道】『法華玄義』巻第一下の前注115を参照。

ないけれども始めなので、とりもなおさず最初の阿《あ》である。終わりがないけれども終わりなので、とりもなおさず最後の荼《だ》である。中間がないけれども中間を論じるので、とりもなおさず［十信・十住・十行・十廻向の］四十心である。また区別するけれども区別がないので、不思議の位と名づけるのである。

下の文に、「声聞・縁覚は竹の林のようであるが、発心したばかりの菩薩、不退転の菩薩なども、みな知ることができない。菩薩たちで信力が確固としている者を除く」とある通りである。[13]「声聞・縁覚の知ることができないものである」とは、これは三蔵［教］・通教の二種の二乗を選び捨てるのである。三蔵［教］の菩薩は真を対象とすることについては、声聞に及ばない。声聞でさえ知らないのであるから、この菩薩がどうして知ることができようか。通教の菩薩の真に入る智慧は、二乗と相違しない。二乗は知らないので、その菩薩も同様に知らない。今、二乗が知らないことを掲げると、［蔵教・通教の］二つの場所の菩薩も同様に測ることができない。「発心［の菩薩］も知らない」とは、別教の十信を指す。「不退転［の菩薩］も知ることができない」とは、別教の［十住・十行・十廻向の］三十心を指す。十住は位不退、十行は行不退、十廻向は念不退である。この三不退は、みな知ることができない。三蔵［教］のなかの不退は、なお二乗に及ばない。通教のなかの不退は、ただ二乗と等しいだけである。二乗は知らない。どうして重ねて菩薩を取りあげるのか。今、発心・不退転［の菩薩］を掲げるのは、別教のなかの人になぞらえるからである。「信力」とは仮名の位（五品弟子位＝観行即）、「堅固」とは鉄輪の位（六根清浄位＝相似即）である。このような位は、経を聞いて、すぐに理解する。それ故、妙とすることができるのは、相似［即の］位の始めである。

最初に仏の知見を開き、この宝石でできた乗り物に乗って東方に遊ぶのは、とりもなおさず真位（分真即）の始めである。［南方、西方、北方の］三方は、中間の位である。まっすぐに道場に至り、荼を過ぎて説くことのできる字がないのは、とりもなおさず終わりの位である。このようなさまざまな位は、どのような乗り物に乗るのであろうか。乗り物に三種がある。教・行・証のことである。もし「この乗り物は三界から出て、薩婆若《さつばにゃ》（一切智）のなかに到達して留まる」[14]というならば、留まることに二つの意義がある。第一に証を取るので留まる。つまり、通教の意味である。第二に乗るものが究極に達するので留まる。つまり、別［教］・円［教］の意味である。

13　下の文に、「声聞・縁覚は竹の林のようであるが、発心したばかりの菩薩、不退転の菩薩なども、みな知ることができない。菩薩たちで信力が確固としている者を除く」とある通りである【如下文云声聞縁覚如竹林新発不退菩薩等皆不能知除諸菩薩衆信力堅固者】『法華経』方便品、「正使《たと》い十方に満てらん、皆な舎利弗の如き、及び余の諸もろの弟子、亦た十方の刹《せつ》に満てらん、思いを尽くして共に度量すとも、亦復た知ること能わじ。辟支仏の利智にして、無漏の最後身なる、亦た十方界に満ちて、其の数は竹林の如くならん。斯れ等は共に一心に、億無量劫に於いて、仏の実智を思わんと欲すとも、能く少分をも知ること莫《な》けん。新発意の菩薩の無数の仏を供養し、諸もろの義趣を了達し、又能善《よ》く法を説かんもの、稲《とう》麻《ま》竹葦《ちくい》の如くにして、十方の刹に充満せん。一心に妙智を以て、恒河沙劫に於いて、咸皆《ことごとく》く共に思量すとも、仏智を知ること能わじ。不退の諸もろの菩薩、其の数恒沙の如くにして、一心に共に思求《しぐ》すとも　亦復た知ること能わじ」（同前、六上四～一七）、同、「是の法は示す可からず。言辞の相は寂滅す。諸余の衆生類は、能く解を得ること有ること無し。諸菩薩衆の信力堅固なる者を除く」（同前、五下二五～二七）を参照。

14　「この乗り物は三界から出て、薩婆若（一切智）のなか到達して留まる」【是乗従三界出到薩婆若中住】『大品般若経』巻第六、出到品、「是の乗は三界の中従り出でて、薩婆若の中に至りて住す。不二法を以ての故なり」（大正八、二五九下一八～一九）を参照。

初心は教の説き明かすものにより、教を信じて修行を確立して、三界を出ることができる。無明はまだ破られないので、まだ[741a]証得するものがない。それ故、真を見ない。ただ教乗に乗って、ここに到着しただけである。私の円教のなかで、いったい誰がそうであろうか。五品弟子が巧みに大いなる心を生じて、長く三界の苦しみの輪の海と別かれるのは、とりもなおさずその人のことである。教乗が止まる以上、証乗はまだ及ばない。相似［即］の理解の智慧によって、進んで多くの修行を行うことは、修行を乗とする。方便の三界のなかから出て、初住の薩婆若（一切智）のなかに到達して留まる。私の円教のなかで、いったい誰がそうであろうか。十信心の六根［清］浄の者が、その人である。初住、ひいては等覚《とうがく》で、あらためて覚りの智慧を増やし、生死の苦を減らす【増道損生】者、これは証得を乗とし、因縁の三界（初住以上の変易の生死の場）、ひいては無後の三界（等覚の変易の生死の場）のなかから出て、妙覚のなかに到達して、荼を過ぎて説くことのできる字はない。それ故、「薩婆若のなかに到達して留まる」という。これまでのさまざまな乗り物は、やはりそれよりすぐれた法があるので、留まると呼ぶことはできない。荼は最高の法である。このために留まるという。留まることのない場所【無住処】に留まることは、とりもなおさず妙位の終わりである。

次に、別教の十住に、見思［惑］を破る。［化城宝所の比喩に関して］三百由旬《ゆじゅん》を行くことである。十行に塵沙［惑］を破ることを、四百［由旬］とする。十廻向に無明［惑］を制伏することを、五百［由旬］とする。十地に無明［惑］を断ち切る。これは部分的に中道を見る。とりもなおさず宝所とするのである。

円教の六根清浄のときは、四百［由旬］を行く。無明を破って初住に入るのは、五百［由旬］を行くことである。二乗が経を聞いて、無明惑を破り、仏知見を開き、記別を獲得して成仏するのは、さまざまな麁位をきっぱりと定めて理解する【決了】ことにほかならない。五百由旬を経過して、初住に入るのは、妙位の始めである。証乗を獲得して、東方に遊ぶのである。本門のなかに至って、覚りの智慧を増やし、生死の苦を滅らし【増道損生】、あらためて証乗に乗って、南方に遊ぶことに関しては、進んで十行の位に入ることである。西方は、進んで十廻向に入り、北方は進んで十地に入るのである。

　さらにまた、［『法華経』の］文には、「この如来の寿命が長遠であることを説くとき、六百八十万億那由他《なゆた》恒河沙《ごうがしゃ》の人は、無生法忍《むしょうぼうにん》を得た」とある通りである。[15] とりもなおさず十住である。「また千倍の菩薩は、聞持《もんじ》陀羅尼《だらに》（教えを心に留めておく記憶力）を得た」とは、十行である。「また一世界の微塵の数の菩薩が、楽説《ぎょうせつ》［無《む》

15　文には、「この如来の寿命が長遠であることを説くとき、六百八十万億那由他恒河沙の人は、無生法忍を得た」とある通りである【文云説是如来寿命長遠時六百八十万億那由他恒河沙人得無生法忍】『法華経』分別功徳品、「我れは是の如来の寿命の長遠なるを説く時、六百八十万億那由他恒河沙の衆生は、無生法忍を得。復た千倍の菩薩摩訶薩有って、聞持陀羅尼門を得。復た一世界の微塵数の菩薩摩訶薩有って、楽説無礙辯才を得。復た一世界の微塵数の菩薩摩訶薩有って、百千万億無量の旋陀羅尼を得。復た三千大千世界の微塵数《みじんしゅ》の菩薩摩訶薩有って、能く不退の法輪を転ず。復た二千中国土の微塵数の菩薩摩訶薩有って、能く清浄の法輪を転ず。復た小千国土の微塵数の菩薩摩訶薩有って、八生に当に阿耨多羅三藐三菩提を得べし。復た四四天下の微塵数の菩薩摩訶薩有って、四生に当に阿耨多羅三藐三菩提を得べし。復た三四天下の微塵数の菩薩摩訶薩有って、三生に当に阿耨多羅三藐三菩提を得べし。復た二四天下の微塵数の菩薩摩訶薩有って、二生に当に阿耨多羅三藐三菩提を得べし。復た一四天下の微塵数の菩薩摩訶薩有って、一生に当に阿耨多羅三藐三菩提を得べし。復た八世界の微塵数の衆生有って、皆な阿耨多羅三藐三菩提の心を発す」（大正九、四四上八～二五）を参照。以下の引用文もこれを参照。

礙《げ》」辯才《べんざい》（衆生のために進んで説法する雄弁）を得た」とは、十廻向である。「また一世界微塵数［の菩薩］がいて、旋陀羅尼《せんだらに》（教えを一回説くことのできる記憶力）を得た」とは、初地である。「三千大千［世界の］微塵［の数の菩薩］は、不退を得た」とは、二地である。「二千の国土の微塵［の数の菩薩］は、清浄の法輪を回転させることができた」とは、三地である。「小千国土の微塵［の数の菩薩］は、八回生まれた後に覚りを得るであろう」とは、四地である。「七回生まれた後に［覚りを］得るであろう」とは、五地である。「六回生まれた後に［覚りを］741b得るであろう」とは、六地である。「五回生まれた後に［覚りを］得るであろう」とは、七地である。「四回生まれた後に［覚りを］得るであろう」とは、八地である。「三回生まれた後に［覚りを］得るであろう」とは、九地である。「二回生まれた後に［覚りを］得るであろう」とは、十地である。「一回生まれた後に［覚りを］得るであろう」とは、等覚である。この一生を過ぎると、とりもなおさず荼を過ぎて字がない。とりもなおさず妙覚地であり、妙位の終わりである。

前に位を列挙するなかで、『法華経』の文を引用することを、このなかに入れて、いっしょに一段落【一科】とするならば、煩《わずらわ》しくないのである。

(5) 三法妙

第五に三法妙とは、これこそ妙位が［そこに］留まる法である。三法というのは、三軌である。軌は、軌範に名づけたものである。やはり三法は、軌範となるものである。これに七つの意味がある。第一に総じて三軌を明らかにし、第二に個別的段階的に三軌を明らかにし、第三に麁妙を判定し、第四に開麁顕妙し、第五に始終を明らかにし、第六に［三軌を他の］三法と同類として通じあわせ、第七に［四］悉檀によって考察する。

①　総じて三軌を明らかにする

第一に総じて三軌を明らかにするとは、第一に真性軌《しんしょうき》、第二に観照軌《かんしょうき》、第三に資成軌《しじょうき》である。名前に三つあるけれども、ただ一つの大乗の法があるだけである。『[法華]経』には、「十方に明らかに求めると、けっして他の乗がなく、ただ一仏乗だけである」とある。[16] 一仏乗に三法を備える。第一義諦とも名づけ、第一義空とも名づけ、如来蔵とも名づける。[17] この三は、固定的に三ではなく、三であるけれども一を論じる。一は固定的に一ではなく、一であるけれども三を論じる。不可思議である。横でもなく縦でもなく、[悉曇《しったん》文字の]伊字《いじ》・[大自在]天の目のようである。[18]

それ故、『大[般涅槃]経』には、「仏性とは、一でもあり【亦一】、一でもなく、一でもなく一でないので

16　『[法華]経』には、「十方に明らかに求めると、けっして他の乗がなく、ただ一仏乗だけである」とある【経曰十方諦求更無余乗唯一仏乗】『法華経』譬喩品、「是の因縁を以て、十方に諦《あき》らかに求むるに、更に余乗無し。仏の方便を除く」(同前、一五上一四～一五)を参照。

17　第一義諦とも名づけ、第一義空とも名づけ、如来蔵とも名づける【亦名第一義諦亦名第一義空亦名如来蔵】『講義』によれば、「第一義諦」は真性軌、「第一義空」は観照軌、「如来蔵」は資成軌にそれぞれ対応する。

18　横でもなく縦でもなく、[悉曇文字の]伊字・[大自在]天の目のようである【不並不別伊字天目】三と一が相即して、一体不離であるのを、「不並不別」という。「不縦不横」と同類の表現。「伊字」「天目」は、悉曇文字の伊字の三点、大自在天の三目が、縦にも横にも一列に並ばず、三角形をなしていることを指す。

もない」とある。[19]「一でもあり」とは、すべての衆生はすべて一乗であるからである。これは第一義諦のことである。「一でもなく」とは、このような数［で表現される］法[20]であるからである。これは如来蔵のことである。「一でもなく一でないのでもない」とは、数［で表現される法と］数で表現されない法が固定[21]していないからである。これは第一義空のことである。そして、みな「亦た」と呼ぶのは、鄭重である。ただ一法であるものを、三とも名づけるだけである。それ故、［一に即して三であるので］ただ［一を］取ることはできず、［三に即して一であるので］三【複】を取ることはできず、［三に即して一であるので］縦でもなく［一に即して三であるので］横でもなく、しかも三であり、しかも一である。

前にさまざまな諦の、あるいは展開、あるいは統合、あるいは麁、あるいは妙などを明らかにするのは、真性軌の様相である。前にさまざまな智の、あるいは展開、あるいは統合、あるいは麁、あるいは妙を明らかにするのは、観照軌の様相である。前にさまざまな行の、あるいは展開、あるいは統合、あるいは麁、あるいは妙を明らかにするのは、資成軌の様相である。前にさまざまな位を明らかにしたのは、ただこの三法を修行して、証得する果にすぎない。

もしそうであるならば、どうして重ねて説くのか。重ねて説くのには、三つの意義がある。第一には前の境・智・行は、因のなかで乗ずる三軌である。今、この大乗に乗じて、道場に到着した[22]ことを明らかにするのは、
741c
果を証得して留まる三軌である。第二には前は境・智などと名づけて、個別に説く。今は法と名づけて、合わせて説く。第三には前はただちにばらばらに説いて、本末を論じない。今は遠くその本を論じれば、とりもなおさず性徳《しょうとく》[23]の三軌である。如来の蔵とも名づける。究極的にその末を論じれば、とりもなおさず修徳《しゅとく》の三軌である。秘密蔵とも名づける。本末にすべての法を含み収める。性徳の三法から名字［即］の三法を生起

させ、名字［即］の三法によって観行［即］の三法を修行し、観行［即］の三法によって相似［即］の三法を生じ、ひいては分証［即］の三法、究竟［即］の三法がある。自成《じじょう》[24]の三法、化他の三法がある。この意義のためであるので、重ねて説くべきである。

個人的に思うのには、一句は三句、三句は一句であることを、円［教］の仏乗と名づける。記録のなか[25]には、すでに如来蔵の一句からさまざまな方便を出す。これはまさに個別的に判定する。［一句から方便を出すこと

19　『大［般涅槃］経』には、「仏性とは、一でもあり【亦一】、一でもなく、一でもなく一でないのでもない」とある【大経云仏性者亦一非一非一非非一】『南本涅槃経』巻第二十五、師子吼菩薩品、「仏性とは、亦た色にして、色に非ず、色にも非ず色に非ざるにも非ず。亦た相にして、相に非ず、相にも非ず相に非ざるにも非ず。亦た一にして、一に非ず、一にも非ず一に非ざるにも非ず」（大正一二、七七〇中二〇～二二）を参照。本文の次下に、「みな『亦た』と呼ぶ」とあるのは、ここの引用文に「亦」の字が複数回出ることを指す。

20　数［で表現される］法【数法】　三界、四諦、五陰など数で表現される法をいう。

21　固定【決定】　実体として固定的なあり方を持つことをいう。

22　この大乗に乗じて、道場に到着した【乗是大乗已至道場】　前注9を参照。

23　性徳　衆生が本性として備えている先天的能力を「性徳」といい、修行によって得られる後天的能力を修徳という。

24　自成　『釈籤』巻第十一には、「自成とは、自ら因従り以て果に至る。化他とは、位位に之れ有り」（大正三三、八九六上一三～一四）とある。「自成」は、「化他」と対をなしており、自行と同義。

25　記録のなか【記中】　『釈籤』には「記の中と言うは、大師の釈を指す」とある。灌頂が『法華玄義』を再治するときに、すでに存在していた記録を指す。

を］例として［三句は］共通に［方便］を開くべきである。[26]「一でない」とは、数法であるので、これを指して如来蔵とし、三蔵のなかの三乗の事相の方便を展開して出す。「一でもなく一でないのでもない」とは、固定していないので、この一句を指して第一義空とし、通教の［声聞・縁覚・菩薩の］三人が、事そのままが真実であることを展開して出す。「一でもあり」とは、すべての衆生はすべて一乗であるので、この一句を指して第一義諦とし、別教の菩薩だけの乗を展開して出す。このさまざまな方便は、すべて円［教］から出る。それ故、『［法華］経』に、「一仏乗について、区別して三［乗］を説く」とあるのは、[27]とりもなおさずこの意義である。

② 四教それぞれの三軌を明らかにする

第二に段階的に【歴別】三法を明らかにするとは、まず如来の展開・統合の方便を認識する必要がある。そうして後、はじめてまとめて三法を取り集めて、一大乗とすることを理解するのである。仏はどの法からさまざまな方便の乗を開くのであろうか。『大［般涅槃］経』に、「仏性は一ではない」と明らかにするようなものである。[28]このような数法によって、三乗を説くからである。さまざまな乗の数法は、如来蔵に包摂されることがわかるはずである。仏は、この［如来］蔵から、声聞・縁覚、そしてさまざまな菩薩の通［教］・別［教］などの乗を展開して出す。なぜならば、さまざまな乗は方便であり、如来蔵はそのうえ事（具体的な事柄）である以上、事から方便を出す。それ故、さまざまな権（方便）は如来蔵に包摂されるというだけである。

さらにまた、経によるからである。『大［般涅槃］経』には、「声聞僧とは、有為僧《ういそう》と名づける」とある。[29]さらにまた、「六波羅蜜は、福徳荘厳《ふくとくしょうごん》である」とある。[30]さらにまた、「声聞の人は、禅定の力が多いので、仏性を見ない」とある。[31]禅定の力は、とりもなおさず福徳であり、福徳はただ有為にすぎないことがわかるはずである。『勝鬘［経］』に、有漏と呼ぶ。たとえば、三界内部の見思［惑］がまだ破られず、生起させ作ることが

26 ［一句から方便を出すことを］例として［三句は］共通に［方便］を開くべきである【例応通開】『講義』には「一に即するの三に拠《よ》れば、一句、方便を出すに例して、三句、通じて方便を開出す可きを謂う」とある。

27 『［法華］経』に、「一仏乗について、区別して三［乗］を説く」とある【経言於一仏乗分別説三】『法華経』方便品、「劫の濁乱する時、衆生の垢は重く、慳貪嫉妬《けんどんしっと》にして、諸の不善根を成就するが故に、諸仏は方便力を以て、一仏乗に於いて、分別して三と説く」（大正九、七中二五～二七）を参照。

28 『大［般涅槃］経』に、「仏性は一ではない」と明らかにするようなものである【大経明仏性非一】前注19を参照。

29 『大［般涅槃］経』には、「声聞僧とは、有為僧と名づける」とある【大経云声聞僧者名有為僧】『南本涅槃経』巻第五、如来性品、「僧にも亦た二種有り。有為、無為なり。有為僧とは、名づけて声聞と曰う。声聞僧とは、積聚《しゃくじゅ》有ること無し」（大正一二、三九一中一四～一五）を参照。

30 「六波羅蜜は、福徳荘厳である」とある【云六波羅蜜福徳荘厳】『南本涅槃経』巻第二十七、師子吼菩薩品、「福徳荘厳とは、謂わく、檀波羅蜜、乃至、般若、非般若波羅蜜なり」（同前、五二三上一七～一八）を参照。

31 「声聞の人は、禅定の力が多いので、仏性を見ない」とある【云声聞之人定力多故不見仏性】『南本涅槃経』巻第三十、師子吼菩薩品、「十住の菩薩は、智慧力多く、三昧力少し。是の故に明らかに仏性を見ることを得ず。声聞、縁覚の三昧力は多く、智慧力少し。是の因縁を以て、仏性を見ず。諸仏世尊は、定慧等しきが故に、明らかに仏性を見ること了了無礙《むげ》なり」（同前、五四七上一二～一六）を参照。

あるとするので有為と名づけ、理を取ることが適当でないので[742a]有漏と名づけ、智慧の法でないので福徳と名づけるようなものである。今、下を上と比較すると、同様にこのようであるはずである。二乗はまだ変易［の生死］を破らなければ、やはり有為である。無明［惑］についてはまだ脱却しないので有漏という。中道の智でないので、福徳と名づける。

これによってわかる。方便のさまざまな乗は、すべて資成［軌］に包摂される。すべて大乗の一句から偏頗《へんぱ》な仕方で出たものである。究極的な法でないので、「一仏乗について、区別して三［乗］を説く」とあるのは、とりもなおさずこの意味である。同様に一仏乗について、区別して五つと説き、同様に区別して七つと説き、同様に区別して九つと説く。もしこの解釈によるならば、如来蔵の句から、さまざまな方便、さまざまな権乗の法（方便の教え）を展開して出すのである。

次に、［蔵教・通教・別教・円教の］四教を経歴して、それぞれ三法を論じるとは、三蔵［教］のなかで、無為の智慧を観照軌と名づけ、正面から乗の体とする。覚りを補助する【助道】乗を完成させる道具を資成軌と名づける。中心的なものと補助的なもの【正助】の乗は、惑を断ち切って真［実の理］に入る。真［実の理］は真性軌である。教がやって来てこれを明らかにするので、教を乗とするのである。縁覚も同様である。菩薩は、無常観を観照［軌］とし、功徳が豊かになるのを資成［軌］とし、道場に座って煩悩【結】を断ち切って真［実の理］を見ることを真性［軌］とする。この教は真［実の理］を明らかにし、この教乗に乗じて、三界のなかから出、薩婆若（一切智）のなかに到着して留まる。言葉の教えは尽きたので、教乗はない。真［実の理］は運ぶことができないので、証得は乗でない。それ故、索車[32]の意味がある……。

第二に通教は、真性軌を乗の体とする。なぜか。色そのままが空であるので、事のなかに理がある。この理は真であるので、乗の体とする。即空の智慧を観照［軌］とし、多くの行を資成［軌］とする。この教は真を明らかにする。この教乗に乗じて、三界から出て、薩婆若のなかに到着して留まる。菩薩は三界を出てから、行を乗とし、仏国土を浄化し、衆生を教化し、やっと道場に到着することを、はじめて留まると名づけることができる。同様に［通教という］教があるけれども、（それを成就する）人（仏）がいない。留まる者はだれもいない。同様に教が去り、証得が静寂であり、もう運ぶという意義がない。同様に索車の意味がある……。

第三に別教の三法を明らかにするとは、有心有作《うしんうさ》の修行【縁修】の観照［軌］を乗の体とする。さまざまな行は資成［軌］である。この二法を有心有作の修行【縁修】の智慧とする。智慧は惑を破って理をあらわすことができる。理は惑を破ることができない。理がもし惑を破れば、すべての衆生は、すべて理性を備えている。なぜ破らないのか。もしこの智慧を得るならば、惑を破ることができるので、智慧を乗の体とする。それ故、『大［般涅槃］経』に、「[742b]無為・無漏を、菩薩僧と名づける」とあるのは[33]、とりもなおさず一地・二地、ひいては十地の智慧を、智慧荘厳と名づける。この智慧によって、「一地から二地に、二地から三地にというように次々に」運んで十地に通じるので、乗の体とする。

32　索車　『法華経』譬喩品の三車火宅の譬喩において、無事に門外に出た子供たちが、父親に約束の車を要求したことを指す。
33　『大［般涅槃］経』には、「無為・無漏を、菩薩僧と名づける」とある【大経云無為無漏名菩薩僧】　出典未詳。

ところで、『摂大乗［論］』に、三種の乗を明らかにする。[34] 理乗《りじょう》・随乗《ずいじょう》・得乗《とくじょう》である。理とは、とりもなおさず道前の真如[35]である。随とは、とりもなおさず真如を観察する智慧であり、境（智慧の対象）にしたがう。得とは、すべての行と願が熏習《くんじゅう》して、無分別智に滲透し、無分別の境に合致して、真如と相応する。この三つの意味は、ひとまずは三軌と同じであるけれども、前後はまだ融合しない。なぜならば、九識[36]は道後の真如である。真如には事柄がない。智・行の根本の種子《しゅうじ》は、すべて［阿《あ》］梨耶識《りやしき》のなかにあり、熏習成就して、無分別智の光を得て、真実性を完成する。そうであれば、理乗は本有（もともと存在するもの）で、随［乗］・得［乗］は今有（今はじめて存在したもの）である。道後の真如は、はじめて衆生を教化することができる。これはどうして縦の意義でないであろうか。もし三乗はすべて［阿］黎耶［識］に包摂されるならば、さらにまた横の意義である。さらにまた、冥初《みょうしょ》（サーンキヤ学派の根本原理）が覚（サーンキヤ学派の根元的な思惟機能）を生ずるのと混同される。縦であり、横である以上、真実の伊［字］[37]とたがいにそむいている。

そもそも如来は最初に出現して、そのまま真実を説こうとした。能力のない者のために、まず無常によって倒錯【倒】を捨て去り（蔵教）、次に空・浄によって執著を洗い流し（通教）、次に段階的なもの【歴別】によって心を生じ（別教）、そうして後に、はじめて常・楽・我・浄を明らかにする（円教）。龍樹は論を作って、仏のこの意味を述べる。不可得空によって、執著を洗い流し、一切法空を学習し相応する（ことは）般若と相応すると名づけられる。この空は、どうして無明を空であるとしないであろうか。無明がもし空であるならば、種子はどうしてあるであろうか。諸法を浄化してから、空を目印として法を説いて、四句の様相を結論づける。この言葉[38]はとらえ所がなく奥深く、同様に執著がない。病が除かれてから、はじめて食を進めることができ、食べ物も同様に消化されるようなものである。どうしてはじめから【発頭】阿黎耶［識］によって、すべての法を出すことができようか。もとの邪見、慢心がまったくまだ降伏されないで、この新しい文[39]に閉じ込められて、長い間の氷に水を加えるようなものである。それ故わかる。その『［摂大乗］論』は末代の執著の強い衆生に与えるものではない。かえって三界外部の一つのあり方【一途】の法門にすぎない。さらにまた、阿黎耶［識］がもし一切法を備えるならば、どうして道後の真如を備えないことがあろうか。もし備えるというならば、どうして真如は第八識でないというのか。恐らくこれはやはり方便であり、如来蔵のなかから展開し出されただけであろう。もし方便に執著するならば、大いに真実を妨げる。もし真実である者もこれに執著するならば、さらに言葉によって生ずる誤った見解【語見】を成立させる。多く子供に蘇《そ》を含ませれば、恐らくは

34　『摂大乗［論］』に、三種の乗を明らかにする【摂大乗明三種乗】　出典未詳。
35　道前の真如【道前真如】　道＝真実の理を、まだ実証していない段階を道前という。真如は道の言い換えである。まさしく実証することを道中といい、実証以後を道後という。
36　九識　第九識の菴摩羅識（amala-vijñāna）のこと。無垢識と訳される。
37　真実の伊［字］【真伊】　「伊字」は、巻第三下の注38を参照。
38　この言葉【此語】　『摂大乗論』の語を指す。
39　この新しい文【此新文】　『摂大乗論』を指す。とくに、阿梨耶識が一切の法を生じるという説を指す。

若死にするであろう……。[40]もし巧みに破ることと確立すること【破立】の意味を理解するならば、さまざまな経論について、清浄で、滞《とどこお》り・執著がないのである。

第四に円教の三法を明らかにするとは、真性軌を乗の体とする。偽わらないことを真と名づけ、改まらないことを性と名づける。とりもなおさず正因常住である。諸仏が師とするものとは、この法のことである。742c 一切衆生も同様にすべて一乗であるので、衆生はとりもなおさず涅槃の様相である。もう消滅することはない。涅槃はとりもなおさず生死であるので、滅もなく生じもしない。それ故、『大品［般若経］』に、「この乗は動かず出ず」とあるのは、[41]とりもなおさずこの乗である。観照［軌］とは、ただ真性を目印とすると、静寂でありながら常に照らすことは、そのまま観照［軌］であり、とりもなおさず第一義空である。資成［軌］とは、ただ真性法界を目印とすると、さまざまな行の無量の道具を含み収めることは、とりもなおさず如来蔵である。

三法は同一でもなく相違するのでもないことは、如意珠を目印とするなかで光を論じ宝を論じると、光と宝とは珠と同一でもなく、珠と相違するのでもなく、縦でもなく横でもないようなものであり、三法も同様である。一でもあり、一でもなく、一でもなく一でないのでもなく、不可思議の三法である。

もしこの三法に迷うならば、すぐに三障となる。第一には三界内部・三界外部の塵沙［惑］であり、如来蔵の障害となる。第二には通［教］・別［教］の見思［惑］であり、第一義空の障害となる。第三には根本無明［惑］であり、第一義の理の障害となる。もし塵沙［惑］の障害に即して、無量の法門に精通すれば、すぐに資成軌があらわれるようになる。もし見思［惑］の障害に即して、第一義空に精通すれば、観照軌があらわれるようになる。もし無明［惑］の障害に即して、第一義諦に精通すれば、真性軌があらわれるようになる。真性軌があらわれるようになるのを法身と名づけ、観照［軌］があらわれるようになるのを般若と名づけ、資成

［軌］があらわれるようになるのを解脱と名づける。この［般若と解脱の］二つはとりもなおさず禅定・智慧の荘厳であり、法身を荘厳する。法身は乗の体、禅定・智慧は多くの道具である。下の［経］文には、「その車は高く広く、多くの宝石で装飾する」とある。[42] 以上が円教の修行者が乗ずる乗り物が、薩婆若（一切智）に到着し、茶を過ぎて説くことのできる字はないと名づける。

40　多く子供に蘇を含ませれば、恐らくは若死にするであろう【多含児蘇恐将夭命】『南本涅槃経』巻第四、四相品、「仏は法を説く時、一女人有りて、乳もて嬰児を養い、仏の所に来詣し、仏足に稽首す。顧念する所有りて、心に自ら思惟し、便ち一面に坐す。爾の時、世尊は知りて故《ことさら》に問う。汝は愛念を以て、多く児に酥を含ましむ。消と不消とを籌量《ちゅうりょう》するを知らず。爾の時、女人は即ち仏に白して言わく、甚だ奇なり、世尊よ、善《よ》能く我が心の中に念ずる所を知れり。唯だ願わくは如来よ、我れに多少を教えられんことを。世尊よ、我れは今朝、多く児に酥を与う。恐らくは消すること能わず。将《は》た寿を夭《よう》すること無からんや。唯だ願わくは如来よ、我が為めに解説されんことを」（同前、六二五中一八～二五）を参照。幼児の消化能力を正しく認識しないで、蘇を多く与えた母を戒めたもの。「蘇」は酥とも書き、牛乳の凝固したものをいう。

41　『大品［般若経］』に、「この乗は動かず出ず」とある【大品云是乗不動不出】『大品般若経』巻第六、出到品、「是の因縁を以ての故に、摩訶衍は三界の中従り出で、薩婆若の中に至り、不動に住するが故なり」（大正八、二六〇中二一～二四）、『大品般若経』巻第七、無生品、「世間の中に於いて動ぜず出でず。是れ世間の檀那波羅蜜と名づく。……世間の中に於いて能く動じ能く出ず。是の故に出世間の檀那波羅蜜と名づく」（同前、二七二中一八～二九）を参照。

42　下の［経］文には、「その車は高く広く、多くの宝石で装飾する」とある【下文云其車高広衆宝荘校】『法華玄義』巻第一下の前注116を参照。

説くことのできる字がないので、同様に運ぶことのできる乗り物がないはずである。もし自行が運び終わるならば、乗の意義は休止する。もし方便の教化【権化】がまだ終わらなければ、他を運ぶことは休止しない。それ故、［経］文に、「仏は自ら大乗に留まる。その得た法に関しては、禅定【定】と智慧【慧】の力によって荘厳し、これによって衆生を救済する」とあるのは[43]、とりもなおさずその意義である。たとえば御者《ぎょしゃ》が車を運転するのに、到達しないけれども、やはり車と名づけるようなものである。果乗も同様に、やはり運ぶと名づける。

次に、どうしてひたすら運ぶという意義によって乗を解釈する必要があるのか。もし真性が動かず出ないことを選び取るならば、運ぶのでもなく、運ばないでもない。もし観照［軌］・資成［軌］が動くことができ、出ることができることを選び取るならば、運と名づける。ただ動出は不動出であり、不動出そのままが動出であるだけである。用そのままが体であることを論じるならば、動出は不動出である。体そのままが用であることを論じるならば、不動出そのままが動出である。体用は不二であるけれども、二であるだけである。たとえば転・不転[743a]はすべて阿鞞跋致《あびばっち》[44]、動・不動はすべて毘尼《びに》（律）であるようなものである。この意義によって、発趣《ほっしゅ》・不発趣をすべて乗と名づけるのである……。

③　三法妙（三軌）の麁妙を明らかにする

第三に麁妙を明らかにするとは、三蔵［教］は有為の福徳について、三法を論じて乗とする。四念処は聞慧《もんえ》であり、教乗《きょうじょう》に乗じて四善根に到着する。四善根は、行乗《ぎょうじょう》に乗じて見諦（預流果）に到着する。見諦は、証乗《しょうじょう》に乗じて無学［果］に到着する。方便の法【権法】である以上、三界の外に出て、真を証得する。証得するので、運ばない。実乗を見ないので、「泣き叫んで【嗚呼】自らを責め、世尊に、失うとするのか、失わないとするのかと質問しようとする」[45]とは、とりもなおさずこの意味である。半字によってしだいに導くのは、究極的な意義ではない。このために三法はみな麁である。

通教は、即空の智慧である。三法を乗とすることは巧みである。その他の意味は大体同じである。乾慧地は教乗に乗じ、性地は行乗に乗じ、八人［地］・見地は証乗に乗じる。これも同様に偏った説である。このために麁とする。

別教は、資成［軌］によって観照［軌］を助け、観照［軌］は真性［軌］を開く。三法を乗とする。十信は教に乗じ、十住は行に乗じ、十地は証に乗じ、妙覚、薩婆若（一切智）のなかに到着して留まる。有心有作の修行【縁修】が成立すればすぐに去り、ただ無心無作の修行【真修】だけがある。もしそうであるならば、資成［軌］は前にあり、観照［軌］は次に位置し、真性［軌］は後にある。この三つは縦に［並んで］別々であ

43　［経］文に、「仏は自ら大乗に留まる。その得た法に関しては、禅定【定】と智慧【慧】の力によって荘厳し、これによって衆生を救済する」とある【文云仏自住大乗如其所得法定慧力荘厳以此度衆生】『法華玄義』巻第一上の前注102を参照。

44　阿鞞跋致　阿惟越地《あゆいおっち》のこと。avaivartya などの音写語。不退転の意。

45　「泣き叫んで【嗚呼】自らを責め、世尊に、失うとするのか、失わないとするのかと質問しようとする」【嗚呼自責欲問世尊為失為不失】『法華経』譬喩品、「我れは常に日夜に於いて、毎《つね》に是の事を思惟し、以て世尊に問わんと欲す。失と為すや、不失と為すや」（大正九、一一上四～五）。同、「嗚呼《うこ》して深く自ら責む。云何んが而も自ら欺くや」（同前、一〇下二二三）を参照。

るので、縦であって大乗ではない。この三つは並列して相違しているので、横であって大乗ではない。方便の法である。このために麁とするのである。

円教は、実相に印を付けて、第一義空とする。空を縦と名づけるが、第一義空は、とりもなおさず実相である。実相は縦でないので、この空はどうして縦であろうか。実相に印を付け如来蔵とする。これを横と名づけるが、如来蔵はとりもなおさず実相である。実相は横でないので、この［如来］蔵はどうして横であろうか。それ故、縦によって思うべきでもなく、横によって思うべきでもない。それ故、不可思議の法と名づける。とりもなおさず妙である。

ただ空・［如来］蔵に印を付けて実相とすれば、空は縦、［如来］蔵は横である。実相はどうして縦や横でないことがあろうか。ただ空に印を付けて如来蔵とするならば、空は横でない以上、［如来］蔵はどうして横であることがあろうか。如来蔵に印を付けて空とするならば、［如来］蔵が縦でない以上、空はどうして縦であることがあろうか。実相に印を付けて空・［如来］蔵とするならば、実相は縦でもなく、横でもない。空・［如来］蔵も同様に縦でもなく、横でもない。［空・如来蔵・実相の三者が］ゆるくめぐり【宛転】ながら相即して、不可思議である。それ故、妙と名づける。

ただ如来蔵に印を付けて広いとし、第一義空に印を付けて高いとするので、「その車は高く広い」[46]という。如来蔵は、とりもなおさず実相であるので、その車は広くない［し、狭くない］。第一義空は、とりもなおさず実相であるので、その車は高くない［し、低くない］。ただ実相だけが空であるので、どうして高くないことがあろうか。ただ実相だけが如来蔵[743b]であるので、どうして広くないことがあろうか。

さらにまた、実相に印を付けて如来蔵とするので、「多くの宝石で装飾する。そのうえ、侍従が多くいて、これを守る」[47]という。実相に印を付けて第一義空とするので、「大きな白い牛がいて、肥えて盛んで多力であり、歩みがまっすぐ【平正】で、そのすばやいことは風のようである」[48]という。智慧に汚染がないことを、「白」と名づける。惑を破ることができるので、「多力」と名づける。中道の智慧を、まっすぐ【平正】と名づける。作為的な働きがない境地【無功用】（初住）に入るので、「そのすばやいことは風のようである」とある。不思議の三法は、ともに大車《だいしゃ》となる。どうして縦、横、［横に］並ぶこと、［縦に］並んで別々であることの相違があるであろうか。

このような教乗は、縦でもなく横でもない。五品［弟子位］の乗るもの【所乗】は、相似［即］の理解に到着する。このような行乗は、縦でもなく横でもない。相似［即］の理解の乗るものは、十住に到着する。このような証乗は、縦でもなく横でもない。十住の乗るものは、妙覚、薩婆若（一切智）のなかに到着して留ま

46　「その車は高く広い」【其車高広】『法華玄義』巻第一下の前注116を参照。

47　「多くの宝石で装飾する。そのうえ、侍従が多くいて、これを守る」【衆宝荘校又多僕従而侍衛之】『法華経』譬喩品、「又た僕従多くして之れを侍衛《じえ》す」（同前、一二下二三〜二四）を参照。また『法華玄義』巻第一下の前注116を参照。

48　「大きな白い牛がいて、肥えて盛んで多力であり、歩みがまっすぐ【平正】で、そのすばやいことは風のようである」【有大白牛肥壮多力行歩平正其疾如風】『法華経』譬喩品、「駕するに白牛を以てし、膚色は充潔、形体は姝好《しゅこう》、大筋力有り、行歩平正にして、其の疾《と》きこと風の如し」（同前、一二下二一〜二三）を参照。

る。それ故、妙乗と名づける。さらにまた、「この乗はすばらしく、清浄で最高である」とある。[49]それ故、瓦《が》官《かん》［寺］[50]で講義を開くのに、人は、聴く者が乗り物に乗って、門前に満ちて出ることを夢見た。その場所で講義を開くのに、人は、黄衣《こうえ》[51]［を着た道士］が道路に満ちることを夢見た。［夢の］様相によってこれを測ると、[52]邪正は明らかである。

もしこの麁妙などの乗によって、五味に焦点をあわせれば、乳教は［別教の］一麁［円教の］一妙、酪教は［蔵教の］一麁、生蘇は［蔵教・通教・別教の］三麁［円教の］一妙、熟蘇は［通教・別教の］二麁［円教の］一妙である。多くの経はすべて縦や横の方便を帯びて、縦でもなく横でもない真実を説くので、麁という。今の『［法華］経』は、正直に方便を捨てるので、[53]これに妙を加える……。

④　三法妙（三軌）の絶待妙を明らかにする（開麁顕妙）

第四に開麁顕妙とは、『大［般涅槃］経』の三句に焦点をあわせる。『［涅槃］経』に「仏性とは、また一である」というのは、[54]一切衆生はすべて一乗であるからである。これは不動不出の一乗である。それ故、三法を備えて、縦でもなく横でもない。そもそも心のある者は、みなこの理を備えている。ところが、その家の大人も子供も、みな知る者はいない。[55]このために麁とする。

今、衆生に覚りの宝の蔵を示し、雑草を取り除き、埋蔵されている金を開き示す。[56]障礙《しょうげ》のないすべての人が一道から生死を出ことである。[57]十方において注意して求めると、けっして他の乗はなく、ただ一仏乗だけであ

49　「この乗はすばらしく、清浄で最高である」とある【云是乗微妙清浄第一】『法華玄義』巻第一下の前注147を参照。

50　瓦官［寺］【瓦官】陳都、建康にあった瓦官寺のこと。智顗は、ここに八年間住したが、その間の太建元年（五六九）には『法華経』の経題を講じた。

51　黄衣　道士の着る衣服をいう。『講義』には「黄衣黄冠は、此の方の道士の用うる所なり。今は外道を指して言う」とある。

52　測　底本の「則」を『全集本』によって改める。

53　今の『［法華］経』は、正直に方便を捨てる【今経正直捨方便】『法華玄義』巻第一上の前注5を参照。

54　『［涅槃］経』に「仏性とは、また一である」という【経言仏性亦一】前注19を参照。

55　その家の大人も子供も、みな知る者はいない【其家大小都無知者】後注56を参照。

56　今、衆生に覚りの宝の蔵を示し、雑草を取り除き、埋蔵されている金を開き示す【今示衆生諸覚宝蔵耘除草穢開顕蔵金】『南本涅槃経』巻第八、如来性品、「貧女《びんにょ》の人の舎の内に多く真金《しんこん》の蔵有るが如し。家人の大小は、知る者有ること無し。時に異人有りて善く方便を知り、貧女に語りて言わく、我れは今汝を雇わん。汝は我が為めに草穢を耘除《うんじょ》す可し。女は即ち答えて言わく、我れは今、能くせず。汝は若し能く我が子に金蔵を示さば、然る後に乃ち当に速かに汝の為めに作すべし。是の人は復た言わく、我れは方便を知り、能く汝の子に示さん。女人は答えて言わく、我が家の大小すら尚《な》自お知らず。況んや汝は能く知るをや。是の人は復た言わく、我れは今、審《つまび》らかに能くす。女人は答えて言わく、我れも亦た見んと欲す。并《あわ》せて我れに示す可し。是の人は即ち其の家に於いて金蔵を掘出す。女人は見已りて、心に歓喜を生じ、奇特の想を生じ、是の人を宗仰す。善男子よ、衆生の仏性も亦復た是の如し。一切衆生は、見ることを得ること能わず。彼の宝蔵、貧人の知らざるが如し。善男子よ、我れは今、普く一切衆生の所有《あらゆ》る仏性は、諸煩悩の覆蔽《ふくへい》する所と為るを示す。彼の貧人に真金の蔵有れども、見ることを得ること能わざるが如し。如来は今日、普く衆生に諸覚の宝蔵を示す。所謂る仏性なり」（大正一二、六四八中一〇～一三）を参照。

57　障礙のないすべての人が一道から生死を出ることである【一切無礙人一道出生死】『法華玄義』巻第三下の前注59を参照。

る。[58]このために妙とする。『［涅槃］経』には、「仏性は、一でもなく一でないのでもない」とある。[59]数［で表現される法］と数で表現されない法【数非数法】は、確定的でないからである。もし真如を対象とする有心有作の修行【縁修】の智慧は確定的に理をあらわすことができると執著するならば、智慧はもともと理ではない。そこで照らす働きは明らかでなく、仏性を見ない。このために麁とする。今、確定的な執著の智慧を開きあらわすと、固定的なものではない【不決定】智慧にほかならない。智慧そのままが理であり、理そのままが智慧である。数の固定的な三や固定的な一にも執著せず、数で表現されない非三や非一にも執著しない。このようなものがはじめて執著のない妙慧《みょうえ》と名づけられ、すべての固定的な様相や固定的でない様相[743c]を破って、同様に破る主体も破る対象もない。［転《てん》］輪王《りんおう》が破ることができ、安んずることができるように、太陽が暗闇を除いて物を生ずるように、医者が［眼を覆《おお》う］膜を除いて眼球【珠】を養うようなものである。とりもなおさず大乗の縦でもなく横でもない妙慧である。

『［涅槃］経』には、「仏性もまた一でない。三乗を説くからである」とある。[60]とりもなおさず三乗・五乗・七乗などのさまざまな方便乗である。もしさまざまな乗に留まるならば、ただ事善や空の一辺に偏っていること【偏真】であって、通じ入る場所は近い。このために麁とする。今、もしさまざまな乗をきっぱりと定めて理解すれば、とりもなおさず如来蔵である。［如来］蔵を仏性と名づける。人天の善から別［教の］乗まで、すべて根本の法を動かさなければ、とりもなおさず妙においてである。三句にすべての法を包摂し、仏性でないことはないことがわかるはずである。すべて妙であり、相対することのできる麁はない。［これは］とりもなおさず絶待妙である。

⑤　三法妙（三軌）の始終を明らかにする

第五に［三軌の］始終を明らかにするとは、五品［弟子位］の教乗を取りあげて始めとする。これこそ凡夫の境地の一念の心に、十法界、十種の相性（様相と性質）を備えることを取りあげて三法（三軌）の始めとする。なぜならば、十種の相性（十如是）はただ三軌にすぎない。如是体は、とりもなおさず真性軌である。如是性は、性が内を拠り所とするので、観照軌である。如是相とは、相が外を拠り所とするので、とりもなおさず福徳であり、資成軌である。力とは、了因［仏性］であり、観照軌である。作とは、万行を熱心に修行することであり、とりもなおさず資成［軌］である。因とは、習因であり、観照［軌］に所属する。縁とは、報因であり、資成［軌］に所属する。果とは、習果であり、観照［軌］に所属する。報とは、習果の報であり、資成［軌］に所属する。本末［究竟］等とは、空等（本＝如是相から末＝如是報が空という点で等しいこと）は観照［軌］、仮等は資成［軌］、中等は真性［軌］である。ただちに一界の十如［是］について三軌を論じる。

58　十方において注意して求めると、けっして他の乗はなく、ただ一仏乗でけである【十方諦求更無余乗唯一仏乗】『法華経』、譬喩品、「是の因縁を以て、十方に諦《あき》らかに求むるに、更に余乗無し。仏の方便を除く」（同前、一五上一四～一五）、同、方便品、「諸仏如来の言に虚妄無く、余乗有ること無く、唯だ一仏乗なるのみ」（同前、七下八～九）を参照。

59　『［涅槃］経』には、「仏性は、一でもなく、一でないのでもない」とある【経言仏性亦非一非非一】前注19を参照。

60　『［涅槃］経』には、「仏性もまた一でない。三乗を説くからである」とある【経言仏性亦非一説三乗故】『南本涅槃経』巻第二十五、師子吼菩薩品、「云何んが一に非ざるや。三乗を説くが故なり」（大正一二、七七〇下一）を参照。

今、ただ凡夫の心の一念にみな十法界を備えることを明らかにする。一々の界にすべて煩悩の性相（性質と様相）、悪業の性相、苦道の性相がある。もし無明という煩悩の性相があるならば、とりもなおさず智慧による観照［軌］の性相である。なぜならば、明に迷うので、無明を生ずる。もし無明を理解するならば、とりもなおさず明においてである。『大［般涅槃］経』には、「無明が転換して明に変化する」とある。[61]『浄名［経］』には、「無明はとりもなおさず明である」とある。[62]わかるはずである。無明を離れて、明があるのではない。氷は水であるようであり、水は氷であるようなものである。さらにまた、凡夫の心の一念に十界を備え、すべて悪業の性相がある。ただ悪の性相は、善の性相にほかならない。悪によって善があり、悪を離れて善はない。さまざまな悪を翻転《ほんてん》させれば、善の資成［軌］である。竹のなかに火の性質があるけれども、まだそのまま火の具体的な事柄ではないので、［性質は］あるけれども焼けず、条件が満たされて具体的な事柄が成就すれば、すぐに物を焼くことができるようなものである。悪は善の性質であるけれども、まだそのまま具体的な事柄でない。744a条件が満たされて具体的な事柄が成就すれば、すぐに悪を翻転させることができる。竹に火［の性質］があり、火が［実際に］出て、逆に竹を焼くようなものである。悪のなかに善があり、善が成就すれば、逆に悪を破る。それ故、悪の性相そのままが善の性相である。凡夫の一念にみな十界の識・名色などの苦道の性相がある。この苦道に迷えば、生死［輪廻］は広大である。これは法身に迷うことを苦道とする。苦道を離れて、別に法身があるのではない。南に迷って北とするような場合には、別の南はないのである。生死［輪廻］はとりもなおさず法身であると悟る場合、わざわざ苦道の性相はとりもなおさず法身の性相であるというのである。

そもそも心のある者には、みな［煩悩道・業道・苦道の］三道の性相がある。とりもなおさず三軌の性相である。それ故、『浄名［経］』に、「煩悩の仲間を、如来の種とする」とある[63]のは、このことを意味するのである。如是力、如是作という場合は、菩提心が生じるのである。とりもなおさず真性［軌］などが起こり現われることである。如是因とは、とりもなおさず観照［軌］が起こり現われることである。如是縁とは、とりもなおさず資成［軌］が起こり現われることである。如是果とは、観照［軌］が起こり現われて習因を成就することによって、般若の習果が満ちることを感得することである。如是報とは、資成［軌］が起こり現われることを縁因とすることによって、解脱の報果が満ちることを感得することである。果報が満ちるので、法身も同様に満ちる。三徳が究極的に満ちるのであり、秘密蔵と名づける。本末［究竟］等とは、性徳の三軌は目に見えず隠れた【冥伏】不縦不横であり、修徳の三軌ははっきりと現われた【彰顕】不縦不横である。目に見えず隠れたもの【冥伏】も如［である点で］等しく、数［である点で］等しく、妙［である点で］等しく、はっきりと現われたもの【彰顕】も如［である点で］等しく、数［である点で］等しく、妙［である点で］等しい。それ故、等というのである。同様に空［である点で］等しく、仮［である点で］等しく、中［である点で］等しく

61　『大［般涅槃］経』には、「無明が転換して明に変化する」とある【大経云無明転即変為明】『南本涅槃経』巻第八、如来性品、「若し無明転ずれば、則ち変じて明と為る」（同前、六五二上五～六）を参照。

62　『浄名［経］』には、「無明はとりもなおさず明である」とある【浄名云無明即是明】『法華玄義』巻第一下の前注175を参照。

63　『浄名［経］』に、「煩悩の仲間を、如来の種とする」とある【浄名云煩悩之儔為如来種】『維摩経』巻中、仏道品、「一切の煩悩を、如来の種と為す」（同前、五四九中一三）、同、「塵労の疇《ともがら》（明本は「儔」に作る）を、如来の種と為す」（同前、五四九中一七）を参照。

い……。

⑥　三軌と他の三法との対応一致の関係を明らかにする（類通三法）

第六に類通三法《るいずうさんぼう》[64]とは、前［の三軌の始終を明らかにすること］は三軌の法によって、始めから終わりに至る。とりもなおさず縦に通じることに障礙がない。今は横に諸法に通じて、すべて障礙をなくさせようとして、さまざまな三法に対して同類として通じ合わせる【類通】。なぜならば、［衆生の機］縁に趣くと、名は相違するけれども、理解すれば意義は同じである。ほぼ［次にあげる］十項目に共通するので、その他は理解できるであろう。三道・三識・三仏性・三般若・三菩提・三大乗・三身・三涅槃・三宝・三徳である。さまざまな三法は無数であるけれども、ただ十を用いるだけなのは、その大要を取りあげて、始終を明らかにするにすぎないからである。三道（煩悩道・業道・苦道）の輪廻は、生死の根本の法であるので、初めとする。もし生死の流れに逆らおうとすれば、三識（菴摩羅識《あんまらしき》・阿黎耶《ありや》識・阿陀那《あだな》識）を理解し、三仏性（正因仏性・了因仏性・縁因仏性）を知り、三智慧（実相般若《じっそうはんにゃ》・観照《かんしょう》般若・文字般若）を生起させ、三菩提心（実相菩提・実智菩提・方便菩提）を生じ、三大乗（理乗・随乗・得乗）を修行し、三身（法身・応身・報身）を証得し、三涅槃（性浄《しょうじょう》涅槃《ねはん》・円浄《えんじょう》涅槃・方便浄涅槃）を成就する必要がある。この三宝（仏宝・法宝・僧宝）はすべてのものに利益を与え、［仏が衆生を］教化するという条件【化縁】が消滅して三徳（法身・般若・解脱）744b に入り、秘密蔵に留まる……。

第一に類通三道《るいずうさんどう》とは、真性軌は苦道、観照軌は煩悩道、資成軌は業道である。

苦道が真性［軌］であるとは、下の文に、「世間の相は常住である」とある。[65]どうしてその生死［輪廻］そのままが法身でないであろうか。

煩悩は観照［軌］であるとは、観照［軌］はもともと惑を照らしている。惑がなければ、照らすこともない。一切法空のことである。文には、「諸法はもともと常に静まりかえった様相である」とある。[66] つまり、煩悩は観照［軌］である。照らすことは、薪が火を生ずるようなものである。文には、「さまざまな過去仏のもとで、もし一句でも聞くことがあるならば、仏の覚りを完成する」とある。[67] さらにまた、「罪福の様相に深く精通し、くまなく十方を照らす」とある。[68] とりもなおさず煩悩に精通する妙句を聞くことである。

資成［軌］が業道であるとは、悪は善の助けである。悪がなければ、同様に善もない。［『法華経』の］文には、「悪鬼がその心に入って、私を罵《ののし》り辱《はずかし》める。私たちは仏を心に思うので、みなこの事柄を忍耐すべきであ

64　類通三法　類通は、二つのものを同類として通じ合わせること。『講述』には「一切の三法を前の三軌に類例通同す。又た、前の三軌を余の三法に類同通会す」とある。具体的には、三軌と他の三法との対応一致の関係を示すことである。

65　下の文に、「世間の相は常住である」とある【下文云世間相常住】『法華玄義』巻第一上の前注107を参照。

66　文には、「諸法はもともと常に静まりかえった様相である」とある【文云諸法従本来常自寂滅相】『法華玄義』巻第二上の前注99を参照。

67　文には、「さまざまな過去仏のもとで、もし一句でも聞くことがあるならば、仏の覚りを完成する」とある【文云於諸過去仏若有聞一句皆已成仏道】『法華玄義』巻第一上の前注108を参照。

68　「罪福の様相に深く精通し、くまなく十方を照らす」とある【云深達罪福相遍照於十方】『法華玄義』巻四下の前注8を参照。

る」とある。[69] 悪がやって来て加わらなければ、念を用いることができない。念を用いるのは、悪が加わることによる……。さらにまた、「威音王仏《いおんのうぶつ》のもとで、法に執著する人々は、不軽《ふきょう》［菩薩］の言葉を聞いて、罵り殴《なぐ》った。悪業によるので、また不軽に出会った。不軽が教化すると、みな不退［転］を得た」とある。[70] さらにまた、「提婆達多は、善知識である」とある。[71] どうして悪は資成［軌］でないであろうか。

三軌は三道であるとは、理性が非道を行じて仏道に通達することである。[72] 五品［弟子位］は観行［即］において非道を行じて仏道に通達し、六根清浄は相似［即］において非道を行じて仏道に通達し、十住以上は分真［即］において非道を行じて仏道に通達し、妙覚は究竟［即］において非道を行じて仏道に通達する……。

第二に類通三識《るいずうさんしき》とは、菴摩羅識は真性軌、阿黎耶識は観照軌、阿陀那識[73]は資成軌である。地［論師］の人の明らかにすることに関しては、阿黎耶は真実、常住、清浄な識である。摂大乗［論師］の人は、［阿黎耶は、］「［善、悪のいずれでもない］無記の無明随眠《むみょうずいめん》[74]の識である。無没識《むもつしき》とも名づけ、九識はかえって浄識《じょうしき》と名づける」という。［地論師と摂大乗論師は］たがいに論争している……。

今、卑近なものを例として遠大なものをたとえる。一人の心に関しては、またどうして確定しようか。善をなすならば善の識、悪をなすならば悪の識、善も悪もなさなければ無記の識である。この［善の識、悪の識、無記の識の］三つの識は、どうしてにわかに水や火と同じであろうか。ただ善にそむくことを悪とし、悪にそむくことを善とし、善と悪にそむくことを無記とするだけである。ただ一人の三心であるだけである。

三識も同様に当然このようであるはずである。もし阿黎耶のなかに生死の種子《しゅうじ》があって、熏習《くんじゅう》し成長するならば、すぐに分別識《ふんべつしき》[75]を成立させる。もし阿黎耶のなかに智慧の種子があって、聞《もん》熏習し成長するならば、すぐに即ち所依（阿黎耶識）を転換して道後の真如となることを、浄識と名づける。もしこの 744c ［分別識と浄識の］

二つの識に相違するならば、ただ阿黎耶識であるだけである。これは同様に一法に三［法］を論じ、三［法］のなかに一［法］を論じるだけである。

『摂［大乗］論』には、「金と土の染浄《せんじょう》に関しては、染は六識をたとえ、金は浄識をたとえ、土は［阿］黎耶のである。

69 ［『法華経』の］文には、「悪鬼がその心に入って、私を罵り辱める。私たちは仏を心に思うので、みなこの事柄を忍耐すべきである」とある【文云悪鬼入其心罵詈毀辱我我等念仏故皆当忍是事】『法華経』勧持品、「悪鬼は其の身に入り、我れを罵詈毀辱《めりきにく》す。我れ等は敬いて仏を信ず。当に忍辱の鎧を著るべし」（同前、三六下一五～一六）を参照。

70 「威音王仏のもとで、法に執著する人々は、不軽［菩薩］の言葉を聞いて、罵り殴った。悪業によるので、また不軽に出会った。不軽が教化すると、みな不退［転］を得た」とある【威音王仏所著法之衆聞不軽言罵詈打拍由悪業故還値不軽不軽教化皆得不退】『法華経』常不軽菩薩品の内容の要旨。

71 「提婆達多は、善知識である」とある【提婆達多是善知識】『法華経』提婆達多品、「爾の時の王者は、則ち我が身是れなり。時の仙人とは、今の提婆達多是れなり。提婆達多は善知識なるに由るが故なり……」（同前、三四下二五～二六）を参照。

72 非道を行じて仏道に通達する【行於非道通達仏道】『維摩経』巻中、仏道品、「若し菩薩は非道を行ぜば、是れ仏道に通達すと為す」（大正一四、五四九上一～二）を参照。

73 阿陀那識　「阿陀那」は ādāna の音写語。執持識と訳す。地論宗、摂論宗では、第七識のこと。

74 無明随眠　随眠の無明のこと。常に衆生の身に付き従い、アーラヤ識のなかに潜在して隠れている無明のこと。

75 分別識　ここでは、第七識を指す。つまり、第八識＝阿黎耶識のなかに、生死の種子と智慧の種子（両者を合わせて染浄の種子という）があり、前者が第七識となり、後者が第九識となり、染浄と異なって無記である場合を第八識と名づけるのである。

識をたとえる」とある。[76]明らかな文はここにある。どうして苦労して争うであろうか。下の文には、「たとえばある人が親友の家に到着して、酒に酔って横になるようなものである」とある。[77]どうして阿黎耶識でないであろうか。世間の狂い迷った分別の識が生じて遊び巡り歩いて、衣食を求める。どうして阿陀那識でないであろうか。聞熏［習］の種子が少し生じて成長し、親友にたまたま出会って、衣の［裏に縫い付けた］宝石を示すのは、どうして菴摩羅識でないであろうか。菴摩羅識を、無分別智の光と名づける。

もし［阿］黎耶［識］のなかにこの智の種子があるならば、そのまま理性の無分別智の光である。五品［弟子位］は観行［即］において無分別智の光であり、六根清浄は相似［即］において無分別智の光であり、初住以上は分真［即］において無分別智の光であり、妙覚は究竟［即］において無分別智の光である。麁妙については……。

第三に類通三仏性《るいずうさんぶっしょう》とは、真性軌はとりもなおさず正因［仏］性であり、観照軌はとりもなおさず了因［仏］性であり、資性軌はとりもなおさず縁因［仏］性である。それ故、下の文に、「あなたは本当に私の子であり、私は本当にあなたの父である」とあるの[78]は、正因［仏］性である。さらにまた、「私は昔、あなたに最高の覚りを教えたので、一切智を得ようとする願は、まだ存在していて失っていない」とある。[79]「智」は了因［仏］性、「願」は縁因［仏］性である。さらにまた、「私はあなたたちを軽んじようとしません。あなたたちはみな成仏するでしょう」とあるの[80]は、正因［仏］性である。このとき、四衆が多くの経を読誦するのは、了因

76　『摂［大乗］論』には、「金と土の染浄に関しては、染は六識をたとえ、金は浄識をたとえ、土は［阿］黎耶識をたとえ

る」とある【摂論云如金土染浄染譬六識金譬浄識土譬黎耶識】『摂大乗論』巻第二、応知勝相品、「阿毘達磨修多羅の中に、仏世尊は法を説くに三種有り。一に染汚分《ぜんま》、二に清浄分、三に染汚清浄分なり。何の義に依りて此の三分を説くや。依他性《えたしょう》の中に於いて、分別性を染汚分と為し、真実性を清浄分と為し、依他性を染汚清浄分と為す。此の如き義に依るが故に、三分を説く。此の義の中に於いて、何を以て譬えと為すや。金蔵土を以て譬えと為す。譬えば金蔵土の中に於いて、三法有るを見るが如し。一に地界、二に金、三に土なり。地界の中に於いて、土は有に非ざれども、顕現す。金は実には有れども、顕現せず。此の土は若し火を以て土を焼錬すれば、則ち現ぜず。金の相は自ら現ず。此の地界の土は顕現する時、虚妄の相に由りて顕現す。金は顕現する時、真実の相に由りて顕現す。是の故に地界に二分有り。此の如き本識は、未だ無分別智の火の焼錬する所と為らざる時、此の識は虚妄分別性に由りて顕現し、真実性に由りて顕現せず。若し無分別智の火の焼錬する所と為る時、此の識は成就真実性に由りて顕現し、虚妄分別性に由りて顕現せず。是の故に虚妄分別性の識は、即ち依他性にして二分有り。譬えば金蔵土の中に有する所の地界の如し」(大正三一、一二一上三～一八)を参照。

77　下の文には、「たとえばある人が親友の家に到着して、酒に酔って横になるようなものである」とある【下文譬如有人至親友家酔酒而臥】『法華経』五百弟子受記品、「譬えば人有りて、親友の家に至り、酒に酔いて臥するが如し」(大正九、二九上六)を参照。

78　下の文に、「あなたは本当に私の子であり、私は本当にあなたの父である」とある【下文云汝実我子我実汝父】『法華玄義』巻第二上の前注64を参照。

79　「私は昔、あなたに最高の覚りを教えたので、一切智を得ようとする願は、まだ存在していて失っていない」とある【云我昔教汝無上道故一切智願猶在不失】『法華玄義』巻第三上の前注3を参照。

80　「私はあなたたちを軽んじようとしません。あなたたちはみな成仏するでしょう」とある【云我不敢軽汝等汝等皆当作仏】『法華経』常不軽菩薩品、「我れは深く汝等《なんだち》を敬う。敢えて軽慢《きょうまん》せず。所以は何ん。汝等は皆な菩薩の道を行じて、当に作仏することを得べければなり」(同前、五〇下一九～二〇)を参照。

［仏］性である。さまざまな功徳を身につけるのは、即ち縁因［仏］性である。さらにまた、「長者の子供たち、あるいは十、二十、ひいては三十人」とある。[81]これは三種の仏性である。さらにまた、「さまざまな性相の意義について、私はすべて知り見た」とある。[82]「さまざまな性」という以上、三種の仏性があるのである。

もし三軌が三仏性であると知るならば、理仏性と名づける。五品［弟子位］は観行［即］において仏性を見、六根［清浄位］は相似［即］において仏性を見、十住から等覚までは分真［即］において仏性を見、妙覚は究竟［即］において仏性を見る。このために妙と呼ぶ……。

第四に類通三般若《るいずうさんはんにゃ》とは、真性［軌］は実相般若であり、観照［軌］は観照般若[83]であり、資成［軌］は文字般若[84]である。詳しくは上で境・智・行の三妙の様相を解釈した通りである。それ故、下の文には、「止《や》めましょう。止めましょう。説く必要がない。私の法は妙であって、考えることが難しい」とある。[85]さらにまた、「この法は示すことができない。言葉の表現の様相が静まりかえっている」とある。[86]とりもなおさず実相般若である。「私と十方の仏は、はじめてこの様相を知ることができる。ただ仏と仏とだけがはじめて究め尽[745a]くすことができる」とある。[87]さらにまた、「私が得た智慧は、奥深く知りがたく最高である」とある。[88]とりもなおさず観照般若である。

さらにまた、「私は常に衆生が道を修行するか、道を修行しないかを知り、救済することのできるものにしたがって、さまざまな法を説く。多くの言葉の表現、適宜な方便がある」とある。[89]とりもなおさず文字般若である。

81「長者の子供たち、あるいは十、二十、ひいては三十人」とある【云長者諸子若十二十乃至三十】『法華経』譬喩品、「長者の諸子、若しは十、二十、或いは三十に至り、此の宅の中に在り」（同前、一二中一八～一九）を参照。

82「さまざまな性相の意義について、私はすべて知り見た」とある【云種種性相義我已悉知見】『法華玄義』巻第二上の前注22を参照。

83 観照般若　実相（般若）を観照する般若＝智慧のこと。

84 文字般若　般若を文字として説いている『般若経』をいう。

85 下の文には、「止めましょう。止めましょう。説く必要がない。私の法は妙であって、考えることが難しい」とある【下文云止止不須説我法妙難思】『法華玄義』巻第一下の前注85を参照。

86「この法は示すことができない。言葉の表現の様相が静まりかえっている」とある【云是法不可示言辞相寂滅】『法華玄義』巻第一上の前注9を参照。

87「私と十方の仏は、はじめてこの様相を知ることができる。ただ仏と仏とだけがはじめて究め尽くすことができる」とある【我及十方仏乃能知是相唯仏与仏乃能究尽】『法華玄義』巻第一上の前注112と、巻第二上の前注22を参照。

88「私が得た智慧は、奥深く知りがたく最高である」とある【云我所得智慧微妙最第一】『法華玄義』巻第二上の前注27を参照。

89「私は常に衆生が道を修行するか、道を修行しないかを知り、救済することのできるものにしたがって、さまざまな法を説く。多くの言葉の表現、適宜な方便がある」とある【云我常知衆生行道不行道随応所可度為説種種法若干言辞随宜方便】『法華経』如来寿量品、「我れは常に衆生の行道・不行道を知り、度す可き所に随応して、為めに種種の法を説く」（同前、四四上一～二）、同、信解品、「我れは仏の教えを承け、大菩薩の為めに、諸の因縁、種種の譬喩、若干の言辞を以て、無上道を説く」（同前、一八中一五～一六）、同、方便品、「汝等は既已《すで》に諸仏世の師の随宜方便の事を知れば、復た諸の疑惑無く、心に大歓喜を生じ、自ら当に作仏すべしと知る」（同前、一〇中一八～二〇）などを参照。

さらにまた、「如来の知見は、広大で深遠である」とある。[90]「広大で深遠である」とは、とりもなおさず実相般若である。「如来の知見」は、「広大で深遠である」に合致する。とりもなおさず観照般若である。「方便知見は、みな備えた」ということに関しては、[91]とりもなおさず文字般若である。それ故、三軌はまた三般若の異名にすぎないことがわかる。

三智が三心にあり三人に所属する場合は、麁である。三智が一心のなかにあって不縦不横であることは、理妙である。五品［弟子位］は観行［即］の三般若であり、六根［清］浄は相似［即］の三般若であり、［十住・十行・十廻向・十地の］四十心は分真［即］の三般若であり、妙覚は究竟［即］の三般若である。

第五に類通三菩提《るいずうさんぼだい》とは、真性軌は実相菩提であり、観照軌は実智菩提であり、資成軌は方便菩提である。それ故、下の文には、「私は先に言わなかったか。あなたたちはみな最高の完全な覚りを得る。真実でもなく、虚偽でもなく、如でもなく、異でもなく、三界が三界を見るようではない」とあるのは、[92]実相菩提である。「私が覚りを完成してから、とても長い時間が経った」とあるのは、[93]実智菩提である。「私は説く。若くして出家し、伽耶城《がやじょう》の近くで、完全な覚りを得た」とあるのは、[94]方便菩提である。

もし弟子について三菩提を明らかにするならば、「もし私が衆生に値うならば、すべて仏の覚りを教える」[95]とは、実相菩提である。「真実の智慧のなかに安らかに留まって、私はきっと成仏するであろう」[96]とある。さらにまた、「仏子は道を行じてから、来世に成仏することができる。この宝石でできた乗り物に乗って、まっ

90「如来の知見は、広大で深遠である」とある【云如来知見広大深遠】『法華玄義』巻第三下の前注9を参照。

91「方便知見は、みな備えた」という【言方便知見皆已具足】『法華経』方便品、「如来の方便知見波羅蜜は、皆な已に具足せり」（同前、五下三～四）を参照。

92 下の文には、「私は先に言わなかったか。あなたたちはみな最高の完全な覚りを得る。真実でもなく、虚偽でもなく、如でもなく、異でもなく、三界が三界を見るようではない」とある【下文云我先不言汝等皆得阿耨三菩提非実非虚非如非異不如三界見於三界】『法華経』譬喩品、「我れは先に言わざるや。諸仏世尊は、種種の因縁、譬喩、言辞を以て、方便もて説法するは、皆な阿耨多羅三藐三菩提の為めなり」（同前、一二中九～一一）、同、如来寿量品、「如来は如実に三界の相を知見し、生死、若しは退、若しは出有ること無く、亦た在世、及び滅度する者無く、実に非ず虚に非ず、如に非ず異に非ず、三界の三界を見るが如からず。斯の如きの事、如来は明らかに見、錯謬《しゃくみょう》有ること無し」（同前、四二下一三～一六）を参照。

93「私が覚りを完成してから、とても長い時間が経った」とある【我成道已来甚大久遠】『法華玄義』巻第二下の前注130を参照。

94「私は説く。若くして出家し、伽耶城の近くで、完全な覚りを得た」とある【我説少出家近伽耶城得三菩提】『法華経』如来寿量品、「我れは少《わか》くして出家し、阿耨多羅三藐三菩提を得たり」（同前、四二下七）、同、「今、釈迦牟尼仏は、釈氏の宮を出、伽耶城を去ること遠からず、道場に坐して、阿耨多羅三藐三菩提を得たり」（同前、四二中一〇～一一）を参照。

95「もし私が衆生に値うならば、すべて仏の覚りを教える」【若我遇衆生尽教以仏道】『法華経』方便品、「若し我れ衆生に遇わば、尽《ことごと》く教うるに仏道を以てす」（同前、八中八）を参照。

96「真実の智慧のなかに安らかに留まって、私はきっと成仏するであろう」【安住実智中我定当作仏】『法華玄義』巻第一上の前注111を参照。

すぐ道場に到着する」とある。[97]とりもなおさず修行によって完成する実智菩提である。［下天・託胎・降誕・出家・降魔・成道・転法輪・入涅槃の］八相の記別を授けるのは、方便菩提である。

同一でもなく相違するのでもないのは、これを如と名づける。きっぱりと定めて理解【決了】しないことを麁と名づけ、きっぱりと定めて理解することを妙とする。すべての衆生は理性［即］の菩提、五品［弟子位］は名字［即］の菩提、六根［清浄位］は相似［即］の菩提、［十住・十行・十廻向・十地・等覚の］四十一位は分真［即］の菩提、妙覚は究竟［即］の菩提である……。

第六に類通三大乗とは、真性［軌］は理乗であり、観照［軌］は随乗《ずいじょう》であり、資成［軌］は得乗《とくじょう》である。それ故、下の文には、「仏は自ら大乗に留まる。その得た法に関しては、禅定【定】と智慧【慧】の力によって荘厳する」とある。[98]「大乗に留まる」とは理乗、「禅定・智慧によって荘厳する」とは随乗、「得る法」は得乗である。「仏は自ら大乗に留まる」は理乗、「道場で知った[99]」は随乗、「指導者は方便によって説く[100]」は得乗で 745b ある。さらにまた、「舎利弗は本願によって、三乗の法を説く[101]」は、得乗・随乗である。さらにまた、「この乗は捉えがたく、清浄で最高である[102]」は、理乗である。「一仏乗について[103]」は理乗、「区別して三［乗］を説く[104]」は得乗・随乗である。

不縦不横の妙は、麁を開きあらわした妙である。［十信・十住・十行・十廻向・十地・等覚・妙覚の］七位を経歴する……。五品［弟子位］は名字［即］の乗、六根［清浄位］は相似［即］の乗、［十住・十行・十廻向・十地・等覚の］四十一位は分真［即］の乗、妙覚は究竟［即］の乗である……。

第七に類通三身とは、真性軌は法身であり、観照［軌］は報身であり、資成［軌］は応身である。『新金光明

97 「仏子は道を行じてから、来世に成仏することができる。この宝石でできた乗り物に乗って、まっすぐ道場に到着する」とある【仏子行道已来世得作仏乗是宝乗直至道場】『法華経』方便品、「仏子は道を行じ已って、来世に作仏することを得」（同前、八中二六）、同、譬喩品、「此の宝乗に乗りて、直ちに道場に至る」（同前、一五上一三～一四）を参照。

98 下の文には、「仏は自ら大乗に留まる。その得た法に関しては、禅定【定】と智慧【慧】の力によって荘厳する」とある【仏自住大乗如其所得法定慧力荘厳】『法華玄義』巻第二上の、前注102を参照。

99 「道場で知った」【於道場知已】『法華経』方便品、「道場に於いて知り已わる。導師は方便もて説く」（同前、九中一一）を参照。

100 「指導者は方便によって説く」【導師方便説】前注99を参照。

101 「舎利弗は、本願によって、三乗の法を説く」【舎利弗以本願故説三乗法】『法華経』譬喩品、「舎利弗よ、彼の仏の出ずる時、悪世に非ずと雖も、本願を以ての故に、三乗の法を説く」（同前、一一中二四～二五）を参照。

102 「この乗は捉えがたく、清浄で最高である」【是乗微妙清浄第一】前注49を参照。

103 「一仏乗について」【於一仏乗】前注27を参照。

104 「区別して三［乗］を説く」【分別説三】前注27を参照。

〔経〕』に、「法身によって報身があり、報身によって応身がある」とある通りである。[105] これは前に明かした通り、境妙によって智妙があり、智妙によって行妙があることである。その文には、「仏の真実の法身は、虚空のようである。衆生に応じて姿形を現わすことは、水のなかの月のようである」とある。[106] 報身は天の月である。この文には、「仏は自ら大乗に留まる」とある。とりもなおさず実相の身は、虚空のようである。「禅定・智慧の力によって荘厳する」とある。「智慧」は天の月のようで、「禅定」は水の月のようである。さらにまた、「ただ仏と仏とだけがはじめて諸法の実相を究め尽くすことができる」とある[107]のは、とりもなおさず法身である。「私が得る智慧は、奥深く知りがたく最高である[108]」とは、とりもなおさず報身である。「名声がくまなく聞こえる[109]」とは、とりもなおさず応身である。さらにまた、「生でないのに、生を現わす[110]」等とは、応身である。「あるいは己の身を示す[111]」とは、法身・報身である。「あるいは他の身を示す[112]」とは、報〔身〕・応〔身〕である。「私は〔三十二〕相によって荘厳された身の光明によって十方を照らし、実相の印を説く[113]」とは、「実相の印」は法身、「十方を照らす」は応身、「〔三十二〕相によって荘厳された身」は報身である。さらにまた、「罪福の様相に深く精通し、くまなく十方を照らす[114]」とは、報身である。「捉えがたく清浄な法身[115]」とは、法身で

105
『新金光明〔経〕』に、「法身によって報身があり、報身によって応身がある」とある通りである【若新金光明云依於法身得有報身依於報身得有応身】『合部金光明経』巻第一、三身分別品、「是の第一身は、応身に依る。是の故に顕わるることを得。是の諸の応身は、法身に依るが故に、顕現することを得。是の法身とは、是れ真実に有り。依処無きが故なり」（大正一六、三六二下三～五）、同、「是の如く法身に依るが故に、応身を出だす。応身に依るが故に、化身を出だす。是の故に性極は清浄にして、発心を摂受《しょうじゅ》す。智慧は清浄にして、応身を摂受す。三昧は清浄にして、化身を摂受す」（同前、三六四

下九～一一）を参照。

106　「仏の真実の法身は、虚空のようである。衆生に応じて姿形を現わすことは、水のなかの月のようである」とある【彼文云仏真法身猶如虚空応物現形如水中月】『合部金光明経』巻第五、四天王品、「仏の真法身は、猶お虚空の如し。物に応じて形を現ずるは、水中の月の如し。障礙《しょうげ》有ること無し」（同前、三八五中一四～一六）を参照。

107　「ただ仏と仏とだけがはじめて諸法の実相を究め尽くすことができる」とある【云唯仏与仏乃能究尽諸法実相】『法華玄義』巻第一上の、前注112を参照。

108　「私が得る智慧は、奥深く知りがたく最高である」【我所得智慧微妙最第一】『法華経』方便品、「我が得る所の智慧は、微妙にして最も第一なり」（大正九、九下六）を参照。

109　「名声がくまなく聞こえる」【名称普聞】『法華玄義』巻第三下の前注36を参照。

110　「生でないのに、生を現わす」【非生現生】『法華経』如来寿量品の趣旨を表現したもの。『法華文句』巻第九、「処処自説従り下は、正しく応化の宜しき所を明かすに、又た二あり。先に形声の益、次に益を得て歓喜す。先に形益に又た二あり。先に生に非ざるに生を現ずるを明かす。次に滅に非ざるに滅を現ず」（大正三四、一三〇中二八～下一）を参照。

111　「あるいは己の身を示す」【或示己身】『法華経』如来寿量品、「如来の演ぶる所の経典は、皆な衆生を度脱させんが為めにして、或いは己身を説き、或いは他身を説き、或いは己身を示し、或いは他身を示し、或いは己事を示し、或いは他事を示し、諸の言説する所は、皆な実にして虚ならず」（大正九、四二下一〇～一二）を参照。

112　「あるいは他の身を示す」【或示他身】　前注111を参照。

113　「私は［三十二］相によって荘厳された身の光明によって十方を照らし、実相の印を説く」【我以相厳身光明照十方為説実相印】『法華玄義』巻第一上の前注70を参照。

114　「罪福の様相に深く精通し、くまなく十方を照らす」とある【深達罪福相遍照於十方】『法華玄義』巻第四下の前注8を参照。

115　「捉えがたく清浄な法身」【微妙浄法身】『法華玄義』巻第四下の前注8を参照。

ある。「様相を備えること三十二」[116]とは、応身である。

三軌の名称は相違するけれども、意義は三身である。それ故、『普賢観《ふげんかん》［経］』には、「仏の三種の身は、方等から生じる」とある。[117]『法界性論《ほうかいしょうろん》』には、「水銀は真金と融和して、さまざまな身像に塗ることができる」とある。[118]功徳は法身に融和して、いたる所に応じ現われて行く。

この三身に関しては、不縦不横の妙である。三身をきっぱりと定めて理解【決了】して、法身の妙に入り、七位の妙を経歴する……。

第八に類通三涅槃とは、地［論師の］人は、「ただ性浄［涅槃］・方便浄［涅槃］があるだけである。実相を性浄涅槃と名づけ、因を修行して完成するものを方便浄涅槃とする」という。今、理性を性浄涅槃とし、因を修行して完成するものを円浄涅槃とする。これは意味上の便宜【義便】である。薪が尽き火が滅することを、方便浄涅槃とする。これは文章の便宜【文便】である。もし因を修行して完成するものを、方便[745c]涅槃とするならば、薪が尽き火が滅することを、どのような涅槃とするのか。それ故、三つの涅槃があるはずであることがわかる。三涅槃は、とりもなおさず三軌である。文には、「この法は示すことができない。言葉の表現の様相が静まりかえっている」とある。[119]さらにまた、「諸法はもともと常に静まりかえった様相である」とある。[120]性浄涅槃である。さらにまた、「みな如来の涅槃によって、これを涅槃させる」とある。[121]円浄涅槃である。さらにまた、「私は成仏してから、とても長い時間が経った。長い間修行して得たものであり、智慧の光が照らすことは無限である」とある。[122]同様に円浄涅槃である。「しばしば生を唱え、いたる所で滅を現わす。この夜に滅度するのは、薪が尽きて火が滅するようなものである」とある。[123]どうして方便浄涅槃でないであろうか。

116　「様相を備えること三十二」【具相三十二】『法華玄義』巻第四下の前注8を参照。

117　『普賢観［経］』には、「仏の三種の身は、方等から生じる」とある【普賢観云仏三種身従方等生】『仏説観普賢菩薩行法経』、「此の方等経は、是れ諸仏の眼なり。諸仏の因は、是れ五眼を具することを得。仏の三種の身は、方等従り生ず」（同前、三九三上九～一〇）を参照。

118　『法界性論』には、「水銀は真金と融和して、さまざまな身像に塗ることができる」とある【法界性論云水銀和真金能塗諸色像】他の箇所の『釈籤』に、『法界性論』は菩提流支訳とあるが、現存しない。

119　文には、「この法は示すことができない。言葉の表現の様相が静まりかえっている」とある【文云是法不可示言辞相寂滅】『法華玄義』巻第一上の前注9を参照。

120　「諸法はもともと常に静まりかえった様相である」とある【云諸法従本来常自寂滅相】『法華玄義』巻第二上の前注99を参照。

121　「みな如来の涅槃によって、これを涅槃させる」とある【云皆以如来滅度而滅度之】『法華玄義』巻第二上の前注117を参照。

122　「私は成仏してから、とても長い時間が経った。長い間修行して得たものであり、智慧の光が照らすことは無限である」とある【云我成仏已来甚大久遠久修業所得慧光照無量】『法華玄義』巻第二下の前注130と『法華経』如来寿量品、「我が智力は是の如し。慧光もて照らすこと無量なり。寿命は無数劫にして、久しく修業して得る所なり」（同前、四三下二〇～二一）を参照。

123　「しばしば生を唱え、いたる所で滅を現わす。この夜に滅度するのは、薪が尽きて火が滅するようなものである」とある【数数唱生処処現滅於此夜滅度如薪尽火滅】『法華経』序品、「仏は此の夜に滅度す。薪の尽きて火滅するが如し」（同前、五上二一）を参照。前半は、『法華経』の引用ではなく、思想を表現したもの。『維摩経略疏垂裕記』巻第六、「法華経に明かすが如し。数数、生滅を唱う」（大正三八、七八四下二八～二九）を参照。

『大［般涅槃］経』の題目に大般涅槃と呼ぶのは、大滅度と翻訳する。「大」とは、その性は広大であり、性浄［涅槃］を拠り所としている。「度」とは、彼岸《ひがん》に到着し、智慧は満たされている。円浄［涅槃］を拠り所としている。「滅」とは、煩悩が永久に尽き、断徳が成就している。方便浄［涅槃］を拠り所としている。この三涅槃は、とりもなおさず三軌である。

第九に類通一体三宝とは、真性［軌］は法宝であり、観照［軌］は仏宝であり、資成［軌］は僧宝である。それ故、法性が動揺しないことを、不覚と名づける。仏智は理に合致するので、仏を覚と名づける。事が融和し理が融和するので、僧を和合と名づける。『思益［梵天所問経］』には、「覚を知ることを仏と名づけ、［染《ぜん》を］離れることを知ることを法と名づけ、［諍いが］無いことを知ることを僧と名づける」とある。[124]これは一体の三宝である。それ故、下の文には、「仏は自ら大乗に留まる」[125]とある。[126]「仏」は仏宝、「大乗」は法宝である。「その得た法のように、これによって衆生を救済する」[127]とは、とりもなおさず理と融和する。また衆生と融和する。とりもなおさず僧宝である。「世間の様相は常住である」[128]は、法宝と名づけ、「道場において知った」[129]は仏宝と名づけ、「指導者は方便によって説く」[130]は、上は理と融和し、下は衆生と融和することを、僧宝と名づける。

一体三宝は、一でないのに一であり、三でないのに三である。この三一は、不縦不横である。これを妙と呼ぶ。七位を経歴する……。

第十に類通三徳とは、『大［般涅槃］経』の三徳は、いっしょに大涅槃を完成する。この『［法華］経』の三軌は、いっしょに大乗を完成する。そこ［『涅槃経』］では法身の徳を明らかにし、ここ［『法華経』］では実相という。そこ［『涅槃経』］で仏性というのは、また一である。すべての衆生は、すべて一乗であるからである。

また実相を指して一乗とする。そこ［『涅槃経』］では般若の徳を明らかにし、この『［法華］経』には、「その智慧の門は、理解することが難しく入ることが難しい」、「私の得た智慧は、奥深く知りがたく最高である」、ないし、「声聞の法をきっぱりと定めて理解【決了】すると、諸経の王である」と明らかにしている。[131] みな般

124 『思益［梵天所問経］』には、「覚を知ることを仏と名づけ、［染を］離れることを知ることを法と名づけ、［諍いが］無いことを知ることを僧と名づける」とある【思益云知覚名為仏知離名為法知無名為僧】『思益梵天所問経』巻第一、分別品、「法を知るを名づけて仏と為し、離を知るを名づけて法と為し、無を知るを名づけて僧と為す。是れ菩薩の遍行なり」（大正一五、三七下一三～一四）を参照。

125 留まる【住】底本の「在」を『全集本』によって改める。

126 下の文には、「仏は自ら大乗に留まる」とある【下文云仏自住大乗】『法華玄義』巻第二上の前注102を参照。

127 「その得た法のように、これによって衆生を救済する」【如其所得法以此度衆生】『法華玄義』巻第二上の前注102を参照。

128 「世間の様相は常住である」【世間相常住】『法華玄義』巻第一上の前注107を参照。

129 「道場において知った」【於道場知已】『法華玄義』巻第一上の前注107を参照。

130 「指導者は方便によって説く」【導師方便説】『法華玄義』巻第一上の前注107を参照。

131 この『［法華］経』には、「その智慧の門は、理解することが難しく入ることが難しい」、「私の得た智慧は、奥深く知りがたく最高である」、ないし、「声聞の法をきっぱりと定めて理解【決了】すると、諸経の王である」と明らかにしている【此経明其智慧門難解難入我所得智慧微妙最第一乃至決了声聞法是諸経之王】『法華経』方便品、「其の智慧の門は、難解難入なり」（大正九、五中二六）、同、「我が得る所の智慧は、微妙にして最も第一なり」（同前、九下六）、同、法師品、「声聞法を決了するに、是れ諸経の王なり」（同前、三二上一五～一六）を参照。

若である。その『［涅槃］経』には解脱の徳を明らかにし、この『［法華］経』にはしばしば示現して、生を現わし滅を現わすことを明らかにする。746a 衆生を調伏するあり方にしたがって、自ら煩悩【累】がない以上、他者に解脱させ、ひいては万善の事柄のなかの功徳を収め取って、すべて果を証得することができる。どうして解脱でないであろうか。［『涅槃経』と『法華経』の］二経の意義は合致する。

平凡な徒は[132]、名にしたがってさまざまに理解する。帝釈天［の名］を聞いて、憍尸《きょうし》[133]を知らないことにたとえる。ただ涅槃・仏性の文だけを知って、［沙羅《しゃら》］双樹《そうじゅ》に一乗がある趣旨を見ない。その［『涅槃経』の］文は、仏性はまた一であり、一は一乗であると直接説く。そして、人は、「これはかえって『涅槃［経］』の一乗は仏性であり、『法華［経］』の一乗は仏性ではない」という。もし『法華［経］』に仏性を明かさないというならば、『涅槃［経］』に、遠くから指して「八千の声聞は、『法華［経］』のなかで、記別を受けることができて、秋に収穫し冬に貯蔵するように、如来性を見て、あらためてなすべきことがない」というべきではない[134]。そして、人が「『涅槃［経］』に遠くから指すという文があるけれども、このなかには仏性という語句がない」という。今、この文に依ると、「さまざまな性相の意義について、私はみな見た[135]」。「さまざま」という以上、どうして仏性だけを選び捨てるのか。さらにまた、「世間の様相は常住である。道場において知ってから、指導者は方便によって説く」とある[136]。どうして仏性の文でないであろうか。『［法華］論』に仏性の水といい[137]、常不軽［菩薩］は、衆生に仏性があることを知っていた。

さらにまた、涅槃の［法身・般若・解脱の］三徳を秘密蔵とする。「子供たちを秘密蔵のなかに安らかに置いて、私も遠からずそのなかに入るであろう」とある[138]。これは自他がいっしょに秘密に入ることである。この『［法華］経』には、「仏は自ら大乗に留まり、これによって衆生を救済する。ついに小乗によってさまざまな

132 平凡な【碌碌】『釈籤』巻第十二には「碌碌とは、多石の貌なり。亦た凡石なり」（大正三三、八九九下九～一〇）とある。

133 憍戸　憍戸迦のこと。『法華玄義』巻第一下の前注132を参照。

134 『涅槃［経］』に、遠くから指して「八千の声聞は、『法華［経］』のなかで、記別を受けることができて、秋に収穫し冬に貯蔵するように、如来性を見て、あらためてなすべきことがない」というべきではない【涅槃不応遙指云八千声聞於法華中得受記莂如秋収冬蔵見如来性更無所作】『南本涅槃経』巻第九、菩薩品、「法花の中の八千の声聞は、記莂を受くることを得て大果実を成ずるが如し。秋収冬蔵して、更に作す所無きが如し」（大正一二、六六一中七～九）を参照。

135 「さまざまな性相の意義について、私はみな見た」【種種性相義而我皆已見】『法華玄義』巻第二上の前注22を参照。

136 「世間の様相は常住である。道場において知ってから、指導者は方便によって説く」とある【世間相常住於道場知已導師方便説】『法華玄義』巻第一上の前注107を参照。

137 『［法華］論』に仏性の水といい【論云仏性水】『法華論』には、『法華経』の七箇所に仏性を説くという。『法華玄論』巻第三、「法華に仏性の文無けれども、天親の法華を釈す論に、七処有りて仏性を明かす。故に知んぬ、一乗は是れ仏性の異名なり」（大正三四、三八八下三～四）を参照。

138 「子供たちを秘密蔵のなかに安らかに置いて、私も遠からずそのなかに入るであろう」とある【安置諸子秘密蔵中我亦不久当入其中】『南本涅槃経』巻第二、哀歎品、「我れは今、当に一切衆生、及び我が諸子の四部の衆をして悉皆《こと》ごとく秘密蔵の中に安住せしむ。我れも亦復た当に是の中に安住し、涅槃に入るべし」（大正一二、六一六中八～一〇）を参照。

衆生を救済しない。すべて如来の滅度によって、これを滅度させる」とある。[139]このように自他がいっしょに如来の滅度に入る。滅度はただ涅槃にすぎず、涅槃はただ秘蔵にすぎない。『釈論』（『大智度論』）には、「『法華［経］』を秘蔵とする」とある。[140]二経（『法華経』と『涅槃経』）の文章と意義は、明らかに【宛宛】常に同じである。なぜ人々はいいかげんに相違点を高く取りあげよう【抗異】とするのか。たとい［二経の］文章と意義がたがいに乖《そむ》き隔たっていたとしても、同じであると思うことには罪がない。今は文章と意義がもともと合致しているのに、これを別々にするのは、どうして幸いであろうか。

ただ『涅槃［経］』は仏性を宗（根本）とするけれども、一乗の意義を明らかにしないわけではない。今の『［法華］経』は一乗を宗とするけれども、仏性の意義を明らかにしないわけではない。［衆生の］機に趣いてさまざまに説くけれども、その意義は常に共通するのである。もし三徳が縦横であるならば、とりもなおさず麁であり、不縦不横であるならば、とりもなおさず妙である。七位を経歴する……。

⑦ 四悉檀による問答の考察

第七に悉檀の問答による考察【料簡】とは、質問する。十種の三法と他のすべてがみな三軌であるならば、ただ三軌であるはずである。どのような意味でさまざまに説くのか。

答える。衆生の機の都合が相違するので、機にしたがって［教えを］設け投じて、悉檀の方便によって引き導いて救い取るべきである。世俗にしたがうので相違し、便宜に合致させるので相違し、対治に追随するので相違し、746b 人々を道に入らせるので相違する。朝に三粒、暮れに四粒［どんぐりを与えようとしたところ、猿が怒ったので、朝に四粒、暮れに三粒与えようと言って］、多くの猿を慰めてみなを喜ばせる。[141]苦いものを［乳

139　この『［法華］経』には、「仏は自ら大乗に留まり、これによって衆生を救済する。ついに小乗によってさまざまな衆生を救済しない。すべて如来の滅度によって、これを滅度させる」とある【此経云仏自住大乗以此度衆生終不以小乗済度諸衆生悉以如来滅度而滅度之】『法華経』方便品、「唯だ此の一事は実にして、余の二は則ち真に非ず。終に小乗を以て衆生を済度せず。仏は自ら大乗に住し、其の得る所の法の如きは、定慧力もて荘厳し、此れを以て衆生を度す」（大正九、八上二一～二四）を参照。

140　『釈論（『大智度論』）』には、「『法華［経］』を秘蔵とする」とある【釈論云法華為秘蔵】『大智度論』巻第百、「般若波羅蜜は秘密の法に非ざれども、法華等の諸経に阿羅漢の受決作仏を説き、大菩薩は能く受持して用う。譬えば大薬師の能く毒を以て薬と為すが如し」（大正二五、七五四中二〇～二二）を参照。

141　朝に三粒、暮れに四粒［どんぐりを与えようとしたところ、猿が怒ったので、朝に四粒、暮れに三粒与えようと言って］、多くの猿を慰めてみなを喜ばせる【朝三暮四撫衆狙而皆悦】『荘子』斉物論、「狙公《そこう》は芧《しょ》を賦《ふ》して曰わく、朝に三にして暮に四にせん。衆狙は皆な怒りて曰わく、然らば則ち朝に四にして暮に三にせん。衆狙は皆な悦ぶ」を参照。「衆狙」は多くの猿の意。

首に］塗ったり、水で洗って嬰児を養ったり、時に合致させる。[142]巧みに機に趣くので、四角か円かは物に任せる。千車があっても、轍を同じくすることにたとえる。どうして一を守って多くのものを疑うであろうか。

今、共通して四悉檀を用い、十法を経歴して、妙・不妙を論じる。詳しく三軌を説いて、いっしょに大乗を完成する。大乗のなかに、三法とすべての法を備えて、たがいに混乱しないのは、とりもなおさず世界悉檀である。資成［軌］は、智慧を生ずることを助けて善を生ずるので、為人悉檀である。観照［軌］は、惑を破り、さまざまな悪が消滅するので、対治悉檀である。真性［軌］の真実の理を、第一義悉檀とする。一まとまりの衆生は、大乗の名によって説く場合、［四悉檀の］四つの利益を得るのがふさわしい。

三徳をすべて説いて、大涅槃とする。三点は上下するけれども縦がなく、表裏するけれども横がなく、一であるがたがいに混乱せず、三であるがたがいに離れない。世界悉檀である。善[143]は、わざわいや欠点【殃釁】が侵さないので、煩悩【累】の外に抜きん出ることができる。このために、解脱は為人悉檀である。般若は、金《こん》剛《ごう》［杵《しょ》］が指し向けるものにしたがって、みな破砕されるようなものである。とりもなおさず対治悉檀である。法身は、第一義［悉檀］である。一まとまりの衆生が、三徳の名を聞くならば、［四悉檀の］四つの利を獲得する。最初を取りあげ最後を取りあげれば、中間は例の通りである。

次に妙・不妙を明らかにする。『［大智度］論』には、「三悉檀は世諦であり、心の働きの及ぶ範囲であるので、破ることができ壊すことができる。第一義悉檀は、心の働きの及ばない範囲である。諸仏、聖人が心に得る法なので、破壊することはできない」とある。[144]とりもなおさず真諦である。

もしそうであるならば、この四悉檀は、二諦に包摂される。さらに中道がある。またどのように包摂するのか。もし中［道］を包摂しなければ、ただ蔵［教］・通［教］の意であるだけである。この悉檀を麁とする。今、俗は有、真は無であるというならば、たがいに異なるばらばらの【隔異】法である。つまり三悉檀の心の働きの及ぶ範囲であり、破ることができ壊すことができる。中道第一義は、有でもなく無でもなく、有と無が不二であり、たがいに異なるばらばらなものはない。異なるものがないのは、真諦である。前の三悉檀によって通

142　苦いものを［乳首に］塗ったり、水で洗って嬰児を養ったり、時に合致させる【苦塗水洗養嬰児以適時】『南本涅槃経』巻第八、如来性品、「譬えば女人は一子嬰孩《ようがい》を生育するに病を得るが如し。是の女は愁悩して、良医を求覓《ぐみゃく》す。良医は既に至れば、三種の薬、酥・乳・石蜜を合して、之れを与えて服せしむ。因りて女人に告ぐ。児は服薬し已れば、且らく乳を与うる莫れ。薬の消し已るを須《ま》って、爾して乃ち之れを与えよ。是の時、女人は即ち苦味を以て、用て其の乳に塗る。其の児に語りて言わく、我が乳に毒もて塗れば、復た触るる可からず。小児は渇乏して、母の乳を得んと欲す。乳の毒気を聞《か》ぎて、便ち遠く捨去す。其の薬消するに至りて、母は乃ち乳を洗い、子を喚びて之れに与う。是の時、小児は復た飢渇すと雖も、先に毒気を聞ぐ。是の故に来たらず。母は復た語りて言わく、汝に服薬せしめんが為めの故に毒を以て塗る。汝の薬は已に消し、我れは已に洗い竟わる。汝は便ち来たる可し。乳を飲みて苦み無し。其の児は聞ぎ已わりて、漸漸に還《ま》た飲む」（大正一二、六四八中二七～下八）を参照。乳児が薬を消化するまで、授乳してはいけないといわれた母親が、はじめは乳首に苦味を塗って、乳児が乳を欲しがらないようにし、薬が消化した後に、水で乳首を洗って、授乳したというもの。

143　善【善則】底本の「善利」を『全集本』によって改める。

144　『［大智度］論』には、「三悉檀は世諦であり……破壊することはできない」とある【論云三悉檀是世諦心所行処可破可壊第一義悉檀是心不行処諸仏聖人心所得法不可破壊】『大智度論』巻第一に説かれる四悉檀に基づくが、このままの文は見あたらない。

じるものは、ただ化城に到達するだけである。化城は真実でないので、破ることができ壊すことができる。壊すことができることを麁とする。今の中道には、異なるものがない。さらにまた、通じて宝所に到達する。超過することができることがなく、消滅することができることがないので、壊すことができない。これを妙と呼ぶ。

他の経に中道第一義悉檀を説くことに関しては、この『〔法華〕経』と相違しない。ただ他の経は、阿羅漢の得るものを帯びて、第一義悉檀とするだけであるので、妙と呼ばない。この『〔法華〕経』は正直に方便を捨てて、[145] ただ円〔教〕の真実の四悉檀があるだけである。このために妙とする。もし[746c]三悉檀をきっぱりと定めて【決】第一義〔悉檀〕に入れなければ、また麁である。もし一々の悉檀をきっぱりと定めて、みな第一義〔悉檀〕があるならば、妙である。

五品弟子〔位〕は仮名（名字即）の四悉檀、六根〔清〕浄〔位〕は相似〔即〕の四悉檀、初住から等覚までは分真〔即〕の四悉檀、妙覚は究竟〔即〕の四悉檀である。このために妙と呼ぶ。

この〔境妙・智妙・行妙・位妙・三法妙の〕五番にわたって妙を明らかにした。因から果まで、自行の妙を弁別した。半分の如意珠[146]が終わった。

145　この『〔法華〕経』は正直に方便を捨てて【此経正直捨方便】『法華玄義』巻第一上の前注5を参照。

146　半分の如意珠【半如意珠】迹門の十妙を如意珠にたとえ、そのなかの五妙の説明が終わったので、半分の如意珠といった。

――「東哲叢書」の刊行にあたって――

東洋哲学研究所の創立は、一九六一年二月四日、創価学会第三代会長池田大作先生がインドのブダガヤを訪れた際に構想された。仏教原点の地に立った池田先生の脳裏に去来したのは、「仏教という世界の精神的遺産を決して過去のものとして終わらせてはならない。そのためには、信仰体系としての仏教にとどめるだけでなく、そこに学問的英知の光をあて、仏教の真髄、普遍的価値を明らかにすることが必要である」との考えであった。

そして、仏教をはじめ、古今東西の思想・哲学・文化を多角的に研究するとともに、宗教間・文明間の対話を推進し、その成果をもって、平和と共生、そして豊潤な精神文明の構築に寄与するとの高邁な理想と使命を掲げて、翌一九六二年一月、前身の東洋学術研究所が創立された（一九六五年、財団法人東洋哲学研究所として認可。二〇一〇年、公益財団法人に移行認定）。

現在、東洋哲学研究所は、多角的な研究事業と出版事業を柱として活動を展開している。主要な研究事業として、インド仏教、中国仏教などの仏教全般を研究対象としたうえで、大乗仏教の主要な経典である『法華経』の文献学的研究、思想・哲学的研究、並びに、伝播の歴史的研究を推進している。

その研究成果の一つが、「法華経とシルクロード展」、「法華経――平和と共生のメッセージ」展等の開催である。『法華経』をテーマにした展示会は、これまで世界十九カ国・地域で開催し、累計九十万人の鑑賞者を数えるに至っている。

出版事業では、創立者と海外の学識者との文明間対話シリーズの他、研究員による『大乗仏教の挑戦』シリーズなどを刊行してきた。

また定期刊行物として、『東洋学術研究』（一九六二年創刊）、『THE JOURNAL OF ORIENTAL STUDIES』（一九八七年創刊）、『東洋哲学研究所紀要』（一九八五年創刊）を発刊している。

さらに、一九九七年以来、「法華経写本シリーズ」の刊行を創価学会との共同事業として推進している。これは世界の各機関が所蔵する『法華経』の梵文写本（西夏文を含む）を写真版とローマ字版として出版するものであり、これまでに十八点（本年十一月現在）を刊行してきた。

これらの出版事業に加えて、このたび新たに「東哲叢書」を刊行する運びとなった。その嚆矢となるのが、本書『現代語訳 法華玄義（上）』である。

『法華経』は古来、東アジアの仏教世界において広範囲に信仰され、社会的・文化的にも大きな影響を与え続けた。この法華思想の系譜にあって特に著名な注釈書、思想書を著し、後世に甚大な影響を与えたのが、中国の智顗、湛然、日本の最澄であり、この法華思想の系譜は後世の日蓮へと引き継がれ、日蓮教学の基礎理論を提供する重要な仏教文献となるのである。

これらの仏教文献は『大正新修大蔵経』等に収録されており、原典は漢文である。そのため現代語訳し、その思想の全貌を蘇らせることは仏教研究者のみならず、『法華経』に関心を持つ読者にとって待望久しいものであった。それらの原典の現代語訳を当研究所の三人の研究員が進めている。この主要な法華思想仏教文献の現代語訳の出版が未来への思想的財産として、現代社会にその仏教の豊かな智慧の光明を提供するものとなることを願うものである。

今後は、この「仏典現代語訳シリーズ」にとどまらず、当研究所の学術研究成果を専門性と一般性を兼ね備えた「東哲叢書」として刊行していく予定であり、本叢書がより多くの読者に迎えられることを願ってやまない。

二〇一八年十月二日

公益財団法人東洋哲学研究所

菅野博史（かんの・ひろし）
1952 年　福島県に生まれる
1976 年　東京大学文学部卒業
1984 年　東京大学大学院博士課程単位取得退学
1994 年　文学博士（東京大学）

創価大学文学部教授、公益財団法人東洋哲学研究所副所長、
中国人民大学客員教授。
専門は仏教学、中国仏教思想史。

著書・訳書
『中国法華思想の研究』（春秋社）
『法華文句』Ⅰ～Ⅳ
『一念三千とは何か──『摩訶止観』（正修止観章）現代語訳──』
（以上、第三文明社）
『法華経入門』（岩波書店）
『南北朝・隋代の中国仏教思想研究』
『法華玄義を読む―天台思想入門』
『法華経―永遠の菩薩道　増補新装版』
『法華経思想史から学ぶ仏教』（以上、大蔵出版）ほか。

東哲叢書 仏典現代語訳シリーズ Ⅰ
現代語訳 法華玄義（上）

2018 年 11 月 18 日　初版第 1 刷発行

訳注者　菅野博史

発行者　桐ケ谷章

発行所　公益財団法人東洋哲学研究所

〒192-0003 東京都八王子市丹木町 1-236
TEL：042（691）6591　FAX：042（691）6588
URL：http://www.totetsu.org/
振替口座：00130-7-122394

印刷所　光村印刷株式会社

製本所　大口製本印刷株式会社

ISBN 978-4-88596-047-5 C1315